민법학원론 I

민 법 총 칙

명 순 구

法 文 社

Priciples of Civil Law Ⅰ

General Rules

by

Soon-Koo MYOUNG

Professor of Law
Korea University
Seoul, Korea

2007
Bobmun Sa
Pajubookcity, Korea

머 리 말

고려대학교에서 민법 강의를 시작한 것이 벌써 10년 전의 일입니다. 그동안 학생들로부터 제 강의안이 교과서의 모습으로 출간되었으면 좋겠다는 말을 종종 듣곤 했습니다. 필기의 부담을 덜고자 하는 의도였을 것인데 저는 그 요구를 들어주지 못하였습니다. 그 가장 큰 이유는 물론 저의 게으름에 있었지만 꼭 그것만은 아니었습니다. 강의안의 상당부분을 매 학기마다 수정해 왔던 저의 경험 또한 교과서 출간 결심을 주저하게 만드는 중요한 요인이었습니다. 그런데 망설임의 시간을 계속할 것은 아니라고 생각하게 되었습니다. 교과서라는 것이 학문 매체의 하나로서 유용한 것이라는 생각, 학교의 수강생뿐만 아니라 다른 분들에게도 저의 학문적 견해를 표시함으로써 제 자신을 좀 더 세련시키는 계기가 될 수 있을 것이라는 생각…. 이러한 것들을 비롯한 여러 가지 생각이 그간의 망설임에 종지부를 찍도록 도와주었던 것 같습니다. 이렇게 아주 조심스럽게 전통적인 형식의 교과서를 세상에 내놓기로 마음먹었고 민법총칙 분야를 그 출발로 삼았습니다.

언제부터인지 정확히 기억할 수는 없지만 민법학을 하는 것이 새끼를 꼬는 일과 비슷한 점이 많다는 생각을 하였습니다. 새끼줄은 얼핏 보기에는 이음매가 없이 통째로 하나인 것처럼 보이지만 사실은 따로 떨어져 있는 여러 개의 볏짚을 이어놓은 것입니다. 전혀 다른 품종의 쌀을 생산한 볏짚들이 함께 어우러져 하나의 새끼줄을 구성하기도 합니다. 민법은 어떠합니까? 민법은 여러 가지 개별규범으로 구성된 하나의 큰 체계입니다. 그런데 통째로 하나인 체계가 아니라 개별규범의 수에 상응하는 만큼의 이음매가 있는 체계라는 사실에 유의하여야 합니다. 민법체계를 구성하는 개별규범 중에는 매우 이질적인 특성을 가지고 있어 다른 개별규범과 어울릴 수 없을 것 같은 것도 있습니다. 그러나 볏짚을 이어 만든 새끼가 어마어마한 힘을 지탱할 수 있는 것과 같이 잘 정비된 민법체계는 사회의 민사관계를 타당하게 규율할 수 있습니다. 그런데 개별규범이 민법의 체계 속에서 그렇게 어우러지는 것은 당연한 것이라기보다는 체계화를 위한 의지적 노력의 결과라는 점에 유의하여야 합니다.

우리나라 민법학도 이제 괄목할 만한 성장을 하였습니다. 모두 先學들의 공로입니다. 현재의 우리에게도 후세에 부끄럽지 않을 학문을 하여야 할 과제가 주어져 있습니다. 이와 관련하여 저는 三角洲를 생각합니다. 삼각주는 인류에게 크나큰 유용성을 제공해 왔습니다. 그런데 하천의 물살이 어디에서나 같은 속력이라면 삼각주는 결코 존재할 수 없습니다. 유속의 감퇴가 있어야만 비로소 삼각주가 형성될 수 있습니다. 그간 한국의 민법학은 우리나라의 역사와 더불어 숨가쁘게 앞을 향해 달려왔습니다. 그러다 보니 우리에게도 귀중한 가치가 내재하고 있다는 사실을 간과한 경우도 꽤 있었던 것 같습니다. 성장을 향해 앞으로 달려가는 것도 중요합니다. 그러나 일정한 시간을 떼어내어 차분하게 숨을 고르면서 調整의 시간을 가질 필요도 있습니다. 하천의 유속이 느려지면서 삼각주가 형성되듯 말입니다. 아무런 실익도 없는 학설논쟁을 습관처럼 되풀이하는 일, 18세기의 중농주의자(physiocrat)들이 자신들의 이론을 설파하는 과정에서 암호 같은 언어를 사용했던 것과 같이 비교적 간단한 아이디어를 난해하게 서술하면서 언어의 유희에 빠지는 일, 물건을 자르는 것이 가위의 윗날인지 아랫날인지 하는 식으로 절제되지 않은 호기심을 발동시키는 일, 법적 문제의 해결을 시도함에 있어서 우리의 경험과 학문적 업적을 살피기도 전에 비교법이라는 미명 아래 성급하게 외국법으로 눈을 돌리는 일…. 이제는 이런 것들과 단호하게 이별하기 위하여 힘써야 할 것입니다.

法學을 함에 있어서 論理的 思考가 중요한 덕목이기는 하나 법학은 論理學이 아닙니다. 현실에서 나타나는 이익의 충돌을 조정하는 것이 法일진대 어떻게 논리만을 가지고 법적 해결책을 고안해낼 수 있겠습니까? 현실적으로 가장 타당한 법적 해결책을 제시하기 위하여 논리를 포기하여야 할 때도 적지 않습니다. 또한 법학을 함에 있어서 理念的 思考가 중요한 덕목이기는 하나 법학은 神學이 아닙니다. 현실적 이해가 복잡하게 얽힌 것이 법률분쟁인데 만약 하나의 일관된 이념으로 문제를 해결하고자 한다면, 그것은 자신의 이념에 합치하는 것일 뿐 온당한 해결책과는 거리가 먼 태도가 될 수 있습니다. 법학을 하는 사람은 理念의 多元性에 익숙해져 있어야 합니다. 그리고 법학을 하는 사람들은 문제해결을 위한 작업에 달려들기에 앞서 모든 가능성에 대해 연구하여야 합니다. 비록 이러한 변수들로 인하여 자신이 조심스럽게 고안해 놓은 우아한 이론모형의 모양이 찌그러진다 하더라도 말입니다.

앞의 이야기는 제가 민법을 연구하면서 평소에 느꼈던 것들인데, 이 책에 대한 이해에 도움이 될지도 모른다는 마음에서 말을 하다 보니 다소 길어진 느낌입니다. 이 책은 개별적인 사항을 장황하게 나열하기보다는 민법에 대한 원리적 이해를 돕는 쪽으로 방향을 잡았습니다. 이 책을 읽고 독자들이 민법을 더 탐구할 마음을 가지게 된다면 저의 일차적 목표는 일단 달성된 것입니다.

민법을 공부하고자 할 때 가장 먼저 시작하는 것이 민법총칙 편입니다. 그런데 민법총칙을 잘 이해하는 것은 그리 쉬운 일이 아닙니다. 추상적인 규정이 많은 데다가 민법의 후속편에 대한 이해가 선행되어야 하는 경우도 있기 때문입니다. 이러한 사정으로 인하여 법학 초심자들 중 적지 않은 사람이 민법총칙을 공부하면서 좌절을 맛보는 것으로 알고 있습니다. 이 책을 집필하면서 그러한 사정을 깊이 참작하여 고비마다 초심자들의 이해를 도울 수 있도록 힘썼습니다. 문체와 단어의 선택에 있어서 가능하면 일상적으로 많이 쓰여 익숙한 쪽을 선택했다든가, 생소한 개념에 대해서는 각주를 활용하여 쉽게 설명을 했다든가, 상호참조주를 활용하여 책의 앞뒤의 설명을 연결시켰다든가, 관계된 장소에 '사례연구' 또는 '보충학습' 난을 배치한 것 등이 그러한 노력의 흔적입니다.

이 책이 법학의 초심자만을 대상으로 기획된 것은 아닙니다. 종래의 通說과 判例理論에 대한 근본적 비판과 새로운 학설제안도 많이 포함되어 있기 때문입니다. 제가 제시한 비판과 새로운 제안들 중 어떤 것은 타당한 것도 있을 것이지만, 어떤 것은 제 자신의 淺學의 결과에 불과한 것도 있을 것입니다. 잘못된 부분에 대해서는 앞으로 여러 선생님들의 애정어린 비판을 겸허하게 수렴하여 저의 학문적 발전의 계기로 삼고자 합니다.

이 책이 나오기까지 여러분들의 가르침과 도움 그리고 격려가 있었습니다.

우선, 오늘에 이르기까지 저를 학문의 길로 인도해 주신 崔達坤 선생님(고려대학교 명예교수)과 프랑스의 쟈끄 게스뗑(Jacques GHESTIN) 선생님(*Université de Paris I: Panthéon-Sorbonne* 명예교수), 두 은사님께 머리 숙여 감사드립니다. 같은 학교에서 때로는 인생의 조언자의 모습으로, 때로는 학문적 동지의 모습으로 제게 늘 넉넉한 울타리가 되어주시는 고려대학교 법과대학의 민법 교수님이신, 河京孝 선생님, 申榮鎬 선생님, 安法榮 선생님, 金濟完 선생님, 金基昌 선생님, 金奎完 선생님께 존경과 감사의 마음을 드립니다. 이 책의 초고를 대상으로 한 교정작업에 참여하여 수고해 준 김종운 군, 오영걸 군, 장진성 군, 황인준 군, 서정래 군, 박찬호 군, 이아람 양에 대해서도 뜨거운 감사의 마음을 전합니다. 위 제자들 모두 學界 또는 實務界에서 훌륭한 재목으로 성장할 것으로 믿습니다. 책표지의 디자인을 위하여 정성을 다한 주식회사 바이널의 이서현 양과 이 책의 출판을 맡아주신 법문사의 관계자 여러분들의 수고도 기억하고 싶습니다. 또한 헌신적인 마음으로 가정을 경영하면서 늘 든든한 후원을 보내 주는 아내 朴奎姸에게 고마움과 미안함을 함께 전합니다. 그리고 이제 어린 아이의 모습을 뒤로 하고 성장하고 있는 아들 柱賢은 바르고 현명한 청년, 가족과 이웃에게 희망과 행복을 나누어줄 수 있는 청년으로 커나가기를 바랍니다.

어떠한 학문생활이 최선의 길인지 아직도 잘 알지 못합니다. 그러나 몇 가지에 대해서는 아직 희미하나마 확신이 생기기 시작한 것도 있습니다. 학문은 혼자서 하는 것이 아니라는 것, 학문을 함에 있어서도 절제가 필요하다는 것, 학문을 하는 사람은 현실에 발을 담근 채 한 손에는 先學의 생각이 담긴 책을, 그리고 다른 손에는 자신의 생각을 정리할 필기구를 챙기고 있어야 한다는 것…. 요즘에는 이러한 것들에 대하여 많이 생각합니다.

이 책에서 우리나라 민법학의 발전에 조금이나마 기여할 수 있는 요인이 발견될 수 있다면 그것은 제게 큰 영광이 될 것입니다.

2005년 8월 11일

고려대학교 법과대학 연구실에서

明 淳 龜(MYOUNG Soon-Koo) 드림

차 례

제1장 序 論

제1절 總 說

Ⅰ. 民法의 의미 3

1. 민법의 개념 3
2. 民法의 성격 4

(1) 實體法으로서의 民法 4 / (2) 私法으로서의 民法 5 / (3) 一般私法으로서의 民法 /6

3. 韓國民法典의 연혁 7

(1) 民法典의 성립 7 / (2) 民法典의 구성과 특색 9

Ⅱ. 民法의 法源 18

1. 序 說 18
2. 成 文 法 19
3. 不 文 法 19

(1) 慣習法 19 / (2) 條 理 23 / (3) 判 例 25 / (4) 學 說 26

Ⅲ. 民法의 기본원리 26

1. 기본이념으로서의 私的自治의 原則 26
2. 私的自治의 原則의 내용 27

(1) 개별원칙 27 / (2) 개별원칙의 현대적 위상 30

Ⅳ. 民法의 적용범위 32

1. 時間에 관한 적용범위 32
2. 사람 및 장소에 관한 적용범위 32

제2절 民法의 규율대상: 權利關係

Ⅰ. 權利關係의 의미 34

1. 權利關係의 개념 34
2. 權利關係의 주변개념 35

(1) 好意關係 35 / (2) 自然債務 36

Ⅱ. 權 利 …… 37

1. 權利의 의미 37

(1) 權利의 개념 37 / (2) 權利의 주변개념 38

2. 權利의 분류 39

(1) 權利의 내용에 따른 분류 40 / (2) 權利의 作用에 따른 분류 47

Ⅲ. 義 務 …… 51

1. 義務의 개념 및 權利와의 관계 51

2. 소위 '義務 없는 權利', '權利 없는 義務' 52

3. 間接義務와의 구별 54

Ⅳ. 權利關係의 實現方法 …… 55

1. 一般原則과 그 修正・補充의 필요성 55

2. 一般原則의 修正・補充 (I): 信義誠實의 原則 56

(1) 意 味 56 / (2) 一般條項的 特質과 적용한계 58 / (3) 派生原則 59

3. 一般原則의 修正・補充 (II): 權利濫用禁止의 原則 67

(1) 意 味 67 / (2) 適用要件 70 / (3) 權利濫用의 효과 72

Ⅴ. 權利의 衝突과 重疊 …… 74

1. 權利의 衝突 74

(1) 意 味 74 / (2) 債權과 債權의 충돌: 債權者平等의 原則 74 / (3) 債權과 物權의 충돌: 物權者의 우위 76 / (4) 物權과 物權의 충돌: 시간적 선후에 따른 우열 76

2. 權利의 重疊 77

(1) 意 味 77 / (2) 權利重疊의 유형 78 / (3) 權利重疊에 관한 설명체계의 정비 79

제 3 절 民事紛爭의 해결수단

Ⅰ. 序 說 …… 82

Ⅱ. 民事訴訟 …… 83

Ⅲ. 訴訟代替紛爭解決制度 …… 84

Ⅳ. 自力救濟 …… 86

제2장 權利의 主體

제1절 總 說

제2절 自然人

Ⅰ. 權利能力의 존속기간 ………… 90

1. 權利能力의 취득: 出生 90
2. 權利能力의 상실: 死亡 91
   (1) 死亡의 의미 91 / (2) 同時死亡의 推定 92
3. 胎兒의 權利能力 94
   (1) 序 說 94 / (2) 胎兒의 權利能力이 문제되는 경우 94 / (3) 胎兒의 법적 지위에 관한 이론구성 98

Ⅱ. 行爲能力 ………… 100

1. 序 說 100
   (1) 行爲能力의 개념 100 / (2) 行爲能力制度의 의미: 다른 能力과의 관계 100 / (3) 行爲能力制度의 적용범위 103 / (4) 行爲能力制度의 문제점과 개선책 104
2. 行爲無能力者의 유형 105
   (1) 未成年者 105 / (2) 限定治産者 115 / (3) 禁治産者 119
3. 無能力者의 相對方 保護 121
   (1) 序 說 121 / (2) 相對方에게 부여된 權利 122 / (3) 無能力者側의 取消權 喪失 126

Ⅲ. 生活場所 ………… 128

1. 住 所 128
2. 居所와 假住所 129

Ⅳ. 不在者: 不在者財産管理와 失踪 ………… 129

1. 序 說 129
2. 不在者의 財産管理 130
   (1) 意 味 130 / (2) 不在者가 財産管理人을 두지 않은 경우 130 / (3) 不在者가 財産管理人을 둔 경우 134
3. 失踪宣告制度 135
   (1) 序 說 135 / (2) 要 件 137 / (3) 效 果 139 / (4) 失踪宣告의 取消 142

제3절 法 人

Ⅰ. 序 說 ········· 158

1. 法人의 개념 158
2. 法人制度의 기능 159
3. 法人本質論 160
(1) 학설정리 160 / (2) 평 가 162
4. 法人의 종류 163
(1) 社團法人과 財團法人 163 / (2) 營利法人과 非營利法人 164 / (3) 公法人과 私法人 165 / (4) 內國法人과 外國法人 166
5. 法人格否認論 166
(1) 意 味 166 / (2) 法人格否認論의 근거 167 / (3) 法人格否認論의 적용요건 169

Ⅱ. 法人의 設立 ········· 171

1. 序 說 171
2. 非營利社團法人의 設立 172
(1) 設立要件 172 / (2) 設立中의 社團法人 179
3. 財團法人의 設立 181
(1) 設立要件 181 / (2) 設立中의 財團法人 193

Ⅲ. 法人의 能力과 活動 ········· 194

1. 法人의 目的과 權利能力의 범위 194
(1) 序 說 194 / (2) 제34조의 立法系統 194 / (3) 제34조의 意味에 관한 解釋論 195
2. 法人의 權利能力과 代表權의 범위 사이의 관계 198
3. 代表權의 濫用 202
(1) 序 說 202 / (2) 종래의 학설 상황 202

Ⅳ. 法人의 不法行爲責任 ········· 212

1. 法人의 不法行爲責任의 규범의미 212
2. 法人의 不法行爲責任의 성립요건 214
(1) 代表機關의 행위일 것 214 / (2) 職務에 관한 행위일 것 216 / (3) 代表機關 個人의 不法行爲責任의 성립 문제 222
3. 效 果 224
(1) 理 事 225 / (2) 理事會 · 臨時理事 · 特別代理人 232

Ⅴ. 法人의 機關 ········· 225

1. 執行機關 225
2. 監督機關: 監事 233

3. 意思決定機關: 社員總會 233
(1) 槪念과 權限 233 / (2) 種類와 召集節次 234 / (3) 決 議 235 / (4) 社員權 237
Ⅵ. 法人의 住所 …… 238
Ⅶ. 定款의 變更 …… 238
1. 序 說 238
2. 社團法人의 定款變更 239
3. 財團法人의 定款變更 239
Ⅷ. 法人의 消滅 …… 240
1. 序 說 240
2. 解 散 240
(1) 槪 念 240 / (2) 解散事由 240
3. 淸 算 241
(1) 槪 念 241 / (2) 淸算法人의 機關 242 / (3) 淸算事務: 淸算人의 직무권한 242
Ⅸ. 法人의 登記 …… 245
Ⅹ. 法人의 監督과 罰則 …… 245
1. 法人의 監督 245
2. 法人에 대한 罰則 246
Ⅺ. 非法人社團과 非法人財團 …… 246
1. 意 義 246
2. 非法人社團 246
(1) 槪 念 246 / (2) 法律關係 248
3. 非法人財團 254
(1) 槪 念 254 / (2) 法律關係 254
4. 종합평가: 非法人社團과 非法人財團의 權利能力 257

제3장 權利의 客體

제1절 總 說

제2절 物件의 意味

Ⅰ. 物件의 개념 …… 266
Ⅱ. 物件의 요건 …… 267

1. 管理可能性 267　　2. 非人格性 267
3. 獨立性 269

Ⅲ. 金錢(또는 貨幣)의 특수성 ………… 269
1. 金錢(또는 貨幣)의 物件性: 부정 269
2. 金錢(또는 貨幣)의 법적 특성 270

Ⅳ. 物件의 분류 ………… 271
1. 融通物과 不融通物 271　　2. 可分物과 不可分物 272
3. 代替物과 非代替物 272　　4. 特定物과 不特定物 272
5. 消費物과 非消費物 273
6. 單一物・合成物・集合物 273
(1) 概 念 273 / (2) 集合物과 一物一權主義 274

제 3 절 不動産과 動産

Ⅰ. 序 說 ………… 277
Ⅱ. 不 動 産 ………… 278
1. 土 地 278
2. 土地定着物 279
(1) 土地定着物의 개념 279 / (2) 不動産으로서의 土地定着物 280

Ⅲ. 動 産 ………… 292

제 4 절 主物과 從物: 從物理論

Ⅰ. 序 說 ………… 293
Ⅱ. 從物理論의 원형 ………… 293
1. 從物理論의 적용요건 293　　2. 從物理論의 취지와 효과 295

Ⅲ. 從物理論의 유추 ………… 296

제 5 절 元物과 果實

Ⅰ. 果實의 의미 ………… 298
1. 元物과 果實의 개념 298　　2. 果實의 종류 298

3. 天然果實 여부가 문제되는 상황 299

II. 果實의 귀속 302

1. 序 說 302
2. 法定果實의 귀속원리 302
3. 天然果實의 귀속원리 303

제 4 장 權利의 變動

제 1 절 總 說

I. 權利變動의 개념 307

II. 權利變動의 모습 307

1. 權利의 發生 307
2. 權利의 變更 309
3. 權利의 消滅 309

III. 權利變動의 原因 310

1. 法律要件과 法律事實 310
(1) 槪 念 310 / (2) 權利變動의 原因에 대한 중요한 분류 310
2. 法律事實의 분류 311
(1) 전통적 입장 311 / (2) 비판적 평가 / 316

IV. 앞으로의 논의: 내용과 체계 316

제 2 절 法律行爲

I. 法律行爲의 의미 317

II. 法律行爲의 종류 318

1. 單獨行爲 · 契約 · 合同行爲 318
(1) 單獨行爲 318 / (2) 契 約 319 / (3) 合同行爲 319
2. 義務負擔行爲 · 處分行爲 321
3. 出捐行爲 · 非出捐行爲 322
(1) 槪 念 322 / (2) 有償行爲 · 無償行爲 322 / (3) 有因行爲 · 無因行爲 322
4. 要式行爲 · 不要式行爲 324
5. 生前行爲 · 死因行爲 324

6. 信託行爲·非信託行爲 324

(1) 信託行爲의 두 종류: '信託法上의 信託', '民法學上의 信託' 324 / (2) 名義信託 326

III. 法律行爲의 요건 330

1. 成立要件 330

2. 效力要件 331

(1) 一般效力要件 331 / (2) 特別效力要件 333

IV. 意思表示의 效力發生 333

1. 意思表示의 效力發生時期 333

(1) 相對方 없는 意思表示의 경우: 表白主義 334 / (2) 相對方 있는 意思表示의 경우: 到達主義의 原則 334

2. 意思表示의 受領能力 337

3. 意思表示의 公示送達 337

V. 意思表示의 構成要素와 法律行爲의 解釋 338

1. 序 說 338

2. 意思表示의 構成要素 340

(1) 序 說 340 / (2) 行爲意思 340 / (3) 효과의사 342 / (4) 表示意思 347 / (5) 表示行爲 349 / (6) 종합적 평가 349

3. 法律行爲의 解釋 351

(1) 法律行爲解釋의 의미와 대상 351 / (2) 法律行爲解釋의 종류 353 / (3) 종합적 평가 360

4. 法律行爲解釋의 標準 362

(1) 當事者가 企圖하는 目的 362 / (2) 信義誠實의 原則: 특히 例文解釋의 문제 363 / (3) 任意規定(?) 364 / (4) 事實인 慣習 365

VI. 法律行爲의 內容(目的) 369

1. 序 說 369

2. 確定性 370

(1) 槪 念 370 / (2) 不能의 분류: 原始的 不能과 後發的 不能 370

3. 可 能 性 370

4. 사회적 타당성과 적법성 374

(1) '社會的 妥當性' 요건의 의미 374 / (2) 제103조의 適用要件에 관한 개별적 문제 379 / (3) 제104조의 適用要件에 관한 개별적 문제 385 / (4) '社會的 妥當性' 요건 흠결의 효과 388

Ⅶ. 缺陷있는 意思表示 392

1. 序 說 392
2. 意思와 表示의 不一致 392
(1) 非眞意表示 392 / (2) 通情虛僞表示 398 / (3) 錯 誤 408
3. 瑕疵있는 意思表示: 詐欺 · 强拍에 의한 意思表示 425
(1) 瑕疵 있는 意思表示의 의미 425 / (2) 瑕疵 있는 意思表示의 요건 426 / (3) 瑕疵 있는 意思表示의 효과 428

Ⅷ. 代 理 432

1. 序 說 432
(1) 代理의 개념과 기능 432 / (2) 代理와 구별되는 개념 433
2. 代理關係의 제1면: 代理權 434
(1) 代理權의 發生 434 / (2) 代理權의 범위와 그 제한 441 / (3) 代理權의 濫用 444 / (4) 代理權의 消滅 452
3. 代理關係의 제2면: 代理行爲 453
(1) 代理行爲의 方式: 顯名主義 453 / (2) 代理行爲의 흠 454 / (3) 代理人의 能力 454 / (4) 代理行爲와 本人의 行爲의 경합 456
4. 代理關係의 제3면: 法律效果 457
5. 復代理 458
(1) 復代理人의 개념 및 성질 458 / (2) 復任權과 代理人의 책임 459 / (3) 復代理人의 지위 460
6. 無權代理人의 代理行爲: 無權代理 · 表見代理 462
(1) 無權代理에 관한 규범의 의미 462 / (2) 無權代理의 이론체계 463 / (3) 無權代理의 구체적 규범내용 475

Ⅸ. 無效와 取消 506

1. 序 說 506
(1) 無效와 取消의 개념 506 / (2) 無效와 取消의 二重效 507
2. 法律行爲의 無效 509
(1) 序 說 509 / (2) 一部無效의 法理 513 / (3) 無效行爲의 轉換 517 / (4) 無效行爲의 追認 520
3. 法律行爲의 取消 526
(1) 序 說 526 / (2) 取消權者 529 / (3) 取消의 方法과 效果 532 / (4) 取消權의 消滅 534

Ⅹ. 法律行爲의 附款 537

1. 序 說 537

(1) 민법상 '附款'의 개념 537 / (2) 法律行爲의 附款으로서의 '條件'·'期限' 538

2. 條 件 539

(1) 槪 念 539 / (2) 分 類 540 / (3) 條件을 붙일 수 없는 法律行爲 543 / (4) 條件의 成就·未成就 544 / (5) 條件附 法律行爲의 효력 545

3. 期 限 551

(1) 槪 念 551 / (2) 分 類 551 / (3) 期限을 붙일 수 없는 法律行爲 553 / (4) 期限附 法律行爲의 효력 554 / (5) 期限의 利益 554

제 3 절 期 間

Ⅰ. 序 說 ······ 558

Ⅱ. 期間의 計算 ······ 558

1. 計算方法에 관한 二元主義 558

2. 期間을 '時·分·秒'로 정한 경우 559

(1) 起算點 559 / (2) 滿了點 560

3. 期間을 '日·週·月·年'으로 정한 경우 559

Ⅲ. 期間의 逆算 ······ 561

제 4 절 消滅時效

Ⅰ. 序 說 ······ 563

1. 消滅時效의 의미 563

(1) 槪 念 563 / (2) 存在理由 563

2. 유사제도와의 구별 566

(1) 除斥期間과의 구별 566 / (2) 權利失效와의 구별 568

Ⅱ. 時效消滅의 要件 ······ 568

1. 消滅時效 대상적격 569

(1) 占有權 또는 留置權 569 / (2) 擔保物權 569 / (3) 用益物權 569 / (4) 抗辯權 570 / (5) 登記請求權 570 / (6) 形成權 571

2. 權利의 不行使 574

3. 時效期間의 경과 576

(1) 原 則 576 / (2) 例外: 短期消滅時效 577 / (3) 判決 등으로 確定된 債權 584

Ⅲ. 消滅時效의 障碍: 消滅時效의 中斷과 停止 …… 586

1. 消滅時效의 中斷 586

(1) 消滅時效 中斷의 의미 586 / (2) 消滅時效 中斷事由 587 / (3) 承 認 599

(4) 時效中斷의 效果 599

2. 消滅時效의 停止 601

(1) 時效停止의 의미 601 / (2) 時效의 停止事由 602

Ⅳ. 時效完成의 效果 …… 603

1. 理論構成 603

(1) 학설·판례의 내용 603 / (2) 학설상의 주요 쟁점 604 / (3) 비판적 평가 605

2. 時效完成 效果의 내용 607

(1) 消滅時效의 遡及效 607 / (2) 時效利益의 拋棄 607 / (3) 時效에 관한 合意 607

判例索引 …… 609

事項索引(國文) …… 627

事項索引(歐文) …… 649

條文索引(民法總則) …… 652

일러두기

1. 책의 구성

(1) 문단번호

각 단위별로 문단번호를 표시하였다.

(2) 사례연구

이론적인 설명을 한 다음에 '사례연구'를 배치하여 이론에 대한 이해를 증진하도록 하였다.

(3) 보충설명

분야에 따라서는 '보충설명'을 배치하여 이론에 대한 이해를 심화하도록 하였다.

(4) 민법개정안

현재 국회에 계류중인 민법 재산법 편에 대한 개정안의 내용을 관계된 곳에 배치하여 입법상황에 대한 이해를 돕고자 하였다.

2. 계층기호

계층기호는 다음과 같다: 장, 절, I, 1, (1), 1), (가), 가), ㉮, ㉠, (a), a).

3. 한자사용

漢字를 단순히 中國의 문자로 생각할 것은 아니다. 특히 學問的 概念을 표현함에 있어서 뜻글자인 漢字는 매우 유용한 文字이다. 그러나 요즘의 학생들이 漢字에 그리 익숙하지 않다는 점을 고려하지 않을 수 없었다. 그리하여 漢字表記는 최소화하였다.

4. 문장표현 방법

문장표현에 있어서는 可讀性을 높일 수 있도록 힘썼다. 특히 가능하면 간략한 설명이 되도록 하였다. 이와 같은 취지에서 콜론(colon)과 세미콜론(semicolon)을 많이 활용하였다.

5. 주

註는 그 위치에 따라 내주(內註)·각주(脚註)·후주(後註)로 구분된다. 內註(reference citation in text)는 본문 중의 괄호 안에 註의 내용을 기재하는 방식이다. 脚註(footnote)는 註를 달아야 할 부분이 있는 면의 하단에 註의 내용을 기재하는 방식이다. 後註(endnote)는 각 章·節 또는 책의 말미에 註의 내용을 기재하는 방식이다. 이 책에서는 脚註의 방식을 채택하였다.

註는 기능에 따라 크게 세 가지로 분류된다: ① 서지적 참조주(書誌的參照註); ② 내용주(內容註); ③ 상호참조주(相互參照註). ①은 인용의 전거를 밝히기 위한 註이다. ②는 본문에서 제시된 특수한 용어나 개념을 부연설명하는 것이다. ③은 본문의 다른 부분을 참조하도록 안내하는 것이다. 이 책에서 서지적 참조주는 가능한 한 단행본(특히 주요 교과서)으로 제한하였다. 반면, 내용주와 상호참조주를 많이 활용함으로써 내용에 대한 이해를 돕는 한편 체계적 이해를 도모하였다.

6. 조문표시

法條文의 표시에 있어서 민법규정은 조문만을 표시하였고, 민법 이외의 법령은 그 명칭까지 함께 표기하였다.

7. 판례인용

이 책에서 참고한 판례는 법원도서관에서 제작한 법고을(대법원 법원도서관, 『법고을: LX DVD 2005』, 법원도서관, 2005)에서 인용하였다.

주요참고문헌*

高翔龍, 『民法總則』, 法文社, 2001.

郭潤直, 『民法總則』, 博英社, 2001.

金基善, 『韓國民法總則』, 法文社, 1985.

金相容, 『民法總則』, 法文社, 2001.

金容漢, 『民法總則論』, 博英社, 1986.

金疇洙, 『民法總則』, 三英社, 2002.

金俊鎬, 『民法總則』, 法文社, 2001.

金曾漢 · 金學東, 『民法總則』, 博英社, 2001.

金亨培, 『民法學講義』, 新潮社, 2003.

명순구, 『민법학기초원리』, 세창출판사, 2003.

白泰昇, 『民法總則』, 法文社, 2001.

宋德洙, 『民法講義(上)』, 博英社, 2004.

李英俊, 『民法總則』, 博英社, 2001.

李銀榮, 『民法總則』, 博英社, 2001.

李太載, 『民法總則』, 法文社, 1981.

張庚鶴, 『民法總則』, 法文社, 1985.

池元林, 『民法講義』, 弘文社, 2004.

黃迪仁, 『現代民法論 I(總則)』, 博英社, 1985.

* 민법학 체계서 형식의 문헌만을 들기로 한다.

학습의 기초

Ⅰ. 법조문의 형식

Ⅱ. 기초법률용어

Ⅲ. 대법원 판결문의 구조

I. 법조문의 형식

1) 조(條)·항(項)·호(號): '條'는 법률을 구성하는 원칙적 단위이다. '項'은 어떤 사항을 규율함에 있어서 하나의 문장으로 하기 어렵거나 또는 경우를 나누어 규정할 필요가 있는 등의 사정이 있는 때에 사용하는 입법형식이다. 예를 들어 보자.

> 第99조【부동산, 동산】 ① 토지 및 그 정착물은 부동산이다.
> ② 부동산 이외의 물건은 동산이다.

위에서 원문자 ①·②로 표시된 것이 바로 項이다. 그러므로 민법 제99조 제1항의 규범내용은 "토지 및 그 정착물은 부동산이다"가 되는 것이다.

'號'는 일정한 사항을 열거하는 등의 필요가 있는 때에 사용하는 입법형식이다. 예를 들어 보자.

> 第118조【대리권의 범위】 권한을 정하지 아니한 대리인은 다음 각 호의 행위만을 할 수 있다.
> 1. 보존행위
> 2. 대리의 목적인 물건이나 권리의 성질을 변하지 아니하는 범위에서 그 이용 또는 개량하는 행위

위에서 숫자 1·2로 표시된 것이 바로 號이다.

2) ○조(條)의 2: 어떤 법률을 개정하면서 전에 없던 조문을 추가하는 경우가 있게 된다. 이 때에 만일 추가하는 조문의 번호를 일렬적으로 쓰게 되면 그 뒤의 조문번호가 모두 밀리게 되어 실무상 불편을 주게 된다. 예를 들어 보자.

> 第826조의 2【성년의제】 미성년자가 혼인을 한 때에는 성년자로 본다.

제826조의 2는 1977년의 민법 개정시에 새로 추가된 규정이다. 만일 이 조문의 번호를 그렇게 하지 않고 제827조로 하였다면 개정 전의 제827조 이하의 규정은 모두 변경되었을 것이다.

3) **본문(本文)·단서(但書)**: 하나의 조문에서 일정한 사항을 규율하고 그에 이어서 반대의 경우에 대하여 따로 규정하는 경우에 취하는 입법형식이다. 예를 들어 보자.

> 제5조【미성년자의 능력】 ① 미성년자가 법률행위를 함에는 법정대리인의 동의를 얻어야 한다. 그러나 권리만을 얻거나 의무만을 면하는 행위는 그러하지 아니하다.
> ② 前項의 규정에 위반한 행위는 취소할 수 있다.

위의 제5조 제1항에 있어서 "미성년자가 법률행위[1]를 함에는 법정대리인의 동의를 얻어야 한다"라는 부분은 本文이고 "그러나 권리만을 얻거나 의무만을 면하는 행위는 그러하지 아니하다"라는 부분은 但書이다. 그러므로 제5조 제1항 단서라 함은 "그러나 권리만을 얻거나 의무만을 면하는 행위는 그러하지 아니하다"를 가리키는 것이다.

4) **제1문(第1文)·제2문(第2文)**: 하나의 조문이 2개 이상의 문장으로 되어 있으나 이들 문장이 본문과 단서의 관계에 있지 않은 경우에 이들 각 규범내용을 가리킬 때 사용하는 용어이다. 예를 들어 보자.

> 제128조【임의대리의 종료】 법률행위에 의하여 수여된 대리권은 前條의 경우 외에 그 원인된 법률관계의 종료에 의하여 소멸한다. 법률관계의 종료 전에 본인이 수권행위를 철회한 경우에도 같다.

위의 제128조에서 "법률행위에 의하여 수여된 대리권은 前條의 경우 외에 그 원인된 법률관계의 종료에 의하여 소멸한다"는 제1문이고 "법률관계의 종료 전에 본인이 수권행위를 철회한 경우에도 같다"는 제2문이다.

---

1) '法律行爲(acte juridique, Rechtsgeschäft)'는 단순히 법적인 행위라는 의미가 아니다. 민법학에 있어서 법률행위라는 것은 매우 특별하고 중요한 개념이다. 법률행위의 개념에 대한 기초적인 설명에 대해서는 이 책 [333] 참조.

5) **前○條**: 이러한 표현은 조문 앞의 몇 개의 조문을 모두 가리킬 때 사용하는 표현이다. 예컨대, 제582조가 "前2條에 의한 권리는 매수인이 그 사실을 안 날로부터 6月內에 행사하여야 한다"라고 할 때에 '前2條'란 제580조와 제581조를 지칭하는 것이다. 현재 진행중인 민법 재산법 편에 대한 개정안에서는 '前2條'와 같은 표현을 피하고 '제580조와 제581조'의 표현을 사용하고 있다.

Ⅱ. 기초법률용어

1) **자(者)**: 일상용어에서 어떤 사람을 '…者'라고 표현하면 그를 좋게 부르는 것이 아니다. 그러나 법에서는 일반적으로 누구를 가리킬 때 '者'라는 용어를 많이 사용한다. 그러므로 '者'라고 하면 사람과 같은 법률주체를 가리킨다. 그런데 법률주체에는 유기적 생명체로서의 사람(즉 自然人) 이외에 法人(예: 주식회사)도 포함된다. 그러므로 법에서 '者'라고 하는 것은 사람과 법인을 모두 포함하는 것이 원칙이다.

2) **자(子)**: 일상용어에서 '子'는 자식 중 아들을 의미한다. 그러나 민법전에서 '子'라고 하면 아들뿐만 아니라 딸도 포함하는 개념이다('子女'라고 하는 것이 마땅할 것이다). "子는 父의 姓과 本을 따르고 父家에 입적한다"(제781조 제1항)라는 규정에서의 '子'가 그 예이다.

3) **선의·악의(善意·惡意)**: 일상용어에서의 선의, 악의란 각각 '착한 마음', '타인에게 해를 끼치려는 나쁜 마음'을 의미한다. 그러나 법률용어에서의 善意란 권리의 발생·변경·소멸에 영향을 미치는 일정한 사정을 알지 못한 것을 말하고, 惡意란 그러한 사정을 안 것을 말한다. 그러나 '惡意'의 경우에는 예외적으로 그것이 문자 그대로의 의미로 사용되는 경우도 있다. 제840조 제2호의 재판상 이혼사유에 있어서 '배우자가 악의로 다른 일방을 유기한 때'에서의 '惡意'가 그 예이다.

4) **당사자(當事者)·제3자(第3者)**: 어떤 법률관계에 있어서 이에 직접 참여한 자를 '當事者'라 하고, 그 이외의 자를 '第3者'라 한다. 예를 들어 보

자: A는 甲건물의 소유자이다; A는 甲건물을 임대차계약에 따라 B에게 세(貰)를 놓았다; 그 후 A는 甲건물에 대하여 C와 매매계약을 체결하였다. 이 사례에서 매매계약을 중심으로 보면, 당사자는 A와 C이고 B는 제3자이다. 한편 임대차계약을 중심으로 보면 A와 B가 당사자이고 C는 제3자이다. 이와 같이 제3자의 의미는 문제된 법률관계가 어떠한 것인가에 따라 일정하지 않다.

5) **준용(準用)**: '준용'이란 일정한 규정을 유사한 다른 사항에 적용하는 논리방법을 말한다. 예를 들어 보자. 제59조 제2항은 "법인의 대표에 관하여는 대리에 관한 규정을 준용한다"라고 규정한다. 그러므로 법인의 대표자(예: 이사)가 대표행위를 함에 있어서는 대표의 성질에 반하지 않는 한 대리에 관한 규정을 적용하게 된다. '準用'의 방식을 사용함으로써 법조문의 숫자를 줄이는 효과를 거둘 수 있다.

6) **추정(推定)·간주(看做)**: 법률분쟁이 벌어진 경우에 그것을 해결하기 위해서는 분쟁당사자간의 법률관계(法律關係)를 확정하여야 한다. 그리고 法律關係의 확정은 사실관계(事實關係)의 확정이 전제되어야 한다. 그런데 법률관계의 확정을 위한 사실관계를 낱낱이 확정하기가 어려운 경우가 있게 된다. 추정과 간주는 대체로 이와 같은 사실관계의 입증이 곤란한 경우를 대비하여 마련된 것이다.

推定이란 어떤 사실로부터 다른 사실을 추론하는 것을 말한다. 예를 들어 보자. 민법 제30조는 "2인 이상이 동일한 위난으로 사망한 경우에는 동시에 사망한 것으로 추정한다"라고 규정한다. 예컨대, 아버지와 아들이 같은 비행기에 탑승하였다가 비행기가 추락하여 모두 사망하였다면, 전제사실은 비행기의 추락으로 인한 아버지와 아들의 사망이고 추정에 의하여 추론된 사실은 동시에 사망하였다는 것이다. 추정은 반대의 증거에 의하여 번복할 수 있다.

看做란 법에 의한 의제(擬制)를 말한다. 구체적 법규정에서는 보통 '看做한다' 내지 '본다'로 표현한다. 추정은 법률상 어떠한 사실을 일단 가정하는 것에 불과하므로 반증을 들면 번복되지만, 간주는 반증을 드는 것만으로 번복할 수 없다. 민법 제19조는 "주소를 알 수 없으면 거소를 주소로 본다"라고 규정하고 있다. 예컨대, A라는 사람이 그 주소를 알 수 없는 자로서 α라는 장소를 거소로 하여 생활하고 있다면, 그 거소가 그의 주소로 의제되며, A에게 그와 다른 주장이 허용되지 않는다.

7) **대항(對抗)하지 못한다**: 특정인에 대해서는 일정한 권리를 주장하지 못한다는 의미이다. 예를 들어 보자: A는 甲토지의 소유자이다; A는 甲에 대한 소유권을 자식인 B에게 넘겨주고자 한다; 그런데 증여를 하게 되면 세금이 많이 부과되기 때문에 매매계약을 하는 것처럼 위장하여 甲에 대한 등기명의(登記名義)를 B에게 이전해 주었다; B는 다시 매매계약을 통하여 이러한 사정을 모르는 C에게 이전등기(移轉登記)를 해주었다. 이 사례에서 A·B간의 매매계약은 무효(無效)이다. 왜냐하면 위장된 매매이기 때문이다(제108조 제1항). 그러므로 B는 진실한 소유자가 아니며 소유자는 여전히 A이다. B가 소유자가 아니므로 C도 소유권을 취득할 수 없다. 그렇다면 A는 C에게 甲토지를 돌려달라고 할 수 있겠는가? 논리적으로 보면 긍정하여야 한다. 그러나 이와 같은 경우에 사정을 몰랐던(즉 善意인) C를 보호할 필요가 있다. 이에 따라 제108조 제2항은, 가장행위(假裝行爲)의 무효는 선의의 제3자에게 대항할 수 없다고 규정하고 있다. 그러므로 A는 C에게 甲토지를 돌려달라고 주장할 수 없다. 이와 같은 상황을 보다 전문적인 용어로는, "A는 가장행위의 무효를 가지고 C에게 대항할 수 없다"라고 말한다.

8) **소급효(遡及效)**: 법률의 효력이나 법률요건의 효력이 법률시행 전 또는 법률요건이 충족되기 전의 시점으로 거슬러 올라가 효력이 생기는 것을 말한다.

9) **절대적(絶對的) 權利·상대적(相對的) 權利**: 권리자가 그의 권리를 모든 자에게 주장할 수 있는 것을 절대적 권리(絕對的 權利)라 하고, 모든 자가 아닌 일부의 자에 대하여만 주장할 수 있는 것을 상대적 권리(相對的 權利)라 한다. 어떤 법률효과가 모든 자에게 그 효력을 미치는 경우를 절대효(絕對效)라 하고 일부의 자에게만 미치는 경우를 상대효(相對效)라고 하는 것도 유사한 의미이다.

10) **기간의 단위인 월(月)**: 일상적으로는 '○개월'이라는 단위를 사용한다. 그러나 법에서는 '개월'을 사용하지 않고 단순히 '월'이라는 단위를 사용한다. 제582조가 "前2條에 의한 권리는 매수인이 그 사실을 안 날로부터 6月內에 행사하여야 한다"라고 규정하는 것이 그 예이다. 현재 국회에 계류중인 민법 재산법 편에 대한 개정안에서는 '○개월'이라는 표현을 사용하고 있다.

Ⅲ. 대법원 판결문의 구조

1. 판결문 예시

대 법 원
제 2 부①
판 결

사 건	86다카2407②		건물명도③
원고④, 피상고인⑤	오길동	원고 소송대리인	변호사 최철저
피고④, 상고인⑤	박순진	피고 소송대리인	변호사 김호남
원심판결⑥	서울고등법원 1986. 9. 29 선고 86나77 판결		

주 문⑦

상고를 모두 기각한다.
상고비용은 원고들의 부담으로 한다.

이 유⑧

피고 소송대리인의 상고이유에 대하여, 임차주택의 일부가 주거외의 목적으로 사용되는 경우에도 주택임대차보호법 제2조의 규정에 의하여 그 법률의 적용을 받는 주거용 건물에 포함되나 주거생활의 안정을 보장하기 위한 입법목적에 비추어 임차주택의 일부가 비주거용이 아니고 거꾸로 비주거용 건물에 주택의 목적으로 일부를 사용하는 경우에는 위 법 제2조가 말하고 있는 일부라는 범위를 벗어나 이를 주거용 건물이라 할 수 없고 이러한 건물은 위 법률의 보호대상에서 제외된다고 할 것이다.

원심은 그 채택증거를 종합하여 원고가 경락으로 소유권을 취득한 이 사건 건물은 당초부터 여관, 여인숙의 형태로 건축되었고 피고는 전소유자 ○○○로부터 여인숙을 경영할 목적으로 임차하여 방 10개 중 현관 앞의 방은 피고가 내실로 사용하면서 여관, 여인숙이란 간판을 걸고 여인숙업을 경영하여 온 사실을 인정하고 피고의 그 점유부분은 주택임대차보호법상의 주거용 건물에 해당하지 아니한다고 하였는바, 원심의 위와 같은 판단은 정당하다. 소론은 위의 인정판단과 어긋나는 사실관계 또는 법률적 견해를 바탕으로 하여 여러 가지 각도로 원심판결을 공격하고 있는 데 지나지 아니하여 채용할 수 없다. 논지는 이유 없다.

이에 상고를 기각하고, 상고비용은 패소자의 부담으로 하여 관여법관의 일치된 의견으로 주문과 같이 판결한다.

1987. 4. 28.⑨

재판장 대법원판사 김 자 유 (인)⑩
대법원판사 이 정 의 (인)⑩
대법원판사 박 진 리 (인)⑩

2. 판결문의 구성부분 해설

1) ① '제2부' '제2부'는 大法院의 재판부(裁判部)를 의미한다. 대법원에는 대법관 3인 이상으로 구성되는 部를 둘 수 있는데(법원조직법 제7조 제1항 단서), 실제로 대부분의 사건은 이 部에서 재판하고 있다. 이 판결은 대법원 제2부에서 한 판결임을 알 수 있다.

2) ② '86다카2407' '86다카2407'는 사건번호이다. 법원사무규칙(1962. 7. 31. 공포 대법원규칙 제133호)에 의하면, 사건기록은 매 사건마다 별책으로 하는 것을 원칙으로 하고 있다(동 규칙 제36조 본문). 사건기록에는 사건번호를 붙여야 하는데(동 규칙 제37조 제1항), 이 사건번호는 서기(西紀) 연수(年數)의 아라비아 숫자,[2] 사건별 부호문자, 진행번호인 아라비아 숫자의 순으로 표시된다(동 규칙 제37조 제2항).

사건번호

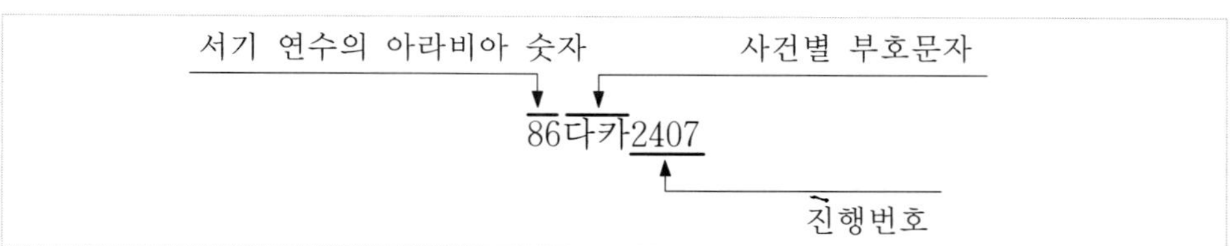

위 법원사무규칙이 정하고 있는 사건별 부호문자 중 민사사건(民事事件)에 관하여 주요한 것을 들면 다음과 같다:

○ 민사 제1심 단독사건 ······· '가단'　○ 민사 제1심 합의사건 ······· '가합'
○ 민사 항소사건 ················ '나'　○ 민사 상고사건 ············· '다'(다카)

앞에서의 설명을 기초로 하여 사건번호 '86다카1114'의 구체적 의미를 살펴보자.

---

2) 1999년까지는 西紀 年數의 10단위 이하의 아라비아 숫자를 사용하여 왔다. 그러나 2000년부터는 'Y2K 문제'를 고려하여 1000단위를 모두 표시하고 있다.

i) 맨 앞의 '86'은 1986년을 의미한다.

ii) 그 다음의 '다카'는 사건별 부호문자이다. 민사 상고사건을 나타내는 부호문자에는 '다'와 '다카'가 있다. 이 중에서 '다'가 통상적인 부호문자이다.

'다카'는 '소송촉진 등에 관한 특례법'(1981. 1. 29. 법률 제3361호)에 의하여 도입된 '상고허가제도(上告許可制度)'와 밀접한 관련을 가진다. 1981년 3월 1일부터 시행된 이 법률에 의하면, 上告는 다음과 같은 사유가 판결에 영향을 미친 경우에 인정된다: ⓘ 헌법에 위반하거나 헌법의 해석이 부당한 때; ⓘⓘ 명령・규칙 또는 처분의 법률위반 여부에 대한 판단이 부당한 때; ⓘⓘⓘ 법률・명령・규칙 또는 처분에 대한 해석이 대법원 판례와 상반되는 때(동법 제11조). 그러나 이와 같은 상고이유가 없는 경우에도 법령의 해석에 관한 중요한 사항을 포함하는 것으로 인정되는 사건에 관하여는 그 판결확정 전에(즉 판결문을 송달받은 날로부터 2주일 이내에) 당사자가 대법원에 상고허가(上告許可)를 신청할 수 있다(동법 제12조). 전자의 방식에 의한 上告를 '권리상고(權利上告)'라 하며 후자의 방식에 의한 上告를 '허가상고(許可上告)'라 하는데, 이들 두 형태의 상고심 판결(즉 大法院 判決)에 부여하는 사건번호 중 특히 부호문자에는 차이가 있다. 즉 權利上告에 있어서는 부호문자로서 '다'를 부여하고, 대법원이 당사자의 上告許可申請을 받아들여 재판을 한 판결에 대하여는 '다카'라는 부호문자를 붙이게 된다. 이 판결의 부호문자가 '다카'인 사실로 미루어 볼 때, 이 사안에서의 上告人인 被告 박순진은 許可上告의 방법에 의하여 상고한 것임을 알 수 있다.

그러나 현재 上告許可制度는 존재하지 않는다는 점에 유의하여야 한다. 1990년 1월 13일에 '소송촉진 등에 관한 특례법'을 개정하여 上告許可制度의 법적 근거를 삭제하였기 때문이다. 현재에는 '상고심절차에 관한 특례법(1994. 7. 27. 법률 제4769호)'이 규정하고 있는 '심리불속행판결(審理不續行判決)'(동법 제4조)이 종래의 상고허가제도와 유사한 기능을 수행하고 있다.

iii) 마지막의 '2407'은 사건의 일련번호이다. 즉, 그 해 대법원에 2407번째로 접수된 사건이다.

3) ③ '건물명도' '건물명도'는 사건명(事件名)으로 이러한 事件名은 소장(訴狀)이 제1심 법원에 접수될 때에 붙여지게 된다. 앞에서 예시한 판결문

의 경우에는 '건물명도'라는 사건명이 사건의 실질적 내용과 부합하고 있다. 그러나 소송당사자의 법률지식의 부족 등으로 인하여 사건의 내용과는 전혀 관계없는 사건명이 붙는 경우도 있다.

4) ④ '원고'·'피고' '원고(原告)'는 소송을 제기한 사람이고 '피고(被告)'는 그 상대방을 말한다. 원고의 소제기(訴提起)에 의하여 제1심 절차가 개시되는데, 원고와 피고의 명칭은 항소심 및 상고심에서도 변경되지 않는다. 문제의 소송에서 原告 또는 被告가 아닌 제3자를 '소외인(訴外人)'으로 표시한다. 한편 소송이 진행되면서 원고와 피고는 법원에 증거를 제출하는데, 원고가 제출한 증거자료는 '甲'으로 표시하고 피고가 제출한 증거자료는 '乙'로 표시한다. 예를 들어 원고가 증거서류 2개를 제출했다면 그 하나는 '甲 제1호증'이라 부르고, 다른 것을 '甲 제2호증'으로 표현한다.

5) ⑤ '상고인'·'피상고인' 원심판결에 불복하여 대법원에 상고한 사람이 '상고인(上告人)'이고 그 상대방이 '피상고인(被上告人)'이다.

6) ⑥ '원심판결' '원심판결(原審判決)'이라 함은 대법원에 上告되기 직전의 제2심 법원의 판결을 말한다. 원심판결은 고등법원 판결일 수도 있으며 지방법원 항소부 판결일 수도 있다.[3] 대법원 판결문에서 '당원(當院)' 또는 '당심(當審)'은 대법원을 의미하는 것이다.

7) ⑦ '주문' '주문(主文)'은 대법원 판결의 결론에 해당한다. 上告人의 上告가 이유 있다고 판단[4]되면 대법원은 원심판결을 파기(破棄)하고, 상고에 이유가 없다고 판단되는 경우에는 상고를 기각(棄却)하게 된다. 이 부분에서 소송비용에 대한 언급도 있게 된다. 破棄에는 '파기환송(破棄還送)', '파기이송(破棄移送)', '파기자판(破棄自判)'이 있다.

ⅰ) '破棄還送'이란 상고심법원(즉 大法院)이 원심판결을 파기한 경우에 다시 심판시키기 위하여 원심법원으로 사건을 되돌려 보내 다시 재판하도록 하는 것을 말한다. 민사소송에서는 上告人의 상고에 이유가 있다 하여 원심판결을 파기할 경우에 自判하는 경우를 제외하고는 還送하는 것이 원칙이다(민사소송법 제436조 제1항 전단 참조).

---

3) 이에 대해서는 이 책 [70] 참조.

4) "上告人의 上告가 이유 있다"라는 것은 원심법원이 잘못된 법적 판단을 하였음을 의미하는 것이다.

ⅱ) '破棄移送'이란 상고심법원이 원심판결을 파기함과 동시에 원심법원 이외에 원심법원과 같은 급(級)의 다른 법원에 직접 이송하는 것을 말한다. 파기환송이 원심법원으로 돌려보내는 것과 차이가 있다. 상고심법원이 상고에 이유가 있다고 인정하는 경우, 원심판결을 파기하면서 사건을 원심법원이 아닌 그와 동등한 다른 法院에 보내서 심리하는 것이 적합한 것으로 판단할 때에 移送을 하게 된다(민사소송법 제436조 제1항 후단 참조).

ⅲ) '破棄自判'이란 상고심법원이 상고에 이유가 있다고 인정하여 원심판결을 파기하면서 破棄還送 또는 破棄移送을 하지 않고 그 사건에 대하여 스스로 재판하는 것을 말한다. 민사소송에서는, ⓘ 확정한 사실에 대한 법령적용의 위배를 이유로 하여 판결을 파기하는 경우에 사건이 그 사실에 의하여 재판하기에 충분한 때 또는 ⓘⓘ 사건이 법원의 권한에 속하지 아니함을 이유로 하여 판결을 파기하는 때에 상고심법원은 그 사건에 대하여 종국판결, 즉 파기자판을 한다(민사소송법 제437조 참조).

8) ⑧ '이유' '이유(理由)'는 대법원이 主文과 같은 결론에 이르게 된 법리적 경과를 설명하는 부분이다. 이 부분은 대체로 原審이 확정한 사실관계, 원심의 법적 판단 사항, 원심의 판단에 대한 대법원의 법적 판단의 순서로 서술되며 그 말미에는 主文의 내용을 반복하여 기재한다.

9) ⑨ 날짜 대법원 판결이 행해진 날짜를 의미한다. 사건번호(②) 맨 앞부분의 '86'도 1986년이라는 연도를 나타내는 것이지만, 사건번호에서의 연도는 당해 사건이 대법원에 접수된 연도를 의미하므로 判決年度와 다를 수 있다.

10) ⑩ 법관의 서명·날인 상고심에 관여한 大法官은 모두 판결문 말미에 서명하고 날인하여야 한다.

제 1 장

序　　論

제 1 절　總　　說
제 2 절　民法의 규율대상: 權利關係
제 3 절　民事紛爭의 해결수단

제 1 절 總　說

제 1 절 總　說
Ⅰ. 民法의 의미
Ⅱ. 民法의 法源
Ⅲ. 民法의 기본원리
Ⅳ. 民法의 적용범위

Ⅰ. 民法의 의미

1. 민법의 개념

1 사람이란 무엇인가? 사람의 개념을 명확하게 정의하는 것은 쉬운 일이 아니다. 그러나 "내가 사람인가?"라는 질문에 대한 답은 비교적 용이하다. "民法이란 무엇인가?"라는 문제도 이와 유사하다. 즉 민법의 개념을 간명하게 말하는 것은 쉬운 일이 아니다. 그러나 어떠한 구체적 법규범을 놓고 그것이 民法인가의 여부를 판단하는 것은 상대적으로 용이하다.

民法의 개념설정에 앞서 우선 法의 개념이 문제되는데, 이에 관하여 학자들은 나름대로 정의를 시도하여 왔다. 그러나 "法, 그것이 무엇인지 아무도 모른다(Le droit, on ne sait pas ce que c'est)"라는 식의 도피적 설명 또한 설득력을 가진다. 이는 法을 定義하는 것이 얼마나 어려운 것인가를 반증하는 것이다. 法의 개념설정이 어려울진대 法의 한 분파인 民法의 개념설정이 어려운 것은 당연한 것이다. 보다 깊은 차원에서 民法의 개념을 설정하고자 하는 노력이 헛된 것은 아니지만 여기에서는 민법에 대한 극히 기술적인 개념에 만족하기로 하자.

일반적으로 民法이라 함은 사인간의 실체적 생활관계(거래관계, 친족관계, 상속관계 등)를 규율하는 一般私法을 말한다. 이는 민법의 개념을 실질적 측면에서 파악한 것으로 소위 '실질적 의미의 민법'에 대한 설명이다. 실질적 의미의 민법에 대응하는 것으로 '형식적 의미의 민법'이라는 용어가 있다. 이것은 1958년 2월 22일 법률 제471호로 제정되고 1960년 1월 1일부터 시행된 '民法'이라는 명칭의 실정법(즉 民法典)을 의미한다.

여기에서 형식적 의미의 민법과 실질적 의미의 민법의 관계를 생각해 볼 필요가 있다. 형식적 의미의 민법인 民法典에 있는 규정은 대부분 실질적 의미의 민법이다. 이렇게 보면 실질적 의미의 민법은 형식적 의미의 민법을 포함하는 것으로 보기 쉽다. 그러나 사실은 그렇지 않다. 왜냐하면 민법전의 규정들 중에는 民事實體規範이 아닌 民事節次規範,[1] 심지어는 벌칙규범[2]까지 포함되어 있기 때문이다. 또한 실질적 의미의 민법은 민법전 및 민사특별법 이외에도 경우에 따라서는 公法關係를 주로 규율하는 법률[3]에 포함되어 있을 수 있으며, 成文法이 아닌 不文法의 형태로 존재할 수도 있다.

2. 民法의 성격

2 다음에서는 앞에서 말한 민법의 개념이 가지는 의미를 항목별로 나누어 좀 더 구체적으로 살피기로 한다. 이 항에서 民法이라 함은 實質的意味의 民法을 의미하는 것이다.

(1) 實體法으로서의 民法

3 實體法이란 權利와 義務의 발생·변경·소멸을 규율하는 법이다. 이에 반해, 節次法은 실체법이 규정하는 권리와 의무를 실현하는 구체적 절차를 규율하는 법이다. 민법은 실체법에 해당하며 민법에 의하여 성립하는 권리·의무는 民事節次法(민사소송법, 민사집행법, 민사조정법, 가사소송법 등)에 의하여 실현된다.

---

1) 예컨대, 제27조·제29조(실종선고 및 그 취소의 절차), 제208조(점유의 소와 본권의 소와의 관계), 제389조(강제이행) 등.

2) 예컨대, 제97조(법인의 이사·감사·청산인에 대한 벌칙) 등.

3) 예컨대, 농지법, 광업법, 수산업법, 국토의계획및이용에관한법률, 산림법, 국유재산법 등.

(2) 私法으로서의 民法

4 法을 公法과 私法으로 구분하는 것은 로마법 이래의 대표적 법분류 방식의 하나이다. 공법은 헌법·행정법·형법 등과 같이 국가의 公權力을 전제로 한 것으로, 그 지도원리·소송형태 등에 있어서 私法과 구별된다.[4] 양자를 구분하는 데에 실익이 있는 것은 분명하나, 양자를 구분하는 기준이 무엇인가에 대하여는 여러 견해가 대립되고 있다.

ⅰ 혹자는 법이 公益保護를 목적으로 하는가 아니면 私益保護를 목적으로 하는가에 따라 전자를 公法, 후자를 私法으로 구분한다(소위 '이익설' 또는 '목적설'). 그러나 이 견해는 法의 규율내용이 公益과 私益을 모두 보호하는 경우를 설명하는 데에 난점이 있다는 지적이 있다.

ⅱ 혹자는 법이 不平等上下關係를 규율하는가 아니면 平等關係를 규율하는가에 따라 전자를 公法, 후자를 私法이라고 한다(소위 '성질설'). 그러나 이 견해도 정확하다고 볼 수 없는 측면이 있다. 예컨대, 이 견해에 따르게 되면 國際法을 私法으로, 親子關係法[5]을 公法으로 보아야 하기 때문이다.

ⅲ 혹자는 법률관계의 主體를 기준으로 하여 국가·공공단체 상호간의 관계 또는 이들과 私人 사이의 관계를 규율하는 것을 公法, 私人간의 관계를 규율하는 것을 私法으로 구분하고자 한다(소위 '주체설'). 그러나 이 견해는 국가 또는 공공단체가 수행하는 기능의 다양성[6]을 고려하지 못하고 있다는 비판을 면하기 어렵다.

ⅳ 혹자는 法이 國民으로서의 생활관계를 규율하는가, 아니면 人類로서의 생활관계를 규율하는가에 따라 전자를 公法, 후자를 私法으로 보고자 한다(소위 '생활관계설'). 그러나 이 견해는 구별기준이 극히 애매하다는 비판을 면하기 어렵다.

---

4) 예컨대, 私法關係에 기한 분쟁에 있어서의 소송형태는 민사소송이나, 公法關係의 경우에는 헌법소송·행정소송·형사소송이다.

5) 親子關係란 부모와 자녀 사이의 법률관계를 말한다. 친자관계에 기초하여 父母·子女 사이에 여러 가지 법적 효과가 부여되는데, 親權이 대표적 예에 속한다. 親權이란 父母가 未成年인 子女에 대하여 가지는 身分上·財産上의 權利이다. 친권은 분명히 권리의 측면을 가지고 있으며, 특히 父母·子女 사이의 관계는 불평등한 것이다. 그렇다고 하여 親子關係를 公法關係로 볼 것은 아니다. 親子關係에 관한 규범은 전통적으로 私法의 영역에 속하는 것으로 다루어져 왔기 때문이다.

6) 예컨대, 私經濟의 主體로서의 활동 등.

위의 견해들은 모두 부분적으로 타당성을 보유하고 있으며, 公法과 私法의 본질을 이해하는 데에 있어서 중요한 규준점을 제시하고 있다. 그러나 어느 견해도 완전무결한 것으로 볼 수는 없다. 公法과 私法의 구별은 선험적인 것이 아니라 다분히 역사적인 것이기 때문이다. 이런 점에서 볼 때, 양자의 구별기준을 명확하게 설명하지 못하는 것이 오히려 당연한 것이라 생각한다. 특히 현대에는 사회적 연대성을 근거로 한 중간적 성질의 법(예: 사회보장법) 영역이 확대되면서 양자의 구별을 더욱 어렵게 하고 있다. 公法과 私法의 구별기준을 어떻게 보든 간에 民法(특히 실질적 의미의 민법)이 私法에 속한다는 사실만은 명백하다.

(3) 一般私法으로서의 民法

5 적용범위를 기준으로 구분할 때, 法을 일반법과 특별법으로 분류할 수 있다. 一般法이라 함은 적용범위에 특별한 제한이 없이 일반적으로 적용되는 법을 말하며, 特別法은 특정한 사람·사항·행위·장소에 국한하여 적용되는 법이다. 特別法은 一般法을 제정할 때에 예상하지 못한 예외적 사항이 후에 발생하거나, 또는 一般法을 그대로 적용하는 것이 적당하지 않은 상황이 생긴 때에 이를 규율하기 위하여 제정된다. 양자의 구별실익은, 특별법이 일반법에 우선하며, 특별법에 규정이 없는 경우에 한하여 일반법이 보충적으로 적용된다는 점에 있다. "특별법이 일반법에 우선한다(*lex specialis derogat legi generali*)"라는 특별규정우선의 원칙[7]은 동일한 형식의 성문법규인 법률이 서로 모순·저촉되는 경우에 적용되는 것이다. 그리고 법률이 서로 모순·저촉되는지 여부는 법률의 입법목적·적용범위 및 규정사항 등을 종합적으로 검토하여 판단하여야 한다.[8]

民法은 私法 중에서도 특히 一般私法이다. 그런데 일반법과 특별법의 구분은 극히 상대적이라는 사실에 유의할 필요가 있다. 예컨대, 商法은 民法과의 관계에서는 特別法이지만, 商事特別法(예: 은행법)과의 관계에서는 一般法의 지위를 가진다.

---

7) 이에 대해서는 명순구, "민법학기초원리", 세창출판사, 2003, 21면 이하 참조.
8) 대법원 1989. 9. 12. 88누6856; 대법원 1998. 11. 27. 98다32564 등 참조.

3. 韓國民法典의 연혁

(1) 民法典의 성립

1) 民法典 制定前의 상황

6 조선시대에 이르기 전에도 성문법전이 있었던 것으로 알려지고 있다. 그러나 현존하는 성문법전으로는 經國大典 등과 같은 조선조의 것만이 있을 뿐이고, 그 주된 내용도 公法에 관한 것이다.

1876년 강화도조약을 필두로 개항을 한 이후 조선은 근대적 국가체계를 갖추기 위한 사업을 시작하였다. 특히 1894년 법부령 제7호로 '法律起草委員會'를 설치하여 민법전을 비롯한 주요 분야에 대한 입법을 계획하는 등 법제의 근대화를 위한 자주적인 노력을 하였다. 그러나 1910년 일제에 의한 강제합병에 따라 민법전 제정 계획은 좌절되었다.

강제합병 당일인 1910년 8월 29일 日帝는 긴급칙령으로 '조선에 시행할 법령에 관한 건'을 공포하여 한국에서 시행할 법령의 제정권한을 조선총독에게 부여하였다(이러한 형식으로 성립된 규범을 '制令'이라고 함). 1912년 3월 18일 일제는 한국에 적용될 민사기본법으로 '朝鮮民事令'(制令 제7호)을 공포하였다. 이에 따라 능력, 친족 및 상속을 제외한 나머지의 민사관계에 대해서는 일본의 민법전과 그 밖의 특별법에 의하게 되었다. 조선민사령에 의하여 우리나라에 유입된 일본민법을 '依用民法'이라고 한다. 이것은 비록 타율적인 것이기는 하였으나 우리나라가 본격적으로 근대민법을 접하는 계기가 되었다. 우리 민법과 일본 민법의 길고 깊은 인연이 시작된 것이다. 이와 같이 우리나라 私法制度 近代化의 본격적 계기는 유감스럽게도 자율적이지 못했다.

1945년 8월 15일 광복 이후 미군정 당국은 1945년 11월 2일 군정법령 제21호를 공포하였다. 이에 따르면, 모든 일본법률 또는 조선총독부가 공포한 법령으로서 1945년 8월 9일 현재 시행중인 것은 그간 이미 폐지된 것을 제외하고 미군정의 특별명령으로 폐지할 때까지 유효한 것으로 되었다. 그리하여 1945년 광복 이후에도 일본민법의 의용은 계속되었다. 이러한 상황은 대한민국 정부가 수립된 후에도 아무 변화가 없었다. 제헌헌법은 "현행 법령은 이 헌법에 저촉되지 아니하는 한 효력을 가진다"라고 규정하였고(제

100조), 의용민법은 헌법에 저촉되지 않는 것으로 인정되었기 때문이다.

2) 民法典의 制定과 改正

7 한국 민법전의 제정 작업은 1948년 9월 15일 '법전편찬위원회직제'(대통령령 제4호)에 따라 조직된 '법전편찬위원회'의 요강작업으로부터 시작된다. 위원회는 법전을 기초하기에 앞서 우선 民法典에 포함되어야 할 요강을 작성하였다('민법전편찬요강'). 1949년에 재산편과 친족상속편의 요강이 모두 완성됨에 따라 이를 토대로 개별조문을 기초하는 작업을 진행하던 중 6·25 전쟁이 발발하여 일의 진전을 보지 못하다가, 1953년 9월 30일에 이르러 민법전의 공식초안이 법전편찬위원회로부터 정부에 이송되었다. 약 2년간의 조정작업을 거쳐 1954년 정부안으로 민법초안이 국회에 제출되었다. 이 초안은 민의원 법제사법위원회에 회부되었고, 이 위원회에서 다시 약 2년에 걸쳐 예비심의를 하였다. 1957년 11월 5일 법제사법위원회의 수정안은 정부원안, 개별의원들의 수정안과 함께 제26회 국회 본회의에 상정되었고, 1957년 12월 17일 국회 본회의를 통과하였다. 정부로 이송된 민법안은 1958년 2월 22일 법률 제471호로 공포되었고, 1960년 1월 1일부터 시행되었다.[9)]

민법전이 제정된 후로 2005년 6월 30일 현재까지 모두 13차례의 개정이 있었다.[10)] 이 개정 중에는 경미하거나 기술적인 내용에 그치는 것도 있고 중요하고 광범한 사항에 대한 것도 있다.[11)] 민법 개정은 친족편과 상속편에 관한 것이 대부분이었는데, 제6차 개정은 재산법 부분에 관한 최초의 개정이었고, 제12차 개정(2005년 3월 31일)은 가장 최근의 개정이면서 가족법 규범에 대대적인 변화를 가져왔다.[12)] 그리고 현재 재산법의 전분야에 관한 민

---

9) 민법전의 제정 경과에 대하여 자세한 것은 鄭鍾休, '韓國民法典의 制定過程', "民法學論叢", 博英社, 1985, 1면 이하; 梁彰洙, '民法案의 成立過程에 관한 小考', "民法研究 第1卷", 博英社, 1991, 61면 이하; 명순구, "실록 대한민국 민법[제1편 총칙]", 세창출판사, 2007, [0.1] 이하 참조.

10) 제1차 개정(1962년 12월 29일 법률 제1237호), 제2차 개정(1962년 12월 31일 법률 제1250호), 제3차 개정(1964년 12월 31일 법률 제1668호), 제4차 개정(1970년 6월 18일 법률 제2200호), 제5차 개정(1977년 12월 31일 법률 제3051호), 제6차 개정(1984년 4월 10일 법률 제3723호), 제7차 개정(1990년 1월 13일 법률 제4199호), 제8차 개정(1997년 12월 13일 법률 제5431호), 제9차 개정(1997년 12월 13일 법률 제5454호), 제10차 개정(2001년 12월 29일 법률 제6544호), 제11차 개정(2002년 1월 14일 법률 제6591호), 제12차 개정(2005년 3월 31일 법률 제7427호), 제13차 개정(2005년 3월 31일 법률 제7428호).

11) 민법전의 개정의 연혁과 각 개정의 구체적인 내용에 대하여 자세한 사항은 법제처 홈페이지(http://www.klaw.go.kr/CNT/LawContent/MCNTRight.jsp) 참조.

법개정안이 입법예고[13]를 거쳐 국회 법제사법위원회에 상정되어 있는데, 이는 기술적인 것(예: 용어변경 등)까지 포함한다면 700개가 넘는 조항을 대상으로 한 대폭적인 개정안이다. 개정안의 내용 중 이 책의 논의범위에 속하는 민법 제1편(총칙)에 관한 것은 관계된 곳에서 간단하게 언급하기로 한다.

(2) 民法典의 구성과 특색

1) 民法典의 편별

8 우리 민법전은 다음과 같은 5개의 '編'으로 되어 있다: 제1편 총칙; 제2편 물권; 제3편 채권; 제4편 친족; 제5편 상속. 우리 민법전은 편별방식에 있어서 일본민법전과 동일하고, 물권과 채권의 순서가 바뀌었다는 것을 제외하고는 독일민법과 같다. 이러한 편별방식을 가리켜 일반적으로 '판덱텐 체계(Pandektensystem)'라고 한다. 이 체계는 개별적인 사항들을 규정하기에 앞서 그러한 규정들에 공통되는 일반원칙을 선행시키는 태도를 취한다. 민법전 제2편 내지 제5편에 앞서 제1편에 총칙을 배치한 것이라든가, 각 편의 제1장을 통칙 내지 총칙으로 한 것이 그 예이다. '판덱텐식 체계'에서 '판덱텐(Pandecten)'이라는 것은 유스티니아누스 대법전의 하나로서 '학설휘찬(學說彙纂)'으로 일컬어지는 '디제스타(Digesta)'의 독일어식 표현이다. 독일에 있어서 근대 민법은 로마법의 계수로부터 시작되는데, 그 중심적 매개체가 바로 '판덱텐'이었다. '판덱텐식 체계'라는 표현은 당시 독일의 학자들이 판덱텐의 내용을 총칙, 물권, 채권, 친족, 상속의 5개로 구분하여 체계화한 데에 연유하는 것이다.[14]

---

12) 중요한 사항을 들어보면 다음과 같다: ① 호주제도의 폐지; ② 자녀의 姓과 本(자녀의 姓과 本은 父의 성과 본을 따르는 것을 원칙으로 하되, 혼인신고시 부모의 협의에 의하여 母의 성과 본도 따를 수 있도록 함); ③ 동성동본금혼제도의 폐지(동성동본금혼제도를 폐지하고 근친혼금지제도로 전환하되, 근친혼제한의 범위를 합리적으로 조정); ④ 여성에 대한 재혼금지기간 제도 폐지(친자관계 감정기법의 발달을 반영); ⑤ 친생부인제도 개선(특히 妻의 친생부인의 소제기 인정); ⑥ 친양자제도 신설(양자의 복리를 위하여 종전의 친족관계를 종료시키고 양친과의 친족관계만을 인정하며 양친의 성과 본을 따르도록 함); ⑦ 친권 행사의 기준 신설(부모 등 친권자가 친권을 행사함에 있어서는 자의 복리를 우선적으로 고려하여야 한다는 의무규정 신설) 등.

13) 민법중개정법률(안)입법예고(2004년 6월 14일 법무부 공고 제2004-25호).

14) '판덱텐식 체계'에 대응하는 것으로 소위 '인스티투치온식 체계(Institutionensystem)'를 드는 것이 보통이다. '인스티투치온식 체계'에서 '인스티투치온'이라는 것은 유스

형식의 면에서 본다면 제1편(총칙)은 후속편(제2편~제5편) 전체에 공통적으로 적용되는 것이어야 한다. 그러나 총칙편의 모든 규정이 그러한 성질을 가지는 것은 아니라는 사실에 유의하여야 한다. 특히 제1편의 규정 중에는 제4편(친족)과 제5편(상속)에는 적용되지 않는 것으로 보아야 할 규정도 많다. 그러므로 총칙편의 규정이 후속되는 편에 적용될 것인가 여부는 개별적으로 판단하여야 한다.

2) 우리 民法典의 계통

(가) 韓國民法典의 직접적인 母法: 日本民法典 내지 滿洲民法典

9 우리 민법전은 전통적 규범을 입법화한 것도 있으나 대부분은 외국의 법을 계수하여 형성되었다. 그리고 우리 민법전의 직접적 *母法*은 일본민법전 내지 만주민법전이다. 그러므로 다음에서는 이들 두 민법전의 형성 모습을 보기로 한다.

일본에서는 1867년 개항과 1868년 메이지유신(明治維新)을 계기로 법제의 근대화에 대한 필요성이 강하게 대두되었다. 1870년부터 민법전편찬사업이 시작되었는데, 처음에는 프랑스민법전을 번역하여 그대로 사용하려는 계획이었으나 그것에 문제가 많다고 판단하였다. 그리하여 당시 일본정부의 법률고문으로 재직하던 프랑스 소르본느 대학의 보아소나드(Gustave Emile Boissonade: 1825~1910) 교수로 하여금 그의 책임 아래 1879년부터 민법초안을 기초하도록 하였다. 그 결과 1890년에 민법전이 공포되고 1893년 1월 1일부터 시행되도록 예정되어 있었다. 이 법전은 그 체계와 내용에 있어서 프랑스민법전을 모방한 것이었다. 그런데 프랑스민법전이라는 것이 프랑스 대혁명과 공화정을 경험한 프랑스의 역사가 크게 반영된 것이어서, 그 사정

티니아누스 대법전의 하나로서 '법학제요(法學提要)'로 일컬어지는 '인스티투티오네스(Institutiones)'의 독일어식 표현이다. '인스티투티오네스'는 로마의 법학자 가이우스(Gaius)가 집필한 같은 이름의 저서를 모범으로 하여 오늘날로 치자면 법학교과서의 용도로 만들어진 것으로, '사람에 관한 법', '물건에 관한 법' 및 '소권에 관한 법'의 세 부분으로 구성되어 있다. 일반적으로 프랑스민법전이 '인스티투치온식 체계'에 해당하는 것으로 설명한다. 그러나 프랑스민법전은 '제1권 인', '제2권 물건 및 소유권의 변경', '제3권 소유권을 취득하는 여러 양태'로 구성되어 있어 '인스티투티오네스'의 체계와는 현격한 차이가 있을 뿐만 아니라, 여러 나라의 법전을 굳이 '판덱텐식 체계' 또는 '인스티투치온식 체계' 중 어느 하나에 편입시켜야 할 필요성이나 실익도 없다. 프랑스민법전에 대하여 "프랑스민법전은 '판덱텐식 체계'가 아니다"라고 말하면 그것으로 필요충분하다고 생각한다.

이 현저하게 다른 일본사회에 그대로 적용하는 것이 타당한가 하는 점에 대하여 의문을 가지고 있던 사람들이 적지 않았다. 그리하여 민법을 예정대로 시행하여야 한다는 입장(소위 '시행론')과 시행을 연기하여야 한다는 입장(소위 '연기론')이 대립하게 되었는데, 결과는 연기론자들의 승리였다. 이렇게 시행되지도 못한 채 폐지된 민법전을 일본에서는 '舊民法' 또는 '보아소나드 민법전'이라고 한다. 일본정부는 1893년 다시 일본의 학자들로 구성된 '法典調査會'를 설치하여 민법초안을 작성하도록 하였다. 총칙편, 물권편 및 채권편은 1895년에, 그리고 친족편과 상속편은 1897년에 초안이 완성되었다. 이것이 1898년 7월 16일부터 시행된 일본의 현행 민법전이다. 일본민법전은 주로 독일민법전 제1초안(1887)을 바탕으로 하고 프랑스민법 등의 요소를 부수적으로 가미한 것으로 평가된다.

1931년 중국의 만주사변을 계기로 일제는 1932년 중국의 동북부에 '滿洲國'(수도는 '新京'으로 현재의 '長春'임)을 세워 대륙침략의 교두보로 삼았다. 1937년 일본학자의 주도로 만주민법전이 제정·공포되었다.[15] 만주민법전에는 일본에서 이미 약 40년에 걸쳐 민법전을 운용하는 과정에서 형성된 경험(판례와 학설)뿐만 아니라, 이상적으로 본다면 일본민법을 기초할 당시에 포함시켰어야 했을 것인데 일본의 현실이 따라주지 못하여 반영하지 못했던 규범들도 들어있다. 만주민법전은 1945년 일제의 패망에 따른 만주국의 괴멸에 따라 폐지되었지만, 한국민법전의 가장 직접적 *母法*은 일본민법전이라기보다는 만주민법전이라고 할 수 있을 정도로 그것이 한국민법전에 미친 영향은 심대하다. 재산법편의 경우 한국민법전의 제정 당시를 기준으로 했을 때 일본민법전에는 명문의 규정이 없는데 우리 민법전에 명문의 규정이 있다면 이것은 대체로 만주민법전의 영향이다.

(나) 韓國民法典의 간접적인 母法: 특히 프랑스와 독일의 民法典

가) 近代 民法典 형성의 기초: 로마법

10 일본민법전은 독일민법을 주로 하고 프랑스민법을 비롯한 다른

---

15) 만주민법전은 총칙, 물권, 채권의 3개 편으로 구성되어 있었다. 친족편과 상속편은 만주국의 관행을 좀 더 조사한 후 그것을 반영하여야 한다는 이유로 포함되지 않았다. 만주민법전의 내용에 대해서는 법무부 법무국, "소련, 중국 및 만주민법전", 법무자료 제3집, 1948 참조.

대륙법계의 민법을 부수적으로 수입하면서 동시에 미약하기는 하나 코먼로(Common Law)[16]의 法制度도 함께 수용한 것이다. 즉 일본민법전은 여러 나라의 민법이 혼합되어 성립된 것으로 '複合繼受'의 특성을 가진다. 그리고 한국민법전과 서양의 선진 민법전의 계통적 연결점은 일본민법전이라는 사실에도 유의할 필요가 있다. 즉 한국민법전은 일본민법전을 매개로 하여 서양의 민법을 계수하였다는 점에서 '間接繼受'의 특성을 가진다. 그러므로 한국민법전의 계통을 거슬러 올라가다 보면 독일과 프랑스의 민법전을 만나게 된다. 그런데 이들 민법전 성립의 배경으로서 근대의 민법학 발전의 결정적 계기는 로마법의 재발견이었다. 이러한 맥락에 따라 다음에서는 로마법으로부터 논의를 시작하기로 한다.

카르타고와의 포에니전쟁(B.C. 264~146)을 승리로 이끌면서 지중해의 패권을 장악하게 된 로마는 이탈리아 반도의 농업국가에서 세계의 상거래국가로 변모하게 된다. 경제현실의 변화에 따라 거래법이 비약적으로 발전하였다. 로마의 사회경제적 발전은 정치체제의 변화를 가져왔다. 즉 Augustus는 형식상으로는 공화정체제를 유지하면서 사실상으로는 권력을 독점하는 원수정체제를 수립하였는데(B.C. 27) 이 체제는 Diocletianus에 의하여 절대주의체제인 군주정시대가 열릴 때까지(A.D. 284) 약 300년간 지속된다. 이 시기에 로마는 자본주의적 상업국의 면모를 확고히 하고 모든 분야에서 전성기를 구가한다. 법문화의 발전도 절정에 달하여 이 시대의 로마법을 '고전기로마법'이라고 한다. Diocletianus의 노력이 실효를 거두지 못하고 로마는 Theodosius의 사망(A.D. 395)과 더불어 동·서로 분리된다. 서로마는 게르만에 의하여 멸망하였으나(A.D. 476) 동로마는 오스만 터키에 의하여 멸망할 때까지(1453) 계속된다. 서로마의 멸망 이후에도 오랫동안 존속했던 동로마의 모든 역사가 법의 역사에서 의미를 가지는 것은 아니다. 동로마의 황제 Justinianus(재위: 527~565) 시절에 고전기로마법이 정리·종합된 후에는 더 이상 법문화의 창조적 발전이 없었기 때문이다. 유럽 각국에 있어서 법의 근대화는 바로 Justinianus 시대에 정리된 로마법을 연구하는 것에서부터 출발한 것이다. Justinianus의 업적이 가지는 무게를 짐작할 수 있는

16) 코먼로의 개념에 대한 간략한 설명에 대해서는 명순구, "미국계약법입문", 민들레시리즈 제1권, 법문사, 2004, Nr. 4 참조.

대목이다. 바로 이러한 이유에서 정치적으로는 로마가 東西로 분리되었음에도 불구하고, 로마가 군주정시대에 들어간 때(A.D. 284)부터 Justinianus가 폐위된 때까지(A.D. 565)를 한 시대로 묶어 이를 '비잔틴로마법 시대' 내지 '헬레니즘로마법 시대'라고 말한다.

Justinianus는 Tribonianus 등 16인의 학자들로 하여금 로마고전기의 법학문헌과 칙법 및 자신의 치세에 내려진 칙법을 정리하도록 하였다. 그 작업은 다음의 네 가지로 정리된다: ① 구칙법휘찬(Codex Vetus)[17]; 학설휘찬(Digesta 또는 Pandectae)[18]; ③ 법학제요(Institutiones)[19]; ④ 신칙법휘찬(Novellae)[20]. 이 네 가지를 총칭하여 '시민법대전(Corpus Juris Civilis)'이라고 칭하는 경우가 많은데, 이는 17세기에 프랑스의 Gothofredus(1549-1622)가 위의 네 典範들을 간행하면서 이를 '교회법대전(Corpus Juris Canonici)'에 대응시킨 것에서 비롯된 것이다.

11세기에 중세 유럽사회에는 변화가 일어나기 시작하였다. 북부 이탈리아를 중심으로 공업이 일어남에 따라 자급자족적 장원제도 대신에 상거래가 중요성을 띠기 시작하였다. 그에 따라 거래법에 대한 수요가 일어나고 그 수요에 대응하기 위하여 로마법에 대한 관심이 일어나게 되는데, 11세기 말에는 이탈리아 볼로냐(Bologna)법학교를 중심으로 로마법에 대한 연구가 시작된다. 이것은 오랜 기간 동안 교회법에 묻혀있던 로마법의 부활을 의미하는 것이다. 그 당시 중심적 연구대상은 Justinianus 시대에 이루어진 전범들이었음은 앞에서 설명한 바와 같다. 당시의 법학자(예: Irnerius, 1055~1130)들은 시민법대전(특히 '학설휘찬')에 있는 법문을 해석하고 체계화하였다. 그러한 의미에서 이들을 '주석학파(Glossateur)'라고 한다. 13세기 중엽에 이르러 법학의 경향에 반성의 기운이 일어났다. 즉 시민법대전의 법문에 대한 형식적 해석을 탈피하여 그것을 당시의 현실에 적용할 수 있도록 실용화하여야 한다는 관념이 그것이다. 이러한 경향의 학파를 '후기주석학파(Post-Glossateur)'라고 한다(예: Bartolus, 1314~1375).

---

17) Justinianus 이전의 칙법(원수 또는 황제가 발포한 명령)을 종합한 것이다.

18) 원수정시대인 고전기로마법의 학설을 정리한 것이다.

19) 로마법의 입문을 위한 교과서이다. 모두 4권으로 구성되어 있다(제1권은 '인의 법', 제2권과 제3권은 '물의 법', 제4권은 '민사소송법, 형법, 형사소송법').

20) Justinianus 자신의 치세 동안의 勅法을 종합한 것이다.

프랑스와 독일의 근대민법은 로마법과 게르만법 및 교회법의 복합적 영향으로 이루어진 것이다. 그런데 그 중에서도 가장 결정적인 것은 주석학파와 후기주석학파에 의하여 해석된 로마법이었다. 즉 프랑스와 독일에 있어서 근대 민법이 형성되는 결정적 계기는 로마법의 계수이다. 다음에서는 이들 두 나라에서 로마법이 계수되는 과정을 역사적 토대 위에서 살피기로 한다.

게르만의 일파인 프랑크족은 라인강 너머에서 갈리아 북부(현재의 프랑스 북부) 지방으로 진출하였는데, 5세기말 여러 부족을 통합한 끌로비스(Clovis)는 Paris에 도읍하고 메로빙거 왕조(481~751)를 열었다. Clovis 사후에 분할상속제로 인하여 왕국은 분열되고, 751년 Pipin은 교황의 지지를 얻어 카롤링거 왕조를 열었다. Pipin의 아들 카알 대제는 유럽에 진출한 이슬람세력을 물리치고(뚜르·쁘와띠에 전투: 732) 예전 서로마 지역을 아우르는 대제국을 건설하였고, 교황 레오 3세로부터 로마 황제의 제관을 받았다(800). 카알 대제 사후 베르덩조약(843)이 체결되어 왕국은 동프랑크, 서프랑크, 중프랑크로 분열되었는데, 동프랑크는 현재의 독일, 중프랑크는 이탈리아, 서프랑크는 프랑스로 발전하게 된다.

나) 독일 民法典의 성립과정

11 서프랑크에서는 카롤링거의 왕통이 계속 유지된 반면, 동프랑크에서는 911년에 카롤링거 왕통이 끊기고 콘라트 1세(재위: 911~918)가 왕으로 추대됨으로써 동프랑크와 서프랑크 왕가는 그 계통을 달리하게 되었다. 그 뒤를 이어 하인리히(Heinrich) 1세(재위 918~936)가 왕으로 선임되고, 그의 아들 오토(Otto) 1세(재위: 936~973)가 뒤를 이었다. 오토 1세는 외세로부터 왕국을 지키는 한편 교황 요한 12세의 요청에 따라 이탈리아의 내전을 진압하여 교황으로부터 로마황제의 제관을 받았는데(962), 이것이 신성로마제국[21]의 시작이다.

독일의 왕이 로마 카톨릭 세계의 황제를 겸하게 된 사정은 법관념에도

---

21) 신성로마제국(Heiliges Römisches Reich)은 1806년(나폴레옹의 침공)까지 계속되었다. 신성로마제국은 고대 로마제국의 부활·연장이라는 의미에서 로마제국으로 불렸고, 또 고대 로마의 전통 보존자인 기독교와 일체라는 뜻에서 신성(神聖)이라는 말을 붙였다.

영향을 주어, 독일황제는 로마황제를 선임자로 받들고 로마법을 자국법으로 받아들였다. 독일법사에서는 이를 로마법의 '조기계수(Frührezeption)'라고 한다. 조기계수는 로마의 개별 제도 내지 법규를 수용한 것에 불과한 부분적 계수였다. 그러다가 14세기에 이르러 독일 대학에서도 로마법 강의가 이루어지고 15세기부터는 로마법의 포괄적 계수가 일어나게 되는데, 이를 가리켜 '본계수(Hauptrezeption)' 또는 '실제적 계수(praktische Rezeption)'라고 한다. 1495년 제실법원령 제3조는 최고법원(Reichskammergericht)인 제실법원 법관의 절반을 로마법학자로 구성할 것과 재판을 함에 있어서 1차적으로는 독일고유법을 적용하지만 독일고유법이 존재하지 않거나 불명확할 때에는 제국의 보통법[22]에 따라 재판할 것을 규정하였다. 형식적으로 보면 로마법은 고유법과의 관계에서 보충적인 지위에 있는 것에 불과했지만 실제의 상황은 로마법이 우위에 있었다. 왜냐하면 독일고유법은 '예외법(Ausnahmerecht)'으로 다루어져 좁게 해석되었기 때문이다. 즉 독일고유법이 적용되기 위해서는 그 존재를 증명하여야 하는데 그것을 증명하는 것이 쉽지 않았고, 또한 증명되었다 하더라도 그 내용이 비이성적인 것이라는 이유로 승인되지 않는 경우도 있었다. 이와 같은 모습으로 16세기로부터 18세기에 걸쳐 독일에서 로마법의 비중이 커짐과 동시에 그 과정에서 로마법이 독일식으로 적응하는 것을 가리켜 '판덱텐의 현대적 적용(*usus modernus pandectarum*)'이라고 한다. 제실법원령에서 말하는 보통법에는 교회법도 포함되지만 주된 것은 로마법(그 중에서도 특히 Digesta)이었기 때문이다.

판덱텐의 현대적 적용의 경험을 토대로 19세기에 로마법은 학문적 체계성을 갖추는 단계에 이르게 된다. 이 시대를 주도한 것은 사비니(Savigny: 1779~1861)로부터 시작되는 역사법학파[23]이다. 사비니에 따르면, 법이란 민

---

22) 여기에서 말하는 '보통법(gemeines Recht)'이란 '특별법'에 대응하는 것이다. 당시 독일에서는 로마법을 '글로 쓰여진 이성(ratio scripta)'으로 관념하였다. 그러므로 만일 어떠한 사안에 적용될 수 있는 독일고유법이 없다면 로마법이 보충적으로 적용될 수 있다고 본 것이다. 즉 독일고유법과 로마법은 특별법과 보통법의 관계에 있는 것으로 본 것이다. 특별법에 대응하는 것으로는 '일반법'이라는 용어가 보다 일반적이나, 독일법사를 논의함에 있어서는 'gemeines Recht'를 '보통법'으로 번역하는 것이 종래의 관행이다.

23) 역사법학에 대응하는 학파는 분석법학(analytical jurisprudence)이다. 분석법학은 성숙된 법체계에 공통되는 여러 원리·개념·구분들을 객관적으로 분석하는 입장이다. 분석법학의 공적은 법이론의 체계화를 시도했다는 것이다. 역사법학 쪽에서는 분석법학

족정신의 발현으로서 이성에 의하여 만들어지는 것이 아니라, 역사의 발전과 함께 자연히 생성되는 것이다. 그는 로마법을 모든 개화된 민족의 共同財(Gemeingut aller gebildeten Nationen)로 이해하면서, 로마법은 독일 민족정신의 발현물이라고 하였다. 이와 같은 시각에서 로마법을 연구하여 체계화한 학파를 가리켜 '보통법학파', '판덱텐법학파' 또는 '로마법학파(Romanisten)'라고 한다. 역사법학파에 속하기는 하나 로마법학파와 다른 입장도 생겨났다. 법을 민족정신의 발현으로 본다면 독일 민족정신의 발현물은 로마법이 아닌 독일고유법으로 보아야 한다는 주장이 그것이다(예: Gierke, 1841~1921). 이들은 로마법 계수 이전의 게르만고유법의 중요성을 강조하면서 중세법제사의 연구에 큰 업적을 남겼다. 이 학파를 가리켜 '게르만법학파(Germanisten)'라고 한다. 게르만법학파의 주장은 17세기부터 성장해 온 자연법사상과 그 결론을 같이하는 것이었다. 자연법사상은 신의 권위보다는 인간이성에 대한 신뢰로부터 출발하였고, 로마법보다는 고유법을 이성의 요구에 합치하는 것으로 평가하는 입장이었기 때문이다.

로마법학파와 게르만법학파(내지 자연법학파) 사이의 긴장관계 속에서 독일민법학은 발전을 거듭했다. 그 토대 위에서 독일민법전이 성립하게 된다. 독일민법전 제정의 주요경과는 다음과 같다: ① 준비위원회 구성(1874); ② 제1초안(1887); ③ 제2초안(1895); ④ 제3초안 및 민법전 공포(1896); ⑤ 시행(1900. 1. 1.). 독일민법전은 모두 5개의 편(총칙, 채권, 물권, 친족, 상속)으로 구성되어 있다.

다) 프랑스 民法典의 성립과정

12 독일민법전과 마찬가지로 프랑스민법전 또한 관습법과 로마법의 조화의 산물이다. 그러나 로마법을 계수하는 모습에 있어서 독일과는 상당한 차이를 보인다. 중세에 있어서 독일에서는 로마법이 '쓰여진 이성'이라는 관념에 따라 전면적 계수가 이루어졌음에 반해, 프랑스에서는 로마법이 그와 같은 정도의 위치에 있지 못했다. 당시 로마법의 영향이 강했던 프랑스 남부에 있어서도 로마법은 관습법의 하나로서 관념되었을 뿐이다. 그 이유는 여러 가지를 들 수 있을 것이나, 당시 로마황제의 계승자라는 인식 아래

에 대하여 법의 역사성을 경시한다는 등의 비판을 가한다.

독일과 이탈리아를 영향권 안에 두고 있던 신성로마제국에 대한 정치적 경계심도 작용한 것으로 보고 있다.

13세기에 이르러 상거래가 빈번해지고 광역화함에 따라 매우 작은 범위로 세분되어 국지성을 면치 못했던 관습법 사이에 통합의 경향이 일어나게 되었다. 13세기 이후로 활발하게 진행된 관습법에 대한 편찬작업은 이러한 관습법 광역화를 촉진하여 법통일의 중요한 계기로 작용하게 된다. 특히 16세기에는 파리(Paris), 노르망디(Normandie), 브르따뉴(Bretagne), 오를레앙(Orléan) 관습법과 같은 대관습법(Grandes Coutumes)[24]이 편찬되었다.

프랑스에 있어서도 로마법에 대한 연구는 매우 활발하였다. 12세기에 이미 프랑스 남부(예: 몽뻴리에)의 대학에서 시민법대전을 대상으로 한 로마법 강의가 이루어지고 있었다. 대학교에서 관습법에 대한 강의가 개설되기 시작한 것은 17세기 중엽의 일이다. 대표적인 로마법학자로서는 뀌자스(Cujas, 1522~1590), 도마(Domat, 1625~1696) 등을 들 수 있으며 그 뒤를 이은 뽀띠에(Pothier, 1699~1772)는 로마법과 관습법의 분야에서 탁월한 업적으로 프랑스민법전의 편찬에 직접적인 이론적 토대를 제공하였다.

1789년 프랑스혁명의 발발로부터 1804년 프랑스민법전이 성립하기까지의 기간을 중간법(Droit Intermédiaire) 시대라고 한다. 기간은 15년 정도에 불과하지만 이 시대는 프랑스 法史에서 매우 중요한 의미를 가진다. 왜냐하면 프랑스혁명에 따른 정치·사회적 변화가 법의 분야에 반영되어 근대법 시대를 열 수 있도록 인도한 시대이기 때문이다.

민법전 편찬사업은 프랑스대혁명 직후부터 시작되었으나(예: 1793년의 Cambacérès의 초안) 완성에 이르지는 못하였다. 1799년 쿠데타에 성공하여 정권을 장악한 나폴레옹은 그 다음해인 1800년 민법전기초위원회를 구성하였다. 기초위원은 뽀르딸리스(Portalis), 말빌(Maleville), 트롱셰(Tronchet), 비고 드 프레암뉘(Bigot de Préameneu)의 네 사람이었다. 앞의 두 사람은 로마법의 영향이 강했던 프랑스 남부의 성문법지역(pays de droit écrit)을, 뒤의 두 사람은 프랑스 북부 관습법지역(pays de droit coutumier)을 대표하여 민법전 편찬사업에 참여하였다. 프랑스민법전은 1804년 3월 21일 공포되어 현재

24) 관습법은 그 적용범위의 넓고 좁음에 따라 '대관습법(Grandes Coutumes)', '보통관습법(Coutumes Générales)', '지방관습법(Coutumes Locales)'으로 구분되었다.

에 이르고 있다. 독일민법전과 마찬가지로 프랑스민법전도 로마법과 관습법의 타협의 산물이라고 할 수 있는데, 독일민법전과 비교해 볼 때 로마법의 영향이 상대적으로 미약하다. 그 이유로서는 다음과 같은 것을 들 수 있다: ① 기본적으로 프랑스에 있어서의 로마법 계수는 포괄적·전면적인 것이 아니었다; ② 프랑스민법전은 프랑스대혁명의 산물에 속하는 것으로 보아야 하는데, 혁명에 의하여 새로이 대두된 관념은 로마법과 구별되는 것이 많았다.

Ⅱ. 民法의 法源

1. 序 說

13 민법의 法源이란 실질적 의미에서의 민법의 존재형식(즉 민법이 구체적으로 어떤 모습으로 존재하고 있는가) 또는 인식근거(즉 무엇을 통하여 민법을 인식할 수 있는가)를 말한다. 쉽게 말해서, 민사분쟁이 발생하였다면 그것을 해결하여야 할 것인데 그 해결의 규준으로 기능하는 민법을 어디에서 찾을 수 있을 것인가 하는 것이 법원의 문제이다.

민법 제1조는 "민사에 관하여 법률에 규정이 없으면 관습법에 의하고, 관습법이 없으면 조리에 의한다"라고 하여 법원의 종류와 적용순서를 규정하고 있다. 이 조문을 통해 볼 때 우리나라는 민사에 관하여 성문법주의를 취하고 있다는 것을 알 수 있다. 성문법주의란 불문법주의에 대비되는 것으로, 일정한 형식과 절차에 따라 문자로 표현된 성문법을 1차적인 법원으로 하는 입장이다. 그렇다고 하여 성문법만이 민법의 법원이 되는 것은 아니다. 성문법이 없는 때에는 관습법 및 조리와 같은 불문법을 규준으로 하여 민사분쟁을 해결하여야 한다. 다음에서는 민법의 법원을 성문법과 불문법으로 나누어 살피기로 한다.

2. 成 文 法

14 민법 제1조는 '법률'이라는 용어를 사용하고 있는데, 여기에서 말하는 '法律'이란 國會의 의결을 거쳐 제정·공포된 형식적 의미의 법률(=협의의 법률)만을 의미하는 것이 아니라, 유효하게 형성되어 강제력을 가지는 모든 성문규범을 의미하는 것으로 보아야 한다. 그러므로 형식적 의미의 법률뿐만 아니라 대통령의 긴급명령(헌법 제76조 참조), 조약(헌법 제6조 제1항 참조)과 같이 법률과 동일한 효력을 가지는 규범과 더불어 명령(대통령령, 총리령, 부령), 대법원규칙, 자치법(지방자치단체가 제정하는 조례나 규칙) 등도 제1조의 '법률'의 개념에 포함된다.

민법의 법원으로서 주축을 이루는 것은 물론 法律이다. 여기에서의 법률은 국민의 대의기관인 국회의 의결을 거쳐 대통령이 서명·공포함으로써 성립하는 형식적 의미의 법률을 말한다. 법률의 수준에서 가장 중요한 법원은 '民法'이라는 이름의 법률(즉 형식적 의미의 민법)이다. 그 밖에 실질적 의미의 민법을 포함하고 있는 법률이 많이 있다(예: 주택임대차보호법, 가등기담보등에관한법률, 자동차손해배상보장법, 부동산등기법, 약관의규제에관한법률, 호적법, 가사소송법 등).

3. 不 文 法

15 불문민법으로서 논의되는 것은 다음과 같다: ① 관습법; ② 조리; ③ 판례; ④ 학설. 다음에서는 이들에 대하여 차례로 살피기로 한다.

(1) 慣習法

1) 意 義

16 일반적으로 관습법이라 함은 일정한 범위의 사회구성원들의 사회생활관계에 있어서 어떠한 사실행태가 반복되고 정착되어 사회구성원들이 이를 규범으로 인식(즉 법적 확신)하기에 이른 사회규범을 말한다. 관습법과 관련하여 개념적으로 유의하여야 할 것으로 '사실인 관습'이 있다. 사실인 관습은 법률행위[25] 해석의 기준으로 기능하는 것이라는 점에서 法源의 일

종인 관습법과는 차원을 달리하는 것이다.[26)]

관습법은 법원이다. 그러므로 사법기관으로서는 관습법의 존재에 관하여 당사자의 주장 및 증명을 기다리지 않고 직권으로 이를 확정하여야 한다. 그러나 관습이라는 것은 그 성질상 존부 자체도 명확하지 않을 뿐만 아니라 그 관습이 사회의 법적 확신이나 법적 인식에 의하여 법적 규범으로까지 승인되었는지의 여부를 가리기는 더욱 어려운 일이다. 그러므로 법원이 이를 알 수 없는 경우 결국은 당사자가 이를 주장·증명할 필요가 있다.[27)]

2) 成立要件

17 관습법의 성립요건은 다음의 세 가지로 정리할 수 있다: ① 일정한 관행이 존재할 것; ② 사람들이 그 관행을 일반성과 강제성을 띤 사회규범이라고 생각하는 정도에 이를 것(즉 법적 확신)[28)]; ③ 그 관행이 헌법질서에 반하지 않을 것.[29)]

이 중에서 ②에 대해서는 약간의 논의가 있다. 이 논의는 관습법의 성립시기와 관련을 가진다. 통설은 일정한 관행이 법적 확신을 획득한 때에 관습법이 성립한 것으로 설명한다. 이에 반해 소수의 학설[30)]은, 일정한 관행이 법적 확신을 획득하였는가 여부는 법원의 재판에 의하여 확인될 수밖에 없으므로 법원이 일정한 관행을 관습법으로 인정하는 때에 비로소 관습법으로 성립한다고 설명한다. 소수설은, 관습법은 법원이 그 존재를 인정하는 때에 성립하지만 그 시기는 당해 관행이 법적 확신을 취득한 때로 소급

---

25) '법률행위'라는 것은 매우 기술적인 개념으로서 이에 관한 기초적 이해에 대해서는 특히 이 책 [333] 참조.

26) 관습법과 사실인 관습의 관계에 대해서는 이 책 [406] 이하 참조.

27) 대법원 1983. 6. 14. 80다3231 참조.

28) 대법원 1983. 6. 14. 80다3231 참조.

29) 대법원전원합의체 2003. 7. 24. 2001다48781: "사회의 거듭된 관행으로 생성한 어떤 사회생활규범이 법적 규범으로 승인되기에 이르렀다고 하기 위해서는 그 사회생활규범은 헌법을 최상위 규범으로 하는 전체 법질서에 반하지 아니하는 것으로서 정당성과 합리성이 있다고 인정될 수 있는 것이어야 하고, 그렇지 아니한 사회생활규범은 비록 그것이 사회의 거듭된 관행으로 생성된 것이라고 할지라도 이를 법적 규범으로 삼아 관습법으로서의 효력을 인정할 수 없…다." 같은 취지의 판결로 대법원전원합의체 2005. 7. 21. 2002다1178 참조.

30) 郭潤直, "民法總則", 博英社, 2001, 24면; 白泰昇, "民法總則", 法文社, 2001, 16-17면; 池元林, "民法講義", 弘文社, 2004, 11면 등 참조.

한다고 설명한다.

위 학설에 대하여 평가해 보자. 우선, 관습법의 성립시기에 관한 학설대립은 이론적으로든 실제적으로든 아무런 실익이 없다고 본다. 게다가 정확히 말하자면 학설대립이라고 보기도 어렵다. 왜냐하면 통설은 관습법의 성립시기를 말하고 있음에 반해, 소수설은 이미 존재하고 있는 관습법이 확인되는 시기를 말하고 있기 때문이다. 특히 소수설은 "법을 정하고 집행하는 것은 국가이다"라는 관념을 근거로 하고 있는데, 관습법을 파악함에 있어서 그러한 관념을 계속 유지하는 것은 타당하지 않다. 왜냐하면 성문법과 달리 관습법은 국가기관의 의식적 활동에 의하여 생겨난 것이 아니기 때문이다. 사회생활과정에서 자연스럽게 발생한 관습법에 대하여 성문법에 관한 잣대를 들이댈 수는 없다고 생각한다. 요컨대, 통설의 입장을 그대로 수용해도 무리가 없을 것 같다.

3) 效力: 慣習法과 成文法의 관계

18 성문법과 관습법의 상호관계에 대하여는 학설상 논의가 있다. 즉 관습법은 성문규범의 하위에 있는 것으로 성문규범을 보충하는 효력을 갖는 데 불과한 것인가(소위 '보충적 효력설')[31] 아니면 성문규범과 대등한 위치에서 그것을 변경하는 효력을 가지는가(소위 '변경적 효력설')[32] 하는 견해의 대립이 그것이다. 이 문제에 관하여 대법원은 보충적 효력설의 입장을 견지하고 있다.[33]

두 학설 중 어떤 것을 취할 것인가 하는 문제를 보기 전에 상황에 대한 유형화를 통하여 문제의 복잡성을 이해하는 것이 좋을 것 같다.

ⓘ 제1유형: 성문법이 존재함에도 불구하고 사회구성원들 사이에는 성문법의 내용과는 다른 관행에 대하여 법적 확신을 가지고 있는 경우. 이 경우에 사람들이 법으로 믿고 있는 것은 관행임에도 불구하고 성문법을 적용

31) 郭潤直, 앞의 책 "民法總則", 25면 이하; 金基善, "韓國民法總則", 法文社, 1985, 27면; 金相容, "民法總則", 法文社, 2001, 23면; 李銀榮, "民法總則", 博英社, 2001, 44면.

32) 金曾漢·金學東, "民法總則", 博英社, 2001, 14면; 白泰昇, 앞의 책 "民法總則", 19면 등 참조.

33) 대법원 1983. 6. 14. 80다3231: 성문법의 "규정과 배치되는 관습법의 효력을 인정하는 것은 관습법의 제정법에 대한 열후적, 보충적 성격에 비추어 민법 제1조의 취지에 어긋나는 것이다."

하는 것이 타당한 일인가? 꼭 그렇다고 보기 어렵다. 이런 면에서 보면 변경적 효력설이 설득력이 있는 것으로 보인다.

ⓘ 제2유형: 사회구성원들이 일정한 관행에 대하여 법적 확신을 가지고 생활을 영위하였으나 국가에서 의도적으로 그것을 폐지하기 위하여 성문법을 제정하였음에도 불구하고 사회구성원들의 법적 확신은 여전히 관행으로 지향되어 있는 경우. 이 경우에 사회구성원들이 그 관행에 대하여 법적 확신을 가지고 있다는 이유로 관습법을 적용하는 것이 타당한 일인가? 그렇지 않다. 이런 면에서 보면 보충적 효력설이 설득력이 있는 것으로 보인다.

두 학설 중 어떤 것을 취할 것인가? 학설논쟁에 있어서 논의의 차원을 분명히 해야 할 필요가 있다. 성문법과 관습법의 관계에 관한 논의는 법해석상의 문제라기보다는 법철학 내지 법정책학적 차원의 문제이다. 그런데 민법 제1조는 성문법과 관습법의 관계에 대하여 보충적 효력설의 방향으로 입법적 결단을 한 것으로 보아야 한다.[34] 그렇다면 제1조의 입법태도의 정당성 여부에 대해서는 논의할 수 있겠지만 해석론의 차원에서 학설논쟁을 벌일 것은 아니라고 생각한다. 즉 해석론의 차원에서 본다면 보충적 효력설이 타당하다. 한편 법정책의 차원에서 본다고 하더라도 보충적 효력설이 보다 적합한 것으로 생각되는데 그 이유는 다음과 같다: ① 법원이 재판을 함에 있어서 성문법이 존재함에도 불구하고 관습법의 존재에 대하여 유의하여야 한다면 이는 司法經濟의 효율성을 격감시키는 요인이 된다; ② 관습법의 적용범위가 범국가적인 것이라면 모르겠지만 적용범위가 제한적인 경우에는 그 적용범위를 정확히 확정한다는 것도 어려울 뿐만 아니라, 법률관계당사자가 다른 관습법 지역에 있는 사람인 경우에 어떤 관습을 적용할 것인가 하는 매우 복잡한 문제가 발생한다; ③ 불문의 관습법이 성문법을 제치고 분쟁해결의 규준으로 작용하는 경우가 증가하게 되면 민사관계에 있어서 예견가능성이 현저히 떨어지고 그 결과로 거래비용의 증가를 가져오게 된다; ④ 변경적 효력설은 성문법보다도 더 강한 법적 확신을 받고 있는 관습법의 존재를 전제로 하는데, 정보통신의 발달 및 입법과정의 민주

34) 일본민법전에는 우리 민법 제1조와 같은 내용의 규정이 없다. 그러므로 일본민법학에서는 입법론의 관점에서 여러 가지 학설이 대립할 수 있다. 이에 관해서는 명순구, 앞의 책 "실록 대한민국 민법[제1편 총칙]", [1.1] 참조.

화(예: 시민의 참여 확대) 경향에 비추어 볼 때 변경적 효력설의 전제 자체가 그 의미를 크게 잃었다.

◆ 보충설명: 慣習法의 예

민법상 관습법으로 인정되는 것으로 주요한 것을 들어보기로 한다.

① 明認方法: 수목의 집단이나 未分離의 果實의 경우에 명인방법을 갖추면 토지와 독립된 물건으로 다루어진다.[35]

② 관습법상의 법정지상권: 동일인의 소유에 속하였던 土地와 建物이 각각 그 所有者를 달리하게 된 때에, 건물소유자에게 그의 건물소유를 위하여 법률상 당연히 인정되는 地上權이 法定地上權이다. 이것은 건물을 토지와 독립한 부동산[36]으로 하고 있는 우리 법제의 특수성에 기인하는 제도이다. 법률의 규정에 의하여 法定地上權이 인정되는 경우로는 민법 제305조 제1항, 제366조, 입목에관한법률 제6조, 가등기담보등에관한법률 제10조가 있다. 그런데 判例는 이 네 가지 경우 이외에도 일정한 요건 아래에서 地上權을 당연히 인정하고 있는데, 이것이 바로 '慣習法上 法定地上權'이다. 즉 동일인에게 속하였던 土地와 建物 중 어느 하나가 賣買 또는 그밖의 일정한 원인에 의하여 각각 소유자를 달리하게 된 때에 그 건물을 철거한다는 특약이 없다면 建物所有者는 당연히 地上權을 취득한다는 것이다.[37]

③ 분묘기지권: 타인의 토지에 墳墓라는 특수한 工作物을 설치한 경우, 그가 그 분묘를 소유하기 위하여 분묘의 基地部分의 他人所有土地를 사용할 수 있는 권리로서 민법상의 地上權에 유사한 물권이다.[38]

(2) 條 理

19 민법 제1조에 따르면, 성문법도 없고 관습법도 없는 때에는 조리에 따라 재판을 하여야 한다. 조리란 사물의 본질적 법칙 또는 인간의 이성에 기초한 법의 일반원칙을 말한다.

조리와 관련하여 종래 학설상 논의되는 것은 "조리가 법원인가?"하는 것이다. 제1설[39]은 헌법 제103조와 민법 제1조를 근거로 조리의 법원성을 긍정하는 입장이다. 제2설[40]은 조리의 법원성을 부정하는 입장으로 그 주된

35) 이에 대하여 자세한 것은 이 책 [310] 및 [311] 참조.
36) 이에 대해서는 이 책 [309] 참조.
37) 대법원 1966. 2. 22. 65다2223 참조.
38) 대법원 1988. 2. 23. 86다카2919 참조.
39) 金相容, 앞의 책 "民法總則", 27면; 金俊鎬, "民法總則", 法文社, 2001, 11면 등 참조.
40) 郭潤直, 앞의 책 "民法總則", 23면; 李英俊, "韓國民法論 [總則編]", 博英社, 2003, 23면; 金曾漢·金學東, 앞의 책 "民法總則", 21면; 高翔龍, "民法總則", 法文社, 12면; 李銀榮, "民法總則", 博英社, 2001, 51면; 白泰昇, 앞의 책 "民法總則", 24면; 宋德洙, "民法講義(上)", 博英社, 2004, 15면 등 참조.

주장내용은 다음과 같다: 민법이 조리를 재판의 준칙으로 하고 있는 이유는 그것이 법이기 때문이 아니라, 성문법주의 아래에서 법의 흠결이 불가피한데 그렇다고 하여 법원으로서는 재판을 거부할 수 없기 때문이다. 이 학설대립이 실제상의 차이를 가져오는 것은 아니다. 어느 학설에 의한다 하더라도 법관이 최후로 의존할 수 있는 것이 조리라는 사실에는 변함이 없기 때문이다. '法源'이라는 것은 법의 존재형식인데, 조리는 법이 아니라 법의 기초를 이루는 것이라는 형식논리로 접근하는 것이 제2설의 입장인 것 같다. 그런데 법원이라는 개념은 기능적 관점에서 이해할 필요가 있다. 기능적 관점에서 볼 때 法源은 법률분쟁의 해결규준이며, 법원의 개념을 그렇게 이해하는 것으로 필요충분하다고 본다. 요컨대, 조리는 민사분쟁의 최후의 해결규준으로서 법원이라고 생각한다. 판례도 같은 입장으로 평가된다.[41)]

헌법 제27조 제1항은 請求權的 基本權으로서 裁判請求權을 규정하고 있다. 이 규정을 민사재판의 측면에서 본다면, 모든 국민은 스스로 法院에 소를 제기할 수 있는 私權保護請求權을 가지며, 적법하게 제기된 訴에 대하여 법원으로서는 '司法拒絕禁止의 原則'에 따라 당해 사안에 적용될 법규가 없다는 이유로 재판을 거부할 수 없다. 그러므로 구체적 분쟁을 해결할 수 있는 成文法도 없고 慣習法도 존재하지 않는다면 최종적으로 條理에 따라 재판을 하여야 한다. 민법 제1조가 '조리'를 언급하고 있는 이유는 이런 관점에서 이해하는 것으로 충분하다고 생각한다.

---

41) 관련 판례를 들어보기로 한다: ① 대법원 1995. 5. 23. 94마2218: "헌법 제35조 제1항은 환경권을 기본권의 하나로 승인하고 있으므로, 사법의 해석과 적용에 있어서도 이러한 기본권이 충분히 보장되도록 배려하여야 하나, 헌법상의 기본권으로서의 환경권에 관한 위 규정만으로서는 그 보호대상인 환경의 내용과 범위, 권리의 주체가 되는 권리자의 범위 등이 명확하지 못하여 이 규정이 개개의 국민에게 직접으로 구체적인 사법상의 권리를 부여한 것이라고 보기는 어렵고, 사법적 권리인 환경권을 인정하면 그 상대방의 활동의 자유와 권리를 불가피하게 제약할 수밖에 없으므로, 사법상의 권리로서의 환경권이 인정되려면 그에 관한 명문의 법률규정이 있거나 관계 법령의 규정취지나 조리에 비추어 권리의 주체, 대상, 내용, 행사방법 등이 구체적으로 정립될 수 있어야 한다." (같은 취지: 대법원 1965. 8. 31. 65다1156; 대법원 1997. 7. 22. 96다56153; 대법원 1999. 7. 27. 98다47528 등); ② 대법원 2000. 6. 9. 98다35037: "…소송과정에서 적용될 외국법규에 흠결이 있거나 그 존재에 관한 자료가 제출되지 아니하여 그 내용의 확인이 불가능한 경우 법원으로서는 법원에 관한 민사상의 대원칙에 따라 외국 관습법에 의할 것이고, 외국 관습법도 그 내용의 확인이 불가능하면 조리에 의하여 재판할 수밖에 없…다."

(3) 判 例

20 구체적인 법률분쟁에 대한 각급 법원의 재판 자체를 가리켜 '判決'이라고 한다. 그리고 判例란 상급심의 판결에 포함된 일정한 법이론이 당해 사건에 한정되지 않고 그와 유사한 다른 사안에까지 반복되어 이용됨으로써 사실상의 구속력을 가지는 일종의 규범체계를 말한다. 소위 '선례구속의 원칙(doctrine of stare decisis)'을 취하고 있는 영미법체계(common law system)에 있어서는 당연히 판례가 가장 중요한 법원이 되지만, 우리와 같은 대륙법체계(civil law system)에 있어서는 판례를 法源으로 인정할 것인가에 대하여 학설이 일치하지 않고 있다.

판례의 法源性을 부정하는 것이 다수설의 입장이며, 그 논거는 다음과 같다[42]: ① 판례의 法源性을 인정하는 명문의 규정이 없다; ② 판례의 법원성을 인정하게 되면 사법부가 입법을 하는 결과가 되어 3권분립의 원칙에 반하는 결과가 된다; ③ 상급심이 행한 법해석이 장래의 유사한 사건에 관하여 하급심을 구속하지만 이는 사실적 현상인 것이지 법적 효과로 볼 수 없다; ④ 법원조직법은 "상급법원의 재판에 있어서의 판단은 당해 사건에 관하여 하급심을 기속한다"(제8조)라고 규정하고 있는데, 이는 하급심이 당해 사건에 한하여 상급심에 기속된다는 것을 의미할 뿐 다른 유사한 사건의 경우에도 일반적으로 기속된다는 것을 규정한 것이 아니다. 이에 반하여 소수설[43]은 다음과 같이 주장한다: 하급법원이 상급법원에 의하여 확립된 판례와 다른 판결을 한다고 해도 상급심에서 파기될 가능성이 많다; 그러므로 하급심은 좀처럼 그와 같은 판결을 하지 않으며 어느 사건에 대한 상급심의 판결은 그 후 발생하는 유사한 사건에 동일하게 적용될 개연성이 크다; 따라서 상급법원(특히 대법원)의 판결은 사실상 일반적 구속력을 가진다.

판례의 法源性 자체에 관하여는 이와 같이 견해가 갈리지만, 판례가 사실적으로 중요성을 가진다는 점에 대하여는 이견이 없다. 그리고 판례의 법원성에 관한 종래의 학설대립은 순수한 학설대립으로 보기 어려운 측면이

42) 郭潤直, 앞의 책 "民法總則", 28면 이하; 金相容, 앞의 책 "民法總則", 25면; 金容漢, "民法總則論", 博英社, 1986, 24면; 白泰昇, 앞의 책 "民法總則", 22면; 李銀榮, 앞의 책 "民法總則", 62면.

43) 高翔龍, 앞의 책 "民法總則", 13면 이하; 金基善, 앞의 책 "韓國民法總則", 28면; 金曾漢·金學東, 앞의 책 "民法總則", 31면.

있다. 왜냐하면 판례의 법원성에 관한 부정설은 규범적·형식적 관점에서 판단하고 있음에 반해, 긍정설은 사실적·내용적 관점에서 이해하고 있기 때문이다. 생각건대, 성문법주의에도 불구하고 판례가 사실상 法源性을 가진다는 점은 인정할 수밖에 없다.

(4) 學　說

21 학설이란 일정한 법률문제에 대한 법학자들의 학문적 견해를 말한다. 학설을 법원의 범주에 포함시키기는 어려울 것이다. 그러나 학설이 법관의 심증형성에 영향을 주어 그에 따라 판결이 내려지고 그것이 판례를 형성하는 경우도 적지 않다. 이러한 사정은 학설도 간접적인 방법으로 사실상 민법의 법원이 될 수 있음을 의미한다.

Ⅲ. 民法의 기본원리

1. 기본이념으로서의 私的自治의 原則

22 민법을 지배하는 기본원리로서 종래 전통적인 학설[44]은 다음의 세 가지를 든다: ① 사적자치의 원칙; ② 사유재산권절대의 원칙; ③ 과실책임의 원칙. '근대민법의 3대원칙'으로도 일컬어지는 이들 원칙은 개인주의적 인간관과 자유주의적 경제관을 철학적 기초로 하고 있다. 민법의 기본원리에 대해서는 설명방법과 구체적인 내용에 있어서 학자마다 상당한 차이가 있다. 민법의 기본원리로서 위의 ①·②·③ 이외에 다른 것을 추가하기도 한다.[45] 그러나 지배영역의 넓이라든가 이론체계적 중요성에 비추어 볼 때 가장 기본이 되는 것은 역시 ①·②·③의 세 원칙이다. 그런데 이들 원칙이 모두 동일한 차원에 위치하는 것은 아니다. 사적자치(Autonomie de la volonté, Privatautonomie)의 원칙은 나머지 두 원칙을 포괄하는 기본원칙이다.

---

44) 예컨대, 郭潤直, 앞의 책 "民法總則", 56-57면.

45) 이에 관한 학설상황을 간단하게 정리한 것으로는 宋德洙, 앞의 책 "民法講義(上)", 21-22면 참조.

헌법 제10조 제1문은 "모든 국민은 인간으로서의 존엄과 가치를 가지며, 행복을 추구할 권리를 가진다"라고 규정하고 있다. 사적자치의 원칙은 이러한 헌법이념이 구체화된 것으로, 개인은 자신의 자유로운 의사에 따라 자율적으로 법률관계를 형성할 수 있고, 국가는 이에 간섭할 수 없다는 것이다. 사적자치의 원칙은 자신의 이해관계에 관한 최상의 판단자는 바로 자신이라는 자유주의적 개인주의를 철학적 토대로 한다.

민 법 개 정 안	
현 행 규 정	**개 정 안**
〈신 설〉	제1조의2(인간의 존엄과 자율) ① 사람은 인간으로서의 존엄과 가치를 바탕으로 자신의 자유로운 의사에 좇아 법률관계를 형성한다. ② 사람의 인격권은 보호된다.
개정배경 사적자치의 원칙이 민법의 기본이념임을 선언하고(제1항) 인격권의 보호의 원칙을 포괄적으로 명문화하였다(제2항).	

2. 私的自治의 原則의 내용

(1) 개별원칙

1) 法律行爲自由의 原則

23 이 원칙은 자율적인 의지에 따라 법률관계를 형성하는 것과 관련된 것이다. 이 원칙은 누구든 자신의 자유로운 의사에 따라 법률행위를 할 수 있고, 또한 법은 그러한 계약을 보호한다는 것이다. 이 원칙은 ① 개인의 자유의사를 존중하는 것이 ② 사회경제적으로도 이익이라는 관념에 따른 것이다. 그러므로 만일 '개인의사의 존중'(①)이 '사회경제적 이익'(②)의 결과를 가져오지 못할 것이 명백한 경우에는 이 원칙이 인정되지 않는다. ②는 법률행위자유의 원칙의 제어요소라고 할 수 있다. 예컨대, '선량한 풍속 기타 사회질서'에 반하는 계약은 법률행위자유의 원칙의 제어요소로서의 '사회경제적 이익'에 합치하지 않는 것으로 판단되어 법적 보호의 대상이 되지 못한다. 즉 그러한 계약은 무효이다(제103조 참조).[46]

법률행위자유의 원칙은 계약자유의 원칙으로 표출되는 경우가 많다. 왜냐하면 법률행위 중에서도 가장 비중이 큰 것이 계약이기 때문이다. 계약자유의 원칙은 다음과 같은 내용을 포괄한다: 계약체결의 자유(당사자는 계약의 체결 여부를 자유롭게 판단할 수 있다); 상대방선택의 자유(당사자는 계약의 상대방을 자유롭게 선택할 수 있다); 내용결정의 자유(당사자는 계약의 내용을 자유롭게 선택할 수 있다); 방식선택의 자유(당사자는 계약의 방식을 자유롭게 선택할 수 있다). 계약자유의 원칙으로 인하여 계약에 관한 법규정은 任意規定인 것이 원칙이다.[47] 즉 당사자의 의사에 의하여 정해지지 않은 사항에 대해서만 법규정을 적용한다.[48] 제105조가 "법률행위의 당사자가 법령 중의 선량한 풍속 기타 사회질서에 관계없는 규정과 다른 의사를 표시한 때에는 그 의사에 의한다"라고 정한 것은 그러한 취지이다.

2) 私有財産權絶對의 原則

24 이 원칙은 모든 개인을 재산권의 귀속주체로 인정하고 각 개인에게 귀속된 재산에 대한 권리는 국가 또는 타인에 의하여 침해되지 않는다는 것을 내용으로 한다.

헌법 제23조 제1항 제1문은 "모든 국민의 재산권은 보장된다"라고 하여 이념으로서의 인간의 존엄과 가치를 실현하기 위한 물적 기초로서 사유재산권존중의 원칙을 규정하고 있다. 그리고 민법 제211조는 "소유자는 법률의 범위 내에서 그 소유물을 사용, 수익, 처분할 권리가 있다"라고 하여 이 원칙을 구체화하고 있다.

3) 過失責任의 原則

25 용어 자체에 나타난 바와 같이 이 원칙은 책임법상의 원칙이다. '책임'이라는 것은 일정한 법익침해 행위에 대하여 법적인 제재가 가해지는 것을 말하는데, 그 구체적인 내용은 다양하게 나타난다. 도덕상의 의무를

---

46) 이에 대해서는 이 책 [416] 이하 참조.

47) 예를 들어 보자. 제566조는 "매매계약에 관한 비용은 당사자 쌍방이 균분하여 부담한다"라고 정하고 있는데, 이는 임의규정이다. 그러므로 만일 매매계약의 비용을 매수인이 전부 부담하기로 약정하였다면 제566조는 적용이 배제된다. 任意規定과 달리 당사자가 약정에 의하여 적용을 배제할 수 없는 규정을 强行規定이라 한다(예: 제652조, 제635조). 강행규정에 위반한 계약은 무효이다.

48) 프랑스민법 제1134조는 "법적으로 유효하게 체결된 합의는 이를 행한 당사자에게 있어서 법을 대신한다"라고 정하고 있는데, 이는 계약자유의 원칙의 표현이다.

위반한 자에 대해서는 도덕적 책임이, 범죄행위를 한 자에 대해서는 형사책임이 주어질 것이다. 민법학에서 문제되는 책임(즉 민사책임)은 어떤 자가 타인에게 손해를 가한 경우에 가해자의 피해자에 대한 손해배상으로 나타난다. 쉽게 말하자면, 민사책임법이란 어떤 자에게 발생한 일정한 손해를 누구의 부담으로 돌려야 할 것인가(즉 책임의 귀속)를 다루는 민법의 분야이다.

民事責任은 크게 계약책임과 계약외책임으로 2분할 수 있다. 계약책임은 계약관계에 있는 일방이 타방에게 손해를 끼친 경우[49]의 문제이며, 契約外責任은 손해를 야기하는 가해행위를 하기 전에 계약과 같은 선존하는 법률관계에 있지 않은 사람들 사이에서의 손해배상[50] 문제이다.[51] 민사책임의 근본원칙은 자기에게 발생한 손해는 자기 자신이 부담하는 것이다. 이것을 다른 사람의 입장에서 보면 모든 사람은 행동의 자유를 가진다는 것을 의미하게 된다. 만약 그 책임을 다른 사람에게 돌리기 위해서는 특별한 법적 근거가 있어야 한다. 이 특별한 법적 근거로서 마련된 대표적 규정이 바로 채무불이행책임에 관한 제390조와 불법행위책임에 관한 제750조이다. 과실책임의 원칙이라 함은 어떤 자가 타인에게 손해를 가했다 하더라도 가해자에게 故意 또는 過失이 없다면 책임을 물을 수 없다는 것이다.

이 원칙에 따르면, 각자의 이익추구 과정에서 설사 타인에게 손해를 발생시켰다 하더라도 당해 행위가 고의 또는 과실에 의한 것이 아닌 한 가해자는 피해자에게 손해배상의무가 없다는 것으로 된다. 그리하여 이 원칙은 근대 이후 기업자본의 성장을 촉진하는 토대가 되었다.

---

49) 예: P와 Q가 계약을 체결하여 P가 Q에게 일정한 행위를 하여야 할 의무가 있는데, 이 의무를 위반함으로써 Q에게 손해가 발생하였다면 P는 Q에게 손해배상을 하여야 한다.

50) 예: P가 지나가는 행인 Q에게 폭행을 가하여 신체상의 손해를 입혔다면 P는 Q에게 손해배상을 하여야 한다.

51) 계약외책임의 구조에 대해서는 명순구, 앞의 책 "민법학기초원리", 22-23면 참조.

◆ **보충설명: 故意 · 過失의 의미**

故意란 자신의 행위로 인하여 일정한 결과가 발생할 것이라는 것을 알았음에도 불구하고 일부러 그 행위를 하는 심리상태를 말한다. 일정한 결과가 발생할 것을 예견함으로써 그 결과의 발생을 회피하였어야 함에도 불구하고 주의의무를 게을리 하여 그 결과의 발생을 막지 못한 경우에 過失이 있다고 말한다. 형법에서는 고의범만을 처벌하는 것이 원칙이고 과실범은 예외적인 경우에만 처벌된다. 왜냐하면 형사책임은 범죄에 대한 개인적 비난을 내용으로 하기 때문이다. 그러나 민사책임에서는 고의와 과실 사이에 차이가 없는 것이 원칙이다. 왜냐하면 민사책임의 핵심은 가해자 개인에 대한 비난이 아니라 피해자가 입은 손해를 배상해 주는 데에 있기 때문이다.

過失의 분류에 대하여 본다. 우선, 부주의의 정도에 따라 주의의무 위반의 정도가 일반적인 경우인 輕過失(*culpa levis*)과 정도가 심한 重過失(*culpa lata*)로 구분된다. 중과실은 고의와 같이 다루어지는 것이 원칙이다("*culpa lata dolus est*" 또는 "*magna culpa dolus est*"[52]). 실정법에서 중과실은 보통 '중대한 과실'로 표현된다(예: 제109조 제1항, 제401조, 제518조, 제735조 등). 다음으로, 주의의무의 기준에 따라 抽象的 過失(*culpa in abstracto*)과 具體的 過失(*culpa in concreto*)로 구분된다. 추상적 과실에서는 주의의무의 판단기준이 일반적 평균인이며, 구체적 과실에서는 문제되는 사람 개인이다. 추상적 과실의 판단기준이 되는 일반적 평균인이란 절대적 평균인을 말하는 것이 아니라 문제되는 사람과 같은 업무와 직무에 종사하는 보통인을 가리킨다.[53] 실정법에서 구체적 과실은 보통 '자기 재산에 대한 것과 동일한 주의의무'(예: 제695조, 제922조, 제1022조)로 표현된다. 구체적 과실의 기능은 주의의무를 경감시키는 것이다.

민법에서 일반적으로 과실이라고 하면 추상적 과실과 경과실을 말한다. 실정법에서 '과실'(예: 제113조, 제116조, 제129조 등), '선량한 관리자의 주의'(예: 제61조, 제324조, 제374조, 제681조 등)와 같은 표현은 추상적 경과실을 가리키는 것이다.

(2) 개별원칙의 현대적 위상

26 법률행위자유의 원칙, 사유재산권절대의 원칙 및 과실책임의 원칙의 철학적 기초는 개인주의와 자유주의라는 점을 지적한 바 있다. 개인주의와 자유주의는 자본의 성장을 가져왔으나 그 이면에 분배의 불공평이라는 부작용도 수반하였다. 다른 여러 분야에서와 마찬가지로 법 분야에서도 이러한 현실을 보정하기 위한 노력이 이루어졌다. 사유재산권절대의 원칙과

52) Digesta 50. 16. 226.

53) 다음과 같은 판례는 과실의 개념을 파악하기에 유용하다. 대판 1967. 7. 18. 66다1938: "불법행위에 의한 손해배상 의무의 전제가 되는 과실의 유무와 그 과실의 경중에 관한 표준은 그 개인에게 관한 구체적인 사정에 의하여 결정하는 것이 아니고, 일반적인 보통인으로서 할 수 있는 주의의 정도를 표준으로 하여야 할 것이며, 위의 일반적 보통인이라 함은 추상적인 일반인을 말함이 아니고 그와 같은 업무와 직무에 종사하는 보통인을 말하는 것이므로 그와 같은 직업과 직무에 종사하는 사람으로서는 보통 누구나 할 수 있는 주의의 정도를 표준으로 하여 그 과실유무를 논하고 위와 같은 주의를 심히 결여한 때에는 중대한 과실이 있다고 하여야 할 것이다."

관련하여 재산권의 행사에 있어서 공공복리 적합성이 도입된다든가(헌법 제23조 제2항), 국가가 계약관계에 적극적으로 개입하여 사적자치의 원칙을 수정하는 결과를 가져온다든가(예: 근로기준법, 주택임대차보호법, 소비자보호법), 고의 또는 과실이 없다 하더라도 손해배상책임을 인정하는 범위를 확대함으로써 과실책임의 원칙을 수정하는 경우(예: 자동차손해배상보장법, 제조물책임법, 환경정책기본법)가 그 예이다. 이러한 현상들은 경제성장을 통해 집적된 부를 분배하기 위한 입법정책적 배려로 볼 수 있다.

민법의 기본원칙의 현대적 수정과 관련하여 일부 학설은 다음과 같이 주장한다[54]: '공공복리'를 최고의 이념으로 하여 그 아래에 사유재산권존중의 원칙, 법률행위자유의 원칙 및 과실책임의 원칙이 존재한다; 공공복리의 실천원리로서는 신의성실, 권리남용의 금지, 사회질서, 거래안전과 같은 것이 있다. 여기에서 말하는 공공복리라는 것을 개인의 이익을 부정하는 전체주의국가의 관점으로 이해할 수 없음은 말할 필요도 없다. 그런데 공공복리라는 것을 헌법(제23조 제2항 또는 제37조 제2항)에 합치하는 시각에 따라, 개인과 무관한 이익이 아니라 모든 개인에게 공통되면서 동시에 私的 利益에 우월하는 共同利益으로 파악한다 하더라도 공공복리를 최고의 이념으로 보는 것은 무리가 있다고 생각한다. 개인에게는 자신에게 가장 이익이 되는 방향으로 행동할 수 있는 자유가 보장되어 있다. 모든 자유가 사회국가적 공공복리의 관점에서 제한될 가능성을 내포하고 있기는 하지만 그렇다고 하여 공공복리를 최고의 원칙으로 승격시킬 일은 아니다. 모든 한약에 감초가 들어가기는 하지만 감초가 그 약효를 좌우하지 못하는 것과 마찬가지로, 공공복리라는 것이 언제나 고려된다 하여 그것을 최고의 원칙이라고 말할 수는 없다고 본다.

위의 논의를 요약하면 다음과 같다: 사회현실의 변화에 따라 법률행위자유의 원칙, 사유재산권절대의 원칙 및 과실책임의 원칙도 위상의 변화를 보이고 있다; 그럼에도 불구하고 이들 원칙은 여전히 민법의 기본원칙으로서의 지위를 유지하고 있다.

---

54) 郭潤直, 앞의 책 "民法總則", 61-65면 이하.

Ⅳ. 民法의 적용범위

1. 時間에 관한 적용범위

27 법은 그것이 효력을 유지하고 있을 당시에 발생한 사항에 대해서만 적용된다. 즉 행위시의 법을 적용하여야 하는 것이지, 사후입법을 통하여 과거의 행위를 규율할 수 없다. 이것을 '법률불소급의 원칙'이라고 한다. 이 원칙은 소급입법으로 인하여 발생하는 법적 불안정성을 회피하고 국민의 기본권을 보호하기 위한 것이다. 헌법은 "모든 국민은 소급입법에 의하여 참정권의 제한을 받거나 재산권을 박탈당하지 아니한다"라고 정하고 있다(헌법 제13조 제2항). 헌법의 최고규범성에 비추어 볼 때 민법도 이 헌법규정에 합치하도록 운용되어야 함은 물론이다.

법률불소급의 원칙에서 보면 民法典은 그 시행일인 1960년 1월 1일 이후에 발생한 사항에 대해서만 적용되는 것으로 보아야 한다. 그런데 실제는 그렇지 않다. 민법은 그 시행일 전에 발생한 사항에 대해서도 적용되는 것으로 정하고 있기 때문이다(민법 부칙 제2조 본문). 즉 민법전은 소급입법에 해당한다. 그러나 이 소급입법은 국민의 권리를 침해하는 결과를 발생시키지는 않았다고 보아야 한다. 왜냐하면 부칙 제2조 단서는 "그러나 이미 구법에 의하여 생긴 효력에 영향을 미치지 아니한다"라고 정하고 있기 때문이다. 이 단서의 규정으로 인하여 민법전의 경우에도 법률불소급의 원칙에 어긋나지 않는 결과가 된다.

2. 사람 및 장소에 관한 적용범위

28 민법에서 '사람'이라고 하면 유기체인 '자연인'과 법에 의하여 법률주체로 인정되는 '법인'을 포함한다.[55] 사람 및 장소에 관한 적용범위는 '주권' 개념과 연관되는 문제이다.

민법은 모든 대한민국 국민에게 적용된다(속인주의). 대한민국의 영토에

55) 法人의 개념에 대해서는 이 책 [175] 참조.

있는 국민뿐만 아니라 영토 밖에 있는 국민에 대해서도 마찬가지이다. 또한, 민법은 대한민국의 영토에 있는 모든 사람에게 적용된다(속지주의). 즉 민법은 대한민국 영토에 있는 외국인에게도 적용된다.

대부분의 국가가 자신의 주권에 기초하여 속인주의와 속지주의를 병행하고 있다. 여기에서 다음과 같은 문제가 발생할 수 있다: ① 외국의 영토에 있는 대한민국 국민은 어느 나라 민법의 적용을 받는가; ② 대한민국의 영토에 있는 외국의 국민은 어느 나라 민법의 적용을 받는가? 이러한 상황을 '법의 충돌(conflict of laws)'이라고 하며, 이 문제를 해결하기 위하여 마련된 것이 '국제사법(2001년 7월 1일 법률 제6465호)'이다.

제 2 절 民法의 규율대상: 權利關係

제 2 절 民法의 규율대상: 權利關係

Ⅰ. 權利關係의 의미

Ⅱ. 權利

Ⅲ. 義務

Ⅳ. 權利關係의 實現方法

Ⅴ. 權利의 衝突과 重疊

Ⅰ. 權利關係의 의미

1. 權利關係의 개념

29 인간의 사회생활관계는 다양한 유형으로 나타나며, 이에 따라 사회생활관계를 규율하는 社會規範 또한 여러 형태가 있을 수 있다. 즉 사회규범에는 법규범 이외에도 도덕규범, 종교규범 등이 있을 수 있으며, 우리의 사회생활관계는 이들 規範에 의하여 규율되고 있다. 여러 사회생활관계 중에서 특히 法規範에 의하여 규율되는 생활관계를 가리켜 '法律關係'라 한다. 법규범은 강제력을 가진다는 점에서 다른 사회규범과 구별된다. 법규범이 강제력을 가진다는 것은 곧 그것의 규율대상인 法律關係가 강제적으로 보장되고 실현된다는 것을 의미한다.

법률관계 중에서 民法에 의하여 규율되는 법률관계를 특히 '民事的 法律關係' 또는 '民事關係'라 한다. 민사관계의 의미를 보다 정확히 이해하기 위해서는 그것의 기본구조를 파악할 필요가 있다. 民事關係는 權利關係 또는 義務關係로 구성된다고 말할 수 있다. 왜냐하면 일정한 법률관계가 형성된 경우에 그 법률관계의 효력으로서 權利를 취득하든가 또는 義務를 부담하기 때문이다. 이렇게 본다면, 민사관계는 이를 '權利·義務關係'로 표현하는 것이 정확할 것이다. 그런데 단순히 '權利關係'라는 용어를 사용하는 것이 일반적이다.

2. 權利關係의 주변개념

(1) 好意關係

30 단순한 호의에 의하여 일정한 생활이익을 주고받는 호의관계는 법규범에 의하여 규율되는 관계가 아닌 법외적 생활관계이다. 따라서 好意關係 자체로써는 어떠한 법률효과를 발생시키지 못한다. 그러나 호의관계라 하더라도 때에 따라서는 법률관계가 발생하는 경우가 있는데, 호의관계와 관련하여 일방이 타방에게 손해를 끼친 경우에 나타나는 손해배상관계가 대표적인 예이다.[1] 이와 같이 호의관계에서 손해배상 문제가 발생할 수 있기는 하지만, 이때의 손해배상관계를 일반적인 경우와 똑같이 다룬다는 것은 문제가 있다. 그리하여 학설은 호의관계의 특성을 고려한 해결책을 모색하고 있는데, 그 내용은 다음과 같다. 첫째, 당사자의 의사해석에 의한 해결이다. 즉 호의관계 당사자의 묵시적 의사로부터 손해배상책임의 면제 또는 배상액의 경감에 대한 합의를 추론하는 것이다. 둘째, 權利關係에 관한 법리의 유추를 통한 해결책이다. 무상계약에서의 책임감경법리[2] 또는 과실상계법리[3]를 유추적용하는 것이 그 예이다.

---

1) 예를 들어 보기로 하자. A는 자신의 승용차를 운전하여 귀가하던 중 도로상에서 발견한 같은 동네에 사는 친구 B를 태우고 운행을 하던 중(호의동승) A의 부주의로 자동차사고가 발생하였고, 이로 인하여 B가 손해를 입은 경우에 그 손해를 누가 부담하여야 할 것인가 하는 문제가 발생한다.

2) 예컨대, 무상수치인의 주의의무 경감에 관한 제695조.

3) '과실상계'란 일방의 과실로 인하여 타방에게 손해를 입힌 경우에 가해자는 피해자가 입은 손해를 배상하여야 하나 피해자에게도 과실이 있는 때에는 배상액 산정에 있어서 이를 고려하는 것을 말한다(제396조, 제763조 참조). 예컨대, 운전자 J의 과실로 인하여 K가 교통사고를 당하여 100의 손해를 입기는 하였으나 K에게도 주위상황을 잘 살피지 않은 잘못이 10% 인정된다면 J의 K에 대한 배상액은 100이 아니라 90[=100-(100×10%)]이다. 과실상계 사유에 관한 사실인정이나 그 비율을 정하는 것은 그것이 형평의 원칙에 비추어 현저히 불합리하다고 인정되지 않는 한 사실심의 전권사항에 속한다(대법원 1992. 9. 25. 92다20477; 대법원 1996. 1. 23. 95다24340; 대법원 1997. 11. 28. 97다38299; 대법원 1998. 2. 27. 97다24382; 대법원 1998. 9. 4. 96다11440; 대법원 1998. 7. 24. 98다12270 등 참조).

사례연구: 호의관계

• 사안의 내용 Y는 자신 소유의 승용차를 운전하던 중 마침 도보로 귀가 중이던 그의 친구 X를 발견하고 그를 승용차에 동승시켜 운행하고 있었다. 그러던 중 철도건널목에서 열차진입을 알리는 경보음과 경보등이 작동하였음에도 이를 무시하고 철도건널목을 통과하다가 때마침 위 철도건널목을 통과하던 열차에 승용차가 부딪치는 사고가 발생하였다. 이 사고로 인하여 1,000만원 상당의 손해를 입은 X는 Y에게 이 손해에 대한 배상을 청구하였다. X의 주장에 대하여 Y는 X를 단순히 호의로 동승시켰다는 이유를 들어 배상액의 감경을 요구할 수 있는가?[4]

• 사안의 해결 이 사안에서 X · Y간에는 법률관계의 일종인 계약관계가 존재하지 않는다. 이에 따라 계약책임은 문제되지 않으나 계약외책임은 문제될 수 있다. 운전자 Y는 불법행위책임의 요건을 모두 충족하고 있으며, 이 부분에 관하여는 Y도 아무런 이의가 없다. 이 사안에서 특히 문제된 것은 배상액 감경이다.

대법원은 호의동승이 단순히 無償性의 특질을 가진다는 사실만으로는 과실상계에 따른 배상액 감경을 할 수 없다는 입장을 견지하고 있다.[5] 사안에서 문제된 사고에 대하여 피해자 X에게는 아무런 과실도 없다. 그러므로 과실상계에 의한 배상액 감경은 인정될 수 없다. 그러나 신의칙에 의한 배상액 감경은 고려될 수 있다는 점에 유의하여야 한다. 이와 관련하여 대법원은 다음과 같이 판시하고 있다: "차량의 운행자가 아무런 대가를 받지 아니하고 동승자의 편의와 이익을 위하여 동승을 허락하고 동승자도 그 자신의 편의와 이익을 위하여 그 제공을 받은 경우 그 운행 목적, 동승자와 운행자의 인적관계, 그가 차에 동승한 경위, 특히 동승을 요구한 목적과 적극성 등 여러 사정에 비추어 가해자에게 일반 교통사고와 동일한 책임을 지우는 것이 신의법칙이나 형평의 원칙으로 보아 매우 불합리하다고 인정될 때에는 그 배상액을 경감할 수 있으나, 사고 차량에 단순히 호의로 동승하였다는 사실만 가지고 바로 이를 배상액 경감사유로 삼을 수 있는 것은 아니다."[6]

(2) 自然債務

31 채권은 법률관계로부터 나오는 권리의 일종이므로 강제력을 가진다. 즉 채권자의 상대방인 채무자가 채무를 이행하지 않는 경우에, 채권자는 국가의 힘을 빌려 채권의 실현을 강제할 수 있다. 이를 '債權의 强制力'이라 한다. 한편, 강제력에 결함이 있는 채권도 있을 수 있는데, 이를 '不完全債務'라 한다.

자연채무는 불완전채무의 일종이다. 自然債務란 채무자가 스스로 이행하지 않는 경우에 채권자가 국가기관인 法院에 이행을 구하는 訴訟을 제기

---

4) 이 사안은 이미 법원에서 문제되었던 분쟁을 간략하게 재편한 것이다(대법원 1999. 2. 9. 98다53141).

5) 특히 대법원 1999. 2. 9. 98다53141 참조.

6) 같은 취지의 판결로는, 대법원 1994. 11. 25. 94다32917; 대법원 1996. 3. 22. 95다24302; 대법원 1997. 11. 14. 97다35344 등 다수.

할 수는 없으나, 채무자가 임의로 이행하는 때에는 이를 유효한 채무의 이행으로서 보유할 수 있다는 점에 특징이 있다.

사례연구: 自然債務

● 사안의 내용 Y는 X가 담임목사로 있는 평화교회의 신도이다. 아직 독립된 교회건물을 가지고 있지 않던 평화교회에서는 교회건물신축대지 구입을 위한 특별헌금을 진행하고 있었고, Y는 1,000만원의 헌금약정을 하였다. 그런데 Y가 헌금약정을 이행하지 않자 X는 Y를 상대로 교회에 약정액을 지급하라는 내용의 소송을 제기하였다. 이 소송의 결과는 어떠할 것으로 예상하는가?

● 사안의 해결 교회에서의 헌금에는 여러 종류가 있다: ① 일반헌금(예: 주일헌금, 감사헌금, 십일조헌금); ② 특별헌금(예: 건축헌금). 그런데 사안에서 문제된 헌금은 교회건물신축대지 구입을 위한 특별헌금이다. 일반헌금의 경우에는 그것이 자연채무인가 여부 자체가 법률분쟁의 대상이 되지 않을 것이다. 왜냐하면 일반헌금은 현실증여[7]의 형태로 행해지므로 일단 약속을 하고 나중에 이를 이행하지 않는 상황이 되지 않기 때문이다. 그러나 사안과 같이 특정 목적을 위한 특별헌금약정은 때에 따라서는 법률분쟁을 일으킬 수 있다. 특별헌금약정을 하고 이를 불이행한 경우에 이를 단순히 신앙상 또는 도의상의 문제가 아닌 사법상의 법률관계로 볼 수 있는 여지도 있을 것이다. 그러나 특별헌금약정에 의한 의무를 법적인 채무로 본다 하더라도 특별한 사정이 없는 한 이를 최소한 自然債務로 보는 것이 바람직한 敎會像에 합치하는 해석이 아닐까 생각한다.

요컨대, Y의 의무는 신앙상 또는 도의상의 의무에 불과하며, 더 나아간다 하더라도 최소한 自然債務로 보아야 한다. 그러므로 법원으로서는 X의 청구를 받아들이지 않을 것으로 예상된다.

Ⅱ. 權 利

1. 權利의 의미

(1) 權利의 개념

32 권리관계의 구성요소로서의 '權利'란 무엇인가? 이 문제는 법사상사적 사조와 더불어 많은 논의가 집중되었던 분야이다. 권리의 개념에 대하

7) 贈與契約은 당사자 일방이 대가 없이 상대방에게 재산권을 이전한다는 내용의 의사표시와 이를 수령할 것이라는 두 의사표시의 합치만으로 성립하는 것이 원칙이다(제554조). '現實贈與'는 의사표시의 합치와 동시에 이행행위가 행해지는 것으로 증여계약의 특수형태에 해당한다.

여 전통적으로 다음 두 가지 입장이 대립되어 왔다[8]: ① 인간의 의사에 중점을 맞추어, 權利란 '의사의 힘' 또는 '의사의 지배'라는 견해(소위 '意思說'); ② 법을 서로 대립하는 이익 중 어느 편을 더 보호할 것인가에 대한 가치판단의 규준으로 파악하는 이익법학의 관점에서, 권리란 '법에 의하여 보호되는 이익'이라는 견해(소위 '利益說').

그런데 이들 두 학설 모두 중요한 결점을 가지고 있다. 意思說로써는 의사무능력자(예: 유아·소아)도 권리의 주체가 될 수 있다는 것을 설명하기 어렵고, 利益說로써는 이익이 없는 권리(예: 친권)를 설명하기 힘들다. 그리하여 양 학설의 절충적 입장으로 권리란 '일정한 이익을 향수하도록 하기 위하여 법이 인정한 힘'이라고 하는 견해(소위 '權利法力說')가 등장하였고, 우리나라에는 이 견해를 지지하는 학자가 많은 것 같다.[9] 권리의 개념에 대하여는 이것 외에도 최근까지 다양한 학설이 주장되고 있다. 그러나 권리의 개념을 일의적으로 설정하는 작업은 무리라고 생각한다. 왜냐하면 권리란 구체적 한계를 획정할 수 없는 인간의 자유권에 기초한 것일 뿐만 아니라, 현실의 변화에 따라 과거에 생각할 수 없었던 새로운 유형의 권리도 생겨날 수 있기 때문이다.

(2) 權利의 주변개념

33 권리의 개념에 대한 일의적 파악은 거의 불가능에 가까운 것이지만 권리를 유사개념과 구별하는 것은 비교적 수월하다.

ⓘ 첫째로, 權利는 '反射的 利益'과 구별된다. 반사적 이익이란 어떠한 법규가 공익을 보호법익으로 하여 적용됨에 따라 그 반사적인 효과로서 개인이 받게 되는 이익이다. 예를 들어 보자. 여객자동차운송사업과 관련하여 법은 일정한 공익상의 목적에 따라 새로운 사업자는 기존의 사업자와 일정한 거리를 두도록 규정하고 있다.[10] A가 이미 일정한 사업구역에서 운송사

---

8) 권리의 개념에 관한 학설 대립은 법인의 본질에 관한 학설대립과 밀접한 관련을 가진다. 즉 意思說은 법인본질에 관한 논의에 있어서 法人擬制說의 입장에 서고, 利益說은 法人否認說의 입장에 서게 된다. 이에 대하여는 이 책 [177] 참조.

9) 高翔龍, 앞의 책 "民法總則", 39면; 金基善, 앞의 책 "韓國民法總則", 76면 이하; 金俊鎬, 앞의 책 "民法總則", 47면 이하.

10) 여객자동차운수사업법(1997. 12. 13. 법률 제5448호)에 따르면, 여객자동차운송사

업을 하고 있는데, B가 法定의 거리 이내에서 같은 영업을 하려고 하더라도 A는 B에 대하여 영업을 그만 둘 것을 요구할 수 없다. 왜냐하면 A가 법률에 의하여 일정한 영역에서 영업을 할 수 있는 사실적 이익을 가지는 것은 사실이나, 법률이 A에게 당해 지역에서의 독점적 영업을 할 수 있는 '權利'를 부여한 것은 아니기 때문이다.[11] 이와 같이 전통적인 견해에 의하면 權利만이 司法的 保護의 대상이 되고 反射的 利益에 대해서는 침해가 있어도 사법적 구제를 받을 수 없다는 것이었다. 그런데 최근에 와서는 行政作用의 다양화와 법규의 보호법익의 확대에 따라 反射的 利益이 權利化됨으로써 권리와 반사적 이익의 구별이 용이하지 않게 되었다.[12]

ⅱ 둘째로, 權利는 '權能'과 구별된다. 權能이란 권리의 내용을 이루는 개개의 법률상의 힘을 말한다. 예컨대, '所有權'이라는 권리는 '사용권'·'수익권'·'처분권'이라는 권능을 포함하고 있다. 권리는 다수의 권능을 포괄하는 경우도 있으나 하나의 권능으로 구성된 경우도 있는데, 후자의 경우에는 권리와 권능의 구별이 용이하지 않다.

ⅲ 셋째로, 權利는 '權限'과 구별된다. 權限이란 타인을 위하여 일정한 행위를 하고 그로 인한 법률효과를 타인에게 귀속시킬 수 있는 법률상의 자격을 가리킨다. 법인의 대표기관인 이사의 대표권,[13] 대리인의 대리권[14] 등이 權限의 대표적 예이다. 권한이 없는 자가 타인을 위하여 한 행위의 효과는 그 타인에게 귀속하지 않는 것(즉 무효)이 원칙이다.

2. 權利의 분류

34 권리를 일목요연하게 분류하는 것은 결코 쉬운 일이 아니다. 이것은 논의의 편의를 위한 분류일 뿐 절대적인 것은 아니다. 권리에 따라서

업을 경영하고자 하는 자는 사업계획을 작성하여 건설교통부장관의 면허를 받아야 하며, 행정청이 면허를 함에 있어서는 여객자동차운송사업의 종류별로 노선 또는 사업구역을 정하여야 한다(법 제5조). 만일 이 절차에 따라 면허를 받지 않고 여객자동차운송사업을 경영한 자는 2년 이하의 징역 또는 2천만원 이하의 벌금에 처한다(법 제81조).

11) 대법원 1989. 5. 23. 88누8135; 대법원 1991. 12. 13. 90누10360; 대법원 1992. 3. 13. 91누3079; 대법원 1992. 4. 28. 91누10220; 대법원 1992. 12. 8. 91누13700 등 참조.

12) 柳至泰, "行政法新論", 新英社, 2004, 483면 참조.

13) 代表의 개념에 대해서는 이 책 [242] 참조.

14) 代理의 개념에 대해서는 이 책 [466] 참조.

는 어느 부류에도 속하지 않거나 또는 두 개 이상에 부류에 공통으로 속하는 경우도 있기 때문이다. 여기에서는 전통적인 분류를 소개하는 정도에 그치기로 한다.

(1) 權利의 내용에 따른 분류

35 이것은 권리자에게 부여되는 권리의 구체적 내용이 무엇인가를 기준으로 한 분류이다. 이에 따르면 권리는 다음과 같이 분류된다: ① 재산권; ② 인격권; ③ 가족권; ④ 사원권.

1) 財産權

36 재산권이란 권리의 내용이 경제적 가치를 가지는 경우를 말한다. 여기에 속하는 것으로 중요한 것은 다음과 같다: ① 채권; ② 물권; ③ 지적재산권.

(가) 債 權

37 예를 들어 설명하기로 한다. A와 B는 각각 바이올린과 클라리넷의 소유자로서 이들은 자기의 소유물을 서로 맞바꾸는 내용의 합의를 하였다. A와 B 사이에는 交換契約[15]이 체결된 것이다. 이 계약으로 인하여 계약당사자 A·B는 채권관계에 놓이게 된다. 이와 같이 계약은 채권관계의 발생원인의 하나이다. 채권관계에 기하여 취득하게 되는 권리를 가리켜 債權이라 하며 채권관계에 기하여 부담하게 되는 의무를 債務라 한다. 결국 債權이라 함은 특정인(채권자)이 다른 특정인(채무자)에 대하여 일정한 행위(급부)를 요구할 수 있는 權利를 말한다. 債權은 특정인이 특정인에게 일정한 행위를 요구할 수 있는 가능성의 권리라는 점에 유의할 필요가 있다. 즉 채권은 가능성의 의미를 상실한 순간, 즉 가능성의 실현(예: 변제[16]) 또는 실현불능[17]에 의하여 소멸한다. 결국 채권은 가능성과 함께만 존재할 수 있

---

15) 交換契約이란 당사자 쌍방이 금전 이외의 재산권을 상호 이전할 것을 약정함으로써 성립하는 계약이다(제596조).

16) 일상적으로 辨濟라는 용어는 빚을 갚는다는 의미로 사용되고 있다. 그러나 법률용어로서의 변제라 함은 채무자 또는 제3자의 행위로 인하여 채권의 목적이 달성되고 따라서 채권이 소멸하는 것을 말한다. 그러므로 빚을 갚는 것도 辨濟이고 어떤 일을 해 주어야 할 채무를 지는 자가 일을 하는 것도 변제이다. 辨濟는 채무자에 의하여 이루어지는 것이 보통이지만 채무자가 아닌 자에 의한 변제도 가능한데(제469조) 변제한 제3자는 변제한 부분에 대하여 채무자에게 求償權을 행사할 수 있다.

는 권리이며, 바로 이 점에서 물권과 뚜렷한 대조를 이룬다. 가능성의 권리로서의 채권은 늘 그 가능성이 실현되지 못할 가능성을 내포하고 있다. 그러므로 채권자로서는 이러한 불확실성을 회피하기 위한 여러 수단을 강구하게 되는데, 채권실현의 가능성을 확보하기 위한 방법을 '채권담보제도'라 한다.

(나) 物 權

38 앞의 사안에 있어서 A와 B의 채무내용은 바이올린과 클라리넷에 대한 物權(특히 所有權)을 상대방에게 이전시켜 주는 것이다. A와 B는 어떠한 방법으로 상대방에게 바이올린과 클라리넷에 대한 소유권을 이전시키게 되는가? 이들 악기는 모두 物件[18]이다. 그러므로 이 문제는 물건에 대한 소유권 이전방법이 어떠한가 하는 문제로 환원된다. 현행법상 소유권을 비롯한 물권의 이전방법은 물권이전의 원인이 법률행위에 의한 것인가 법률행위 이외의 사유에 의한 것인가에 따라 다르다. 후자의 경우와 달리 전자의 경우에는 不動產에 대하여는 登記(제186조), 動產에 대하여는 引渡(제188조)가 있어야 物權이 이전하게 된다. 예컨대, 매매계약과 같은 法律行爲에 의하여 물건에 대한 소유권을 매수인에게 이전시키고자 하는 경우에 매매목적물이 不動產인 때에는 당해 부동산의 등기부에 매수인 명의의 移轉登記를 하여야 하며, 매매목적물이 動產인 때에는 매도인이 매수인에게 당해 동산을 引渡(즉 점유의 이전)하여야 한다. 이와 같이 등기 또는 인도와 같은 형식이 구비되어야만 물권변동이 일어나는 입법주의를 형식주의 또는 성립요건주의라 한다.[19] 사안에서 소유권이전의 기초는 법률행위의 일종인 교환계약이며, 계약의 목적물인 두 악기는 모두 動產이다. 그러므로 A는 바이올린

---

17) 채권의 내용이 채권성립 당시부터 불능(원시적 불능)이면 당해 채권관계는 무효이고, 채권성립 이후에 불능(후발적 불능)으로 되었다면 원채권(原債權) 자체는 소멸하며 다만 다른 법률문제(예: 손해배상 · 대가위험부담 등)로 전환된다. 不能에 대하여 자세한 것은 이 책 [413] 이하 참조.

18) 민법상 物件이라 함은 유체물 및 전기 기타 관리할 수 있는 자연력으로서(제98조) 권리의 객체가 된다. 물건의 개념 및 요건에 대해서는 이 책 [289] 이하 참조.

19) 이와 대비되는 입법주의는 의사주의 내지 대항요건주의이다. 이는 등기 또는 인도가 없더라도 계약과 같은 채권행위만으로 물권변동은 일어나며, 다만 등기 또는 인도를 받지 못한 경우에는 자신이 취득한 물권을 가지고 제3자에게 대항할 수 없도록 한 입법주의이다.

을 B에게 인도하고 B는 클라리넷을 A에게 인도함으로써 바이올린과 클라리넷에 대한 소유권이 타방에게 이전하게 된다. A와 B가 자신들의 채무를 완수함으로써 이들은 각각 클라리넷과 바이올린의 소유권을 취득한다. 所有權이라 함은 물건을 배타적으로 지배하여 사용·수익·처분할 수 있는 권리를 말한다. 소유권은 가장 완전한 물권으로서 물건을 전면적·일반적으로 지배하는 권리라는 점에서 물건에 대한 부분적·일시적 지배를 내용으로 하는 制限物權과 구별된다.

같은 재산권이라 하더라도 債權과 物權은 여러 가지 측면에서 뚜렷한 대조를 이룬다. 우선, 債權은 특정인에 대하여만 주장할 수 있는 相對的 權利임에 반하여, 물권은 누구에 대하여도 주장할 수 있는 대세권(對世權)이다. 이로 인하여 다음과 같은 차이가 발생한다. 첫째, 물권의 경우에는 거래안전을 위하여 당해 권리가 누구에게 귀속하는지 그리고 그 내용이 어떠한 것인지 하는 내용들을 일정한 표상[20]을 통하여 일반인이 알 수 있도록 하여야 한다는 公示의 原則이 요구된다. 그리고 이 원칙을 관철하기 위해서는 物權의 종류와 내용의 단순화가 전제되어야 하며, 이러한 취지에서 민법전 제2편(물권)은 "물권은 법률 또는 관습법에 의하는 외에는 임의로 창설하지 못한다"(제185조)라는 物權法定主義로부터 시작되고 있다. 둘째, 物權은 누구에 의하여도 침해될 가능성이 있으나 債權은 채무자에 의하여 침해되는 것이 대부분이다. 셋째, 物權은 배타적 대세권이므로 물권에 대한 침해는 違法性을 띠는 것이 원칙이나, 채권은 배타성이 없는 권리이기 때문에 채무자가 아닌 제3자가 채권을 침해했다 하더라도 이에 당연히 위법성을 인정하기는 어렵다.

---

20) 公示를 위한 수단인 일정한 표상을 公示方法이라 한다. 부동산물권의 공시방법은 登記이고 동산물권의 공시방법은 占有이다. 부동산물권의 공시방법인 등기는 공시의 원칙을 관철시키기 위한 기능을 다하고 있으나, 동산물권의 공시방법인 점유는 매우 불완전하다. 따라서 현대법은 동산물권에 있어서 공시의 원칙을 관철시키는 방법으로서 대체로 두 가지 제도를 이용하고 있다. 하나는 일정한 상품상의 권리를 증권화하여 그 증권의 배서·교부를 공시방법으로 하는 것이며(상법상 화물상환증, 선하증권, 창고증권 등), 다른 하나는 특수한 동산(선박, 자동차, 항공기 등)에 관하여 공적 장부에 의한 공시(즉 등기·등록)를 인정하는 것이다.

◆ 보충설명: 제한물권의 예(지상권과 저당권)

• 地上權 지상권이란 타인의 토지에서 건물・공작물(예: 탑)이나 나무를 소유하기 위하여 그 토지를 사용할 수 있는 물권이다(제279조). 이해를 돕기 위하여 지상권자가 지상권에 기초하여 토지에 건물을 신축한 경우를 생각해 보자. 이 경우에 토지에 대한 소유권자는 누구인가? 지상권이 설정되었다 하더라도 토지소유자는 변함이 없다.[21] 건물의 소유자는 누구인가? 지상권자이다. 그러므로 지상권자는 타인 소유의 토지 위에서 건물을 소유하게 되는 것이다. 지상권이라는 것이 타인의 토지를 사용할 수 있는 권리라는 의미를 알 수 있다. 그리고 이를 토지소유자의 입장에서 생각해 보면, 지상권으로 인하여 토지소유권의 내용이 제한되는 것으로 볼 수 있다. 지상권자가 타인의 토지를 사용할 수 있는 권리가 있다는 측면에서 지상권을 용익물권이라 한다. 한편 지상권으로 인하여 소유권의 내용이 제한된다는 측면에서 제한물권이라고 한다.

• 抵當權 다음 사례를 보자: β토지에서 농사를 짓는 P는 현금이 필요하게 되었다; β토지를 처분하면 현금을 확보할 수 있겠지만 그리하면 농사를 지을 수 없다; 이와 같은 상황에서 P로서는 타인으로부터 금전은 빌려야 할 것이다; 그래서 P는 Q에게 금전을 빌리기로 하였다; Q는 P에게 금전을 대여해 주면서 담보를 요구하였다; 이에 P는 자기 소유의 β토지에 대하여 Q에게 저당권을 설정해 주고자 한다. 저당권은 어떠한 방법으로 설정되는가? 저당권을 설정하기 위해서는 우선 P・Q간에 저당권설정계약을 체결하게 된다. 이에 따라 Q를 저당권자로 하여 β토지의 등기부에 등기를 하면 그 때부터 Q는 저당권자가 된다. 저당권도 부동산에 관한 물권이므로 등기를 함으로써 비로소 성립하게 된다(제186조). 저당권은 그 목적물에 대한 점유를 채권자에게 넘기지 않고 채무자가 여전히 보유할 수 있다는 점에서 매우 유용한 담보물권이다. 저당권이 설정된다 하더라도 소유자는 여전히 목적물을 사용할 수 있기 때문이다. 이 점에서 저당권은 질권[22]과 큰 차이를 보인다.

저당권 설정에도 불구하고 β토지에 대한 소유자는 여전히 P이다. 그러므로 P는 β토지를 저당권이 설정된 채로 다른 사람에게 처분할 수 있는 권한을 잃지 않는다. 그러나 P의 소유권은 Q의 저당권에 의하여 제한을 받게 된다. 소유권의 어떠한 내용이 저당권에 의하여 제한을 받는 것인가? 제한의 내용은 이러하다. β토지의 시가가 1억원이라고 해보자. 만일 β토지에 저당권이 설정되어 있지 않다면 P는 이를 1억원을 온전히 받고 처분할 수 있을 것이다. 그러나 저당권이 설정된 상태라면 β토지에 대한 매매가액은 저당권에 의하여 담보되는 액수(이를 '피담보채권액'이라고 함)에 의하여 영향을 받게 될 것이다. 저당권도 지상권과 마찬가지로 소유권의 내용을 제한하게 된다. 그러므로 저당권 또한 제한물권의 한 종류이다.

약속된 날짜에 P가 Q에게 차용한 금전을 반환하면 Q의 채권이 소멸하므로 이에 따라 저당권도 소멸하게 된다(저당권의 이러한 성질을 '부종성'이라고 한다, 제369조). 그러나 P가 차용한 금전을 반환하지 않으면 채권자 Q는 저당권을 실행하게 된다. 저당권을 실행한다는 것은 무엇인가? 저당권의 실행이란 Q가 법원을 통하여 β토지를 경매에 부쳐 거기에서 나온 경매대금을 가지고 자기의 채권실현에 충당하는 것을 말한다. 이와 같은 의미에서 저당권을 저당물에 대한 交換價値를 지배하는 물권이라고 말하는 것이다.

---

21) 이와 같이 토지의 소유자에는 변동이 없으므로 지상권에도 불구하고 토지소유자는 그 토지를 타인에게 처분할 수 있는 권한을 잃지 않는다. 토지소유자가 지상권이 설정된 토지를 타인에게 처분하였다면 그 타인은 어떤 지위에 있게 되는가? 물론 그 토지에 대한 소유권을 취득한다. 그러나 그가 취득한 소유권은 지상권의 부담이 있는 소유권이다.

22) 質權의 예로서는 전당포를 생각해 보라. 질권이 성립하기 위해서는 채무자가 채

(다) 知的財産權[23]

39 지적재산권이란 인간의 知的 創作物에 관한 권리와 標識에 관한 권리를 총칭하는 개념이다. 세계지적소유권기구(WIPO: World Intellectual Property Organization[24])) 설립조약 제2조 제8항은 지적소유권의 개념에 대하여 다음과 같이 규정하고 있다: "지적소유권이라 함은 문학·예술 및 과학적 저작물, 실연자의 실연, 음반 및 방송, 인간의 노력에 의한 모든 분야에서의 발명, 과학적 발견, 의장, 상표, 서비스표, 상호 및 기타의 명칭, 부정경쟁으로부터의 보호 등에 관련된 권리와 그 밖에 산업, 과학, 문학 또는 예술분야의 지적 활동에서 발생하는 모든 권리를 포함한다."

재산적 권리의 대상에는 유형적인 유체물(예: 토지, 귀금속)만이 아니라 무체물도 있다. 무체물에는 전기·원자력과 같은 것도 있고 발명·저작물과 같은 것도 있다. 전기·원자력이 무체물이기는 하지만 이들을 대상으로 하는 권리를 무체재산권이라고 하지는 않는다. 왜냐하면 이들은 한 번 소비하면 소진되기 때문이다. 그러므로 이들에 대한 권리는 유체물에 대한 권리와 동일하게 취급한다. 이에 반하여 발명·저작물과 같은 것은 한 번 사용으로 소진하지 않는다. 처음 생각하는 것이 어렵지 한 번 생각해 내면 그 생각을 그대로 이용하는 데에는 전혀 비용이 들지 않는다. 즉 한계생산비가 0에 가깝다. 또한 제3자가 사용한다고 해서 원래의 개발자가 사용할 수 없는 것도 아니다. 이와 같은 특징으로 인하여 무체재산권에 대한 법적 규율은 특수한 성격을 가지게 된다.

지적재산권은 산업재산권(특허권, 실용신안권, 의장권, 상표권)과 저작권을 포괄하는 권리이다. 이들 개별적인 권리의 개념을 이해하기 위하여 구체적인 예를 들어 설명하기로 한다.

권자에게 목적물에 대한 점유를 이전하여야 한다(제330조).

23) 지적재산권의 기초적 이해에 대해서는 宋永植·李相珵, "知的財産法", 世昌出版社, 2003, 1-19면 참조.

24) WIPO의 설립목적으로 중요한 것은 다음이다: ① 국가간의 협조를 통하여 그리고 적당한 경우에는 기타 모든 국제기구와 공동으로 전세계를 통한 지적소유권의 보호를 촉진한다: ② 제 동맹간의 행정적 협조를 확보한다. WIPO설립조약은 1967년 스웨덴의 스톡홀름에서 체결되었고 1970년 4월에 발효되었다. 국제사무국은 제네바에 있으며, 우리나라는 1979년 3월 1일 WIPO설립조약에 가입하였다.

가) 특허권

A가 축음기를 발명하였다: 축음기는 레코드에 기록한 음파를 회전시켜 재생하는 새로운 기계장치로서 '자연법칙을 이용한 기술적 사상의 창작으로서 고도한 것'(특허법 제2조 제1호)에 해당하는 발명품이다: 이와 같은 발명에 대해서는 특허청에 특허등록을 함으로써 特許權이 부여된다: 즉 특허권은 발명에 대한 권리이다.

나) 실용신안권

A가 발명한 축음기는 크기가 지나치게 크고 조작장치가 효율적으로 배치되지 못하는 등의 사유로 인하여 불편함이 있었다: 이에 B가 이러한 문제점을 개선한 축음기를 개발하였다면, 이것은 '산업상 이용할 수 있는 물품의 형상 · 구조 또는 조합에 관한 고안'(실용신안법 제5조 제1항)에 해당한다: B는 특허청에 실용신안 등록절차를 거쳐 실용신안권을 취득할 수 있다.

다) 디자인권

C라는 사람은 축음기를 아름답게 디자인하였다고 생각해 보자: 이러한 디자인은 '물품의 형상 · 모양 · 색채 또는 이들을 결합한 것으로서 시각을 통하여 미감을 일으키게 하는 것'(디자인보호법 제2조 제1호)이다: C는 특허청에 의장 등록절차를 거쳐 의장권을 취득할 수 있다.

라) 상표권

D는 축음기를 생산 · 판매하는 사람이다: D는 자신의 기업에서 생산 · 판매하는 축음기에 '뮤직테크'라는 마크를 붙이고, 이 마크를 특허청에 등록하였다: 그렇다면 D는 상표권을 취득하게 된다.

마) 저작권

E는 축음기의 발명으로부터 지금까지의 제조상의 발전사에 관심을 가진 사람이다: E가 이러한 관심을 토대로 '축음기의 탄생비밀과 발전사'라는 책을 썼다면 이는 어문저작물[25](저작권법 제4조 제1호)로서 이에 대하여 저작권이 발생한다.

특허권 · 실용신안권 · 디자인권 · 상표권과 같은 산업재산권과 달리, 저작권의 경우에는 특허청과 같은 행정관청에 등록을 할 필요가 없이 창작과

25) 어문저작물(語文著作物)이란 소설 · 시 · 논문 · 강연 · 연술 · 각본 등과 같은 것을 말한다.

더불어 권리가 발생한다. 특허권·실용신안권·의장권·상표권은 지적 창작에 대한 보호를 통하여 산업발전에 기여하도록 하기 위하여 인정된 권리이다(특허법 제1조, 실용신안법 제1조, 의장법 제1조, 상표법 제1조 참조). 그리고 저작권법은 저작자의 권리를 보호하고 저작물의 공정한 이용을 도모함으로써 문화의 향상발전에 이바지함을 목적으로 한다(저작권법 제1조 참조). 이와 같은 특성을 고려하여 지적재산권은 전통적으로 산업재산권과 저작권으로 분류되어 왔다. 그런데 최근 과학기술의 발달에 따라 이론상 어려운 문제가 발생하였다. 지적 창작물과 관련된 것이기는 한데, 산업재산권과 저작권 중 어느 곳으로도 배치시키기 곤란한 것들이 생기고 있기 때문이다. 소위 산업저작권(industrial copyright), 유전자조작에 의하여 개발된 동식물의 신품종, 데이터베이스, 영업비밀 등이 그 예이다.

2) 人格權

40 인격권이란 권리주체와 분리할 수 없는 인격적 이익을 내용으로 하는 권리로서, 생명·신체·정신의 자유에 대한 권리를 말한다. 정신적 자유에 대한 권리에는 명예·신용·정조·성명·초상·사생활 등에 대한 권리 등이 포함된다. 현행 민법에는 인격권의 보호에 대한 명문규정이 없고, 단지 제751조에서 타인의 신체·자유·명예에 대한 침해가 불법행위를 구성한다고 정함으로써 소극적으로 인격권의 보호를 규정하고 있다. 그러나 판례는 인격권의 보호를 위하여 적극적인 이론을 제시하고 있다. 즉 인격권은 그 성질상 일단 침해된 후에는 일반적인 구제수단인 금전배상(제763조 및 제394조 참조)이나 명예회복 처분(제764조)만으로는 그 피해의 완전한 회복이 어렵고 손해전보의 실효성을 기대하기 어렵다는 이유에서, 판례는 인격권 침해에 대하여는 사전(예방적) 구제수단으로 침해행위 정지·방지 등의 금지청구권도 인정하고 있다.[26)]

민법개정안은 인격권 보호에 관한 포괄적 규정을 두고 있다(제1조의 2).

26) 대법원 1996. 4. 12. 93다40614·40621; 대법원 1997. 10. 24. 96다17851 등 참조.

민 법 개 정 안	
현 행 규 정	개 정 안
〈신 설〉	제1조의2(인간의 존엄과 자율) ① 사람은 인간으로서의 존엄과 가치를 바탕으로 자신의 자유로운 의사에 좇아 법률관계를 형성한다. ② 사람의 인격권은 보호된다.
개정배경 사적자치의 원칙이 민법의 기본이념임을 선언하고(제1항) 인격권의 보호의 원칙을 포괄적으로 명문화하였다(제2항).	

3) 家族權

41 가족권이란 친족관계를 기초로 인정되는 이익을 내용으로 하는 권리이다. 민법에서 '親族'이라는 것은 혼인과 혈연으로 맺어진 친족관계에 있는 사람을 말한다(제777조). 친족권(예: 친권, 부양청구권)이 가족권이라는 점에 대해서는 이견이 없다. 그런데 상속권이 가족권인가에 대하여 논의가 있다. 상속권은 경제적 이익을 내용으로 하면서 동시에 친족법상의 지위를 전제로 하는 권리이다. 이러한 점에서 상속권은 가족권의 성질과 재산권의 성질을 겸유하는 것으로 볼 수 있다.[27]

4) 社員權[28]

42 사원권이란 사단의 구성원(사원)이 그 지위에 기하여 사단에 대하여 가지는 권리를 말한다. 사원권은 공익권과 자익권으로 구분된다. 공익권은 사단법인의 운영에 참여할 수 있는 권리(예: 결의권, 소수사원권)이고, 자익권은 사원 자신의 개인적 이익을 내용으로 하는 권리(예: 영리법인에서의 이익배당청구권, 잔여재산분배청구권, 법인시설의 이용권)이다.

(2) 權利의 作用에 따른 분류

1) 支配權

43 지배권이라 함은 타인의 행위를 개재시키지 않고 권리객체를 직

27) 상속권을 재산권으로 볼 것인가 아니면 가족권으로 볼 것인가에 대하여 학설대립이 있으나, 어떤 권리를 양자 중 어느 하나에 반드시 편입시켜야 할 필요가 있는 것도 아니고 또한 그 학설대립에 특별한 실익이 있는 것도 아니다.

28) 이에 대해서는 이 책 [259] 참조.

접 지배할 수 있는 권리이다. 물권은 대표적인 지배권이다. '직접지배'의 의미를 지상권과 임차권에 대한 비교를 통하여 살피기로 한다. 예컨대, A가 B 소유의 토지 α를 사용하고자 하는 경우에 물권인 地上權에 의할 수도 있으며 채권인 賃借權에 의할 수도 있다. 지상권 또는 임차권에 기하여 B가 α를 인도하여 현재 A가 그 토지를 점유하고 있다고 가정해 보자. 일정기간 동안 다른 사람의 물건을 이용한다는 경제적인 기능에 있어서는 어느 것에 의하든 별다른 특별한 차이가 없다. 그러나 법구조의 측면에서는 커다란 차이가 있다. A의 권리가 존속하고 있는 중에 B가 매매계약을 통하여 α에 대한 소유권을 제3자 C에게 양도하여 현재 C가 α토지를 점유하고 있는 경우를 들어 양자의 차이를 보기로 한다. A의 권리가 임차권이라면 A는 자신의 권리를 가지고 C에게 대항하지 못한다. 즉 A는 C에게 α를 돌려줄 것을 요구할 수 없다. 다만 B에게 채무불이행책임을 물을 수 있을 뿐이다. 반면, A의 권리가 지상권이라면 C는 A의 지상권에 의하여 제한된 소유권을 취득한 것이다. 그러므로 A는 C에게 자신의 권리(즉 지상권)를 가지고 대항할 수 있다.

2) 請求權

44 청구권은 특정인이 특정인에 대하여 일정한 행위를 요구하는 것을 내용으로 하는 권리로서 기초가 되는 권리를 바탕으로 한다. 人格權이 침해된 경우에 인격권을 기초로 하여 損害賠償請求權이 발생한다든가, 물권이 침해된 경우에 물권을 기초권리로 하여 物權的 請求權 또는 損害賠償請求權이 발생한다든가, 親族權을 기초권리로 하여 부양청구권이 발생한다든가, 相續權을 기초권리로 하여 相續回復請求權이 발생한다든가 하는 것이 그것이다. 이와 같이 請求權은 기초권리와 불가분적으로 결합되어 있기 때문에 그 기초가 되는 권리와 분리하여 양도할 수 없으며, 각 청구권의 消滅時效는 기초권리의 소멸시효에 의존하는 것이 원칙이다.

債權 또한 請求權의 기초권리를 이룬다는 점에서 다른 권리와 차이가 없다. 그런데 채권은 그 성질상 請求的 效力을 본질적 요소로 함에 따라 債權과 請求權의 개념이 혼용되는 경우도 있다. 그러나 채권과 청구권이 혼동되어서는 안 된다. 債權은 請求權의 발생근거이며 請求權은 債權의 作用的 側面을 본 것이기 때문이다. 따라서 이행기가 도래하지 않은 채권의 경우,

채권자에게 채권은 있어도 아직 청구권은 발생하지 않게 된다. 이와 같이 채권과 청구권은 차원을 달리하는 개념이다. 특히 청구권의 발생근거는 채권에 한정되는 것이 아니라 매우 다양하다. 즉 물권을 발생근거로 하는 청구권이 있을 수 있고(예: 물권적 청구권, 매수청구권, 갱신청구권 등), 가족권에 발생근거를 둔 청구권도 있을 수 있다(예: 동거청구권, 부양청구권, 상속회복청구권 등).

위에서 본 바와 같이 이행기에 이르지 아니한 채무에 대하여는 채권자에게 아직 청구권이 없다. 그러나 부당이득반환채권, 불법행위에 기한 손해배상채권 등과 같은 경우에는 채권취득과 동시에 당해 채권이 請求力을 가지게 된다. 왜냐하면 이들 채권에 있어서는 채권성립 시점과 이행기가 동일하기 때문이다.[29]

앞에서 채권은 청구력을 본체로 하며, 이행기가 도래하지 않은 채권은 아직 請求力이 없다고 말하였다. 그런데 아직 이행기가 도래하지 않은 채권이라 하여 아무런 효력도 없는 것은 아니라는 점에 유의하여야 한다. 왜냐하면 채권은 청구권 이외의 다른 효력도 포함하는 것이기 때문이다.[30]

3) 形成權

45 權利者의 一方的 意思表示에 의하여 법률관계의 변동(발생·변경·소멸)을 일으키는 권리를 形成權이라 한다. 법률관계의 변동은 관계 당사자 사이의 합의에 의하는 것이 원칙이라는 점에서 볼 때, 形成權은 매우 특별한 의미를 가진다. 形成權은 당사자간의 約定에 의하여 발생할 수도 있다(예: 예약완결권). 그러나 형성권의 특질이 보다 명확하게 나타나는 것은 그것이 법률규정에 근거하여 인정되는 경우로서, 법률행위의 同意權(제5조·제10조), 取消權(제140조), 追認權(제143조), 채무불이행을 이유로 한 契約解除·解止權(제543조), 相計權(제492조) 등이 그 예이다.[31]

---

29) 대법원 1993. 12. 21. 93다34091; 대법원 1994. 2. 25. 93다38444; 대법원 1994. 11. 25. 94다30065; 대법원 1997. 10. 28. 97다26043 등 참조.

30) 이에 대하여는 제374조를 예로 들어 설명하는 것이 좋을 것 같다. 제374조는 "특정물의 인도가 채권의 목적인 때에는 채무자는 그 물건을 인도하기까지 선량한 관리자의 주의로 보존하여야 한다"라고 규정한다. 즉 특정물의 인도를 내용으로 하는 채무에 있어서 채무자는 이행기와 상관없이 계약성립시부터 당해 목적물에 대하여 선관주의의무를 부담한다. 이 선관주의의무는 채권의 효력에 포함되는 것이다.

31) 지상물매수청구권(제285조), 부속물매수청구권(제316조)과 같이 '청구권'이라는

請求權에서와 마찬가지로 形成權도 일정한 기초권리를 전제로 하며 그 것과 불가분의 관계에 있기 때문에 기초권리와 분리하여 양도할 수 없다. 한편, 형성권은 그것의 행사 여부가 권리자의 자유의사에 맡겨져 있으며 권리자가 형성권을 행사하는가의 여부에 따라 상대방의 법적 지위에 현격한 차이가 있게 되어 법률관계의 불안정을 초래하게 된다. 그러므로 법률은 形成權으로 인한 法律關係의 不安을 최소화하기 위한 조치를 두고 있는 경우가 많다. 形成權에 단기의 除斥期間[32]을 둔다든가, 형성권자가 형성권을 행사하지 않는 경우에 상대방에게 형성권 행사 여부에 대한 催告權[33]을 주어 상당한 기간이 지나면 상대방의 형성권이 소멸되는 것(예: 제552조 제2항)으로 한다든가 또는 문제의 형성권이 상대방에게 이전되는 것(예: 제381조 제1항)으로 하는 것이 그 예이다.

4) 抗辯權

46 항변권은 청구권의 행사에 대하여 그 작용을 저지하는 내용을 가지는 권리이다. 이와 같이 抗辯權은 상대방의 청구권 행사에 대하여 그 청구권의 존재는 인정하되 그 작용을 저지할 수 있는 권리라는 점에서 反對權(Gegenrecht)이라고도 한다. 이러한 점에서 항변권은 상대방의 권리를 부인하는 '이의(異議)'와 구별된다. 종래 다수의 견해에 의하면, 항변권의 행사 여부는 권리자의 자유에 달려 있고, 그것의 행사로 인하여 상대방의 권리의 작용이 변경된다는 점에서 抗辯權을 形成權의 일종이라고 한다.[34] 그러나 항변권은 당사자간의 법률관계를 적극적·확정적으로 변동시키는 것이 아니라는 점에서 형성권과는 존재구조를 달리하는 것으로 보아야 할 것이다.

상대방의 권리행사를 무력화시키는 효력을 가지는 항변권에는 그 효력이 일시적인 것과 영구적인 것이 있다. 전자를 延期的 抗辯權이라 하며, 쌍무계약 당사자의 동시이행의 항변권(제536조), 보증인의 최고·검색의 항변

용어를 사용하고 있으나 그 실질은 형성권인 경우도 있음을 유의하여야 한다.

32) 除斥期間이란 일정한 권리에 대하여 법률이 정하고 있는 권리의 행사기간을 말한다(예: 제146조). 이에 대하여 자세한 것은 이 책 [628 및 [637] 참조.

33) 催告란 일방이 타방에게 일정한 사항에 대한 의견표명을 촉구하는 행위이다(예: 제15조 제1항).

34) 郭潤直, 앞의 책 "民法總則", 85면; 金俊鎬, 앞의 책 "民法總則", 54면; 金曾漢·金學東, 앞의 책 "民法總則", 56면.

권(제437조) 등이 이에 속한다. 후자를 永久的 抗辯權이라 하며, 상속인의 한정승인(제1028조) 등이 이에 속한다. 영구적 항변권을 행사한다 하더라도 그것으로써 상대방의 권리가 소멸하는 것은 아니지만 상대방은 자신의 권리를 실현할 수 없게 된다.

Ⅲ. 義 務

1. 義務의 개념 및 權利와의 관계

47 종래 학설의 설명에 의하면, 민법상의 義務란 법률상의 구속으로서 대체로 권리의 이면(裏面)에 해당한다. 이러한 입장에 따라 본다면, 권리의 실현이 국가권력에 의하여 보장된다는 것은 곧 의무가 강제된다는 것을 의미한다는 논리가 가능하다. 그런데 權利와 義務의 관계를 단순히 이와 같이 파악하는 것은 극히 다양하게 나타나는 법률관계를 설명하기에 적합하지 않다고 본다. 義務가 權利의 이면이 되는 경우가 많은 것은 사실이나, 그렇다고 하여 '권리와 의무의 표리관계' 공식에 지나친 무게를 둘 것은 아니다. 義務를 權利의 이면으로 본다 하더라도 권리의 이면으로서의 의무의 내용은 권리에 따라 상당한 차이가 있을 수 있기 때문이다. 재산법상의 대표적인 두 권리인 債權과 物權에 있어서 義務의 의미를 통하여 이 사실을 확인해 보자.

債權의 예로서 매매계약에 기한 매수인의 채권을 생각해 보자. A(매도인)와 B(매수인) 사이에 매매계약이 체결되었다면 B는 A에게 목적물에 대한 소유권을 자신에게 이전해 달라고 요구할 수 있는 채권을 가지게 되고, A는 B의 이 권리의 이면으로서 소유권을 B에게 이전해 주어야 할 의무를 지게 된다. 이 경우에는 '권리와 의무의 표리관계'라는 공식이 대체로 명확하게 유지되는데, 이는 채권이라는 권리가 請求權을 본체로 하는 것이기 때문이다.[35]

35) 請求權의 개념 및 債權과 請求權의 구별에 대해서는 이 책 [44] 참조.

그러나 물권에 있어서는 양상이 다르다. 이를테면, P가 α물건에 대한 所有者라 해보자. 이 경우 P는 所有權이라는 권리를 보유하고 있다. 그렇다면 P의 이 권리에 대응하는 의무는 무엇이며, 의무자는 누구인가? α물건에 관하여 소유권자인 P 이외의 나머지 사람 모두가 의무자이고 이들은 P의 소유권을 존중해야 할 의무를 부담한다. 최소한 이론적으로는 그렇게 답해야 할 것이다. 그러나 物權에 대한 의무는 실질적인 의미를 가지는 의무가 될 수 없다. 그러나 P 이외의 잠재적 의무자 중의 한 사람인 Q가 P의 소유권을 침해하는 행위를 하였다면 상황은 달라진다. 왜냐하면 Q는 이제 더 이상 잠재적 의무자에 머무는 것이 아니기 때문이다. 즉 P는 자신의 소유권 침해를 이유로 Q에게 불법행위로 인한 손해배상을 청구한다든가(제750조) 소유권에 기한 물권적 청구권(소유물반환청구권, 소유물방해제거청구권, 소유물방해예방청구권)을 행사하여(제213조, 제214조) 권리구제를 받게 된다. 물권은 물건에 대한 평온하며 직접적인 지배를 내용[36]으로 하는 것인데, 이 물권에 대한 침해상황이 발생하였다면 물권은 그것이 있어야 할 당위상태로의 회복을 위한 권능[37]을 발휘하게 된다. 물권의 '당위상태로의 회복 권능'은 청구권의 형태로 나타나게 되는데, 청구권의 측면이 전면에 등장하게 되는 이 단계에서야 비로소 物權者의 請求權이라는 권리에 대응하는 의무가 존재하게 된다.

2. 소위 '義務 없는 權利', '權利 없는 義務'

48 위의 논의를 통하여 '권리와 의무의 표리관계'라는 공식이 온전하게 타당한 영역은 請求權의 경우라는 것을 알 수 있었다. 권리와 의무 양자의 관계를 표리관계로 일반화하여 설명하는 태도는 권리관계의 실상을 왜곡할 수 있으며, 또한 극히 많은 예외를 상정할 수밖에 없다. 권리관계는 청구권으로 구성된 경우뿐만 아니라 그렇지 않은 경우도 허다하기 때문이다.

'권리와 의무의 표리관계' 공식을 일반화하고 있는 종래 학설은 이에 대

36) 이를 물권의 '제1차적 효력'이라고 한다.
37) 이를 물권의 '제2차적 효력'이라고 한다.

한 예외로서 소위 '의무 없는 권리', '권리 없는 의무'를 말하면서, 전자의 예로서 취소권, 해제권, 추인권, 상계권 등을, 후자의 예로서 청산인의 공고의무(제88조, 제93조), 이사 또는 청산인의 등기의무(제50조~제52조, 제94조) 등을 들고 있다.[38] 그러나 이러한 이해방법은 개념의 엄밀성과 거리가 멀 뿐만 아니라 특별한 실익도 없는 것으로 재고되어야 할 것으로 생각한다.

우선, 종래 학설이 '의무 없는 권리'로 파악하고 있는 취소권·해제권·추인권·상계권 등은 우리 민법이 이들 권리를 形成權[39]으로 관념함에 따라 발생한 결과이지 '의무 없는 권리'로 파악할 것은 아니다. 형성권은 권리자(즉 형성권자)의 일방적인 의사표시에 의하여 법률관계가 변동되는 경우이다. 그리고 그러한 점에서 請求權과 극명한 대조를 보인다.[40] '권리와 의무의 표리관계' 공식은 청구권에서만 타당한 것이다. 형성권에 있어서는 그 권리 자체의 속성으로 인하여 청구권의 특성이 없고, 그에 따라 이 공식이 반영될 수 없는 것이다.

다음으로, 종래 학설이 '權利 없는 義務'로 파악하고 있는 경우들은 어떻게 보아야 할까? 민법이 공고의무, 등기의무 등을 요구하는 것은 거래안전이라는 정책적 취지에서 요구하는 것이지, 그 의무에 대응하는 구체적 권리를 상정한 것은 아니다. 굳이 이들 의무에 대한 법적 이익을 찾는다면 공공의 일반이익이라 할 것이다. 그러나 이는 마치 물권에서의 의무와 마찬가지로 잠재적인 것으로 구체적 권리와는 거리가 멀다.

종래 학설이 '의무 없는 권리', '권리 없는 의무'의 표현을 사용하는 것은 '권리와 의무의 표리관계' 공식을 일반원칙으로 전제한 데에 연유한 것으로 법리적 관점에서는 그 타당성에 의문이 든다. '권리와 의무의 표리관계' 공식은 일반화할 수 있는 것이 되지 못하며 청구권의 경우에 한하여 타당한 것으로 보아야 한다. 또한 모든 권리관계를 이 공식으로 포괄하여야 할 실익도 없다.

---

38) 郭潤直, 앞의 책 "民法總則", 78면; 金相容, 앞의 책 "民法總則", 98면; 金俊鎬, 앞의 책 "民法總則", 49면; 金曾漢·金學東, 앞의 책 "民法總則", 52면; 白泰昇, 앞의 책 "民法總則", 73면.

39) 形成權의 개념에 대하여는 이 책 [45] 참조.

40) 請求權에 있어서는 그 권리를 가지고 있는 자(즉 請求權者)의 청구권 행사에 의하여 상대방이 의무를 이행하여야 비로소 권리관계의 변동이 일어난다.

3. 間接義務와의 구별

49 의무가 법률상의 구속인 이상 이를 위반하게 되면 손해배상·강제이행 등 그에 대응한 제재가 뒤따르게 된다. 그런데 이러한 의무와 달리, 법률이 일정한 행위를 요구하고 있기는 하나 그의 행위로 인한 결과의 수혜자가 그 행위를 訴求[41]하거나 손해배상을 청구하지 못하고, 다만 법률이 요구하는 행위를 하지 않은 자가 일정한 불이익을 입는 데 그치는 경우가 있다. 이를 '間接義務' 또는 '責務'라고 한다. 청약자의 승낙연착의 통지의무(제528조), 연대채무자의 통지의무(제426조), 무상계약의 채무자의 하자고지의무(제559조, 제612조) 등이 그 예이다.

사례연구: 間接義務

• 사안의 내용 골동품상을 경영하는 A는 10월 5일 B에게 조선백자 1점에 대하여 10월 15일까지 승낙할 것을 요구하면서 매도청약을 하였다. A의 청약에 대하여 B는 A에게 10월 6일 소인의 빠른 등기 우편으로 승낙의 통지를 발송하였다. 그런데 어찌된 일인지 B의 승낙의 의사표시는 승낙기간인 10월 15일이 지난 10월 17일에서야 A에게 도착하였으며, 이에 대하여 A는 아무런 조치를 취하지 않았다. 이 경우에 A·B간에 매매계약이 성립하는가?

• 사안의 해결 계약은 請約과 承諾이라는 意思表示의 합치에 의하여 성립한다. 청약자가 청약을 하면서 언제까지 승낙을 해달라는 承諾期間을 정할 수도 있다. 이러한 경우에 청약자가 승낙기간 내에 승낙의 의사표시를 받지 못했다면 그 청약은 효력을 잃게 되고, 따라서 계약은 성립할 수 없다(제528조 제1항). 이러한 논리대로 한다면, A·B간의 계약은 不成立으로 끝났다고 보아야 한다. 그런데 B가 부산에서 10월 6일에 빠른 등기 우편으로 A에게 승낙의 통지를 발송했다면 적어도 승낙기간인 10월 15일까지는 A에게 도달하는 것이 보통이다. 또한 10월 6일 승낙의 의사표시를 발송한 B로서는 계약이 성립한 것으로 믿고 이행을 위한 준비(매매대금의 마련 등)를 하거나 다른 사람과의 계약을 단념하는 등 일정한 기대이익을 가지게 된다. 이런 상황에도 불구하고 승낙의 통지가 승낙기간 내에 도달하지 않았다는 이유만으로 계약이 성립하지 않은 것으로 처리하고, 이로부터 비롯되는 위험을 전적으로 승낙자에게 부담시키는 것은 공평한 해결책이라 할 수 없다. 한편, 이러한 경우 승낙연착의 위험을 전적으로 청약자에게 부담시켜서 계약이 성립한 것으로 보는 것도 문제가 있다.

민법은 청약자와 승낙자의 이익을 조정하는 방향의 해결책을 규정하고 있다. 승낙의 통지가 승낙기간 후에 도달하였다 하더라도 보통 승낙기간 내에 도달할 수 있는 발송이라면 청약자는 지체없이 승낙자에게 승낙 연착의 통지를 하여야 하며(제528조 제2항 본문), 만일 통지를 하지 않았다면 승낙의 통지는 연착되지 않은 것으로 간주되어(제528조 제3항) 승낙연착에도 불구하고 계약은 성립한 것으로 된다.

41) '訴求'란 권리자가 자신의 권리를 관철시키기 위하여 법원에 訴를 제기하는 것을 말한다.

사안에서 통상적인 경우라면 승낙의 의사표시는 승낙기간인 10월 15일까지 도착할 수 있었다. 그런데 A는 이 연착된 승낙의 통지를 받고 아무런 조치도 취하지 않았다. 그러므로 A · B간에는 매매계약이 성립한 것으로 보아야 한다. 법률의 규정에 의하여 A는 B에게 승낙 연착을 통지하여야 할 간접의무를 부담하는 것이며, 이 간접의무의 위반으로 인하여 A에게 부과되는 불이익은 契約의 成立이다.

Ⅳ. 權利關係의 實現方法

1. 一般原則과 그 修正 · 補充의 필요성

50 권리관계는 권리의 행사 내지 의무의 이행으로 실현된다. 우리 민법은 자유주의와 개인주의를 이념적 기초로 한다. 일정한 권리관계를 기초로 하여 발생하는 권리와 의무의 구체적 내용 또한 이러한 이념에 따라 판단하여야 한다. 따라서 권리관계의 실현방법에 관한 일반원칙은 다음과 같이 말할 수 있다: 권리자는 그 권리의 범위 안에서 무제한적인 자유를 가지며,[42] 의무자는 당해 법률관계에 의하여 설정된 의무만을 이행하면 그것으로 족하다.

권리관계의 실현방법에 관한 위와 같은 일반원칙은 개인주의와 자유주의에 기초한 것으로 유효하게 성립된 권리관계에 확정성을 부여함으로써 법적 안정성과 예견가능성의 토대를 이루고 있다. 그런데 개인주의와 자유주의가 그 한계를 드러내고 사회국가의 원리가 도입됨에 따라 권리관계의 실현방법에 관한 일반원칙도 수정 · 보충의 대상이 되었으며, 그 대표적인 것이 바로 신의성실의 원칙과 권리남용금지의 원칙이다(제2조). 이들 원칙은 민법의 3대원칙의 현대적 변화와 같은 맥락으로 이해할 수 있으며, 사적이익과 무관하지는 않은 것으로 모든 개인에게 공통되면서 동시에 사적이익에 우월하는 공동이익의 영역이 존재한다는 관념을 전제로 하는 것이다.

42) "자기의 권리를 행사하는 자는 그 누구를 해하는 것도 아니다(*qui suo iure utitur, neminem laedit*)" 또는 "자기의 권리를 행사하는 자는 누구에 대해서도 불법을 행하는 것이 아니다(*qui iure utitur, nemini facit iniuriam*)"라는 법언은 이러한 기본관념을 잘 표현하고 있다.

좀 더 구체적으로 말한다면, 신의성실의 원칙과 권리남용금지의 원칙은 권리관계의 당사자는 신뢰를 저버리는 내용 또는 방법으로 권리를 행사하거나 의무를 이행하여서는 안 된다는 사회형평의 관념의 표현이다.[43)]

2. 一般原則의 修正 · 補充 (I): 信義誠實의 原則

(1) 意 味

1) 槪 念

51 제2조 제1항은 다음과 같이 규정하고 있다: "권리의 행사와 의무의 이행은 신의에 좇아 성실히 하여야 한다." 이 규정은 '信義誠實의 原則'을 규정함으로써 '權利의 自由'와 '義務의 劃定性'으로 표현되는 권리관계의 실현방법에 관한 일반원칙을 수정 내지 보충하는 기능을 한다. 제2조 제1항은 권리행사와 의무이행에 있어서 사회공동체 구성원으로서의 신의에 맞게 성실히 하여야 함을 선언한 규정이다. '信義' 또는 '誠實'이라는 것은 원래 道德 · 倫理上의 가치로 엄격한 의미의 법개념이라 할 수는 없으나, 추상적인 일반조항의 형태로 성문화됨으로써 법적 구속력을 가지게 된다. 즉 信義誠實의 原則은 도덕 · 윤리적 가치를 법적 가치로 편입시키는 통로의 역할을 한다.

신의성실의 원칙은 로마법 이래로 법의 영역에서 일정한 기능을 수행해 왔다. 특히 소송제도에서 시민법의 엄격성을 완화하는 작용을 하던 로마법상의 신의성실(bona fides)은 근대에 이르러 각국의 민법전에 성문화되기에 이른다. 프랑스민법은 제1134조 제3항에서 "합의는 성실하게 이행되어야 한다"라고 규정한다. 그리고 독일민법은 제157조에서 "계약은 거래관행을 고려하여 신의성실이 요구하는 바에 따라 해석되어야 한다"라고 규정하는 한편, 제242조는 "채무자는 거래관행을 고려하여 신의성실이 요구하는 바에 따라 채무를 이행할 의무가 있다"라고 규정한다. 프랑스와 독일민법은 규정형식에 있어서 신의성실의 원칙을 채권법의 영역에서 기능하는 것으로 하고 있다. 그러나 이러한 규정형식에도 불구하고 이 원칙은 민법 전반에 적

43) 대법원 1999. 3. 23. 99다4405; 대법원 2001. 5. 15. 99다53490; 대법원 2002. 3. 15. 2001다67126; 대법원 2003. 4. 22. 2003다2390 등 참조.

용되는 것으로 운용되고 있다. 한편, 스위스민법은 제2조 제1항에서 "권리의 행사와 의무의 이행은 신의와 성실에 따라 해야 한다"라고 하여 규정형식에 있어서도 신의성실의 원칙을 민법 전반에 통용되는 것으로 규정하고 있다. 우리 민법의 규정형식은 스위스민법과 같다.

신의성실의 원칙의 지배적 적용범위는 債權法이라 할 수 있다. 그러나 여기에 그치는 것이 아니라 物權法·親族法·相續法 등 민법의 모든 영역에 적용되는 通則으로 보아야 한다. 또한 이 원칙은 私法의 영역뿐만 아니라 公法·社會法의 영역에서도 수용되고 있다는 점에 유의하여야 한다. 그리고 신의성실의 원칙은 모든 권리관계에 있어서 언제나 고려되어야 할 法規範이므로 당사자의 주장이 없더라도 法院이 직권으로 고려할 수 있다.[44)]

2) 存在根據 및 機能

52 信義誠實의 原則의 존재근거는 다음의 두 가지 측면에서 이해하여야 한다.

ⓘ 첫째, 法規範의 흠결가능성을 전제로 한 형평이념의 반영이라는 것이다. 그 구체적 내용은 이러하다. 권리관계는 법률행위 또는 법률의 규정에 의하여 성립하며, 당해 권리관계의 구체적 내용인 권리와 의무의 범위 또한 법률행위 또는 법률의 규정에 의하여 결정된다. 그런데 법률행위 또는 법률규정이 다양하게 나타나는 당사자들 사이의 권리관계에 관한 모든 상황을 항상 완전하게 고려할 수는 없는 일이다. 그러므로 信義誠實이라는 추상적 가치개념을 사용하여 법규범의 경직성을 완화하여 형평이념에 합치하는 탄력적인 법운영을 도모할 필요가 있다.

ⓘⓘ 둘째, 權利의 社會性의 반영이라는 것이다. 권리의 사회성이란, 권리는 사회적 승인에 근거한 것이므로 사회적으로 용인되는 범위 안에서만 존재할 수 있다는 것이다. 즉 법률관계에 참여한 자는 社會的 利益의 측면에서 상대방의 정당한 이익을 고려할 의무를 부담하는 것이다.

신의성실의 원칙은 구체적으로 어떠한 기능을 수행하는가? 이에 대한

---

44) 대법원 1995. 12. 22. 94다42129: "신의성실의 원칙에 반하는 것 또는 권리남용은 강행규정에 위배되는 것이므로 당사자의 주장이 없더라도 법원은 직권으로 판단할 수 있다." 그 밖에 같은 취지의 다수의 판결: 대법원 1989. 9. 29. 88다카17181; 대법원 1998. 8. 21. 97다37821 등 참조.

설명태도는 학자에 따라 다양하다. 그런데 민법의 법률관계는 결국 권리관계로 귀결되므로, 신의성실의 원칙의 기능을 파악함에 있어서도 "이 원칙이 권리관계에 작용하는 모습이 어떠한가?"라는 시각에서 파악하는 것이 유용하다고 생각한다. 신의성실의 원칙은 법률행위해석의 표준[45] 또는 법관에 의한 法形成의 權限의 기초로 사용됨으로써 권리관계를 형평관념에 합치하도록 유도한다. 다음과 같은 사안을 생각해 보자. A는 B여행사가 기획한 패키지여행을 위하여 B와 여행계약을 체결하였다. 이 경우에 A와 B 사이의 채무내용은 무엇인가? A는 B에게 여행대금을 지급하고, B는 A에게 약정한 여행급부를 이행하면 그것으로 족한가? 그렇지 않다. 계약당사자는 그와 같은 주된 의무뿐만 아니라 신의성실의 원칙에 근거한 부수의무를 부담하는 것으로 해석된다.[46] 이와 같이 신의성실의 원칙은 권리를 창설하는 기능을 한다(권리창설기능). 이 밖에 신의성실의 원칙은 권리변경기능과 권리소멸기능도 수행한다. 신의성실의 원칙의 파생원칙으로 논의되는 것[47] 중에 사정변경의 원칙과 실효의 원칙은 각각 권리변경기능과 권리소멸기능의 대표적인 예이다.

(2) 一般條項的 特質과 적용한계

53 제2조 제1항은 신의성실의 원칙의 적용요건을 구체적으로 말하지 않고 '信義·誠實'이라는 불확정적인 개념을 사용하여 추상적으로 표현하고 있을 뿐이다. 즉 이 규정은 일반조항으로서의 특질을 가진다. 一般條項은 시대와 상황의 변화에 따른 법운용을 가능하게 함으로써 법규범의 경직성으로부터 비롯되는 부작용을 완화할 수 있다는 장점이 있다. 그러나 이러한

45) 이에 대해서는 이 책 [404] 참조.

46) 대법원 1998. 11. 24. 98다25061: "여행업자는 기획여행계약의 상대방인 여행자에 대하여 기획여행계약상의 부수의무로서, 여행자의 생명·신체·재산 등의 안전을 확보하기 위하여, 여행목적지·여행일정·여행행정·여행서비스기관의 선택 등에 관하여 미리 충분히 조사·검토하여 전문업자로서의 합리적인 판단을 하고, 또한 그 계약 내용의 실시에 관하여 조우할지 모르는 위험을 미리 제거할 수단을 강구하거나 또는 여행자에게 그 뜻을 고지하여 여행자 스스로 그 위험을 수용할지 여부에 관하여 선택의 기회를 주는 등의 합리적 조치를 취할 신의칙상의 주의의무를 진다." 유사한 취지의 판결로는 대법원 1994. 1. 28. 93다43590(임대차계약에 관한 사안); 대법원 2000. 3. 10. 99다60115(근로계약에 관한 사안) 등 참조.

47) 이에 대해서는 이 책 [54]~[56] 참조.

일반조항이 어떠한 경우에 어떠한 형태로 적용될 것인가 또는 이것의 적용으로 인하여 권리관계의 내용에 어떠한 변경을 일으킬 것인지 하는 것이 명확하지 않아 수범자의 법생활에 있어서 豫見可能性을 흐리고 法的 安定性을 저해하는 결점이 있다. 일반조항의 남용은 곧 법규범의 혼돈을 가져오게 되는데, 바로 여기에 신의성실의 원칙의 한계가 있는 것이다. 그러므로 이 원칙의 적용한계를 어떻게 설정하여야 할 것인가 하는 것이 실천적 과제로 남게 된다.

신의성실의 원칙의 적용한계는 다음과 같은 두 가지 측면에서 생각할 수 있다.

ⓘ 첫째, 이 원칙은 어떠한 권리관계도 존재하지 않는 백지상태에서는 고려될 수 없다. 즉 이 원칙은 구체적 법규범에 의하여 설정된 권리관계가 선존하는 것을 전제로 하여 적용되는 것이다. 만일 어떠한 법률문제를 해결함에 있어서 곧바로 一般條項인 신의성실의 원칙에 의존한다면 이는 일반조항으로의 도피가 되며, 이는 안정적이며 완결된 구조를 갖추고 있는 구체적 법규범을 무용화시키는 위험한 일이다. 요컨대, 신의성실의 원칙은 無의 상태에서 고려될 수 있는 것이 아니다.[48]

ⓘⓘ 둘째, 일반조항적 특질을 가지는 신의성실의 원칙의 내용은 궁극적으로 개별사안에 대한 司法作用, 즉 判決에 의하여 구체화 될 수밖에 없다. 그런데 이 원칙의 적용으로 인하여 나타날 수 있는 법적 불안정을 극소화하기 위해서는 그간에 집적된 판결에 대한 유형화 및 분석을 통하여 일정한 법칙을 발견하기 위한 노력을 기울여야 할 것이다.

(3) 派生原則

1) 矛盾行爲禁止의 原則

54 모순행위금지의 원칙이라 함은 선행행위와 모순되는 행위는 허용되지 않는다는 원칙이다. 이 원칙은 여러 용어로 표현되고 있는데 법원에서

---

48) 신의성실의 원칙과 합법성의 원칙과의 관계에 대하여, 원칙적으로 합법성의 원칙이 신의성실의 원칙보다 우월할 것이므로 신의성실의 원칙은 합법성의 원칙을 희생하여서라도 구체적 신뢰보호의 필요성이 인정되는 경우에 비로소 적용된다고 봄이 상당하다는 대법원의 판시도 이와 같은 취지로 볼 수 있다(대법원 1980. 6. 10. 80누6 참조).

는 '禁反言의 原則'이라는 표현을 주로 사용하고 있다. 어떤 자의 先行行爲에 의하여 타인에게 일정한 신뢰가 형성되었는데, 이와 모순되는 後行行爲를 승인하게 되면 타인의 신뢰를 부당하게 침해하는 결과가 될 수 있다는 것이 이 원칙의 존재이유이다.

이 원칙의 적용요건에 대하여 대법원은 다음과 같이 말하고 있다: 모순행위금지의 원칙이 적용되기 위해서는 상대방의 이익의 내용, 행사하거나 이행하려는 권리 또는 의무와 상대방 이익과의 상관관계 및 상대방의 신뢰의 타당성 등 모든 구체적인 사정을 고려하여야 한다.[49] 矛盾行爲禁止의 原則에 위배된다는 이유로 그 권리행사를 부정하기 위한 요건은 다음과 같이 정리할 수 있다: ① 일방이 상대방에게 일정한 신뢰를 제공함으로써 상대방에게 신뢰가 형성되어야 한다; ② 이와 같은 상대방의 신뢰가 법적 보호가치를 가진 것이어서 만일 이 신뢰에 반하여 권리를 행사한다면 정의관념에 비추어 용인될 수 없는 정도에 이르러야 한다. 그러므로 거래의 상대방에게 신뢰를 창출한 바 없다면 이 원칙이 고려될 여지가 없다.

강행법규에 위반사실을 알면서 스스로 그러한 행위를 한 당사자가 그 후에 그 행위가 강행법규에 위반한다는 이유로 무효를 주장하는 경우에도 모순행위금지의 원칙을 적용할 수 있을 것인가? 1993년 대법원 판결[50]은 다음과 같이 판시하고 있다: "강행법규인 국토이용관리법 제21조의3 제1항, 제7항을 위반하였을 경우에 있어서 위반한 자 스스로가 무효를 주장함이 신의성실의 원칙에 위배되는 권리의 행사라는 이유로서 이를 배척한다면 투기거래계약의 효력발생을 금지하려는 국토이용관리법의 입법취지를 완전히 몰각시키는 결과가 되므로, 거래당사자 사이의 약정내용과 취득목적대로 관할관청에 토지거래허가신청을 하였을 경우에 그 신청이 국토이용관리법 소정의 허가기준에 적합하여 허가를 받을 수 있었으나 다른 급박한 사정으로 이러한 절차를 회피하였다고 볼만한 특단의 사정이 엿보이지 아니하는 한, 그러한 주장이 신의성실의 원칙에 반한다고는 할 수 없다."[51] 즉 판례

---

49) 대법원 1989. 5. 9. 87다카2407; 대법원 1991. 12. 10. 91다3802; 대법원 1992. 5. 22. 91다36642 등 참조.

50) 대법원 1993. 12. 24. 93다44319 · 44326 참조.

51) 같은 취지: 대법원 1968. 9. 6. 68다1323; 대법원 1999. 3. 23. 99다4405; 대법원 2003. 8. 22. 2003다19961; 대법원 2004. 10. 28. 2004다5563 등 참조.

는 이러한 경우에 대하여 모순행위금지의 원칙이 적용되지 않는 것으로 본다. 만약 그러한 행위에 이 원칙을 적용하게 되면 강행법규에 의하여 금지하려고 하였던 결과가 실현되어 그 입법취지가 몰각되기 때문이다.

◘ 사례연구: 矛盾行爲禁止의 原則

• 사안의 내용　H그룹의 회장인 J는 그의 자금으로 농지인 α토지를 매수하고 그의 장남인 K 앞으로 소유권이전등기를 하였다. 당시 K는 農民도 아니고 이 농지를 스스로 경작할 의사도 없었다. 그런데도 K는 J의 재산을 은닉해 줄 목적으로 自耕意思가 있는 것처럼 가장하여 소재지관청의 증명을 얻어 이로써 자기 명의로 소유권이전등기를 마친 것이다. 이 사실을 파악한 α토지 관할 세무서는 α토지의 실질소유자가 J인데, K가 등기명의자로 된 것이 '상속세 및 증여세법'에 따라 실질소유자 J가 K에게 증여한 것으로 의제되는 경우에 해당한다 하여 K에게 증여세를 부과하였다. 이에 대하여 K는 자신 명의의 소유권이전등기는 자경 또는 자영의사 없이 한 것으로 농지법에 위배되어 원인무효인데, 이와 같이 무효인 증여에 대하여 증여세를 부과한 것은 잘못이라는 이유로 과세처분의 취소를 구하는 소를 제기하였다. 이에 대하여 법원은 어떠한 판결을 할 것으로 예상하는가?

• 사안의 해결　사안[52]에서 문제의 α토지는 농지이다. 농지소유권을 취득하기 위하여는 당해 농지의 소재지를 관할하는 시장·구청장·읍·면장으로부터 농지취득자격증명을 발급받아 등기신청시에 이 증명서를 첨부하여야 한다(농지법[53] 제8조). K는 이러한 절차에 따라 α토지에 대하여 자기 명의로 소유권이전등기를 하였다. 그런데 α토지 구입자금은 전적으로 J가 부담하였으므로 관할 세무서는 J가 토지를 구입하여 K에게 증여한 것으로 판단하여 증여세를 부과한 것이다.[54] 이에 대하여 K는 자신이 등기시에 제출한 농지취득자격증명은 허위로 작성된 것이므로 K 명의의 등기는 원인무효로 되므로 증여로 될 수 없으며, 따라서 증여세의 대상이 되지 않는다고 주장하는 것이다. 농지취득자격증명이 허위로 작성된 것은 사실이다. 문제는 농지취득자격증명을 취득할 당시의 K의 행태와 증여세를 부과받은 후의 K의 행태가 서로 모순된다는 점에 있다.

사안에서 K의 행위는 그간 대법원이 고려하던 모순행위금지의 원칙의 적용요건을 모두 충족하고 있다. 그러므로 법원으로서는 다음과 같은 판시를 통하여 K의 청구를 기각할 것으로 생각한다: "원고 K는 스스로 적극적으로 농가이거나 자경의사가 있는 것처럼 가장하여 소재지 관서의 증명을 받아 그 명의로 소유권이전등기를 마치고 소유자로 행세하다가 이제 와서 증여세 등의 부과를 면하기 위하여 農家도 아니고 自耕意思도 없었음을 들어 농지법에 저촉되기 때문에 그 등기가 무효라고 주장하는 것은, 전에 스스로 한 행위와 모순되는 행위를 하는 것으로 자기에게 유리한 법지위를 악용하려 함에 지나지 아니하므로, 이는 신의성실의 원칙에 기초하는 금반언의 원칙에 위배되는 행위로서 법률상 허용될 수 없다."

---

52) 이 사안은 대법원 판결(대법원 1990. 7. 24. 89누8224)을 간략하게 변경한 것이다. 이 사안은 행정소송사건이기는 하나, 그 속에 신의성실의 원칙의 파생원칙인 모순행위금지의 원칙이 들어 있다는 점에 의미가 있다.

53) 이러한 사항은 현재는 농지법(1994. 12. 22. 제정, 1996. 1. 1. 시행)에 규정되어 있으나 이 법률 시행 이전에는 농지개혁법이 규정하였다. 농지개혁법은 농지법 시행과 더불어 폐지되었다.

2) 失效의 原則

55 실효의 원칙이란 권리자가 실제로 권리를 행사할 수 있는 기회가 있었음에도 불구하고 상당한 기간이 경과하도록 권리를 행사하지 아니하여 의무자인 상대방으로서도 이제는 권리자가 권리를 행사하지 아니할 것으로 신뢰할 만한 정당한 기대를 가지게 되었다면 그와 같은 권리행사를 제한한다는 원칙을 말한다. 실효의 원칙을 모순행위금지의 원칙의 특칙으로 이해하는 학설도 있으나 전자는 일정한 시간의 경과를 필수적인 요소로 한다는 점에서 후자와 차이가 있다.

실효의 원칙이 적용되기 위한 요건은 다음과 같다: 권리자가 실제로 권리를 행사할 수 있는 기회가 있어서 그 권리 행사의 기대가능성이 있었음에도 불구하고 상당한 기간이 경과하도록 권리를 행사하지 아니하여 의무자인 상대방으로서도 이제는 권리자가 권리를 행사하지 아니할 것으로 신뢰할 만한 정당한 기대를 가지게 된 다음에 새삼스럽게 그 권리를 행사하는 것이 법질서 전체를 지배하는 신의성실의 원칙에 위반하는 것으로 인정되는 결과가 되어야 한다.[55] 이 원칙의 적용 여부를 판단함에 있어서 판례는 일률적인 기준이 아니라 구체적인 경우마다 권리를 행사하지 아니한 기간의 장단과 함께 권리자와 의무자 쌍방의 사정 및 객관적으로 존재한 사정 등을 모두 고려한다.[56]

종래의 대법원 판례를 분석해 보면 실효의 원칙은 근로계약의 해지와 관련하여 근로자가 해고에 따른 퇴직금을 이의 없이 수령하는 등 해고의 정당성에 대하여 전혀 다툼이 없다가 상당한 기간이 지난 후에 돌연 해고무효확인소송을 제기한 경우에 빈번하게 인정되고 있다.[57] 이것은 노동분쟁

---

54) '상속세 및 증여세법' 제32조는 다음과 같이 규정하고 있다: "특수관계에 있는 자로부터 경제적 가치를 계산할 수 있는 유형·무형의 재산(금전으로 환가할 수 있는 경제적 이익 및 법률상 또는 사실상의 권리를 포함한다)을 직접적이거나 간접적으로 무상이전을 받은 경우에는 그 무상으로 이전된 재산에 대하여 증여세를 부과한다."

55) 대법원 1992. 1. 21. 91다30118 등 참조.

56) 대법원 1988. 4. 27. 87누915; 대법원 1992. 1. 21. 91다30118; 대법원 1992. 5. 26. 92다3670; 대법원 1992. 7. 10. 92다3809; 대법원 1992. 7. 28. 91다43121; 대법원 1992. 8. 14. 91다29811 등 참조.

57) 대법원 1990. 8. 28. 90다카9619; 대법원 1992. 1. 21. 91다30118; 대법원 1992. 10. 9. 92다13264; 대법원 1992. 12. 11. 92다23285; 대법원 1993. 5. 28. 91다41750; 대법원 1994. 8. 12. 93다13971.

의 신속한 해결이라는 사법정책적 요청이 신의성실의 원칙을 통하여 반영된 결과로 생각된다. 그 밖에도 실효의 원칙은 해제권의 행사[58]라든가 소송법상의 권리행사[59] 등의 경우에 의미있게 활용되고 있다.

◘ 사례연구: 失效의 原則

• 사안의 내용　X가 근무하던 Y회사가 정당한 절차에 위반하여 X에 대한 징계해고처분을 하였다. 이에 X는 재심청구를 하였으나 재심청구가 기각되자 그 후부터는 아무런 이의 없이 회사로부터 퇴직금을 수령하는 등 해고처분에 대한 다툼이 없이 다른 생업에 종사하여 오다가 해고일로부터 2년 10개월이 경과한 후 돌연 해고무효확인의 소를 제기하였다. 이에 대하여 법원은 어떠한 판결을 할 것으로 예상하는가?

• 사안의 해결　사안[60]에서 X는 Y회사의 해고처분에 대하여 초기에는 이를 다투었으나 재심청구가 기각되었고, 그 후로는 회사로부터 퇴직금을 수령하는 등 면직처분에 대하여 전혀 다툰 바가 없이 상당한 기간이 경과한 후 해고무효확인의 소를 제기한 것이다. X에 대한 징계해고처분이 징계절차에 반한다는 점 및 면직일로부터 2년 10개월이 경과한 시점에서 X에게는 소권이 있다는 점에서 보면 법원으로서는 X의 청구를 인용하여야 할 것으로 보인다. 그러나 여기에서 다른 측면을 고려하여야 할 필요가 있다. 해고처분 이후 X는 상당한 기간 동안 해고에 대하여 전혀 다투지 않아 Y로 하여금 일정한 신뢰를 형성시켰다는 점이다.

사안에서 X의 행위는 실효의 원칙의 지배적 적용영역인 근로관계에 관한 분쟁일 뿐만 아니라 이 원칙의 적용을 위하여 그간 대법원이 고려하던 요건을 모두 충족하고 있다. 그러므로 법원으로서는 다음과 같은 판시로 X의 청구를 기각할 것으로 생각한다: "징계해고처분에 불복하던 근로자가 이의 없이 퇴직금을 수령하고 다른 생업에 종사하다 징계해고일로부터 2년 10개월 후에 새삼스럽게 제기한 해고무효확인청구는 신의칙 및 실효의 원칙에 위배되어 허용될 수 없다."

---

58) 대법원 1994. 11. 25. 94다12234: "일반적으로 권리의 행사는 신의에 좇아 성실히 하여야 하고 권리는 남용하지 못하는 것이므로, 해제권을 갖는 자가 상당한 기간이 경과하도록 이를 행사하지 아니하여 상대방으로서도 이제는 그 권리가 행사되지 아니할 것이라고 신뢰할 만한 정당한 사유를 갖기에 이르러 그 후 새삼스럽게 이를 행사하는 것이 법질서 전체를 지배하는 신의성실의 원칙에 위반하는 것으로 인정되는 결과가 될 때에는 이른바 실효의 원칙에 따라 그 해제권의 행사가 허용되지 않는다고 보아야 할 것이다."

59) 대법원 1996. 7. 30. 94다51840: "실효의 원칙이라 함은 권리자가 장기간에 걸쳐 그 권리를 행사하지 아니함에 따라 그 의무자인 상대방이 더 이상 권리자가 권리를 행사하지 아니할 것으로 신뢰할 만한 정당한 기대를 가지게 된 경우에 새삼스럽게 권리자가 그 권리를 행사하는 것은 법질서 전체를 지배하는 신의성실의 원칙에 위반되어 허용되지 아니한다는 것을 의미하고, 항소권과 같은 소송법상의 권리에 대하여도 이러한 원칙은 적용될 수 있다."

60) 이 사안은 대법원 판결(대법원 1996. 11. 26. 95다49004)을 간략하게 변경한 것이다.

3) 事情變更의 原則

56 事情變更의 原則이라 함은 법률행위 성립 후 그 성립 당시 환경이 된 사정에 당사자 쌍방이 예견하지 못하고 또 예견할 수 없었던 변경이 발생한 결과, 본래의 급부가 신의형평의 원칙상 당사자에게 현저히 부당하게 된 경우에 있어서 당사자가 신의형평이 요구하는 바에 따라 법률행위의 내용을 변동(변경 또는 해소)시킬 수 있다는 것을 내용으로 하는 법리이다.[61] 이 법리는 계약의 구속력의 원칙과 정면으로 상치되는 것이라는 점에서 그 인정 여부에 관하여 논의의 여지가 있다.

사정변경의 원칙은 독일법에서는 '행위기초론(Lehre der Geschäftsgrundlage)'이라는 이름으로 논의되고 있다. '행위기초(Geschäftsgrundlage)'란 계약체결시에 계약의 내용으로 포함되지는 않았으나 계약의 체결이나 실현의 기초로 된 일정한 사정을 말한다. 이 이론에 따르면, 행위기초가 처음부터 존재하지 않거나 사후에 변경 되었다면 그에 따라 계약내용을 변화시키거나(계약의 수정), 그것이 불가능하다면 계약관계를 해소할 수 있다(계약의 해제·해지). 독일에 있어서 행위기초론의 구체적인 내용은 학자마다 상당한 격차가 있다.

사정변경의 원칙에 관한 우리 판례의 입장은 이원적이라고 할 수 있다. 매매계약과 같은 一時的 契約의 경우에 있어서는 사정변경의 원칙을 인정하지 않는다.[62] 반면에 계속적 계약, 특히 繼續的 保證의 경우에는 이 원칙을 비교적 폭넓게 수용하고 있다. 즉 ① 保證人의 主債務者에 대한 신뢰관

61) 대법원 1955. 4. 14. 4286민상231 등 참조.

62) "매매계약을 맺은 때와 그 잔대금을 지급할 때와의 사이에 장구한 시일이 지나서 그 동안에 화폐가치의 변동이 극심하였던 탓으로 매수인이 애초에 계약할 당시의 금액표시대로 잔대금을 제공한다면 그 동안에 앙등한 매매목적물의 가격에 비하여 그것이 현저하게 균형을 잃은 이행이 되는 경우라 할지라도 민법상 매도인으로 하여금 사정변경의 원리를 내세워서 그 매매계약을 해제할 수 있는 권리는 생기지 않는다"(대법원 1963. 9. 12. 63다452); "매매계약체결 후 9년이 지났고 시가가 올랐다는 사정만으로 계약을 해제할 만한 사정변경이 있다고 볼 수 없고, 매수인의 소유권이전등기 절차이행 청구가 신의칙에 위배된다고도 할 수 없다"(대법원 1991. 2. 26. 90다19664); "매매계약 체결 후 부동산의 시가가 등귀하였고, 매수인이 잔대금 지급기일을 경과한 지금까지 매매대금 중 7분의 6에 해당하는 금원을 지급하지 아니한 채 매매계약 후 19년이 지난 후에 소유권이전등기청구의 소를 제기하였다 하더라도 이러한 사유만으로 그 청구가 신의칙에 반하고 권리남용에 해당한다고 볼 수 없다"(대법원 1992. 6. 12. 92다12384).

계가 상실된 경우,[63] ② 일정한 직무·지위를 전제로 하여 보증을 한 경우에 있어서 債務者 또는 保證人에게 중대한 변화가 있는 경우[64] 등에서 保證人에게 特別解止權을 인정해 주고 있다.[65]

민법개정안은 사정변경에 관하여 명문의 규정을 두었다(개정안 제544조의 4).

민 법 개 정 안	
현 행 규 정	개 정 안
〈신 설〉	제544조의4(사정변경과 해제, 해지) 당사자가 계약 당시 예견할 수 없었던 현저한 사정변경으로 인하여 계약을 유지하는 것이 명백히 부당한 때에는 그 당사자는 변경된 사정에 따른 계약의 수정을 요구할 수 있고 상당한 기간 내에 계약의 수정에 관한 합의가 이루어지지 아니한 때에는 계약을 해제 또는 해지할 수 있다.

개정배경 신의성실의 원칙의 파생원칙인 사정변경의 원칙에 관한 일반적 성격의 일반규정을 신설하였다. 계약체결 후의 사정변경으로 인한 계약의 변경에 대한 요건과 효과를 정하였다.

---

63) 기간의 정함이 없는 계속적 보증계약은 보증인의 주채무자에 대한 신뢰가 깨어지는 등 보증인으로서 보증계약을 해지할 만한 상당한 이유가 있는 경우에 보증인으로 하여금 그 보증계약을 그대로 유지존속케 한다는 것은 사회통념상 바람직하지 못하므로 그 계약해지로 인하여 상대방인 채권자에게 신의칙상 묵과할 수 없는 손해를 입게 하는 등 특단의 사정이 있는 경우를 제외하고 보증인은 일방적으로 이를 해지할 수 있다는 것이 판례의 입장이다(대법원 1978. 3. 28. 77다2298; 대법원 1986. 9. 9. 86다카792; 대법원 1992. 7. 14. 92다8668 등 참조).

64) 대법원은 "회사의 이사의 지위에서 부득이 회사와 제3자 사이의 계속적 거래로 인한 회사의 채무에 대하여 보증인이 된 자가 그 후 퇴사하여 이사의 지위를 떠난 때에는 보증계약 성립 당시의 사정에 현저한 변경이 생긴 경우에 해당하므로 이를 이유로 보증계약을 해지할 수 있고, 보증계약상 보증한도액과 보증기간이 제한되어 있다고 하더라도 위와 같은 해지권의 발생에 영향이 없다"라는 취지로 판결하고 있다(대법원 1990. 2. 27. 89다카1381; 대법원 1992. 5. 26. 92다2332; 대법원 1992. 11. 24. 92다10890; 대법원 1996. 12. 10. 96다27858; 대법원 1998. 6. 26. 98다11826 등 참조).

65) 계속적 보증의 경우와는 달리 회사의 이사가 채무액과 변제기가 특정되어 있는 회사 채무에 대하여 보증계약을 체결한 경우에는 이사직 사임이라는 사정변경을 이유로 보증인인 이사가 일방적으로 보증계약을 해지할 수 없다는 것이 판례의 입장이다(대법원 1991. 7. 9. 90다15501; 대법원 1996. 2. 9. 95다27431; 대법원 1997. 2. 14. 95다31645; 대법원 1998. 7. 24. 97다35276; 대법원 1999. 12. 28. 99다25938 등 참조).

사례연구: 事情變更의 原則

• **사안의 내용** P는 Q회사의 간부로 근무하던 중 회사측의 요구로 인하여 부득이 Q와 제3자 R 사이의 계속적 거래로 인한 회사의 채무에 대하여 5년의 기간으로 연대보증인이 되었다. 보증기간이 만료하기 1년 전에 P는 퇴사하였고 퇴사 직후 P는 R에게 연대보증계약을 해지한다는 내용의 일방적 통고를 하였다. 한편 R은 Q에게 채무의 결제를 요구하였으나 이미 Q회사는 지급불능상태였다. 이에 R은 아직 보증기간이 경과하지 않았다는 이유를 들어 P를 상대로 연대보증인으로서 채무를 이행할 것을 청구하는 소송을 제기하였다. 이에 P는 자신은 이미 Q회사로부터의 퇴사 직후 연대보증계약 해지의 통고를 하였다는 사실을 들어 채무를 이행할 의무가 없다고 주장하였다. P・R간의 분쟁에 대하여 법원은 어떠한 판결을 할 것으로 예상하는가?

• **사안의 해결** 사안[66]에서 Q의 R에 대한 계속적 채무를 담보하기 위하여 P는 R과의 계약에 따라 연대보증인이 되었다. 계속적 보증계약의 경우에도 일반적인 계속적 계약에서와 같이 任意解止가 가능하다. 즉 보증계약기간이 지나치게 장기라든가 또는 기간의 약정이 없는 경우, 계약체결 후 상당한 기간이 경과하면 계속적 보증인 또는 채권자에게 계약을 해지할 수 있는 任意解止權이 발생한다고 보아야 한다. 사안에서 P・R간의 연대보증계약은 5년이라는 기간의 약정이 있었다. 또한 연대보증계약에서 5년이라는 계약기간은 거래관념에 비추어 볼 때, 지나치게 장기라고 보기도 어렵다. 그러므로 연대보증기간 중에 P에게 任意解止權이 있다고 볼 수 없다. 이러한 관점에서 보면 사안에서 P가 R에게 행한 해지통고는 효력이 없다고 보아야 한다. 그렇다면 법원으로서는 R의 청구를 인용하여야 할 것인가? 이와 같이 속단할 것은 아니다. P의 解止權 유무를 판단함에 있어서 또 하나 중요하게 고려하여야 할 요소가 있기 때문이다. 特別解止權이 그것이다.

계속적 계약관계에 있어서 논의되는 特別解止權이라 함은 계약성립 후 계약당사자 일방 또는 쌍방에게 현저한 사정변경이 있다고 인정되는 때에 고려되는 해지권이다. 따라서 이 경우에는 계약기간의 정함이 있는가의 여부 및 계약체결 후 상당기간의 경과 여부에 상관없이 해지권이 부여될 수 있다는 점에서 임의해지권과 구별된다. 이러한 特別解止權은 信義誠實의 原則의 파생원칙인 事情變更의 原則을 이론적 근거로 한다.

사안에서 P는 회사의 임원이나 직원의 지위 때문에 회사의 계속적 채무에 대하여 부득이 연대보증인이 된 자이다. P는 R과 5년 기간의 존속기간의 정함이 있는 계약을 체결하였으므로 임의해지권을 취득하기는 어렵겠으나, 회사로부터의 퇴사 사실을 중대한 사정변경으로 보아 특별해지권을 취득하였다고 보는 것이 종래 판례의 입장이다. 이러한 판례를 고려해 볼 때, 법원으로서는 다음과 같은 판시로 P에게 승소판결을 할 것으로 예상된다: "회사의 임원이나 직원의 지위에 있기 때문에 회사의 요구로 부득이 회사와 제3자 사이의 계속적 거래로 인한 회사의 채무에 대하여 보증인이 된 자가 그 후 회사로부터 퇴사하여 임원이나 직원의 지위를 떠난 때에는 보증계약 성립당시의 사정에 현저한 변경이 생긴 경우에 해당하므로 사정변경을 이유로 보증계약을 해지할 수 있다고 보아야 하며, 따라서 P는 연대채무를 이행할 의무가 없다."

물론 기왕에 성립한 채무에 대해서 P는 연대보증인으로서 책임을 져야 한다. 해제와 달리 해지는 소급효가 없기 때문이다.

66) 이 사안은 대법원 판결(대법원 1990. 2. 27. 89다카1381)을 간략하게 변경한 것이다.

3. 一般原則의 修正 · 補充 (Ⅱ): 權利濫用禁止의 原則

(1) 意 味

1) 概念 및 沿革

57 제2조 제2항은 "권리는 남용하지 못한다"라고 하여 權利濫用禁止의 원칙을 규정하고 있다. 이 원칙은 적법한 권리의 행사라는 점에는 의문의 여지가 없으나 당해 권리행사가 權利의 社會性의 한계를 벗어난 경우라면 이를 허용하지 않는다는 것이다.

권리남용금지의 원칙의 연원은 이미 로마법에까지 소급한다. 로마법에서는 "자기의 권리를 행사하는 자는 누구에 대하여도 불법을 행하는 것이 아니다"라는 원칙에도 불구하고 예외적으로 권리행사가 금지되는 경우가 있었다. 이것이 바로 '惡意의 抗辯(exceptio doli)'인데, 이는 오직 타인에게 해악만을 끼치기 위한 목적으로 권리를 행사하는 경우에 이 권리행사를 저지할 수 있도록 상대방에게 인정된 抗辯權이었다. 이를 '시카네의 금지(Schikaneverbot)'라 하는데, 독일 민법은 "권리의 행사가 타인에게 손해를 가할 목적만을 가진 때에는 허용되지 않는다"(제226조)라고 하여 명문으로 규정하고 있다. 시카네의 금지는 주관적 요건으로서 '타인을 해할 목적'을 요구하고 있다는 점에서 권리행사의 자유라는 전통적 관념에 근본적인 변경을 가한 것은 아니다. 이에 비하여 스위스 민법은 "권리의 명백한 남용은 법의 보호를 받지 못한다"(스위스 민법 제2조 제2항)라고 규정하고 있다. 이는 시카네의 금지와 같은 주관적 가해의사의 요건으로부터 탈피하여 권리남용을 권리의 사회적 또는 내재적 한계를 일탈한 경우로 파악하고 있다. 이러한 스위스 민법의 태도는 우리 민법 제2조 제2항의 모범이 되었다.[67]

信義誠實의 原則과 같이 權利濫用禁止의 原則도 모든 권리관계에 있어서 언제나 고려되어야 할 法規範이므로 당사자의 주장이 없더라도 法院이 직권으로 고려할 수 있다.[68]

---

67) 이러한 사실은 입법과정에서도 명백하게 나타나고 있다. 한 입법자료는, 권리남용의 요건으로서 주관적 요건을 들고 있는 독일 민법 제226조는 불가하며 스위스 민법 제2조 제2항과 같이 주관적 요건을 배제한 것은 타당하다고 적고 있다(民議院法制司法委員會 民法案審議小委員會, "民法案審議錄 上卷", 1957, 4면).

2) 信義誠實의 原則과의 관계

58 權利濫用禁止의 原則이 적용되면 권리남용에 해당하는 권리행사는 저지된다. 그런데 信義誠實의 原則을 적용해도 이와 같은 결과를 얻을 수 있다. 신의성실의 원칙 또한 권리의 행사는 신의에 좇아 성실히 하여야 하며 이에 어긋나는 때에는 권리행사가 저지되기 때문이다. 그렇다면 신의성실의 원칙과 병행하여 권리남용금지의 원칙을 규정한 것은 무용한 중복이 아닌가 하는 의문이 생긴다.

이들 두 원칙의 관계를 어떻게 보아야 할 것인가? 이에 관한 종래 학설로는 다음과 같은 세 가지를 들 수 있다. ① 양자는 서로 적용영역을 달리한다고 보는 견해이다(소위 '적용영역구분설').[69] 신의성실의 원칙은 債權法 분야에서 적용되고 권리남용금지의 원칙은 物權法에서 적용되는 것이라고 한다든가, 신의성실의 원칙은 對人關係에서 적용되고 권리남용금지의 원칙은 對社會關係에서 적용되는 것이라고 하는 학설 등이 그것이다. ② 권리행사가 신의칙에 반하는 경우에는 권리남용이 된다고 하여 권리남용금지의 원칙을 신의성실의 원칙의 효과로 보는 견해이다(소위 '중복적용설').[70] 현재의 다수설이라 할 수 있는 이 견해에 따르면, 권리남용 여부를 판단하는 기준이 신의성실의 원칙이라고 한다. ③ 권리남용금지의 원칙을 신의성실의 원칙으로부터 도출되는 하나의 파생원칙으로 이해하는 입장이다(소위 '파생원칙설').[71]

연혁적으로 볼 때, 신의성실의 원칙은 채권법 분야에서 그리고 권리남용금지의 원칙은 물권법 분야에서 기능하여 왔다는 점에서 적용영역구분설도 경청할 만한 부분이 있다. 그러나 규정형식에 있어서 신의성실의 원칙을 채권법 부분에 규정한 법제에서도 판례·학설에 의하여 이 원칙의 적용범위를 민법 전반에 걸치는 것으로 운용하고 있으며, 특히 우리 민법은 이를 總則編에 규정함으로써 규정형식에 의한 적용범위의 제한을 말하기 어렵다. 또한 제2조 제1항의 문언 중 '權利', '義務'라는 개념을 적용영역구분설에 따

---

68) 대법원 1989. 9. 29. 88다카17181; 대법원 1995. 12. 22. 94다42129 등 참조.
69) 高翔龍, 앞의 책 "民法總則", 66면 이하.
70) 郭潤直, 앞의 책 "民法總則", 95면.
71) 李英俊, "民法總則", 博英社, 2001, 71면; 李銀榮, 앞의 책 "民法總則", 88면.

라 '債權的 權利', '債權的 義務'라는 식으로 축소하여 해석하여야 할 합리적 근거를 찾기 어렵다. 그러므로 이 학설에는 찬성하기 어렵다.[72)]

우리 민법의 입법자료를 보면, 당시의 지배적 견해는 권리행사가 신의성실에 반하는 때에는 권리의 남용인 것으로서 신의성실의 원칙에 권리남용금지의 취지도 당연히 포함되어 있다는 관념을 가지고 있었다.[73)] 이는 현재의 다수설인 중복적용설과 동일한 것이다. 그런데 이 견해에 따르면, 신의성실의 원칙과 병행하여 권리남용금지의 원칙을 규정하는 것은 불필요한 중복이라고 말할 수밖에 없다. 한편, 파생원칙설은 중복적용설과 실제에 있어서 큰 차이가 없다.

20세기 중반에 제정된 우리 민법상의 신의성실의 원칙과 권리남용금지의 원칙은 모두 권리의 사회성 내지 공공성을 공통적 존재근거로 하고 있으며, 게다가 신의성실의 원칙을 규정한 제2조 제1항이 의무의 이행뿐만 아니라 권리의 행사까지 규율함으로써 신의성실의 원칙이 권리남용금지의 원칙을 포괄하는 형상이 되었다. 그러므로 권리남용금지의 원칙을 규정한 제2조 제2항은 규율중복에 해당한다고 생각한다.

신의성실의 원칙과 권리남용금지의 원칙의 관계에 관하여 판례도 다수설과 같은 입장에 있는 것으로 평가된다. 신의성실의 원칙을 권리남용 판단의 기준으로 하고 있는 다음과 같은 판시내용이 이 사실을 말해준다: "권리남용이 있다고 하려면…신의성실의 원칙에 배치된다고 보여져야 한다"[74)]; "…는 신의성실의 원칙과 국민의 건전한 권리의식에 반하는 행위로서 권리남용에 해당한다"[75)]; "…는 신의에 좇은 권리행사라고 볼 수 없어 이는 권리남용에 해당한다"[76)]; "…는 금반언의 원칙에 위배되거나 신의성실의 원칙에 반하여 권리남용에 해당된다"[77)] 등.

---

72) 판례도 물권관계 또는 對社會關係가 아닌 채권관계 또는 對人關係가 문제된 사안에서 권리남용금지의 원칙을 적용하고 있다(예: 대법원 1995. 10. 13. 94다52928; 대법원 1997. 7. 22. 97다18165 · 18172; 대법원 1997. 12. 12. 97다36316; 대법원 1998. 1. 20. 97다29417 등).

73) 民議院 法制司法委員會 民法案審議小委員會, "民法案審議錄 上卷", 4면 참조.

74) 대법원 1969. 1. 21. 68다1526.

75) 대법원 1978. 2. 14. 77다2324, 2325.

76) 대법원 1983. 4. 12. 82므64.

77) 대법원 1997. 2. 11. 94다23692.

판례가 이와 같이 권리남용금지의 원칙을 단순히 신의성실의 원칙의 효과로 보는 것은 논리모순이라는 지적이 있다.[78] 그 내용은 이러하다. 뒤에서 보는 바와 같이, 권리남용 여부의 판단에 있어서 판례의 주류적 경향은 권리의 내재적 한계를 일탈했다는 객관적 요건 이외에 주관적 요건으로서 권리자의 가해의사를 함께 요구하고 있다. 권리남용의 판단기준으로 기능하는 신의성실의 판단에 있어서는 주관적 요건을 요구하지 않으면서 그 효과에 해당하는 권리남용의 판단에 있어서는 주관적 요건을 문제삼고 있는데, 이는 논리모순이라는 것이다. 그러나 판례가 권리남용의 판단에 있어서 주관적 요건에 집착한다는 점을 비판의 대상으로 하는 것이라면 모르지만 판례이론에 위 지적과 같은 논리모순이 있다는 주장은 지나친 감이 있다. 왜냐하면 신의성실의 원칙을 적용함에 있어서 판례는 상대방의 이익의 내용, 행사하거나 이행하려는 권리 또는 의무와 상대방의 이익과의 상관관계 및 상대방의 신뢰의 타당성 등 모든 구체적인 사정을 고려하여야 한다[79]는 입장인데, 고려의 대상이 되는 구체적인 사정에는 객관적 사정뿐만 아니라 가해의사와 같은 권리자의 주관적 행태도 포함될 수 있기 때문이다.

(2) 適用要件

59 권리남용금지의 원칙이 적용되기 위한 요건은 다음과 같이 정리할 수 있다.

ⓘ 첫째, 권리가 적법하게 존재하여야 하고 또한 그 권리의 행사에 해당하는 행위가 있어야 한다.

ⓘⓘ 둘째, 법이 당해 권리를 인정한 근본취지에 부합하지 않아야 한다. 즉 당해 권리의 행사가 그 권리 본래의 내재적 한계를 일탈한 것이어야 한다는 것으로, 권리남용이 되기 위한 객관적 요건이라 할 수 있다. 이 요건의 충족 여부를 판단함에 있어서 판례는 권리의 취득경위, 권리를 행사함으로써 권리자에게 귀속하는 이익과 상대방의 손해 사이의 균형, 권리의 행사가 사회일반이익에 미치는 영향 등을 구체적인 사안에 따라 개별적으로 판

---

78) 白泰昇, 앞의 책 "民法總則", 92면.

79) 대법원 1989. 5. 9. 87다카2407; 대법원 1991. 12. 10. 91다3802; 대법원 1992. 5. 22. 91다36642 등 참조.

단하여야 한다는 입장이다.[80]

ⅲ 셋째, 적용요건에 포함시킬 것인가의 여부에 대하여 논란이 있는 것은 主觀的 要件으로서의 '加害意思'이다. 즉 권리행사의 목적이 상대방에게 고통을 줄 것을 목적으로 하고 있어야 한다는 것이다. 지배적 학설은 권리남용은 객관적 요건으로 충분하며 주관적 요건은 권리남용의 성립을 용이하게 하는 부차적 요소에 불과한 것으로 본다. 그러나 판례의 입장은 학설과 상당한 차이가 있다. 이 문제에 관한 판례의 입장을 유형화하면 다음과 같다: ① 주관적 요건만을 강조한 판결,[81] ② 객관적 요건만을 강조한 판결,[82] ③ 주관적 요건과 객관적 요건을 선택적으로 요구하는 듯한 판결,[83] ④ 주관적 요건과 객관적 요건을 함께 요구한 판결.[84] 여기에서 판례의 최근 변화에 유의할 필요가 있다.

최근 판례는 ④의 유형으로 굳어진 경향을 보이고 있다. 즉 1980년대 중반 이후 대법원은 "권리행사가 권리의 남용에 해당한다고 할 수 있으려면, 주관적으로 그 권리행사의 목적이 오직 상대방에게 고통을 주고 손해를 입히려는 데 있을 뿐, 행사하는 사람에게 아무런 이익이 없을 경우이어야 하고, 객관적으로는 그 권리행사가 사회질서에 위반된다고 볼 수 있어야 하는 것이며, 이와 같은 경우에 해당하지 않는 한 비록 그 권리의 행사에 의하여 권리행사자가 얻는 이익보다 상대방이 입을 손해가 현저히 크다 하여도 그러한 사정만으로는 권리남용이라 할 수 없는 것이다"[85]라는 형식의 判示를 굳게 유지하고 있다.[86] 이와 같이 대법원은 客觀的 要素와 함께 主

80) 대법원 1990. 5. 22. 87다카1712; 대법원 1991. 3. 27. 90다13055; 대법원 1991. 6. 14. 90다10346·10353; 대법원 1991. 10. 25. 91다27273 등 참조.

81) 대법원 1962. 9. 27. 62다456; 대법원 1973. 8. 31. 73다91; 대법원 1980. 5. 27. 80다484 등.

82) 대법원 1959. 9. 10. 4292민상466; 대법원 1969. 12. 31. 4291민상865; 대법원 1978. 2. 14. 77다2324·2325; 대법원 1982. 9. 14. 80다2859 등.

83) "권리의 행사가 정당한 이익 없이 오직 상대방에게 고통이나 손해를 입힐 것을 목적으로 하는 것이거나 권리의 사회적, 경제적 목적에 위반한 것일 때에는 권리남용으로서 허용되지 아니한다"라는 유형의 판결을 말한다(대법원 1964. 11. 24. 64다803; 대법원 1969. 1. 21. 68다1526; 대법원 1978. 2. 14. 77다2324·2325; 대법원 1983. 10. 11. 83다카335 등 참조).

84) 대법원 1962. 3. 8. 4294민상934; 대법원 1965. 2. 16. 64다1546; 대법원 1972. 11. 28. 72다699; 대법원 1972. 12. 26. 72다756; 대법원 1976. 5. 11. 75다2281 등 참조.

85) 대법원 1986. 7. 22. 85다카2307.

觀的 要素를 함께 요구함으로써 권리남용금지의 원칙의 적용요건을 한층 강화하였다고 평가할 수 있다. 그런데 1993년의 한 판결[87]에서는 객관적 요소와 주관적 요소를 모두 고려하면서도 "권리의 행사가 상대방에게 고통이나 손해를 주기 위한 것이라는 주관적 요건은 권리자의 정당한 이익을 결여한 권리행사로 보여지는 객관적인 사정에 의하여 추정할 수 있다"라고 판시함으로써 주관적 요소의 무게를 실질적으로 낮춘 입장을 보이고 있다는 점에서 주목된다.[88] 이 판결은 주관적 요소를 권리남용의 요건에서 제외시키려는 지배적 학설의 입장에 근접하는 계기가 되었다고 평가된다.[89]

(3) 權利濫用의 효과

60 권리남용으로 판단된 권리의 행사는 정상적인 법률효과를 발생시키지 못한다. 예컨대, 권리가 請求權인 때에는 청구권의 실현에 대하여 법이 조력하지 않고, 권리가 形成權인 때에는 당해 형성권의 내용에 따른 효과가 발생하지 않으며, 권리가 抗辯權인 때에는 상대방의 청구권 행사를 저지할 수 없다.

권리남용의 효과와 관련하여 유의하여야 할 사항이 몇 가지 있다.

ⓘ 첫째, 권리남용으로 판단되었다 하여 당해 권리를 상실하는 것이 아니라 다만 권리가 본래의 정상적 효력을 가지지 못한다는 것뿐이다. 예컨대, 자신의 토지가 학교의 교사부지로 사용되는 사정을 알면서 양수한 후 오랜 기간 동안 인도청구를 하지 않다가 갑자기 인도청구를 하여 권리남용으로 인정되었다 하더라도 토지소유자는 교사 소유자가 아무 법적 원인 없이 대지를 사용한 데 대하여 부당이득반환청구권을 행사하여 임료에 상응하는 금전을 청구할 수 있다(제741조).[90] 토지소유자가 토지인도청구권을 남

---

86) 대법원 1988. 12. 27. 87다카2911; 대법원 1990. 5. 22. 87다카1712; 대법원 1991. 3. 27. 90다13055; 대법원 1991. 6. 14. 90다10346·10353; 대법원 1993. 5. 14. 93다4366; 대법원 1994. 11. 22. 94다5458; 대법원 1998. 6. 26. 97다42823; 대법원 1999. 9. 7. 99다27613 등 참조.

87) 대법원 1993. 5. 14. 93다4366.

88) 1993년 5월 14일 판결의 이와 같은 판시내용은 최근의 대법원 판결(대법원 1998. 6. 26. 97다42823)에 그대로 반영되었다는 점이 특히 눈길을 끈다.

89) 한편, 상계권남용의 경우에는 주관적 요건이 필요하지 않다는 것이 판례의 입장이다(대법원 2003. 4. 11. 2002다59481).

용하였다 하더라도 그의 토지소유자로서의 지위에는 변함이 없기 때문이다. 한편, 토지소유자는 교사소유자에게 당해 대지사용을 내용으로 하는 임대차 계약을 체결할 것을 요구할 수도 있을 것인데, 만일 교사소유자가 계약체결을 거절하면 이번에는 오히려 이것이 권리남용이 될 수 있다.

ⅱ 둘째, 권리남용 자체의 효과와 권리남용이 단지 하나의 원인이 되어 나타나는 결과는 구별되어야 한다. 예컨대, 친권남용의 경우에 친권을 상실할 수도 있는데(제924조), 이는 친권남용을 이유로 일정한 절차에 따라 법원이 친권상실 선고를 한 결과이지 친권남용 자체의 효과는 아니다. 또한 권리남용의 결과 타인에게 손해를 끼치게 되면 불법행위에 기한 손해배상을 하여야 할 경우도 있는데, 이것 또한 권리남용 자체의 효과가 아니라 권리남용이 제750조의 불법행위 성립요건을 갖추었기 때문에 인정되는 효과이다.

◘ 사례연구: 權利濫用禁止의 原則

• **사안의 내용** A는 충북 청주시 근교에 α토지를 소유하고 있다. 평소 자선가 기질이 있던 A는 α토지 위에 무의탁 노인을 위한 무료시설로서 건물과 정원 등을 설치하여 100명의 무의탁 노인을 수용하고 있다. 그런데 이 시설의 건물이 α토지와 인접한 B 소유의 β토지 일부(전체 면적의 5%)를 점용하고 있는 상태여서 문제가 될 수 있었으나 B는 오히려 좋은 일을 하는 데 동참하는 계기로 생각하여 β토지를 무상으로 점용하도록 허락하였다. β토지에 인접한 γ토지의 소유자로서 자기 소유 토지 부근에 노인시설이 들어서는 것을 처음부터 극렬히 반대해 오던 C가 이 사실을 알게 되었다. 그리하여 C는 β토지에 대한 소유권을 취득하여 β토지를 점용하고 있는 건물의 철거를 주장할 계획으로 B로부터 β토지를 매수하고 소유권이전등기를 완료하였다. 매매계약 당시에 B는 C에게 β토지의 상황을 알려주었고 이러한 사정이 매매대금에 반영되었다. C는 A를 상대로 건물철거 및 토지인도를 요구하는 소송을 제기하였다. 그런데 C의 주장대로 건물을 철거한다면 이 건물은 사용가치를 전면적으로 상실하게 되는 구조를 가지고 있었으며, 사실 C가 β토지를 모두 사용하더라도 C가 별다른 실질적 이익을 얻게 되는 것도 아니었다. 법원의 판결은 어떠할 것으로 예상되는가?

• **사안의 해결** 사안에서 C의 행위가 권리남용의 요건을 충족하는가 여부를 검토해 보기로 한다.

첫째, A 소유 건물이 C소유의 β토지의 일부를 점용하고 있다. 토지소유자 C는 권원 없이 자신의 토지를 사용하고 있는 A에 대하여 소유권에 기한 물권적 청구권을 행사하여 방해제거 및 인도를 청구하고 있다. 그러므로 권리가 적법하게 존재하여야 하고 또한 그 권리의 행사에 해당하는 행위가 있어야 한다는 요건을 충족한다.

둘째, A 소유의 건물로 인하여 C의 토지소유권이 방해당하고 있는 것은 사실이다. 그러나 A 소유 건물의 β토지 점용부분은 β토지 전체 면적의 5%에 불과하며, C의 주장대로 건

90) 대법원 1992. 11. 10. 92다20170: "계쟁토지가 학교의 교사부지 등으로 사용되는 사정을 알면서 양수한 후 20년 가까이 인도청구를 하지 않았다면 부당이득반환청구는 몰라도 토지 자체의 인도청구는 신의성실의 원칙상 허용할 수 없다."

물을 철거하게 된다면 건물 전체가 사용가치를 잃게 되어 무의탁노인 100명이 거주공간을 잃게 되는 결과가 된다. 사안에서 C가 β토지를 전면적으로 사용하게 됨으로써 C가 별다른 실질적 이익을 얻게 되는 것도 아니라는 점에 비추어 보면, 권리자 C의 권리행사에 의하여 얻는 이익과 그 결과로 인한 개인적·사회적 불이익을 비교형량할 때 후자가 현저하게 크다고 할 수 있다. 그러므로 C의 권리행사는 권리남용의 객관적 요건을 갖추고 있는 것으로 보아야 한다.

셋째, C는 원래 β토지에 인접한 γ토지의 소유자로서 자기 소유 토지 부근에 노인시설이 들어서는 것을 처음부터 극렬히 반대해 오던 자로서 노인시설의 철거를 주장할 계획으로 B로부터 β토지 소유권을 양수하였다. 또한 β토지에 대한 매매계약 당시 매도인 B는 C에게 β토지의 상황을 알려주었고 이러한 사정이 매매대금에까지 반영되었다. 그러므로 C는 권리남용의 주관적 요소로서의 가해의사를 가지고 있다고 보아야 한다.

사안에서 C의 권리행사는 권리남용금지의 원칙이 적용되기 위한 객관적 요소와 주관적 요소를 모두 구비하고 있다. 그러므로 지배적 학설과 달리, 권리남용의 요건으로서 주관적 요소도 요구하고 있는 판례의 입장에 따른다 하더라도 C의 주장은 권리남용에 해당한다. 결국, C의 물권적 청구권은 실현될 수 없다.

V. 權利의 衝突과 重疊

1. 權利의 衝突

(1) 意 味

61 권리의 충돌이란 동일한 객체에 대하여 수 개의 권리가 존재하는 상태를 말한다. 권리충돌의 경우에 문제된 복수의 권리가 동시에 병존할 수 있는 것이라면 문제가 없겠지만, 그렇지 않은 경우에는 그 복수의 권리 사이에 우열관계가 있어야 한다.

다음에서는 권리충돌을 몇 가지 유형으로 구분하여 살피기로 한다: ① 채권과 채권의 충돌; ② 물권과 채권의 충돌; ③ 물권과 물권의 충돌.

(2) 債權과 債權의 충돌: 債權者平等의 原則

62 이해의 편의를 위하여 다음과 같은 사례를 들어 설명한다: A는 자기 소유의 α부동산에 대하여 X와 매매계약을 체결하고 그 다음 날 α를 매수인 X에게 인도하였다; 그런데 이 매매계약을 체결한 날로부터 3일 후

이러한 사정을 몰랐던 Y는 A에게 X보다 훨씬 좋은 매수조건을 제시하였고, 이에 따라 A는 Y와 α를 목적물로 다시 매매계약을 체결하였다: α에 대하여 X와 Y 중 누가 법적으로 우선적 지위에 있는가?

A와 X의 매매계약에 따라 A는 α에 대한 소유권을 X에게 이전해 주어야 할 채무를 진다. 그럼에도 불구하고 A는 Y와 다시 매매계약을 체결한 것이다. 여기에서 A·Y간의 매매계약의 유효성이 문제된다. 이 문제는 채권의 본질로부터 해결의 실마리를 찾아야 한다. 원칙적으로 채권은 목적물에 대한 排他的 支配를 내용으로 하는 권리가 아닌 가능성의 권리이다. 그러므로 동일한 내용의 채권이 두 개 이상 병존할 수 있으며, 위 사안에서 A·Y간의 제2매매계약도 원칙적으로 유효하다.

그러나 二重契約이 언제나 유효한 것은 아니라는 점에 유의하여야 한다. 이에 관한 판례[91]의 입장은 이러하다. 이중매매의 매도인의 행위는 제1매수인과의 관계에서 보면 배임행위인데, 만일 제2매수인이 매도인의 행위에 적극 가담하여 다시 매매계약을 체결한 경우라면 제2매매계약은 반사회적 법률행위에 해당하여 절대적으로 무효이다(제103조). 여기에서 매도인의 배임행위에 적극 가담하는 행위라 함은 타인과의 매매사실을 안 것만으로는 부족하고, 매매사실을 알고도 다시 매도할 것을 요청함으로써 매매계약에 이르는 정도가 되어야 함을 의미한다.[92]

사안에서 제2매수인 Y는 A·X간의 매매계약사실조차도 알지 못하였으므로 A·Y간의 제2매매계약은 유효한 것으로 보아야 한다. A·X, A·Y간의 두 매매계약이 모두 유효함으로 인하여 두 매수인 X와 Y는 매도인 A에 대하여 동일한 내용의 소유권이전채권을 가진다. 이와 같이 채권과 채권이 충돌하는 때에는 채권의 성립시기, 채권의 발생원인, 채권액의 다소에 불구하고 서로 평등한 것이 원칙이다. 이를 債權者平等의 原則이라고 한다. 결국, 복수의 채권자 중 먼저 채권을 실현한 자는 만족을 얻게 되고 다른 채권자와 채무자 사이에는 채무불이행의 문제가 남게 된다.

---

91) 대법원 1979. 7. 24. 79다942; 대법원 1984. 6. 12. 82다카672; 대법원 1985. 11. 26. 85다카1580; 대법원 1996. 10. 25. 96다29151 등 참조.

92) 대법원 1981. 12. 22. 81다카197; 대법원 1994. 3. 11. 93다55289 등 참조.

(3) 債權과 物權의 충돌: 物權者의 우위

63 앞의 사례에서 A가 α에 대한 이전등기를 X 또는 Y에게 해주었다면 상황이 달라진다. 소유권이전등기를 받은 자는 그 때로부터 α에 대하여 물권인 소유권을 취득[93]하는 반면, 다른 사람은 계속 채권자의 지위에 머물러 있게 된다. 즉 권리충돌 중 물권과 채권의 충돌상황이 된다. 이와 같이 물권과 채권이 충돌하는 경우에는 물권이 우선하는 것이 원칙이다. 자신의 채권에 대한 만족을 얻지 못하게 된 자의 채권은 이제 이행불능으로 되고, 따라서 그는 채무자에 대하여 채무불이행을 이유로[94] 손해배상을 청구하든가 또는 계약을 해제하여 원상회복을 하는 등의 조치를 할 수 있을 뿐이다. 예컨대, 사안에서 만일 A가 Y에게 소유권이전등기를 해줌으로써 Y가 물권자의 지위에 서게 되면 Y는 채권자에 불과한 X에게 소유권에 기한 물권적 청구권을 행사하여 α에 대한 점유를 회복할 수 있다.

채권과 물권의 충돌시에는 후자가 전자에 우선하는 것이 원칙이다. 그러나 이러한 원칙에는 중요한 예외들이 존재한다는 점에 유의하여야 한다. 일정한 채권자를 보호하기 위한 정책적 배려의 결과이다. 예컨대, 임차권은 채권이지만 부동산임차권을 등기한 때에는 그 권리를 가지고 제3자에게 대항할 수 있다(제621조). 또한, 주택임대차보호법은 주택을 인도받고(즉 입주하고) 주민등록을 이전하면 그 다음날부터(즉 다음날 0시부터) 제3자에 대하여 대항력을 취득하는 것으로 규정하고 있다(법 제3조 제1항).

(4) 物權과 物權의 충돌: 시간적 선후에 따른 우열

64 물권의 객체인 물건이 가지고 있는 가치를 사용가치·수익가치·교환가치로 구분한다고 할 때, 소유권은 이들 가치를 모두 지배한다는 점에서 완전물권이라고도 한다. 이에 반하여 이들 가치 중의 일부만을 가지는 물권을 제한물권이라 한다. 제한물권에는 물건의 사용가치와 수익가치의 지배를 내용으로 하는 용익물권(예: 지상권, 지역권, 전세권)과 교환가치의 지배를 목적으로 하는 담보물권(예: 유치권, 질권, 저당권)이 있다.

---

93) 부동산의 물권변동 방법에 대해서는 이 책 [38] 참조.
94) 채무불이행에 해당하는 이행불능에 대해서는 이 책 [415] 참조.

물권 상호간의 충돌은 소유권과 제한물권 사이의 충돌과 기타의 경우로 나누어서 생각할 수 있다. 전자의 경우에는 언제나 제한물권이 우선한다. 제한물권의 본질적 내용 자체가 소유권을 제한하는 것이므로, 이러한 결과는 당연한 것이다. 후자의 경우에 있어서는 "시간에 있어서 앞선 자가 권리에 있어서 앞선다(prior tempore, potier iuri)"라는 원칙이 지배한다. 이 원칙은 동일물에 대하여 이미 성립한 물권과 동일한 내용의 물권은 그 후에 다시 성립할 수 없으며, 다만 선순위의 물권을 침해하지 않는 한도 내에서만 후순위의 물권이 성립할 수 있다는 것을 의미한다.

◘ 사례연구: 權利衝突

• 사안의 내용 　타인의 토지를 빌려 그 위에 공장을 건축하여 물건제조업을 하고자 생각한 A는 α토지 소유자 B와 1998년 5월 1일 이 토지를 대상으로 한 지상권설정계약을 체결하고 같은 해 5월 8일 지상권설정등기를 완료하였다. 한편 사업운전자금이 필요했던 B는 같은 해 5월 10일 J은행과의 금전소비대차계약에 의하여 5,000만원을 대출받으면서 같은 날 J와 저당권설정계약을 체결하였고, 이에 따라 J는 같은 해 5월 12일 그의 명의로 저당권을 등기하였다. 채무 변제기가 도래했음에도 불구하고 B가 채무를 이행하지 않자 J는 그의 저당권을 실행하였고 경매절차에서 α토지는 K에게 8,000만원에 경락되었다. 이 때 K는 A에게 토지의 반환을 청구할 수 있는가?

• 사안의 해결 　K의 청구의 타당성은 A와 J의 우열관계에 달려 있다. K의 권리는 J의 권리에 기초하여 발생한 것이기 때문이다. A와 J가 α토지에 대하여 가지고 있는 권리는 모두 물권이며, 특히 부동산물권이다. 왜냐하면 토지는 부동산이기 때문이다(제99조 제1항). 사안과 같은 부동산물권의 변동(발생·변경·소멸)은 등기하여야 비로소 성립한다(제186조). 그러므로 이들간의 우열관계는 등기순서에 따라 정해지는데, 이렇게 본다면 A의 지상권이 J의 저당권에 우선한다. 그러므로 비록 J가 저당권을 실행한다 하더라도 A의 지상권에는 영향이 없다. 경매에 의하여 K가 α 토지에 대하여 취득한 권리는 소유권이기는 하나, A의 지상권에 의하여 제한을 받는 소유권이라는 결과가 된다. 그리고 이러한 사실은 경매대금에 반영되었을 것으로 예상된다. 만일 J의 권리가 A의 권리보다 우위에 있는 상황이었다면 J의 저당권 실행으로 인하여 A의 지상권은 소멸하였을 것이다. 요컨대, 사안에서 α토지의 소유자 K는 지상권자 A에게 토지의 반환을 청구할 수 없다. 지상권자 A에게는 α토지를 점유할 수 있는 권원이 있기 때문이다(제213조 단서).

2. 權利의 重疊

(1) 意 味

65 하나의 생활관계가 수 개의 법률요건에 해당(즉 여러 개의 권리규정에 해당)하는 경우가 있는데 이를 '권리중첩(superposition du droit)'이라 한다.

이 때 수 개의 권리가 모두 발생하여 권리자가 이들 권리를 선택적으로 모두 행사할 수 있는가 하는 문제가 발생하는데, 이는 중첩의 모습에 따라 다르다.

權利重疊에는 權利競合과 法條競合이 있다. 다음에서 차례로 살피기로 한다.

(2) 權利重疊의 유형

1) 權利競合의 경우

66 권리경합이라 함은 수 개의 권리가 병존하고 이를 각각 별개로 행사할 수 있는 경우를 말한다. 이 때에는 수 개의 권리가 동일한 목적을 가지고 있으므로 어느 권리를 행사하여 목적을 달성하게 되면 다른 권리는 자동적으로 소멸하게 된다. 각각의 권리는 서로 독립성을 유지하기 때문에 권리자는 어느 하나의 권리를 행사할 수도 있고 양자를 모두 행사할 수도 있다. 또한 이 권리간의 독립성으로 인하여 소멸시효의 기간도 별도로 계산된다.

예를 들어 보자. A가 자기 소유의 물건에 대하여 B와 任置契約[95]을 체결하였는데, 반환기간이 되어도 B가 A에게 반환을 하지 않고 있다. 이 경우에 임치인 A로서는 수치인 B에게 任置契約에 기한 반환청구권과 소유권에 기한 반환청구권을 동시에 가지게 된다. 이 때 양 청구권은 권리경합의 관계에 있는 것이다. 권리경합은 請求權과 請求權이 경합으로 나타나는 경우가 많으나, 이에 한정되는 것은 아니다(예: 形成權과 形成權의 경합[96]).

2) 法條競合의 경우

67 법조경합이라 함은 하나의 생활사실이 여러 개의 권리규정에 해당한다는 점에서는 권리경합과 차이가 없으나 이들 중 하나의 권리규정이

95) 임치계약이란 당사자의 일방(임치인)이 상대방에 대하여 금전이나 유가증권 기타의 물건의 보관을 위탁하고 상대방(수치인)이 이를 승낙함으로써 성립하는 계약유형이다(제693조).

96) 다음과 같은 예를 들어 보자: P는 착오에 의하여 Q와 계약을 체결하였다; P가 아직 계약을 취소하지 않은 상태인데, Q의 계약채무는 자신의 과실로 인하여 이행불능 상태가 되었다. 이 때 P로서는 착오를 이유로 계약을 취소할 수도 있고(제109조), Q의 채무불이행을 이유로 계약을 해제할 수도 있다(제546조). 즉 P는 取消權과 解除權을 동시에 가지고 있다. 그런데 이 두 권리의 성질은 모두 形成權이다.

나머지 권리규정의 적용을 배제함으로써 처음부터 하나의 권리만이 발생되는 경우이다. 法條競合은 特別法과 一般法의 관계로 나타나는 것이 보통이다.

예를 들어 보자. 공무원이 업무수행과 관련하여 타인에게 손해를 입혔는데, 이 행위가 불법행위의 성립요건을 갖춘 경우에 제756조와 국가배상법 제2조가 권리규정으로 고려될 수 있기는 하나, 후자는 전자와의 관계에서 특별법의 지위에 있으므로 특별규정우선의 원칙에 따라 피해자는 후자에 기한 손해배상청구권만을 가진다.[97]

(3) 權利重疊에 관한 설명체계의 정비[98]

68 권리중첩에 관한 논의에 있어서 명확히 할 사항이 있다. 권리중첩에 관련된 용어의 정비가 그것이다. 앞에서의 설명은 '權利重疊'이라는 것을 상위개념으로 하여 그 밑에 '權利競合'과 '法條競合'을 나란히 배치하는 것을 전제로 하였다(이를 편의상 '체계①'이라 하자).[99] 이를 도표로 표시하면 다음과 같다.

[권리중첩의 설명체계]

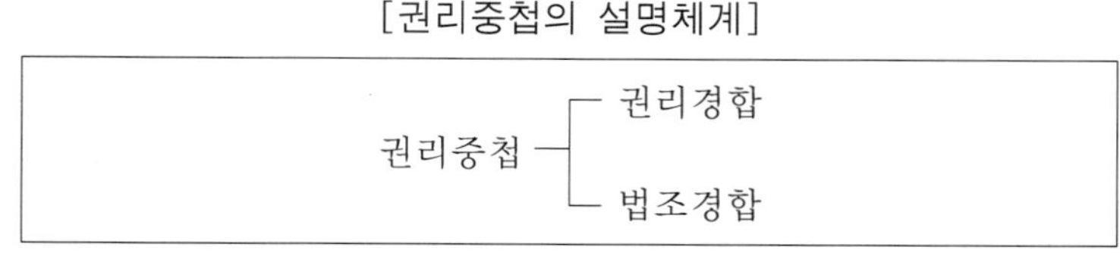

97) 대법원(대법원 1998. 4. 24. 97다32215)은 "구 증권거래법(1997. 12. 13. 법률 제5423호로 개정되기 전의 것) 제197조 소정의 감사인의 손해배상책임은 그 요건이 특정되어 있고, 그에 대한 입증책임이 전환되어 있을 뿐만 아니라 손해배상액이 추정되어 선의의 투자자가 보다 신속하게 구제받을 수 있게 하는 한편 유가증권 시장의 안정을 도모하기 위하여 그 책임을 물을 수 있는 기간이 단기간으로 제한되어 있는 손해배상책임으로서 민법상의 불법행위책임과는 별도로 인정되는 법정책임이라 할 것이므로, 감사인의 부실감사로 인하여 손해를 입게 된 선의의 일반 주식투자자들은 감사인에 대하여 증권거래법상의 손해배상책임과 민법상의 불법행위로 인한 손해배상책임을 다 함께 물을 수 있다"라고 판시하여 증권거래법상의 감사인의 손해배상책임과 제750조는 법조경합관계에 있지 않다는 입장을 취하고 있다.

98) 이 항에서의 논의는 법리적 관점에서 무슨 큰 실익을 도모하기 위한 것은 아니다. 다만, 종래 학설의 설명태도로 인하여 법학의 초심자에게 개념상의 혼란을 일으킬 가능성이 있다는 판단에서 한번 짚고 넘어가자는 것이다.

99) 이와 같은 서술체계로는 金亨培, "民法學講義", 新潮社, 2003, 26면.

종래의 대다수 학설은 위와 다른 체계로 설명하고 있다(이를 편의상 '체계 ②'라 하자).[100] 이를 도표로 표시하면 다음과 같다.

[종래 다수 학설의 설명체계]

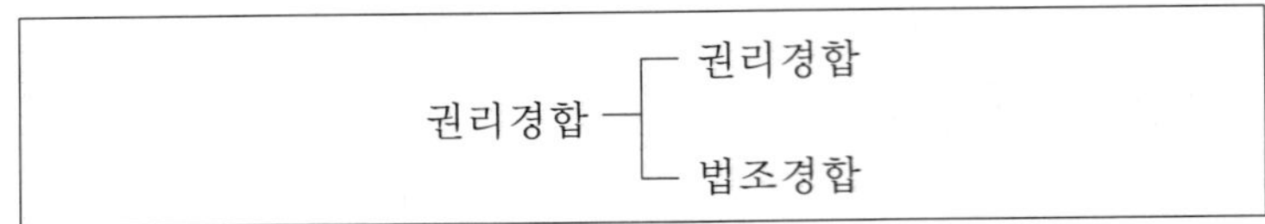

체계①과 체계②의 근본적 차이점은 다음과 같다: 체계①은 체계②에서 사용하지 않는 '權利重疊'이라는 용어를 부가적으로 사용하고 있다. 법이론의 설명체계는 가능하면 간명하여야 한다. 그럼에도 불구하고 종래 다수의 학설이 사용하지 않는 부가적 용어를 사용한 까닭은 어디에 있는가? 그 이유는 이러하다. 위에서 살핀 바와 같이 權利競合과 法條競合은 서로 전혀 성격을 달리하는 것이다. 그렇다면 '權利競合'이라는 목차 밑에 양자를 나란히 배치할 것은 아니라고 생각한다. 아예 權利競合과 法條競合을 각각 독립된 항목으로 다룬다면 모르되, 양자를 포괄하여 하나의 동일한 항에서 설명하려 한다면 이들을 포괄하기에 적합한 제3의 용어를 사용하는 것이 마땅할 것이다. 그 제3의 용어가 바로 '權利重疊'인 것이다.

사례연구: 權利重疊

• **사안의 내용**　X는 이삿짐센터를 운영하는 Y와 이삿짐 운반을 내용으로 하는 계약을 체결하였다. 운송인 Y는 화물을 트럭에 실을 때에 이삿짐이 손상되지 않도록 주의의무를 다하여야 함에도 불구하고 이를 게을리 하였고, 그 결과 이삿짐 속의 일부 물건이 파손되었다. X와 Y가 운송계약을 체결하면서 화물운송 도중 화물이 멸실·훼손된다 하더라도 100만원 상당가액 이상의 배상책임을 지지 않기로 하는 손해배상액 제한의 약정을 하였는데, 손해의 결과는 그 이상이었다. X는 Y에게 손해배상액 제한 약정에도 불구하고 불법행위를 이유로 실제의 손해에 대한 배상을 요구하였다. X가 법원에 소송을 제기한다면 법원으로서는 어떠한 판단을 할 것으로 예상하는가?

• **사안의 해결**　책임체계는 크게 계약책임과 계약외책임으로 구분된다.[101] X·Y간에는 운송계약이 체결되었으므로 Y에게 계약위반 사실이 있다면 X로서는 Y에게 계약책임을 묻는 것이 순서일 것이다. 그러나 X는 Y에게 손해배상청구를 하면서 그 근거를 운송계

100) 예를 들어 郭潤直, 앞의 책 "民法總則", 87면 이하.
101) 이에 대해서는 이 책 [25] 참조.

약위반으로 하지 않고 계약외책임인 불법행위책임을 묻고 있다. 왜 그렇게 했을까? 사안의 사실관계에 나타난 바와 같이 X·Y간에는 배상액제한의 약정이 있었다. 만일 X가 계약위반으로 인한 손해배상을 선택하게 되면 이 배상액 제한약정으로 인하여 실제 손해의 배상을 받을 수 없다. 이런 이유로 X는 배상액 제한약정을 무력화시킬 가능성을 염두에 두고 불법행위책임을 묻고 있는 것이다.

사안에서 X·Y간에 계약관계가 있음에도 불구하고 X가 Y에게 불법행위책임을 물을 수 있는가 하는 문제가 제기된다. 이는 계약위반으로 인한 손해배상청구권(제390조)과 불법행위로 인한 손해배상청구권(제750조)의 관계를 權利競合으로 볼 것인가 아니면 法條競合으로 볼 것인가의 문제로 환원된다. 이 문제에 대하여 대법원[102)]은, X는 Y에게 운송계약상의 채무불이행으로 인한 손해배상청구권과 아울러 소유권침해의 불법행위로 인한 손해배상청구권을 취득하며, 그 중 어느 쪽의 손해배상청구권이라도 선택적으로 행사할 수 있다고 하여 양자의 관계를 權利競合으로 판단하고 있다.[103)] 결국 X의 불법행위에 기한 손해배상청구를 인정하였다.

그렇다면 X가 불법행위책임 쪽으로 선회함으로써 배상액 제한약정에도 불구하고 실제손해의 배상을 받을 수 있겠는가? 이는 배상액제한약정이 불법행위에 기한 손해배상책임에 영향을 줄 수 있는가 하는 문제로 환원된다. 이에 대하여 대법원은, "운송계약상의 채무불이행책임에 관하여 법률상 면책의 특칙이 있거나 또는 운송계약에 그와 같은 면책특약을 하였다고 하여도 일반적으로 이러한 특칙이나 특약은 이를 불법행위책임에도 적용키로 하는 별도의 합의가 없는 한 당연히 불법행위책임에 적용되지는 않는다고 보아야 할 것이다"라고 판시하고 있다.

계약책임과 불법행위책임의 관계에 관하여 학설로서는 법조경합설과 권리경합설이 대립하고 있다. 그런데 대법원은 양자의 관계를 권리경합으로 보고 있다. 이와 같은 판례의 입장에 따른다면, 원고 X는 손해배상액 제한약정에도 불구하고 불법행위책임을 근거로 실제손해의 배상을 요구할 수 있다.

---

102) 이 사안은 대법원 전원합의체 판결(대법원 1983. 3. 22. 82다카1533)을 간명화한 것이다.

103) 이는 이 판결 이전에도 대법원이 일관되게 유지해 온 입장이었다(대법원 1962. 6. 21. 62다102; 대법원 1977. 12. 13. 75다107; 대법원 1980. 11. 11. 80다1812 등 참조). 이러한 입장을 토대로 판례는, 失火로 인한 손해배상의 경우에 불법행위책임을 묻는 때에는 失火者의 중과실이 요구되지만(실화책임에관한법률) 계약책임을 묻는 때에는 경과실만으로도 손해배상책임을 진다고 판단한다(대법원 1987. 12. 8. 87다카898; 대법원 1999. 4. 13. 98다51077·51084 참조).

제 3 절　民事紛爭의 해결수단

제 3 절　民事紛爭의 해결수단
Ⅰ. 序　說
Ⅱ. 民事訴訟
Ⅲ. 訴訟代替紛爭解決制度
Ⅳ. 自力救濟

Ⅰ. 序　　說

69 권리침해가 있는 경우에 그 피해자에 대한 권리의 회복이 문제되는데, 이를 권리구제라 한다. 권리구제에 대한 종래 학설의 설명은 대체로 다음과 같다: 권리구제에는 국가의 공권력을 전제로 한 국가구제와 개인의 실력에 의한 자력구제가 있는데, 近代 法治國家에 있어서 권리구제의 방법으로는 國家救濟가 원칙이고 自力救濟는 예외적으로 허용될 뿐이다; 이를 국가구제의 원칙이라고 한다; 국가구제란 사인간의 민사분쟁에 대하여 국가기관으로서의 법원이 중립적 입장에서 문제를 해결하는 것이다. 민사분쟁의 해결방법을 이와 같이 국가구제와 자력구제로 이분하는 것이 현재의 민사분쟁의 해결방법을 설명하기에 충분한가? 그렇지 않다고 생각한다. 왜냐하면 국가구제와 자력구제의 중간 정도에 위치하는 것으로 볼 수 있는 제도들이 존재하기 때문이다.

이러한 시각에 따라 다음 세 가지 유형으로 구분하여 민사분쟁의 해결모습을 살피기로 한다: ① 민사소송; ② 소송대체분쟁해결제도(ADR); ③ 자력구제.

Ⅱ. 民事訴訟

70 민사소송이란 대등한 당사자 사이의 생활관계에서 발생한 분쟁을 국가의 裁判權에 의하여 강제적으로 해결하는 일련의 절차를 말한다. 민사소송이 제기되면 법원은 재판을 통하여 분쟁에 대한 해결책을 제시한다.

우리의 재판제도는 3심제를 원칙으로 하고 있다. 민사재판의 경우, 단독사건은 지방법원(지원) 단독판사 → 지방법원 본원 합의부(항소부) → 대법원의 순서로, 합의사건은 지방법원(지원) 합의부 → 고등법원 → 대법원의 순서로 심급제를 이루고 있다. 제1심을 단독판사가 담당할 것인가 아니면 합의부에서 담당할 것인가 하는 것은 법률에 의하여 단독판사 또는 합의부의 전속관할로 규정한 바가 없다면 소송물가액[1]에 의하여 결정된다. 소송물가액이 1억원 이하인 사건은 단독판사, 1억원을 초과하는 사건은 합의부의 관할로 된다(민사및가사소송의사물관할에관한규칙제2조).

제1심 재판은 원고 또는 그의 대리인이 제1심 법원에 소장을 제출함으로써 시작된다. 소장을 접수받은 법원은 피고에게 그 부본을 송달하고 변론기일을 지정하여 원고와 피고를 소환하고, 원고와 피고는 변론기일에 직접 출석하거나 변호사를 대리인[2]으로 선임하여 변론할 수 있다. 피고가 원고의 청구에 대하여 승복하지 않는 경우에는 답변서를 제출하거나 변론기일

1) 소송물(訴訟物)이란 원고가 소송으로서 주장하는 권리 또는 법률관계로서 판결의 대상이 되는 것을 말한다. 그리고 소송물가액이란 원고가 소로써 주장하는 이익, 즉 원고가 소송물에 대하여 가지는 객관적 이익을 금전으로 환산한 가액을 말한다. 소송물가액은 소를 제기한 시점을 기준으로 산정하게 된다.

2) 소송대리인은 변호사인 것이 원칙이나 단독사건의 경우에는 법원의 허가를 얻어 변호사가 아닌 사람을 대리인으로 선임하여 변론하게 할 수 있다. 한편 소액사건의 경우에는 법원의 허가가 없다 하더라도 당사자의 배우자, 직계혈족, 형제자매, 호주가 소송대리를 할 수 있다. 소액사건이란 소송물가액이 2,000만원을 넘지 않는 금전 기타 대체물 또는 유가증권 등의 지급을 목적으로 하는 제1심의 민사사건(소액사건심판규칙 제1조의2 본문)으로서, 일반 민사소송절차보다 간이한 절차에 따라 신속하게 재판이 진행된다. 이 재판에서는 소장을 제출하는 대신 구술로 소를 제기할 수 있으며 변론기일도 바로 지정하여 준다. 제1심 소액사건에서의 판결은 변론종결 후 즉시 선고할 수 있고 판사는 판결문에 그 이유를 기재하지 않을 수 있다. 1973년 소액사건심판법이 제정된 이후 소액사건의 수는 꾸준히 증가하여 현재 전체 제1심 민사사건의 약 70%에 이르고 있다.

에 출석하여 원고의 주장을 다투어야 한다. 민사재판에서의 심리는 한꺼번에 하는 것이 아니라 2-3주간의 간격을 두고 주기적으로 진행되는 것이 일반적이다. 당사자가 주장과 증거제출을 마치면 법원은 변론을 종결한 후 대체로 2주일 후에 판결을 선고하고 판결문을 원고와 피고에게 송달한다. 그리고 민사판결은 판결이 확정될 때까지 집행력을 갖지 아니하나 재산권의 청구에 관한 판결의 경우에 특별한 사유가 없는 한 법원은 假執行을 할 수 있음을 선고하게 된다.

제1심 판결에 불복하는 당사자는 판결문을 송달받은 날로부터 2주일 이내에 항소할 수 있다. 제2심인 항소심재판에서 당사자는 제1심 재판에서 하지 못한 주장과 증거를 더 제출할 수 있는데, 제2심 재판절차는 제1심의 그것과 거의 같다.

제2심 판결에 불복한 당사자는 판결문을 송달받은 날로부터 2주일 이내에 최종심인 대법원에 상고할 수 있다. 상고심은 하급심의 판결이 헌법, 법률, 명령, 규칙에 위반하는가를 판단하는 법률심이기 때문에 제1심 및 제2심의 재판절차와 달리 상고장, 상고이유서, 답변서 기타 소송기록을 기초로 변론 없이 재판하는 것이 원칙이다.

Ⅲ. 訴訟代替紛爭解決制度

71 민사소송만이 민사분쟁의 유일한 해결수단은 아니다. 민사분쟁의 대부분은 사적 이익에 관한 것이기 때문에 분쟁을 당사자의 자주적인 의사에 따라 해결하는 것이 바람직한 경우도 많다. 그리하여 당사자간의 합의에 의하여 분쟁을 해결하거나 당사자간의 자주적 해결을 조장하기 위한 제도가 발전하였는데, 화해, 조정, 중재 등이 그 예이다. 이들 제도를 통틀어 '소송대체분쟁해결제도(Alternative Dispute Resolution: ADR)'라고 한다. 이들은 통상의 소송절차에 비하여 시간적으로 신속하며 저렴한 비용으로 분쟁해결에 이를 수 있고, 특히 엄격한 법적용에 의한 해결과 달리 나중에 당사자간에 인간관계의 파괴를 회피할 수 있다는 장점을 가지고 있다. 다음에서는

소송대체분쟁해결제도에 해당하는 화해, 조정, 중재에 대하여 살피기로 한다.

ⓘ 첫째, 화해(settlement)를 보기로 한다. 화해에는 사법상의 화해(재판외의 화해)와 재판상의 화해가 있다. 사법상의 화해란 당사자가 서로 양보하여 그들 사이의 분쟁을 끝낼 것을 약정함으로써 성립하는 계약이다(제731조). 다음과 같은 것이 사법상의 화해에 해당한다: A(매도인)와 B(매수인) 사이에 매매계약이 체결되었다; A가 B에게 100만원의 매매대금을 청구하자 B는 매매대금이 80만원이라고 주장하여 분쟁이 발생하였다; A와 B가 서로 10만원씩 양보하여 90만원을 매매대금으로 하는 합의를 하고 분쟁을 끝냈다. 재판상의 화해는 법관 앞에서 행해지는 화해이다. 여기에는 소송상의 화해(민사소송법 제220조)와 제소전화해(민사소송법 제385조 이하)가 있다. 전자는 소송이 개시된 후에 당사자가 서로 양보하여 합의한 내용을 법원에 진술하여 소송을 종료시키는 것이다. 후자는 소송이 개시되기 전에 당사자가 법원에 출석하여 화해하는 것이다.[3] 재판상의 화해가 조서에 기재되면 확정판결과 동일한 효력이 있다(민사소송법 제220조).

ⓘⓘ 둘째, 조정(mediation)을 보기로 한다. 조정이란 분쟁해결을 위하여 제3자가 분쟁당사자 사이에 개입하여 화해를 유도하는 절차를 말한다. 조정에는 법원에 의한 조정과 행정부 산하기관에 의한 조정이 있다. 법원에 의한 조정으로는 민사조정, 가사조정(가사소송법 제 499조 이하), 광해조정(광업법 제97조)이 있다. 민사조정에 관한 기본법으로 민사조정법이 있다. 조정이 성립하면 재판상 화해와 동일한 효력이 있으며(민사조정법 제29조) 성립하지 않으면 소송으로 넘어가게 된다(민사조정법 제36조). 행정부 산하의 조정으로는 소비자분쟁조정위원회(소비자보호법 제45조), 의료심사조정위원회(의료법 제54조의 7 제3항), 건설분쟁조정위원회(건설산업기본법 제78조), 저작권심의조정위원회(저작권법 제86조 제2항) 등이 있다. 이들 위원회에 의하여 성립된 조정

---

3) 제소전화해의 예를 들어보기로 하자. J는 자기 소유의 점포를 K에게 임대해 주었다. 임대차기간이 경과했음에도 불구하고 임차인 K는 정당한 이유 없이 J에게 점포를 인도하지 않고 있다. 이 때 J가 K를 강제로 내보내기 위해서는 법원에 건물인도소송을 제기하여야 하는데, 건물인도소송은 판결을 얻기까지 많은 시간과 비용이 소요된다. 그런데 만일 J와 K의 합의하에 언제까지 점포를 비워준다는 내용의 화해를 법원에 신청하여 和解調書를 작성하여 두었다면 소송절차 없이도 强制執行을 할 수 있게 된다.

은 재판상 화해와 동일한 효력이 있다.

ⅲ 중재(arbitration)를 보기로 한다. 중재란 당사자가 중재계약에 의하여 선임한 사인인 제3자(중재인)로 하여금 당사자를 구속하는 종국적인 판정을 내리도록 함으로써 분쟁을 해결하는 제도이다. 중재는 중재인의 심판을 통하여 분쟁을 강제적으로 해결하는 것으로서 분쟁당사자의 상호양보를 통하여 분쟁을 해결하는 화해나 조정과 구별된다. 중재계약이 있음에도 불구하고 소를 제기한 경우 상대방은 仲裁契約의 항변을 할 수 있으며 당해 소는 訴의 利益이 없어 부적법한 것으로 각하된다(중재법 제9조 제1항). 중재판정은 법원의 확정판결과 동일한 효력이 있다(중재법 제35조).

Ⅳ. 自力救濟

72 공권력이 형성되기 전에는 민사분쟁의 해결수단이 침해를 당한 사람 자신 또는 그가 속한 단체(예: 가족, 씨족)의 실력일 수밖에 없었다. 그러나 이러한 해결방법은 정당하지 않은 결과를 낳을 수도 있고 사회의 평화를 해치는 것이었다. 자력구제란 권리자 스스로 자신이 침해당한 권리를 실력을 통하여 회복하는 것인데, 국가구제의 원칙이 확립된 이후 자력구제가 허용될 수 없음은 당연하다.

그러나 '점유의 침탈'의 경우에 예외적으로 자력구제가 허용된다(제209조). 예컨대, 불량배가 소지품을 빼앗아 달아나는 상황에서 그를 추적하여 물건을 탈환하는 것이 허용된다. 이러한 자력탈환권은 침탈자의 점유가 확립되기 전에 행해져야 하며,[4] 그 이후에는 점유보호청구권에 의한 국가구제에 의하여야 한다.

---

4) 대법원 1993. 3. 2. 91다14116 참조.

제 **2** 장

權利의 主體

제1절 總　說
제2절 自然人
제3절 法　人

제 1 절 總　說

73 權利主體란 권리를 향유할 수 있는 지위에 있는 자를 말한다. 권리주체는 동시에 의무주체이기도 하다. 그러므로 엄밀하게 본다면 '권리의무주체'라는 표현이 합당할 것 같기도 하다. 그러나 '권리주체'라는 표현이 일반적이다.

민법상 권리주체에는 自然人과 法人이 있다. 자연인은 유기체로서의 인간이고, 법인은 社團(일정한 목적 아래 결성된 자연인의 모임) 또는 財團(일정한 목적에 바쳐진 재산)을 말한다. 일반적으로 민법에서는 권리주체에 대하여 '人'(예: 매도인, 임차인, 위임인) 또는 '者'(예: 신탁자)라는 표현을 사용한다.

모든 權利主體는 權利能力을 보유한다. 권리능력은 권리와 의무의 귀속주체가 될 수 있는 법적 지위[1]로 '人格'이라고도 한다.

---

1) 實體法上의 權利能力과 유사하지만 구별하여야 할 것으로 節次法上의 當事者能力이 있다. 당사자능력이라 함은 民事訴訟의 당사자(원고 또는 피고)로서 소송상의 모든 효과가 귀속될 수 있는 지위를 말한다. 민사소송법은 민법상 권리능력을 가지는 자(實質的 當事者能力者)뿐만 아니라 실체법상 권리능력이 인정되지 않는 자에게도 소송법적인 입장(즉 "누구를 소송당사자로 하는 것이 분쟁해결에 적절한가?" 하는 측면)에서 당사자능력을 인정하고 있다(形式的 當事者能力者). 따라서 법인 아닌 사단이나 재단이라 하더라도 대표자나 관리인이 정해져 있고 사단 또는 재단의 실체를 가지고 있는 때에는 當事者能力이 인정된다(민사소송법 제52조).

제 2 절 自 然 人

제 1 절 自 然 人
Ⅰ. 權利能力의 존속기간
Ⅱ. 行爲能力
Ⅲ. 生活場所
Ⅳ. 不在者: 不在者財産管理와 失踪

Ⅰ. 權利能力의 존속기간

74 自然人은 생존한 동안 권리능력을 가진다(제3조). 권리능력의 시작점은 出生이고 종료점은 死亡이다. 그런데 다음에서 보는 바와 같이 출생과 사망의 개념이 간단한 것만은 아니다.

1. 權利能力의 취득: 出生

75 자연인의 출생과정은 모체의 진통으로부터 시작하여 태아가 모체로부터 완전히 분리되는 과정을 거치게 된다. 이러한 과정 중에서 어느 시점을 출생으로 볼 것인가? 진통과 함께 분만이 개시된 때를 출생으로 보는 형법학에서와 달리,[1] 민법학에서는 태아가 모체로부터 전부 노출되었을 때를 출생시기로 보는 것이 통설이다(소위 '전부노출설'). 태아가 살아서 출생한 이상 그에게 신체적·정신적 결함이 있는가 여부와 관계없이 권리능력을 취득함은 물론이다.

권리능력을 취득하기 위해서는 모체에서 완전히 분리되어 일순간이라도

1) 대법원 1982. 10. 12. 81도2621: "사람의 생명과 신체의 안전을 보호법익으로 하고 있는 형법상의 해석으로서는 사람의 시기는 규칙적인 진통을 동반하면서 태아가 태반으로부터 이탈하기 시작한 때 다시 말하여 분만이 개시된 때(소위 진통설 또는 분만개시설)라고 봄이 타당하며…조산원이 분만 중인 태아를 질식사에 이르게 한 경우에는 업무상 과실치사죄가 성립한다."

생존한 기간이 있어야 한다. 출생했다가 사망했는가, 사산인가 하는 것은 법적으로 중요한 차이를 발생시킨다.

사례연구: 權利能力

• 사안의 내용 A가 아내(B)와 母(C)를 남기고 사망하였는데, A의 사망시에 B는 A와의 사이에서 얻은 D를 출산하였다. D가 살아서 출생했는가 여부를 기준으로 하여 A를 피상속인으로 하는 상속관계를 판단하라.

• 사안의 해결 상속개시의 시점(즉 피상속인 A의 사망시)에 D에게 상속권이라는 권리를 향유할 수 있는 권리능력이 있는가 하는 것이 문제 해결의 열쇠이다(제1000조, 제1003조 제1항 참조). 만일 D가 출생 후 약간이라도 생존하다가 사망하였다면 B와 D가 공동상속인이었다가 D의 사망에 따라 B는 D에게 귀속된 상속재산까지 다시 상속을 받게 되어, 결국은 B가 A의 재산 전부를 상속하는 결과가 된다. 이와 달리 D가 생존의 기회를 가지지 못한 경우에는 B와 C가 공동상속을 하게 된다.

2. 權利能力의 상실: 死亡

(1) 死亡의 의미

76 자연인의 권리능력의 소멸사유로서는 사망이 유일한 것이다. 실종선고라든가 인정사망과 같은 것도 자연인의 사망과 관련을 가지는 제도이기는 하나 권리능력을 박탈하는 제도는 아니다.[2] 권리능력 소멸사유인 사망이 법적으로 매우 중요한 의미를 가진다는 점은 말할 필요가 없다(예: 상속개시, 혼인관계의 해소 등).

사망의 개념은 간단하지 않다. 사망시점에 관한 종래의 통설은 심장박동의 정지를 중심으로 하는 소위 '3징후설'[3]이었다. 그런데 의료기술의 발달과 의식변화의 결과로 장기이식이 빈번해짐에 따라 3징후설은 여러 가지 난점을 노출하였다. 심장이식을 예로 들어 보자. 심장이식을 하려면 일단 심장을 적출하여야 하는데, 심장사의 입장에서 보면 사체에 심장을 이식한다는 이상한 결과가 된다. 한편, 심장을 주는 사람의 입장에서도 심장박동을 중심으로 사망을 판단하게 되면 살아있는 자의 심장을 적출함으로써 살

---

2) 실종선고에 대해서는 이 책 [151], 인정사망에 대해서는 [153] 참조.

3) 세 징후는 다음과 같다: ① 심장박동의 불가역적 정지; ② 호흡의 불가역적 정지; ③ 동공확대.

인을 하는 결과가 된다. 이러한 문제를 회피하기 위하여 '뇌사설'(brain death)이 주장되고 있다.[4] 이는 심장이 멈추지 않았다 하더라도 뇌파가 정지하였다면 사망으로 보자는 것이다. 뇌사자는 뇌사 이후로부터 7~14일 후에 결국 심장사에 이르는 것이 일반적이다. 뇌사설은 사망의 시점을 앞당겨 장기이식의 원활성에 기여하게 된다.

뇌사에 대한 우리 법의 입장은 어떠한가? 우리나라에서는 1999년에 '장기등이식에관한법률'이 제정되어 시행되고 있다. 그런데 기본적으로 이 법률은 오직 장기적출이라는 목적의 한도 내에서만 뇌사를 인정하고 있으며(법 제1조, 제4조), 특히 제17조는 "장기 등의 적출로 사망한 때에는 뇌사의 원인이 된 질병 또는 행위로 인하여 사망한 것으로 본다"라고 규정하여 뇌사를 사망개념으로 보고 있지 않다.

(2) 同時死亡의 推定

77 사례를 가지고 설명하기로 한다. 아내(B), 모(C) 및 아들(X)을 가지고 있는 A가 X와 여행도중 항공기 사고로 모두 사망하였다. 이 경우에 A의 재산에 대한 상속관계는 A와 X 중 누가 먼저 사망했는가에 따라 차이가 있다. 첫째, A가 먼저 사망한 경우에는 X와 B가 공동상속을 하였다가 X의 사망으로 인하여 다시 B가 X를 상속하여 결국 A의 재산은 모두 B에게 돌아간다(제1000조 제2항, 제1003조 제1항). 둘째, X가 먼저 사망한 경우에는 B와 C가 공동상속을 하게 된다(제1003조 제1항).

위의 사례에서 알 수 있는 바와 같이 A와 X 중 누가 먼저 사망했는가에 따라 법률관계에 큰 차이가 있다. 그런데 사망의 선후를 명확하게 알 수 없는 경우에는 어떻게 하여야 할 것인가? 이에 대하여 민법은 2인 이상이 동일한 위난으로 사망한 경우에는 동시에 사망한 것으로 추정한다(제30조). 자연과학적으로 본다면 엄밀한 의미의 동시사망은 상상하기 어려운 것이나 사망의 선후를 증명할 수 없는 경우 동시에 사망한 것으로 다루는 것이 결과에 있어 가장 공평하고 합리적이라는 데에 그 입법취지가 있다.[5] 이 규

4) 1968년 뇌사의 기준에 관한 'Harvard 기준'의 내용은 다음과 같다: 무호흡, 무반사, 무반응, 평탄뇌파, 동공의 확대·고정이 24시간 이상 지속.

5) 대법원 2001. 3. 9. 99다13157 참조.

정에 따르게 되면 위에 사례에서 A와 X 사이에는 상속관계가 발생하지 않으므로 A의 재산은 B와 C가 공동으로 상속한다.

제30조는 동시사망을 추정한 것이므로 반대사실에 대한 증명이 있으면 추정은 번복된다. 한편 제30조는 동일한 위난에 관한 것인데, 다른 위난으로 2인 이상이 사망한 경우에 이 규정을 유추적용할 수 있겠는가? 이에 대하여 일부 학설은, 제30조는 예외규정으로서 제한적으로 해석하여야 하므로 상이한 위난의 경우에는 보통의 증명을 통해 그 사망의 선후를 정해야 한다고 주장한다.[6] 그런데 사망의 선후를 증명하는 것이 가능하다면 그에 따라 법률관계를 처리하여야 한다는 점은 동일한 위난으로 인한 사망이든 상이한 위난으로 인한 사망이든 다를 것이 없다는 점에서 볼 때 이 학설은 설득력이 부족하다고 생각한다. 또한 이 학설에 대해서는 다음과 같은 비판도 가능하다: 제30조는 사망의 선후에 대한 증명이 곤란한 경우에 이해관계 당사자간에 형평을 기하기 위한 것이다; 사망의 선후에 대한 증명이 곤란한 경우에 이해관계 당사자간에 형평을 기하여야 한다는 요구는 상이한 위난으로 인한 사망의 경우에도 다를 것이 없다. 상이한 위난의 경우에도 제30조를 유추적용하여야 할 것으로 본다.[7] 그런데 상이한 위난으로 인한 사망의 경우에 사망의 선후를 판단하는 것이 어려운 경우는 매우 드물 것이어서 실제에 있어서는 위의 학설대립이 별다른 의미를 가지지 않는다고 생각한다. 민법개정안은 유추적용을 긍정하는 쪽으로 입법적인 해결을 하였다(민법개정안 제30조).

6) 金曾漢·金學東, 앞의 책 "民法總則", 106면; 李銀榮, 앞의 책 "民法總則", 147면; 李英俊, 앞의 책 "韓國民法論 [總則編]", 731면 등.

7) 郭潤直, 앞의 책 "民法總則", 82면; 高翔龍, 앞의 책 "民法總則", 90면; 金相容, 앞의 책 "民法總則", 153면; 白泰昇, 앞의 책 "民法總則", 136면 등.

민 법 개 정 안	
현 행 규 정	개 정 안
제30조(동시사망) 2인 이상이 동일한 위난으로 사망한 경우에는 동시에 사망한 것으로 추정한다.	제30조(동시사망의 추정) 수인의 사망자 중 한 사람이 다른 사람의 사망 후에도 생존한 것이 분명하지 아니한 경우에 이들은 동시에 사망한 것으로 추정한다.
개정배경 표제를 규정내용에 합치하도록 개정하는 한편, 규정내용은 종래 학설상의 다수설을 입법화하였다.	

3. 胎兒의 權利能力

(1) 序 說

78 민법 제3조는 자연인의 권리능력의 존속기간을 '생존한 동안'으로 규정하고 있는데, 태아기간[8]을 '생존한 동안'으로 볼 수 있는가? 權利能力의 발생시점을 출생으로 보아 태아에게 권리능력을 인정하지 않는다는 원칙이다. 그러나 이 원칙을 관철하게 되면 태아에게 지나치게 불리하거나 불공평한 결과가 발생하게 된다.[9] 여기에서 태아에게 權利能力을 인정하여야 할 현실적 필요성이 제기된다. 이에 관한 입법주의로서는 모든 法律關係에서 태아의 권리능력을 인정하는 '一般的 保護主義'(예: 스위스민법)도 있기는 하나 대부분의 법제는 경우에 따라 선별적으로 권리능력을 인정하는 '個別的 保護主義'를 채택하고 있다(한국민법, 프랑스민법, 독일민법, 일본민법 등).

(2) 胎兒의 權利能力이 문제되는 경우

1) 明文規定이 있는 경우

79 민법상 명문의 규정에 의하여 태아에게 권리능력이 인정되는 경

8) 인간생명체의 발생과정을 受精卵 → 前胚芽 → 胚芽 → 胎兒 단계로 세분하는 것이 의학을 비롯한 자연과학의 태도이다. 이에 따르면 태아는 수정을 기점으로 제9주초부터 출생까지의 기간의 존재를 말한다. 그러나 민법학에서의 태아는 인간발생 초기단계부터의 존재(수정란 포함)를 의미하는 것으로 사용되고 있다.

9) 부친이 사망한 후 몇 분 후에 출생한 자녀는 상속개시시점인 부친의 사망시에 권리능력이 없어서 상속권이 없다는 결과를 생각해 보라.

우로서 해석상 논란이 있을 수 없는 경우를 보기로 한다.

(가) 不法行爲에 기한 損害賠償請求權

80 태아는 손해배상청구권에 관하여는 이미 출생한 것으로 본다(민법 제762조). 예컨대, 부가 타인의 가해행위로 인하여 사망하였다면 사망자의 直系卑屬[10]은 가해자에게 위자료청구권[11]이 있는데(제752조), 불법행위시를 기준으로 이미 출생한 직계비속뿐만 아니라 태아도 이들과 마찬가지로 손해배상청구권자인 직계비속에 포함된다는 것이다.[12] 또한 태아가 모체 내에 있을 당시 타인의 가해행위(예: 잘못된 약물투여, 물리적 공격)로 인하여 입은 손해에 대하여도 배상청구를 할 수 있다(제750조).[13] 이와 같이 제762조는 태아 자신이 불법행위의 피해자로서의 독자적 지위에서 손해배상을 청구하는 경우에 관한 것이다. 그러므로 태아기간 중에 그의 直系尊屬[14]이 타인의 가해행위로 인하여 사망한 경우에 피해자인 직계존속이 가해자에 대하여 가지고 있던 손해배상청구권은 상속능력의 문제로 처리될 것이지 제762조의 문제는 아니다.

(나) 相續權

81 상속은 상속인의 사망시점에 개시된다(제997조). 그러므로 상속권이 인정되기 위해서는 상속개시 시점에 권리능력을 취득하고 있어야 한다. 그런데 이 원칙에도 불구하고 태아는 재산상속에 관하여 이미 출생한 것으로 본다(제1000조 제3항). 그 결과, 태아는 대습상속권(제1001조)[15] 및 유류분

10) 直系卑屬은 직계존속(直系尊屬)에 상대되는 개념으로, 아들·딸·손자·손녀와 같이 본인을 기점으로 하여 출생된 親族을 가리킨다.

11) 위자료란 일정한 가해행위에 의하여 발생한 손해 중에서 재산상의 손해가 아닌 정신적 고통에 대한 배상을 말한다.

12) 대법원 1962. 3. 15. 4252민상903 참조.

13) 교통사고의 충격으로 태아가 조산되고 또 그로 인하여 제대로 성장하지 못하고 출생 후 얼마 있다가 사망한 사안에 대하여 대법원은 "위 불법행위는 한편으로 산모에 대한 불법행위인 동시에 한편으로는 태아 자신에 대한 불법행위라고 볼 수 있으므로 따라서 죽은 아이는 생명침해로 인한 재산상 손해배상청구권이 있다"라고 판시하였다(대법원 1968. 3. 5. 67다2869).

14) 直系尊屬은 直系卑屬에 상대되는 개념으로, 부모·조부모와 같이 본인을 출생하도록 한 親族을 가리킨다.

15) 대습상속(代襲相續)이란 추정상속인(推定相續人: 상속결격사유의 발생이나 선순위상속인의 출현 등이 없이 현재의 상태대로 상속이 개시된다는 가정 아래에서의 상속인)이 상속개시 전에 사망 또는 상속결격으로 인하여 상속권을 상실한 경우에 그 자의 직계비속이 그에 대신하여 재산을 상속하는 것을 말한다. 다음과 같은 예를 들어 보자:

권(제1118조)[16]에 관하여 권리능력을 가진다. 대습상속권과 유류분권은 상속권을 전제로 한 권리이기 때문이다.

(다) 遺 贈

82 유증에 관해서는 태아의 상속능력에 관한 제1000조 제3항이 준용된다(제1064조). 遺贈이란 遺言[17]에 의하여 유산의 전부 또는 일부를 타인에게 급여하는 것을 내용으로 하는 무상의 단독행위이다. 제1064조에 따라 遺言者는 胎兒를 受遺者로 하는 유증을 할 수 있다.

2) 학설상 논의되는 경우

83 다음에서는 명문의 규정이 없는 경우로서 태아의 권리능력 인정 여부에 관하여 학설상 다툼이 있는 사항을 보기로 한다.

P는 1명의 아들 Q가 있고 Q는 아들 R과 딸 S를 두고 있다; P가 사망함으로써 P를 피상속인으로 하는 상속이 문제되었는데, 상속개시시점인 P의 사망시에 Q는 이미 사망한 상태였다. 이 경우에 Q의 직계비속인 R과 S가 Q를 대신하여 P의 재산을 상속하는 것을 代襲相續이라고 한다.

16) 유류분이란 상속인에게 법률상의 취득이 보장되는 상속재산상의 이익에 대한 일정액을 말한다. 상속인의 유류분의 구체적인 내용은 다음과 같다(제1112조): ① 피상속인의 직계비속은 그 법정상속분의 1/2; ② 피상속인의 배우자는 그 법정상속분의 1/2; ③ 피상속인의 직계존속은 그 법정상속분의 1/3; ④ 피상속인의 형제자매는 그 법정상속분의 1/3. 이해의 편의를 위하여 다음과 같은 예를 들어 보자: P가 100의 재산을 남겨놓고 사망하였다; P는 사망하기 전에 전 재산을 자선단체에 기부하는 내용의 유언을 하였다; P에게는 1촌 직계비속(즉 아들 또는 딸) Q와 배우자 R이 있었다. 직계비속 Q는 제1순위의 상속인이며(제1000조 제1호) R은 Q와 공동으로 상속할 수 있는 권리가 있다(제1003조 제1항). Q와 R의 법정상속분의 비율은 1:1.5이다(제1009조 제2항). 그러므로 만일 P가 자선단체에 대하여 유증을 하지 않았다면 Q와 R은 각각 40과 60을 상속받았을 것이다. 그러나 P는 전재산 100을 자선단체에 遺贈한 것이다. 이 경우에 유증내용 그대로 P의 상속재산을 모두 자선단체에 귀속되는 것으로 하면 생존가족의 생계에 위협이 될 수 있다. 이러한 문제를 고려하여 마련된 것이 유류분제도이다. 직계비속과 배우자는 모두 유류분권자이며, 이들의 유류분은 각각 법정상속분의 1/2이다. 그러므로 P의 유증에도 불구하고 Q와 R은 각각 20(40×1/2)과 30(60×1/2)에 대하여 유류분권을 주장할 수 있다. 유류분권을 주장할 것인가 여부는 유류분권자의 선택에 달려 있다. 만일 이들이 모두 유류분권을 주장한다면 자선단체에 최종적으로 귀속하는 것은 50으로 된다.

17) 유언이란 자기의 사망으로 인하여 효력을 발생시킬 것으로 하여 일정한 방식에 따라서 행하는 상대방 없는 단독의 의사표시를 말한다. 유언의 효력은 유언자의 사후에 발생하지만, 유언이 법률행위로서 성립하는 것은 일반의 단독행위와 마찬가지로 그 표시행위가 완료하였을 때이다. 유언은 법률행위의 일종이지만, 보통의 행위능력을 필요로 하지 않고 만 17세에 달하면 할 수 있다(제1061조). 유언은 자필증서·녹음·공정증서·비밀증서·구수증서의 5종의 방식으로 한다(제1065조 이하 참조).

(가) 死因贈與

84 死因贈與란 증여자의 생전에 증여계약이 체결되었으나, 그 효력은 증여자의 사망으로써 비로소 발생하는 증여를 말한다. 본질은 계약으로서의 증여이나 상속인의 상속재산이 감소된다는 점에서는 유증과 유사하다.[18] 사인증여에 관하여 태아에게 권리능력을 인정할 수 있을 것인가? 이에 대하여 학설이 대립하고 있다.

긍정설의 주요논거는 다음과 같다: ① 사인증여에 관하여는 유증의 규정이 준용되는데(제562조), 유증에 관하여 태아의 권리능력을 인정하는 민법 제1064조도 사인증여에 준용된다; ② 유증과 사인증여에 의한 태아의 권리취득방법이 상이하므로 양자를 모두 인정하여 태아를 충분히 보호할 필요가 있다; ③ 사인증여의 본질이 계약이어서 태아에게 증여하기 위해서는 대리제도를 이용하여야 하는데, 태아의 지위에 관하여 해제조건설[19]을 취하게 되면 태아를 위한 대리가 가능하다.

부정설의 주요논거는 다음과 같다: ① 사인증여는 그 본질이 계약으로서 단독행위인 유증과 성질상 차이가 있다; ② 태아에게 재산을 급여하고자 하는 자는 유증을 이용하면 되는데, 명백한 근거도 없이 사인증여에까지 태아의 권리능력을 인정할 필요가 없다. 이 문제에 관하여 판례는 부정설의 입장에 있다.[20]

한편, 일반적인 증여에 있어서도 태아에게는 수증능력이 없다는 것이 판례의 입장이다.[21] 이러한 태도는 태아의 지위에 관하여 정지조건설[22]을 취하는 판례의 입장에서 볼 때 논리적이라고 할 수 있다.

---

18) 따라서 사인증여에는 유증이 단독행위임을 전제로 한 규정(제1061-제1063조, 제1065조 이하, 제1074조~제1077조 등)을 제외하고는 유증에 관한 규정(제1073조 이하)이 준용된다(제562조).

19) 이 학설에 대해서는 이 책 [86] 참조.

20) 대법원 1996. 4. 12. 94다37714·37721: "민법 제562조는 사인증여에 관하여는 유증에 관한 규정을 준용하도록 규정하고 있지만, 유증의 방식에 관한 민법 제1056조 내지 제1072조는 그것이 단독행위임을 전제로 하는 것이어서 계약인 사인증여에는 적용되지 아니한다."

21) 대법원의 판시내용은 다음과 같다: 태아에게는 손해배상청구권 또는 상속 등 특별한 경우에 한하여 제한된 권리능력이 인정될 따름이므로 증여에 관하여는 태아의 수증능력이 인정되지 아니하며, 또한 태아인 동안에는 법정대리인이 있을 수 없으므로 법정대리인에 의한 수증행위도 할 수 없다(대법원 1982. 2. 9. 81다534).

22) 이 학설에 대해서는 이 책 [86] 참조.

(나) 認知請求權

85 인지란 혼인외에 출생한 자를 그 生父나 生母가 자기의 子라고 인정하는 행위를 말한다. 민법은 父는 태아를 인지할 수 있도록 하고 있으나(제858조) 태아에게는 부에 대한 인지청구권을 명문으로 인정하고 있지는 않다. 학설은 태아보호를 위하여 태아에게도 인지청구권을 인정하여야 한다는 입장과 이를 인정할 수 없다는 부정설로 대립하고 있다.

(3) 胎兒의 법적 지위에 관한 이론구성

86 일정한 경우에 태아는 이미 출생한 것으로 본다고 할 때, 그 구체적인 의미는 무엇인가? 이에 관하여는 두 가지의 서로 대립되는 견해가 있다: ① 解除條件說; ② 停止條件說. '解除條件'·'停止條件'이라는 것은 法律行爲의 부관(附款)에서 나오는 개념이다.[23] '태아의 권리능력의 취득'이라는 법률효과의 발생과 관련하여 '태아의 출생'이라는 사건을 解除條件으로 볼 것인가 停止條件으로 볼 것인가 하는 차이에 따라 편의상 붙여진 학설 이름이다.[24]

우선, 해제조건설을 보자.[25] 이 학설은 '태아가 살아서 태어나지 못하는 것'을 해제조건으로 보는 입장으로, 다음과 같이 설명한다: 민법이 태아를 출생한 것으로 보는 모든 경우에 문제된 시점에서 이미 권리능력을 취득하며, 다만 태아가 살아서 출생하지 못한 때에는 태아에게 권리능력이 인정되었던 과거의 시점으로 소급하여 권리능력이 없었던 것으로 본다. 다른 하나는 정지조건설이다.[26] 이 학설은 태아의 출생을 정지조건으로 보는 입장으로, 다음과 같이 설명한다: 태아인 동안에는 아직 권리능력을 취득하지 못하고 다만 살아서 출생하게 되면 태아의 권리능력이 문제된 시점으로 소급

---

23) 이에 대하여 자세한 것은 이 책 [588] 이하 참조.

24) 여기에서 말하는 정지조건, 해제조건은 엄밀한 의미에서의 조건 개념은 아니다. 왜냐하면 엄밀한 의미의 조건에서는 그것이 정지조건이든 해제조건이든 소급효가 없는 것이 원칙이나(제147조 제3항), 태아의 법적 지위에서 말하는 정지조건, 해제조건은 모두 소급효를 포함하고 있기 때문이다.

25) 郭潤直, 앞의 책 "民法總則", 117면 이하; 金曾漢·金學東, 앞의 책 "民法總則", 103면; 李銀榮, 앞의 책 "民法總則", 136면 이하.

26) 金相容, 앞의 책 "民法總則", 144면; 金俊鎬, 앞의 책 "民法總則", 86면 이하; 白泰昇, 앞의 책 "民法總則", 128면; 李英俊, 앞의 책 "民法總則", 784면 이하.

하여 권리능력을 취득하는 것으로 본다.

어느 학설에 의하든 태아가 살아서 출생하기만 하면 문제된 시점에서부터 권리능력이 있었던 것으로 다루어진다. 다만, 해제조건설에 의하면 태아가 살아서 출생하지 못하면 사후처리가 복잡해지고 정지조건설에 따르면 태아가 살아서 출생하면 사후처리가 복잡해진다.27) 태아기간 중에도 태아의 이익보호를 위하여 법정대리인을 둘 수 있다는 점, 보건상태와 의학수준의 향상으로 인하여 태아의 사산율이 매우 낮다는 점 등을 고려해 볼 때, 해제조건설이 보다 타당하다고 생각한다. 그러나 판례는 정지조건설을 취하고 있다.28)

사례연구: 胎兒의 權利能力

● **사안의 내용** A의 아내 B는 아파트 인도를 걸어가던 중 마침 그 아파트 10층에서 C가 過失로 떨어뜨린 화분에 머리를 맞아 그 자리에서 즉사하였다. 이 사고 당시 B는 임신 8개월의 태아 X를 포태하고 있었는데, 이 사고로 인하여 태아도 출생의 기회를 가지지 못하였다. A는 C를 상대로 법원에 손해배상을 청구하려 한다. 이 때 C는 태아 X가 어머니 B의 사망으로 인하여 입은 정신상의 손해에 대하여도 배상하여야 하는가를 포함하여 C가 배상하여야 할 손해항목을 지적하라.

● **사안의 해결** 태아 X는 출생의 기회를 가지지 못하여 정지조건설·해제조건설 어느 학설에 의하든 권리능력이 인정될 수 없다. 그러므로 X의 권리능력을 전제로 한 A의 어떠한 청구도 인용될 수 없다. 한편, B의 사망에 대하여는 크게 다음과 두 가지 방향에서 손해항목을 생각할 수 있다: ① B의 배우자로서 A 자신이 입은 손해; ② B가 입은 손해. A로서는 ①의 손해항목에 대하여는 자기 고유의 지위에서, 그리고 ②의 손해항목에 대하여는 B의 상속인의 지위에서 배상을 받을 수 있다.

---

27) 예를 들어 보기로 한다. J가 R을 임신한 아내 K와 직계존속 P를 남겨둔 상태에서 사망했을 때, J를 피상속인으로 하는 상속관계는 어떻게 되는가? (i) 해제조건설에 의하면 다음과 같은 결과가 된다. 상속개시시점인 J의 사망시에 태아 R은 권리능력이 있으므로 J의 재산은 직계비속 R(제1000조 제1항)과 배우자 K(제1003조 제1항)가 공동상속을 하게 되는데, R이 살아서 출생하면 이러한 상황으로 확정되고 R이 살아서 출생하지 못하면 직계존속 P(제1000조 제2항)와 배우자 K(제1003조 제1항)가 공동상속을 하게 된다. (ii) 정지조건설에 의하면 다음과 같은 결과가 된다. 상속개시시점인 J의 사망시에 태아 R에게는 아직 권리능력이 없으므로 J의 재산은 일단 직계존속 P(제1000조 제2항)와 배우자 K(제1003조 제1항)가 공동상속을 하게 되는데, R이 살아서 출생하면 R은 P로부터 상속재산을 회복하게 되고 R이 살아서 출생하지 못하면 P와 K의 공동상속 상태가 그대로 확정된다.

28) 모체와 같이 사망한 태아에게 손해배상청구권을 인정할 수 있는지에 관하여 대법원은 "태아가 특정한 권리에 있어서 이미 태어난 것으로 본다는 것은 살아서 출생한 때에 출생시기를 문제의 사건의 시기까지 소급하여 그 때에 태아가 출생한 것과 같이 법률상 보아준다고 해석하여야 상당하므로 그가 모체와 같이 사망하여 출생의 기회를 못 가진 이상 배상청구권을 논할 여지가 없다"라고 판시하고 있다(대법원 1976. 9. 14. 76다1365).

Ⅱ. 行爲能力

1. 序　說

(1) 行爲能力의 개념

87 행위능력은 누구의 간섭 또는 도움 없이 단독으로 유효하게 법률행위를 할 수 있는 법적 지위[29)]를 말한다. 행위무능력자에 의하여 단독으로 이루어진 법률행위는 취소할 수 있는 법률행위이다. 이와 같이 行爲能力은 원칙적으로 法律行爲 분야에서만 문제되는 개념이다. 민법에서 '能力' 또는 '無能力'이라고만 하면 行爲能力을 의미하는 경우가 많다.

민법상 행위능력이 없는 行爲無能力者에는 미성년자·한정치산자·금치산자가 있다. 未成年者는 만 20세에 도달하지 않아 성년이 되지 못한 사람을 말한다(제4조). 限定治産者는 心神이 박약하거나 낭비성향으로 인하여 자기나 가족의 생활을 궁박하게 할 염려가 있는 자로서 가정법원으로부터 限定治産의 선고를 받은 사람을 말한다(제9조). 禁治産者는 心神喪失의 常態에 있는 자로서 가정법원으로부터 禁治産의 선고를 받은 사람을 말한다(제12조). 미성년자는 단순히 연령만으로 판단하는 것이다. 그러나 한정치산자와 금치산자는 청구권자(본인·배우자·4촌 이내의 친족·후견인·검사)의 청구에 따라 법원으로부터 선고가 있어야만 한다.

(2) 行爲能力制度의 의미: 다른 能力과의 관계

88 행위능력의 제도적 의미를 파악하기 위해서는 행위능력의 개념이 작용하는 분야인 법률행위의 특성에 대한 이해로부터 시작하는 것이 좋을 것 같다. 법률행위 분야를 지배하는 기본원칙은 사적자치의 원칙이다. 그리

29) 민사실체법상의 행위능력과 유사하지만 구별하여야 할 것으로 민사절차법상의 소송능력이 있다. 소송능력이라 함은 스스로 유효하게 소송행위를 할 수 있는 능력을 말한다. 쉽게 말하면 소송절차상 행위능력을 의미한다. 소송능력은 민사소송법상 특별한 규정이 없으면 민법, 그 밖의 법률에 따르도록 되어 있다(민사소송법 제51조). 따라서 민법상 행위능력자는 소송상으로도 행위능력이 있는 것이 원칙이다.

고 이 원칙은 법률관계의 형성에 있어서 개인의 의사를 존중하는 것이 그 개인은 물론 사회경제적으로도 가장 효율적이라는 관념에 기초한 것이다. 계약과 같은 법률행위는 당사자에 대한 구속력을 가지는데 그 구속력의 근거는 당사자의 의사인 것이다. 이러한 의미에서 '자기결정에 의한 자기구속'이라는 표현을 사용하기도 한다.

여기에서 사적자치의 원칙이 기능하기 위한 기본전제를 생각할 필요가 있다. 이 원칙의 기본전제는 법률행위의 당사자가 자기의 행위의 의미와 결과를 변별할 수 있는 정신능력을 구비하고 있다는 것이다. 이 기본전제가 충족되지 않는다면 '자기결정에 의한 자기구속'이라는 것은 무의미한 것이다. 바로 이와 같은 관점에서 나온 개념이 의사능력이다. 의사능력은 자신의 행위의 사회적 의미 및 결과를 인식·변별할 수 있는 정신능력을 말한다. 의사능력이 단지 법률행위에서만 문제되는 것은 아니지만 지배적 적용영역은 법률행위 분야이며, 의사무능력자에 의하여 행해진 법률행위는 '無效인 法律行爲'[30]이다.

의사무능력자가 법률행위를 하였다 하더라도 그는 당해 법률행위에 의하여 구속되지 않는다. 그러므로 의사무능력자는 자신이 변별력이 없는 상태에서 행한 법률행위로 인하여 불이익을 받지 않는다. 문제는 의사무능력의 증명에 관한 것이다. 의사무능력에 대한 증명책임[31]은 의사무능력을 이유로 법률행위의 구속력으로부터 벗어나고자 하는 사람에게 있다. 그러므로 법률행위 당시에 자신이 의사무능력 상태에 있었음을 증명하지 못하면 법률행위의 구속력으로부터 벗어날 수 없다. 여기에서 의사능력의 개념만을 가지고는 변별력이 부족한 사람에 대한 보호가 미흡하다는 사실을 알 수

---

30) 법률행위의 무효란 일정한 법률행위에 무효사유가 존재함으로 인하여 처음부터 효력이 발생하지 않는 것을 말한다. 法律行爲의 無效의 개념에 대해서는 이 책 [559] 이하 참조.

31) 증명책임이란 주요사실의 존재 여부가 불명확한 경우에 그것을 요건으로 하는 실체법의 적용이 부정됨으로써 자기에게 유리한 법률효과를 취득할 수 없게 되는 당사자의 불이익 내지 패소의 위험을 말한다(鄭東潤·庾炳賢, "民事訴訟法", 法文社, 2005, 496면). 예컨대, 대여금청구소송에서 원고는 피고에게 돈을 대여하였다고 주장하고 피고는 이를 부인하고 있는데, 어느 쪽의 주장이 진실인지 불명확한 경우에는 원고청구기각의 판결을 받게 된다. 왜냐하면 소비대차의 구성요건을 이루는 사실의 존재에 관하여 원고가 증명책임을 부담하기 때문이다.

있다. 한편, 의사무능력이 증명되면 그에게 의사능력이 있는 것으로 믿고 거래한 상대방으로서는 거래가 좌절됨으로써 뜻밖의 손해를 입게 된다. 그런데 문제는 여기에서 멈추지 않는다. 무효인 법률행위를 기초로 하여 연속적으로 형성된 모든 법률관계를 없던 것으로 되돌려야 함으로써 거래안전을 위협하게 된다. 여기에서 의사능력제도의 결함을 보정할 수 있는 다른 제도가 요구되는데, 그러한 목적으로 고안된 것이 바로 행위능력제도인 것이다.

의사능력 유무의 판단은 사정에 따라 개별적으로 이루어질 수밖에 없는 것이고 바로 이것이 의사무능력자는 물론 그의 거래상대방, 더 나아가서는 거래안전의 이익에 대한 장애요소로 작용한다. 행위능력은 객관적·획일적 기준을 토대로 하고 있다는 점에서 의사능력과 구별된다. 이 기준에 따라 연령이 20세 미만인 자(미성년자), 한정치산 또는 금치산선고를 받은 자(한정치산자 또는 금치산자)를 행위무능력자로 하고 있다. 행위무능력자가 단독으로 법률행위를 한 때에는 의사능력 유무와 상관없이 그 법률행위를 취소할 수 있도록 한다. 행위무능력제도의 취지는 다음의 두 가지로 요약할 수 있다: ① 행위무능력자의 보호; ② 거래안전의 보호. 이 두 가지 중에서 보다 본질적인 것은 ①이고, ②는 부차적인 것이다. 또한 ②는 예방적 시각에서만 가능한 것이다. 예컨대, 행위무능력자 A가 단독으로 B와 α에 대한 매매계약을 체결하고 α를 B에게 인도하였고 B는 α를 다시 C에게 처분하였다고 해보자. 이러한 상태에서 A가 자신의 행위무능력을 이유로 B에게 계약취소의 의사표시를 하게 되면 A·B·C로 연속된 법률관계는 모두 영향을 받게 된다. 행위무능력제도가 ②의 취지를 달성할 수 있는 것은 법률행위를 하기 전에 거래의 상대방이 행위무능력자라는 사실을 미리 알고 있었던 경우이다. 바로 이러한 이유에서 행위무능력자라는 사실을 일반에 표시하는 장치(공시제도)가 필요하다. 미성년자에 대해서는 나이 자체가 행위무능력의 기준이어서 특별한 공시방법을 강구할 필요성이 없다. 한편 한정치산자와 금치산자는 호적부에 그 사실을 기재하게 된다(호적법시행규칙 제53조 제1항 제6호).

능력의 개념을 정리하는 의미에서 권리능력, 행위능력, 의사능력[32]을 예를 들어 설명하기로 한다: ① 17세의 천재이든 30세의 정신능력상실자이든 모두 권리능력자이다; ② 17세의 천재는 행위무능력자이나 30세의 정신능력상실자는 그가 법원으로부터 한정치산 또는 금치산 선고를 받지 않은 이상 행위능력자이다; ③ 17세의 천재는 의사능력자이나 30세의 정신능력상실자는 법원으로부터 한정치산 또는 금치산 선고를 받았는가 여부와 상관없이 의사무능력자이다.[33]

(3) 行爲能力制度의 적용범위

89 행위능력제도가 법률행위의 영역에서 문제되는 것임은 앞에서 말한 바와 같다. 이 제도의 적용범위에 관하여 문제되는 사항을 보기로 한다.

1) 첫째, 준법률행위(예: 의사의 통지, 관념의 통지)[34]의 경우에는 법률행위에 관한 규정을 유추적용할 수 있다는 것이 통설이다. 그러므로 통설에 따르면, 준법률행위의 영역에서도 행위능력제도가 유추적용된다.

2) 둘째, 행위능력제도는 획일적·객관적 기준을 토대로 한 것이다. 그러므로 행위능력제도는 이러한 기준이 통용될 수 있는 재산상의 법률행위에만 적용되고, 개별성과 진실성을 중심적 가치로 하는 가족법상의 법률행위(예: 혼인계약)에는 적용되지 않는 것이 원칙이다. 민법은 가족법상의 법률행위의 능력에 관하여 따로 특별규정을 두는 경우도 있다(제801조, 제807조, 제869조, 제1061조~제1063조 등).

3) 정형적·집단적 거래(예: 대중교통수단의 이용, 전기공급, 가스공급)를 위한 계약의 경우에도 행위능력제도의 적용이 있는가? 소위 '사실적 계약관계론'의 문제이다. 이 이론에 따르면, 이러한 유형의 거래에 있어서는 당사자의 구체적인 의사의 합치가 아니라 급부의 사실상의 공급과 사실상의 이용

---

32) 의사능력을 능력제도의 하나로 보는 것이 전통적 통설의 입장이다. 이에 대하여, 능력제도는 본래 행위자에 대한 획일적 기준의 자격제도인 반면에 의사능력은 자격제도가 아닌 행위상황의 문제라는 의미에서 의사능력은 독자적 능력제도로 볼 수 없다는 학설이 있다(李銀榮, 앞의 책 "民法總則", 156-157면).

33) 책임능력은 위법행위로 인한 법적 책임을 변식할 수 있는 능력을 말한다. 이런 점에서 책임능력을 '불법행위능력'이라고도 한다. 법률행위에 있어서의 의사능력에 상응하는 것으로 의사능력의 판단과 마찬가지로 행위상황에 따라 개별적·구체적으로 책임능력 유무를 결정하게 된다. 책임무능력자(예: 유소아 또는 심신상실자)는 불법행위책임을 지지 않으며 그의 법정감독자가 책임을 지는 것이 원칙이다(제755조).

34) 이에 대해서는 이 책 [338]~[339] 참조.

에 의하여 계약이 성립한다는 것이다. 그러므로 이 경우에는 법률행위를 전제로 하는 행위무능력제도가 적용되지 않는 것으로 된다. 사실적 계약관계론은 독일에서 발생한 이론인데, 현재의 지배적 경향은 이 이론을 인정하지 않고 정형적·집단적 거래의 경우에도 법률행위의 테두리 안에서 이론구성을 하고 있다.

◆ 보충설명: 事實的 契約關係論

사실적 계약관계론은 1943년 독일의 Haupt 교수에 의하여 주창된 이론으로서, 계약은 당사자의 구체적인 의사와 상관없이 급부의 사실상의 공급과 사실상의 이용에 의해서도 유효하게 성립할 수 있다는 것이다. 전기, 가스와 같은 대량적·전형적 거래에 있어서까지 전통적인 법률행위론에 따라 법리를 구성한다는 것은 거래의 효율성을 저하하게 된다. 그러므로 대량적·전형적 거래에 의한 급부관계의 경우에는, 청약과 승낙이라는 의사표시의 합치가 아니라 일정한 사실(예: 대중교통기의 이용, 가스·전기·물의 이용, 주차장의 이용)에 의하여 계약이 성립하는 것으로 본다. 이 경우에는 법률행위에 관한 규정(예: 행위무능력, 착오)이 적용되지 않는다.

1956년 독일의 연방최고법원은 소위 '주차장 사안'에서 사실적 계약관계론을 수용하는 판결을 하였다. 사안의 내용은 다음과 같다: 함부르크 시청앞 광장은 원래는 무료주차장으로 개방되어 있었다; 함부르크시는 시청앞 광장의 일부를 유료주차장화 하고 '유료감시주차장'이라는 푯말을 세웠다; 한 노인이 이곳에 자동차를 주차시켰다; 감시직원이 주차비를 내라고 요구하였다; 이에 대하여 노인은 "모든 시민은 시청앞 광장에 무료로 주차할 권리가 있다"라고 하면서 "나는 주차비를 내지 않을 것이며 네가 감시해 줄 필요도 없다"고 하였다; 함부르크시가 주차로 청구소송을 제기하였다; 노인은 "주차장사용계약이 성립하지 않았다"라고 주장하였다. 연방최고법원은 Haupt 교수의 이론을 인용하며 다음과 같이 판시하였다: 계약이 청약과 승낙에 의하여만 성립한다고 보는 것은 실제생활관계에 부합하지 않는다; 즉 계약관계는 신의성실의 원칙에 의하여 사실적 표상에 의하여도 성립한다. 비록 노인이 사실상의 표상(tatsächliche Vorgang)과 배치되는 내적 의사를 가지고 있었고 이를 명시적으로 표현하였다 하더라도 계약성립에 영향을 주지 못하는 것으로 판단한 것이다.

(4) 行爲能力制度의 문제점과 개선책

90 현행 행위무능력제도의 문제점은 주로 한정치산과 금치산제도에 관한 것인데,[35] 구체적으로 지적되는 것은 다음과 같다.

첫째, 행위무능력자라 하더라도 개별적인 정신능력의 수준은 다양할 수 밖에 없는데 현행법은 행위무능력자의 능력범위를 획일적으로 정함으로써 이러한 사정을 반영하지 못하고 있다. 둘째, 한정치산자와 금치산자라는 사

35) 미성년제도에 관해서는 성년연령이 현실성이 없다는 지적이 있었고, 이에 따라 2002년의 민법 개정안은 성년연령을 19세로 낮추었다.

실을 공시함으로 인하여 이들의 사생활에 대한 침해의 요인이 될 수 있다. 셋째, 현행 행위무능력제도는 상당한 규모의 재산을 보유하고 법정대리인을 가지고 있는 무능력자를 전제로 한 것이다. 그러므로 재산이 없거나 법정대리인이 없는 사람에게는 실익이 없다. 게다가 노령자 및 장애인과 같은 경우는 재산의 관리 못지않게 신체상의 요양 내지 간호도 요구되는데, 현행의 제도는 이러한 수요와는 무관한 것이다. 넷째, 한정치산 또는 금치산선고를 받기 위해서는 상당한 비용(예: 정신감정비)과 시간이 소요된다. 이러한 문제점으로 인하여 한정치산 또는 금치산제도의 이용빈도는 극히 저조한 실정이다.[36]

위와 같은 여러 문제점을 보완하기 위하여 근래 제안되는 것이 '성년후견제도'이다. 이것은 정신적·신체적 미약점을 가지고 있는 사람에 대하여 그들의 능력범위를 획일적으로 고정하는 것이 아니라 후견인 또는 감호인을 두기는 하되 법원의 감독 아래 피보호자의 능력범위에 탄력성을 부여하는 제도이다. 성년후견제도가 여러 가지 장점을 가지고 있는 것은 사실이지만 제도운용에 소요되는 비용은 중요한 문제로 남는다.

2. 行爲無能力者의 유형

(1) 未成年者

1) 意 味

91 미성년자란 20세 미만의 자연인을 말한다(제4조). 사람의 정신능력에는 개인적 차이가 있으나 민법은 행위능력제도의 취지에 따라 20세라는 획일적인 기준을 제시하고 있는 것이다. 연령은 歷(즉 달력)에 따라 계산한다(제158조, 제160조).[37] 그런데 민법개정안은 성년기를 19세로 인하하였다(개정안 제4조).

---

36) 한정치산과 금치산선고의 청구건수는 1994년에 90건, 1995년에 106건, 1996년에 103건, 1997년에 119건, 1998년에 145건, 1999년에 208건, 2000년에 258건, 2001년에 323건, 2002년에 421건, 2003년에 433건이다(법원행정처, "사법연감", 2004, 581면 참조).

37) 이에 대해서는 이 책 [619] 이하 참조.

민 법 개 정 안	
현 행 규 정	개 정 안
제4조(성년기) 만 20세로 성년이 된다.	제4조(성년기) 만 19세로 성년이 된다.
개정배경 최근 청소년들의 성숙도 등을 고려하여 성년연령을 19세로 낮추었다. 이는 선거법 등에 영향을 미칠 것이다.	

미성년자라 하더라도 혼인을 하게 되면[38] 성년자로 된다(제826조의 2). 이를 혼인에 의한 성년의제라고 한다. 이 제도는 1977년의 민법 개정시에 부부를 중심으로 한 혼인공동체의 독립성을 보장해 주기 위하여 신설된 것이다. 혼인을 한 미성년자는 행위능력자이므로 부모의 친권으로부터 벗어나고 단독으로 법률행위를 할 수 있다. 그러나 혼인공동체의 독립성 보장과 무관한 영역(예: 선거법)에서는 혼인이 법적 지위의 변화를 가져오지 않는다.

다음에서는 혼인에 의한 성년의제에서 해석상 문제되는 사항을 보기로 한다.

ⓘ 첫째, 여기에서의 혼인은 법률혼만을 말하는가? 통설은 성년의제는 예외규정이고 성년시기를 명확하게 정할 필요가 있다는 점에서 혼인은 법률혼만을 의미한다는 입장이다. 그러나 사실혼도 포함시키는 것이 타당하다고 생각한다.[39] 그 이유를 설명하면 다음과 같다: 사실혼은 혼인신고를 제외하고는 혼인의 실체를 완전하게 구비하고 있다; 혼인에 의한 성년의제는 혼인의 실체에 착안한 제도이다; 그러므로 성년에 관련된 법적 보호가치의 측면에서는 법률혼과 사실혼 사이에 아무런 차이가 없다.

ⓘⓘ 둘째, 성년으로 의제된 후에 20세 미만인 상태에서 혼인관계가 해소되었다면 다시 미성년자로 되돌아가는가? 이에 대해서는 혼인해소로 인하여 성년의제의 취지가 소멸되었으므로 미성년으로 돌아간다는 주장도 가능하기는 하다. 그러나 통설의 입장은 이와 반대인데, 그 논거는 다음과 같다: ① 미성년으로 복귀하는 것이 거래안전을 위협할 수 있다; ② 혼인생활 중에 출생한 자녀에 대한 친권자와 관련하여 복잡한 문제가 생긴다. 통

---

38) 혼인연령은 남자 18세, 여자 16세이다(제807조).

39) 같은 취지: 高翔龍, 앞의 책 "民法總則", 127면; 李銀榮, 앞의 책 "民法總則", 162면.

설이 타당하다고 생각한다.

2) 法定代理人

92 법정대리인이란 법률의 규정에 의하여 대리인으로 된 자를 말하는 것으로, 본인이 자신을 위하여 대신 법률행위를 해 줄 사람에게 대리권을 수여함으로써 대리인이 되는 임의대리인[40]과 구별된다.

(가) 法定代理人으로 되는 者

93 1차적인 법정대리인은 친권자이다. 미성년자의 법정대리인은 그에 대하여 친권을 행사하는 부 또는 모이다(제911조). 친권은 부모가 공동으로 행사하는 것이 원칙이다(제909조 참조).

2차적인 법정대리인은 후견인이다. 미성년자에게 친권자가 없거나 친권자가 법률행위의 대리권 및 재산관리권을 행사할 수 없는 때에는 후견인을 두어야 한다(제928조). 후견인은 1人으로 하며(제930조) 피후견인의 법정대리인이 된다(제938조). 즉 후견인은 2차적인 법정대리인이다. 후견인이 되는 순위는 다음과 같다: ① 제1순위는 친권자가 유언으로 지정한 자이다(지정후견인, 제931조); ② 지정후견인이 없는 경우에는 2차로 미성년자의 직계혈족, 3촌 이내의 방계혈족의 순서로 후견인이 된다(법정후견인, 제932조); ③ 법정후견인도 없는 경우에는 3차로 친족 또는 이해관계인의 청구에 의하여 법원에서 후견인을 선임한다(선임후견인, 제936조).

(나) 法定代理人의 權限

94 친권자 또는 후견인의 권한은 다양한 영역에 걸쳐있다.[41] 그런데 미성년자의 행위능력과 관련된 법정대리인의 권한은 다음과 같이 요약할 수 있다: ① 동의권; ② 대리권; ③ 취소권. 다음에서는 이들 권한의 내용과 그 제한으로 나누어 살피기로 한다.

가) 權限의 내용

㉮ 同意權

95 법정대리인의 동의가 있다면 미성년자는 확정적으로 유효한 법률행위를 할 수 있다(제5조 제1항 본문). 동의는 미성년자 또는 상대방에게 할

---

40) 임의대리인에 대해서는 이 책 [471] 이하 참조.

41) 친권의 효력에 대해서는 제913조~제923조, 후견인의 임무에 대해서는 제941조~제956조를 참조할 것.

수 있으며 특별한 방식을 요하지 않는다. 동의란 사전에 법률행위를 승인하는 것이며, 사후에 법률행위를 승인하는 것은 추인이라고 한다. 동의가 있었다 하더라도 법률행위 당시에 미성년자가 의사무능력 상태에 있었다면 그 법률행위는 무효이다. 동의에 관한 위 설명은 제6조와 제8조의 '허락'에 대해서도 타당하다. 동의를 하였더라도 미성년자가 아직 법률행위를 하기 전이라면 법정대리인은 동의를 철회할 수 있다(제7조).

㉯ 代理權

96 법정대리인은 미성년자를 대리하여 재산상의 법률행위를 할 수 있다(제920조, 제949조). 법정대리인의 동의권과 대리권은 병존하는 것이 원칙이나, 항상 그런 것은 아니다. 미성년자의 연령이 매우 낮아 의사능력이 없는 경우라면 법정대리인의 대리에 의한 법률행위에 의존할 수밖에 없다. 미성년자를 행위능력자로 보는 경우(예: 제8조 제1항)에 대해서는 법정대리인이 동의권 또는 대리권을 행사할 수 없다.

㉰ 取消權

97 법정대리인은 미성년자가 단독으로 체결한 법률행위를 취소할 수 있다(제5조 제2항, 제140조).

나) 權限에 대한 制限

㉮ 親權者와 後見人에 공통되는 사항

㉠ 利害相反行爲에 대한 制限

98 친권자와 미성년자 사이의 이해상반행위에 대해서는 제921조가 규정하고 있다. 양자 사이에 이해가 상반되는 경우에는 특별대리인을 선임하여 법률행위를 하여야 한다. 민법은 다음과 같은 두 가지 경우를 규율하고 있다: ① 친권자와 그 자 사이의 이해상반행위(예: 친권자가 자신의 채무보증을 위하여 자를 대리하여 채권자와 보증계약을 체결하는 경우); ② 친권에 복종하는 수인의 자 사이의 이해상반행위(예: 친권자가 딸을 대리하여 아들에게 딸의 재산을 증여하는 경우). 제921조에 반하여 행해진 대리행위는 무권대리이다.

민법은 후견인과 피후견인 사이의 이해상반행위에 대해서도 규율하고 있다(예: 제942조, 제951조).

㉡ 未成年者의 同意

99 법률행위의 내용이 미성년자 자신의 행위를 내용으로 하는 채무

(예: 채무의 내용이 미성년자가 일정한 일을 하여야 하는 것)를 부담하는 것인 때에는, 미성년자 자신의 동의를 얻지 않으면 대리하지 못한다(제920조 단서, 제949조 제2항). 법정대리인의 대리권에 대한 제한규정으로서 미성년자의 자율적인 의사를 존중하기 위한 것이다.

미성년자의 행위를 내용으로 하는 법률행위는 다양하게 나타날 수 있으나 그 중에서 가장 대표적인 것이 고용계약이다. 대리권에 대한 민법의 제한규정에 의한다면 법정대리인은 미성년자의 동의를 전제로 대리행위를 할 수 있다. 그러나 근로기준법은 친권자 또는 후견인은 근로계약을 대리할 수 없도록 하고 있다(근로기준법 제65조 제1항). 그러므로 대리권에 대한 위 제한규정은 다음의 두 경우에 적용될 수 있다: ① 고용계약이 아닌 것으로서 미성년자 자신의 행위를 내용으로 하는 채무를 발생시키는 법률행위; ② 고용계약 중에서 근로기준법이 적용되지 않는 경우(근로기준법 제10조 참조).

ⓒ 제3자가 無償으로 급여한 財産의 管理

100 자녀에게 무상으로 재산을 급여한 제3자가 친권자가 당해 재산을 관리하는 것에 반대하는 의사표시를 한 경우에 친권자는 그 재산을 관리하지 못한다(제918조 제1항). 즉 이 경우에 친권자는 당해 재산에 대한 동의권과 대리권을 가지지 못한다. 이 규정은 후견인의 경우에 준용된다(제956조).

㈏ 親權者에만 해당되는 사항: 親權共同主義에 의한 제한

101 친권은 공동으로 행사하는 것이 원칙이다(제909조 제2항 본문). 친권자인 부모 중 일방이 단독으로 위의 동의권 또는 대리권을 행사하였다면 정상적인 효과가 발생하지 않는다. 즉 동의는 없는 것이고 대리행위는 무권대리가 된다. 그런데 민법은 제920조의 2를 두어 선의의 제3자를 보호하고 있다. 친권공동행사의 원칙과 관련하여 취소권도 공동으로 행사하여야 하는가 하는 문제가 있다. 이에 대하여 취소권은 부모 각자가 행사할 수 있다는 것이 통설이다.

㈐ 後見人에만 해당되는 사항: 親族會의 同意

102 미성년자에게 친권자가 없어 후견인이 법정대리인이 된 경우에는 일정한 사항에 대한 대리권과 동의권에 제한이 가해진다. 즉 제950조 제1항이 정하는 일정한 사항(예: 금전을 차용하는 일)에 대한 법률행위를 함에 있어서는 친족회의 동의를 얻어야 한다. 이에 위반한 행위는 피후견인 또는

친족회가 취소할 수 있다.[42]

3) 行爲能力의 범위

(가) 原 則

103 미성년자가 법률행위를 하였는데 당시에 그가 의사무능력 상태였다면 그 법률행위는 무효이다. 그러나 의사능력이 있는 상태에서 미성년자가 독자적으로 법률행위를 하였다면 그 법률행위는 취소할 수 있는 법률행위이다(제5조 제2항). 취소할 수 있는 법률행위는 취소권자에 의한 취소권이 행사되기 전까지는 일단 유효하다. 그러나 일단 취소권이 행사되면 법률행위는 소급적으로 무효로 된다(제141조 본문). 이러한 면에서 취소할 수 있는 법률행위를 '유동적 유효'[43]라고 표현할 수 있다.

미성년자가 당사자로 된 법률행위가 확정적으로 유효하기 위해서는 다음의 두 가지 중의 하나에 해당되어야 한다: ① 법정대리인이 미성년자를 위하여 대리행위를 하는 경우; ② 미성년자가 법정대리인의 동의를 얻어 법률행위를 하는 경우(제5조 제1항 본문).

(나) 例 外

104 일정한 경우에는 미성년자가 독자적으로 법률행위를 할 수 있다. 이 때에는 미성년자에게 소송능력도 부여되어 법정대리인에 의해서가 아니라 스스로 소송행위를 할 수 있다(민사소송법 제55조 단서). 다음에서는 그 유형을 보기로 한다.

가) 權利만을 얻거나 義務만을 면하는 행위

105 단순히 권리만을 얻거나(예: 증여계약의 체결) 의무만을 면하는 행위(예: 채무면제의 청약에 대한 승낙)는 미성년자에게 이익만을 주는 것이기 때문에 단독으로 할 수 있도록 한 것이다(제5조 제1항 단서). 미성년자에게 이익이 되는가 여부는 경제적 관점이 아니라 법률효과만을 가지고 판단하는 것이다. 아주 유리한 조건으로 매매계약을 체결하는 행위는 이에 해당하지 않는다. 왜냐하면 경제적으로는 미성년자에게 이익이 된다 하더라도 법

42) 친족회란 일정한 사항을 의결하는 친족적 합의기관을 말한다(제960조 이하 참조). 친족회의 권한에 관해서는 그간 몇 차례 변화가 있었는데, 현행 민법에서는 무능력자의 보호를 위한 권한을 주고 있을 뿐이다(대법원 1989. 10. 10. 89다카1602·1019 참조.).

43) 이에 대응하는 것으로 유동적 무효에 대해서는 이 책 [562] 참조.

적으로는 이익과 불이익이 병존하기 때문이다.[44)]

변제수령행위는 미성년자가 단독으로 할 수 있는 행위에 속하는가? 이에 대하여 일부학설[45)]은 변제수령은 한편으로는 이익을 얻는 것이지만 다른 한편으로는 채권의 상실이라는 손해를 수반하기 때문에 단독으로 할 수 없다고 한다. 그러나 변제수령행위는 법률행위가 아니어서 행위능력의 적용범위에 속하지 않는다고 보아야 할 뿐만 아니라[46)] 변제는 법률관계를 적극적으로 생성시키는 것이 아니라 이미 존재하는 법률관계를 청산하는 것이라는 점에서 일부학설의 입장은 찬성하기 어렵다.

나) 範圍를 정하여 處分이 허락된 재산에 대한 處分行爲[47)]

106 법정대리인이 범위를 정하여 처분을 허락한 재산은 미성년자가 임의로 처분할 수 있다(제6조). 예컨대, 미성년자가 자신이 용돈의 범위 내에서 체결한 계약은 확정적으로 유효한 법률행위이다.

허락은 제5조 제1항의 동의와 마찬가지로 문제의 법률행위가 있기 전에 하여야 한다. 허락의 상대방은 미성년자 또는 거래상대방이다.[48)] 처분가능한 재산의 범위를 구체적으로 말할 수는 없으나 무능력자제도의 취지를 상실하게 할 정도의 포괄적인 허락은 제6조의 허락으로 해석할 수 없다. 법정대리인은 미성년자가 법률행위를 하기 전까지는 허락을 취소할 수 있다(제7조). 여기에서 말하는 취소는 장래에 대해서만 허락이 없는 것으로 하는 것으로 엄밀하게 말한다면 취소가 아니라 철회이다. 이에 따라 민법개정안은 '취소'를 '철회'로 개정하였다(개정안 제7조).

---

44) 매매계약은 쌍무계약으로서 당사자 모두 채무를 부담한다는 점을 생각해 보라.

45) 특히, 郭潤直, 앞의 책 "民法總則", 133면.

46) 같은 취지: 金俊鎬, 앞의 책 "民法總則", 105면; 池元林, 앞의 책 "民法講義", 67면 등.

47) 제6조를 미성년자의 행위능력의 범위에 대한 예외로 보는 통설과 달리, 제6조의 허락은 제5조 제1항의 동의와 근본적으로 같고 다만 동의의 모습이 다를 뿐이므로 원칙에 포섭되는 것으로 보아야 한다는 견해가 있다(郭潤直 편/梁三承 집필, "民法註解 [I]", 博英社, 1996, 282면; 金俊鎬, 앞의 책 "民法總則", 107면). 중대한 실익이 있는 논의는 아니지만, 미성년자의 행위능력에 관한 원칙은 각 법률행위마다 개별적인 동의를 요구하는 것이므로 제6조의 허락과는 구별하여야 한다.

48) 郭潤直 편/梁三承 집필, 앞의 책 "民法註解 [I]", 284면.

민 법 개 정 안	
현 행 규 정	개 정 안
第7조(동의와 허락의 취소) 법정대리인은 미성년자가 아직 법률행위를 하기 전에는 전2조의 동의와 허락을 취소할 수 있다.	제7조(동의와 허락의 철회) 법정대리인은 미성년자가 아직 법률행위를 하기 전에는 제5조 및 제6조의 동의와 허락을 철회할 수 있다.
개정배경 '전2조'와 같은 표현을 현대화하고 종래 학설의 지적을 수용하여 '취소'를 '철회'로 개정하였다.	

여기에서 '범위를 정하여'의 의미에 유의할 필요가 있다. 구민법에서는 다음과 같은 구분을 하였다: ① 법정대리인이 사용목적을 정하여 처분을 허락한 경우(예: 생활비에 사용할 것); ② 사용목적을 정하지 않고 범위만을 정하여 처분을 허락한 경우. ②의 경우와 달리 ①의 경우에는 사용목적의 범위 안에서만 임의로 처분할 수 있는 것으로 하였다(구민법 제5조). 그러나 현행법은 ②만을 존치하고 ①은 삭제하였다. 그 입법취지는 대체로 이러하다: 사용목적을 정한다는 것은 주관적인 것이므로 거래상대방에 대하여 가혹한 것으로서, 예컨대 미성년자에게 현금을 교부한 후 일일이 목적에 위반되었다 하여 문제 삼는다면 이는 거래의 수월성을 해치는 것이다.[49] 이러한 입법취지에 따라 통설은 제6조의 '범위'는 사용목적이 아니라 재산의 범위를 의미하는 것으로 해석한다. 통설에 따르면, 미성년자가 생활비에 사용하라고 받은 금전을 여행경비로 사용했다 하더라도 그 행위의 효력에는 영향이 없게 된다. 이와 달리 일부학설[50]은 처분할 재산의 범위만을 정하였다면 자유처분이 가능하지만 사용목적을 정한 경우에는 그 목적범위 내에서 사용하여야 되는 것으로 해석한다. 그런데 이 학설은 구민법의 규정내용과 같은 것으로 현행민법의 해석론으로는 타당하지 않다고 본다. 현행법은 '사용목적'이라는 주관적 요소를 배제함으로써 무능력자보호와 함께 거래안전도 도모하고 있다는 점에 유의할 필요가 있다.

제6조의 '처분'은 엄격한 의미로 사용된 것이 아니다. 즉 여기에서의 처분은 사용·수익까지도 포함하는 개념이다. 또한 처분이 허락된 재산의 운

49) 앞의 책 "民法案審議錄(上)", 8면.
50) 池元林, 앞의 책 "民法講義", 67면.

용을 통하여 취득한 재산을 다시 처분하는 경우에도 법정대리인의 동의를 받을 필요가 없다.

다) 허락된 營業에 관한 행위

107 법정대리인으로부터 허락을 받은 특정한 영업에 관하여 미성년자는 행위능력을 가진다(제8조 제1항). 미성년자가 스스로 영업을 하는 경우에 그 영업에 관한 모든 거래행위에 대하여 개별적 동의를 요구하는 것은 거래의 수월성을 해치는 것이라는 취지에서 마련된 규정이다. 제6조의 경우에는 미성년자가 행위능력자로 되는 것이 아니지만, 제8조의 경우에는 영업에 관련된 행위에 대해서 미성년자가 행위능력자로 된다는 점에서 차이가 있다. 그 결과 영업에 관련해서는 법정대리인의 동의가 필요하지 않으며 법정대리인에게 대리권도 없다.

영업이란 영리를 목적으로 하는 독립적·계속적 사업으로서 상업(상법 제4조, 제46조)에 한하지 않고 농업, 기타 자유업도 포함된다. 영업의 종류는 특정되어야 한다. 어떤 영업을 하여도 좋다는 식의 허락은 무능력자제도의 취지에 근본적으로 반하기 때문이다. 영업이 특정된 이상 당해 영업에 관하여는 포괄적인 허락이어야 한다.[51] 영업의 일부만을 허락하는 것은 영업의 수월성을 도모하고자 하는 입법취지를 퇴색시킬 뿐만 아니라 상대방에게도 불측의 손해를 줄 수 있기 때문이다. 영업허락에는 특별한 방식이 요구되지 않는 것이 원칙이다. 다만 영업이 상업인 경우에는 상업등기를 하여야 한다(상법 제6조, 제37조).

법정대리인은 영업의 허락을 취소 또는 제한할 수 있다(제8조 제2항 본문). 여기에서 말하는 취소는 장래에 대해서만 허락이 없는 것으로 하는 것으로 엄밀하게 말한다면 취소가 아니라 철회이다. 이에 따라 민법개정안은 '취소'를 '철회'로 개정하였다(개정안 제8조 제2항). 제한은 두 개 이상의 영업을 허락했었는데 그 중 어느 단위의 영업에 대한 허락을 철회하는 것을 말한다. 영업허락의 취소 또는 제한은 선의의 제3자에게 대항하지 못한다. 거래안전을 위한 배려조치이다.

---

51) 예컨대, 문구점 영업을 허락하면서 1만원 이상인 물건의 거래는 법정대리인의 동의를 얻도록 하는 것은 허용되지 않는다.

민 법 개 정 안	
현 행 규 정	개 정 안
제8조(영업의 허락) ① (생략) ② 법정대리인은 전항의 허락을 취소 또는 제한할 수 있다. 그러나 선의의 제3자에게 대항하지 못한다.	제8조(영업의 허락) ① (현행과 같음) ② 법정대리인은 제1항의 許諾을 철회 또는 제한할 수 있다. 그러나 선의의 제3자에게 대항하지 못한다.
개정배경 '전항'과 같은 표현을 현대화하고, 종래 학설의 지적을 수용하여 '취소'를 '철회'로 개정하였다.	

라) 代理行爲

108 대리인은 행위능력자가 아니어도 무방하다(제117조). 대리행위의 법률효과는 대리인이 아니라 본인에게 귀속하므로 무능력자제도의 취지에 반하지 않기 때문이다.[52]

마) 遺言行爲

109 17세에 달하게 되면 비록 성년자가 아니라 하더라도 독자적으로 유효한 유언을 할 수 있다(제1061조).

바) 無限責任社員으로서의 行爲

110 미성년자가 법정대리인의 허락을 얻어 회사의 무한책임사원이 된 때에는 그 사원자격에 따르는 행위에 대해서는 행위능력자도 본다(상법 제7조).

사) 勤勞契約의 체결

111 친권자 또는 후견인은 미성년자의 근로계약을 대리할 수 없다(근로기준법 제65조 제1항). 친권자 또는 후견인의 권한남용으로부터 미성년의 근로자를 보호하기 위한 것이다. 그렇다면 미성년자는 어떠한 방법으로 근로계약을 체결하여야 하는가? 이와 관련하여 학설이 대립하고 있다. 제1설[53]은 미성년자가 단독으로 근로계약을 체결할 수 있다고 한다. 제2설[54]은 미성년자가 스스로 근로계약을 체결하되 법정대리인의 동의는 얻어야 한다는

---

52) 이에 대해서는 이 책 [486] 참조.

53) 金曾漢・金學東, 앞의 책 "民法總則", 121면; 李英俊, 앞의 책 "民法總則", 813면.

54) 郭潤直, 앞의 책 "民法總則", 139면; 高翔龍, 앞의 책 "民法總則", 114면; 李銀榮, 앞의 책 "民法總則", 137면; 金相容, 앞의 책 "民法總則", 167면; 白泰昇, 앞의 책 "民法總則", 156면.

것이다. 이에 대하여는 다음과 같이 해석하고자 한다: ① 18세 미만인 자는 법정대리인의 동의를 얻어 스스로 계약을 체결하여야 한다; ② 18세 이상인 미성년자는 단독으로 근로계약을 체결할 수 있다.[55] 근로기준법 제65조 제1항의 규정만을 보면 제1설과 제2설 모두 가능하다. 그러나 근로기준법 제64조[56]에 유의할 필요가 있다. 이 규정은 18세 미만인 미성년자의 근로계약에 있어서 법정대리인의 동의를 요구하고 있다. 이 점에서 제1설은 지지되기 어렵다. 한편 근로기준법 제64조의 반대해석상 18세 이상인 미성년자에 대해서는 법정대리인의 동의가 요구되지 않는다. 이 점에서 제2설도 지지되기 어렵다.

미성년자는 독자적으로 임금을 청구할 수 있다(근로기준법 제66조). 미성년자에게 귀속할 임금에 대한 중간착취를 방지하기 위한 규정이다.

(2) 限定治產者

1) 意　味

112 한정치산자란 심신박약 또는 낭비벽으로 인하여 자기나 가족의 생활을 궁박하게 할 염려가 있는 자로서 법원으로부터 한정치산선고를 받은 자를 말한다(제9조). 그러므로 한정치산자가 되기 위한 실질적 요건을 구비하였다 하더라도 법원으로부터 한정치산선고를 받지 않은 사람은 한정치산자가 아니다.[57]

2) 限定治產의 宣告

(가) 宣告의 要件

가) 實質的 要件: 心神薄弱者 또는 浪費者

113 심신박약이라 함은 심신상실의 상태는 아니지만 판단능력이 불완전한 경우를 말한다. 심신박약을 이유로 한정치산선고의 청구가 있게 되면

---

55) 같은 취지: 郭潤直 편/梁三承 집필, 앞의 책 "民法註解 [I]", 280면.

56) 근로기준법 제64조: "사용자는 18세 미만인 자에 대하여는 그 연령을 증명하는 호적증명서와 친권자 또는 후견인의 동의서를 사업장에 비치하여야 한다."

57) 대법원 1992. 10. 13. 92다6433: "표의자가 법률행위 당시 심신상실이나 심신미약 상태에 있어 금치산 또는 한정치산선고를 받을 만한 상태에 있었다고 하여도 그 당시 법원으로부터 금치산 또는 한정치산선고를 받은 사실이 없는 이상 그 후 금치산 또는 한정치산선고가 있어 그의 법정대리인이 된 자는 금치산 또는 한정치산자의 행위능력 규정을 들어 그 선고 이전의 법률행위를 취소할 수 없다."

법원은 의사에게 정신감정을 의뢰한다(가사소송규칙 제33조). 그러나 법원이 감정결과에 기속되는 것은 아니다.

낭비자란 합리적인 소비지출 능력이 없이 재산을 소비하는 자를 말한다. 낭비자라는 이유로 한정치산의 선고를 받기 위한 핵심기준은 '낭비로 인하여 자신이나 가족의 생활을 궁박하게 할 염려가 있는 경우'이다. 낭비여부는 본인 및 가족의 수입과 지출의 수준에 따라 개별적으로 판단할 수 밖에 없다. 한정치산자제도는 본인 또는 가족의 재산을 보호하고자 하는 것이다. 그러므로 지출의 목적은 문제되지 않는다. 즉 공익을 목적으로 소비하는 경우라 하여 특별히 다루어질 것은 아니다.

나) 形式的 要件: 일정한 자의 請求

114 한정치산선고는 법원이 직권으로 하는 것이 아니라 본인, 배우자, 4촌 이내의 친족, 후견인 또는 검사의 청구에 의하여야 한다(제9조). 검사를 포함시킨 것은 그가 공익의 대표자이기 때문이다. 한정치산선고의 필요가 있음에도 불구하고 선고의 청구를 하지 않아 본인 또는 거래의 안전을 위협하는 경우를 대비하기 위한 조치로 볼 수 있다.

청구권자 중 후견인에 관하여는 논의의 여지가 있다. 후견인에는 금치산자의 후견인과 미성년자의 후견인 두 경우를 생각할 수 있다. 이 중에서 금치산자의 후견인이 한정치산청구를 할 수 있음은 문제가 없다. 왜냐하면 양자 사이에는 능력범위에 차이가 있어서 금치산자를 한정치산자로 하는 것에 실익이 있기 때문이다. 문제는 "미성년자의 후견인이 한정치산을 청구할 수 있는가?" 하는 것이다. 이 문제는 결국 "미성년자가 한정치산선고를 받을 수 있는가?" 하는 것인데, 소수설은 부정하는 입장이다.[58] 미성년자와 한정치산자는 능력에 있어서 동일하다는 것이 그 논거이다. 그러나 통설은 반대의 입장이다. 그 논거는 다음과 같다: 한정치산청구를 하고 법원의 판결이 있기까지는 시간적 공백이 있는데, 문제된 사람이 한정치산자의 실질적 요건을 갖추고 있는 경우에 시간적 간격이 없이 그를 한정치산자로 하는 것이 무능력자제도의 취지에 부합한다. 이러한 논의가 실제적으로 얼마나 의미있는 것인가 하는 것을 제쳐놓고(한정치산이나 금치산제도가 이용되는

---

58) 郭潤直, 앞의 책 "民法總則", 142면

경우가 극히 저조[59]하기에 하는 말이다) 이론적으로만 생각한다면 통설이 타당하다고 본다.

(나) 宣告의 節次

115 앞에서 말한 요건이 구비되면 법원은 한정치산선고를 한다. 한정치산선고는 가정법원의 전속관할이다(가사소송법 제2조). 한정치산의 선고가 있게 되면 그 사실을 공고하고 호적부에 기재한다(가사소송규칙 제26조, 제37조, 호적법시행규칙 제53조 제1항 제6호, 제58조).

종래 학설의 일치된 견해 중에 다음과 같은 것이 있다: "한정치산선고의 실질적 요건이 구비되면 선고를 할 수도 있고 하지 않을 수도 있는 것이 아니라, 반드시 하여야 한다." 물론 이 표현이 잘못된 것은 아니다. 그러나 실질적 요건의 판단에 있어서 법관은 어떠한 요소에도 기속되지 않으므로 위 표현은 특별한 의미를 가지지 못한다.

3) 法定代理人: 後見人

116 한정치산의 선고가 있게 되면 후견인을 두어야 한다(제929조). 후견인은 피후견인(한정치산자)의 법정대리인이 된다(제938조). 미성년자의 경우와 달리 한정치산자에게는 지정후견인은 있을 수 없고 1순위로 법정후견인(제933조~제935조), 법정후견인이 없는 때에는 2순위로 법원에 의하여 선임되는 선임후견인(제936조)이 있을 뿐이다. 한편 민법은 후견인이 될 수 없는 자를 규정하고 있다(제937조).

후견인은 동의권·대리권·취소권을 가지며(제10조), 그 밖에 한정치산자의 후견인의 권한은 미성년자의 후견인의 그것과 같은 것이 원칙이다(제949조, 제950조 참조). 그러나 양자 사이에 차이가 나는 경우도 있다.[60]

4) 行爲能力의 범위

(가) 一般原則

117 한정치산자의 능력에 대해서는 미성년자의 행위능력에 관한 규정(제5조~제8조)이 준용된다(제10조).

(나) 個別問題

118 한정치산자의 행위능력에 관해서 학설상 논의되는 것을 살피기로

59) 한정치산과 금치산선고의 청구 건수 통계에 대해서는 이 책 [90] 참조.
60) 그 예로서는 이 책 [120] 참조.

한다.

가) 家族法上의 行爲能力

119 약혼(제801조, 제802조), 혼인(제807조, 제808조), 협의이혼(제835조) 등 가족법상의 법률행위에 관하여 민법은 미성년자와 금치산자에 대하여는 규정하고 있는데, 한정치산자에 대하여는 규정이 없다. 이 점에 대하여 학설은 다음과 같이 대립한다. 제1설(통설)[61]의 입장은 다음과 같다: 한정치산자에 대하여 규정이 없는 이유는 이들 가족법상의 행위의 경우에는 한정치산자를 능력자로 다루려는 취지이다. 제2설(소수설)[62]의 입장은 다음과 같다: 한정치산자에 대하여 규정이 없는 것은 입법상의 불비이므로 미성년자의 경우와 동일하게 다루어져야 한다.

다음과 같은 이유에서 통설의 입장이 타당하다고 생각한다. 첫째, 행위무능력제도라는 것은 객관적·획일적 기준을 통하여 무능력자를 보호하고 부수적으로는 거래안전을 확보하고자 하는 취지의 제도이므로, 개별성과 진실성을 중심 가치로 하는 가족법상의 법률행위는 행위무능력제도의 적용영역에 포함되지 않는 것이 원칙이다. 둘째, 제2설대로 한다면 심신박약이 아니라 낭비벽을 이유로 한정치산자가 된 자에 대해서까지 가족법상의 행위능력을 제한하는 결과가 되는데, 이는 "한정치산자의 행위능력은 미성년자의 그것과 같다"라는 논리에 치중하여 한정치산자의 잔존능력을 무시하는 것으로 타당한 해결책으로 보기 어렵다.

나) 勤勞契約締結과 賃金請求

120 미성년자의 근로계약에 관한 근로기준법 제65조와 제66조를 한정치산자에게도 유추적용할 수 있는가? 제1설[63]은 유추적용을 긍정한다. 그리고 이러한 주장의 근거에 대해서는 "근로계약의 체결과 임금청구에 있어서 한정치산자를 보호하지 않을 이유가 없다"라는 정도의 설명이 있을 뿐이다. 제2설[64]은 근로기준법의 문언을 근거로 유추적용을 부정한다. 다음과 같은

61) 金容漢, 앞의 책 "民法總則論", 114면; 李英俊, 앞의 책 "民法總則", 810면; 白泰昇, 앞의 책 "民法總則", 160면; 金俊鎬, 앞의 책 "民法總則", 117면.

62) 郭潤直, 앞의 책 "民法總則", 143면.

63) 郭潤直, 앞의 책 "民法總則", 143면; 金相容, 앞의 책 "民法總則", 174면; 李英俊, 앞의 책 "民法總則", 810면; 高翔龍, 앞의 책 "民法總則", 125면; 白泰昇, 앞의 책 "民法總則", 39면.

이유에서 제2설에 따르고자 한다: ① 근로기준법 제65조와 제66조는 노동법상 특별한 보호대상인 여성과 연소자에 대한 보호조치의 일환으로서 민법상의 행위능력제도와는 그 취지를 달리하는 것인데, 그 규정을 한정치산자에 그대로 유추적용하는 것은 규정의 취지를 넘는 것이다; ② 한정치산제도는 심신박약 또는 낭비벽이 있는 자에게 선고되는데, 낭비벽으로 인하여 한정치산선고를 받은 자에게 임금을 직접 청구하도록 하는 것은 근로기준법 제66조의 취지(연소자에 대한 노동력 착취의 방지)와 무관할 뿐만 아니라 한정치산선고의 목적과 상치할 수도 있다(예: 한정치산자가 수령한 임금을 낭비하는 경우를 생각해 보라).

앞에서 현행 행위무능력제도의 문제점으로 행위무능력자의 능력범위를 획일적으로 정함으로써 행위무능력자의 잔존능력을 무시하는 불합리가 존재함을 지적한 바 있다.[65] 한정치산자와 행위능력에 관한 논의에 있어서 "한정치산자의 행위능력은 미성년자의 그것과 같다"라는 논리에 집착하는 태도는 이러한 문제점을 증폭시키는 결과를 가져올 수 있다.

5) 限定治產宣告의 取消

121 한정치산의 원인이 소멸하게 되면 법원은 일정한 자(제9조의 한정치산선고의 청구권자와 동일함)의 청구에 의하여 한정치산선고를 취소하여야 한다(제11조). 이 취소는 소급효가 없다. 그러므로 한정치산선고의 취소 전에 법정대리인의 동의없이 한정치산자가 단독으로 한 법률행위는 한정치산선고의 취소 후에도 취소의 대상이 된다.

(3) 禁治產者

1) 意 味

122 금치산자란 심신상실의 常態에 있는 자로서 법원으로부터 금치산선고를 받은 자를 말한다(제12조). 금치산자가 되기 위한 실질적 요건을 구비하였다 하더라도 법원으로부터 선고를 받지 않은 이상 금치산자가 아님은 한정치산자의 경우와 같다.

---

64) 金俊鎬, 앞의 책 "民法總則", 117면.
65) 이에 대해서는 이 책 [90] 참조.

2) 禁治產의 宣告

(가) 宣告의 要件

가) 實質的 要件: 心神喪失의 常態

123 심신상실이란 사리분별을 할 수 없는 상태, 즉 의사능력이 없는 상태를 말한다. 금치산선고의 요건은 심신상실의 '狀態'가 아니라 '常態'이다. 즉 가끔씩 사리분별을 할 수 있는 정신능력이 있기는 하지만 대부분의 시간 동안 심신상실의 상황에 있는 사람이라면 금치산선고를 위한 실질적 요건을 충족한다. 의사의 정신감정에 관한 것은 한정치산선고에서 설명한 것과 같다.

나) 形式的 要件: 일정한 자의 請求

124 한정치산선고에서 설명한 것과 같다(제12조).[66]

(나) 宣告의 節次

125 앞에서 말한 요건이 구비되면 법원은 금치산선고를 한다. 이에 대해서도 한정치산선고에서 설명한 것과 같다.[67]

3) 法定代理人: 後見人

126 금치산의 선고가 있게 되면 후견인을 두어야 한다(제929조). 후견인은 피후견인(금치산자)의 법정대리인이 된다(제938조). 후견인이 되는 자에 대해서는 한정치산선고에서 설명한 것과 같다.[68] 금치산자의 후견인은 동의권을 가지지 않고 대리권과 취소권을 가질 뿐이다.

4) 行爲能力의 범위

127 금치산자의 법률행위는 언제나 취소할 수 있다(제13조). 금치산자가 후견인의 동의를 얻어 행한 법률행위라 하더라도 취소할 수 있는 법률행위이다. 그러므로 금치산자는 후견인의 대리행위에 의해서만 확정적으로 유효한 법률행위를 할 수 있다. 금치산자가 임의로 행한 법률행위를 후견인이 추인하였다면 그 법률행위는 확정적으로 유효하게 된다.

위와 같은 원칙에도 불구하고 가족법에 있어서는 후견인의 동의를 얻어 스스로 확정적 유효의 법률행위를 할 수 있는 경우가 있다. 약혼(제802조),

---

66) 이에 대해서는 이 책 [114] 참조.
67) 이에 대해서는 이 책 [115] 참조.
68) 이에 대해서는 이 책 [116] 참조.

혼인(제808조 제2항), 협의이혼(제835조), 입양(제873조), 파양(제902조) 등이 그 예이다. 한편 유언의 경우에는 행위능력에 관한 일반원칙의 적용이 배제된다(제1062조). 즉 만 17세 이상인 자는 의사능력이 있다면 비록 금치산자라 하더라도 유효한 유언을 할 수 있다(제1061조, 제1063조).

5) 禁治產宣告의 取消

128 금치산선고의 취소에 대해서는 한정치산선고의 취소에 관한 규정이 준용된다(제14조).

3. 無能力者의 相對方 保護

(1) 序 說

129 행위무능력자가 단독으로 체결한 법률행위는 취소할 수 있는 법률행위이다. 즉 무능력자 본인 또는 그의 법정대리인은 당해 법률행위를 취소할 수 있다(제140조).

취소할 수 있는 법률행위는 취소권자에 의한 취소권이 행사되기 전까지는 일단 유효하다. 그러나 일단 취소권이 행사되면 법률행위는 소급적으로 무효로 된다(제141조 본문). 이와 같이 취소할 수 있는 법률행위에 대하여 취소권자가 이를 취소하는가 여부에 따라 상대방의 지위는 매우 불안정할 수밖에 없다. 여기에서 취소할 수 있는 법률행위의 취소 여부를 언제까지나 취소권자의 의사에 좌우되도록 방치할 수 없는 측면이 있다. 한편, 무능력자가 사술로써 자신이 단독으로 법률행위를 할 수 있는 능력이 있는 것으로 상대방을 오신시킨 경우도 있는데, 이와 같은 경우에까지 무능력자를 보호한다는 것은 상대방에 대하여 지나친 희생을 강요하는 것이다. 이와 같은 고려에 따라 민법은 행위무능력자의 상대방을 보호하기 위한 일련의 규범조치를 마련하고 있다(제15조~제17조).[69]

---

69) 행위무능력자가 단독으로 체결한 법률행위는 취소할 수 있는 법률행위이다. 민법은 취소할 수 있는 법률행위 모두에 일반적으로 적용되는 상대방 보호를 위한 규정을 두고 있다: ① 취소권행사 기간에 대한 제한(제146조); ② 법정추인제도(이에 대해서는 이 책 [586] 참조). 여기에서 보고자 하는 것은 취소사유가 무능력인 경우에 있어서 특유하게 인정되는 상대방보호제도이다.

(2) 相對方에게 부여된 權利

1) 소극적 권리: 催告權

(가) 意 味

130 상대방은 무능력자측에 대하여 문제의 법률행위를 취소할 것인가 여부에 대한 확답을 요구할 수 있다(제15조). 이와 같이 催告權이란 취소권을 가지고 있는 무능력자측에 대하여 문제의 법률행위를 취소할 것인지의 여부에 대한 확답을 촉구하는 권리이다. 상대방의 최고권 행사에 대하여 무능력자측에서 取消를 하든가 追認을 하게 되면 그대로의 효과가 발생한다. 즉 追認을 하면 법률행위는 더 이상 취소할 수 없는 법률행위로 되고, 取消를 하게 되면 처음부터 無效인 법률행위로 된다(제141조 본문).

상대방의 입장에서는 문제의 법률행위를 추인하였으면 하는 의사로 최고권을 행사하였다 하더라도 그의 의사와 상관없이 무능력자측의 행동에 따라 법률효과가 나타나게 된다. 이와 같은 면에서 볼 때, 상대방의 최고권은 소극적 권리로서의 의미를 가지는 것이다.[70]

◆ 보충설명: 無能力者側의 '追認'의 의미

추인권이란 원래 법률행위의 효력이 유동적 무효인 상태에 있다는 것을 전제로 하여 인정되는 권리이다. '流動的 無效'란 처음부터 무효라는 점에서는 일반적 무효와 다를 것이 없으나 추인권자의 추인에 의하여 소급적으로 유효한 법률행위로 될 수 있는 것을 말한다. 무권대리행위는 본인과의 관계에서 유동적 무효인 법률행위라고 할 수 있다. 유동적 무효상태에 있는 무권대리행위에 대하여 본인에게 추인권(제130조)이 인정되는 것은 논리적으로 쉽게 이해할 수 있다.

그런데 무능력자가 단독으로 행한 법률행위를 무능력자측에서 추인할 수 있다는 것은 논리적으로 이해하기 어려운 점이 있다. 왜냐하면 행위무능력자에 의한 법률행위는 일단은 유효한 것이고 다만 취소할 수 있는 법률행위일 뿐인데, 원천적으로 유효한 법률행위를 추인한다는 것은 논리적으로 매끄럽지 않기 때문이다. 독일민법과 같이 행위무능력자에 의한 법률행위를 유동적 무효로 한다면(제105조 제1항) 무능력자측의 추인권이라는 것이 법논리적 관점에서 별문제가 없을 것이다. 우리 민법에 있어서 무능력자측의 추인은 취소권의 포기로 파악하는 수밖에 없을 것이다.

---

70) 제15조의 최고권은 무권대리의 상대방에게 부여되는 최고권(제131조)과 유사한 메커니즘을 가지는 것이다. 제131조의 '최고'에 대해서는 이 책 [517] 참조.

(나) 要 件

131 催告權의 행사방법은 어떠한가? 상대방의 최고권은, 문제되는 법률행위를 특정하고 1개월 이상의 유예기간을 정하여 추인 여부의 확답을 구하여야 한다(제15조 제1항).

최고권은 누구를 상대로 하여야 하는가? 무능력자는 그가 능력자로 된 때에만 최고의 상대방이 될 수 있다(제15조 제1항). 최고는 상대방의 추인 여부를 묻는 것이므로 그 상대방이 추인권을 행사할 수 있는 지위에 있을 것이 전제되기 때문이다. 무능력자가 계속 행위무능력자인 상태로 있는 경우라면 그의 법정대리인에게 최고권을 행사하여야 한다(제15조 제2항).

(다) 效 果

132 최고에 의하여 주어진 기간 안에 무능력자측에서 추인 또는 취소를 하게 되면 그대로의 효과가 확정된다. 그렇다면 무능력자측에서 아무런 확답을 하지 않는다면 어떻게 되는가? 이에 대하여 민법은 경우에 따라 각각 그 효과를 달리 정하고 있다.

ⓘ 첫째, 원칙적인 경우로서, 상대방이 최고권을 행사함에 있어서 정한 기간 내에 아무런 확답이 없으면 문제의 법률행위를 추인한 것으로 본다(제15조 제1항·제2항).

ⓘⓘ 둘째, 예외적인 경우이다. 이는 추인을 위하여 특별한 절차가 요구되는 경우이다. 다음과 같은 예를 들어 보자: 한정치산자(P)의 후견인(Q)이 한정치산자를 대리하여 R과의 소비대차계약에 따라 돈을 빌렸다. 후견인이 피후견인을 대리하여 금전을 차용하기 위해서는 친족회의 동의를 얻어야 한다(제950조 제1항 제2호). 친족회의 동의 없이 후견인이 그와 같은 행위를 한 때에는 한정치산자 또는 친족회는 문제의 행위를 취소할 수 있다(제950조 제2항). 그러므로 사례에서 Q·R간에 체결된 소비대차계약은 취소할 수 있는 법률행위이다. R이 Q에게 제15조에 정한 최고권을 행사한 경우에 후견인 Q는 단독으로는 추인할 수 없고 친족회의 동의라는 '특별한 절차'를 거칠 것이 요구된다. 이와 같이 추인에 특별한 절차가 필요한 경우에 그러한 절차를 밟은 확답을 하지 않은 때에는 당해 법률행위를 취소한 것으로 본다(제15조 제3항).

2) 적극적 권리: 撤回權·拒絶權

(가) 意　味

133 무능력자의 상대방으로서는 앞의 최고권을 가지고는 문제의 법률행위에 대하여 어떠한 적극적인 행동도 할 수 없다. 그리하여 민법은 상대방이 보다 적극적인 입장에서 문제의 법률행위의 구속력으로부터 벗어날 수 있는 권리를 인정하고 있다. 무능력자의 상대방의 철회권과 거절권이 그것이다(제16조). 전자는 문제의 법률행위가 계약인 경우이고, 후자는 단독행위인 경우이다.

(나) 撤回權

134 무능력자와 계약을 체결한 자는 무능력자측에서 추인을 하기 전까지 자신의 의사표시를 철회할 수 있다(제16조 제1항 본문). 철회권은 법정대리인뿐만 아니라 무능력자 자신에 대해서도 할 수 있다(제16조 제3항). 그러나 상대방이 계약 당시에 타방 당사자가 무능력자임을 알았을 때에는 철회권이 인정되지 않는다(제16조 제1항 단서). 이와 같은 경우라면 상대방 보호의 필요성이 없기 때문이다. 여기에서 상대방의 철회권의 구체적 성질에 대하여 생각할 필요가 있다. 撤回權이란 원래 법률행위의 효력이 유동적 무효인 상태에 있다는 것을 전제로 하여 인정되는 권리이다.[71] 독일민법과 같이 행위무능력자에 의한 법률행위를 유동적 무효로 한다면(제105조 제1항) 상대방의 철회권이라는 것이 법논리적 관점에서 별문제가 없을 것이다. 그러나 행위무능력자에 의한 법률행위를 일단은 유효한 것으로 하고 다만 취소할 수 있는 법률행위로 규정하고 있는 우리 법제에 있어서 상대방의 철회권을 이론적으로 설명함에 있어서는 약간의 난점이 있다.[72]

예를 들어 설명해 보자. 한정치산자 P는 법정대리인의 동의 없이 Q와 매매계약을 체결하였다; Q는 계약체결 당시 P가 한정치산자라는 사실을 알지 못하였다. 이와 같은 경우에 P측에서 문제의 매매계약을 취소하기 전이라면 Q는 자신의 의사표시를 철회할 수 있다는 것이다.

---

71) 우리 민법에 있어서 무권대리인의 상대방의 철회권(제134조)과 같은 것이 그 예이다.

72) 이는 앞에서 살핀 무능력자측의 追認과 같은 차원의 문제로 볼 수 있다. 철회의 개념에 대하여 보다 구체적인 것은 이 책 [576] 참조.

철회의 효과는 무엇인가? 계약은 당사자간의 의사표시의 합치에 의하여 성립하는 법률행위이다. 위 사례에서 매매계약이 성립하였다는 것은 P의 Q에 대한 의사표시 및 Q의 P에 대한 의사표시가 있었고 이들 두 의사표시가 합치되었기 때문이다. 만일 Q가 자신의 P에 대한 의사표시를 철회(즉 거두어들임)하게 되면 계약의 구성요소인 하나의 의사표시가 흠결되는 결과가 된다. 구성요소가 흠결된다는 것은 곧 계약이 성립하지 않는 결과로 된다. 그러므로 P·Q간에는 계약관계가 존재하지 않는 것이고, 따라서 P·Q는 계약에 의한 구속을 받지 않게 된다.

무능력자측에서 법률행위를 추인한 때에는 더 이상 철회권을 행사할 수 없다(제16조 제1항 본문). 즉 상대방의 철회권도 최고권과 마찬가지로 무능력자측의 추인권보다는 하위에 있는 권리인 셈이다. 그렇다면 이러한 규범조치는 부당한 것인가? 그렇지 않다고 보아야 한다. 무능력자와 법률행위를 한 상대방은 어차피 무능력자를 상대방으로 예정하여 거래행위를 한 것인데, 무능력자측에서 추인을 한다면 그가 예상한 대로의 법률관계를 설정하게 되는 것이기 때문이다.

철회권 행사의 효과는 무엇인가? 통설[73)]은 철회권 행사의 효과를 무효라고 한다. 그러나 앞에서 본 바와 같이 법률행위의 무효가 아닌 법률행위의 부존재로 보는 것이 法論理에 합당하다. 무효란 법률행위가 성립요건은 구비하고 있으나 효력요건이 흠결된 경우인데,[74)] 상대방이 자신의 의사표시를 철회하게 되면 계약의 성립요소인 의사표시의 하나가 흠결되기 때문이다.[75)]

(다) 拒絶權

135 무능력자가 한 법률행위가 계약이 아닌 단독행위인 경우에 당해 법률행위에 대한 추인이 있을 때까지 상대방은 이를 거절할 수 있다(제16조 제2항). 거절권은 법정대리인뿐만 아니라 무능력자 자신에 대해서도 할 수 있다(제16조 제3항).

---

73) 예를 들면, 金俊鎬, 앞의 책 "民法總則", 125면; 李銀榮, 앞의 책 "民法總則", 182면.

74) 이에 대해서는 이 책 [360] 이하 참조.

75) 이 문제는 무권대리인의 철회권과 같은 메커니즘이다. 이에 대해서는 이 책 [518] 참조.

단독행위는 하나의 의사표시만으로 성립하는 법률행위이다. 단독행위에는 상대방 있는 단독행위(예: 상계, 채무면제, 해제)와 상대방 없는 단독행위(예: 유언, 재단법인 설립행위)가 있다. 상대방 없는 단독행위는 표의자의 의사표시가 존재한다는 자체만으로 효력을 발생하지만, 상대방 있는 단독행위는 의사표시가 상대방에게 도달함으로써 효력을 발생한다는 점에서 구별된다.

거절권이라는 것은 법률행위자의 의사표시의 수령을 거절하는 권리라는 점에서 개념상 상대방 있는 단독행위를 전제로 하는 것이다. 상대방 있는 단독행위는 상대방에 의한 의사표시의 수령이 있어야 효력을 발생할 수 있는 것인데, 거절권을 행사하면 상대방이 수령하지 않은 것으로 봄으로써 단독행위가 효력을 발생하지 못하도록 한 것이다.

거절권 행사의 효과는 무엇인가? 문제된 단독행위의 무효라고 보아야 한다.

(3) 無能力者側의 取消權 喪失

1) 意 味

136 무능력자 자신이 단독으로 법률행위를 할 수 있는 능력이 있는 것으로 속인 경우까지 무능력자제도를 관철한다는 것은 상대방에 대하여 지나친 희생을 강요하는 것이다. 무능력자가 詐術을 사용하여 상대방으로 하여금 자신을 능력자로 믿게 함으로써 법률행위를 한 경우에 상대방의 입장에서도 적극적으로 대응할 수 있는 방법이 있다. 우선, 사기를 이유로 법률행위를 취소함으로써 법률행위의 구속력으로부터 벗어날 수 있다(제110조). 또한, 불법행위에 기한 손해배상을 청구할 수도 있다(제750조).[76] 왜냐하면 타인을 기망하여 손해를 끼치는 행위는 불법행위이기 때문이다.

그런데 이들 무능력자와 거래한 상대방이 원래 의도한 것은 당해 법률행위를 취소한다든가 또는 손해배상을 청구하는 것이 아니라, 법률행위의 유효성을 전제로 하여 무능력자와 법률관계를 설정하고자 했던 것이다. 무

---

76) 행위무능력자제도는 법률행위의 영역에 한하여 타당한 것이다. 그러므로 법률행위의 영역이 아닌 불법행위에 있어서는 불법행위자가 행위무능력자라는 사유로 손해배상청구권이 영향을 받지 않는다. 물론 행위무능력자가 동시에 책임무능력자(대체로 의사무능력자에 대응함)인 때에는 그에 대하여 손해배상을 청구할 수 없다.

능력자의 사술에 의하여 상대방이 그와 법률행위를 하였다면 이 때의 상대방의 신뢰는 보호가치가 한층 강화되는 것으로 볼 수 있다. 이와 같은 취지에서 민법은, 일정한 요건이 충족되는 경우에 무능력자측의 취소권을 처음부터 박탈하는 규정을 두고 있다(제17조).

2) 要 件

137 ⅰ 첫째, 무능력자측의 사술이 있어야 한다. 제17조의 사술의 구체적 의미에 대하여 판례는 적극적으로 사기수단을 쓴 것을 말하는 것이고 단순히 자기가 능력자라고 말한 것은 사술을 쓴 것이라고 볼 수 없다고 하여 무능력자의 보호 쪽에 무게를 두는 입장이다.[77] 그러나 행위의 형태가 적극적인가 아니면 소극적인가를 기준으로 기계적으로 판단할 문제는 아니라고 본다. 경우에 따라서는 소극적인 행위가 적극적인 행위보다 상대방에게 더 강한 오신을 불러일으킬 수 있기 때문이다. 詐術에 대하여 민법은 두 가지로 나누어 규정하고 있다. 하나는, 무능력자가 자신을 능력자로 믿게 한 경우이다(제17조 제1항). 미성년자가 호적등본을 위조하여 자신의 연령을 성년으로 한 경우가 그 예이다. 다른 하나는, 무능력자가 문제의 행위에 대하여 법정대리인의 동의가 있는 것으로 믿게 한 경우이다(제17조 제2항). 한정치산자가 법정대리인의 인장을 훔쳐 동의서를 작성하고 이를 상대방에게 제시하여 법률행위를 한 경우가 그 예이다. 제17조 제2항은 금치산자에는 적용이 없다. 왜냐하면 금치산자는 법정대리인의 동의에 의하여 스스로 법률행위를 할 수 없고 언제나 법정대리인의 대리행위에 의해서만 법률행위를 하여야 하기 때문이다(제13조).

ⅱ 둘째, 상대방의 誤信과 詐術 사이의 因果關係이다. 무능력자의 사술로 인하여 상대방이 무능력자를 능력자로 믿었거나 또는 법정대리인의 동의가 있다고 믿었어야 한다.

3) 效 果

138 행위무능력을 이유로 한 취소권자(무능력자 또는 그의 법정대리인)의 취소권은 처음부터 발생하지 않는다.

---

77) 대법원 1955. 3. 31. 4287민상77; 대법원 1971. 12. 14. 71다2045 참조.

Ⅲ. 生活場所

139 사람은 생활을 영위함에 있어서 일정한 장소와 관계를 가질 수밖에 없다. 그리고 장소의 문제는 때에 따라서는 사람 사이의 이해관계에 결정적인 요소로 작용하기도 한다.[78] 법률주체와 생활장소의 연결점에 관하여 민법은 주소(제18조), 거소(제19조, 제20조) 및 가주소(제21조)를 규정하고 있다. 민법이 정하는 생활장소 및 그와 관련되는 사항을 살피기로 한다.

1. 住　　所

140 주소란 법률주체의 생활의 근거가 되는 장소이다(제18조 제1항). 법률관계에 있어서 주소는 여러 가지 면에서 중요성을 가진다. 다음과 같은 예를 들 수 있다: ① 부재와 실종의 표준(제22조, 제27조); ② 채무의 변제장소(제467조 제2항); ③ 상속개시지(제998조); ④ 재판관할의 표준(민사소송법 제3조); ⑤ 귀화의 요건(국적법 제5조) 등.

주소와 특히 구별하여야 할 것 중에 '주민등록지'가 있다. 이는 30일 이상 거주할 목적으로 일정한 장소에 주소 또는 거소를 가진 자가 주민등록법에 의하여 등록한 장소를 말하는 것이다(주민등록법 제6조). 주민등록지는 반드시 주소와 일치하는 것은 아니며 주소로 인정될 수 있는 중요한 자료가 될 뿐이다.

주소를 정하는 입법주의에는 그 기준에 따라 여러 가지가 있을 수 있다. 첫째, 어떠한 획일적 표준(예: 조상의 근거지)에 의하여 정하는가 아니면 생활의 실질관계를 표준으로 하여 정하는가에 따라 형식주의와 실질주의로 구분할 수 있다. 우리 민법은 실질주의를 취하고 있다. 둘째, 주소의 설정 또는 변경에 있어서 '定住'라는 객관적 사실만으로 족한가 아니면 정주의 의사까지도 요구되는가에 따라 객관주의와 의사주의로 구분할 수 있다. 우리 민법은 객관주의를 취하고 있다. 셋째, 주소를 하나만 인정하는가 아니

78) 예컨대, 서울에 사는 A와 부산에 사는 B 사이에 법률분쟁이 벌어진 경우에 서울과 부산의 법원 중 어디에서 재판을 하여야 하는가?

면 복수를 인정하는가에 따라 단일주의와 복수주의로 구분된다. 우리 민법은 복수주의를 채택하고 있다(제18조 제2항).

2. 居所와 假住所

141 주소는 아니지만 민사관계에 있어서 주소와 유사한 의미를 가지는 것이 있다. 다음에서는 이들에 대하여 살피기로 한다.

ⓘ 첫째, 거소이다. 거소란 주소의 정도는 아니지만 상당한 기간 계속하여 거주하는 곳을 가리킨다. 거소의 법적 의미는 다음과 같다: ① 주소를 알 수 없으면 거소를 주소로 본다(제19조); ② 국내에 주소가 없는 자는 국내에 있는 거소를 주소로 한다(제20조).

ⓘⓘ 둘째, 가주소이다. 가주소란 일정한 거래에 있어서 일정한 장소를 선택하여 그 거래에 한하여 주소와 마찬가지의 법률적 효과를 부여한 것을 가리킨다. 이는 거래의 편의에 의하여 인정되는 것으로서 생활의 실질과는 전혀 무관한 장소이다. 가주소를 정한 때에는 그 행위에 관하여는 가주소를 주소로 본다(제21조).

Ⅳ. 不在者: 不在者財産管理와 失踪

1. 序 說

142 자연인이 종래의 생활장소를 떠나 오랜 기간 동안 돌아오지 않는 경우에 여러 가지 문제가 나타나게 된다(예: 그의 재산의 관리, 배우자의 재혼문제 등). 우리 민법은 종래의 주소를 떠나 돌아올 가망이 없는 자를 총칭하여 '부재자'라 한다. 그리고 부재자 중에서 생사불명상태가 장기간 계속되어 가정법원에 의하여 실종선고를 받은 사람을 '실종자'라 한다.

부재자에 관한 민법의 규율태도를 간단히 정리한다면 다음과 같다: ① 부재자의 재산관리제도; ② 실종선고제도. ①은 부재자의 생존을 전제로 하여 부재자의 재산을 관리하는 제도이며, ②는 부재자를 사망한 것으로 처리하여 그와 관련된 법률관계를 정리하는 제도이다.

다음에서는 재산관리제도 및 실종선고제도의 내용을 살피기로 한다.

2. 不在者의 財産管理

(1) 意 味

143 민법은 부재자를 '종래의 주소나 거소를 떠난 자'로 정의하고 있다(제22조 제1항 제1문). 그러나 부재자라는 개념을 두는 이유가 그의 잔류재산에 대한 관리에 목적이 있으므로 이러한 부재자제도의 기능을 연관시켜 부재자의 개념을 정의하는 것이 통설[79)]과 판례[80)]의 태도이다. 이에 따르면, 부재자란 종래의 주소나 거소를 떠나서 용이하게 돌아올 가능성이 없으며 그의 재산이 방치되어 있는 자라고 할 수 있을 것이다. 그러므로 부재자라고 하기 위해서 반드시 생사불명일 필요는 없다.

부재자의 재산을 그대로 방치한다면 이는 본인은 물론 이해관계인(예: 장래의 상속인 등) 및 전체 경제적인 측면에서도 바람직하지 않다. 이와 같은 취지에서 민법은 부재자재산관리제도를 두고 있는 것이다. 부재자재산관리제도는 크게 다음의 두 가지로 구분할 수 있다: ① 부재자가 재산관리인을 두지 않은 경우; ② 재산관리인을 둔 경우. 민법은 ①의 경우에는 법원이 광범위하게 간섭하도록 하고, ②의 경우에는 부득이한 경우에만 간섭하도록 한다. 다음에서는 ①과 ②로 구분하여 살피기로 한다.

(2) 不在者가 財産管理人을 두지 않은 경우

1) 法院에 의한 財産의 管理에 필요한 處分의 명령

144 부재자가 재산관리인을 두지 않은 때에는 법원은 이해관계인(예:

79) 高翔龍, 앞의 책 "民法總則", 166면; 郭潤直, 앞의 책 "民法總則", 158면; 金相容, 앞의 책 "民法總則", 190면; 金俊鎬, 앞의 책 "民法總則", 135면; 白泰昇, 앞의 책 "民法總則", 174면; 李英俊, 앞의 책 "民法總則", 821면; 李銀榮, 앞의 책 "民法總則", 192면.

80) 대법원 1960. 4. 21. 4292민상252: "당사자가 외국에 가 있다 하여도 그것이 정주의 의사로써 한 것이 아니고 유학의 목적으로 간 것에 불과하고 현재 그 국의 일정한 주거지에 거주하여 그 소재가 분명할 뿐만 아니라 부동산이나 기타의 그 소유재산을 국내에 있는 사람을 통하여 그 당사자가 직접 관리하고 있는 사실이 인정되는 때에는 부재자라고 할 수 없다."

상속인으로서의 지위에 있는 자, 배우자, 부양청구권자, 부재자의 채권자, 주채무자인 부재자의 보증인 등) 또는 검사의 청구에 의하여 부재자의 재산관리에 필요한 처분을 명하여야 한다(제22조 제1항 제1문). 애초에는 재산관리인을 두었으나 부재중에 그 권한이 소멸한 때에도 마찬가지이다(제22조 제1항 제2문).

부재자가 재산관리인을 두지 않은 때 또는 재산관리인의 권한이 부재중에 소멸한 때에 일정한 자의 청구에 따라 법원이 명하는 처분으로는 잔류재산의 봉인보관, 잔류재산의 매각, 재산관리인의 선임 등인데, 이 중에서 가장 일반적인 것은 재산관리인의 선임이다. 재산관리인에 대해서는 항을 바꾸어서 살피기로 한다.

2) 法院에 의하여 선임된 財産管理人

(가) 法的 地位

145 법원에 의하여 선임된 재산관리인(선임재산관리인)은 일종의 법정대리인이다. 왜냐하면 부재자 본인의 의사와는 관계없이 가정법원에 의하여 선임된 자로서 부재자의 이름으로 법률행위 및 기타의 사실행위를 할 수 있는 지위에 있기 때문이다. 부재자와 재산관리인 사이에 계약관계가 있는 것은 아니지만 양자 사이에 일종의 법정위임관계가 있는 것으로 보아 재산관리인은 선량한 관리자의 주의로 그 직무를 수행하여야 하는 것으로 보는 것이 판례[81]와 통설의 입장이다.

(나) 職務

가) 權限範圍

146 선임재산관리인의 권한의 범위는 법원에서 정한 바에 따르게 된다. 법원에서 특별히 정한 바가 없는 사항에 대해서는 권한을 정하지 않은 대리인의 대리권의 범위(제118조)에서 사무를 수행한다(제25조 제1문). 즉 관리행위(예: 물건이나 권리의 성질을 변경하지 않는 범위 내에서 이루어지는 이용·개량행위[82])는 자유롭게 할 수 있으나, 이것을 초과하는 내용의 행위는 법원의 허가가 있어야 한다. 법원의 허가는 사전허가가 원칙이지만 사후의 추인도 가능하다는 것이 판례의 입장이다.[83] 법원은 허가를 취소할 수도 있는데,

---

81) 대법원 1976. 12. 21. 75마551 참조.
82) 대법원 1980. 11. 11. 79다2164 참조.
83) 대법원 1982. 12. 14. 80다1872·1873; 대법원 2000. 12. 26. 99다19278 참조.

재산관리인이 법원의 허가를 얻어 일정한 행위를 한 후에 그 허가결정이 취소되었다 할지라도 이미 행해진 행위는 유효하다(즉 법원의 허가취소 결정의 비소급효).[84]

구체적인 직무가 무엇이든 간에(관리행위이든 법원의 허가를 얻어야 하는 처분행위이든) 재산관리인은 부재자의 이익을 위하여 직무를 수행하여야 한다. 부재자와 재산관리인 사이의 내부관계에 있어서는 이 원칙을 엄밀하게 관철시킨다 하더라도 특별한 문제가 없다. 즉 재산관리인이 권한범위 내에서 한 행위라 하더라도 그것이 부재자의 이익과 무관한 것이라면 재산관리인은 부재자에게 그에 대한 책임을 져야 한다. 문제는 재산관리인과 거래상대방 사이의 대외관계이다. 판례[85]에 따르면, 부재자의 이익과 무관하게 이루어진 행위는 무권대리로서 무효이고, 다만 제126조의 表見代理[86]가 성립할 수 있을 뿐이라고 한다. 여기에서 다음과 같은 의문이 제기된다: 권한범위 내에서 이루어진 대리행위임에도 불구하고 본인(즉 부재자)의 이익을 위한 것이 아니라는 이유만으로 무권대리로 보는 것은 대리권남용에 대한 판례의 일반적 입장[87]과 상반되는 것 아닌가? 대리권남용에 대하여 판례는 원칙적으로 유효하며 다만 상대방이 남용사실을 알았거나 알 수 있었던 경우

---

84) 대법원 1960. 2. 4. 4291민상636 참조.

85) 대법원 1976. 12. 21. 75마551 참조.

86) '表見代理'란 代理人에게 代理權이 없음에도 불구하고 마치 그것이 있는 것과 같은 외관이 있고, 그러한 외관의 형성에 있어서 本人이 일정한 원인제공을 하였다고 인정되는 경우에, 마치 정상적인 대리행위에서와 같이 代理人의 無權代理行爲의 효과를 本人에게 귀속시킴으로써 선의·무과실의 제3자를 보호하여 거래의 안전과 대리제도의 신용을 유지하고자 하는 제도를 말한다(表見代理에 대하여 자세한 것은 이 책 [497] 이하 참조). '表見代理'에 있어서 '見'이라는 글자는 이를 '나타나다'의 뜻으로 새겨 '현'으로 발음하는 것이 종래의 일반적인 경향이다. 이와 달리 '표견대리'로 읽어야 한다는 일부 학자의 주장도 있기는 하다(특히 梁彰洙, '표견대리냐, 표현대리냐?', "法律新聞" 1988. 9. 15, 4면). 만일 '表見代理'라는 표현이 우리나라의 漢字造語方法에 맞는 것이라면 '표현대리'로 읽을 것인가 아니면 '표견대리'로 읽을 것인가 하는 것이 의미있는 논쟁이 될 수 있을 것이다. 그러나 '表見代理'라는 표현 자체가 일본에서 日本式의 漢字造語方法에 따라 생성된 것이어서 우리의 漢字造語方法에 어긋나는 것이다. '表見代理'라는 용어 자체를 우리나라의 造語方法에 맞게 교정한다면 모르되(예컨대, '現外代理' 정도가 될 것으로 생각한다), '表見代理'라는 용어 자체를 그대로 사용한다면 관용화된 발음을 취하는 것이 옳다고 본다. 언어도 서로 경쟁하는 것인데, '표현대리'로 발음하는 것이 절대적으로 우세하기 때문이다. 그러므로 다음에서는 '表見代理'를 '표견대리'로 읽지 않고 '표현대리'로 읽기로 한다.

87) 이에 대해서는 이 책 [479] 참조.

에 한하여 무효로 보는 입장(소위 '제107조 제1항 단서 유추적용설')이기 때문이다. 생각건대, 이 문제는 대리권남용과 같은 차원에서 접근할 문제라고 생각한다.[88)]

나) 구체적 事務 및 權利·義務

147 부재자와 재산관리인의 관계를 위임관계에 준하는 것으로 보는 이상 성질이 허락하는 한도 내에서 위임에 관한 민법의 규정이 준용된다(통설). 재산관리인의 사무로서 가장 기본적인 것은 재산의 관리 및 사무의 결과를 부재자에게 귀속시키는 일이다. 즉 재산관리인에게는 관리·반환을 중심으로 하는 의무가 발생하는데, 이 의무의 이행을 담보하기 위하여 법원은 재산관리인으로 하여금 담보(예: 재산관리인의 부동산에 저당권을 설정한다든가 보증인을 세우도록 하는 것)를 제공하도록 할 수 있다(제26조 제1항). 법원은 재산관리인이 제공한 담보의 증감·변경 또는 면제를 명할 수 있다(가사소송규칙 제45조).

그 밖에 재산관리인의 사무에 관하여 민법이 직접적으로 규정하는 것은 다음과 같다: ① 재산목록을 작성하는 일(제24조 제1항)[89)]; ② 부재자의 재산을 보존하기 위하여 법원이 명하는 처분을 수행하는 일(제24조 제2항). 재산관리인이 사무를 수행하는 과정에서 소요되는 비용은 부재자의 재산에서 지급한다(제24조 제4항). 이와 같은 비용상환청구권과 아울러 재산관리인은 보수청구권도 가진다(제26조 제2항).

3) 財産管理의 종료

148 다음과 같은 사유가 발생하게 되면 법원은 재산관리를 위하여 종전에 내린 처분명령을 취소하여야 한다: ① 법원에 의한 처분명령이 있은 후에 부재자가 스스로 재산관리인을 둔 경우(제22조 제2항); ② 본인 스스로 재산을 관리하게 된 경우(가사소송규칙 제50조); ③ 사망이 분명하게 되거나 실종선고가 있는 경우(가사소송규칙 제50조). ①과 ②는 국가에 의한 재산관리가 필요하지 않게 된 경우이며, ③의 경우에는 부재자의 상속인에게 재산이 귀속하여 그가 스스로 재산을 관리할 수 있기 때문이다.

위 사유의 존재만으로 처분명령이 취소되는 것이 아니고, 일정한 자의

---

88) 대리권남용에 대한 자세한 논의는 이 책 [479] 이하 참조.

89) 재산목록의 내용에 대해서는 가사소송규칙 제47조가 정하고 있다.

청구(①의 경우에는 본인, 재산관리인, 이해관계인 또는 검사의 청구, ②·③의 경우에는 본인 또는 이해관계인의 청구)에 따라 법원이 처분명령을 취소하여야 한다. 취소의 효과에 관한 판례[90]와 통설의 입장을 정리하면 다음과 같다: ① 법원에 의하여 일단 재산관리인 선임과 같은 재산관리 처분결정이 있었던 이상, 처분명령의 취소사유(예: 부재자가 그 이전에 사망하였음이 분명해진 경우)가 있다 하더라도 그 결정이 취소되지 않는 한 처분명령이 당연히 소멸되는 것이 아니다; ② 처분결정의 취소는 효력은 장래에 향해서만 효력이 있다.

◘ 사례연구: 不在者의 財産管理

● 사안의 내용　　α토지의 소유자 A는 1949년 경 행방불명이 되었고, 그에 따라 A의 어머니인 B가 법원의 결정에 의하여 A를 위한 재산관리인으로 선임되어 α토지를 관리해왔다. 그러던 중 1968년 9월 19일에 A가 사망한 것으로 확인되었고, 이에 따라 A의 아들 X가 α토지를 상속하게 되었다. 그런데 A의 사망이 확인된 후인 1969년 1월 5일 B는 A의 재산관리인의 자격으로(처분행위에 대한 법원의 허가가 있었음) α토지를 Y에게 매도하고 소유권이전등기까지 완료해 주었다. X는 Y에게 등기의 말소를 주장할 수 있는가?

● 사안의 해결　　사안[91]에서는 부재자의 사망이 확인되었음에도 불구하고 재산관리인 선임결정이 취소되지 않은 상태에서 재산관리인이 행한 처분행위의 효력이 문제되고 있다. 이에 대하여 판례는, 법원의 결정으로서 부재자의 재산관리인에 선임된 자는 그 부재자의 사망이 확인된 후라 할지라도 재산관리인 선임결정이 취소되지 않는 한 재산관리인으로서의 권한이 소멸되지 않는다는 입장이다. 사안에서 B의 Y에 대한 처분행위는 재산관리인 B에 대한 선임결정이 아직 취소되지 않은 시점에서 이루어진 것이다. 그러므로 Y명의의 등기는 유효한 원인에 기한 것으로 X는 등기의 말소를 주장할 수 없다. 즉 B가 재산관리인의 지위에서 적법하게 행한 권한행사의 효과는 이미 사망한 부재자 A의 상속인 X에게 미친다.[92]

(3) 不在者가 財産管理人을 둔 경우

1) 일반적인 경우: 法院의 간섭 배제

149 부재자가 재산관리인을 둔 경우(즉 위임재산관리인이 있는 경우)에는 국가기관인 법원이 간섭할 여지가 없는 것이 원칙이다. 이 경우에 있어서

90) 대법원 1970. 1. 27. 69다719; 대법원 1970. 7. 28. 70다741 참조.

91) 이 사안은 대법원판결(대법원 1971. 3. 23. 71다189)을 재구성한 것이다.

92) 같은 취지: 대법원 1991. 11. 26. 91다11810 참조. 또한 부재자 재산관리인이 권한초과행위의 허가를 받고 그 선임결정이 취소되기 전에 그 권한에 의하여 이루어진 행위는 그것이 부재자에 대한 실종선고기간이 만료된 뒤에 이루어졌다 하더라도 선임결정이 취소되기 전이라면 유효하다(대법원 1981. 7. 28. 80다2668 참조).

부재자와 재산관리인은 위임관계에 있는 것으로 볼 수 있다. 재산관리인의 권한범위와 직무내용은 양자 사이의 계약에 따라 정해진다. 그리고 만일 재산관리인이 부재자를 위하여 제3자와 법률행위를 하는 때에는 임의대리인의 지위에 있는 것으로 보아야 한다.

2) 특수한 경우: 法院의 간섭

150 부재자가 재산관리인을 선임한 경우라 하더라도 법원의 간섭이 있게 되는 경우가 있다.

첫째, 본인의 부재중 재산관리인의 권한이 소멸한 경우이다. 이 경우는 처음부터 관리인이 없었던 경우와 동일하게 다루어진다(제22조 제1항 제2문).

둘째, 부재자에 의하여 지정된 재산관리인의 임기 중에 부재자의 생사가 불분명하게 된 경우이다. 부재자가 재산관리인을 둔 경우에 법원의 간섭이 배제되는 것은 본인의 재산관리인에 대한 통제 가능성이 열려있기 때문이다. 그런데 만일 그 가능성이 소실되는 사유가 발생한다면 법원의 간섭이 필요하게 된다. 부재자의 생사불분명은 그러한 사유라고 할 수 있다. 부재자의 생사불분명의 경우에 법원의 간섭은 다음과 같은 두 가지 모습으로 나타난다: ① 종전의 재산관리인을 개임하는 것; ② 종전의 재산관리인을 그대로 유지하면서 법원이 감독만을 하는 것. ①의 재산관리인의 개임은 재산관리인, 이해관계인 또는 검사의 청구에 의한다(제23조). ②에서 말하는 감독의 내용은 법원에 의하여 선임된 재산관리인에 대한 것과 동일하다. 즉 재산목록을 작성하는 일(제24조 제3항, 제24조 제1항), 재산의 보존에 필요한 처분을 명하는 일(제24조 제3항, 제24조 제2항), 처분행위에 대한 허가(제25조 제2문), 담보의 제공(제26조 제3항, 제26조 제1항), 보수의 지급(제26조 제3항, 제26조 제2항) 등에 대하여 법원은 재산관리인을 감독한다. 요컨대, ①·② 어떤 경우이든 재산관리인은 법원의 감독을 받게 된다.

3. 失踪宣告制度

(1) 序 說

1) 失踪制度의 개념

151 실종제도란 부재자의 생사불명상태가 일정기간 계속된 경우에 법

원의 선고에 의하여 그를 사망한 것으로 간주하는 제도이다. 그러므로 실종선고가 있게 되면 실종자의 배우자는 재혼이 가능하고 실종자를 피상속인으로 하는 상속이 개시된다.

[실종선고제도의 진행]

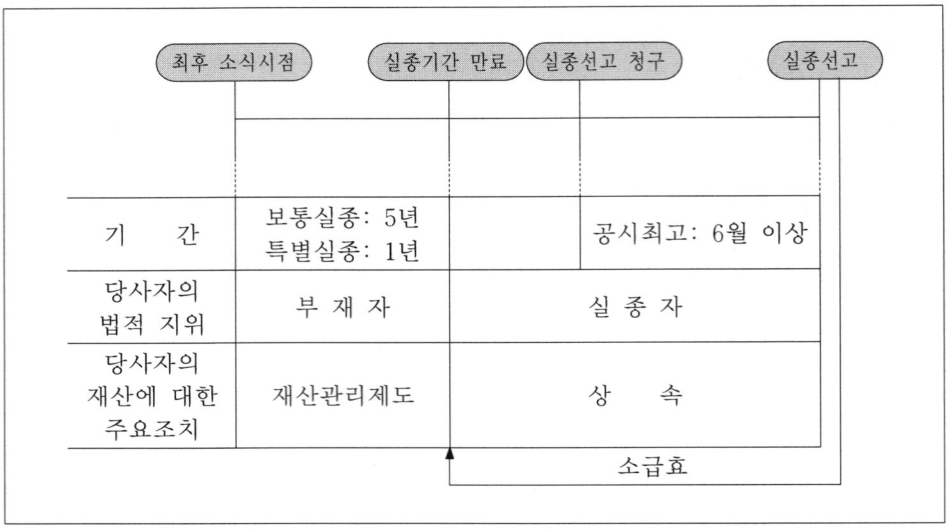

	최후 소식시점 ~ 실종기간 만료	실종기간 만료 ~ 실종선고 청구	실종선고 청구 ~ 실종선고
기 간	보통실종: 5년 특별실종: 1년		공시최고: 6월 이상
당사자의 법적 지위	부 재 자	실 종 자	
당사자의 재산에 대한 주요조치	재산관리제도	상 속	

소급효 (실종선고 → 실종기간 만료)

2) 類似概念과의 구별

(가) 特別失踪과 不在宣告

152 민법상의 실종선고제도와 구별해야 할 것으로 특별실종제도와 부재선고제도가 있다. 이들 제도는 부재선고등에관한특별조치법(1967년 제정)에 근거한 것이다. 특별실종제도란 부재자[93]에 대하여 이해관계인 또는 검사의 청구에 따라 선고하는 특별한 실종제도이다. 이 제도는 법시행 이후 2년간 한시적으로 운영된 것이어서 현재는 존재하지 않는다. 부재선고제도란 잔류자[94]에 대하여 가족 또는 검사의 청구에 따라 선고하는 것이다. 모든

93) 이 법에서 '부재자'라 함은 1945년 8월 15일부터 1953년 7월 28일 사이에 군사분계선 이남의 지역에서 그 주소나 거소를 떠난 후 생사가 분명하지 아니한 자를 말한다(같은 법 제2조 제3호).

94) 이 法에서 '잔류자'라 함은 호적에 군사분계선 이북지역 거주로 표시된 자를 말한다(같은 법 제2조 제2호).

민사관계에 관하여 사망으로 의제하는 실종선고와 달리, 부재선고는 재산상속 및 혼인에 관해서만 실종선고를 받은 것으로 본다(같은 법 제4조). 부재선고등에관한특별조치법은 간소한 절차[95]를 통하여 1945년 8월 15일 해방으로부터 1953년 7월 28일 휴전에 이르는 격동기에 발생한 '잔류자'와 '부재자'에 관한 민사관계를 정리하기 위한 것이다.

(나) 認定死亡

153 인정사망이란 사망의 확증(사체)은 없으나 사망의 개연성이 대단히 높고 생존을 기대할 수 없는 경우 상황을 조사한 관공서의 사망보고에 의하여 호적부에 사망의 기재를 하는 것이다(호적법 제90조).

인정사망의 경우에는 사망으로 추정될 뿐이므로 반증에 의하여 번복할 수 있다. 인정사망에 의하여 호적부에 사망으로 기재된 자가 생존한 것으로 확인된 경우 호적부의 기재를 신뢰한 제3자에 대한 보호의 문제가 발생하게 된다. 이에 대한 직접적 규정은 없다. 여기에서 실종선고취소의 효과에 관한 제29조를 유추적용할 것인가에 대하여 학설이 대립하고 있다. 인정사망은 행정처분으로서 법원의 판결에 의하는 실종제도와 그 성질은 다르나, 사망과 실제적 기능에 있어서는 유사하다는 점에서 유추적용을 긍정하는 것이 타당하다고 생각한다.

(2) 要 件

1) 實質的 要件

154 ⅰ 첫째, 부재자의 생사불분명이다. 생사불분명이라는 것은 생존의 증명도 사망의 증명도 없는 상태를 의미한다. 생사불분명은 절대적인 관점에서 파악된 개념이 아니다. 즉 생사불분명이라는 것은 부재자의 종래의 주소지를 중심으로 하여 판단하는 것일 뿐이다. 그러므로 부재자가 종래의 주소지가 아닌 이 세상 어디에 살고 있다든가 혹은 이미 사망했다는 사실을 알고 있는 사람이 있다 하더라도 역시 생사불분명이라고 할 수 있다.

ⅱ 둘째, 실종기간의 경과이다. 생사불명의 기간이 일정기간 계속되어야 하는데, 이를 실종기간이라 한다. 실종기간은 사망의 개연성 정도에 따라

95) 예: 공시최고의 기간이 민법상의 실종선고에서는 6개월이지만, 특별실종과 부재선고에서는 1개월이다.

차이가 있다. 민법은 보통실종과 특별실종의 두 가지를 규정하고 있다. 보통실종에서의 실종기간은 5년이다(제27조 제1항). 실종기간의 기산점에 관하여는 명문의 규정은 없으나 최종소식시로 보는 데에 학설상 이견이 없다. 특별실종에서의 실종기간은 1년이다(제27조 제2항). 특별실종에 해당하는 것은 다음의 네 가지이다: ① 전지에 임한 자에 대한 전쟁실종; ② 침몰한 선박 중에 있던 자에 대한 선박실종; ③ 추락한 항공기 중에 있던 자에 대한 항공실종; ④ 기타 사망의 원인이 될 위난을 당한 자에 대한 위난실종. 특별실종에서의 실종기간기산점은 각 사유에 따라 다음과 같이 되어 있다(제27조 제2항): ① 전쟁실종의 경우에는 전쟁이 종지한 때; ② 선박실종의 경우에는 선박이 침몰한 때; ③ 항공실종의 경우에는 항공기가 추락한 때; ④ 위난실종의 경우에는 위난이 종료한 때. 민법개정안은 특별실종기간을 선별적으로 단축하는 방향으로 규정하고 있다(민법개정안 제27조 제2항).

민 법 개 정 안	
현 행 규 정	개 정 안
제27조(실종의 선고) ① (생략) ② 전지에 임한 자, 침몰한 선박 중에 있던 자, 추락한 항공기 중에 있던 자 기타 사망의 원인이 될 위난을 당한 자의 생사가 전쟁종지 후 또는 선박의 침몰, 항공기의 추락 기타 위난이 종료한 후 1년간 분명하지 아니한 때에도 제1항과 같다.	제27조(실종의 선고) ① (현행과 같음) ② 침몰한 선박 중에 있던 자, 추락한 항공기 중에 있던 자, 전지에 임한 자 그 밖의 사망의 원인이 될 위난을 당한 자의 생사가 선박의 침몰 또는 항공기의 추락 후 6개월간, 전쟁종지(戰爭終止) 후 또는 그 밖의 위난이 종료한 후 1년간 분명하지 아니한 때에도 제1항과 같다.

개정배경 ‘기타’와 같은 표현을 ‘그밖의’로 현대화하였다. 특별실종기간을 일률적으로 1년으로 하는 것은 교통·통신이 발달한 오늘날의 실정에 맞지 않다. 그리하여 사망의 개연성이 높은 선박실종과 항공실종의 실종기간을 현행 1년에서 6개월로 단축하였다.

2) 形式的 要件

155 ⓘ 첫째, 청구권자에 의한 실종선고의 청구가 있어야 한다. 청구권자는 이해관계인 또는 검사이다(제27조 제1항). 여기에서의 이해관계인이란 법률상으로뿐만 아니라 경제적·신분적인 측면에서 이해관계가 있는 자

만을 의미한다.[96] 그러므로 예컨대, 부재자의 제1순위의 재산상속인이 있는 경우에 제4순위의 재산상속인은 부재자에 대한 실종선고를 청구할 이해관계인이 될 수 없다.[97]

ⅱ 둘째, 6개월 이상의 공시최고기간을 거쳐야 한다(가사소송규칙 제53조~제55조 참조). 공시최고란 미지의 불특정 다수인에게 일정한 사실을 통지하는 절차를 말한다. 그 방법은 법원게시판에 게시하고 관보·공보·신문지상에 공고하는 것이다. 실종선고를 위한 공시최고에 있어서는 부재자가 일정기일까지 신고를 하지 않으면 실종선고를 받는다는 등의 사항이 기재된다.

ⅲ 셋째, 가정법원의 선고이다. 공시최고기간 동안 부재자의 생사에 관하여 아무런 신고도 없으면 가정법원은 실종선고를 하여야 한다. 할 수도 있고 하지 않을 수도 있는 것이 아니라 반드시 하여야 한다(제27조 제1항).

(3) 效果

1) 死亡의 看做

156 실종선고가 있게 되면 사망한 것으로 간주된다(제28조). 따라서 부재자의 생존사실을 증명한다 하더라도 실종선고의 효과를 뒤집지 못하며,[98] 실종선고의 효과를 뒤집기 위해서는 실종선고의 취소판결이 있어야 한다. 예를 들어, A에 대한 실종선고가 확정되었고 그 후 취소되지 않았다면, A는 생사불명기간이 만료된 시점에 사망한 것으로 간주되는 것이고, A가 그 시점 후의 어느 때에 생존하였다는 자료가 있다 하더라도 마찬가지이다.[99]

실종선고에 의하여 사망으로 간주되는 시기에 관하여 우리 민법은 실종기간 만료시로 규정하고 있다(제28조). 그러므로 사망으로 간주되는 시기는 언제나 실종선고의 시기보다 앞서게 된다. 이와 관련하여 다음 사례를 보자[100]: 1951년에 사망한 A에게는 장남 X와 차남 Y가 있었다; 1970년 서울가정법원은 X에 대하여 실종선고를 하였는데 실종기간 만료일은 1950년 5

96) 대법원 1980. 9. 8. 80스27 참조.
97) 대법원 1986. 10. 10. 86스20 참조.
98) 대법원 1970. 3. 10. 69다2103; 대법원 1995. 2. 17. 94다52751 참조.
99) 대법원 1994. 9. 27. 94다21542 참조.
100) 대법원 1982. 9. 14. 82다144 참조.

월 25일이다. 이 사안에서 X에 대한 실종선고는 A가 사망한 후에 있었지만 X가 사망한 것으로 간주되는 시기는 A가 사망하기 전이다. 그러므로 X는 A의 재산에 대한 상속인이 될 수 없고 Y만이 상속권자이다.

실종선고의 효력이 실종기간 만료시로 소급함에 따라 실종기간의 만료와 실종선고의 확정시점 사이에 실종자와 법률관계를 맺게 된 선의의 제3자가 불측의 손해를 볼 가능성도 있다. 그러나 다른 법제도(특히 부재자의 재산관리제도)가 작용함으로써 실종선고의 소급효로 인한 거래안전의 문제가 완화되는 경우가 있다. 판례에 따르면, 부재자의 재산관리인으로서 법원으로부터 권한초과행위의 허가를 받고 그 선임결정이 취소되기 전에 그 권한에 의하여 이루어진 행위는 그것이 비록 부재자에 대한 실종기간이 만료된 후에 이루어졌다 하더라도 유효하다고 한다.[101] 또한 소송법적 측면에서는 기판력[102]의 문제와 관련하여 거래안전을 보호하는 취지의 판례도 있다.[103]

2) 死亡의 效果가 미치는 범위

157 실종선고는 종래의 주소지를 중심으로 하는 사법관계(재산관계와 가족관계 모두 포함)의 범위 안에서만 실종자를 사망한 것으로 하는 제도이다. 실종제도는 일정한 사람이 종래의 주소에 부재함으로 인하여 발생하는 사법영역에서의 법적 불안정을 해소하기 위한 것이기 때문이다. 이와 같이 실종선고는 실종자의 권리능력을 절대적으로 박탈하는 제도가 아니라는 점에 유의하여야 한다. 예컨대, 실종선고 후에 실종자가 종래의 주소지가 아

---

101) 대법원 1975. 6. 10. 73다2023; 대법원 1981. 7. 28. 80다2668 참조.

102) 기판력이란 판결이 확정되면 당사자는 나중에 동일한 사항에 대하여 다른 소송으로 반대사실을 주장하여 이미 확정된 판결의 판단을 다툴 수 없고, 법원도 전의 판결과 모순 저촉되는 판단을 할 수 없는 효력을 말한다.

103) 대법원 1992. 7. 14. 92다2455: "실종선고의 효력이 발생하기 전에는 실종기간이 만료된 실종자라 하여도 소송상 당사자능력을 상실하는 것은 아니므로 실종선고 확정 전에는 실종기간이 만료된 실종자를 상대로 하여 제기된 소도 적법하고 실종자를 당사자로 하여 선고된 판결도 유효하며 그 판결이 확정되면 기판력도 발생한다고 할 것이고, 이처럼 판결이 유효하게 확정되어 기판력이 발생한 경우에는 그 판결이 해제조건부로 선고되었다는 등의 특별한 사정이 없는 한 그 효력이 유지되어 당사자로서는 그 판결이 재심이나 추완항소 등에 의하여 취소되지 않는 한 그 기판력에 반하는 주장을 할 수 없는 것이 원칙이라 할 것이며, 비록 실종자를 당사자로 한 판결이 확정된 후에 실종선고가 확정되어 그 사망간주의 시점이 소 제기 전으로 소급하는 경우에도 위 판결 자체가 소급하여 당사자능력이 없는 사망한 사람을 상대로 한 판결로서 무효가 된다고는 볼 수 없다."

닌 다른 지역에서 자기 재산에 대한 처분행위를 하였다면 이는 유효한 것이다.

실종선고는 사법적 법률관계에 관한 것이므로 공법상의 법률관계(예: 선거권)에는 영향을 미치지 않는다. 그러나 실제에 있어서 실종자가 공법상의 권리를 행사할 수 있는가 하는 것은 별개의 문제이다. 선거권의 예를 들어 보자. 선거권은 주민등록을 전제로 하는데(예: 공직선거 및 선거부정방지법 제15조) 실종선고가 있고 그에 따라 호적법 및 주민등록법에 의거하여 실종자에 대한 주민등록이 말소되면 선거권을 행사할 수 없기 때문이다.

3) 失踪宣告와 生存推定

158 실종선고와 생존추정에 관한 종래 학설의 설명 중에 다음과 같은 것이 있다: 생사가 불명한 부재자가 실종선고를 받은 경우에, 실종자는 그가 사망한 것으로 간주되는 시기(즉 실종기간 만료시)까지는 생존한 것으로 추정된다. 이와 같은 설명은 적절한 것인가? 실종선고는 자연인을 대상으로 하는 것이다. 그리고 자연인은 사망에 대한 증명 또는 실종선고와 같은 사유가 없는 한 생존을 전제로 법률관계가 정리되는 것이 원칙이다. 이러한 면에서 볼 때, "실종자는 그가 사망한 것으로 간주되는 시기(즉 실종기간 만료시)까지는 생존한 것으로 추정된다"라는 식의 표현은 무용한 것으로 생각한다.

한편, 다음과 같은 문제에 대하여 학설상 다툼이 있다: 실종선고가 없는 경우에도 실종선고를 받는다면 사망으로 간주되는 시기(즉 실종기간 만료시)까지만 생존추정을 하는가, 아니면 실종선고를 받지 않는 한 언제나 생존하고 있다고 추정하는가? 이에 대한 학설의 태도는 다양하다. 제1설[104]은, 실종선고가 없는 이상 부재기간과는 관계없이 부재자는 생존한 것으로 추정한다. 제2설[105]은, 비록 실종선고가 없다 하더라도 실종선고가 있었더라면 사망이 의제되는 시기(즉 실종기간 만료시)까지는 생존한 것으로 추정하고 그 이후는 사망으로 추정한다. 제3설[106]은 생존추정의 문제는 생기지 않으며

---

104) 金曾漢·金學東, 앞의 책 "民法總則", 148면; 金疇洙, "民法總則", 三英社, 2002, 184면; 金容漢, 앞의 책 "民法總則", 139면; 李英俊, 앞의 책 "韓國民法論 [總則編]", 767면; 李銀榮, 앞의 책 "民法總則", 199면; 高翔龍, 앞의 책 "民法總則", 102면.

105) 白泰昇, 앞의 책 "民法總則", 183면.

106) 郭潤直, 앞의 책 "民法總則", 114면; 金相容, 앞의 책 "民法總則", 199면.

사실문제로 해결해야 한다고 주장한다. 제2설은 받아들이기 어려운 견해이다. 왜냐하면 이 견해에 의한다면 특별한 절차에 의하지 않고도 실종기간 만료시 이후로는 사망으로 추정된다는 것인데, 이는 특별한 법적 근거도 없이 실종선고와 유사한 또 하나의 제도를 임의로 창설하는 결과가 되기 때문이다. 제2설에 따르면 생사불명이 5년(보통실종의 경우) 또는 1년(특별실종의 경우) 동안 계속되면 최소한 사망으로 추정된다는 것인데, 이는 부재자의 이익을 심각하게 침해하는 것이다. 제3설은 문제상황을 제대로 파악한 견해로 보기 어렵다. 왜냐하면 사실문제로 해결한다는 것은 사망 또는 생존의 사실을 기초로 문제를 해결한다는 것인데, 그 사실을 알 수 있는 경우라면 ②의 문제는 나타나지 않기 때문이다. 제1설은 어떠한가? 사망에 대한 증명 또는 실종선고와 같은 사유가 없는 한 생존을 전제로 법률관계가 정리되는 것이 원칙이기는 하다. 이러한 면에서 보면 제1설의 기본입장은 타당하다고 본다. 문제는 언제까지라도(예: 출생 이후 200년까지) 생존이 추정되겠는가 하는 것이다. 이와 관련하여 판례는 합리적인 연령까지는 생존을 추정하고 예외적인 고령의 경우에는 사망으로 인정하는 입장이다.[107] 생존과 사망의 문제를 각 사안에 따라 법원이 재량으로 판단할 수 있도록 하는 것은 법관의 권한을 넘는 것으로 보인다. 이 문제에 대해서는 입법조치가 있어야 할 것으로 생각한다.

(4) 失踪宣告의 取消

1) 意 味

159 우리 민법은 실종선고에 의하여 실종자는 사망한 것으로 추정되는 것이 아니라 사망으로 간주하는 입법주의를 취하고 있다. 그러므로 실종선고의 효과를 뒤집기 위해서는 실종자의 생존 등과 같은 반증만으로는 안

---

107) 대법원 2002. 4. 26. 2002다5873: "…실존인물임이 인정되고 그러한 연령의 사람이 생존한다는 것이 매우 이례적이라고 보여지는 고령에 해당되지 않는 이상 특별한 사정이 없는 한 그들은 생존한 것으로 추정함이 상당하므로, …오히려 그가 사망하였다는 점을 …적극적으로 입증하여야 하겠지만, 사람이 110세까지 생존한다는 것은 매우 희귀한 예에 속하므로 위와 같은 사실에 제반 사정을 종합하여 …그 사망 사실을 추인할 수 있다." 같은 취지의 판결: 대법원 1978. 7. 25. 77다1555·1556; 대법원 1994. 10. 25. 94다18683; 대법원 1995. 7. 28. 94다42679 등 참조.

되고 실종선고의 취소를 구하는 판결을 받아야 한다(제29조 제1항 본문).[108]

다음 사안을 가지고 실종선고 취소의 문제를 논의하기로 한다[109]: α부동산의 소유자 A는 행방불명 상태에 있다; 그의 아들 B의 청구에 따라 A는 법원에 의하여 실종선고를 받았고, 이에 따라 B는 상속인으로서 α부동산에 대한 소유자가 되었다; B는 이 부동산을 C에게 매도하였고, C는 이를 다시 D에게, D는 다시 E에게 매도하여 α부동산이 E 명의로 등기되어 있는 상태에 있었다. 그런 중에 A가 생환하였다; 이 사안에서 A가 현재의 등기명의인 E에게 α부동산에 대한 등기의 말소를 주장할 수 있기 위한 조건은 무엇인가?

2) 要 件

160 실종선고의 취소란 失踪宣告에 따라 사망으로 의제된 효과를 번복하는 것이다. 실종선고취소의 요건은 실질적 요건과 형식적 요건의 둘로 구분할 수 있다.

우선 실질적 요건으로서는 ① 실종자가 생존하고 있다는 사실, ② 실종기간이 만료된 때와 다른 시기에 사망한 사실 또는 ③ 실종기간의 기산점 이후의 어떤 시점에 생존하고 있었던 사실 중 하나에 해당하여야 한다. 다음으로 형식적 요건은 본인·이해관계인 또는 검사의 청구이다. 실질적·형식적 요건이 구비된 경우에 가정법원은 실종선고를 취소하여야 한다.

사안에서 실종자 A가 생환하였으므로 '실종자가 생존하고 있다는 사실'을 들어 A는 가정법원에 실종선고의 취소를 청구할 수 있고 이에 따라 법원은 실종선고취소의 판결을 하여야 한다. 이렇게 되면 A가 E를 상대로 α부동산에 대한 말소등기를 구할 수 있는 전제가 형성된다.

---

108) 대법원 1994. 9. 27. 94다21542: "실종선고를 받은 자는 실종기간이 만료한 때에 사망한 것으로 간주되는 것이므로, 실종선고로 인하여 실종기간 만료시를 기준으로 하여 상속이 개시된 이상 설사 이후 실종선고가 취소되어야 할 사유가 생겼다고 하더라도 실제로 실종선고가 취소되지 아니하는 한, 임의로 실종기간이 만료하여 사망한 때로 간주되는 시점과는 달리 사망시점을 정하여 이미 개시된 상속을 부정하고 이와 다른 상속관계를 인정할 수는 없다."

109) 실종선고의 취소에 관한 이 항에서는 이 사안을 단순히 '사안'이라고 표현하기로 한다.

3) 效 果

(가) 原則: 失踪宣告의 遡及的 無效

161 실종선고의 취소가 있게 되면 실종선고로 인하여 생긴 법률관계는 소급하여 무효로 되는 것이 원칙이다(제29조 제1항 본문 참조). 그러므로 실종선고취소로 인하여 실종자의 재산관계나 가족관계는 실종선고 전의 상태로 회복되는데, 그 구체적인 내용은 취소의 원인에 따라 다음과 같이 나타나게 된다: ① 실종자가 생존하고 있다는 사실을 이유로 취소한 경우에는 실종자의 재산관계나 가족관계는 선고 전의 상태로 회복된다; ② 실종기간이 만료된 때와 다른 시기에 사망한 사실을 이유로 취소한 경우에는 실제 사망기를 기준으로 하여 다시 사망에 기한 법률관계를 확정하게 된다; ③ 실종기간의 기산점 이후의 어떤 시점에 생존하고 있었던 사실을 이유로 취소한 경우에는 일단 선고 전의 상태로 회복하고 다시 실종선고를 청구하여야 한다.

이와 같은 원칙의 측면에서만 바라본다면 사안에서의 A는 실종선고취소와 함께 소급적으로 α부동산에 대한 소유권을 회복하므로 E에게 말소등기를 요구할 수 있는 지위에 있는 것으로 보아야 할 것이다. 그러나 실종선고취소의 소급효 원칙은 예외규정에 의하여 제한되는데, A가 현재의 등기명의인 E에게 α부동산에 대한 등기의 말소를 주장할 수 있기 위해서는 E가 이 예외규정에 의한 보호범위에 포함되는 자가 아니어야 한다.

(나) 例外: 去來安全의 보호

162 실종선고의 취소로 인한 실종선고의 소급적 무효의 원칙을 그대로 관철하면 失踪宣告를 신뢰하여 법률관계를 형성한 사람에게 불측의 손해를 발생시켜 거래안전을 해할 수 있다는 문제점이 있다. 이에 따라 민법은 실종선고취소의 효과에 관하여 일정한 요건 아래 예외규정을 두고 있다: "실종선고 후 그 취소 전에 선의로 한 행위의 효력에 영향을 미치지 아니한다"(제29조 제1항 단서). 다음에서는 이와 관련하여 문제되는 사항을 중심으로 살피기로 한다.

가) 法律行爲의 時期 및 過失의 문제

163 제29조 제1항 단서의 해석과 관련하여 근본적으로 문제되는 점은 다음과 같다.

ⓘ 첫째, 제29조 제1항 단서의 규율대상이 되는 것은 의사표시를 구성요소로 하는 법률행위라는 것이다. 따라서 법률행위가 아닌 다른 법률요건에 의한 권리이전은 이 규정의 적용영역에서 벗어나는 것이다.

ⓘⓘ 둘째, 이 예외규정에 의하여 보호받기 위해서는 실종선고 후 그 취소 전에 행한 법률행위이어야 한다. 따라서 실종기간 만료 후(즉 실종선고 전에) 그 취소 전에 행한 법률행위는 예외규정에 의한 보호대상에 포함되지 않는다.

ⓘⓘⓘ 셋째, 선의(즉 실종선고가 사실에 반하는 것임을 알지 못함)이어야 한다. 이 '선의'와 관련하여 다음과 같은 점을 유의하여야 한다: ① 제29조 제1항 단서의 취지로 볼 때 법률행위 당시에 선의이면 그것으로 족하다고 보아야 한다; ② "선의인 데에 과실이 없어야 하는가?"라고 하는 문제가 있을 수 있으나 과실이 있더라도 상관없다는 데에 학설상 이견이 없다.[110]

나) '善意'의 구체적 의미

164 제29조 제1항 단서에서 말하는 선의의 구체적 의미에 대하여, 특히 문제된 법률행위의 당사자 모두가 선의여야 하는가 하는 문제에 대하여 학설이 대립하고 있다. 다음에서는 크게 재산행위와 신분행위의 경우로 구분하여 이에 관한 종래 학설의 입장을 소개하고 이를 비판적 관점에서 검토하기로 한다.

㉮ 財產行爲의 경우

㉠ 契約의 경우

(a) 종래의 학설상황

165 다음에서는 사안(α부동산의 소유명의가 'A→B→C→D→E'의 순서로 이전된 경우)에 관한 주요 학설의 입장을 개관하기로 한다.

ⓘ 제1설[111]은 양 당사자의 선의가 요구되며 일방당사자만이 선의이고 타방당사자가 악의인 때에는 제29조 제1항 단서의 적용이 없다고 한다. 이 학설에 따를 때, 계약당사자 쌍방이 선의이어야만 실종선고취소의 소급효가

---

110) 그러나 중과실의 경우에는 제29조 제1항 단서의 적용이 없는 것으로 해석하여야 할 것이다. 왜냐하면 중과실은 고의와 같은 것으로 보아야 하기 때문이다(이에 대해서는 이 책 [25] 보충설명 부분 참조).

111) 郭潤直, 앞의 책 "民法總則", 167면 이하; 金曾漢·金學東, 앞의 책 "民法總則", 152면; 白泰昇, 앞의 책 "民法總則", 186면; 李英俊, 앞의 책 "民法總則", 841면.

제한될 수 있다는 점은 분명하다(즉 B·C간의 계약에 있어서 B와 C의 선의 또는 C·D간의 계약에 있어서 C와 D의 선의 또는 D·E간의 계약에 있어서 D와 E의 선의). 그런데 "양 당사자의 선의가 요구된다"라는 이 학설의 판단기준은 약간의 불명확성을 내포하고 있는 것으로 보이는데, 그 내용은 이러하다. α부동산에 대한 소유권이 B가 α부동산을 상속한 이후로 'B→C→D→E'의 다단계로 이전된 경우가 아니라, 'B→C'의 1단계에 그친 상태에서 A가 C에 대하여 권리회복을 주장하는 때에는 제1설의 판단기준("양 당사자의 선의가 요구된다")이 명확성을 유지한다. 즉 C가 α에 대한 소유권을 취득하게 된 원인행위인 매매계약의 양 당사자인 B와 C 모두가 선의인 때에 한하여 A의 C에 대한 권리회복이 제한된다. 그런데 이와 달리 'B→C→D→E'라는 다단계의 법률행위를 통하여 E가 α부동산에 대한 소유명의를 취득하였고, 이에 따라 A의 권리주장의 상대방이 최종 명의자인 E로 되는 때에는 제1설의 판단기준("양 당사자의 선의가 요구된다")에 불명확한 부분이 존재하게 된다. 논리상으로는 다음과 같은 두 가지 모두 가능할 것이다: ① B·C·D·E 모두 선의이어야 한다[112]; ② B·C, C·D 또는 D·E의 3단계의 매매계약 중에서 어느 한 단계에서 계약당사자의 '雙方善意'라는 조합(즉 'B선의·C선의의 조합', 'C선의·D선의의 조합' 또는 'D선의·E선의의 조합')으로 충분하다.[113] 종래 제1설을 취하는 학설 중에는 그것이 구체적으로 ①의 입장에 있는지 아니면 ②의 입장에 있는지가 분명하지 않은 것도 있다.

---

112) 이러한 논리는 "누구도 자신이 가진 것을 초과하는 권리를 양도할 수 없다(*Nemo plus juris ad alium transferre potest quam ipse habet*)"라는 원칙을 온전하게 유지하고자 하는 관점이다. 예컨대, B·C간의 매매계약 단계에 있어서 B 또는 C 중에서 어느 하나라도 악의자가 있다면 제1설의 판단기준("양 당사자의 선의가 요구된다")에 따를 때, C는 A에 대한 실종선고의 취소에 따라 A가 권리회복을 주장한다면 이에 복종할 수밖에 없는 지위에 있는 자인데, D는 이와 같은 지위에 있는 C로부터 권리를 승계취득한 자이고, E는 그와 같은 D로부터 권리를 승계취득한 자이기 때문이다.

113) 이러한 논리는 "누구도 자신이 가진 것을 초과하는 권리를 양도할 수 없다"라는 원칙이 제29조 제1항 단서에 의하여 변형될 수 있다는 것을 전제하는 경우에 가능한 관점이다. 예컨대, B·C간의 매매계약에 있어서 B가 악의였다 하더라도 C·D간의 매매계약 단계에서 이 계약의 당사자인 C와 D가 모두 선의라면 제1설의 판단기준("양당사자의 선의가 요구된다")에 따를 때, D는 A에 대한 실종선고의 취소에 따라 A가 권리회복을 주장할 수 없는 지위에 있는 자인데, E는 그러한 지위에 있는 D로부터 권리를 승계취득한 자이기 때문이다. 이러한 논리대로 한다면 E는 비록 그가 악의라 하여도 제29조 제1항 단서에 의하여 보호되는 지위에 서는 것으로 된다.

ⅱ 제2설[114)]은 각 관계당사자에 따라 개별적·상대적으로 효력을 판단하여야 한다는 입장이다. 이 학설에 따르면, α부동산의 소유명의가 'B→C→D→E'의 순서로 이전된 경우에 B·C·D 모두 惡意라 하더라도 E가 善意라면 A의 E에 대한 권리회복이 제한된다는 것이다.

ⅲ 제3설[115)]은 실종선고를 직접원인으로 하여 재산을 취득한 자(즉 B)를 기점으로 하여 재산을 취득한 자(즉 C·D·E) 중 어느 한 사람이 선의이기만 하면 제29조 제1항 단서의 적용이 있는 것으로 보는 견해이다. 예컨대, C 또는 D가 선의라면 비록 E가 악의라 하더라도 A의 E에 대한 권리회복이 제한된다는 것이다. 이 때의 E는 善意인 C 또는 D의 권리를 승계한 자이기 때문이라고 한다. 한편, 이 학설은 제2설의 주장내용도 포괄하는 것이다. 예컨대, C·D가 모두 악의이고 E가 선의인 상태에서 A의 E에 대한 권리회복은 허용되지 않는다는 것이 제2설의 입장인데, 제3설 또한 이와 동일한 결론을 취할 것이기 때문이다.

(b) 종래 학설에 대한 비판적 평가

166 종래 학설은 제29조 제1항 단서를 해석함에 있어서 실종선고가 취소된 실종자의 보호에 치중할 것인가 아니면 거래안전에 치중할 것인가 하는 갈림길에서, 제1설은 실종자의 이익보호에 그리고 제2설과 제3설은 거래안전보호에 무게를 두는 견해이다. 결론은 다음과 같이 정리할 수 있다: ① 제1설은 제29조 제1항 단서의 해석론으로서 적합성이 없다; ② 제2설은 그 기본관점에서는 잘못이 없으나 그와 같은 해석론으로는 불충분한 면이 있다; ③ 제2설의 기본관점까지 포괄하는 제3설의 입장은 타당하다. 다음에서는 제1설의 문제점을 지적하고 제2설의 보충필요성을 제시하는 방향에서 제3설의 적합성을 논증하기로 한다.

ⅰ 첫째, 제29조 제2항과의 관련적 해석의 측면이다. 제29조 제1항 단서는 제29조 제2항과의 밀접한 연관하에서 해석되어야 하는데, 제29조 제2항은 실종선고를 직접원인으로 하여 재산을 취득한 자가 선의인 경우와 악의인 경우 양자 모두에 대하여 규정하고 있다. 제29조 제2항의 취지는, 제29

---

114) 金容漢, 앞의 책 "民法總則論", 143면; 金疇洙, 앞의 책 "民法總則", 138면.

115) 高翔龍, 앞의 책 "民法總則", 113-114면; 金俊鎬, 앞의 책 "民法總則", 154면; 李銀榮, 앞의 책 "民法總則", 205면 이하.

조 제1항 단서에 따라 어떤 자가 상대적·개별적으로 보호됨으로 인하여(즉 거래안전의 보호로 인하여) 침해된 실종자의 이익은 실종자와 실종선고를 직접원인으로 하여 재산을 취득한 자 사이에서 채권적으로 청산하라는 의미로 보아야 할 것이다. 즉 제29조 제2항은 실종선고를 직접원인으로 하여 재산을 취득한 자가 다른 사람과 재산거래를 한 경우에 비록 실종선고를 직접원인으로 하여 재산을 취득한 자가 악의라 하더라도 그 상대방이 선의라면 이 상대방은 제29조 제1항 단서의 보호대상임을 전제로 한 것으로 보아야 할 것이다. 만일 이와 달리 제29조 제1항 단서를 제29조 제2항과의 밀접한 연관하에서 해석하지 않는다면 제29조 제2항의 의미는 퇴색되고 말 것이다. 제1설의 기본입장은 제29조 제2항의 의미를 무색하게 만드는 요소를 내포하고 있다.

ⅱ 둘째, 실종선고를 직접원인으로 하여 재산을 취득한 자(사안에서의 B)와 그를 기점으로 하여 재산을 취득한 자(사안에서의 C·D·E) 사이의 법적 지위상의 차이의 문제이다. 제1설에 속하는 견해 중에는 사안에서 A의 E에 대한 권리회복이 제29조 제1항 단서에 따라 제한되기 위해서는 B·C·D·E 모두 선의여야 한다는 것도 있다. 그러나 이와 같은 주장은 제29조 제1항 단서의 적용범위를 잘못 파악한 것으로 본다. 제29조 제1항 단서는 실종선고를 직접원인으로 하여 재산을 취득한 자를 겨냥한 규정이 아니라 그를 기점으로 하여 재산을 취득한 자를 겨냥한 규정이라는 점에 유의할 필요가 있다. 이러한 측면에서 볼 때, 실종선고를 직접원인으로 하여 재산을 취득한 자를 기점으로 하여 권리를 취득한 자의 법적 지위는 실종선고를 직접원인으로 하여 재산을 취득한 자의 선의·악의에 따라 영향을 받지 않는 것으로 보아야 할 것이다.[116]

---

116) A가 E에 대하여 권리회복을 주장한 경우에 있어서 E의 법적 지위 문제와 실종선고를 직접원인으로 하여 재산을 취득한 자인 B의 법적 지위 문제는 차원을 달리하는 것이다. 실종선고가 취소된 A로서는 전득자인 E에 대하여 권리회복을 주장할 수도 있고 직접수익자인 B에 대하여 권리회복을 주장할 수도 있는 위치에 있다. A가 E에 대하여 권리회복을 주장하였는데, E가 제29조 제1항 단서에 의한 보호대상인 관계로 A의 주장이 관철되지 못하였다면 A로서는 직접수익자 B에게 제29조 제2항에 따라 반환청구를 할 수 있다. 이 때 B의 선의·악의는 그의 A에 대한 반환의무의 성립 여부에 영향을 미치지 못한다. 즉 어떠한 경우이든 B는 A에게 반환의무를 부담하게 되며, B의 선의·악의는 단지 반환범위에 영향을 미칠 뿐이다. 한편, E가 제29조 제1항 단서에 의한

ⅲ 셋째, 제3자 보호규범의 기본구조의 측면이다. 제29조 제1항 단서는 실종선고가 취소된 자(A)와 실종선고를 직접원인으로 하여 재산권을 취득한 자(B)의 관계를 중심으로 할 때 제3자의 지위에 있는 자의 법적 지위를 규율하는 규정으로서, 근본적으로 제3자의 신뢰를 보호하고자 하는 규범의 일종이다. 제3자 보호규범, 특히 선의의 제3자 보호를 목적으로 하는 규범의 기본구조는 문제된 제3자를 개별적·상대적으로 보호하는 것이 원칙이며, 다른 사람의 선의·악의의 영향으로부터 절연시키는 것이 제3자 보호규범의 기본구조에 합치하는 해석이다. 이와 같은 관점은 제29조 제1항 단서를 해석함에 있어서도 유지되어야 할 것이며, 이런 점에서 볼 때 "양 당사자의 선의가 요구된다"라는 제1설의 판단기준은 적합성이 없다. 왜냐하면 제1설은 실종선고가 취소된 자와 그 상대방을 개별적·상대적으로 보지 않고, B·C·D·E 전원의 선의 내지는 '雙方善意'의 조합(즉 'B선의·C선의', 'C선의·D선의' 또는 'D선의·E선의')을 요구하고 있기 때문이다. 요컨대, 제29조 제1항 단서의 해석에 있어서는 문제된 제3자의 선의·악의를 개별적·상대적으로 판단하여야 한다. 이와 같은 측면에서 보면 제2설의 기본관점은 타당한 것이다.

ⅳ 넷째, 앞에서 제2설의 기본관점은 타당한 것으로 판단하였다. 그러나 제2설은 보충의 여지가 있다. 사안에서와 같이 실종자 A의 재산이 'B→C→D→E'의 순서로 이전되었고 C 선의, D 악의, E 선의인 때에 제2설에 따르면, A는 善意인 C·E에 대하여는 권리회복을 주장할 수 없으나 D에게는 목적물의 반환에 갈음하는 이익인 목적물의 가액을 청구할 수 있다고 한다. 그러나 그리 볼 것은 아니라고 본다. 즉 D가 악의라 하더라도 A가 D에게 권리회복을 주장할 수는 없다고 보아야 할 것이다. 왜냐하면 D는 善意인 C의 권리를 승계한 자이기 때문이다. 이렇게 보게 되면, 'B→C→D→E'의 순서로 재산권이 이전된 경우에 C가 선의라면 비록 D와 E 모두 악의라 하더라도 A는 D 또는 E에게 권리회복을 주장하지 못하는 것으로 된

보호대상이 되지 못하는 경우라면 A로서는 E를 상대로 권리회복을 주장하든 B를 상대로 권리회복을 주장하든 자유롭게 선택할 수 있다. 만일 A가 B에게 권리회복을 주장하였다면 B는 그의 善意·惡意와 상관없이 그가 취득한 이익을 A에게 반환하여야 하며, B의 선의·악의는 반환범위에 영향을 미칠 뿐이다.

다. 이러한 논리는 허위표시에 관한 제108조 제2항에 의한 거래안전보호의 법리와 유사한 것으로 볼 수 있다.[117] 또한 이와 같은 입장은, 제29조 제1항 단서의 취지가 단순히 선의의 제3자를 보호하는 데에 있는 것이 아니라 선의의 제3자 보호를 통하여 거래안전을 보호하겠다는 점에 있다는 사실을 중시한 것이다.

한편, 제1설은 제2설에 의한다 하더라도 실제에 있어서 선의자를 두텁게 보호하는 것은 아니라고 하면서 다음과 같이 말하고 있다: 선의로 재산을 취득한 자가 문제의 재산을 보유하고 있는 동안에는 보호된다고 할 수 있으나 그가 당해 재산권을 악의자에게 양도하였다면, 악의의 양수인은 실종선고가 취소된 자에 의하여 권리회복을 당하게 될 것이다; 이렇게 되면 제29조 제1항 단서에 의하여 보호되었던 선의의 양수인은 담보책임[118]을 져야 하므로 제2설이 추구하고 있는 선의자 보호의 목적을 달성할 수 없다. 제1설의 제2설에 대한 비판에 대하여 제2설은 별다른 방어를 하지 않고 있는 것으로 보인다. 그러나 제3설은 제1설에 의한 비판의 대상이 되지 못한다. 왜냐하면 제3설에 따르면, 선의자로부터 재산을 양수한 자가 악의라 하더라도 실종자는 그에 대하여 권리회복을 주장할 수 없기 때문이다.

요컨대, 제29조 제1항 단서에서 말하는 '선의'는 실종선고의 취소를 받은 자가 권리회복을 하고자 하는 상대방의 선의·악의에 따라 개별적·상대적으로 판단하여야 하며, 실종선고에 따른 직접수익자로부터의 전득자 중 선의자가 있는 때에는 그 후의 전득자는 비록 악의라 하더라도 실종선고의

117) 예를 들어 설명하기로 한다. P가 Q에게 허위표시를 요소로 하는 계약을 통하여 재산권을 이전한 경우에 이 계약은 무효이다(제108조 제1항). 그러나 X가 이러한 사실을 모르고 Q로부터 P·Q간의 거래의 목적물을 양수하였다면 P는 X에 대하여 권리회복을 주장할 수 없다(제108조 제2항). 그런데 만일 X가 다시 Y에게 문제의 재산권을 양도하였는데, 이 때 Y가 악의였다고 해보자. 이 경우에 대하여 통설은, 비록 Y가 악의라 하더라도 그는 선의자 X의 권리를 승계한 자이기 때문에 P는 Y에 대하여 허위표시의 무효를 가지고 대항할 수 없다고 한다. 이에 대해서는 이 책 [442] 참조.

118) 여기에서 주로 문제되는 담보책임은 제570조 소정의 담보책임이다. 그 내용을 간단히 사례를 들어 설명하기로 한다. P(매도인)와 Q(매수인) 사이에 a부동산에 대하여 매매계약이 체결되었다. 그런데 매매계약 체결 당시에 a는 P의 소유가 아니었고 그 결과 P는 Q에게 a에 대한 소유권을 넘겨줄 수 없었다. 매매계약 체결 당시에 만약 Q가 선의였다면 Q는 P와의 계약을 해제하고 손해배상을 청구할 수 있고, Q가 악의였다면 해제만 할 수 있다(제570조). 이 경우에 매도인의 과실 여부는 매수인의 권리에 영향을 주지 못한다. 매도인의 담보책임은 무과실책임이기 때문이다.

취소를 받은 자에 의한 권리회복에 복종할 필요가 없다.

㉡ 單獨行爲의 경우

(a) 종래 학설의 입장

167 문제된 행위가 단독행위인 경우(예: 채무면제)에는 단독행위자만이 선의이면 그것으로 족하다는 것이 통설의 입장이다. 예컨대, 실종선고에 따라 실종자의 상속인이 채권을 상속한 경우에 상속인이 선의라면 비록 채무자가 악의라 하더라도 채무면제는 유효한 것으로 되어, 실종선고취소에도 불구하고 채무자는 채무를 면하는 것으로 해석한다. 그러나 이와 다른 주장을 펴는 소수설이 있다. 소수설[119]에 따르면, 상속인이 선의라면 당해 채무면제는 유효하지만 당해 단독행위의 상대방이 악의이고 당해 단독행위로 인하여 이득을 얻은 때에는 악의의 수익자로서 그 이득을 반환하여야 하는 것으로 본다.

(b) 종래 학설에 대한 비판적 검토

168 본격적인 검토에 앞서 위에서의 논의를 정리하면 다음과 같다: ① 제29조 제1항 단서의 '선의'는 실종선고를 직접원인으로 하여 재산을 취득한 자를 제외한 자에 대한 것이다; ② 실종선고를 직접원인으로 하여 재산을 취득한 자는 그가 선의인가 악의인가에 따라 제29조 제2항에 기한 반환의무를 부담한다. 이것은 문제의 법률행위가 계약인 경우에 관한 것이지만, 단독행위라고 하여 다를 것이 없다고 생각한다. 그런데 이러한 시각은 단독행위에 관한 종래의 학설과 현격한 차이가 있다. 왜냐하면 종래의 학설은(통설과 소수설 공히) 제29조 제1항 단서의 '선의'를 실종선고를 직접원인으로 하여 재산을 취득한 자에 대한 것으로 전제하고 있기 때문이다.

이 문제는 다음과 같이 해석할 것을 제안한다: ① 실종선고를 직접원인으로 하여 재산을 취득한 자는 그의 선의·악의에 따라 제29조 제2항에 따라 반환의무를 부담한다(즉 선의라 하더라도 반환의무를 부담한다); ② 단독행위의 상대방이 선의인 때에 한하여 반환의무를 면한다(제29조 제1항 단서). 이와 같은 제안은 종래의 학설과는 시각을 완전히 달리하는 것이다. 그러나 학설상의 분쟁점(즉 단독행위자만이 선의이면 그것으로 족한가?)에 대해서는 소

119) 金基善, 앞의 책 "韓國民法總則", 120면; 金相容, 앞의 책 "民法總則", 202면.

수설과 결론을 같이하게 된다.

통설이 소수설을 비판하는 점은 다음과 같다: 실종선고취소의 법률효과는 부당이득법의 테두리 안에서 운용되어야 하는 것인데, 선의로 행한 단독행위의 유효성이 긍정되는 이상 논리적으로 부당이득을 인정할 수 없다. 그런데 통설의 이와 같은 주장에 대해서는 다음과 같은 비판이 가능하다: 실종선고를 직접원인으로 하여 재산을 취득한 자가 선의라는 사실과 그가 행한 단독행위가 유효하게 되는 것은 아무런 관계도 없다; 선의라 하더라도 제29조 제2항에 따라 현존이익을 반환하여야 하기 때문이다. 그리고 단독행위의 상대방이 선의의 단독행위자로 하여금 자신에게 유리한 행위를 하도록 유도할 수 있는 가능성도 배제할 수 없다는 점 등을 생각해 본다면 악의의 상대방은 단독행위의 유효를 주장하지 못하는 것으로 새겨야 한다.

㈏ 身分行爲의 경우

㉠ 單獨行爲의 경우

169 실종선고 후 실종선고 취소 전에 선의로 행해진 신분상의 단독행위의 효력이 문제된다고 할 때, 이에 해당하는 것으로는 相續의 限定承認 또는 抛棄 정도가 될 것이다. 실종선고를 원인으로 하여 실종자의 재산을 상속한 자가 善意로 限定承認 또는 抛棄를 하였다고 하더라도 이러한 승인 또는 포기는 실종선고의 취소로 인하여 소급적으로 무효로 된다고 보아야 한다. 왜냐하면 실종선고 취소에 따라 상속 자체가 개시되지 않는 것으로 보아야 하기 때문이다.

㉡ 契約의 경우

170 이와 관련하여 종래 학설에서 특히 문제되는 것은 혼인계약이다. 다음에서는 이에 관한 종래의 학설상황을 살피고 이를 비판적 관점에서 검토하기로 한다.

(a) 종래의 학설상황

171 통설[120]은 혼인계약의 경우에도 제29조 제1항 단서의 적용이 있다는 것을 전제로 하는 견해이다. 그리하여 통설에 따르면, 실종선고 후 새로이 혼인계약을 체결한 당사자가 모두 선의인 때에는 새로운 혼인이 유효

120) 郭潤直, 앞의 책 "民法總則", 167면 이하; 金基善, 앞의 책 "韓國民法總則", 122면; 金相容, 앞의 책 "民法總則", 202면; 李英俊, 앞의 책 "民法總則", 832면.

하다고 본다. 이와 달리, 만일 後婚의 당사자 일방 또는 쌍방이 악의인 때에는, 前婚이 부활함으로써 後婚은 重婚이 되어 前婚에는 이혼원인이 발생하고(제840조 제1호의 부정행위에 해당하기 때문), 後婚은 婚姻取消事由에 해당하여(제810조·제816조 제1호) 법원에 혼인취소의 청구(제818조)를 할 수 있는 것으로 해석한다.

이에 대하여 소수설[121]은 제29조 제1항 단서는 신분행위에는 적용되지 않으므로 실종선고의 취소로 前婚은 부활하고 後婚은 善意·惡意를 불문하고 언제나 重婚이 된다고 한다. 다만 중혼상태는 일시적 현상에 지나지 않고 결국 실종자와 재혼당사자의 3자간의 협의에 의하여 어느 혼인을 유지할 것인가를 결정하고 협의가 이루어지지 않을 경우에는 혼인해소의 가사소송에 의하여 해결하여야 한다고 설명한다.

(b) 종래 학설에 대한 비판적 검토

a) 통설의 문제점

172 통설에 대하여는 다음과 같은 비판이 가능하다.

첫째, 통설은, 제29조 제1항 단서는 혼인계약과 같은 순수한 신분법상의 법률행위에는 적용이 없는 것이라는 점을 간과한 것으로 판단된다. 제29조 제1항 단서는 善意者의 保護 내지 去來安全의 保護를 그 취지로 하는 규범이다. 그런데 善意者의 保護 내지 去來安全의 保護를 내용으로 하는 규범은 그 성질상 재산상의 행위에 한정되는 것으로 보아야 할 것이다. 그러므로 혼인계약과 같은 순수한 신분법상의 문제를 제29조 제1항 단서에 대한 해석론의 차원에서 접근하는 통설의 태도는 타당한 것으로 볼 수 없다.

둘째, 혼인계약에도 제29조 제1항 단서가 적용되는 것으로 본다 하더라도 통설의 설명에는 수긍하기 어려운 점이 있다. 어떠한 점에서 그러한가? 그 내용은 이러하다. 통설에 따르면, 後婚의 당사자 일방 또는 쌍방이 악의인 때에는 後婚은 重婚이 되어 다음과 같이 된다고 한다: ① 前婚에는 이혼원인(不貞行爲: 제840조 제1호)이 발생한다; ② 後婚은 婚姻取消事由(重婚: 제816조 제1호)에 해당한다.

우선, ①에 대하여 생각해 보자. 실종자의 배우자가 실종선고 후에 재혼

121) 高翔龍, 앞의 책 "民法總則", 115면.

을 하였다는 사실을 제840조 제1호의 '不貞行爲'라고 일률적으로 말할 수 있겠는가? 실종자의 배우자가 악의라면 그렇게 볼 수도 있을 것이다. 그러나 실종자의 배우자는 善意이고 그와 재혼한 자가 惡意인 경우[122]라면 실종자의 배우자의 재혼을 부정행위로 볼 수는 없을 것이다. 이와 같은 면에서 볼 때, ①은 一般性을 확보할 수 없는 설명이다.

다음으로, ②에 대하여 생각해 보자. 後婚을 혼인취소사유인 통상적인 '重婚'으로 보는 것을 타당하다고 볼 수 있겠는가? 순수하게 결과론적인 측면에서 보면, 여기에서 문제된 後婚도 重婚이라고 할 수 있을 것이다. 그러나 여기에서의 重婚은 法院의 失踪宣告가 개입됨으로써 발생한 불가피한 결과라는 점에 유의할 필요가 있다. 엄연한 법제도인 失踪制度의 개입으로 인하여 발생한 상태를 통상적인 중혼과 같은 차원에서 바라보는 것은 失踪制度의 근본취지에 어긋나는 것이 아닐까 하는 생각이 든다.

위에서는 통설의 설명내용으로서 ①과 ②가 가지고 있는 문제점을 지적해 보았다. 이러한 논의를 통하여 다음과 같은 시사점을 생각하게 한다: 혹시 실종선고 후에 재혼을 하였다면 실종선고의 취소에도 불구하고 또한 後婚 당사자의 善意·惡意에도 불구하고, 前婚은 부활하지 않고 後婚만이 유효한 것으로 보아야 할 현실적 필요성이 있지 않은가?

b) 소수설의 문제점

173 소수설은 "중혼상태는 일시적 현상에 지나지 않고 결국 실종자와 재혼당사자의 3자협의에 의하여 어느 혼인을 유지할 것인가를 결정하고 협의가 이루어지지 않을 경우에는 혼인해소의 가사소송에 의하여 해결하여야 한다"라고 말한다. 그러나 여기에서 '3자간의 협의'를 언급하는 것은 법적으로 별다른 의미가 없다고 본다.

3자간의 협의에 의하여 문제가 해결된다는 것은 3자간에 법률분쟁이 없는 것이기 때문이다.[123] 법적으로 문제되는 것은 3자간에 협의가 이루어지

122) 통설은 이와 같은 경우에도 前婚이 부활한다고 해석한다.

123) 다음과 같은 예를 들어 생각해 보자: P와 Q는 부부이다; P는 실종선고를 받았다; P에 대한 실종선고 후에 Q는 R과 재혼을 하였다; 그 후 P가 생환하여 실종선고가 취소되었다. 이 때 P가 Q·R간의 관계를 용인한다든가 또는 Q와의 재결합을 바라는 P의 요청을 받아들여 R이 Q와의 혼인관계를 해소해 준다면, 여기에는 법률분쟁이 존재하지 않는 것이다.

지 않아 법률분쟁으로 비화하여 法院에 이 분쟁에 대한 판단을 구하는 경우에 법원의 입장에서 이를 어떻게 해결할 것인가 하는 것이다. 이와 같은 상황이라면 법원으로서는 前婚이 부활되는 것으로 판단하든가 아니면 실종선고취소에도 불구하고 後婚만이 유효한 것으로 판단하든가 어쨌든 결단을 내려주어야 할 것이다. 소수설이 "중혼상태는 일시적 현상에 지나지 않고 결국 실종자와 재혼당사자의 3자협의에 의하여 어느 혼인을 유지할 것인가를 결정하고 협의가 이루어지지 않을 경우에는 혼인해소의 가사소송에 의하여 해결하여야 한다"라고 말한 부분은 蛇足에 불과하다.

요컨대, 소수설로서는 "실종선고의 취소로 前婚이 부활하고 後婚은 善意·惡意를 불문하고 重婚이 된다"라고 말하는 것으로 필요·충분한 것이다. 이렇게 본다면 소수설도 앞에서 제시한 통설에 대한 비판점으로부터 자유로울 수 없다. 즉 소수설도 통설과 마찬가지의 문제점을 가지고 있다. 그리고 만일 통설에 대하여 가해진 비판적 관점이 타당한 것이라면, 소수설은 통설보다 오히려 더 심각한 문제점을 가지고 있는 것이다. 왜냐하면 통설은 後婚의 당사자 쌍방이 선의인 때에는 前婚은 부활하지 않고 後婚만이 유효한 것으로 보는 데 반해, 소수설은 後婚의 당사자 쌍방이 선의인 경우라 하더라도 後婚을 重婚으로 보기 때문이다.

c) 하나의 다른 시각

174 통설에 대한 비판의 말미에 다음과 같은 의문을 제시한 바 있다: 실종선고 후에 재혼을 하였다면 실종선고의 취소에도 불구하고 또한 後婚 당사자의 善意·惡意에도 불구하고, 前婚은 부활하지 않고 後婚만이 유효한 것으로 보아야 할 현실적 필요성이 있지 않은가? 後婚만이 유효한 것으로 보아야 할 현실적 필요성은 통설에 대한 비판항목에서 지적한 것으로 만족하기로 하자. 失踪宣告取消에 따라 前婚이 부활하는 것으로 보게 되면 여러 가지 불합리한 결과를 초래할 수 있다. 이런 점에서 볼 때 이 부분에 대해서는 명문의 규정으로 해결했어야 할 사항으로 본다. 즉 프랑스 민법 등과 같이 실종선고취소의 경우에도 실종자의 혼인관계는 부활되지 않는 것으로 규정하는 것이 바람직하다(프랑스민법 제132조[124]).

124) 명순구, "프랑스민법전", 법문사, 2004, 99면 참조.

여기에서 다음과 같은 의문이 제기된다: 失踪宣告取消의 원칙적 효과(즉 실종선고가 없었던 상태로의 회복)가 혼인계약의 경우에도 그대로 타당하다고 할 수 있는가? 종래의 학설은 모두 이를 긍정하는 입장에 있다. 우리 민법에는 프랑스민법 제132조와 같은 규정도 없지만, 그 반대의 내용을 담은 명문의 규정도 또한 존재하지 않는다. 이와 같은 상황에서 우리 민법상 실종선고취소의 원칙적 효과가 혼인계약의 경우에도 당연히 그대로 적용된다는 식으로 보는 것은 성급한 해석론이라 생각한다. 또한 失踪宣告取消의 원칙적 효과를 혼인계약에 그대로 관철시키고자 한다면, 後婚에 대하여는 이를 취소할 수 있는 혼인이 아니라 실종선고취소에 따라 당연무효로 보는 것이 논리에 합치하는 것이 아닌가 하는 생각도 든다.

실종선고취소에 따라 당연히 前婚이 부활되는가 하는 문제에 대하여 우리 민법은 '法의 欠缺(lacune du droit)'[125] 상태에 있는 것으로 보고자 한다. 이렇게 말하는 근거는 다음과 같다. 첫째, 제29조 제1항 本文과 但書의 관계적 측면이다. 단서는 '선의자 보호' 내지 '거래안전 보호'를 규율하고 있는데, 이와 같은 조치는 재산적 관계에서만 타당할 뿐 신분관계에서는 적용될 수 없는 것이다. 일반적으로 단서는 본문을 전제로 하는 것인데, 단서가 재산관계에 관한 것이라면 본문도 재산관계만을 규율하는 것으로 보아야 한다. 둘째, 제29조 제1항과 제2항의 관계적 측면이다. 제29조는 두 개의 항으로 구성되어 있는데, 제2항이 재산관계를 규율하는 것이라는 점은 명백하다. 한편 제2항의 내용은 제1항을 전제로 하고 있다. 그렇다면 제1항도 재산관계에 한정되는 것으로 볼 여지가 있다. 결국, 제29조의 적용범위는 재산관계에 한정되는 것으로 해석하는 것이 옳을 것이다. 제29조를 재산관계에만 적용되는 것으로 본다면, 실종선고취소에 따라 당연히 前婚이 부활하는가에 대하여 우리 민법은 '法의 欠缺'을 보이고 있다.

어떤 사항에 관하여 법의 흠결이 발견되었다면 해석론적 차원에서 이를 보충할 필요성이 생긴다. 어떠한 방법으로 보충할 것인가? 이는 실종제도의

---

125) '법의 흠결'이란 있어야 할 규범이 결여되어 있는 상태를 말한다. '法의 欠缺'은 立法 당시에 예상하지 못했던 사실이 입법 후에 발생하였거나 또는 입법기술상의 잘못으로 일어나게 된다. '法의 欠缺'이 있다고 하여 법원이 재판을 거부할 수는 없다. 바로 이와 같은 이유에서 민법 제1조는 최후의 法源으로서 條理를 들고 있는 것이다.

취지와 혼인제도의 본질로부터 출발하여야 할 것이다. 失踪制度란 오랜 기간 동안 종래의 주소지를 떠나 생사가 불분명한 사람을 사망으로 의제하고, 그와 같은 토대 위에서 법률관계를 정리함으로써 법생활의 안정을 도모하기 위한 제도이다. 한편, 혼인제도는 신분질서의 基點에 해당하는 것이다. 신분질서는 사회질서의 근간을 이루는 것으로 '安定性'을 핵심적 이념으로 한다. 혼인제도라는 것이 신분질서체계에서 가지는 위상에 비추어 볼 때, 혼인제도의 안정성 확보는 극히 중요한 문제이다. 이와 같은 혼인제도의 특성을 고려해 본다면, 실종선고취소의 원칙적 효과(즉 실종선고가 없었던 상태로의 회복)를 혼인관계에 적용하는 것은 무모한 일이 아닌가 생각한다. 실종선고에 따라 실종자와 그 배우자 사이의 혼인관계가 해소된 후에 실종자의 배우자가 타인과 재혼을 하였다면 그 상태를 시발점으로 하여 새로운 신분관계가 형성될 것이다. 그럼에도 불구하고 실종선고 취소로 인하여 이를 순식간에 번복시킨다는 것은 신분법의 기본이념에 부합하지 못하는 결과가 된다. 실종선고의 취소를 할 수 있는 기간의 제한(예: 제척기간)도 없다는 점을 고려해 보면, 이와 같은 문제점은 한층 심화된다.

요컨대, 실종선고가 취소된다 하더라도 前婚은 부활하지 않고 後婚만이 유효한 것으로 해석하여야 할 것이다.

제 3절 法　　人

제 3절 法　　人

Ⅰ. 序 說
Ⅱ. 法人의 設立
Ⅲ. 法人의 能力과 活動
Ⅳ. 法人의 不法行爲責任
Ⅴ. 法人의 機關
Ⅵ. 法人의 住所
Ⅶ. 定款의 變更
Ⅷ. 法人의 消滅
Ⅸ. 法人의 登記
Ⅹ. 法人의 監督과 罰則
Ⅺ. 非法人社團과 非法人財團

Ⅰ. 序　　說

1. 法人의 개념

175 法人이란 自然人이 아님에도 불구하고 법률상 권리·의무의 주체로 인정되는 존재이다. 현행법상 법인에는 社團(즉 일정한 목적으로 결합된 사람의 단체)에 法人格을 부여한 社團法人과 財團(즉 일정한 목적을 위하여 제공된 재산의 집합체)에 법인격을 부여한 財團法人이 있다.

사단 또는 재단을 하나의 독립된 법률주체로 하는 법인제도를 있게 한 현실적 동인은 사회관계의 발전에 따라 나타난 '거래관계의 복잡화·범위확대에 대한 대응' 및 '거래의 계속성 유지의 필요성'에서 찾을 수 있다. 거래관계가 복잡성을 띠고 그 범위가 확대됨에 따라 거래관계의 주체를 자연인만으로 한정하는 것은 그 자체에 한계가 있을 뿐만 아니라, 더 나아가 거래의 수월성에 장애요인으로 작용할 수 있다. 그리고 어떤 자연인이 사회경제적으로 유용성을 가진 거래의 주체로서 활동하는 경우에는 그가 사망하게 되면 그의 권리능력 상실로 인하여 당해 거래가 계속성을 유지하기 어렵게 될 수 있다. 이와 같은 점들을 고려해 볼 때, 권리능력의 주체를 자연인으로 한정할 것이 아니라 사회경제적으로 유용성을 보유하는 것으로 평가되는 '사람의 집단(社團)' 또는 '재산의 집합체(財團)' 그 자체에 권리능력을 부여할 필요가 있게 된다.

2. 法人制度의 기능

176 사단 또는 재단을 독립된 법률주체로 해주는 법기술로서의 법인제도는 다음과 같은 의미를 가지게 된다.

ⓘ 첫째, 법인제도로 인하여 법률관계의 간명화를 기할 수 있다. 법인제도의 기능으로서 논의되는 '법률관계의 간명화'는 거래의 효율성과 신속성 보장을 위한 토대를 형성한다는 점에서 중요한 의미를 가진다. 예를 들어 생각해 보자. P초등학교 동창회(회원: 1000명)가 동창회관을 건립할 토지를 구입하기 위하여 토지매매계약을 한다고 할 때, 법인제도를 생각하지 않는다면 1000명의 개별회원 각각의 명의로 계약을 체결하여야 할 것이다.[1] 이는 P초등학교 동창회의 입장으로 보나 그 상대방인 토지매도인의 입장에서 보나 불편한 일이 아닐 수 없다. 이와 달리, P초등학교 동창회 자체에 법인격을 부여하여 권리능력을 가지게 되면 'P초등학교 동창회' 자체가 하나의 독립된 법률주체가 되어 모든 일이 'P초등학교 동창회'의 명의로 이루어져 법률관계가 간명하게 이루어질 수 있다. 이 설명은 법인 중에서도 특히 사단법인에 해당하는 것이다. 'P초등학교 동창회'가 사단법인으로서 법인격을 취득하게 되면 사단법인의 구성원(즉 사원)[2] 각자의 개별적인 개성은 그 사단법인 속에 매몰되는 것이다.

ⓘⓘ 둘째, 법인제도로 인하여 재산관계의 분별을 통한 '책임의 제한' 내

---

1) 이 경우에 극단적으로는 매매계약서에 1000개의 도장을 찍어야 하는 상황이 될 수도 있다.

2) 민법에서는 사단법인의 구성원을 가리키는 것으로 '社員'이라는 용어를 사용하고 있다. 여기에서 말하는 '社員'은 '社團의 構成員'을 줄여 부르는 것이다. 일상적인 용어로서의 '社員'은 어떤 직장의 직원(즉 피고용인)을 의미하는 경우가 많은데, 이는 민법에서 사용하는 '社員'과는 전혀 무관한 것이라는 점에 유의할 필요가 있다. ○○주식회사가 있다고 할 때, 민법상 이 법인의 社員에 해당하는 것은 그 회사에 근무하는 직원이 아니라 그 회사의 株主이다.

지 '위험의 분산'이 가능하게 된다. 법발전론적 측면에서 볼 때, 법제도는 '책임의 제한' 내지 '위험의 분산'의 방향으로 진화하였다고 볼 수 있다. 이러한 면에서 볼 때, 법인제도의 기능으로서 논의되는 '책임의 제한' 내지 '위험의 분산'은 매우 중요한 의미를 가지는 것이다. 예를 들어 설명하기로 한다. 100명의 자연인이 사회봉사활동을 목적으로 사단법인을 만들어 활동하는 경우에, 그 사단법인의 재산은 사원의 개인재산과는 분별된다. 사단법인도 하나의 권리능력자이기 때문이다. 그러므로 사단법인의 사원 개인의 채권자는 자신의 채무자인 그 개인 소유의 재산에 대하여는 압류를 통한 강제집행을 할 수 있겠지만, 사단법인의 재산에 대하여는 그것이 불가능하다. 이는 G가 S에 대하여 채권을 가지고 있는데, S가 채무이행을 하지 않는다고 하여 S와 전혀 상관없는 K의 재산에 대하여 강제집행을 할 수 없는 것과 같은 말이다. 법인제도의 '책임제한'·'위험분산' 기능은 사단법인뿐만 아니라 재단법인에도 타당한 것이다. 예컨대, 자연인 M이 장학사업을 할 목적으로 재산을 출연하여 L재단법인을 만든 경우에, M의 채권자는 L재단법인 소유의 재산에 대하여 강제집행을 할 수 없다. 이와 같이 법인제도를 통하여 법인의 재산은 사원의 재산(사단법인의 경우) 또는 출연자의 재산(재단법인의 경우)과의 관계에서 독립성을 가지게 되어 법인으로서는 사회경제적으로 유용성을 가지는 목적사업을 계속적으로 수행할 수 있게 된다. 그리고 법인의 재산이 이와 같은 독립성을 가진다는 것을 사단법인에서의 사원 또는 재단법인에서의 출연자의 측면에서 보면, 법인제도를 통하여 '책임제한' 내지 '위험분산'이 이루어짐을 의미하게 된다.

3. 法人本質論

(1) 학설정리

177 법인본질론이란 간단히 말하자면, "자연인 이외에 법인에게 권리능력을 부여하는 이유가 무엇인가?"에 대한 논의이다. 이에 대하여 법인의 제설, 법인부인설 및 법인실재설의 순서로 살피기로 한다.

ⓘ 첫째, 법인의제설이다.[3] 이 학설의 핵심적 주장내용은 다음과 같다:

---

3) 李英俊, 앞의 책 "民法總則", 838면; 李銀榮, 앞의 책 "民法總則", 234면.

법인에게 법인격이 인정되는 것은 법률이 법인을 자연인에 의제하였기 때문인 것이지, 법인이 법인격을 부여받을 만한 실체가 있기 때문인 것은 아니다. 이 학설은 다음과 같은 두 가지의 관념을 전제로 하는 것이다: ① 법인격은 오직 자연인에게만 부여될 수 있는 것이다; ② 권리는 의사결정능력을 전제로 하는 것[4)]인데, 따라서 의사를 가질 수 없는 법인에게는 논리상 권리능력이 인정될 수 없다. 이와 같은 관념에 기초하여 법인의제설은, 법인은 국가권력의 표현인 법률의 허가에 의하여만 예외적으로 성립할 수 있다고 한다. 그러나 법률에 의하여 법인으로 인정되면 그 법인은 '의제된 자연인'의 의미를 가지게 되고, 따라서 권리능력을 보유하게 되는 것으로 설명한다.

ⓘ 둘째, 법인부인설이다.[5)] 이 학설의 핵심적 주장내용은 다음과 같다: 법률에 의한 허가가 있다 하더라도 법인 자체에 권리능력이 부여된다고 볼 수는 없으며, 법인은 단지 권리·의무의 귀속주체를 설정하기 위한 법기술에 불과한 관념적 주체이다. 이 학설은 이익법학[6)]적 관점에서 법인의제설을 재해석한 측면이 강하다. 이 학설에 속하는 대표적 학자인 Jhering이 법인본질론을 설명함에 있어서, "법인의 실질적 주체는 법인에 의하여 이익을 얻는 수익자이다"라고 표현하는 것은 이와 같은 측면에서 이해할 수 있다. '법인부인설'이라는 용어의 문언상의 의미로 보면, 이 학설이 법인제도를 부인하는 것 같은 인상을 주나 그러한 의미는 아니다. 권리의 개념에 있어서 이익설의 관점에서 보면 권리귀속자는 이익을 향유할 수 있는 능력을 가져야 할 것인데, 법인 자체는 궁극적인 이익귀속주체로 볼 수 없으며, 따라서 권리능력의 주체로 볼 수 없다는 것이다. 즉 법인부인설에 있어서 부인되는 것은 법인제도가 아니라 법인의 권리능력인 셈이다. 그리고 법인부인설이 법인의 권리능력을 부인한다고 해도 이는 그들이 채택한 권리의 개념과의

---

4) 이 견해는 권리의 개념에 대하여 소위 '의사설'(권리란 '의사의 힘' 또는 '의사의 지배'이다)을 취하는 입장이다. 그러므로 이 학설은 권리개념에 대한 관점이 법인이론에 반영된 것으로 볼 수 있다. 의사설에 대해서는 이 책 [32] 참조.

5) 현재 우리나라에서 이 학설을 주장하는 학자는 없다.

6) 이 입장은, 권리의 개념에 대하여 소위 '이익설'(법을 서로 대립하는 이익 중 어느 편을 더 보호할 것인가에 대한 가치판단의 규준으로 파악하는 이익법학의 관점에서, 권리란 '법에 의하여 보호되는 이익'이라는 견해)에서 본 법인본질론이라 할 수 있다. 이익설에 대해서는 이 책 [32] 참조.

관계에서 논리적 일관성을 유지하기 위한 설명방법일 뿐, 실제적 결과에 있어서는 법인의 권리능력을 인정하는 법인의제설의 입장과 차이가 없다. 법인의제설에서는 법인을 '의제된 자연인'이라 표현하여 권리능력자로 설명하는 것과 달리, 법인부인설에는 법인을 '권리·의무의 귀속점'이라는 정도로 표현함으로써 '권리능력'이라는 개념의 사용을 피하고 있을 뿐이다. 한편, 법인의제설에서는 법인의 성립을 오직 국가권력의 허가에서 구하고 있음에 반해, 법인부인설은 법인의 성립기초를 거래사회의 실질적 사실 자체에 두고 있다. 이와 같은 면에서 보면, 법인의제설보다는 법인부인설이 오히려 법인제도에 우호적인 것으로 평가될 수 있다.

ⅲ 셋째, 법인실재설이다.[7] 이 학설의 핵심적 주장내용은 다음과 같다: 법인은 그 실질에 있어서 권리주체가 될 수 있는 자격을 구비하고 있기 때문에 그 실체에 부응하여 당연히 권리능력이 부여되는 것이다. 즉 사람의 단체나 목적재산이라 하더라도 자연인과 마찬가지로 독자적으로 사회작용을 하기 때문에 법인격이 인정될 수밖에 없다는 입장으로, 이 견해에 의하면 법인설립에 관한 입법주의에 있어서 허가주의는 인가주의·준칙주의 내지 자유설립주의로 대치되게 된다. 법인실재설이라 하더라도 설명방법에 있어서는 차이가 있다(소위 '유기체설', '조직체설', '사회적 가치설' 등).

(2) 평 가

178 위의 세 학설 중에서 법인부인설은 이익법학적 관점에서 법인의제설을 재해석한 것으로 볼 수 있으므로 법인의제설과 법인실재설을 대상으로 평가하기로 한다.

현행 민법규정을 보면, 어떤 것은 법인의제설의 논리에 따르는 것이 편리하고, 또 어떤 것은 법인실재설에 따라 설명하는 것이 보다 적합하다. 현행 민법규정은 법인본질론에 관한 어느 한 학설에 따라 일관되게 이론구성을 하는 것이 불가능하다고 말할 수 있다. 이와 같은 상황은, 법인에 관한 법률규정의 형성에 있어서는 순수한 논리 이외에 입법정책적 요소가 깊이 작용하였다는 점에 기인하는 것이다. 이러한 사정을 염두에 두고 생각한다

7) 郭潤直, 앞의 책 "民法總則", 179면; 白泰昇, 앞의 책 "民法總則", 197면; 金曾漢·金學東, 앞의 책 "民法總則", 158면; 金基善, 앞의 책 "韓國民法總則", 130면.

면, 법인본질론에 관한 학설대립은 별다른 실익이 없다고 할 것이다. 법인의 본질에 관한 학설논쟁은 立法前(pro-législation)의 시점에서는 온전한 의미를 가질 수 있겠으나 立法後(post-législation)의 시점에서는 학리적 훈련의 의미를 가지는 것에 불과하다고 생각한다.

4. 法人의 종류

179 법인은 기준에 따라 다양한 분류가 가능하다. 그러나 다음에서는 기본이 되는 분류만을 보기로 한다.

(1) 社團法人과 財團法人

180 사단법인은 사단(즉 일정한 목적을 위하여 결합한 사람의 단체)을 실체로 하는 법인이다. 조합(제703조 이하)도 사람의 단체를 실체로 한다. 그러나 우리 민법은 조합에 대해서는 법인격을 인정하지 않고 있다. 사단법인의 경우에는 개별적인 구성원과 독립하여 단체 자체가 권리주체가 되는 데 비해, 조합의 경우에는 구성원 모두가 각각 권리주체가 된다. 이러한 차이로 인하여 사단법인에 있어서는 구성원의 변화가 단체의 동일성에 영향을 미치지 않지만, 조합에 있어서는 영향을 미친다. 이와 같이 사단법인과 조합 사이에는 단체성의 강약에 있어서 차이가 있으며, 단체성의 강약은 어떠한 단체에 법인격을 부여할 것인가 여부에 관한 중요한 판단기준으로 작용한다. 그러나 단체성의 강약이 법인격 인정 여부의 절대적 기준이라고 할 것은 아니며, 결정적인 것은 입법정책이다. 예컨대, 합명회사는 단체성이 희박함에도 불구하고 법인격을 가진다(상법 제171조 제1항).

재단법인은 재단(즉 일정한 목적에 바쳐진 재산)을 실체로 하는 법인이다. 즉 어떤 재산을 바탕으로 일정한 사업을 영위하고자 하는 경우에 재단법인을 설립하게 된다. '재단'이라는 용어는 어떤 자연인의 소유재산이기는 하지만 채권자 또는 제3자의 이익을 위하여 그 사람의 다른 재산과 구별하기 위한 때에도 사용된다(예: 파산재단). 재단법인과 유사한 기능을 하는 것으로 최근 중요성을 더해가고 있는 것으로 신탁(trust)이 있다.[8]

---

8) 신탁에 대해서는 이 책 [355] 이하 참조.

사단법인은 사원총회의 결의와 같은 단체의 의사에 의하여 자율적으로 활동하는 데 반해, 사원이 없는(따라서 사원총회와 같은 기관이 없는) 재단법인은 설립 당시에 정관에 표시된 설립자의 의사에 구속되어 활동한다. 이러한 차이로 인하여 설립행위, 정관의 변경, 기관의 종류, 해산사유 등에서 양자는 많은 차이를 보인다.

사단법인은 자연인의 단체를 실체로 하는 것이며, 재단법인은 재산을 실체로 하는 것이다. 그러나 사단법인과 재단법인의 구별이 절대적인 것이라 할 수는 없다. 사단법인이라 하더라도 일정한 목적을 수행하기 위한 단체를 형성하는 과정에서 복수의 자연인이 재산을 출연하는 상황이 있을 수 있고, 이와 반대로 재단법인의 경우에도 복수의 자연인이 일정한 목적을 수행하기 위하여 재산을 출연함으로써 인적 요소가 개재될 수 있다. 이는 사단법인이든 재단법인이든 간에 모두 인적 요소와 물적 요소 양자를 포함하는 상황이 있을 수 있다는 것을 의미하는 것이다.

인적·물적 요소의 양자를 포함하는 경우에는 사단법인의 형태로 권리능력을 취득할 수도 있고 재단법인의 형태로 권리능력을 취득할 수도 있다는 논리가 가능하다. 그런데 현행법상으로는 사단법인과 재단법인 중 어느 하나의 형태로만 권리능력을 취득할 수밖에 없는 것이 원칙이다. 실질에 있어서는 사단법인으로서의 실체와 재단법인으로서의 실체를 모두 구비하고 있음에도 불구하고 법적으로는 사단법인 또는 재단법인의 어느 하나에 편입시켜 파악할 수밖에 없다는 것은 당해 실체의 본질과 유리된 결과를 가져올 수 있다. 특히 법인본질론에 관한 종래의 다수설(즉 소위 '사회적 가치설'[9])에 따라 생각해 본다면, 인적·물적 요소를 모두 가지고 있는 실체를 사단법인 또는 재단법인이라는 획일적 기준으로 포섭하는 것은 그 합리성에 문제가 있다. 입법적 차원에서 종합적인 정비가 필요하다고 생각한다.

(2) 營利法人과 非營利法人

181 이 구별은 법인이 구성원의 이익을 목적으로 하는가 여부에 따른

9) 사회적 가치설의 내용은 다음과 같다: "법인은 그것이 일정한 사회적 작용을 하는 것이므로 사회적 가치를 가지고 있기 때문에 그것에 대하여 독립적인 권리능력을 인정해 주는 것이다."

것이다. 영리법인이란 법인의 운영으로부터 발생한 이익을 사원에게 분배함으로써 사원 개인에게 경제적 이득을 주는 것을 목적으로 하는 법인을 말한다. 그러므로 비록 법인이 공익적인 사업을 한다 하더라도 그 사업으로 인하여 발생한 이익을 사원에게 분배한다면 그 법인은 영리법인이다. 사단법인은 영리법인·비영리법인 어느 형태로도 가능하다. 영리사단법인을 가리켜 '會社'라고 한다. 이익분배의 귀속자인 사원이 없는 재단법인은 그 본질상 영리법인이 될 수 없다.

회사 중에서 상행위(상법 제46조 이하)를 목적으로 하는 것을 '상사회사'라 하고, 그 밖의 사업을 목적으로 하는 것을 '민사회사'라고 한다. 민법 제39조는 민사회사에 관해 규율한다. 이 규정에 따르면, 민사회사는 상사회사와 같은 조건으로 설립되고(제1항), 설립된 후의 활동방법에 관해서도 상사회사에 관한 규정이 준용된다(제2항). 그런데 민법 제39조는 현행의 법체계에서는 무의미한 것으로 삭제하는 것이 옳다. 그 이유는 다음과 같다: ① 회사는 상행위를 하지 않더라도 상인이므로(상법 제5조 제2항) 상사회사와 민사회사의 구별이 없어졌다; ② 상행위를 포함하여 그 밖에 영리를 목적으로 설립된 사단은 회사로서(상법 제169조) 상법의 적용을 받는다. 요컨대, 현행법의 내용을 고려해 볼 때 민법 제39조는 무의미한 규정이다.[10)]

영리법인에 대해서는 상법과 같은 특별법이 우선적으로 적용되고, 규정이 없는 경우에 한하여 민법의 법인에 관한 규정이 적용된다(상법 제1조). 즉 민법의 규정은 비영리사단법인과 재단법인에 적용되는 것이다.

(3) 公法人과 私法人

182 법인설립의 근거가 되는 법률이 무엇인가에 따른 분류이다. 공법인은 공법에 근거하여 성립된 것이고, 사법인은 사법에 근거하여 성립된 법인이다. 이 구별의 실익의 한 예로 법원관할을 들 수 있다(공법인에 관한 분

---

10) 舊商法은 상행위를 목적으로 설립된 사단만을 상법상의 영리법인으로 하였다(舊商法 제52조 제1항). 그러므로 상행위가 아닌 영리행위를 목적으로 하는 사단에 법인격을 부여하기 위한 법적 근거가 필요했는데, 민법 제39조는 이러한 배경에서 마련된 것이다. 현행 상법이 제정되기(1962년) 전이라면 민법 제39조는 존재의미를 가질 수 있었다. 그러나 현행 상법 제5조와 제169조에 따라 민사회사와 상사회사의 구별이 없어진 상태에서는 민법 제39조는 존재의미를 가지지 않는다.

쟁은 행정소송이지만 사법인에 관한 소송은 민사소송이다). 국가나 지방공공단체는 공법인이고, 민법 또는 상법상의 법인은 사법인이다. 그러나 공법인과 사법인의 구별이 언제나 명확한 것은 아니다. 이는 공법과 사법의 구별이 모호하다는 점[11]을 생각해 보면 쉽게 이해할 수 있다.

(4) 內國法人과 外國法人

183 이 구별은 주로 영리법인에서 문제되는 것이다(상법 제614조~621조 참조). 내국법인인가 외국법인인가에 따라 국내법의 적용 여부를 달리한다. 양자의 구별에 대하여 통설은 법인설립의 준거법이 무엇인가를 기준으로 한다(소위 '준거법설').

자연인에 관해서 내외국인평등주의를 취하는 것과 마찬가지로 내국법인과 외국법인도 동등하게 다루어지는 것이 원칙이다. 그러나 자연인에서와 마찬가지로 외국법인에 대해서도 법률 또는 조약에 의하여 일정한 제한이 가해질 수 있다.

5. 法人格否認論

(1) 意 味

184 법인을 독립적 법률주체로 하는 것은 그것이 사회경제적으로 유용한 목적으로 활동하고 있다는 사실을 전제로 하는 것이다. 그런데 이와 같은 전제가 무너지는 경우에도 법인을 독립된 권리주체로 인정하여야 하는가? '법인격부인의 법리'라 함은 법인의 법적 독립성을 관철하게 되면 법인에 대하여 법인격을 인정하는 목적 및 정의·형평에 반하는 결과로 되는 경우에, 일반적으로는 당해 법인의 법인격을 승인하되 부당한 목적과 관계된 특정사실에 관해서는 법인의 법인격을 부인하고, 문제의 법인의 배후에 있는 실체에 해당하는 개인 또는 다른 법인을 문제된 법인과 동일시하는 이론을 말한다. 이 법리는 19세기 후반부터 미국에서 'disregard of corporate fiction or corporate personality' 또는 'piercing the veil of corporate entity'

---

11) 이에 대해서는 이 책 [4] 참조.

의 이름으로 판례·학설상 정립되었으며, 독일에서는 'Durchgriffslehre'(소위 '투시이론')로 발전되었다.

우리나라의 학설도 오래 전부터 주로 주식회사를 중심으로 법인격부인론이 논의되어 왔다. 법원실무에서는 1970년대 중반을 전후한 시점부터 하급심 판결에서 이 법리를 채용한 것이 있었으나 대법원은 상당기간 동안 이 법리의 채택을 유보해 왔다.[12] 그러다가 1980년대 후반부터는 대법원도 법인격부인론의 채택에 적극적인 입장을 보이고 있다.[13]

(2) 法人格否認論의 근거

185 법인격부인론의 실정법적 근거에 대하여는, ① 신의성실의 원칙(민법 제2조 제1항)에서 구하는 견해,[14] ② 권리남용금지의 원칙(민법 제2조 제2항)에서 구하는 견해,[15] ③ 상법 제171조 제1항[16]에서 구하는 견해[17] 등이 있다. 이들 학설에 대하여는 다음과 같은 평가가 가능하다.

우선, ①과 ②의 견해는 '법인격부인'이라는 구체적 효과를 가져오는 법인격부인론의 근거로 보기에 너무 추상적이다. 또한 신의성실의 원칙과 권리남용금지의 원칙의 관계에 대하여 판례와 다수설은 소위 '중복적용설'(권리행사가 신의칙에 반하는 경우에는 권리남용이 된다고 하여 권리남용금지의 원칙을 신의성실의 원칙의 효과로 보는 태도)[18]을 취하고 있으며, 이와 같은 입장이 타

---

12) 서울고등법원에서는 1974년(서울고등법원 1974. 5. 8. 72나2582)과 1976년(서울고등법원 1976. 5. 27. 75나616)에 법인격부인론을 수용한 판결을 하였으나, 이들 판결에 대한 대법원의 상고심에서는 이 이론의 채용을 유보하고 다른 법리로 해결하였다(1974년 서울고등법원의 판결에 대한 상고심인 대법원 1977. 9. 13. 74다954 참조).

13) 대법원 1988. 11. 22. 87다카1671; 대법원 1989. 9. 12. 89다카678; 대법원 2001. 1. 19. 97다21604; 대법원 2004. 11. 12. 2002다66892 등 참조.

14) 蔡利植, "商法講義(上)", 博英社, 1990, 383면.

15) 鄭東潤, "會社法", 法文社, 1998, 32면.

16) 상법 제171조 제1항은 "회사는 법인으로 한다"라고 규정하고 있는데, 이와 같이 회사에 독립된 법인격을 부여하는 것은 그것이 사회경제적으로 유용하게 운용된다는 것을 조건으로 인정되는 하나의 특권이다. 그런데 이 특권이 법이 예정하고 있는 바와 달리 정당하지 못한 방법으로 악용된다면 법인격의 존재근거를 상실하게 되어 그 특권을 박탈할 수 있다는 것이다.

17) 鄭燦亨, "商法講義(上)", 博英社, 2001, 418면; 崔基元, "新會社法論", 博英社, 2001, 56면.

18) 이에 대해서는 이 책 [58] 참조.

당하다고 생각된다. 이와 같은 시각에서 본다면, ①의 견해와 ②의 견해를 각각 독자적 의미를 가지는 것으로 보기도 어렵다.

그렇다면 ③의 견해는 어떠한가? 법인격부인론의 실정법적 근거로 상법 제171조 제1항을 드는 것은 논리적으로 무리한 감이 있다고 생각된다. 사실 ③의 견해도 그 실질적인 내용을 보면 상법 제171조 제1항을 직접적인 근거로 하고 있다기보다는 이 규정의 입법취지를 근거로 보고 있는데, 이는 결국 법인격부인론의 근거를 법인격의 내재적 한계(즉 법인은 사회경제적으로 유용성을 가지기 때문에 법인격을 부여받는다는 것)에서 구하고 있는 미국판례법의 태도와 다를 바가 없다. 학설의 실질적 내용에 있어서는 ③의 견해가 가장 적합하다고 판단되나, 이 견해가 상법 제171조 제1항을 적시하는 점에 대하여는 수긍하기 어렵다. 결국, ③의 견해에 대하여는, "법인이 부여받은 법인격은 내재적 한계를 가지고 있는데, 법인이 이와 같은 내재적 한계를 일탈하는 때에는 법인격이 부인될 수 있다"라는 것을 법인격부인론의 근거로 하면 그것으로 필요·충분할 것을 굳이 상법 제171조 제1항을 끌어들이고 있다는 비판이 가능하다. ③의 학설의 이와 같은 문제점은 법인격부인론의 근거로서 실정법의 규정을 적시하여야 한다는 일종의 강박관념에서 비롯된 것이 아닌가 생각한다. 굳이 법인격부인론의 실정법적 근거를 찾으려고 한다면 민법 제2조나 상법 제171조 제1항과 같은 규정보다는 오히려 민법 제34조를 드는 것이 타당하지 않을까 하는 생각이 든다.

여기에서 다음과 같은 의문이 제기될 수 있다: "어떤 법제도 내지 법리의 근거는 반드시 실정규정에 의하여 명시적으로 규율되어 있어야 하는가?" 생각건대, 반드시 그럴 필요도 없으며 많은 경우에 그것은 불가능에 가까운 일이다. 무릇 어떤 제도가 법에 의하여 합법화된 경우에 그 제도는 언제나 법이 그것을 합법화한 근본취지에 따라 통제될 수밖에 없는 것이다. 즉 모든 법제도는 내재적 한계를 가지고 있는데, 그 내재적 한계를 일탈한 때에는 당해 제도가 누릴 수 있는 특권을 향유할 수 없는 것이다. 법인의 경우에도 법이 법인에게 독립적 법인격을 인정한 취지에 반하여 운용되는 경우에, 법은 이에 대한 반작용으로 법인격의 독립성을 부인할 수 있는 것이다.

(3) 法人格否認論의 적용요건

186 법인격부인론의 적용요건은 이 법리의 근거와 밀접한 관련을 가진다. 위에서 살펴본 바와 같이 이 법리의 근거에 대하여 학설상의 대립이 있는 만큼 법인격부인론의 적용요건에 대하여도 다양한 견해가 있다.

법인격부인의 법리의 적용요건에 관하여 종래 우리나라의 일반적 학설은 일본최고재판소의 입장에 영향을 받은 것으로 그 내용은 다음과 같다: 법인격이 부인될 수 있는 경우로는, ① 법인격이 형해(形骸)에 불과한 경우와 ② 법인격이 정당한 법의 적용을 회피하기 위하여 남용되는 경우가 있다. ①에서 법인격이 형해화 되었다는 것은 형식적으로는 법인이나 실제에 있어서는 법인의 실체를 가지고 있지 못한 것을 말한다. 예컨대, 회사가 1인 株主에 의하여 지배되어 마치 개인기업처럼 운영되는 경우를 말한다. ②에서 법인격이 남용된다는 것은 법인의 배후에서 사실상 법인을 지배하는 자가 채무면탈·탈세·계약의무회피 등 위법·부당한 목적을 위하여 법인격을 악용하는 것을 말한다. ①과 ②가 법인격부인론의 적용요건으로서 타당한 기준점으로 작용할 수 있는지 또는 이들 기준이 서로 다른 것을 말하는 것인지 등에 관하여는 의문의 여지가 있으나 현재로서는 유용한 기준이 될 수 있다고 본다.[19)]

그러나 보다 근본적인 관점에서 보면, 다음과 같은 의문이 제기될 수 있다: 법인격부인론의 적용요건을 일목요연하게 한정적으로 설명하는 것이 과연 가능하겠는가? 법인격부인론의 적용요건의 문제는 이 법리의 근거와 밀접하게 연관되는 것인데, 이 법리의 근거를 법인제도의 내재적 한계라는 다소 추상적인 측면에서 모색할 수밖에 없는 것이라면 그 적용요건 또한 연역적인 방법으로 명확하게 정리하기는 어려울 것이다. 또한 법인에 대한

19) 대법원 2001. 1. 19. 97다21604: "회사가 외형상으로는 법인의 형식을 갖추고 있으나 이는 법인의 형태를 빌리고 있는 것에 지나지 아니하고 그 실질에 있어서는 완전히 그 법인격의 배후에 있는 타인의 개인기업에 불과하거나 그것이 배후자에 대한 법률적용을 회피하기 위한 수단으로 함부로 쓰여지는 경우에는, 비록 외견상으로는 회사의 행위라 할지라도 회사와 그 배후자가 별개의 인격체임을 내세워 회사에게만 그로 인한 법적 효과가 귀속됨을 주장하면서 배후자의 책임을 부정하는 것은 신의성실의 원칙에 위반되는 법인격의 남용으로서 심히 정의와 형평에 반하여 허용될 수 없고, 따라서 회사는 물론 그 배후자인 타인에 대하여도 회사의 행위에 관한 책임을 물을 수 있다고 보아야 한다."

입법태도 및 법인의 존재·운영형태는 각 국가마다 특색을 가질 수 있다는 점에서 볼 때, 외국이론의 단순한 수입에 의하여 법인격부인론의 적용요건을 판단할 수도 없는 일이다. 법인격부인론의 적용요건은 개별사안에 대한 사법작용, 즉 판결에 의하여 구체화될 수밖에 없다. 상당량의 판결이 집적된 후에 판결에 대한 유형화·분석을 통하여 일정한 법칙을 발견하여야 할 것이다.

◘ 사례연구: 法人格否認論

• 사안의 내용 Y는 A회사와 A회사 소유의 선박에 대한 수리계약을 체결하였다. Y는 이 선박의 소유자가 A인 것으로 알고 수리를 완료하였다. A회사가 수리비를 지급하지 않자 Y는 수리비지급채권을 보전하기 위하여 이 선박을 가압류하였다. 그러자 X회사는 이 선박이 A회사 소유가 아니라 자기의 소유라고 주장하면서 Y를 상대로 제3자이의의 소를 제기하였다. 이 선박의 소유명의는 X로 되어 있는 것이 사실이었지만 그 실제는 이와 다른 점이 있었다. 즉 X회사는 A회사의 운영상의 편의를 위하여 설립된 것에 불과한 것으로 선박의 소유명의만이 X회사로 되어 있을 뿐, X회사와 A회사는 사실상 주소를 같이하고 있을 뿐만 아니라 전화번호·텔렉스 번호 또한 동일하며, 경영진도 같다. X의 Y에 대한 제3자이의의 소는 인용될 수 있을 것인가?

• 사안의 해결 사안[20]에서 X회사는 A회사의 운영상의 편의를 위하여 설립된 것에 불과한 것으로 선박의 소유명의만이 X회사로 되어 있을 뿐, X회사와 A회사는 사실상 주소를 같이하고 있고 전화번호·텔렉스 번호 또한 동일하며, 경영진도 같다. 이러한 점에서 볼 때, 문제의 선박의 실제 소유자는 A회사로 보아야 할 요소를 포함하고 있다. A회사의 운영상의 편의를 위하여 설립된 회사에 불과한 X회사가 선박의 소유자라고 주장하면서 가압류집행의 불허를 구하는 것은 법률의 적용을 회피하기 위하여 별개의 법인격을 악용하는 것으로 법인격을 남용하는 것으로 판단된다. 보다 구체적으로 말한다면, A회사는 X회사를 이용하여 자신의 이름으로 체결된 계약상의 의무를 회피한다든가 또는 회사에 법인격을 인정한 법의 취지를 잠탈할 목적으로 법인형식을 이용하였다고 판단되는 것이다. 이와 같은 상황은 법인격부인의 법리가 적용될 수 있는 요건을 구비한 것으로 보인다. 그러므로 X의 Y에 대한 제3자이의의 소는 기각되어야 할 것이다. 다만, 법인격부인론을 적용한다 하더라도 X회사의 법인격을 일반적으로 부정하는 것은 아니라는 점을 유의하여야 한다. 즉 법인격부인론이라고 하는 것은 일반적으로는 문제의 법인의 독립성을 인정하지만 부당한 목적과 관계된 특정사실에 관해서는 법인의 법인격을 부인하는 것이다. 그러므로 사안에서 문제된 제3자이의의 소에 한해서만 A법인의 배후에 있는 실체에 해당하는 X법인의 독립성이 부인되어 A법인과 동일시되는 것이다.

---

20) 이 사안은 1988년 11월 22일의 대법원판결(대법원 1988. 11. 22. 87다카1671)의 사실관계를 간략하게 재구성한 것이다.

Ⅱ. 法人의 設立

1. 序 說

187 법인의 권리능력은 법률에 의하여 부여되는 것이다(제31조). 권리능력의 취득요건으로서 민법은 목적의 비영리성과 주무관청의 허가 및 설립등기를 요구하고 있다(제32조, 제33조). 영리법인의 경우에는 법인의 목적이 상행위인가 여부와 무관하게 상법이 적용된다(민법 제39조, 상법 제172조). 그러므로 여기에서는 비영리사단법인과 재단법인의 설립을 살피기로 한다.

법인의 설립에 관한 입법주의로는 다음과 같은 것이 있다: ① 자유설립주의[21]; ② 준칙주의[22]; ③ 인가주의[23]; ④ 허가주의[24]; ⑤ 특허주의[25]; ⑥ 강제주의.[26] 비영리법인에 대해서는 허가주의를 취하고 있다(제32조). 이에 대해서는 헌법상의 결사의 자유를 부당하게 제한하고 있다는 지적에 따라 민법개정안에서는 인가주의로 전환하였다(민법개정안 제32조).[27]

---

21) 법인의 실체만 갖추면 당연히 법인격을 인정하는 입법주의이다(예: 스위스의 비영리법인).

22) 법인설립에 관한 요건을 법률로 미리 정해놓고 그 요건을 충족하면 당연히 법인격을 취득하게 하는 입법주의이다(예: 우리나라의 영리법인). 준칙주의의 개념을 그대로 관철하면 법인의 설립 여부를 외부에서 알 수 없는 문제가 있다. 그리하여 준칙주의에서는 설립등기를 성립요건으로 하는 경우가 많다.

23) 법률이 정하는 일정한 요건을 갖추고 인가권자의 인가를 받음으로써 법인격을 취득하게 되는 입법주의이다(예: 변호사회). 법률이 정하는 일정한 요건을 갖추면 인가권자는 반드시 인가를 해야 한다는 점에서 허가주의와 구별된다.

24) 법인설립을 위하여 행정관청의 허가를 요하는 입법주의이다(예: 비영리법인). 인가주의와 달리 허가 여부는 주무관청의 재량행위이다. 비영리를 내세워 법인을 마구 설립하여 바람직하지 않은 행위를 하는 것을 제어하기 위한 것이다.

25) 종래 학설은 특허주의를 다음과 같이 설명하고 있다: 법인설립을 위하여 특별법의 제정을 필요로 하는 입법주의이다. 그런데 특허주의는 ①~④까지의 입법주의와는 차원이 다른 것으로 보아야 한다. 한국은행을 예로 들어 보자. 종래 학설의 입장대로 한다면 "한국은행은 특별법을 제정하여 그에 따라 설립하라"라는 내용의 법률이 있어야 한다. 그러나 사실은 그렇지 않다. 특별한 필요에 따라 국회가 한국은행법을 제정하였고 그에 따라 한국은행이 설립된 것뿐이다.

26) 법인의 설립을 국가가 강제하는 경우를 가리킨다. 강제주의도 ①~④의 입법주의와 같은 차원에서 파악할 것은 아니라고 생각한다. 예컨대, 변호사회의 경우에 국가가 법인으로 하도록 강제한다는 면에서는 강제주의이지만, 설립의 모습으로는 인가주의이다.

민법개정안	
현행규정	개정안
제32조(비영리법인의 설립과 허가) 학술, 종교, 자선, 기예, 사교 기타 영리 아닌 사업을 목적으로 하는 사단 또는 재단은 주무관청의 허가를 얻어 이를 법인으로 할 수 있다.	제32조(비영리법인의 설립과 인가) 학술, 종교, 자선, 기예, 사교 그밖의 영리 아닌 사업을 목적으로 하는 사단 또는 재단은 주무관청의 인가를 얻어 이를 법인으로 할 수 있다.
개정배경	字句를 현대화하고 허가주의에서 인가주의로 전환하였다.

2. 非營利社團法人의 設立

(1) 設立要件

1) 目的이 비영리적일 것

188 법인의 목적이 '영리 아닌 사업'이어야 한다. 법인이 영리성 있는 사업을 하는가 여부는 비영리성 판단에 영향이 없고, 사업에 따른 이익을 사원에게 분배하지 않아야 한다. '영리 아닌 사업'이면 족하고 공익사업일 필요는 없다. 공익법인에 대해서는 '공익법인의설립및운영에관한법률'이 규율한다.

2) 設立行爲를 할 것

(가) 設立行爲의 의미

가) 設立行爲의 개념

189 사단법인을 설립하기 위해서는 2인 이상의 사람(즉 設立者)이 법인에 관한 근본규칙을 정하여 서면에 기재하고 기명날인하여야 한다(제40조). 이 서면을 정관이라고 한다. 근대민법은 법률행위를 함에 있어서 특별한 형식을 요구하지 않는 不要式主義를 원칙으로 하나, 때에 따라서는 일정한 형식을 요구하기도 하는데 이는 意思의 眞正性 및 거래안전을 확보하기 위한 조치이다. 민법은 법인설립에 있어서 要式主義를 취하고 있다. 즉 법인설립을 목적으로 하는 설립자들의 법률행위는 정관작성으로 나타난다. 法

27) 이러한 취지에 따라 민법 개정안은 민법상 법인에 관한 규정에 있어서 종래 허가로 되어있던 것은 모두 '인가'로 변경하였다(예: 제42조 제2항, 제46조, 제49조 제1항, 제49조 제2항 제4호, 제53조, 제80조 제2항 등).

人의 조직·운영에 관한 기본사항을 정한 정관은 설립자들의 의사에 따라 정해지는 것이다. 이러한 면에서 보면 법인설립행위에는 法律行爲의 요소가 포함되어 있다. 그렇다면 사단법인설립행위를 법률행위로 보면 그것으로 충분한가? 이에 대해서는 항을 바꾸어 살피기로 한다.

나) 設立行爲의 법적 성질: 合同行爲 또는 契約

190 사단법인설립행위의 법적 성질이 무엇인가에 관해서는 종래 다음과 같은 두 학설이 있다: 제1설(合同行爲로 보는 입장)[28]; 제2설(특수한 계약으로 보는 입장)[29]. 법적 성질을 법률행위라고 보는 점에 대해서는 종래 학설이 일치하고 있다. 사단법인설립행위에 법률행위의 요소가 포함되어 있다는 사실에 대해서는 의문이 없다. 그런데 그것이 전부인가 하는 점에 대해서는 논의의 여지가 있다고 생각한다. 다음에서는 이와 같은 관점에서 종래 학설을 비판적으로 검토하고자 한다.

㉮ 제1설의 내용과 문제점

191 合同行爲는 계약과 구별되는 법률행위의 한 유형으로 논의되는 것이다.[30] 합동행위도 복수의 의사표시의 합치로 성립하는 법률행위라는 점에서는 契約과 같으나, 의사표시의 방향이 계약의 경우와 다르다는 것이다. 즉 계약에 있어서는 의사표시의 방향이 대립적·교환적인 것임에 반하여 합동행위의 경우에는 평행적·구심적이라는 것이다. 계약과 따로 합동행위의 개념을 인정할 것인가 자체에서부터 학설대립이 있는데, 합동행위의 개념을 인정하는 입장에서는 사단법인 설립행위를 합동행위의 대표적인 예로 본다. 제1설의 핵심적인 논거는 다음과 같다: ① 법률효과가 당사자에게 상호대립적 의미를 가지는 계약(예: 매매계약에 있어서 매도인과 매수인의 대립)과 달리, 설립행위의 법률효과인 '사단법인의 설립'이라는 것은 각 당사자에게 동일한 의미를 가진다(즉 당사자 사이에 이해관계의 대립이 없다); ② 사단법인 설립행위의 법률효과는 법률행위의 당사자에게 권리를 부여하거나 의무를 부담하는 것이 아니라 제3의 권리주체(즉 사단법인)를 설립하는 것이라는 점

---

28) 郭潤直, 앞의 책 "民法總則", 133면; 金相容, 앞의 책 "民法總則", 225면; 高翔龍, 앞의 책 "民法總則", 186면; 金容漢, 앞의 책 "民法總則", 158면; 金俊鎬, 앞의 책 "民法總則", 171면; 白泰昇, 앞의 책 "民法總則", 223면.

29) 李銀榮, 앞의 책 "民法總則", 175면; 金曾漢·金學東, 앞의 책 "民法總則", 175면.

30) 이에 대해서는 이 책 [347]도 참조.

에서 볼 때 상대방 없는 법률행위에 속한다.

제1설의 논거를 토대로 하여 실제적인 문제들에 대한 제1설의 입장을 보기로 한다.

ⓘ 첫째, 제124조의 적용이 없다는 것이다. 예컨대, 설립자 중의 한 사람이 다른 설립자를 위하여 대리행위를 한다든가(자기계약의 경우) 혹은 한 사람이 서로 다른 두 사람의 설립자를 위하여 대리행위를 하는 것이(쌍방대리의 경우) 원칙적으로 유효하다는 것이다. 제124조가 자기계약·쌍방대리를 원칙적으로 금지하는 이유는 본인의 이익이 침해될 가능성이 있다는 것인데, 합동행위의 경우에는 그러한 가능성이 없다는 것이 그 이유이다.

ⓘⓘ 둘째, 설립행위는 비진의표시(제107조), 통정허위표시(제108조), 착오(제109조), 사기·강박(제110조) 및 행위무능력과 같은 의사표시의 결함[31]에 의하여 영향을 받지 않는다는 것이다. 즉 이와 같은 의사표시의 결함이 있다 하더라도 그 표의자 한 사람만의 문제로 그칠 뿐 설립행위 자체에는 영향을 미치지 않는다는 것이다. 그 이유는 이러하다: 의사표시의 결함을 무효 또는 취소원인으로 한 취지는 이해관계가 대립되는 법률관계에 있어서 표의자 또는 그 상대방을 보호하고자 하는 것인데, 사단법인의 설립행위에 있어서 설립자들의 의사는 사단법인의 설립이라는 하나의 방향으로 지향되어 있다. 특히 통정허위표시에 대해서는 다음과 같은 설명이 부가되기도 한다: 제108조는 상대방 있는 법률행위를 전제로 하는 것인데, 합동행위는 상대방 없는 법률행위(상대방 없는 법률행위에 있어서는 통정의 여지가 없음)이다.

그러나 다음에서 보는 바와 같이 제1설의 논거에는 수긍하기 어려운 점이 있다.

우선, 논거 ①을 보기로 한다. 제1설은 설립행위가 있게 되면 그 법률효과는 사단법인이 설립되는 것이지 설립행위를 한 사람들에게 권리·의무가 발생하는 것이 아니라는 점에 착안하여 사단법인설립행위를 계약으로 볼 수 없다고 한다. 사단법인의 설립이라는 결과에만 초점을 맞춘다면 이 시각은 상당히 타당해 보인다. 그런데 설립과정까지 고려한다면 그 타당성은 매우 약해진다. 설립행위의 최종적인 목표인 사단법인으로서의 실체를 가지기

---

31) 이에 대해서는 이 책 [430] 이하 참조.

위해서 설립자들은 각각 자신에게 내부적으로 부과된 의무를 이행하여야 할 것인데, 제1설은 이 의무의 기초를 무엇으로 설명할 것인가? 의무의 기초는 설립자들 사이의 합의 내지 계약으로 설명할 수밖에 없을 것 같다. 그렇다면 제1설의 논거 ①은 온전하게 타당한 시각으로 보기 어렵다.

다음으로 논거 ②를 보기로 한다. 논거 ②는 논거 ①과 그 방향만 다를 뿐 근본적인 면에서는 같은 것이다. 즉 사단법인설립행위를 상대방 없는 법률행위로 보는 것은, 설립행위의 초기 단계로부터 '사단법인의 설립'에 이르는 과정을 전반적으로 고려하지 않은 채 그 최종적인 결과에만 집착한 결과이다. 사단법인의 설립과정 중의 어느 단계에서는 설립자들 사이에 존재하는 내부적인 권리·의무관계를 포착할 수 있다는 사실에 유의하여야 한다.

㈏ 제2설의 내용과 문제점

192 제2설은 법률행위의 유형으로 단독행위와 계약이 있을 뿐 합동행위의 개념을 인정하지 않는 전제 위에서 사단법인설립행위의 법적 성질을 계약으로 이해한다. 제2설은 사단법인설립행위를 다음과 같은 식으로 정의한다: 사단법인설립행위란 수인이 합의에 의하여 독립된 법인격을 가지는 단체를 창설하고 표의자 스스로 그 구성원이 되는 것을 내용으로 하는 특수한 계약이다. 제2설은 사단법인 설립행위의 법적 성질을 설명하기에 적합한가? 이에 대한 판단에 앞서 실제적인 문제에 대한 제2설의 입장을 보기로 한다.

ⅰ 첫째, 제124조의 적용 문제를 보자. 이 문제에 대한 제2설의 입장은 다음과 같다: 제124조는 본인과 대리인 사이의 이해가 대립하는 상황을 전제로 하는 것인데, 사단법인 설립행위에 있어서 설립자 사이에는 그러한 이해의 대립이 없다; 그러므로 사단법인 설립행위는 제124조의 입법취지 밖의 문제이다. 이 문제에 대한 제2설은 제1설과 크게 다를 것이 없다.

ⅱ 둘째, 의사표시의 결함(제107조, 제108조, 제109조, 제110조 및 행위무능력)에 대하여 보자. 제2설은 사단법인 설립행위에도 원칙적으로 이들 규정의 적용이 있다고 한다. 다만 다음과 같은 이유에서 무효 또는 취소의 효과가 제한된다고 한다: 다수의 설립자 중 일부의 의사표시에 결함이 있다는 이유로 설립행위가 처음부터 무효라고 하게 되면 다시 설립행위를 하여야 하고, 특히 사단법인이 이미 거래관계를 형성한 경우에는 거래의 안전을 위협

하게 된다; 그러므로 의사표시의 결함은 이미 이루어진 사단법인 설립행위에는 영향을 미치지 못하고 결함있는 의사표시를 한 설립자가 탈퇴 등의 방법으로 사단법인으로부터 벗어날 수 있을 뿐이다. 이와 같이 의사표시의 결함에 있어서도 제1설과 제2설은 유사한 결론(즉 의사표시의 결함으로 인하여 설립행위 자체가 실효되지는 않음)에 이르고 있다.

앞의 논의를 통하여 이제 제2설의 타당성을 검토해 보자. 제2설의 기본입장은 사단법인의 설립을 전통적인 계약의 관념을 사용하여 설명하고자 한다. 그런데 여기에서 다음과 같은 의문이 든다: 이와 같은 제2설의 기본입장이 도대체 무슨 의미를 가지는가? 법률행위의 무효·취소이론이 적용되지 않는다고 한다면 사단법인설립행위를 계약으로 보아야 할 이유가 없지 않은가? 계약으로서의 본질적 특성을 사실상 가지고 있지 못한 사단법인설립행위에 대하여 '특수한'이라는 수식어까지 동원하여 계약으로 편입시켜야 할 이유가 무엇인가?

㉰ 평 가

193 제1설이든 제2설이든 사단법인설립행위를 온전하게 설명할 수 없음은 앞에서 본 바와 같다. 도대체 그 이유는 무엇일까? 법률행위론의 차원으로 설명할 수 없는 사항을 그 차원에서 설명하려는 데에서 비롯되는 한계로 인한 것이라고 생각한다. 사단법인설립행위는 법률행위의 영역에 국한된 개념이라고 볼 수 없다. 그 이유는 이러하다: 사단법인설립행위의 법적 성질에 관한 설명이 완전하기 위해서는 설립행위의 초기 단계부터 최종적 효과(즉 설립자들과 독립된 제3의 권리주체의 창설)에 이르는 모든 과정에 타당한 것이어야 한다; 그런데 그 앞 단계까지는 모르겠으나 최종적 효과는 법률행위의 영역이 아니다; 즉 사단법인에 법인격이 주어지는 것은 설립자들의 의사표시의 결과가 아니라 법률의 규정에 의한 것이다; 이와 같이 애초부터 법률행위와 단절된 부분이 있음에도 불구하고, 종래 학설은 이를 직시하지 아니한 채 사단법인설립행위의 법적 성질을 법률행위론의 영역에서 구하려고 하는 시도를 하였다. 이러한 이유로 제1설과 제2설 모두 한계에 부딪칠 수밖에 없다.

이와 같이 사단법인설립행위의 법적 성질의 문제는 법률행위론의 차원에서 설명할 수 있는 것이 아니다. 그럼에도 불구하고 법률행위론에 의한 설명에 집착한다면 그 결과는 사단법인의 설립행위의 본질에 대한 왜곡으로 이어질 수밖에 없다. 만일 일정한 사단에 대하여 법률이 법인격을 인정하는 제도가 존재하지 않았다면 사단법인설립행위는 언제나 설립자들 사이의 법률관계로 존재했을 것이고, 사단법인설립행위를 법률행위의 차원으로 설명하는 것이 가능했을 것이다. 그러나 법률은 일정한 사단에 대하여 법인격을 인정하고 그 법인격의 우산 밑에서 법률관계를 형성하도록 했고, 최소한 그 한도에서는 법률행위적 특성이 존재하지 않는다.

요컨대, 사단법인설립행위를 법률행위론의 차원에서 접근하고자 하는 시도 자체가 문제라고 생각한다. 법인설립행위의 과정은 법률행위이다. 그러나 그 법률행위가 외부적으로 표현된 정관은 단순한 법률행위의 결과물로 볼 수 없다. 정관의 법적 성질에 대하여 이를 단순한 계약이 아니라 자치법규로 보아야 한다는 판례의 입장도[32] 유사한 맥락에서 이해할 수 있다고 생각한다. 사단법인의 정관은 이를 작성한 사원뿐만 아니라 그 후에 가입한 사원이나 사단법인의 기관 등에 대해서도 구속력을 가지는데 이러한 상황을 법률행위론의 차원에서 설명하는 것은 불가능한 것이다. 어떤 사항을 일정한 기준에 따라 분류하는 작업은 대부분 학문적 편의를 위한 것이다. 그런데 때에 따라서는 분류의 틀에 맞추어 배속시키는 것이 어색하거나 곤란한 경우도 있다. 이러한 사정에도 불구하고 억지로 틀에 집어넣는 것은 무용한 일이며, 심하면 본질을 왜곡하는 원인이 될 수도 있다.

(나) 定款의 기재사항

194 다음 사항은 정관에 반드시 기재하여야 하고 빠진 것이 있으면 그 정관은 무효이다(제40조): ① 법인의 목적; ② 법인의 명칭; ③ 사무소의 소재지; ④ 자산에 관한 규정; ⑤ 이사의 임면에 관한 규정; ⑥ 사원자격의 득실에 관한 사항; ⑦ 존립시기 또는 해산사유를 정한 경우에는 그 시기나 사유. 이들 사항은 정관에 필수적으로 있어야 한다는 의미에서 '필요적 기재사항'이라고 한다.

그 밖의 사항도 정관에 기재할 수 있는데 이를 '임의적 기재사항'이라고

---

32) 대법원 2000. 11. 24. 99다12437: "사단법인의 정관은 이를 작성한 사원뿐만 아니라 그 후에 가입한 사원이나 사단법인의 기관 등도 구속하는 점에 비추어 보면 그 법적 성질은 계약이 아니라 자치법규로 보는 것이 타당하…다."

한다(예: 제41조, 제42조 제1항, 제58조 제2항 등). 임의적 기재사항이라도 정관에 기재된 이상 그 효력에는 차이가 없다.

3) 主務官廳의 허가가 있을 것

195 주무관청이란 법인의 목적사업을 관장하는 행정관청을 말한다.[33] 주무관청의 허가는 자유재량행위로서 그 허가 여부에 대하여 행정소송으로 다툴 수 없다.[34] 법인의 목적이 두 개 이상의 행정관청의 소관사항일 때에는 누구의 허가를 얻어야 하는가? 제1설(모든 행정관청의 허가를 얻어야 한다는 입장)[35]과 제2설(주된 행정관청의 허가를 얻는 것으로 족하다는 입장)[36]이 있다. 다음과 같은 이유에서 제2설이 타당하다고 생각한다: ① 약간이라도 관계된다고 하여 모든 행정관청의 허가를 요구한다는 것은 법인의 설립에 대한 실질적인 제한으로서 결사의 자유에 대한 침해로 볼 수 있다; ② 실제를 보더라도 허가신청을 받은 행정관청은 스스로 허가 여부를 판단할 뿐 다른 행정관청의 허가를 조건으로 하여 허가를 하지는 않는다. 제1설은 현실적으로 실현될 수 있는 견해로 보기 어렵다.

◆ 보충설명: '許可', '特許', '認可'[37]

許可・特許・認可는 모두 行政行爲에 해당한다. 통설에 따르면, 행정행위란 행정청이 구체적 사실에 관한 법집행으로 행하는 권력적・단독적 공법행위로서 '法的 行爲', 즉 법적 효과의 변동(발생・변경・소멸)을 내용으로 한다. 행정행위는 기준에 따라 다양한 분류가 가능한데, 許可・特許・認可는 행정청의 의사표시를 구성요소로 하고 그 意思表示의 내용에 따라 法律效果를 발생시킨다는 점에서 특히 '法律行爲的 行政行爲'라고 한다. 法律行爲的 行政行爲는 그 법률효과의 내용에 따라 다시 '命令的 行爲'와 '形成的 行爲'로 나누어진다.

'명령적 행위'란 국민에 대하여 사람이 자연적으로 가지는 자유를 제한하거나 의무를 명하거나 또는 이런 의무를 특정한 경우에 면제시키는 行政行爲를 말한다. 許可는 法律行爲的 行政行爲 중에서도 특히 '命令的 行爲'의 일종이다. 허가란 법령에 의한 一般的 禁止(不作爲

---

33) 예: 법인의 목적이 민법학에 대한 연구와 학술교류라고 한다면 주무관청은 법무부이다.

34) 대법원 1979. 12. 26. 79누248 참조. 이 판결은 1996년의 전원합의체판결(대법원 1996. 5. 16. 95누4810)에 의하여 폐기되었으나, 폐기부분은 법인설립을 위한 허가가 아니라 정관변경에 관한 제45조・제46조에 대한 해석이었다.

35) 郭潤直, 앞의 책 "民法總則", 132면; 金相容, 앞의 책 "民法總則", 228면; 金疇洙, 앞의 책 "民法總則", 214면; 白泰昇, 앞의 책 "民法總則", 224면.

36) 金曾漢・金學東, 앞의 책 "民法總則", 174면.

37) 이 부분에 있어서 행정법학에서 견해가 일치되지 않는 부분이 많으나 전통적인 입장을 중심으로 설명하기로 한다.

義務)를 특정한 경우에 해제하여 적법하게 일정한 행위를 할 수 있도록 해주는 행정행위이다(예: 영업허가, 건축허가 등).[38] 許可는 相對的 禁止의 존재를 전제로 하므로 어떠한 경우에도 허용될 수 없는 絶對的 禁止는 허가의 대상이 될 수 없다.

'形成的 行爲'란 국민에 대하여 특정한 權利·權利能力 또는 기타 법률상의 힘을 설정·변경·소멸시키는 행정행위를 말한다. 형성적 행위는 제3자에게 대항할 수 있는 법률상의 힘을 부여하거나 그것을 부정하는 것을 내용으로 한다는 점에서 국민의 자연적 자유의 제한 또는 해제를 내용으로 하는 命令的 行爲와 구별된다. 앞에서 제시한 特許와 認可는 形成的 行爲에 속한다. 우선, 特許란 특정인을 위하여 새로운 법률상의 힘을 부여하는 것을 말한다. 권리의 설정(예: 광업권 특허), 권리능력의 설정(법인의 설립[39]), 포괄적 법률관계의 설정(예: 귀화의 허락) 등이 특허의 예이다. 특허는 상대방이 본래 가지고 있던 자연적 자유를 회복시켜 주는 것이 아니라 특별히 권리를 설정해 주는 것이라는 점에서 許可와 구별된다. 다음으로, 認可란 국가 또는 공공단체 등 행정주체가 직접 자기와 관계없는 다른 법률관계에 있어서의 당사자의 법률적 행위(특히 법률행위)를 보충하여 그 법률상 효력을 완성시켜 주는 타자를 위한 행위로서, 補充行爲라고도 한다. 인가의 대상은 반드시 법률적 행위이어야 한다.

4) 設立登記를 할 것

196 사단법인의 실체를 갖추어 행정관청으로부터 설립허가를 얻은 다음에는 소정의 절차(비송사건절차법 제60조 이하 참조)에 따라 주된 사무소의 소재지에서 설립등기를 함으로써 비로소 법인격을 취득한다(제33조). 설립등기는 법인의 성립요건이며, 그 밖의 등기는 대항요건이다(제54조 제1항).

설립등기는 설립허가가 있은 때로부터 3주 안에 하여야 한다(제49조 제1항). 등기사항은 다음과 같다(제49조 제2항): ① 목적; ② 명칭; ③ 사무소; ④ 설립허가의 연월일; ⑤ 존립시기나 해산사유를 정한 때에는 그 시기 또는 사유; ⑥ 자산의 총액; ⑦ 출자의 방법을 정한 때에는 그 방법; ⑧ 이사의 성명, 주소; ⑨ 이사의 대표권을 제한한 때에는 그 제한.

(2) 設立中의 社團法人

197 사단법인이 법인격을 취득하기까지의 과정을 다음 세 단계로 구분하는 것이 보통이다: ① 설립자(발기인)들 상호간의 법률관계가 성립한

---

38) 학리상의 관점에서 본 허가의 개념은 이러한 것이나, 실정법상으로는 '허가' 이외에도 '면허', '인허', '인가', '승인', '등록' 등의 용어가 사용되고 있다. 또한 실정법에서 '허가'라는 용어를 사용하고 있더라도 사실은 '허가'가 아닌 경우도 있다.

39) 행정법상의 특허·허가·인가의 개념에 따라 생각한다면, 법인의 본질에 관하여 법인의제설을 취하게 되면 법인설립을 위한 관할관청의 許可(제32조)는 이를 特許로 보아야 할 것이며, 법인실재설은 許可로 보아야 할 것이다.

단계; ② 정관작성 등 사단법인으로서의 실체를 갖춘 단계; ③ 주무관청의 허가를 얻어 설립등기를 한 단계. 이들 단계 중에서 ①을 발기인조합(설립자조합)이라 하고 ②를 설립중의 법인이라고 한다. ①은 조합(제703조 이하)으로, ②는 비법인사단[40]으로 보는 것이 통설이며 타당하다고 생각한다.

①의 단계에서는 발기인조합 또는 발기인 개인 명의의 권리나 의무는 발기인조합 또는 발기인 개인에 귀속하는 것이다. 그러므로 이들에게 귀속된 권리·의무를 설립후의 법인에 귀속시키기 위해서는 권리양도 또는 채무인수와 같은 특별한 이전행위가 있어야 한다.[41]

②의 단계에 있는 설립중의 법인은 설립등기를 함으로써 권리능력을 취득하는 사단법인과 동일성이 인정되어(소위 '同一性說') 설립중의 법인에 귀속한 권리·의무가 후에 설립된 사단법인의 권리·의무로 귀속된다는 것이 통설의 입장이며 타당하다고 생각한다. '설립중의 법인'은 실정법에 명시된 개념이 아니고 발기인이 법인의 설립을 위하여 필요한 행위로 인하여 취득 또는 부담하였던 권리의무가 법인의 설립과 동시에 그 설립된 법인에 귀속되는 관계를 설명하기 위한 강학상의 개념이다.[42] 문제는 ②의 단계에서 설립중의 법인에 귀속한 권리·의무가 후에 설립된 사단법인의 권리·의무로 귀속하는 범위가 어떠한가 하는 것이다.[43] 학설은 대체로 그 범위를 넓게 보고 있으나,[44] 판례는 설립 자체를 위한 행위로 제한하는 입장에 선 것[45]과 개업준비행위도 포함된다는 입장에 선 것[46]이 혼재하고 있다. 생각건대,

40) 비법인사단에 대하여 자세한 것은 이 책 [282] 이하 참조.

41) 대법원 1990. 12. 26. 90누2536; 대법원 1994. 1. 28. 93다50215; 대법원 1998. 5. 12. 97다56020 참조.

42) 대법원 1970. 8. 31. 70다1357; 대법원 1985. 7. 23. 84누678; 대법원 1990. 11. 23. 90누2734; 대법원 1994. 1. 28. 93다50215 등 참조.

43) 이 논의는 영리법인이 회사의 설립과 관련하여 주로 상법학에서 이루어지고 있는데, 이는 민법상의 비영리법인의 경우에도 크게 다를 것이 없다고 본다. 학설은 협의설(발기인은 회사의 설립 그 자체를 직접적 목적으로 하는 행위만을 할 수 있다는 입장), 광의설(발기인은 회사의 설립을 위하여 법률상·경제상 필요로 하는 행위도 할 수 있다는 입장, 최광의설(발기인은 회사의 설립에 필요로 하는 법률상·경제상의 모든 행위에서 더 나아가 성립 후의 회사의 영업개시를 준비하는 이른바 개업준비행위도 할 수 있다는 입장)로 나누어진다. 이에 대해서는 鄭東潤, "商法(上)", 法文社, 2000, 386-387면 참조.

44) 郭潤直, 앞의 책 "民法總則", 134면; 金相容, 앞의 책 "民法總則", 229면; 白泰昇, 앞의 책 "民法總則", 225면.

45) 대법원 1965. 4. 13. 64다1940 참조.

설립중의 법인을 비법인사단으로 보는 입장에 선다면 목적범위 내의 행위에 대해서는 동일성이 인정되는 것으로 해석하는 것이 논리에 합당할 것으로 본다. 목적범위 밖의 행위에 대해서는 제35조 제1항에 의하여 법인이 불법행위책임을 지는 경우가 있겠으나,[47] 이 문제는 권리·의무의 귀속과는 별개의 문제이다.

3. 財團法人의 設立

(1) 設立要件

198 재단법인에는 사원이 없기 때문에 본질상 영리법인이 될 수 없다. 그러므로 설립요건을 논의함에 있어서 '목적이 비영리적일 것'이라는 요건을 말할 필요가 없다.[48] 다음에서 재단법인의 설립요건을 차례로 살펴보자.

1) 設立行爲를 할 것

199 사단법인에 있어서 정관작성이 설립행위의 전부임에 반해, 재단법인의 설립행위는 정관작성 이외에 財産의 出捐이 있어야 한다(제43조). 다음에서는 재단법인의 설립행위에 관하여 사항별로 살피기로 한다.

(가) 設立行爲의 의미

200 재단법인의 설립행위는 정관작성과 재산의 출연으로 구성된다. 재단법인 설립행위는 생전처분으로 할 수도 있고 유언으로 할 수도 있다(제47조). 재단법인 설립행위의 법적 성질에 대해서는 재단의 설립이라는 법률효과를 발생시키려는 의사표시를 요소로 하는 상대방 없는 단독행위[49]로 보는 것이 판례[50]와 통설의 입장이다. 재단법인의 설립자는 1인일 수도 있고 2인 이상일 수도 있다. 설립자가 복수인 경우에 그 성질을 합동행위로 보는 견해가 없지는 않으나 통설은 단독행위의 경합으로 이해한다. 설립자

---

46) 대법원 1970. 8. 31. 70다1357 참조.

47) 대법원 2000. 1. 28. 99다35737 참조.

48) 대부분의 문헌에서는 재단법인의 설립요건에 비영리성을 언급하고 있다. 재단법인에 영리법인과 비영리법인이 있다면 모르겠지만 본질상 비영리법인일 수밖에 없는 재단법인의 설립요건을 논의함에 있어서 비영리성을 말한다는 것은 어색한 일이다.

49) 단독행위의 개념에 대해서는 이 책 [345] 참조.

50) 대법원 1999. 7. 9. 98다9045 참조.

가 복수라 하더라도 그들 사이에 합의가 있어야 하는 것은 아니라는 이유이다. 그런데 재단법인 설립행위의 법적 성질에 대해서도 사단법인 설립행위에서 밝힌 것과 유사한 설명이 가능하다.[51] 즉 재단법인 설립행위에 법률행위의 요소가 중요하게 포함되어 있기는 하지만 그것이 전부는 아니라는 것이다.

(나) 財産의 出捐

가) 財産出捐行爲의 성질

201 '出捐'이란 자기 재산을 감소시키고 타인의 재산을 증가시키게 하는 행위이다. 재단법인의 설립에 있어서 재산출연은 정관작성행위와 함께 설립행위의 요소를 구성한다. 재산출연행위의 법적 성질 또한 단독행위이다. 재단법인의 설립은 生前處分으로 할 수도 있으며, 遺言으로 할 수도 있다. 재산출연행위에 대하여 민법은 독자적 규정을 두지 않고 다른 규정을 준용하고 있다. 즉 생전행위로 재산출연을 하는 때에는 贈與에 관한 규정을(제47조 제1항),[52] 유언으로 재산출연을 하는 때에는 遺贈에 관한 규정을 준용한다(제47조 제2항).[53] 이는 재단법인설립을 위한 재산의 출연이 無償行爲라는 사실에 착안한 것이다.

나) 出捐財産의 귀속시기

202 출연재산의 종류에는 아무런 제한이 없다. 종래의 일반적인 논의태도에 따라 다음에서는 출연재산이 물권인 경우와 채권인 경우로 나누어서 살피기로 한다.

---

51) 이에 대해서는 이 책 [190] 참조.

52) 재단법인 설립을 위한 출연행위는 단독행위임에 반하여 증여는 계약이다. 이와 같은 차이에도 불구하고 양자간의 실질적 유사성에 착안하여 제47조 제1항이 증여를 준용하도록 한 것이다.

53) 遺贈은 유언자가 유언에 의하여 자기의 재산을 타인('수증자'라 함)에게 사후에 무상으로 양도할 것을 내용으로 하는 단독행위이다. 이와 같이 유증은 타인에게 이익을 주는 행위이므로 이익을 받는 타인이 따로 존재할 필요가 있다. 그러므로 이익공여 자체에 의하여 타인이 생겨나는 경우(유언에 의한 재단법인설립은 여기에 해당한다)는 유증으로 볼 수 없다. 그러나 유증과 재단법인설립을 위한 출연행위 사이의 실제적 유사성에 착안하여 제47조 제2항이 유증을 준용하도록 한 것이다.

㉮ 出捐財産이 物權인 경우

㉠ 규범의 충돌상황

203 출연재산이 재단법인으로 귀속하는 시기에 관하여 민법은, 생전처분으로 법인을 설립하는 때에는 법인이 성립한 때(즉 설립등기시), 유언으로 법인을 설립하는 때에는 유언의 효력이 발생한 때(즉 유언자의 사망시)로 규정하고 있다(제48조).

이 규정은 다음과 같은 이유에서 물권변동에 관한 일반원칙에 부합하지 않는다: 출연재산이 출연자로부터 재단법인으로 이전하는 것은 물권의 변동이다; 법률행위를 원인으로 하는 물권변동에 관하여 우리 민법은 형식주의[54]를 취하고 있으므로 공시방법을 갖춘 때에야 비로소 물권변동이 일어난다; 그런데 재단법인 설립을 위한 출연행위는 단독행위로서 법률행위에 속한다; 그러므로 재단법인설립 후에 법인 명의로 등기를 하거나(부동산물권의 경우: 제186조) 법인에게 물건을 인도하는 때(동산물권의 경우: 제188조)에 당해 물권이 재단법인에 귀속하는 것으로 보아야 한다; 그러나 제48조에서 정하고 있는 시점은 이와 다르다; 따라서 제48조는 물권변동법리에 관한 일반원칙과 충돌현상을 보이고 있다.

이해의 편의를 위하여 다음과 같은 사안을 생각해 보자: A는 α토지를 기본재산으로 하여 X장학재단의 설립을 진행하였다. A는 1998년 4월 1일 관할관청인 교육부에 재단법인 설립허가를 신청하여, 1998년 5월 1일 설립허가를 받은 후 1998년 6월 1일 법인설립등기를 마쳤다. α토지에 대한 등기명의를 X재단으로 이전하지 않은 시점에서 뒤늦게 이와 같은 사실을 알게 된 A의 가족들은 A의 행위에 강력하게 반발하였고, 이에 못이긴 A는 B에게 α토지를 매각하고 1998년 7월 1일 B명의로 소유권이전등기를 해주었다. 1998년 7월 1일 현재 α토지에 대한 소유권자는 누구인가?

㉡ 종래 학설·판례의 해석론

204 다음에서 보는 바와 같이 제48조에 대하여는 몇 가지 다른 방향에서의 해석론이 있으나, 이 규정을 입법상의 오류에 의한 것으로 평가하는 점에 있어서는 대체로 같다: 즉 이 규정은, 현행민법이 물권변동에 관하여

54) 이에 대해서는 이 책 [38] 참조.

구민법과 달리 형식주의로 전환하였음에도 불구하고 의사주의를 취하고 있던 구민법의 규정을 그대로 답습한 것이다.

제1설(다수설)[55]은, 제48조를 설립자의 의사를 존중하는 동시에 재단법인의 재산적 기초를 충실히 하기 위한 특별규정으로 이해하는 입장으로서, 제186조·제188조에서 규정하고 있는 등기·인도 없이도 제48조가 정하는 시기에 출연재산은 당연히 재단법인에 귀속하는 것으로 해석한다. 이 견해에 따르면, 사안의 경우 1998년 7월 1일 현재 B명의로의 이전등기에도 불구하고 α토지에 대한 소유권자는 X재단이다. 왜냐하면 α토지에 대한 소유권은 X재단이 법인설립등기를 하여 법인으로 성립된 1998년 6월 1일에 이미 X재단법인에 귀속하였기 때문이다. 이 때 소유권을 취득하지 못하게 된 B로서는 A에 대하여 계약채무 불이행에 대한 책임(예: 계약해제 또는 손해배상)을 물을 수 있을 뿐이다.

제2설(소수설)[56]은, 재단법인설립을 위한 출연행위는 법률행위이므로 물권변동에 관한 원칙에 따라 登記 또는 引渡가 있어야만 재산권이 재단법인에 귀속하는 것으로 이해한다. 이에 의하면, 출연재산이 설립자로부터 법인으로 이전함에 있어서 아무런 형식(예: 등기 또는 인도)도 요구되지 않는 때에는 제48조가 정한 시점에 법인에게 귀속하지만, 그 이외의 경우에는 법인으로서는 출연재산에 대한 이전청구권만을 가질 뿐이라고 한다. 제2설에 따르면, 사안의 경우 1998년 7월 1일 현재 α토지에 대한 소유권자는 B이다. 왜냐하면 출연재산은 부동산인데, 부동산물권의 이전에 있어서는 등기라는 형식이 요구되기 때문이다.

판례는 어떠한가? 이 문제에 관한 판례의 입장은 변화를 겪었다. 처음에는 제1설과 같은 입장을 취하다가[57] 1979년 12월 11일 대법원전원합의체 판결[58]을 계기로 독특한 이론을 전개하여 현재에 이르고 있다.[59] 이 판례이

---

55) 郭潤直, 앞의 책 "民法總則", 203면; 金俊鎬, 앞의 책 "民法總則", 179면; 高翔龍, 앞의 책 "民法總則", 198면; 金基善, 앞의 책 "韓國民法總則", 144면; 金相容, 앞의 책 "民法總則", 232면.

56) 李英俊, 앞의 책 "民法總則", 862면; 李銀榮, 앞의 책 "民法總則", 267면; 金曾漢·金學東, 앞의 책 "民法總則", 181면; 白泰昇, 앞의 책 "民法總則", 229면.

57) 대법원 1976. 5. 11. 75다1656 참조.

58) 대법원전원합의체 1979. 12. 11. 78다481·482.

59) 대법원 1981. 12. 22. 80다2762·2763; 대법원 1993. 9. 14. 93다8054: "유언으로

론은 다음과 같다: "재단법인을 설립함에 있어서 출연재산은 그 법인이 설립된 때로부터 법인에 귀속된다는 민법 제48조의 규정은 출연자와 법인과의 관계를 상대적으로 결정하는 기준에 불과하여 출연재산이 부동산인 경우에도 출연자와 법인 사이에는 법인의 성립 외에 등기를 필요로 하는 것은 아니지만, 제3자에 대한 관계에 있어서 출연행위는 법률행위이므로 출연재산의 법인에의 귀속에는 부동산의 권리에 관한 것일 경우 등기를 필요로 한다." 판례에 따르면, 사안의 경우 1998년 7월 1일 현재 α토지에 대한 소유권자는 B로 판단하게 된다.

ⓒ 종래의 해석론에 대한 비판적 검토

(a) 종래 학설의 문제점

205 제1설은 재단법인 설립자의 의사 존중과 재단법인의 재산적 기초의 충실화를 위하여 민법상의 대원칙에 해당하는 성립요건주의를 훼손하고 있다. 제48조의 입법론상의 문제점을 말하면서도 민법상의 대원칙을 저해하는 방향으로 해석하는 것은 정당한 해석론으로 받아들이기 어렵다. 특히, 제1설에 속하는 견해 중에는 제48조를 제187조의 '기타의 법률의 규정'[60]에 해당하는 것으로 볼 수 있으므로 논리상 별문제가 없다는 견해도 있다. 그러나 이와 같은 해석은 논리적 완결성을 보유하지 못한 것이다. 왜냐하면 제187조의 적용범위는 부동산의 물권변동에 한정되는 것인데, 재단법인 설립을 위하여 출연되는 재산권은 부동산물권으로 제한되는 것이 아니기 때문이다. 즉 이 설명은 출연재산이 부동산인 경우에는 문제가 없을지 모르나 동산인 경우에는 타당성이 없는 것이다.

판례이론은 제1설의 주장취지(특히, '재단법인의 재산적 기초의 충실화')와 제2설의 입장을 절충한 것으로 평가할 수 있다. 결론만을 본다면, 판례이론은 대립되는 두 이익(재단법인의 이익과 거래의 안전)을 조화시킬 수 있다는

재단법인을 설립하는 경우에도 제3자에 대한 관계에서는 출연재산이 부동산인 경우는 그 법인에의 귀속에는 법인의 설립 외에 등기를 필요로 하는 것이므로, 재단법인이 그와 같은 등기를 마치지 아니하였다면 유언자의 상속인의 한 사람으로부터 부동산의 지분을 취득하여 이전등기를 마친 선의의 제3자에 대하여 대항할 수 없다."

60) 법률행위를 원인으로 한 부동산물권의 변동에 있어서는 등기를 요한다. 그러나 물권변동이 법률행위 이외의 사유에 의한 것인 경우(상속·공용징수·판결·경매 기타 법률의 규정에 의한 부동산에 관한 물권의 변동)은 등기를 요하지 않는다(제187조).

점에서 수긍이 가는 면도 있다. 그러나 이 이론은, 물권귀속의 문제를 당사자간의 관계와 대외적 관계로 분리하여 파악하는 舊民法 時代의 대항요건주의에서의 물권변동이론을 그대로 차용한 것으로 현행법상의 물권변동이론과 거리가 멀다.

(b) 하나의 다른 시각

206 앞에서 지적한 바와 같이, 제48조를 규정함에 있어서 입법자가 사려깊은 고려를 하지 않았던 것으로 보인다. 제48조를 문언 그대로 문리해석을 하게 되면, 물권변동에 관한 대원칙에 정면으로 반하는 결과가 된다. 그렇다고 하여 엄연히 법으로서 존재하는 제48조를 마치 효력을 상실한 규정과 같은 위치에 놓을 수도 없는 일이다. 제48조는 합체계적·합목적적 해석의 요구에 따라 제한해석[61]을 할 필요가 있다고 본다. 이와 같은 문제인식을 토대로 다음에서는 제48조 제1항의 경우(생전처분에 의한 출연)와 제48조 제2항의 경우(유언에 의한 출연)로 구분하여 생각해 보기로 한다.

a) 生前處分에 의한 出捐의 경우

207 생전처분에 의한 출연의 경우에는 제2설과 같이 보아야 한다.

b) 遺言에 의한 出捐의 경우

(ㄱ) 일반적인 문제

208 유언에 의한 출연의 경우에 있어서도 제2설은 생전처분에 의한 출연에서와 마찬가지로 출연재산이 재단법인으로 귀속하기 위하여 등기 또는 인도를 요구하고 있다. 그러나 유언에 의하여 출연행위를 하는 경우는 다음과 같은 유형에 따라 차별화하여 판단할 필요가 있다고 생각한다: ① 출연행위가 包括性을 가지는 경우; ② 출연행위가 特定性을 가지는 경우.

유언에 의한 출연행위에 대하여는 유증에 관한 규정이 준용된다(제47조 제2항). 그런데 유증이 포괄적 유증[62]과 특정적 유증[63]으로 구분되는 것에

---

61) 제2설도 제48조에 대한 일종의 제한해석에 해당하는 것으로 볼 수 있다. 왜냐하면 제2설에 따르를 때 제48조가 그대로 적용되는 경우는, 출연재산이 설립자로부터 법인으로 이전함에 있어서 아무런 형식(예: 등기 또는 인도)도 요구되지 않는 경우(예: 출연재산이 指名債權인 경우)이기 때문이다.

62) 포괄적 유증이란, 유증의 대상을 재산의 전부로 한다거나 재산의 분수적 비율(예: 재산의 40%)로 하는 것을 말한다.

63) 특정적 유증이란, 유증의 대상이 구체적으로 특정된 경우(예: …에 위치한 R토지)를 말한다.

상응하여 유언에 의한 출연행위도 포괄적 출연과 특정적 출연이 있을 수 있다. 그러므로 포괄적 출연에 대하여는 포괄적 유증의 규정이 준용되고, 특정적 출연에 대하여는 특정적 유증의 규정이 준용되는 것으로 해석하여야 할 것이다. 특정적 출연의 경우에는 당해 물권이 재단법인으로 귀속하는 시점을 등기 또는 인도시기로 보아야 할 것이다. 그러나 포괄적 출연의 경우에는 이와 동일하게 볼 수 없다고 생각하는데, 이 주장의 논리과정은 다음과 같다: 유언에 의한 출연행위에는 유증에 관한 규정을 준용한다(제47조 제2항); 그러므로 포괄적 출연에 대하여는 포괄적 유증의 규정이 준용되는 것으로 해석하여야 한다; 포괄적 유증의 수유자는 재산상속인과 동일한 권리·의무가 있다(제1078조); 그런데 상속에 의한 물권취득에는 등기를 요하지 않으며(제187조 본문), 상속이 개시된 때에(즉 피상속인의 사망시) 상속인에게 물권이 이전한다(제1005조 본문); 그러므로 포괄적 유증의 수유자에 해당하는 재단법인 명의로의 등기가 이루어지지 않았다 하더라도 출연자의 사망시에 권리를 취득한다. 이와 같은 논리에 의하게 되면, 포괄적 출연의 경우에는 제48조 제2항이 정하는 시기인 유언의 효력이 발생하는 때에(즉 유언자의 사망시) 출연재산이 재단법인에 귀속하는 것으로 볼 수 있게 된다. 달리 말하자면, 유언에 의한 포괄적 출연의 경우에는 제48조 제2항을 적용하더라도 문제가 없다는 것이다.

(ㄴ) 특수한 문제

209 유언에 의한 포괄적 출연의 경우에 제48조 제2항을 그대로 적용한다고 하더라도 남는 문제가 있다. 유언자가 사망하기 전에 설립등기를 하여 이미 재단법인이 성립한 경우라면 유언자의 사망시에 물권이 포괄적으로 재단법인에 귀속하는 것으로 보면 될 것이다. 그러나 유언자가 사망할 때까지도 법인이 성립하지 않은 때에는 출연재산의 귀속주체가 없다는 법리적 문제가 발생한다.[64] 이 문제에 대하여 종래 학설은, ① 일단 상속인에게 귀속하였다가 나중에 재단이 법인격을 취득하게 되면 그 재단법인에 귀속하는 것으로 이론구성하는 입장,[65] ② 상속인에게 귀속하기는 하나 이 때

64) 이에 대하여 독일민법은 다음과 같은 규정(제84조)을 통하여 문제를 해결하고 있다: "재단이 설립자의 사망 후에 비로소 인가된 때에는, 재단은 설립자의 출연에 관하여는 그 사망 전에 이미 성립한 것으로 본다."

의 상속인에게의 귀속은 재단법인의 이익을 위한 신탁적 귀속으로 보는 입장[66] 등이 있다. 법인이 설립되기 전까지는 출연자의 상속인에게 귀속한다고 보는 점에 있어서는 ①·② 사이에 차이가 없다. 다만 상속인에게 귀속하는 구체적인 권리의 모습에 차이가 있을 뿐이다. 그런데 ②는 해석론으로서는 무리가 있다고 생각한다. 그 이유는 이러하다: ②의 입장이 유지되기 위해서는 신탁자에 해당하는 재단이 유언자의 사망시에 권리능력을 가지고 있어야 할 것이다; 왜냐하면 신탁관계[67]는 신탁자와 수탁자 사이의 계약 또는 신탁자의 유언에 의하여 설정되는 것이기 때문이다(신탁법 제2조); 그런데 ②는 법인설립등기를 하지 않은 단계에서는 재단에 권리능력을 인정할 수 없다는 것을 전제로 하는 입장이다; 그러므로 이 학설은 논리의 일관성이 결여되어 있을 뿐만 아니라 결론만을 염두에 둔 지나친 의제라고 할 수밖에 없다. 현행법의 해석론으로서는 ①의 입장이 무난한 것으로 생각한다.

위와 같은 학설대립은 법인설립등기를 하기 전까지는 출연재산을 귀속시킬 수 있는 권리주체가 존재하지 않는다는 것을 전제로 하는 것이다. 즉 관할관청의 허가와 법인설립등기를 하기 전에는 財團(목적재산)이 어떠한 모습이든 간에 권리능력을 인정할 수 없다는 것이다. 여기에서 다음과 같은 의문을 제기하고자 한다: 법인설립등기를 하기 전의 財團에 대하여 일률적으로 권리능력을 부정하여야 할 것인가? 그리 해석할 것은 아니라는 생각이 든다. 즉 어떠한 目的財産이 財團法人에 준하는 실체를 가지고 있는 경우(즉 非法人財團[68]의 경우)라면 그 실체를 중시하여 제한된 범위 내에서 權利能力을 긍정하여야 할 것이다.[69] 이와 같은 관점에서 조심스럽게 다음과

65) 金相容, 앞의 책 "民法總則", 233면.

66) 金曾漢·金學東, 앞의 책 "民法總則", 183면.

67) 신탁에 대하여 보다 구체적인 사항에 대해서는 이 책 [354] 이하 참조.

68) 非法人財團의 개념에 대한 종래 통설의 입장은 다음과 같다: 非法人財團이란 財團法人과 유사한 정도의 실체를 가지고 있으나 법인설립등기를 하지 않아 法人格(즉 權利能力)을 취득하지는 못하고 있는 目的財産이다. 종래 통설에 따르면, 재단법인에 관한 규정 중에서 權利能力의 존재를 전제로 한 것을 제외한 나머지 규정은 非法人財團에도 유추적용된다고 한다.

69) 이와 같은 제안(즉 "非法人財團도 제한된 범위에서 權利能力을 가진다")은 비영리법인이 권리능력을 취득하기 위해서 관할관청의 허가와 설립등기를 요구하고 있는 현행 민법(제32조~제34조) 및 종래의 통설(즉 "非法人財團은 權利能力의 주체가 될 수

같은 試論을 제안하고자 한다[70]: 법인의 설립과정을 놓고 볼 때, 아직 설립등기가 없다 하더라도 일정한 시점부터는 소위 '설립중의 법인'으로서 非法人財團으로 파악되는 단계가 존재할 수 있다; 즉 재단법인의 설립을 위하여 출연행위가 있고 정관을 작성한 단계에까지 이르는 등 재단법인과 동일한 정도의 실체를 인정할 수 있는 상황이라면 그 실체를 중시하여 당해 비법인재단에 제한된 범위 내에서 권리능력을 인정하여야 한다; 비법인재단의 권리능력을 일률적으로 완전히 부정할 일은 아니라고 생각한다; 일정한 目的財産이 非法人財團의 단계에 있다면 법인의 설립으로 지향되어 있는 사항에 대해서는 제한된 범위에서 권리능력을 가지는 것으로 해석하자는 것이다; 목적재산이 설립중의 법인으로서 재단법인으로서의 실체를 가지고 있다면 유언자의 사망시에 출연자의 상속인에게 귀속됨이 없이 출연자로부터 직접 비법인재단에 물권이 이전하는 것으로 볼 수 있다; 한편, 설립중의 법인은 설립등기를 함으로써 권리능력을 취득하는 재단법인과 동일성이 인정된다(소위 '同一性理論'[71]); 그러므로 나중에 법인설립등기를 하게 되면 당해 물권은 당연히 재단법인에게 귀속하게 된다.

앞에서의 설명은 目的財産이 非法人財團으로서의 실체를 갖춘 경우에 관한 것이다. 만일 目的財産이 非法人財團으로서의 실체를 갖추지 못한 상황이라면 어떻게 해석하여야 할 것인가? 이 때에는 종래 학설 중 ①설과 같은 이론구성을 취하는 수밖에 없을 것이다.

㉣ 民法改正案의 해결책

210 출연재산이 물권인 경우에 그 귀속시기에 관한 학설대립의 내용은 다음의 두 가지이다: ① 제48조의 규범내용을 물권변동의 일반이론과 어떻게 조화시킬 것인가; ② 설립자의 사망과 재단법인의 성립 사이의 시간적 공백의 문제를 어떻게 해결할 것인가. 민법개정안은 제48조에 제3항과

없다")과는 상당한 거리가 있는 해석이다. 이와 같은 해석론의 가능성 모색에 대하여 자세한 것은 [287] 참조.

70) 이 제안은 출연자의 의사를 존중하고 재단법인의 재산적 기초의 충실화라는 실제적 요구에도 부합할 수 있다.

71) 同一性說의 인정범위를 설립 자체를 위한 행위로 제한하는 입장(대법원 1965. 4. 13. 64다1940)에 의한다 하더라도 설립중의 법인에게 귀속하였던 권리가 법인설립 후에 재단법인으로 귀속하는 것으로 보게 될 것이다. 왜냐하면 출연재산의 귀속문제는 법인의 설립 자체에 관한 사항이기 때문이다. 同一性說에 대해서는 이 책 [197] 참조.

제4항을 신설하여 종래 학설이 대립하던 사항의 상당부분을 입법적으로 정리하였다. 제3항에서는 권리변동에 등기 또는 인도가 필요한 출연재산은 이를 갖추어야만 법인의 재산이 되는 것으로 규정하였다. 그리고 제4항은, 설립자의 사망 후에 재단법인이 성립하면 출연자의 재산출연에 관하여 재단법인은 설립자의 사망 전에 이미 성립한 것으로 간주하고 있다. 이와 같은 식으로 민법개정이 이루어지면 그 한도 내에서는 학설대립의 여지가 없게 될 것이다.

민 법 개 정 안	
현 행 규 정	개 정 안
第48조(출연재산의 귀속시기) ① (생략)	第48조(출연재산의 귀속시기) ① (현행과 같음)
② (생략)	② (현행과 같음)
〈신 설〉	③ 제1항 및 제2항의 경우에 그 권리변동에 등기, 인도 등이 필요한 출연재산은 이를 갖추어야 법인의 재산이 된다.
〈신 설〉	④ 제1항 및 제2항의 경우에 설립자의 사망 후에 재단법인이 성립된 때에는 설립자의 출연에 관하여는 그의 사망 전에 재단법인이 성립한 것으로 본다.

㈏ 出捐財産이 債權인 경우

211 출연재산이 채권인 경우에 당해 채권이 재단법인으로 귀속하는 시점은 어떻게 보아야 할 것인가? 출연재산이 채권인 경우에 있어서도 출연재산이 물권인 경우와 유사한 규범충돌 상황이 존재하는 것으로 볼 여지가 있다. 왜냐하면 지명채권[72]과 달리, 지시채권[73]이나 무기명채권[74]의 경

72) 지명채권이라 함은 채권자가 특정되어 있는 채권으로서 증권적 채권에 속하지 않는 보통의 채권을 말한다. P가 소비대차계약에 의하여 Q에게 금전을 차용한 경우에, Q는 P에 대하여 금전반환채권을 가지게 되는데, 이 때 Q의 P에 대한 채권은 지명채권이다.

73) 지시채권이란 특정인 또는 그가 지정하는 자에게 변제하여야 하는 증권적 채권을 말한다. 어음, 수표 등이 대표적 예이다. 지시채권은 증권적 채권에 속하는 것인데, 증권적 채권이라 함은 채권의 유통을 도모하기 위하여 채권의 성립·양도·행사 등이 원칙적으로 증권(권리내용이 표현된 증서)에 의하여 행하여지는 채권을 말한다.

우에는 채권양도를 위하여 일정한 형식을 요구하고 있기 때문이다. 즉 지명채권은 채권양도를 내용으로 하는 법률행위만 있으면 그것으로 충분하나, 지시채권의 경우에는 배서·교부[75](제508조)의 방법으로, 무기명채권의 경우에는 교부(제523조)의 방법으로 양도하여야 하기 때문이다.

종래 학설은 출연재산이 물권인 경우와 마찬가지의 구도로 바라보고 있다. 즉 지시채권 양도를 위한 배서·교부 또는 무기명채권 양도를 위한 교부를 물권양도에 있어서의 형식인 등기 또는 인도에 견주어 파악하고 있는 것이다. 그리하여 출연재산이 물권인 경우에 관하여 제1설의 입장에 있는 학설은 지시채권의 배서·교부나 무기명채권의 교부와 상관없이 제48조가 정하는 시기에 채권이 당연히 법인에게 귀속하는 것으로 해석한다.[76] 즉 이 견해는 제48조를 제508조 및 제523조의 특별규정으로 이해하는 것이다. 이에 대하여 출연재산이 물권인 경우에 관하여 제2설을 취하는 견해는, 제48조의 규정에도 불구하고 지시채권의 배서·교부나 무기명채권의 교부가 있는 때에 법인에게 귀속하는 것으로 해석한다.[77]

그러나 출연재산이 채권인 경우를 출연재산이 물권인 경우와 마찬가지의 구도로 보는 전제 자체의 타당성에 대하여 근본적인 의문이 든다. 지명

---

74) 무기명채권이란 증서에 특정채권자의 이름을 기재하지 않고 그 증권의 소지인에게 변제하여야 하는 증권적 채권을 말한다. 백화점상품권 같은 것이 대표적 예이다.

75) 지시채권을 양도하기 위하여는 배서와 교부가 있어야 한다는 것이다. 교부란 간단히 말하여 건네주는 것, 즉 인도를 말한다. 한편, 背書란 보통 증권의 뒷면에 기재하게 되며(일정한 사항을 뒷면에 기재하기 때문에 '背書'라고 하는 것임), 배서에는 반드시 배서인이 서명 또는 기명날인하여야 한다(제510조). 예를 들어 보자: P는 Q에게 물건을 납품하였는데, P는 물품대금으로 100만원을 요구하였으나 Q는 P에게 100만원을 현금으로 주지 않고 지급기일이 1년 후인 100만원 금액의 약속어음으로 교부하였다; P로서는 1년 후에 Q에게 약속어음을 제시하여 100만원의 현금을 지급받을 수 있다; 그런데 P는 지급기일이 되기 전에 현금이 필요하게 되었다; 이 경우에 P는 이 약속어음에 표시된 권리를 R에게 양도하면서 그 대가로 현금을 취득할 수 있다; 이 경우 P가 R에게 자신의 권리를 양도하기 위해서는 어음 뒷면에 있는 난에 자신의 권리를 R에게 양도한다는 의미의 표시를 하게 되는데(그래야만 Q로서는 R이 권리를 양수받았다는 사실을 확인할 수 있을 것임), 이것이 바로 배서이다; 이 때 P가 R로부터 받는 대가는 100만원보다는 적은 것이 보통일 것이다; 왜냐하면 양도일로부터 지급기일까지 사이의 이자를 공제하는 것이 보통이기 때문이다; 이를 어음할인이라 하며, 할인비율을 할인율이라 하는 것이다.

76) 郭潤直, 앞의 책 "民法總則", 203면; 高翔龍, 앞의 책 "民法總則", 200면.

77) 金曾漢·金學東, 앞의 책 "民法總則", 180면; 李英俊, 앞의 책 "民法總則", 861면; 李銀榮, 앞의 책 "民法總則", 268면.

채권은 어떠한 형식도 필요없이 단순히 당사자의 의사에 의한 법률행위에 의하여 이전되므로(제449조) 제48조가 정하는 시기에 재단법인에 귀속하며, 이 점에 대하여는 어떠한 이견도 있을 수 없다. 그러나 지시채권·무기명채권과 같은 증권적 채권의 경우에는 배서·교부 또는 교부라는 형식에 의하여 양도하도록 법률이 규정하고 있다. 증권적 채권은 채권의 유통을 도모하기 위하여 고안된 것인데, 채권의 증권화를 통하여 채권의 유통이 촉진되는 것은 사실이나 그와 같은 기능을 담보하기 위해서는 거래안전의 측면을 고려할 수밖에 없는 것이다. 이와 같은 취지에서 민법은 지시채권과 무기명채권의 양도에 있어서 배서·교부 또는 교부라는 일정한 형식을 요구하고 있는 것이다. 이렇게 볼 때, 증권적 채권의 양도에 일정한 형식을 요구하는 것은 증권적 채권의 본질 자체에 기인한 것이며, 이에 관한 규정은 당사자의 의사에 의하여 배제할 수 없는 강행규정인 것이다. 그러므로 만약 제508조·제523조와 다른 방법과 시기에 증권적 채권이 양도되는 것으로 해석하는 것은 증권적 채권의 개념을 부인하는 것과 다를 바 없는 것이다.

요컨대, 출연재산이 채권인 경우에 있어서도 제48조는 제한해석을 하여야 한다. 즉 제48조는 출연대상인 채권이 증권적 채권인 경우에는 적용되지 않는 것으로 보아야 한다. 만약 제1설과 같이 제48조를 제508조·제523조의 특별규정으로 보는 것은 다음과 같은 상황과 다를 바가 없다: 어떤 사람이 백화점에 가서 물건을 구입하면서 점원이 대금을 요구하자 그는 백화점상품권으로 지급하겠다고 하면서, "상품권은 집에 있어 지금은 줄 수 없고 나중에 건네줄 것이니 물건을 먼저 주시오."

(다) 定款의 作成

212 설립자는 정관을 작성하여 기명날인하여야 하며, 정관의 필요적 기재사항은 다음과 같다(제43조): 법인의 목적; 법인의 명칭; 사무소의 소재지; 자산에 관한 규정; 이사의 임면에 관한 규정(제40조 제1호~제5호). 이는 사단법인의 정관의 필요적 기재사항 중에서 다음 두 가지를 제외한 것이다: ① 사원자격의 득실에 관한 사항; ② 존립시기 또는 해산사유를 정한 경우에는 그 시기나 사유(제40조 제6호, 제7호). ①을 제외한 것은 재단법인에는 사원이 없기 때문이며, ②를 제외한 것은 법인의 영속성을 기하고 설립자의 의사를 존중하기 위하여 존립시기나 해산사유를 임의적 기재사항

으로 하려는 취지이다.[78]

(라) 定款의 補充

213 정관의 필요적 기재사항 중 핵심적인 사항(즉 目的과 資産에 관한 사항)은 정했는데, 나머지 상대적으로 경미한 사항(즉 명칭, 사무소 소재지, 이사 임면의 방법)을 정하지 않은 채 설립자가 사망하였다면 정관보충의 절차에 따라 재단법인을 성립시킬 수 있다. 즉 이해관계인 또는 검사의 청구에 의하여 법원이 흠결된 규정을 보충하여 재단법인을 설립할 수 있다(제44조). 정관의 보충은 되도록이면 재단법인이 설립되는 쪽으로 해주기 위한 것이다.

2) 主務官廳의 허가가 있을 것

214 사단법인의 설립에서 설명한 것과 같다.[79]

3) 設立登記를 할 것

215 사단법인의 설립에서 설명한 것과 같다.[80]

(2) 設立中의 財團法人

216 재단에 있어서도 사단에서와 유사한 문제가 있다. 재단법인이 되기 위한 실체(즉 정관작성과 재산의 출연)를 구비하였다면 비법인재단으로 보아야 한다. 판례에 따르면, 재단법인의 발기인은 법인설립허가를 받기 위한 준비행위로 재산의 증여를 받을 수 있고 그 등기의 명의신탁을 할 수 있으며 이러한 법률행위의 효과는 그 법인이 법인격을 취득함과 동시에 당연히 승계된다.[81]

---

78) 郭潤直 편/洪日杓 집필, 앞의 책 "民法註解(I)", 627면.
79) 이에 대해서는 이 책 [195] 참조.
80) 이에 대해서는 이 책 [196] 참조.
81) 대법원 1973. 2. 28. 72다2344·2345 참조.

Ⅲ. 法人의 能力과 活動

1. 法人의 目的과 權利能力의 범위

(1) 序 說

217 법인격을 취득한 법인에 권리능력이 인정되는 것이기는 하나 법인의 권리능력이 자연인의 그것과 동일할 수는 없다. 법인은 유기적 생명체로서의 자연인을 전제로 하는 권리(예: 생명권, 친족권,[82] 정조권 등)를 향유할 수 없다. 그러나 법인은 인격권의 일종인 명예에 관한 권리의 주체가 될 수 있다.[83]

또한 법인의 권리능력은 법률에 의하여 제한될 수도 있다. 청산법인의 권리능력은 청산의 목적범위 내에서만 인정된다든가(제81조), 회사는 다른 회사의 무한책임사원이 되지 못하는 것(상법 제173조) 등이 그 예이다.

법인의 권리능력은 법인의 본질 또는 법률의 규정 이외에 법인의 목적에 의하여도 제한되는데, 다음에서는 이것을 중심으로 살피기로 한다.

(2) 제34조의 立法系統

218 우리 민법에 따르면, 법인은 '정관으로 정한 목적의 범위 내'에서 권리능력을 가진다고 하여(제34조), 최소한 문언상으로는 법인의 목적을 법인의 권리능력의 제한요소로 설정하고 있다. 그러나 모든 법제가 이와 같은 내용으로 되어 있는 것은 아니어서, 예컨대 독일이나 스위스법은 성질에 반하지 않는 한 법인은 모든 권리능력을 향유하는 것으로 되어 있다.

제34조의 입법태도는 영미법상의 'ultra vires rule'의 영향으로 이해되고 있다. 'ultra'가 'beyond' 정도의 의미이고 'vires'가 'powers' 내지 'forces' 정

---

82) 법인은 친족권의 주체가 될 수 없으므로 상속권도 없다. 왜냐하면 상속권이라는 것은 일정한 범위의 친족관계에 있는 자에게 발생하는 권리이기 때문이다. 그러나 법인도 포괄적 유증을 통하여 상속과 동일한 효과를 달성할 수는 있다.

83) 대법원 1965. 11. 30. 65다1707; 대법원 1996. 4. 12. 93다40614 · 40621; 대법원 1996. 6. 28. 96다12696; 대법원 1997. 10. 24. 96다17851 등 참조.

도의 의미이고 보면, 'ultra vires'는 '권한초과(權限超過)' 내지 '권한유월(權限踰越)' 정도로 번역할 수 있을 것이다. 이 이론은 19세기 후반 영국의 판례에 의하여 형성된 이론으로 법인에게는 일정한 목적이 있으며 그 목적의 범위 내에서만 권리주체성이 인정되고, 목적을 벗어난 행위는 실질적인 행위자의 개인적 행위에 불과할 뿐 법인의 행위로 될 수 없다는 것이다. 이 이론에 따르면, 법인의 목적을 벗어난 행위는 법인과의 관계에서는 확정적 무효이므로 추인이 있다 하더라도 유효로 될 수 없다. 그러므로 이 이론은 법인 자체의 보호에는 우호적으로 작용할 수 있으나, 정관상의 제한을 알지 못하고 법인의 행위인 것으로 믿고 거래한 제3자에게 불측의 손해를 입힐 수 있다. 또한 법인의 목적을 매우 포괄적으로 정하게 되면 'ultra vires rule'은 실제적 기능을 하지 못한다. 이런 이유로 현재에는 영미법에 있어서도 이 이론이 폐지되었다고 평가할 수 있는 정도에 있다.

'ultra vires rule'의 효용가치 상실과 현대 거래법상의 실제적 요구에 따라, 학설 중에는 제34조의 문언과 입법계통에도 불구하고 제34조의 의미를 다른 각도에서 바라보고자 하는 시도가 있다. 다음에서는 제34조의 구체적 의미에 대한 학설과 판례의 입장을 보기로 한다.

(3) 제34조의 意味에 관한 解釋論

1) 종래의 학설·판례 상황

219 제34조의 의미에 관한 해석에 관하여는 학설상 대립이 있는데, 학설대립의 핵심은 법인의 목적에 의하여 제한되는 것이 법인의 권리능력인가 아니면 권리능력이 아닌 다른 것인가 하는 것이다.

제1설(통설)[84]은 법인의 정관에 규정된 목적에 의하여 제한되는 것을 권리능력으로 보는 입장이다. 이 학설은 제34조의 문언과 입법계통에 충실한 입장이라 할 수 있으며, 판례[85]도 같은 입장이다.

---

84) 金基善, 앞의 책 "韓國民法總則", 148면; 李英俊, 앞의 책 "民法總則", 864면; 金相容, 앞의 책 "民法總則", 236면; 白泰昇, 앞의 책 "民法總則", 234면; 郭潤直, 앞의 책 "民法總則", 207면; 金曾漢·金學東, 앞의 책 "民法總則", 187면; 金俊鎬, 앞의 책 "民法總則", 184면 등 참조.

85) 대법원 1999. 10. 8. 98다2488: "회사의 권리능력은 회사의 설립 근거가 된 법률과 회사의 정관상의 목적에 의하여 제한되나 그 목적범위 내의 행위라 함은 정관에 명

제2설(소수설)[86]은, 법인의 정관에 규정된 목적에 의하여 제한되는 것은 권리능력이 아니라 법인의 대표기관의 대표권의 범위라고 보는 것이다. 이 입장은, 법인은 법률과 성질에 의한 제한을 제외하고는 모든 권리능력을 가지는 것이라는 점을 전제로 하고 있다. 이 학설의 주장내용은 제34조의 문언 및 입법계통과는 상당한 거리가 있는 것으로, 그 구체적 내용은 독일민법이나 스위스민법의 규정과 같은 것으로 보인다.

제1설과 제2설의 근본적 차이는 법인의 대표자가 법인의 이름으로 법인의 목적범위를 초과하는 행위를 한 경우에 대한 법적 처리에 있다. 제2설의 입장에서 보면 이 경우는 단지 대표권을 넘는 행위를 한 것이므로 表見代理(제126조)의 법리 또는 무권대리행위의 추인(제130조)에 따라 당해 행위를 법인의 행위로 할 수 있는 가능성이 있으며,[87] 그리 되면 법인과 거래한 제3자에게 발생할 수 있는 불측의 손해를 제어할 수 있게 된다. 반면, 제1설에 의하게 되면 표현대리 또는 무권대리의 추인은 아예 고려의 여지가 없게 된다. 왜냐하면 제1설의 입장에서 보면 법인의 대표에 의하여 이루어진 그와 같은 행위에 관하여는 당해 법인에 권리능력이 없으므로 그 법률효과를 법인에 귀속시킨다는 것이 원천적으로 불가능한 것이기 때문이다. 그리고 그 결과 법인의 목적범위 이외의 행위로 인하여 법인의 재산이 일탈되는 것을 방지함으로써 법인을 보호할 수 있다는 것이다.

2) 종래의 학설에 대한 비판적 검토

220 결론부터 말한다면, 제2설은 현행법의 해석으로서 무리한 감이 있으며, 게다가 그리 해석함으로써 얻을 수 있는 실익도 별로 없다고 생각한다. 다음에서는 몇 가지 측면에서 제2설을 비판하기로 한다.

① 첫째, 제2설의 실용성 문제이다. 제2설의 종국적 목표는 법인과 거래한 제3자의 보호에 있다. 즉 법인의 목적범위를 초과한 행위를 표현대리 또

시된 목적 자체에 국한되는 것이 아니라, 그 목적을 수행하는 데 있어 직접, 간접으로 필요한 행위는 모두 포함되고 목적수행에 필요한지의 여부는 행위의 객관적 성질에 따라 추상적으로 판단할 것이고 행위자의 주관적, 구체적 의사에 따라 판단할 것은 아니다." 같은 취지의 판결로는, 대법원 1987. 12. 8. 86다카1230; 대법원 1988. 1. 19. 86다카1384; 대법원 1991. 11. 22. 91다8821 등 참조.

86) 高翔龍, 앞의 책 "民法總則", 212면.

87) 법인의 대표에 관하여는 대리에 관한 규정이 준용되기 때문에(제59조 제2항) 이러한 주장을 할 수 있는 것이다.

는 무권대리행위의 추인에 의하여 법인으로 귀속시킬 수 있는 가능성을 말하는 것이다. 논리적으로 보면 그리 주장할 수도 있다. 그러나 실제에 있어서 이들 법리에 의하여 제3자가 보호될 가능성은 희박할 것으로 생각된다. 왜냐하면 제126조의 표현대리가 성립하기 위해서는 상대방으로서는 대표자에게 당해 행위를 할 수 있는 권한이 있다고 믿을 만한 정당한 사유가 있어야 하는데, 법인의 목적은 법인정관의 필요적 기재사항인 동시에 등기사항(제40조 · 제43조 · 제49조)이어서 법인의 목적을 초과하는 행위의 상대방에게 과실이 인정될 가능성이 크기 때문이다. 무권대리행위의 추인의 법리의 경우도 이와 다를 바 없다. 법인의 목적범위를 벗어난 행위가 법률분쟁으로까지 비화한 상황에서 당해 행위를 추인하는 법인이 있을 수 있겠는가?

ⅱ 둘째, 제2설의 주장자 중에는 다음과 같이 설명하는 경우도 있다[88]: "'ultra vires rule'의 본질은 권리능력의 제한에 있지 않고 어떤 개인(예: 이사)의 자의적 행위로 인하여 회사가 형해화되는 것을 방지하기 위한 것이므로, 이 이론에 영향을 받은 제34조를 제1설과 같이 새길 필요가 없다." 그러나 이와 같은 주장은 'ultra vires rule'의 일면만을 본 것이다.

ⅲ 셋째, 제2설의 주장자 중에는 다음과 같이 설명하는 경우도 있다[89]: 제34조의 '목적의 범위'를 권리능력의 범위로 해석한다면 법인의 불법행위책임에 관한 제35조 제1항을 설명하는 데에 난점이 있다; 왜냐하면 제34조의 '목적의 범위'를 권리능력의 범위로 해석한다면 타인에게 손해를 가하는 불법행위가 법인의 목적의 범위 내라고 보아야 하기 때문이다. 그러나 이는 권리능력의 개념과 불법행위능력의 개념을 혼동한 느낌을 준다. 특히 법인의 불법행위책임을 인정한 제35조 제1항은 법인에게 권리능력을 인정한 조치에 상응하여 법인에게 사회적 책임을 부담시키고자 하는 법정책적 고려가 크게 작용한 것이다. 제34조와 제35조 제1항을 동일한 차원에서 바라볼 수는 없는 일이다.

제34조의 '정관의 목적'에 의하여 제한되는 것은 권리능력으로 보아야 할 것이다. 즉 제1설의 입장이 타당하다. 그리고 제1설을 취한다 하더라도 거래의 안전이 고려되지 못하는 것은 아니다. 즉 제1설은 법인의 목적범위

88) 高翔龍, 앞의 책 "民法總則", 208면 이하.
89) 高翔龍, 앞의 책 "民法總則", 207면.

를 탄력적으로 판단함으로써 거래안전을 도모하고자 하는데, 최소한 해석론의 차원에서는 이와 같은 태도가 합당한 것으로 생각된다. 많은 판례가 "목적범위 내의 행위라 함은 정관에 명시된 목적 자체에 국한되는 것이 아니라 그 목적을 수행하는 데에 있어서 직접 또는 간접으로 필요한 행위는 모두 포함되고…"[90]라고 판시하고 있는 것도 같은 맥락으로 해석하고 싶다.

2. 法人의 權利能力과 代表權의 범위 사이의 관계

221 法人을 위하여 행위를 하는 것은 自然人일 수밖에 없다. 그러므로 현실적으로는 自然人인 理事가 대표행위를 하고 이를 법인의 행위로 인정하게 된다. 법인의 권리능력의 범위와 대표권의 범위는 동일한 것이 원칙이다. 그러나 대표권이 제한되는 경우도 있다.[91]

이사의 대표권제한의 구체적 내용은 다양하게 나타날 수 있는데, 하나는 대표권 행사의 형식(방법·절차)에 대한 제한[92]이고, 다른 하나는 대표행위의 내용에 대한 제한[93]이다. 이 두 유형 모두에 있어서 이사가 제한을 벗어나 대표행위를 하였다면 당해 대표행위는 법인의 행위로 되지 못한다는 점에서는 차이가 없다. 그러나 전자의 경우와 달리 후자의 경우에는, 법인의 권리능력의 범위에 관한 입장에 따라 대표권 제한을 위반한 대표행위의 효력이 달라진다.

앞에서 본 바와 같이, 법인의 권리능력의 범위를 보는 관점에 있어서 학설상 다툼이 있다: ① 법인의 권리능력은 법인의 목적에 의하여 제한된다는 입장(제1설: 통설·판례); ② 법인의 권리능력은 법률 또는 성질 이외에는 제한요소가 없으며, 특히 목적은 법인의 권리능력의 제한요소가 아니라는 입장(제2설). 이 학설 중 어느 쪽을 취하는가에 따라 대표행위의 내용에 대한 제한을 위반한 대표행위의 효력을 보는 시각이 달라진다. 다음에서는 이에 대하여 보다 구체적으로 살피기로 한다.

---

90) 대법원 1974. 11. 26. 74다310; 대법원 1987. 12. 8. 86다카1230; 대법원 1988. 1. 19. 86다카1384; 대법원 1991. 11. 22. 91다8821; 대법원 1999. 10. 8. 98다2488 등 참조.

91) 대표권의 제한에 대해서는 이 책 [243] 및 [244] 참조.

92) 예컨대, 일정한 대표행위를 함에 있어서 '사원총회의 동의를 얻어 하도록 하는 것' 또는 '이사 전원의 공동대표로 하도록 하는 것' 등을 들 수 있다.

93) 예컨대, "…사무에 대하여는 대표할 수 없다"라고 한 경우를 들 수 있다.

이해의 편의를 위하여 부호를 사용하기로 한다: '제2설이 말하는 법인의 권리능력의 범위'='P'; '제1설이 말하는 법인의 권리능력의 범위'='Q'; 정관에서 정한 법인의 목적'='R'; '정관 등에 의해 제한되고 남은 대표행위의 범위'='S'. P·Q·R·S의 대소관계는 [P〉Q=R〉S]로 되며, 도식화하면 다음과 같다.

[법인의 권리능력과 대표권의 범위의 상호관계]

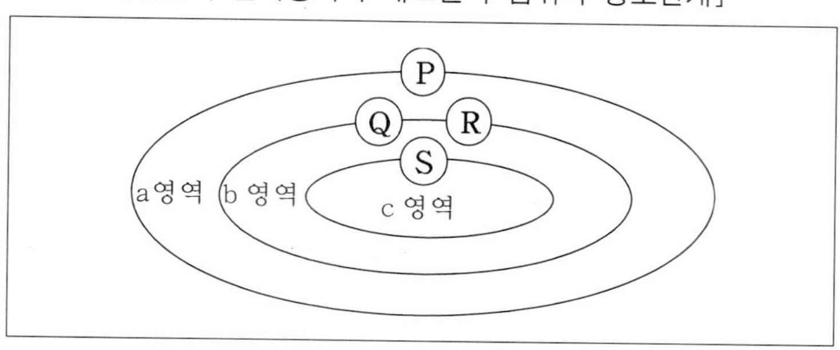

논의의 편의상 우선 제2설의 입장부터 보기로 한다. 제2설은 제34조의 '법인의 목적'을 권리능력의 제한이 아닌 대표권의 제한으로 보고 있다. 그러므로 제34조는 제59조 제1항 단서와 마찬가지로 대표권 제한의 근거규정이 되는 것이다. 그런데 민법은 법인의 목적과 대표권제한의 문제를 늘 별개의 것으로 다루고 있다.[94] 이렇게 보게 되면, 제2설은 민법의 규율형식을 간과한 것으로 볼 수 있다. 그러나 제2설로서는 다음과 같이 설명하려 할 것이다: "이사의 대표권의 제한은 모든 경우에 원천적으로 법인의 목적에 의하여 제한되고(제34조),[95] 경우에 따라서는 이에서 더 나아가 대표권제한에 관한 정관의 규정 또는 사원총회의 결의에 의하여 또 다시 제한(제59조 제1항 단서)[96]될 수 있다."

제2설에 의할 때, 이사가 대표행위의 내용에 대한 제한을 초과하여 행

---

94) 정관의 기재사항에 있어서 민법은 제40조 제1호의 '목적'과 따로 제41조에서 '대표권의 제한'을 규정하고 있다. 그리고 등기사항에 관한 제49조에서도 '목적'(제1호)과 '이사의 대표권의 제한'(제9호)을 따로 규정하고 있다.

95) 제2설에 의하면 이사의 대표권은 언제나 'P-R'로 제한된다.

96) 또 다시 제한되고 남은 것이 바로 'S'이다.

한 대표행위는 어떻게 처리되어야 할 것인가 하는 것을 보기로 한다. 제2설에 따르면 a·b 두 영역은 법인에게 권리능력은 있으되 대표권이 제한되는 영역으로서의 의미를 가진다. 그리고 이사가 정상적으로 대표행위를 할 수 있는 영역은 c이다. 그러므로 이사가 대표권의 범위를 초과하는 대표행위를 했다는 것은 a·b 두 영역 중 어느 하나에 해당하는 행위를 했다는 것을 의미하게 된다. 그런데 이들 두 영역은 모두 법인의 권리능력의 범위(P)에는 포함되는 것이다. 그러므로 비록 이들 영역에 해당하는 대표행위가 대표권을 벗어난 것이기는 하지만 무권대리의 추인(제130조) 또는 권한을 넘은 표현대리(제126조)를 준용하여(제59조 제2항) 법인의 행위로 하는 것이 가능하게 된다. 물론 표현대리 중 제125조·제129조의 표현대리를 준용하는 것도 가능하다. 이와 같이 제2설은 법인의 권리능력을 매우 넓게 보고 있으므로 대리에 관한 규정을 준용할 수 있는 여지가 확대되는 것이다.

제1설은 제34조의 '法人의 目的'을 權利能力의 제한요소로 보는 입장이다. 그러므로 이 입장에서는 [Q=R]로 되는 것이다. 즉 제1설에 의한다면, R은 대표권제한의 의미를 가지는 것이 아니라 권리능력이 제한되는 의미를 가지게 된다. 그러므로 이 입장에 의한다면 법인은 a·b·c 세 영역 중에서 b·c 영역에서만 권리능력을 가질 뿐, a 영역에 속하는 행위는 처음부터 아예 권리능력이 없다. 이사가 정상적으로 대표행위를 할 수 있는 범위가 S에 한정된다는 점은 제2설과 다를 것이 없다. 그러나 이사의 대표행위가 a 영역에 속하는 것이라면 대리에 관한 규정이 준용될 여지가 전혀 없다. 왜냐하면 무권대리·표현대리는 최소한 본인에게 권리능력이 있다는 것을 전제할 때에만 적용될 수 있는 것이기 때문이다. 결국 제1설에 의하면, 무권대리·표현대리에 관한 규정이 준용될 여지가 있는 것은 당해 행위가 b영역에 속한 것으로 한정되게 된다. 제1설과 제2설의 근본적 차이는 법인의 대표자가 법인의 이름으로 법인의 목적범위를 초과하는 행위를 한 경우에 대한 법적 처리에 있다. 언뜻 생각한다면, 제2설에 의하여야만 표현대리(제126조)의 법리 또는 무권대리행위의 추인(제130조)을 통하여 법인과 거래한 제3자에게 발생할 수 있는 불측의 손해를 방지할 수 있을 것같이 보이기도 한다. 그러나 제1설에 의한다 하더라도 실제적 결과는 크게 다르지 않다. 왜냐하면 제1설은 법인의 목적을 신축성 있게 해석함으로써 제2설이 추구하는 것과 같은 결론을 이끌어 내려는 입장이기 때문이다.

위에서 살핀 바와 같이, 법인의 권리능력에 관한 제34조의 의미에 관한 해석과 대표권제한의 문제는 매우 밀접하게 연관되어 있다. 그럼에도 불구하고 종래 학설 중에는 이들 양자 사이의 연관성을 치밀하게 연결시키지 않은 것도 있는데, 이러한 태도는 시정되어야 할 것으로 본다.

◘ 사례연구: 法人의 目的과 權利能力

• 사안의 내용　'고향마을'은 조그만 섬마을을 같은 고향으로 하는 사람들로 구성된 모임으로서 기금을 조성하여 고향 모교인 매화초등학교를 후원하는 활동을 해오고 있었다. 회원들은 이 모임을 보다 활성화하고 제도화하기 위하여 법인으로 전환하기로 결정하였고, 이에 따라 A와 B를 대표이사로 하면서 '고향마을'이라는 이름의 사단법인으로 법인설립등기를 완료하였다. 이 법인의 정관을 보면, 법인의 목적은 '매화초등학교의 정보화 교육을 지원하는 것'으로 되어 있으며, 대표권은 이사가 공동으로 행사하도록 규정되어 있다. 법인의 목적은 등기되어 있었으나 대표권제한에 대하여는 등기를 하지 않았다. 그런데 A는 단독으로 법인기금으로부터 매화초등학교 교장 C 집안의 혼사를 위하여 이자 없이 3년의 기간으로 소비대차계약에 의하여 C에게 1000만원을 대여해 주었다. C는 이 법인의 목적과 대표행위의 방법에 대하여 소상히 알고 있는 사람이었다. 이 경우에 사단법인 '고향마을'은 A 또는 C에 대하여 어떠한 권리주장을 할 수 있는가?

• 사안의 해결　사안에서 법인의 이름으로 행한 A의 대표행위는 대표권이 없는 자에 의한 대표행위로서 무효이다. 그 결과 A · C간에 체결된 소비대차계약은 무효로서 사단법인 '고향마을'로서는 이 법률행위에 구속되지 않는다. 그러므로 이 경우에 법인으로서는 다음과 같은 방법에 의하여 권리구제를 받을 수 있다. 첫째, 법인은 A · C간에 체결된 소비대차계약이 법인과의 관계에서 무효임을 들어 C에 대하여 부당이득반환의 법리(제741조)에 따라 1000만원을 반환할 것을 청구할 수 있다. 둘째, 법인은 선량한 관리자의 주의로 직무를 수행하지 못한 이사 A에게 계약위반을 이유로(제61조 · 제65조 · 제390조) 또는 불법행위를 이유로(제750조) 손해배상[97]을 청구할 수도 있다.

그리고 법인이 C 또는 A에게 위와 같은 청구를 함에 있어서 A는 법인의 이익과 상반되는 관계에 있다. 이와 같이 법인과 이익이 상충되는 이사는 당해 행위에 대하여는 대표권이 없다(제64조 제1문). 이와 같은 경우에는 이해관계인 또는 검사의 청구에 의하여 법원이 선임하는 특별대리인이 법인을 대표하게 된다(제64조 제2문 · 제63조). 그런데 사안의 사단법인 '고향마을'과 같이 이사가 2인 이상 있는 경우에 그 중 일부만이 법인의 이익과 상충하는 때에는 특별대리인을 선임하지 않고 다른 이사가 대표한다고 보는 것이 통설의 입장이다. 그러므로 사단법인 '고향마을'의 권리구제에 관하여는 A 이외의 또 하나의 대표기관인 B가 법인을 대표하게 될 것이다.

---

97) 이는 계약책임과 불법행위책임의 경합을 인정하는 판례의 태도에 따른 것이다. 이 두 책임의 관계에 대해서는 이 책 [68] 사례연구 참조.

3. 代表權의 濫用

(1) 序 說

222 대표권남용이란 代表權의 객관적 범위 내에서 이루어진 代表行爲이기는 하나 그 행위가 대표기관 자신 또는 제3자의 이익을 꾀할 목적으로 이루어진 경우를 말한다. 이와 같은 경우에 대표기관은 선관주의의무를 위반한 것이므로 법인으로서는 그에게 손해배상책임을 물을 수 있을 것이다(제61조・제65조). 이 점에 대하여는 명문의 규정이 있으므로 특별한 문제는 없다. 그런데 그와 같은 대표권남용 행위로 인한 결과의 대외적 측면(즉 대표행위의 상대방과의 관계)에서 법인은 어떠한 법적 지위에 있는가 하는 문제에 있어서는 학설상 다툼이 있다.

다음에서는 이에 관한 학설과 판례의 입장을 비판적 관점에서 구체적으로 검토하기로 한다.

(2) 종래의 학설 상황

223 대표권남용에 대한 종래의 논의는 상당히 복잡한 양상으로 전개되어 왔다. 종래의 학설은 크게 다음의 두 유형으로 구분된다. 제1유형의 학설[98]은, 대표권남용의 문제를 법인의 불법행위책임에 관한 제35조 제1항에 의하여 해결할 것인가 아니면 제126조에 의하여 해결할 것인가 하는 방향에서 논의하는 입장이다. 제2유형의 학설[99]은 대리권남용이론과 동일한 방향에서 논의하는 입장이다. 대표권남용은 대표권의 객관적 범위 내에서 이루어진 행위를 전제로 하는 것이다. 이러한 면에서 본다면 대표권남용의 문제를 해결함에 있어서 제126조는 고려의 여지가 없는 것 아닌가 하는 생각이 든다. 왜냐하면 제126조의 유추적용이 있다고 하기 위해서는 대표행위가 대표권을 벗어난 것이어야 하기 때문이다.[100] 이와 같이 제1유형의 학설은 그 출발점에서부터 수긍하기 어려운 점이 있다. 그럼에도 불구하고 제1유형의 학설을 중심으로 검토하기로 한다. 제1유형의 학설의 문제점을 구체

---

98) 郭潤直, 앞의 책 "民法總則", 211면; 高翔龍, 앞의 책 "民法總則", 224면 등 참조.
99) 金曾漢・金學東, 앞의 책 "民法總則", 192면 참조.
100) 제126조의 규범의미에 대해서는 이 책 [549] 참조.

적으로 지적할 필요가 있으며, 제2유형의 학설은 대리권남용에 관한 논의[101]와 크게 다를 것이 없기 때문이다.

제1유형에 속하는 학설은 대표권남용의 경우 법인과 상대방 사이의 법률관계를 처리함에 있어서 법인의 불법행위책임(제35조 제1항)으로 해결할 것인가 아니면 권한을 넘은 표현대리의 법리(제126조)에 의할 것인가 하는 점에 초점을 맞추고 있다. 제1유형의 학설은 제35조 제1항과 제126조 중에서 어떤 것을 우선적으로 적용할 것인가 하는 문제를 놓고 다시 대립된다. 다음에서는 제1유형에 속하는 학설을 유형화하여 검토하기로 한다.

ⓘ 제1설(소위 '제126조 우선적용설')[102]은, 제126조의 표현대리의 법리를 우선적으로 고려하고 그 적용요건이 부정되는 경우에 한하여 법인의 불법행위의 문제로 해결하려는 입장이다. 이 학설은 법인의 대표기관은 법인의 이익에 반하는 행위를 할 수 없다는 것을 논리적 전제로 하는 것이다.[103] 대표기관은 법인의 이익을 위하여 대표행위를 하여야 하는데, 대표권남용을 통하여 자신 또는 제3자의 이익을 위하여 대표행위를 했다는 점에서 권한을 넘은 표현대리와 유사한 측면이 있다는 것이다. 이 견해에 따르면, 대표권남용 행위에 대하여 법인은 원칙적으로는 이행책임을 지지 않지만, 상대방이 대표기관의 배임의사에 대하여 선의·무과실이라면 예외적으로 법인이 이행책임을 진다는 것이다. 한편, 이 학설이 제35조 제1항보다 제126조

---

101) 代理人의 代理權濫用에 대하여는 이 책 [478] 이하 참조.

102) 郭潤直, 앞의 책 "民法總則」, 211면; 高翔龍, 앞의 책 "民法總則", 224면.

103) 그 이유는 이러하다. 제126조는 대리인에게 대리권이 있기는 하나 실제로 행한 대리행위는 대리권의 범위를 넘은 경우이다. 그러므로 제126조가 적용되기 위해서는 다음과 같은 전제상황이 조성되어 있어야 한다: ① 일정한 부분에서의 대리권의 존재; ② 대리권을 초과한 대리행위(이에 대하여 자세한 것은 이 책 [549] 참조). 이와 같이 제126조가 문제되기 위해서는 실제로 행해진 대리행위가 대리권 밖의 것이어야 한다. 대표권남용에 대하여 제126조의 유추적용을 논하기 위해서는 문제의 대표행위가 대표권의 범위 밖에 있어야 한다. 그런데 대표권남용이라는 것은 대표행위 자체의 객관적 성질은 대표권의 범위 내에 있는 경우이다. 그러므로 대표권남용에 대하여 제126조의 유추적용을 고려하는 학설은 다음과 같은 상황에 포커스를 맞춘 것이다: ⓐ 대표기관은 법인의 이익을 위하여 대표행위를 할 수 있다(제126조의 적용요건 중 ①에 해당); ⓑ 그럼에도 불구하고 법인의 이익이 아니라 대표기관 자신 또는 제3자의 이익을 위하여 대표행위를 하였다(제126조의 적용요건 중 ②에 해당). 바로 이러한 이유에서 제126조 우선적용설은 "법인의 대표기관은 법인의 이익에 반하는 행위를 할 수 없다"라는 것을 논리적 전제로 하고 있다고 말한 것이다.

를 우선적으로 적용하여야 한다고 주장하는 근거는, 제35조는 불법행위에 관한 규정이므로 법률행위의 경우에는 대리에 관한 규정이 우선적으로 적용되어야 한다는 것이다.

ⅱ 제2설(소위 '제35조 적용설')[104]은 대표권남용은 제35조 제1항에 의한 법인의 불법행위의 문제로 처리하여야 한다는 것이다. 이 학설은 말하기를, 제1설에 따르게 되면 표현대리에 의하여 법인에 이행책임이 부과되는데, 이렇게 되면 불법행위에 의한 손해배상책임을 인정하는 것보다 법인에 무거운 부담을 주게 되어 균형이 맞지 않는다고 한다.[105]

ⅲ 제3설(소위 '상대방선택설')[106]은 상대방(즉 대표기관에 의한 대표행위의 상대방)의 선택에 따라 법인으로서는 제126조에 의한 이행책임을 부담하든가 아니면 제35조 제1항에 따라 불법행위책임을 부담하여야 한다는 것이다.

(3) 종래 학설에 대한 비판적 평가

1) 제1유형의 학설에 대한 비판

224 앞에서 제1유형에 속하는 세 학설의 주장내용을 소개하였다. 다음에서는 이들 세 학설의 문제점을 지적하기로 한다.

제1설이 제126조의 적용 여부를 우선적으로 고려하고자 하는 것은 대표권남용행위가 법인의 행위로 귀속할 수 있는가 여부를 우선적으로 판단하고자 하는 것이다. 당사자 사이의 약정(특히 계약)에 의하여 설정된 법률관계가 있다면 당사자간의 분쟁해결을 위한 출발점은 그 약정의 유효성 판단이어야 한다는 사적자치의 원칙(내지 계약의 구속력)의 관점에서 볼 때, 제1설의 목표 자체는 타당한 것이다. 그러나 1설은 다음과 같은 점에서 비판의 여지가 있다.

ⅰ 첫째, 이 학설은 대외적 권한으로서 객관성을 가지는 대표권의 범위

---

104) 李英俊, 앞의 책 "民法總則", 869면; 白泰昇, 앞의 책 "民法總則", 243면; 金相容, 앞의 책 "民法總則", 242면.

105) 예컨대, 법인이 불법행위책임을 부담한다고 보게 되면 과실상계 등의 법리에 따라 배상액이 감액될 가능성이 있으나, 제126조에 따라 이행책임을 지는 것으로 보게 되면 이와 같은 배상액 감경이 불가능하므로 법인에게 불리하다는 것이다.

106) 李太載, "民法總則", 法文社, 1981, 148면; 黃迪仁, "現代民法論 I(總則)", 博英社, 1985, 119면.

와 대표기관과 법인 사이의 대내적 의무관계를 혼동하고 있다. 대표기관이 법인의 이익에 반하는 행위를 할 수 없다는 것은 대내적 의무관계의 문제로서 대표권의 범위와는 분명하게 구별되어야 할 사항이다. 제126조의 표현대리를 유추적용하기 위해서는 대표기관에 의하여 행해진 대표행위가 대표권의 범위 밖에 있어야 한다. 그런데 대표권남용은 그 개념본질상 문제의 행위가 객관적으로 대표권의 범위 내에 있다. 그러므로 대표권남용을 제126조에 의하여 포섭하려는 태도는 법논리상 허용될 수 없다.

ⅱ 둘째, 대리권남용에 있어서 소위 '제107조 제1항 단서 유추적용설'[107]을 취하면서 대표권남용에 있어서는 제126조 우선적용설을 취하는 학자[108]도 있는데, 이는 논리모순의 측면이 있다. 대리권남용의 문제에 관한 '제107조 제1항 단서 유추적용설'은 대리행위에 있어서 현명(顯名)이란 대리행위의 효과를 본인에게 귀속시키고자 하는 의사인 것이지 본인에게 이익을 귀속시키기 위한 의사가 아니라는 것을 기본입장으로 하는 것이다. 대리권남용에 대한 이러한 관점은 대표권남용에 있어서도 그대로 유지되는 것이 논리에 합치한다. 그러나 제126조 우선적용설이 그 주장의 전제로 말하는 것은 법인의 대표기관은 법인의 이익에 반하는 행위를 할 수 없다는 것이다. 대표권남용과 대리권남용의 유사성에 비추어 볼 때, 이와 같은 학설에는 논리의 일관성이 결여되어 있다고 생각된다.[109]

제2설과 제3설에 대해서는 우선 제1설의 강점[110]을 도외시하고 있다는 것을 문제점으로 지적할 수 있다. 이것 이외에도 제2설·제3설은 다음과 같은 측면에서 비판의 여지가 있다.

우선, 제2설에 대하여는 다음과 같은 비판이 가능하다. 제2설은 제1설에 의하게 되면 불균형이 발생한다는 점을 들고 있으나 이것은 정당한 논거로

107) 이에 대해서는 이 책 [479] 참조.

108) 郭潤直, 앞의 책 "民法總則", 211면·381면; 金容漢, 앞의 책 "民法總則論", 174면·330면; 張庚鶴, "民法總則", 法文社, 1985, 327면·556면.

109) 제1설이 대리권남용에서의 논의와의 관계에서 논리적 일관성을 유지하고자 한다면 대리권남용에 대한 처리에 있어서 '대리권부인설'(본인의 이익에 반하는 행위는 대리권의 내재적 한계를 넘은 것으로서 유효한 대리행위로 될 수 없다는 입장)을 취하여야 할 것이다. 이 학설에 대해서는 이 책 [479] 참조.

110) "당사자 사이의 약정(특히 계약)에 의하여 설정된 법률관계가 있다면 당사자간의 분쟁해결을 위한 출발점은 그 약정의 유효성 판단이어야 한다는 사적자치의 원칙(내지 계약의 구속력)의 관점"을 말한다.

볼 수 없다. 제126조에 의하는 것이 제35조 제1항에 의하는 것보다 법인에게 불리하다 하더라도 그렇게 보아야 할 충분한 이유가 있다면 그리 하는 것이 법의 요구에 합당한 것이기 때문이다. 문제의 본질은 제126조의 표현대리에 의하여 처리될 수 있는가 여부에 있는 것이지 단순한 균형의 차원에서 접근할 문제는 아닌 것이다. 제2설에 대하여는 다음과 같은 의문도 제기될 수 있다. 이 학설에 따라 대표권남용은 제35조 제1항에 따라 처리된다고 보게 되면 법인이 이행책임을 지는 경우는 없다는 것인가? 특히 거래상대방이 대표권남용 사실에 대하여 선의·무과실인 경우에도 법인의 이행책임은 고려되지 않고 불법행위책임만이 문제된다고 하게 되면, 법인과 거래한 상대방의 신뢰를 완전히 도외시하는 것 아닌가?

다음으로, 제3설에 대하여는 다음과 같은 비판이 가능하다. 이 학설은 제1설과 제2설을 절충한 것으로 판단되는데, 대부분의 절충설이 그러하듯 제3설은 제1설과 제2설이 가지고 있는 단점을 모두 포함하고 있다.

제1유형에 속하는 제1설·제2설·제3설의 구체적 주장내용에 비판의 여지가 있다는 사실은 위에서 본 바와 같다.[111] 즉 제1유형의 학설은 그 출발 자체에 다음과 같은 근본적 오류가 내재하고 있다: 대표권남용의 문제를 해결함에 있어서 이를 제1유형의 학설과 같이 제35조 제1항에 의하여 해결할 것인가 아니면 제126조에 의하여 해결할 것인가 하는 방향에서 논의하는 것은 논리상 허용될 수 없다. 대표권남용의 문제는 제2유형의 학설과 같이 대리권남용이론과 동일한 방향에서 논의하는 것이 타당한 태도로 생각된다. 그 이유는 다음과 같다: 代表와 代理는 그 성질이 동일한 것은 아니지만 대리와 마찬가지로 법인과 대표기관을 별개의 법률주체 사이의 관계적 측면으로 파악하여야 할 경우도 있다는 점에서 유사성을 갖는다; 이런 이유에서 법인의 대표에 관하여는 대리에 관한 규정을 준용하고 있는 것이다(제59조 제2항); 이렇게 본다면, 대표권남용에 관한 논의는 대리권남용에 관한 논의와 균형을 이루면서 전개되어야 할 것으로 본다; 그런데 제1유형의 학설은 代理에서와 달리 法人의 경우에는 법인의 불법행위책임이 인정되고, 특히 대표권남용의 경우에 법인의 불법행위책임이 고려될 수 있다는

111) 이에 대해서는 이 책 [223] 참조.

사실에 기초하여 대표권남용에 관한 논의를 제35조 제1항과 제126조의 적용문제로 이끌어가고 있는 것 같다. 대리권남용의 경우에는 그로 인하여 본인이 불법행위책임을 지는 일이 있을 수 없다.[112] 이에 반하여 대표권남용의 경우에는 법인의 불법행위책임이 인정될 여지가 있다. 그런데 대표권남용에 있어서의 이와 같은 상황은 대리권남용과의 유사성을 초과하여 대표권을 남용한 경우에만 인정되는 것이지, 이러한 사정을 기화로 하여 대표권남용을 대리권남용과 동떨어진 것으로 파악해서는 아니될 것이다.[113] 요컨대, 제1유형의 학설경향은 모두 근본적 오류를 범하고 있는 것으로 판단된다.

2) 하나의 다른 시각

(가) 논의의 출발점

225 대표권남용에 대한 논의의 출발점은 다음과 같이 보고자 한다: 법리적 관점에서 구별되어야 할 사항은 이를 분리하여 보아야 한다. 구별되어야 할 사항의 구체적 내용은 다음과 같다: ① "대표권남용으로 인한 행위의 효과가 법인에게 귀속하여 법인이 이행책임을 부담하는가?" 하는 문제; ② "대표권남용으로 인하여 타인에게 손해를 가한 경우에 법인이 불법행위책임을 부담하는가?" 하는 문제.

이 두 사항은 각각 차원을 달리하는 문제이다. 그럼에도 불구하고 종래의 일부 학설에서는 마치 같은 차원의 문제인 것처럼 설명하고 있고, 그 결과 여러 가지 법리적 난점을 초래하였다고 생각한다. ①과 ②의 문제는 독립적으로 보아야 하며, 이러한 관점에서 대표권남용의 문제에 대한 처리를

---

112) 물론 대리인에 의하여 행해진 불법행위에 대하여 본인이 책임을 지는 것과 같은 상황이 나타날 수는 있다(예: 제756조의 사용자책임). 그러나 이 경우에 본인이 책임을 지는 것은 대리권 수여의 원인이 되는 기초적 내부관계(예: 고용계약)에 의하여 형성된 사용자의 지위에서 책임을 지는 것이지 대리관계에서의 본인의 지위에서 책임을 지는 것은 아니다.

113) 이해의 편의를 위하여 하나의 비유를 들기로 한다. 토끼나라에 특별한 토끼 하나가 있었다. 모든 것이 다른 토끼와 다를 것이 하나도 없는데, 그 토끼는 사람이 쓰는 말을 하는 능력이 있었다. 이 경우에 그 토끼에게 특별한 능력이 있다고 하여 그를 토끼가 아니라고 할 수 있겠는가? 그 토끼는 일반적 토끼의 속성에 부가하여 다른 특성을 가지고 있는 것으로 보는 것이 옳다. 대리권남용과 달리, 대표권남용의 경우에는 대리와 대표의 본질적 차이로 인하여 법인의 불법행위책임이 인정될 가능성이 있으나, 대리와의 유사성이 인정되는 한도 내에서는 대리권남용과의 공통성을 유지시켜 주는 방향에서의 이론구성이 타당한 것이다.

생각해 본다. 뒤에서 검토하는 바와 같이, 판례도 ①과 ②의 문제를 별개의 것으로 보는 관점을 유지하는 것으로 평가된다.

(나) 代表權濫用行爲의 法人으로의 효과귀속

226 여기에서 논의하고자 하는 것은 앞에서 지적된 ①의 문제이다. 이 문제에 대한 해결책을 모색함에 있어서는 대표권남용의 본질을 그 출발점으로 삼아야 할 것이다. 이와 관련하여 다음과 같은 사실을 분명히 할 필요가 있다: 대표권은 법인과 대표기관 사이의 대내적 차원의 문제가 아니라 거래상대방과의 관계에서 나타나는 대외적 차원에서 포착되는 객관적 개념이다; 법인의 대표기관은 법인의 권리능력의 범위 내에 속하는 모든 행위를 할 수 있는 것이 원칙이다; 따라서 대표권의 범위는 대표행위가 추구하는 경제적 효과라든가 또는 대표기관의 주관적 의사에 의하여 영향을 받지 않는 것으로 보아야 한다; 그러므로 대표권남용은 그것이 대표기관의 배임의 측면을 포함하고 있다 하더라도 원칙적으로는 법인의 행위로 귀속되어야 한다. 이러한 입론은 제126조와 같은 대리에 관한 규정을 유추적용한 결과가 아니라 대표권 및 대표행위의 본질로부터 당연히 도출되는 것이다. 대표권남용 행위의 원칙적 효과에 관한 판례의 입장도 동일한 것으로 평가된다.[114)]

그렇다면 대표권남용 행위가 언제나 법인의 행위로 귀속될 수 있겠는가? 즉 거래상대방이 대표권남용 사실을 알고 있었던 경우에도 그 행위의 효과가 법인에 귀속하는 것으로 보아야 하겠는가? 부정하여야 할 것이다. 문제는 이 경우에 법인의 행위로 인정되지 않는 이론적 근거를 어떻게 설정할 것인가 하는 것이다.

판례도 일정한 경우에는 법인으로의 효과귀속을 부정하고 있는데, 그 이론적 근거에 관하여는 약간의 변천이 있었다. 1975년 3월 25일 판결[115)]에

---

114) 판례의 입장으로서 대표적인 것으로는, "주식회사의 대표이사가 그 대표권의 범위 내에서 한 행위는 설사 대표이사가 회사의 영리목적과 관계없이 자기 또는 제3자의 이익을 도모할 목적으로 그 권한을 남용한 것이라 할지라도 일단 회사의 행위로서 유효하다"(대법원 1988. 8. 9. 86다카1858; 대법원 1993. 6. 25. 93다13391; 대법원 1997. 8. 29. 97다18059 등 참조)라는 형식의 판시를 들 수 있다.

115) 대법원 1975. 3. 25. 74다1452: "조합의 이사장직무대행자가 자기의 이익을 위한 것이고 조합을 위하여 차용하는 것이 아님을 대부자가 주의했더라면 알 수 있었을 경우에는 민법 제107조 제1항 단서를 유추하여 그 대차계약은 조합에 대하여 효력을 발생할

서는 제107조 제1항 단서를 유추적용하여 상대방이 대표권남용 사실을 알았거나 알 수 있었던 경우에는 법인의 행위로 되지 않는다는 입장을 취하였다. 그러다가 1987년 10월 13일 판결[116]은 제2조의 신의칙에서 근거를 구했는데, 그 후의 판결[117]은 다시 1975년의 판결과 동일한 근거에 입각하여 문제를 처리하고 있다. 일정한 경우에 법인으로의 효과귀속을 차단하는 판례의 기본입장에 대해서는 찬성이나, 그와 같은 결과에 이르기 위한 이론적 근거로서 제107조 제1항 단서를 드는 것은 수긍하기 어렵다. 그 이유는 다음과 같다.[118] 첫째, 제107조는 대표권남용의 경우에 유추적용될 수 있는 성질의 규정으로 볼 수 없다. 둘째, 제107조 제1항 단서에서 근거를 구하는 경우 대표권남용 사실을 경과실로 인하여 알지 못한 경우에도 당해 행위의 효과가 법인으로 귀속되지 못하는 것으로 보게 되어 부당하다. 생각건대, 상대방이 대표권남용 사실을 알았거나 중과실로 알지 못한 경우에 한하여 법인으로의 효과귀속을 부정하는 것으로 보는 것이 타당하다고 생각한다.

대표권남용에 대한 논의의 방향을 대리권남용과 동일한 방향에서 접근하고 있는 학설[119]은 대표권남용 행위의 법인으로의 효과귀속의 문제에 대하여 각자의 입장에 따라 달리 접근하게 될 것이다. 제1설('제107조 제1항 단서 유추적용설')은 판례의 입장과 같다. 제2설('대리권부인설')은, 대표권남용 행위는 대표기관이 법인의 이익을 위하여 행사하여야 한다는 내재적 한계를 벗어난 것이므로 그 효과가 법인으로 귀속할 수 없는 것이 원칙이나, 예외적인 경우에 제126조의 표현대리의 법리를 유추적용하여 그 효과를 법인의 행위로 귀속시킬 수 있는 것으로 본다. 제3설('신의칙설')은, 대표권남용 행위와 같은 배임적 행위도 대표행위로 되기는 하지만, 상대방이 그 사정을 안 경우(즉 악의 또는 중과실로 알지 못한 경우)에는 민법 제2조의 신의칙을 근

수 없다."

116) 대법원 1987. 10. 13. 86다카1522: "주식회사의 대표이사가 그 대표권의 범위 내에서 한 행위는 설사 대표이사가 회사의 영리목적과 관계없이 자기 또는 제3자의 이익을 도모할 목적으로 그 권한을 남용한 것이라 할지라도 일응 회사의 행위로서 유효하고 다만 그 행위의 상대방이 그와 같은 정을 알았던 경우에는 그로 인하여 취득한 권리를 회사에 대하여 주장하는 것이 신의칙에 반하므로 회사는 상대방의 악의를 입증하여 그 행위의 효과를 부인할 수 있을 뿐이다."

117) 대법원 1988. 8. 9. 86다카1858; 대법원 1997. 8. 29. 97다18059 참조.

118) 이에 대하여 자세한 것은 이 책 [480] 참조.

119) 앞에서 설명한 학설 유형 중 '제2유형'에 속하는 입장을 말하는 것이다.

거로 그 효력을 부정하게 된다. 이와 같이 대표권남용에 대한 논의의 방향을 대리권남용과 동일한 방향에서 접근하고 있는 학설(즉 제2유형)은, 대표권남용 행위의 효과가 법인으로 귀속할 수 있을 것인가의 방향을 중심으로 하여 논의를 전개하고 있다.

위에서의 논의를 요약하면 다음과 같다: 첫째, 대표권남용에 대한 법적 처리는 대리권남용 이론과 균형을 맞추어 해결하는 것이 타당하다; 둘째, 사적자치의 원칙 내지 계약 구속력의 원칙에 비추어 볼 때, 대표권남용에 관한 법적 처리에 있어서는 당해 행위가 법인의 행위로 귀속될 수 있는가 하는 문제를 우선적으로 검토하여야 한다; 셋째, 대표권남용 행위라 하더라도 원칙적으로는 그 효과가 법인으로 귀속하며, 그 결과 법인은 그 상대방에게 당해 행위로 인한 의무를 이행하여야 한다.

(다) 代表權濫用行爲로 인한 法人의 不法行爲責任

227 대표권남용에도 불구하고 그 행위의 효과가 법인으로 귀속하게 되면 법인으로서는 이행책임을 부담할 뿐, 법인의 불법행위책임은 문제되지 않는다. 그러나 대표권남용 행위의 효과가 법인으로 귀속되지 않는 경우가 있을 수 있는데, 이 경우에는 법인의 불법행위책임이 문제될 수 있다. 대표권남용 행위로 인하여 손해를 입은 상대방이 법인에 대하여 손해배상책임을 물을 수 있기 때문이다. 즉 대표기관의 대표권남용 행위가 제35조 제1항의 요건을 충족하는 때에는 법인은 피해자인 상대방에게 그 손해를 배상하여야 한다. 그런데 이 문제는 대표권남용 행위의 효과가 법인으로 귀속되지 않은 사유가 무엇인가에 따라 해결방법에 차이가 있게 된다. 그 사유를 분류하면 다음과 같다: ① 대표권남용의 상대방이 대표권남용 사실에 대하여 악의이거나 중과실로 알지 못했다는 사유로 그 효과가 법인에 귀속하지 못하는 경우; ② 기타의 사유(특히 대표행위가 무효·취소된 경우)로 인하여 그 효과가 법인에 귀속하지 못하는 경우.

우선, ①의 경우에는 법인의 불법행위책임이 성립될 여지가 거의 없다고 보아야 한다. 왜냐하면 상대방이 악의이거나 중과실이라는 사실은 그가 대표권남용으로 인하여 발생하는 손해를 인수한 것[120]으로 해석하는 것이

---

120) "피용자의 불법행위가 사용자의 사무집행행위에 해당되지 않음을 피해자 자신이 알았거나 또는 중대한 과실로 알지 못한 경우에는 피해자는 사용자에 대하여 사용자

형평의 관념 내지 신의칙(특히 모순행위금지의 원칙)에 비추어 타당하기 때문이다.[121)]

이와 달리 ②의 경우에는 법인의 불법행위책임이 성립할 여지가 있다. 대표행위가 무효·취소된 경우가 그 대표적인 예이다. 이 중 대표권남용으로 행해진 법률행위가 강행규정을 위반했다는 이유로 무효로 된 경우에 대하여는 약간의 설명을 필요로 한다. 대표권남용 행위가 법령에 위반하였다고 하여 당해 행위가 법인의 권리능력 밖의 것이라는 식으로 이해해서는 아니 된다는 것이 그것이다.[122)] "대표권남용 행위가 법령을 위반하였다"라는 것은 행위 자체의 객관적 성질은 법인의 권리능력 범위에 속하는 것이지만 그와 같은 행위를 하기 위하여 법령에 의하여 특별히 정한 사항[123)]을 위반했다는 것을 의미하는 것이다. 이와 같은 법령에 위반한 대표권남용 행위의 효과는 법인으로 귀속할 수 없게 된다.[124)] 그러나 문제의 행위가 법인으로 귀속할 수 없다는 것과 당해 행위로 인하여 손해를 입은 상대방에게 손해를 배상하여야 한다는 것은 다른 차원의 일이다. 특히 그러한 행위의 객관적 성질 자체는 법인의 직무수행에 관한 것이라는 점에서 더욱 그러하다.[125)]

책임을 물을 수 없다"(대법원 1983. 6. 28. 83다카217; 대법원 1998. 3. 27. 97다19687; 대법원 2003. 7. 25. 2002다27088; 대법원 2004. 3. 26. 2003다34045)라는 판례도 이와 같은 취지로 이해된다.

121) 앞에서, 대표권남용 사실에 대하여 악의이거나 중과실로 인하여 알지 못한 때에 한하여 당해 행위의 법인으로의 효과귀속을 부정하여야 한다는 점을 지적하였다(이 책 [226] 참조). 이 논지에 의하면, 대표권남용 사실을 경과실로 인하여 알지 못한 때에는 문제의 대표권남용 행위는 법인으로 귀속한다. 그러므로 법인의 손해배상책임이 논의될 여지가 없다. 그러나 판례이론과 같이 대표권남용 사실을 경과실로 인하여 알지 못한 때에도 법인으로의 효과귀속을 부정하게 되면 경과실의 경우에도 법인의 손해배상책임이 성립할 수 있다. 왜냐하면 악의·중과실의 경우와 달리 대표권남용 사실을 경과실로 인하여 알지 못한 상황이라고 한다면 상대방이 그 손해를 인수한 것으로 해석할 수 없기 때문이다.

122) 만일 문제의 행위가 법인의 권리능력을 초과한 범위에서 이루어진 것이라면 대표권남용이라는 말 자체를 할 수 없을 것이다.

123) 예: 사립학교법 제28조 제1항; 수산업협동조합법 제44조 등.

124) 이러한 결과는 당해 대표행위가 대표권남용이 아닌 일반적인 대표행위의 경우에도 마찬가지이다.

125) 예: 사립학교법 제28조 제1항에 의하면 학교법인의 의무부담행위는 관할관청의 허가를 받도록 하고 있는데, 이는 학교법인의 의무부담행위 자체로서는 법인의 직무범위에 포함된다는 것을 전제로 한 것이다.

위에서의 논의를 통하여 다음과 같은 점을 확인할 수 있다: 첫째, 대표권남용 행위로 인하여 손해를 입은 상대방이 법인에 대하여 손해배상책임을 물을 수 있다(제35조 제1항); 둘째, 대표권남용으로 인하여 법인이 불법행위책임을 부담하는 것은 당해 행위의 효과가 법인에 귀속하지 않는 경우에 한정된다; 셋째, 이 때 그 효과가 법인에 귀속하지 못한 사유는, 대표권남용의 상대방이 대표권남용 사실에 대하여 악의이거나 중과실로 알지 못했다는 사유 이외의 것이어야 한다.[126]

Ⅳ. 法人의 不法行爲責任

1. 法人의 不法行爲責任의 규범의미

228 대표기관이 그 직무수행과 관련하여 타인에게 손해를 가한 경우, 법인은 이에 대하여 손해배상책임이 있다(제35조 제1항 제1문). 그리고 법인에게 불법행위책임이 인정된다고 하여 현실적으로 불법행위를 한 대표기관 개인이 손해배상책임으로부터 벗어나는 것은 아니다(제35조 제1항 제2문).

법인의 불법행위책임의 규범의미에 관하여 종래 학설은 크게 두 유형으로 구분된다: ① 법인본질론과 연계시켜 설명하는 입장(다수설); ② 법인본질론과 무관하게 보상책임의 원리[127]에 기초한 법정책적 규정으로 이해하는 입장(소수설).[128] 다음에서는 이들 학설의 설명을 들어보기로 한다(다음의 제1설과 제2설은 ①에 속하는 학설이고, 제3설은 ②에 속하는 학설이다).

제1설은 법인실재설에 입각한 견해로서 다음과 같이 주장한다: 법인의 대표기관의 직무행위는 법인 자신의 행위이다; 그러므로 대표기관이 행한

126) 대표권남용에 대하여 법인의 불법행위책임을 인정한 판례는 대부분 강행규정 위반으로 인하여 당해 행위의 효과가 법인으로 귀속하지 못한 경우이다(예: 대법원 1969. 8. 26. 68다2320; 대법원 1975. 8. 19. 75다666; 대법원 1977. 12. 27. 77다511·584; 대법원 1978. 11. 28. 78다1359; 대법원 1987. 4. 28. 86다카2534 등 참조).

127) 보상책임의 원리(Equivalenzprinzip)란 "이익이 있는 곳에 손해도 귀속되어야 한다"라는 사고에 기초한 법원리이다. 쉽게 말하여, 일정한 사실로 인하여 이익을 향유하는 자는 그 사실로 인한 이익에 상응하는 책임도 부담하여야 한다는 것이다.

128) 高翔龍, 앞의 책 "民法總則", 215면; 白泰昇, 앞의 책 "民法總則", 238면.

불법행위도 법인의 불법행위로 된다. 결국, 이 입장에서 보면 법인의 불법행위책임을 인정한 제35조 제1항 제1문은 당연한 규정이라는 결과가 된다.

제2설은 이 규정을 법인의제설[129]에 입각한 것으로 보는 견해로서 제1설을 비판하는 관점에서 다음과 같이 주장한다: 제1설과 같이 보게 되면 구태여 민법이 제35조 제1항 제1문을 규정할 필요가 없다; 제1설에 의하면 대표기관 개인의 불법행위책임을 인정하고 있는 제35조 제1항 제2문을 설명할 수 없다.[130] 결국, 이 학설은 제35조 제1항 제1문을 법정책적 규정으로 보게 된다.

제3설은 법인의 불법행위책임을 법인본질론과 연계시키지 않으면서 다음과 같이 주장한다: 법인에게 법인격이 부여됨으로 인하여 법인은 '거래의 간명화'·'책임의 제한'·'위험의 분산' 등과 같은 이익을 누리게 된다; 법인으로서는 그와 같은 이익에 상응하여 책임도 부담하는 것이 공평의 관념에 합치한다; 제35조 제1항 제1문은 이와 같은 법정책적 고려를 기초로 인정된 것이다. 제35조 제1항 제1문을 법정책적 특별규정으로 이해한다는 점에서는 제2설과 차이가 없다.

위 학설 중 제3설이 타당하다고 생각하는데, 그 이유는 다음과 같다.

① 첫째, 제1설은 제2설이 지적하는 문제점 이외에도 보다 근본적인 관점에서 다음과 같은 비판의 여지가 있다: 법인실재설의 기본적 입장은, 법인은 사회경제적으로 유용성을 가지는 실체를 보유하고 있기 때문에 법인격이 인정된다는 것이다; 그런데 불법행위는, 법인에게 법인격을 인정해 주는 사실적 전제로서의 사회경제적 유용성을 가지는 행위에 포함될 수 없다; 그렇다면 법인의 불법행위책임의 의미를 법인실재설과 연계하여 파악하는 태도는 법인실재설의 기본전제를 깨뜨리는 것으로 생각된다. 대표기관의 대표행위가 법인의 행위로 된다고 말할 때, 그 행위 속에 불법행위는 포

129) 李英俊, 앞의 책 "民法總則", 867면; 李銀榮, 앞의 책 "民法總則", 236면.

130) 이와 같은 비판에 대하여 제1설은 다음과 같이 방어하고자 한다: 대표기관의 행위는 대표기관 개인의 행위로 되는 면과 법인의 행위로 되기도 하는 양면성을 가지고 있는데, 바로 전자의 측면에서 인정되는 것이 대표기관 개인의 책임이라는 것이다. 그러나 그렇게 본다면 대표기관이 법인을 대표하여 법률행위를 한 경우에도 당해 법률행위의 효과는 법인과 대표기관 개인에게 양면적으로 귀속하는 것으로 보아야 할 것이다. 제35조 제1항을 설명하기 위하여 대표행위의 양면성을 말하는 것은 납득하기 어려운 설명이다.

함되지 않는 것으로 볼 필요가 있다.[131)]

ⓘ 둘째, 제2설이 제35조 제1항 제1문을 법정책적 고려에 기초한 특별 규정으로 파악한 결론은 수긍이 간다. 그러나 이 규정을 법인의제설의 논거로 삼는 등 법인본질론과 연계하여 설명하는 태도에는 찬성하기 어렵다. 현행 민법에 있어서 법인에 관한 규정의 형성에는 순수한 논리 이외에 입법정책적 요소가 깊이 작용하였다는 점에 유의할 필요가 있다.[132)] 제2설에 대한 이와 같은 비판은 제1설에도 마찬가지로 해당되는 것이다.

요컨대, 제35조 제1항 제1문은 법인본질론과 연계시켜 파악해서는 아니될 것이며, 이 규정은 보상책임의 원리에 기초한 법정책적 규정으로 이해하여야 할 것이다.

2. 法人의 不法行爲責任의 성립요건

(1) 代表機關의 행위일 것

229 법인이 불법행위책임을 지기 위해서는 당해 행위가 대표기관의 행위이어야 한다. 이사 이외에 임시이사(제63조), 특별대리인(제64조) 및 청산인(제82조·제83조)도 대표기관이므로 이들의 불법행위에 대하여도 법인이 책임을 지게 된다. 일부 학설[133)]은 사원총회[134)]나 감사의 행위에 대하여도 제35조 제1항에 의하여 법인이 불법행위책임을 지게 된다고 하나, 그렇게 볼 것은 아니라고 생각한다. 제35조 제1항은 법인의 대표기관의 행위만을 규율하는 것으로 보아야 하기 때문이다. 법인의 대표기관 이외의 자에 의한 가해행위에 대하여 법인이 경우에 따라 제756조에 기한 책임[135)]을 질 수는

131) 이와 같은 관점에서 생각해 볼 때, 대표행위와 대리행위를 구별하면서 대표행위의 경우에는 불법행위도 포함된다는 식으로 말하는 것은 재고의 여지가 있다.

132) 이에 대해서는 이 책 [178] 참조.

133) 高翔龍, 앞의 책 "民法總則", 216면; 李銀榮, 앞의 책 "民法總則", 285면.

134) 이 학설이 드는 예: 사원총회의 결의에 의하여 타인의 명예를 훼손하는 경우.

135) 제756조는 '타인을 사용하여 어느 사무에 종사하게 한 자'는 그의 피용자가 그 사무집행에 관하여 제3자에게 가한 손해를 배상하여야 한다는 내용을 규정하고 있다. '타인을 사용하여 어느 사무에 종사하게 한 자'의 책임이라는 면에서 이 규정에 의한 책임을 사용자책임이라 한다. 일반적으로 '사용자'라 하면 고용계약의 일방 당사자를 의미하는 것이지만 이 규정에서 말하는 '타인을 사용하여 어느 사무에 종사하게 한 자'라는 것은 고용계약의 사용자만을 의미하는 것이 아니라, 위임·조합·도급 등을 통하여 타인

있겠으나 제35조 제1항에 기한 책임은 성립할 수 없는 것으로 보아야 할 것이다. 그리고 대표기관이 아닌 자에 의하여 행해진 불법행위의 문제는 제35조 제2항에 의하여 규율될 수 있다는 점도 유의하여야 할 부분이다.

한편, 이사는 특정의 법률행위를 위하여 대리인을 선임할 수 있는데(제62조), 이사에 의하여 선임된 임의대리인에 의한 가해행위에 대하여 법인이 불법행위책임을 지게 되는가? 이에 대하여 다수설[136]은 여기에서의 대리인은 대표기관의 대리인일 뿐이므로 법인의 대표기관이 아닌 대리인의 행위에 대하여는 제35조 제1항이 적용되지 않는 것으로 본다. 다만 법인이 사용자의 지위에서 제756조에 의하여 손해배상책임을 질 수 있다는 것을 부정하지는 않는다. 반면, 소수설[137]은 대리인의 행위에 대하여도 제35조 제1항의 유추적용을 긍정하며, 이와 병행하여 제756조의 책임도 인정되는 것으로 본다. 이사의 임의대리인에 의한 불법행위에 대하여 법인이 제756조에 의하여 책임을 질 수 있다는 점에 대하여는 학설상 견해가 일치한다. 임의대리인의 행위에 대하여 법인에게 제756조에 기한 책임이 인정되는 이유는 무엇인가? 이사가 임의대리인을 선임하는 행위는 대표행위로서 법인의 행위로 되기 때문이다.

다수설의 입장이 타당하다고 생각한다. 소수설의 문제점을 살펴보기로 하자. 소수설은 대표의 본질을 대리와 같은 것으로 보는 법인의제설에 입각한 견해이다. 소수설은 이사의 임의대리인을 복대리인의 지위에 있는 것으로 파악함으로써 복대리인의 행위가 본인에게 귀속하는 것과 마찬가지로 이사의 임의대리인의 행위는 법인에 귀속된다는 논리인 것 같다. 그러나 대표와 대리는 그 유사성에도 불구하고 본질을 달리하는 것으로 보아야 하며, 우리 민법도 그와 같은 입장에 있다.[138] 또한 소수설이 대표의 본질을 대리로 보는 관점을 논리의 출발점으로 삼고 있는 것은, 이사의 임의대리인에 의한 가해행위에 대하여 법인의 불법행위책임을 인정할 수 있을 것인가 하

을 사용하는 자도 포함된다(대법원 1982. 11. 23. 82다카1133; 대법원 1987. 12. 8. 87다카459; 대법원 1988. 6. 14. 88다카102; 대법원 1994. 10. 25. 94다24176; 대법원 1996. 10. 11. 96다30182 등 참조).

136) 郭潤直, 앞의 책 "民法總則", 210면; 白泰昇, 앞의 책 "民法總則", 241면; 金相容, 앞의 책 "民法總則", 240면; 高翔龍, 앞의 책 "民法總則", 216면.

137) 특히 李英俊, 앞의 책 "民法總則", 867면; 李銀榮, 앞의 책 "民法總則", 286면.

138) 대표의 본질이 대리라면 제59조 제2항과 같은 것은 무의미한 규정일 뿐이다.

는 문제와 직접적 관련성을 인정하기 어렵다. 왜냐하면 여기에서 문제되는 것은 불법행위인데, 불법행위는 대리의 대상이 될 수 없기 때문이다.

(2) 職務에 관한 행위일 것

1) 職務範圍의 판단기준

230 법인의 불법행위책임이 성립하기 위해서는 대표기관의 가해행위가 직무와 관련을 가진 것이어야 한다.

직무관련성을 판단함에 있어서 이를 '직접적 직무행위 및 그와 일체불가분의 관계에 있는 행위'라고 좁게 해석할 수도 있을 것이다. 그러나 판례는 소위 '외형이론'을 채택하고 있는 것으로 평가된다. 즉 '직접적 직무행위 및 그와 일체불가분의 관계에 있는 행위'뿐만 아니라 직무집행의 외형을 가지는 행위에 대하여도 직무관련성을 인정하고 있다.[139] 외형이론이란 제756조에 기하여 사용자에게 책임을 묻기 위한 요건으로서의 '사무집행관련성'을 판단하는 기준에 관한 것으로[140] 피용자와 거래한 제3자의 신뢰보호를 고려하기 위한 것인데, 제35조 제1항의 법인의 불법행위 책임요건으로서의 '직무관련성' 판단에 있어서도 판례는 같은 판단기준을 사용하고 있다.[141] 이와 같은 관점에서 볼 때, 제35조 제1항 제1문의 '직무관련성' 판단에 있어서는 제756조의 '사무집행관련성'과 균형을 유지할 필요가 있다고 생각한다. 제756조의 '사무집행관련성'을 판단함에 있어서 판례는 원칙적으로 외형이론을 취하고 있기는 하나 중요한 예외를 인정하고 있다. 즉 문제의 행위가 외관상으로는 사무집행의 범위 내에 속하는 것으로 보이는 경우에 있어서

---

139) "행위의 외형상 법인의 대표자의 직무행위라고 인정할 수 있는 것이라면 … 직무에 관한 행위에 해당한다"(대법원 1969. 8. 26. 68다2320; 대법원 1990. 3. 23. 89다카555 등 참조).

140) 대법원 2001. 1. 19. 99다67598: "민법 제756조에 규정된 사용자책임의 요건인 '사무집행에 관하여'라는 뜻은 피용자의 불법행위가 외형상 객관적으로 사용자의 사업활동 내지 사무집행행위 또는 그와 관련된 것이라고 보여질 때에는 행위자의 주관적 사정을 고려함이 없이 이를 사무집행에 관하여 한 행위로 본다는 것이고, 외형상 객관적으로 사용자의 사무집행에 관련된 것인지 여부는 피용자의 본래 직무와 불법행위와의 관련정도 및 사용자에게 손해발생에 대한 위험창출과 방지조치결여의 책임이 어느 정도 있는지를 고려하여 판단하여야 한다." 이와 같은 취지의 판결로는 대법원 1999. 1. 26. 98다39930; 대법원 1999. 12. 7. 98다42929; 대법원 2000. 3. 10. 98다29735 등 참조.

141) 대법원 1988. 11. 8. 87다카958; 대법원 1990. 3. 23. 89다카555 등 참조.

도 불법행위의 피해자 자신이 당해 행위가 사용자의 사무집행 범위에 해당하지 않는다는 것을 알았거나 또는 중대한 과실로 알지 못한 경우에는 피해자는 사용자에 대하여 사용자책임을 물을 수 없다는 판례이론[142]이 그것이다. 이와 같은 판례이론은 법인의 불법행위책임에 있어서도 동일하다.[143] 그러므로 대표기관에 의한 가해행위의 피해자의 입장에서 당해 행위가 법인의 직무범위에 해당하지 않는다는 것을 알았거나 또는 중과실로 알지 못한 경우에는 피해자는 법인에 대하여 불법행위책임을 물을 수 없는 것으로 보아야 할 것이다.[144]

2) 代表機關의 職務範圍와 法人의 目的範圍의 상호관계

231 대표기관이 직무관련성이 인정되지 않는 행위로 인하여 타인에게 손해를 끼친 경우라면 기관 개인의 불법행위책임이 성립할 뿐이다. 한편, 법인의 목적범위 외의 행위로 인하여 타인에게 손해를 가한 때에는 그 사항의 의결에 찬성하거나 그 의결을 집행한 사원·이사 및 기타 대표자가 연대하여 배상하여야 한다(제35조 제2항). 그런데 여기에서 제35조 제1항 제1문의 '직무에 관하여'와 제35조 제2항의 '법인의 목적범위 외의 행위'의 관계를 어떻게 보아야 할 것인가 하는 문제가 제기될 수 있다. 즉 '대표기관의 직무범위'와 '법인의 목적범위'의 상호관계를 어떻게 보아야 할 것인가 하는 문제이다. 대표기관은 법인의 권리능력의 범위 내에서 재판상 또는 재판 외의 모든 행위를 할 수 있다고 보아야 하므로[145] '대표기관의 직무범위'와 '법인의 목적범위'는 동일한 것이 원칙이다. 그러나 대표권을 제한하는 것도 가능하므로 양자의 범위가 동일하지 않은 경우도 나타날 수 있다. 이해의 편의상 ['법인의 목적범위'='P'], ['대표기관의 직무범위'='Q'], ['대표

---

142) 대법원 1983. 6. 28. 83다카217; 대법원 1998. 3. 27. 97다19687; 대법원 1998. 12. 8. 98다44642; 대법원 2002. 12. 10. 2001다58443 등 참조.

143) 대법원 2003. 7. 25. 2002다27088; 대법원 2004. 3. 26. 2003다34045 참조.

144) 1968년의 대법원 판결(대법원 1968. 1. 31. 67다2785)이 "토지개량사업의 조합원이 토지개량사업법 소정 절차를 밟지 않고 제3자로부터 차금한다 할지라도 이러한 행위는 그 직무에 관하여 한 행위라고 보는 것이 상당하고 다만 그 제3자가 조합장의 사용으로 하는 것임을 알고 있었다면 그 직무에 관하여 손해를 가하였다고 주장할 수 없다"라고 판시한 것도 같은 취지로 생각되며, 그 후에도 대법원은 이와 같은 취지의 판시를 하고 있다(대법원 1988. 11. 8. 87다카958; 대법원 1990. 3. 23. 89다카555 등 참조).

145) 대법원 1997. 8. 29. 97다18059 참조.

권이 제한된 범위'='R']을 그림으로 나타내어 살펴보자.

[대표기관의 직무범위와 법인의 목적범위의 관계]

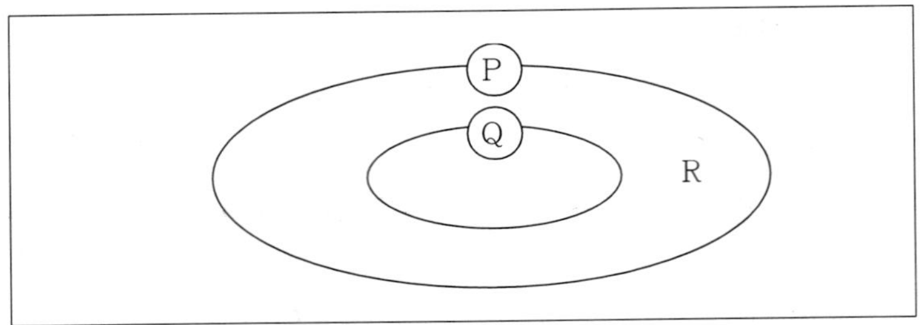

우선, 이들 사이의 대소관계는 원칙적으로는 다음과 같을 것이다: P=Q; R=0. 그러나 대표권이 제한된 때에는 이들 사이의 대소관계는 다음과 같이 된다: P〉Q; R〉0. 다음에서는 [P〉Q; R〉0] 경우를 전제로 이들 각 영역에서 제35조 제1항과 제35조 제2항이 어떻게 기능하는가 하는 문제를 살피기로 한다.

ⓘ 첫째, Q영역의 경우에는 제35조 제1항과 제2항이 모두 적용될 수 있다. 제35조 제1항이 적용될 수 있다는 점은 의문의 여지가 없으나 제35조 제2항이 적용될 수 있다는 점에 대하여는 약간의 설명이 필요할 것 같다. 제2항은 법인의 목적범위 외에서 사원 또는 대표기관에 의하여 행해진 가해행위를 규율하고 있다. 그런데 목적범위 외의 행위에 대하여 사원 또는 대표기관이 책임을 져야 한다면, 당연해석에 따라 Q영역에서 일어난 행위에 대하여도 이들에게 책임이 있는 것으로 새겨야 할 것이다. Q영역에 대하여 제35조 제2항이 적용될 수 있다는 것은, 대표기관의 직무범위에 속하는 사항과 관련하여 대표기관이 아닌 자가 불법행위를 한 경우에 제35조 제1항이 적용될 수 있는가에 관한 학설상의 논의와 밀접한 관련을 가지는 문제이다. Q영역에서 대표기관이 아닌 자가 불법행위를 한 때에는 제1항에 따른 법인의 불법행위책임은 성립하지 않고 제2항의 적용에 따라 당해 가해행위를 한 자가 손해배상책임을 지는 것으로 해석하여야 할 것이다.

ⓘⓘ 둘째, R영역에 있어서 제35조 제2항이 적용될 가능성이 있다는 점은 분명하다. 앞의 Q영역에 대하여 설명한 것과 마찬가지로 당연해석의 결과

제35조 제2항의 적용이 긍정되는 것이다. 그렇다면 R영역에서 제35조 제1항이 적용될 수 있을 것인가? 엄밀하게 논리적으로 판단한다면 제35조 제1항은 R영역에서 적용될 수 없다고 보아야 할 것이다. 왜냐하면 R영역은 법인의 대표기관의 직무범위에 속하지 않는 영역이기 때문이다. 그러나 직무범위를 판단함에 있어서 판례와 통설이 '外形理論'에 의하여야 한다는 점을 지적한 바 있다.[146] 이 이론에 따른다면, 비록 R영역에 있어서도 제35조 제1항에 따라 법인에게 손해배상책임이 부과될 수 있다.

ⓘⓘⓘ 셋째, 문제의 행위가 P영역을 벗어난 경우에는 제35조 제1항은 적용될 여지가 없으며, 제2항만이 적용될 수 있다.

3) 代表機關의 越權行爲의 경우

232 대표기관이 법인의 이름으로 한 대표행위로서 그것이 위 도표의 Q영역에 속하는 행위이기는 하나 그 행위가 대표기관 자신 또는 제3자의 이익을 도모하기 위한 대표권남용 행위의 경우, 法人이 제35조 제1항 제1문에 따라 불법행위책임을 질 수 있다는 것은 앞에서 본 바와 같다.[147] 한편, Q영역에 있어서 제126조의 유추적용을 긍정하는 전제 위에서 제35조 제1항과 제126조의 관계를 논의하는 학설이 있었는데, 이에 대하여 수긍할 수 없음을 밝혔다. 제126조의 유추적용을 고려하기 위해서는 대표행위가 대표권을 벗어난 것이어야 하는데, 대표권남용은 대표권의 객관적 범위 내에서 이루어진 행위를 전제로 하는 것이기 때문이다.

그런데 R영역은 Q영역과 다른 면이 있다. 즉 R영역은 대표권의 객관적 범위 밖의 것이다. 그러므로 R영역에 있어서는 제126조의 성립 여부를 고려할 여지가 있다. 또한 R영역은 제35조 제1항이 적용될 수 있는 영역이다. 이러한 논리에 따른다면, 결국 R영역에서는 제35조 제1항과 제126조의 관계를 고려할 수 있는 여지가 있게 된다.[148] 예를 들면, 법인의 대표기관이 자신의 경제적 이익을 도모하기 위하여 대표권을 벗어나 他人과 일정한 거래행위를 한 경우이다. 이에 대한 종래 학설의 기본적 논의방향은 다음과

146) 이에 대해서는 이 책 [230] 참조.

147) 이에 대해서는 이 책 [227] 참조.

148) 이러한 입장에 따라 대표기관의 권한초과(權限超過)의 경우에 한하여 제35조 제1항과 제126조의 성립 및 양자간의 관계를 설명하는 입장으로서는 郭潤直 편/洪日杓 집필, 앞의 책 "民法注解 [I]", 594-596면 참조.

같다: "제35조 제1항에 따라 법인으로 하여금 他人에게 손해배상을 하도록 할 것인가?" 아니면 "제126조를 유추적용하여 법인으로 하여금 대표기관이 형성한 법률행위에 대하여 이행책임을 지도록 할 것인가?" 이와 같은 기본 방향 위에서 '126조 우선적용설'·'제35조 우선적용설'·'상대방선택설'과 같은 학설[149]이 주장되고 있다.[150] 다음에서는 이들 학설의 문제점을 살펴보기로 한다.

제126조 우선적용설에 대하여는 다음과 같은 비판이 가능하다: 표현대리는 상대방이 주장하는 경우에 비로소 문제되는 것이며, 표현대리를 주장할 것인가 여부는 상대방의 선택에 달려 있는 것이다; 그런데 제126조 우선적용설에 따르면 상대방에게 제126조의 주장을 강요하는 결과가 된다.

제35조 제1항 우선적용설도 마찬가지의 문제점을 내포하고 있다. 즉 제126조와 제35조 제1항이 서로 法條競合의 관계에 있다고 할 수도 없는데, 어떻게 상대방의 권리를 법인에게 불법행위책임을 묻는 것으로 한정할 수 있겠는가?

한편, 상대방선택설은 제126조 우선적용설과 제35조 제1항 우선적용설과 같은 문제는 없다. 그런데 여기에서 제126조와 제35조 제1항이 동시에 성립하는 경우는 실제적으로 존재하지 않는다는 사실에 유의할 필요가 있다. 경우를 구분하여 살피기로 한다. 첫째로, 대표권의 제한이 등기되어 있는 경우를 보자. 이 때에는 제126조의 유추적용 가능성이 없다. 그 이유는 이러하다: 제126조가 고려되기 위해서는 상대방이 문제의 대표행위에 대하여 대표기관에 대표권이 없다는 사실을 모른 데에 과실이 없어야 한다; 그런데 대표권 제한이 등기되어 있음에도 불구하고 상대방이 대표기관과 대표권의 범위를 초과하는 거래행위를 하였다면 그 상대방에게는 최소한 과실이 존재하는 것으로 보아야 한다. 결국, 대표권의 제한이 등기되어 있는 경우에는 제126조의 유추적용 가능성이 처음부터 발생하지 않는다. 둘째로,

149) 학설의 소개에 대해서는 郭潤直 편/洪日杓 집필, 앞의 책 "民法注解 [I]", 594~595면 참조.

150) 이 학설은 대표권남용의 문제에 대한 학설(이 책 [222] 참조)과 유사한 내용이다. 그런데 대표권남용에 있어서 제126조의 유추적용을 검토하는 태도는 타당한 것으로 볼 수 없다는 점을 여러 차례에 걸쳐 지적하였다. 대표권남용은 문제의 대표행위가 대표권의 객관적 범위 내에서 이루어진 경우이기 때문이다.

대표권의 제한이 등기되어 있지 않은 경우이다. 이 경우에 있어서 법인이 대표권의 제한을 가지고 제3자에게 대항할 수 있는가 여부에 대하여 학설·판례상 견해의 대립이 있다.[151] 판례 및 소수설은 대표권의 제한이 등기되어 있지 않다면 제3자가 대표권의 제한사실에 대하여 악의 또는 중과실이라 하더라도 법인은 대표권의 제한을 가지고 제3자에게 대항할 수 없다는 입장이다. 대표권의 제한이 등기되어 있지 않은 경우에 있어서 판례 및 소수설에 따르면, 대표권을 초과한 대표행위에 대하여도 대표기관에게 대표권이 있는 것으로 된다. 즉 제126조의 유추적용 가능성이 처음부터 발생하지 않는다. 그러므로 대표권의 제한이 등기되어 있지 않은 경우에 있어서 소수설을 취하면서 제126조의 유추적용 가능성을 말하는 학설이 있다면 이는 논리모순이다. 한편, 판례 및 소수설의 입장과 달리 다수설은, 대표권의 제한이 등기되지 않았다 하더라도 대표권제한 사실에 대하여 제3자가 악의 또는 중과실인 때에는 대표권의 제한을 가지고 제3자에게 대항할 수 있다고 한다. 다수설의 입장에서는 제35조 제1항과 제126조의 관계를 어떻게 볼 수 있겠는가? 경우를 나누어서 살펴보자. ① 우선, 거래상대방이 대표권 제한사실에 대하여 악의·중과실인 경우를 보자. 이 때에는 문제의 대표행위에 대하여 대표기관에 대표권이 없는 것으로 된다. 그렇다면 이 때 제126조의 유추적용을 고려할 수 있겠는가? 부정하여야 할 것이다. 왜냐하면 문제의 행위가 대표권의 범위 밖에 있는 것이기는 하지만 거래상대방이 대표권 제한사실에 대하여 악의 또는 중과실이므로 제126조의 성립요건을 충족하지 못하기 때문이다. 그리고 이와 같이 상대방이 악의 또는 중과실인 때에는 제35조 제1항도 적용될 수 없다. 왜냐하면 거래상대방의 입장에서 당해 대표행위가 대표기관의 직무범위에 속하지 않는다는 것을 알았거나 중과실로 알지 못한 경우에는 제35조 제1항에 의한 법인의 불법행위책임이 성립하지 않기 때문이다.[152] ② 다음으로, 거래상대방이 대표권 제한사실을 경과실로 알지 못한 경우를 보자. 이 때에도 제126조의 유추적용을 고려할 수는 없다. 왜냐하면 문제의 행위는 제126조에 문의할 필요도 없이 법인의 행위로 귀속되기 때문이다. 그리고 이 경우에는 제35조 제1항이 고려될 여

151) 이에 대해서는 이 책 [243] 참조.

152) 이에 대해서는 이 책 [230] 참조.

지도 없다. 왜냐하면 문제의 행위가 법인으로 귀속하게 되면 상대방에게는 손해배상청구권의 제1차적 요건인 손해가 존재하지 않기 때문이다. ③ 끝으로, 거래상대방이 대표권 제한사실을 몰랐고 이에 대하여 과실도 없는 경우를 보자. 이 때에도 제126조의 유추적용을 고려할 여지가 없다. 문제의 거래행위는 법인의 행위로 귀속되기 때문이다. 또한 문제의 행위가 법인으로 귀속하기 때문에 제35조 제1항의 적용가능성도 없다. 요컨대, 대표기관이 제3자와 대표권을 초과하는 대표행위를 한 경우에 제35조 제1항과 제126조가 동시에 성립할 수 있는 경우는 실제로 존재하지 않는다.

(3) 代表機關 個人의 不法行爲責任의 성립 문제

1) 종래의 학설상황

233 제35조 제1항 제1문에 따라 법인의 불법행위책임이 성립하기 위한 요건으로서 실제로 불법행위를 한 대표기관 개인의 불법행위가 성립하여야 하는가? 이에 대하여 통설[153]은, 제35조 제1항 제2문의 내용을 고려해 볼 때 법인의 불법행위는 대표기관 개인의 불법행위의 성립을 전제로 하는 것으로 해석할 필요가 있다는 등의 이유를 들어 대표기관 개인의 불법행위가 성립하여야 법인의 불법행위가 성립할 수 있다고 한다. 즉 대표기관에 의한 가해행위가 제750조에서 정하는 요건을 충족하는 때에 한하여 법인의 불법행위가 성립한다는 것이다. 이에 따르면, 법인의 불법행위책임이 성립하기 위해서는 대표기관의 행위가 다음의 요건을 충족하여야 한다: ① 손해의 발생, ② 가해행위의 위법성, ③ 가해행위자의 귀책사유(고의 또는 과실), ④ 가해행위와 손해발생 사이의 인과관계.

일부 소수설[154]은 통설과 다른 이론구성을 취하고 있다. 소수설이 통설과 견해를 달리하는 것은 대표기관의 책임능력은 법인의 불법행위의 성립요건이 아니라는 것이다. 책임능력은 고의·과실의 전제가 된다는 점에서 볼 때, 대표기관의 책임능력을 요건에서 제외한다는 것은 대표기관의 고

---

153) 郭潤直, 앞의 책 "民法總則", 211면; 金俊鎬, 앞의 책 "民法總則", 192면; 金曾漢·金學東, 앞의 책 "民法總則", 194면; 金相容, 앞의 책 "民法總則", 242면; 金基善, 앞의 책 "韓國民法總則", 152면.

154) 李英俊, 앞의 책 "民法總則", 870면; 李銀榮, 앞의 책 "民法總則", 288면.

의·과실은 법인의 불법행위의 요건이 아니라는 결과가 된다. 소수설의 논거는 다음과 같다: 법인의 대표에 관하여는 대리에 관한 규정이 준용된다(제59조 제2항); 그런데 대리인에게 행위능력이 없다 하더라도 유효한 대리행위를 할 수 있다(제117조); 따라서 행위무능력자도 대표기관이 될 수 있으며, 그 결과 대표기관의 책임능력은 법인의 불법행위책임의 성립요건으로 볼 수 없다.

2) 종래 학설에 대한 비판적 평가

234 우선, 소수설은 다음과 같은 점에서 수긍하기 어렵다. 첫째, 이 학설은 책임능력과 행위능력의 개념에 대한 오해를 포함하고 있다. 책임능력은 책임법 영역에서 문제되는 것이며, 행위능력은 계약법과 같은 법률행위 영역에서 문제되는 것으로서 그 개념적 차원을 달리할 뿐만 아니라, 책임법상의 책임능력에 상응하는 능력을 굳이 법률행위 영역에서 찾는다면 행위능력이 아니라 의사능력으로 보아야 할 것이다. 그런데 대리인이 의사무능력 상태에서 대리행위를 하였다면 이는 무효인 법률행위로서 그 행위가 대리인에게 귀속할 여지가 없다. 둘째, 행위무능력자도 대표기관이 될 수 있다는 것과 대표기관의 책임능력은 법인의 불법행위책임의 성립요건으로 볼 수 없다는 것은 논리상 직접적인 관계가 없다.

위에서 살핀 바와 같이, 대표기관 개인의 고의·과실을 제35조 제1항 제1문의 적용요건으로 보지 않는 논거로 제117조 및 제59조 제2항을 드는 것은 수긍하기 어려운 일이다. 그러나 이와는 다른 방향에서 대표기관 개인의 불법행위 성립을 법인의 불법행위 성립의 전제요건으로 하여야 할 것인가 하는 문제를 검토할 필요성은 있다고 본다. 통설은 제35조 제1항 제2문을 근거로 대표기관 개인의 불법행위의 요건충족을 법인의 불법행위책임의 전제요건으로 해석하고 있다. 그런데 제2문을 반드시 그렇게 새겨야 할 필연성은 없다고 생각한다. 즉 통설과 달리 제2문의 의미를 다음과 같이 볼 수도 있다는 것이다: "대표기관 개인의 불법행위가 완전히 성립하지 않은 때에도 법인의 불법행위는 성립할 수 있으나, 대표기관에 의한 가해행위가 대표기관 자신에 대한 불법행위의 요건을 충족하고 있다면 대표기관도 손해배상책임이 있다." 민법이 법인의 불법행위책임을 인정한 근거를 보상책임의 원리에서 찾는다면, 대표기관에게 제750조의 요건(특히, 고의·과실)이 충족되지 않는다는 이유로 법인의 불법행위책임을 부인하는 것은 법인의 이익에 치중한 태도로 보상책임의 원리에 부응하지 못하는 해석방향이 아닌가 하는 생각이 든다.

그러나 이와 같은 사안이 실제로 제기된다면 법원으로서는 대표기관의 행위가 제750조의 요건을 모두 충족하여야 한다는 식으로 판단할 가능성이 크다고 본다. 그 이유는 다음과 같다. 이 문제는 제756조의 해석과도 밀접하게 연관되는 것으로 볼 수 있는데, 제756조의 경우에 있어서도 이와 유사한 논의가 있다. 즉 피용자의 가해행위가 제750조의 요건(특히 고의·과실)을 충족하는 때에 한하여 사용자가 제756조에 의하여 불법행위책임을 지는가 하는 점에 대하여 학설대립이 있다. 이 학설대립은 사용자가 피용자에 의하여 행해진 가해행위에 대하여 손해배상책임을 지는 것이 피용자를 대신하여 책임을 부담하는 것인가(소위 '대위책임설'), 아니면 자신의 선임·감독상의 잘못에 대하여 고유한 지위에서 책임을 부담하는 것인가(소위 '고유책임설') 하는 근본적인 문제로부터 비롯되는 것이다. 이에 대하여 판례는 사용자책임이 인정되기 위해서는 피용자의 고의·과실이 인정됨으로써 별도로 불법행위의 일반요건이 충족되어야 한다는 입장을 취하고 있다.[155)]

3. 效　果

235 대표기관의 가해행위에 대하여 법인의 불법행위의 요건이 충족되면 법인 자신이 피해자에게 손해배상을 하여야 한다(제35조 제1항 제1문). 통설에 의하면 법인의 불법행위가 성립하기 위해서는 대표기관 개인의 행위가 제750조의 불법행위 일반요건을 구비하여야 한다. 그러므로 법인이 불법행위책임을 지는 경우에는 언제나 현실적으로 가해행위를 한 대표기관의 불법행위도 성립하게 된다. 게다가 제35조 제1항 제2문은 법인의 손해배상

155) 대법원 1981. 8. 11. 81다298: "책임무능력자(국민학교 1학년생)의 대리감독자(담임교사)에게 민법 제755조 제2항에 의한 배상책임이 있다고 하여 위 대리감독자의 사용자 또는 사용자에 갈음한 감독자(위 학교를 설립 경영하는 지방자치단체)에게 당연히 민법 제756조에 의한 사용자책임이 있다고 볼 수는 없으며, 책임무능력자의 가해행위에 관하여 그 대리감독자에게 고의 또는 과실이 인정됨으로써 별도로 불법행위의 일반요건을 충족한 때에만 위 대리감독자의 사용자 또는 사용자에 갈음한 감독자는 민법 제756조의 사용자책임을 지게 된다."

책임에도 불구하고 대표기관 개인이 면책되는 것이 아님을 규정하고 있다. 그 결과 피해자로서는 법인과 대표기관 개인에 대하여 선택적으로 손해배상청구를 할 수 있다. 이 때 법인과 대표기관 개인의 손해배상채무는 부진정연대채무로 해석된다. 만일 법인이 피해자에게 손해배상을 해 주었다면 법인으로서는 대표기관이 선량한 관리자의 주의를 기울이지 못하여 법인에게 손해가 발생하였다는 사실에 기초하여 손해배상책임을 물을 수 있을 것이다(제61조 · 제65조).

법인의 불법행위책임의 요건이 충족되지 못하는 경우에는 문제의 가해행위는 불법행위에 관한 일반규정인 제750조에 근거하여 그것을 행한 사람 개인의 불법행위로 된다. 개인이 손해배상을 하는 것은 당해 행위가 직무범위 또는 목적범위에 속하는 것인가의 문제와 무관하게 인정될 수 있다(제35조 제2항).

Ⅴ. 法人의 機關

236 법인이 권리주체이기는 하지만 실제로 의사결정을 하고 사무를 집행하는 것은 자연인일 수밖에 없다. 그러한 기능을 수행하는 자연인 또는 자연인의 조직을 '법인의 기관'이라고 한다. 집행기관(이사 등), 감독기관(감사), 의사결정기관(사원총회)의 순서로 살피기로 한다.

1. 執行機關

(1) 理 事

1) 理事의 개념

237 이사는 대내적으로는 법인의 업무를 집행하고(집행기관, 제58조 제1항), 대외적으로는 법인을 대표한다(대표기관, 제59조 제1항). 이사는 사단법인과 재단법인 모두에 있어서 반드시 두어야 하는 필수기관이며(제57조), 그 수와 임기에 관하여 특별한 제한은 없고, 정관에서 자유로이 정할 수 있다

(제40조, 제43조). 이사는 자연인에 한한다는 것이 통설의 입장이다.

이사의 성명과 주소는 법인의 설립등기사항이다(제49조 제2항 제8호). 즉 그 등기가 없으면 법인은 성립되지 않는다(제54조 제1항). 설립등기 후에 등기사항에 변경이 있는 때에는(예: 이사의 퇴임) 3주 안에 변경등기를 하여야 하는데, 이 등기는 대항요건이다(제54조 제1항).

2) 理事의 任免

(가) 適用規定

238 이사의 임면에 관한 사항은 정관의 필요적 기재사항이다(제40조, 제43조). 그러므로 이사의 임면방법은 정관에 의하여 정해진다. 정관에 규정이 없는 때에는 어떻게 되는가? 다음과 같은 두 가지 방향에서 생각할 수 있다: ① 대리에 관한 규정을 준용한다(제59조 제2항); ② 위임계약에 관한 규정을 유추적용한다. 법인과 이사는 위임 유사의 계약관계에 있는 것으로 볼 수 있는데,[156] ②는 이사와 법인 사이의 법률관계의 법적 성질에 기초한 결과이다.

(나) 選 任

239 이사 선임행위는 법인과 이사 사이의 위임 유사의 계약이다. 선임행위에 결함이 있는 경우에 이해관계인은 선임행위의 무효 또는 취소를 구하는 소를 제기할 수 있으며, 그 소와 관련하여 이사의 직무집행정지 또는 직무대행자 선임의 가처분을 신청할 수 있다. 이러한 가처분 명령이 있게 되면 이를 주사무소와 분사무소가 있는 곳의 등기소에 등기하여야 한다(제52조의2).[157]

(다) 解任·退任

240 해임 또는 퇴임에 관하여 정관에 규정이 없는 때에는 대리에 관한 규정을 준용하거나(제127조, 제59조 제2항), 위임에 관한 규정을 유추적용

156) 대법원 1996. 1. 26. 95다40915: "민법상 법인과 그 기관인 이사와의 관계는 위임자와 수임자의 법률관계와 같…다." 그 밖에 대법원 2003. 3. 14. 2001다7599 등도 참조.

157) 상법에서는 주식회사 및 유한회사의 이사·감사·청산인에 관하여는 그 선임결의무효의 소 등을 제기하면서 직무집행정지 또는 직무대행자 선임 가처분을 신청할 수 있고, 가처분 명령이 있게 되면 그 사실을 등기하도록 하고 있다(상법 제407조 참조). 이에 반해 민법상의 법인에 관하여는 명문의 규정이 없었는데, 이 법률흠결을 보충하기 위하여 제52조의 2를 신설한 것이다(2001년 12월 29일).

할 수 있다(제689조, 제690조, 제691조 등). 예컨대, 이사의 임기가 만료되었다 하더라도 그가 아니면 정상적인 법인의 활동을 할 수 없는 경우와 같은 급박한 사정이 있는 때에는 임기가 만료된 구 이사로 하여금 법인의 업무를 수행하도록 하는 것이 부적당하다고 인정할 만한 특별한 사정이 없는 한, 후임이사가 선임될 때까지 종전의 직무를 수행할 수 있다고 보아야 한다(제691조 참조).[158] 또한, 이사는 정관에 달리 정함이 없는 한 자유롭게 사임할 수 있고, 법인도 이사를 해임할 수 있다고 해석하여야 한다(제689조 참조).[159]

이사의 해임·퇴임 또는 신임이사에 관한 등기는 대항요건이다(제54조 제1항). 그러므로 신임이사가 비록 그에 관한 등기가 완료되기 전에 업무집행행위를 하였더라도 그 행위는 법인에 대하여 효력이 있다.

3) 理事의 職務權限

241 이사는 대내외적 사무를 수행함에 있어서 선량한 관리자의 주의를 기울여야 한다(제61조, 제681조). 이 의무를 위반하게 되면 이사는 법인에 대하여 계약위반으로 인한 손해배상을 하여야 한다. 수인의 이사가 임무를 게을리 한 때에는 연대하여 손해배상을 하여야 한다(제65조). 다음에서는 대외적 권한과 대내적 권한으로 구분하여 이사의 직무를 살피기로 한다.

(가) 對外的 權限

가) 代表權의 개념 및 행사방법

242 법인이 하나의 독립된 법률주체로서 대외적으로 활동하는 경우에 있어서, "누가 어떠한 형식으로 어떻게 대표행위를 하는가?" 하는 문제를 종래 학설에서는 '법인의 행위능력'이라는 용어로 표현하고 있다. 이와 같은 전제 위에서 많은 학자들은 다음과 같이 설명한다: "법인의 행위능력에 관하여 민법에 언급하는 바는 없으나 제34조는 권리능력뿐만 아니라 행위능력도 함께 규정한 것이다." 그러나 이와 같은 설명은 불필요한 것이며 경우에 따라서는 '행위능력'이라는 개념에 대한 오해의 여지를 제공할 수도 있다. '행위능력'이라는 것은 자연인에 있어서만 문제되는 것이기 때문에 법인

---

158) 대법원 1982. 3. 9. 81다614; 대법원 1983. 9. 27. 83다카938; 대법원 1998. 12. 23. 97다26142; 대법원 2001. 7. 27. 2000다56037; 대법원 2003. 1. 10. 2001다1171; 대법원 2003. 7. 8. 2002다74817 등 참조.

159) 대법원 1992. 7. 24. 92다749; 대법원 1993. 9. 14. 93다28799; 대법원 2003. 1. 10. 2001다1171 참조.

에 있어서는 '법인의 행위능력'이라는 용어를 피하고 그 대신 '법인의 활동방법' 정도로 표현하는 것이 어떨까 생각한다.

법인의 대표행위는 현실적으로 행위를 하는 자(대표기관)와 그 행위의 효과가 귀속되는 주체(법인)가 다르다. 이와 같은 면에서 대표행위는 대리행위와 유사성을 가진다. 이런 점에 착안하여 제59조 제2항은 "법인의 대표에 관하여는 대리에 관한 규정을 준용한다"라고 규정하고 있다.[160] 그러므로 대표행위를 함에 있어서는 당해 행위가 법인을 위한 것임을 표시(제114조)하여야 하며(예: 사단법인 '고향마을'의 대표이사 A), 대리에 관한 여러 법리(예: 표현대리, 무권대리)가 차용될 수 있다.

이사가 수인인 때에는 각자 법인을 대표한다(제59조 제1항). 이사의 직무집행이 적당하지 않아 직무대행자를 선임하는 가처분이 있게 되면(제52조의 2) 그 직무대행자는 당해 가처분에서 달리 정함이 있다든가 법원의 허가가 없는 한 법인의 통상사무에 속하는 행위만을 할 수 있다(제60조의 2 제1항).[161] 그런데 직무대행자가 통상사무에 벗어나는 행위를 하였다 하더라도 그 상대방이 선의인 때에는 법인은 당해 행위에 대하여 책임을 진다(제60조의 2 제2항).

나) 代表權의 제한

㉮ 定款에 의한 제한

243 이사의 대표권은 정관에 의하여 제한될 수 있지만(제41조, 제59조 제1항 단서), 이 제한을 등기하지 아니하면 제3자에게 대항할 수 없다(제60조). 이 때 제3자의 범위에 대하여 학설상 견해의 대립이 있다.

제1설[162]은 대표권의 제한이 등기되지 않았다 하더라도 대표권제한 사실을 알고 있는 악의의 제3자에게는 대항할 수 있다는 입장이며, 제2설은

---

160) 대표와 대리의 차이에 대해서는 이 책 [469] 참조.

161) 상법에서는 주식회사 및 유한회사의 이사·감사·청산인에 관하여 직무대행자 선임 가처분을 신청할 수 있고, 그 가처분명령이 있게 되면 직무대행자는 가처분명령에서 달리 정하거나 법원의 허가가 있어야만 통상사무를 벗어난 행위를 할 수 있도록 규정되어 있다(상법 제408조 참조). 이에 반해 민법상의 법인에 관하여는 명문의 규정이 없었는데, 이 법률흠결을 보충하기 위하여 제60조의 2를 신설한 것이다(2001년 12월 29일).

162) 金相容, 앞의 책 "民法總則", 247면; 郭潤直, 앞의 책 "民法總則", 216면; 李銀榮, 앞의 책 "民法總則", 278면; 白泰昇, 앞의 책 "民法總則", 250면.

대표권의 제한이 등기되어 있지 않다면 악의의 제3자에게도 대항할 수 없다는 입장이다. 제2설[163)]은, 민법이 이사의 대표권의 제한을 등기사항으로 규정하고 있다는 것(제49조 제2항 제9호)과 제60조의 문언을 그 논거로 하고 있다. 대법원[164)]은 제2설과 같은 입장이다.[165)]

제2설과 판례의 입장은 몇 가지 점에서 수긍하기 어렵다. 첫째, 악의의 제3자까지 보호하는 것은 제60조의 규범목적을 넘는 것으로 생각되며, '법인의 재산유지'라는 측면을 고려하면서 제2조를 매개로 한 목적론적 해석이 요구된다. 둘째, 제2설과 판례의 입장은 상법과의 관계에서 균형이 맞지 않는다. 민법보다 거래안전의 관념이 더 강조되는 상법에서도 회사의 대표자의 권한의 제한은 선의의 제3자에 대해서만 대항하지 못하는 것으로 규정하고 있기 때문이다(상법 제209조, 제269조, 제389조 제3항, 제562조 제4항 등). 셋째, 제2설과 판례의 입장은 대표권남용에 대한 태도와의 관계에서 균형이 맞지 않는다. 대표기관이 대표권 범위 내에서 자기 자신 또는 제3자의 이익을 도모할 목적으로 대표행위를 한 경우에 대하여, 판례는 상대방이 그 사정을 알았거나 알 수 있었을 경우에는 당해 행위의 효과를 법인에 귀속시키지 않고 있다(소위 '대표권남용이론'[166)]). 이와 같이 대표권의 범위 내에서 이루어진 사항에 있어서도 상대방이 악의인 때에는 법인으로의 효과귀속을 차단하면서, 代表權의 範圍外의 행위에 있어서는 惡意者까지 보호하는 것은 불균형의 측면이 있다.

---

163) 高翔龍, 앞의 책 "民法總則", 231면; 金曾漢·金學東, 앞의 책 "民法總則", 204면.

164) 대법원은 "법인의 정관에 법인 대표권의 제한에 관한 규정이 있으나 그와 같은 취지가 등기되어 있지 않다면 법인은 그와 같은 정관의 규정에 대하여 선의냐 악의냐에 관계없이 제3자에 대하여 대항할 수 없다"라는 입장으로 일관하고 있다(대법원 1975. 4. 22. 74다410; 대법원 1987. 11. 24. 86다카2484; 대법원 1992. 2. 14. 91다24564 참조).

165) 일부 학설(郭潤直, 앞의 책 "民法總則", 216면)은 판례가 다수설과 같은 입장인 것으로 설명하고 있으나 이는 잘못된 것이다. 특히 이 문헌이 들고 있는 판례(대법원 1962. 1. 11. 4294민상473)는 구민법 제54조(즉 일본민법 제54조)의 적용이 문제된 사안이었는데, 구민법 제54조는 현행 민법 제60조에 대응하는 규정이기는 하나 규정내용에는 큰 차이가 있다. 즉 구민법 제54조는 대표권의 제한을 등기하지 않으면 선의의 제3자에게 대항하지 못하는 것으로 규정하고 있다. 그러므로 현행 민법 하에서 위 판결(대법원 1962. 1. 11. 4294민상473)을 판례로 예시한 것은 타당하지 못한 것이다. 일본 판례로서는 그들의 민법 제54조가 있는 이상 악의의 제3자에게는 대표권의 제한을 가지고 대항할 수 있는 것으로 볼 것이다.

166) 이에 대한 구체적인 사항에 대하여는 이 책 [222] 이하 참조.

민법개정안은 제1설의 입장을 명문화하는 방향으로 제60조를 개정할 것을 제안하고 있다(민법개정안 제60조).

민 법 개 정 안	
현 행 규 정	개 정 안
제60조(이사의 대표권에 대한 제한의 대항요건) 이사의 대표권에 대한 제한은 등기하지 아니하면 제3자에게 대항하지 못한다.	제60조(이사의 대표권에 대한 제한의 대항요건) 이사의 대표권에 대한 제한은 등기하지 아니하면 선의의 제3자에게 대항하지 못한다.
개정배경	종래 학설 중 지배적 다수설의 입장을 채택하였다.

비법인사단의 대표자의 대표권 제한에 관하여 대법원은, 정관에 의하여 대표권이 제한되어 있더라도 거래상대방이 그와 같은 대표권 제한사실을 알았거나 알 수 있었을 경우가 아니라면 그 거래행위는 유효한 것으로 보고 있다.[167] 비법인사단의 경우에는 대표자의 대표권제한을 등기할 수 있는 방법이 없어 제60조를 준용할 수 없기 때문이다.

㈏ 社員總會의 議決에 의한 제한

244 사원총회의 의결에 의하여 대표권을 제한할 수 있는가? 이에 관해서는 견해가 대립된다. 제1설[168]은 다음과 같다: 사원총회의 의결에 의하여 대표권을 제한할 수 있다; 이 제한은 정관에 기재될 필요는 없으나 등기를 하여야 제3자에게 대항할 수 있다(제60조). 제2설[169]은 다음과 같다: 제59조 제1항 단서의 문언만을 보면 제1설과 같이 해석하는 것도 가능하다; 그러나 대표권의 제한은 정관에 기재하지 않으면 효력이 없다고 규정한 제41조를 고려한다면 사원총회의 의결에 의한 제한은 대내적 제한에 불과한 것으로 보아야 한다.

생각건대, 제41조가 존재하는 이상 제2설이 타당하다고 생각한다. 문제는 제41조의 존재가 타당한가 하는 것이다. 제41조는 현행 민법을 제정하면서 '이사의 대표권을 제한한 때에는 그 제한'이라는 것을 등기사항(제49조

167) 대법원 2003. 7. 22. 2002다64780 참조.
168) 郭潤直, 앞의 책 "民法總則", 216면; 白泰昇, 앞의 책 "民法總則", 251면.
169) 池元林, 앞의 책 "民法講義", 110면; 宋德洙, 앞의 책 "民法講義(上)", 356면.

제2항 제9호)으로 신설하면서 그에 맞추어 대표권의 제한을 정관에 기재하도록 한 것이다.[170] 즉 대표권제한을 정관상으로는 임의적 기재사항으로 하고 등기에 있어서는 필요적 기재사항으로 한 것이다. 여기에서 다음과 같은 문제가 제기된다: 정관의 기재사항과 등기사항을 그와 같이 상호 연관시켜야 할 필요가 있었는가? 정관의 기재사항과 등기사항이 연결되어 있어야 할 논리적인 필연성은 없다고 할 수 있다. 왜냐하면 기본적으로 정관은 설립행위의 내용을 명확히 하기 위한 것이고, 등기는 법인의 대외관계에 있어서 거래의 안전과 신속을 도모하기 위한 것으로, 양자는 그 취지 및 기능을 달리하기 때문이다. 그러나 대표권제한의 문제는 대외적으로는 물론 대내적으로도 극히 중요한 사항이다. 그러므로 대표권을 제한하고자 할 때에는 이를 정관에 기재하도록 한 것은 법률관계의 명확성을 기한다는 법정책의 측면에서 수긍이 간다.[171] 요컨대, 제49조 제2항 제9호와 짝을 맞추어 제41조를 규정한 현행 민법의 태도는 타당하다.

㈐ 法人과 理事의 利害相反 상황에 의한 제한

245 법인과 이사의 이익이 상반되는 상황에 대해서는 이사에게 대표권이 없으며, 이때에는 이해관계인 또는 검사의 청구에 의하여 법원이 선임한 특별대리인이 법인을 대표한다(제64조). 특별대리인은 문제된 사항에 대해서는 법인의 기관의 지위에 있다. 그러므로 그가 대표행위를 하는 과정에서 제3자에게 불법행위를 하였다면 법인의 불법행위책임이 문제될 수 있다.

법인에 다른 이사가 있다면 그가 법인을 대표하면 되므로 특별대리인을 선임할 필요가 없다는 것이 통설이다.

㈑ 復任權의 제한

246 이사는 자신이 스스로 대표권을 행사하는 것이 원칙이다. 그러나 정관 또는 총회의 결의로 금지하지 않은 사항에 한하여 다른 사람으로 하여금 특정한 행위[172]를 대리하도록 할 수 있다(제62조). 이와 같이 선임된

---

170) 앞의 책 "民法案審議錄 上卷", 42면 참조.

171) 이 문제에 대한 다른 관점에 대해서는 梁彰洙, '법인 이사의 대표권 제한에 관한 입법자의사', "考試界" 1986년 11월호, 199-207면; 金俊鎬, 앞의 책 "民法總則", 201면을 참조할 것.

172) 포괄적인 대리권 수여는 인정되지 않는다(대법원 1989. 5. 9. 87다카2407 참조). 그러므로 대표자가 타인에게 자신의 업무를 포괄적으로 위임하고 그에 따라 행해진 포

대리인은 법인의 기관이 아니다. 그러므로 그가 대리행위를 하는 과정에서 제3자에게 불법행위를 하였다 하더라도 법인의 불법행위책임은 성립되지 않는 것으로 해석하여야 한다.[173)]

(나) 對內的 權限

247 이사는 법인의 모든 사무를 집행할 권한을 가진다(제58조 제1항). 이사가 수인인 경우에 정관에 다른 규정이 없다면 이사의 과반수로써 의사결정을 한다(제58조 제2항). 이는 대외적 권한으로서 대표의 경우에 각자대표의 원칙(제59조 제1항 본문)과 비교하여 차이가 나는 부분이다.

대내적 권한에 속하는 주요사무는 다음과 같다: 재산목록의 작성(제55조 제1항); 사원명부작성(제55조 제2항); 사원총회의 소집(제69조, 제70조); 총회의사록의 작성(제76조); 법인이 채무를 완제하지 못하게 된 경우에 파산신청을 하는 일(제79조); 법인이 해산한 경우에 청산인이 되는 것(제82조); 각종 등기를 하는 일.

(2) 理事會・臨時理事・特別代理人

1) 理事會

248 이사회란 이사 전원으로 구성된 의사결정기관이다. 민법상의 법인에 있어서는 이사회가 필수기관이 아니지만[174)], 이사가 복수인 경우에 이사회를 두는 것이 보통이다. 이사회의 의사결정 방법에 대해서는 정관에 규정을 두는 것이 일반적이다.

2) 臨時理事

249 이사가 없거나 결원[175)]이 있는 경우에 이로 인하여 법인 또는 제3자에게 손해가 생길 염려가 있는 때에는, 이해관계인[176)] 또는 검사의 청구

괄적 수임인의 대행행위는 민법 제62조에 위반된 것이어서 법인에 대하여는 그 효력이 미치지 않는다(대법원 1996. 9. 6. 94다18522 참조).

173) 제756조의 사용자책임은 성립할 수 있다.

174) 주식회사(상법 제390조 이하) 또는 공익법인(공익법인의설립・운영에관한법률 제6조)과 같은 경우에는 이사회가 필수기관이다.

175) 대법원 1975. 3. 31. 74마562: "이사의 결원이 있는 경우란 정관 소정의 이사의 정원수에 부족이 있는 경우를 말한다 할 것이므로 후임 이사를 선임하지 않은 채 임기만료로 퇴임한 이사가 있을 때는 이사의 결원이 있다 할 것이다."

176) 대법원 1976. 12. 10. 76마394: "임시이사 선임 신청을 할 수 있는 이해관계인이

에 따라 법원은 임시이사를 선임하여야 한다(제63조).

임시이사는 정식이사가 선임될 때까지만 권한을 가지는 일시적 기관이기는 하나, 이사와 동일한 권한을 가지는 법인의 대표기관이다.

3) 特別代理人

250 이에 대해서는 이미 설명하였다.[177]

2. 監督機關: 監事

251 민법상의 법인은 정관 또는 총회의 결의로 감사를 둘 수 있다(제66조). 감사는 집행기관을 감독하는 기관이다. 주식회사와 같은 경우에는 감사가 필수기관이나(상법 제409조 제1항), 민법상의 법인에 있어서는 임의기관이다. 이는 민법상의 법인의 비영리성과 주무관청의 검사·감독제도(제37조)가 있다는 것을 염두에 둔 것이다.

감사의 직무권한으로서 주요한 것은 다음과 같다(제67조): ① 법인의 재산상황을 감사하는 일; ② 이사의 업무집행의 상황을 감사하는 일; ③ 재산상황 또는 업무집행에 관하여 부정·불비한 것이 있음을 발견한 때에 이를 총회 또는 주무관청에 보고하는 일; ④ 앞에서 말한 ③에 관한 보고를 하기 위하여 필요한 때에 총회를 소집하는 일. 제67조의 규정은 한정적 열거가 아닌 예시적 열거이다.

감사도 법인의 기관인 이상 법인과의 관계에서 선관주의의무를 부담하는 것으로 보아야 한다.

3. 意思決定機關: 社員總會

(1) 槪念과 權限

252 사원총회는 모든 사원으로 구성되는 최고의 의사결정기관이다.

라는 것은 임시이사가 선임되는 것에 관하여 법률상의 이해관계가 있는 자, 즉 사건본인 법인의 다른 이사 사원 채권자 등을 포함한다 할 것이므로 사건본인 법인의 정당한 최후의 이사였다가 퇴임한 자이거나 이 사건 신청당시 사건본인 법인의 등기부상의 이사로서 사건 본인 법인의 업무처리를 담당해 온 자 등은 바로 위 법조의 이해관계인이라 할 것이다."

177) 이에 대해서는 이 책 [245] 참조.

사원총회는 사단법인에 있어서 필수기관이며, 사원이 없는 재단법인에는 사원총회가 존재할 수 없다. 사원총회가 없는 재단법인에 있어서는 그때그때의 상황에 맞추어 의사결정을 할 수 없고, 재단법인의 최고의사는 설립행위(즉 정관)에 정해져 있다.

정관으로 이사라든가 그 밖의 임원에게 위임한 사항을 제외한 법인의 모든 사무는 사원총회의 결의에 의하여야 한다(제68조).[178] 특히 정관의 변경(제42조)과 임의해산(제77조 제2항)은 총회의 전권사항이다. 그러므로 이들 사항은 정관에 의해서도 다른 기관의 권한으로 할 수 없다. 그러나 총회의 권한에도 한계가 있다. 고유권(사원이 사단에 대하여 가지는 권리로서 그 사원의 동의가 없이는 박탈하지 못하는 권리)은 총회의 결의가 있더라도 박탈할 수 없다. 소수사원권(제70조 제2항)과 사원의 결의권(제73조)이 그 예이다.

(2) 種類와 召集節次

253 사원총회의 종류로는 통상총회와 임시총회가 있다. 통상총회는 1년에 1회 이상 일정한 시기에 소집된다(제69조). 통상총회의 시기는 정관에 정하는 것이 보통이다. 임시총회는 다음과 같은 경우에 소집된다: ① 이사가 필요하다고 인정한 때(제70조 제1항); ② 총사원의 5분의 1 이상으로부터 회의의 목적사항을 제시하여 소집청구를 한 때(제70조 제2항 제1문); ③ 감사가 감사결과의 보고를 위하여 소집한 때(제67조 제4호). ②에서 5분의 1이라는 수는 정관으로 증감할 수 있으나(제70조 제2항 제2문) 완전히 박탈하지는 못한다. 이를 '소수사원권'이라고 한다. ②의 소집청구가 있은 후 2주 내에 이사가 총회소집의 절차를 밟지 아니한 때에는 총회소집을 청구한 사원이 법원의 허가를 얻어 임시총회를 소집할 수 있다(제70조 제3항).

소집권자가 아닌 자가 소집하여 행해진 결의는 무효이다. 총회의 소집은 총회일 1주 전에[179] 그 회의의 목적사항을 기재[180]한 통지를 발송하고

178) 비교: 주식회사에서의 주주총회는 상법 또는 정관에 정한 사항에 대해서만 결의할 수 있다(상법 제361조).

179) 기간의 계산에 대해서는 이 책 [619] 이하 참조.

180) 대법원 1993. 10. 12. 92다50799: "회의의 목적사항을 기재하도록 하는 취지는… 결의를 할 사항이 사전에 무엇인가를 알아 회의에의 참석 여부나 결의사항에 대한 찬반 의사를 미리 준비하게 하는 데 있…다."

기타 정관에 정한 방법에 의하여야 한다(제71조). 1주일 안에 통지를 하면 되는 것이지 그 기간 안에 도달하여야 하는 것은 아니다. 즉 총회 소집통지에 대해서는 발신주의를 채택하고 있다.181) 1주일의 기간을 단축할 수는 없으며 정관에서 연장하는 것은 허용된다(이설 없음).

(3) 決 議

1) 議事定足數

254 의사정족수란 합의제기관이 議事를 진행하는데 필요한 구성원의 출석수를 말한다. 즉 총회의 결의가 성립하기 위해서는 우선 총회 자체가 성립하여야 하기 때문에 제기되는 문제이다. 이에 관한 종래 학설은 다음과 같이 정리된다: ① 민법에 의사정족수에 관한 규정이 없다는 점에 대해서는 이견이 없다; ② 구체적인 의사정족수에 대해서는 2인 이상이라는 입장(제1설)182)과 과반수라는 입장(제2설)183)이 대립하고 있다. 종래 학설의 입장을 검토하기로 한다.

①에 대하여 본다. 우리 민법에는 의사정족수에 관한 규정이 없는가? 종래 학설은 제75조 제1항이 의결정족수를 정한 것으로 본다. 이러한 평가에는 수긍하기 어렵다. 제75조 제1항은 "총회의 결의는 본법 또는 정관에 다른 규정이 없으면 사원 과반수의 출석과 출석사원의 결의권의 과반수로써 한다"라고 정하고 있는데, 이것은 일반의사정족수와 일반의결정족수를 동시에 규정한 것으로 보아야 할 것이다.184) 일본민법에는 우리 민법 제75조 제1항에 상응하는 규정이 없고, 만주민법 제72조는 "총회의 결의는 본법 또는 정관에 다른 규정이 있는 경우를 제외하고 행사된 표결권의 과반수로

---

181) 의사표시의 효력발생시기에 대해서는 이 책 [369] 이하 참조.

182) 郭潤直, 앞의 책 "民法總則", 152면; 金相容, 앞의 책 "民法總則", 255면; 李英俊, 앞의 책 "民法總則", 822면; 高翔龍, 앞의 책, "民法總則" 231면; 白泰昇, 앞의 책 "民法總則", 258면; 宋德洙, 앞의 책 "民法講義(上)", 361면.

183) 金曾漢·金學東, 앞의 책 "民法總則", 211면; 金俊鎬, 앞의 책 "民法總則", 212면; 池元林, 앞의 책 "民法講義", 114면.

184) 만약 이 규정이 의결정족수만을 규정한 것으로 본다면 의사정족수에 대해서는 법률흠결이라는 결과가 된다. 법률이 없으면 관습법에 의하여야 할 것인데(민법 제1조), 구성원의 과반수를 의사정족수로 보는 것이 거래계의 관습이 아닐까 생각한다. 제75조 제1항의 입법경과에 대해서는 명순구, 앞의 책 "실록 대한민국 민법[제1편 총칙]", [1.71] 참조.

이를 한다"라고 규정하여 의결정족수만을 규율하고 있다. 이들 민법과 달리 우리 민법은 제75조 제1항에서 일반의사정족수와 일반의결정족수를 함께 규율하고 있다. 이와 같은 입장에 선다면 ②의 논의에 참여할 필요도 없을 것이다. 그러나 종래 학설의 이해를 위하여 계속 살핀다.

②의 문제를 보자. 제1설의 논거는, 제75조 제1항은 의결정족수를 규정한 것으로 의사정족수에 대해서는 규정이 없다는 정도의 소극적인 것이다. 제1설에 대해서는 특히 다음과 같은 비판이 가능하다: "왜 하필이면 2인으로 족한가?" 제2설의 논거는, 총회의 議事는 의결을 위한 것이므로 의결정족수는 의사정족수를 전제로 하는 것으로 해석하여야 한다는 것이다. 이 학설에 따르면, 일반의사정족수는 사원의 과반수이고(제75조 제1항), 정관변경은 사원의 3분의 2(제42조 제1항) 이상, 해산결의는 총사원의 4분의 3 이상이 된다(제78조). 제2설에 대해서는 다음과 같은 비판이 가능하다: 議事에는 의결만 있는 것이 아니므로, 의결정족수를 기초로 의사정족수를 판단하는 것은 무리가 있다.

2) 決議事項

255 정관에 다른 규정이 없는 한, 사원총회의 결의사항은 총회를 소지할 때 미리 통지한 사항에 한정된다(제72조). 그 밖의 사항을 결의했다 하더라도 무효이다.

3) 決議權

256 비영리사단법인의 사원총회에 있어서 각 사원의 결의권은 평등한 것이 원칙이다(제73조 제1항). 영리법인의 경우와 차이가 나는 부분이다(예: 주식회사의 경우에는 1주마다 1개의 의결권이 있다). 그러나 비영리사단법인이라 하더라도 정관에서 결의권에 차등을 둘 수 있다(제73조 제3항).

사원은 자신이 직접 출석하지 않고 서면 또는 대리인을 통하여 결의권을 행사할 수 있다(제73조 제2항). 물론 정관에 다른 규정이 있는 때에는 그에 따른다(제73조 제3항).

법인과 어느 사원의 관계사항을 의결하는 때에는 당해 사원은 의결권이 없다(제74조).

4) 議決定足數

257 총회의 결의는 민법 또는 정관에 다른 규정이 없으면 사원 과반

수의 출석과 출석사원의 과반수에 의한다(제75조 제1항). 이 규정이 의결정족수뿐만 아니라 의사정족수에 관한 일반원칙을 정한 것이라는 점을 이미 지적하였다. 서면이나 대리인을 통하여 의결하는 경우에는 출석한 것으로 한다(제75조 제2항).

일반의결정족수는 제75조 제1항에 의하지만 민법은 특별한 의결정족수를 따로 정하고 있다. 정관변경의 경우에는 사원의 3분의 2(제42조 제1항) 이상, 해산결의는 총사원의 4분의 3 이상이다(제78조).

5) 議事錄의 작성·비치

258 총회를 하는 때에는 의사록을 작성하여야 한다(제76조 제1항). 의사록에는 의사의 경과, 요령 및 결과를 기재하고 의장 및 출석한 이사가 기명날인하여야 한다(제76조 제2항). 이사는 의사록을 주된 사무소에 비치하여야 한다(제76조 제3항). 의사록을 작성하지 않았다 하여 사원총회가 무효가 되는 것은 아니지만, 과태료의 부과대상이 된다(제97조 제5호).

(4) 社員權

259 '사원권'이란 사원이 사단법인에 대하여 가지는 권리와 의무(예: 회비납부의무)를 총칭하는 개념이다.[185] 사원권은 共益權과 自益權으로 구분하는 것이 일반적이다. 전자는 사단의 관리 및 운영에 참가하는 것을 내용으로 하는 권리이다(예: 결의권, 소수사원권, 감독권 등). 후자는 사원 자신의 개인적 이익의 향유를 내용으로 하는 권리이다(예: 법인의 설비를 이용할 수 있는 권리).

영리법인과 달리 비영리법인에 있어서는 사원의 개별적인 인적 요소가 중요한 의미를 가지는 경우가 많다. 이러한 사정에 맞추어 민법은 사단법인의 사원의 지위는 양도 또는 상속의 대상이 되지 않는 것으로 규정하고 있다(제56조). 그러나 이 규정은 강행규정은 아니어서 정관에 이와 다른 규정이 있으면 그에 따른다.[186]

---

185) 사원권이라는 권리만을 가리키는 것이 아니라는 점에서 용어의 적절성에 의문이 있기는 하다.

186) 대법원 1992. 4. 14. 91다26850; 대법원 1997. 9. 26. 95다6205 참조.

Ⅵ. 法人의 住所

260 법인의 주소는 당해 법인의 주된 사무소의 소재지이다(제36조). 주된 사무소란 법인을 통제하는 수뇌부가 있는 곳을 말한다. 법인은 주된 사무소의 소재지에서 설립등기를 함으로써 성립한다(제33조). 사무소에 관한 사항은 정관의 필요적 기재사항이며(제40조 제3호, 제43조), 동시에 필요적 등기사항이다(제49조 제2항 제3호).

민법은 분사무소의 설치와 사무소 이전시의 등기에 관해서도 규율하고 있다(제50조, 제51조).

Ⅶ. 定款의 變更

1. 序 說

261 정관의 변경이란 법인이 동일성을 유지하면서 그 일부의 규정을 변경하는 것을 말한다. 정관변경의 의미는 사단법인과 재단법인에 있어서 다를 수밖에 없다. 사원의 자주적인 의사결정에 따라 운영되는 사단법인에 있어서는 정관의 변경이 폭넓고 자유롭게 허용될 수 있는 것이지만, 최고의사가 설립자에 의하여 정관에 정해지고 그에 따라 운영되는 재단법인에 있어서는 동일성 유지를 전제로 하는 정관의 변경이라는 것이 제한적일 수밖에 없다.

정관의 변경은 주무관청의 허가를 얻지 않으면 효력이 없다(제42조 제2항, 제45조 제3항, 제46조). 허가의 법적 성질에 대하여 과거의 판례는[187] 용어 그대로 허가로 보았으나, 현재는 인가로 본다.[188] 변경된 사항이 등기사항인

187) 대법원 1979. 12. 26. 79누248: "비영리재단법인의 설립이나 정관변경에 관하여 허가주의를 채용하고 있는 제도 아래서 그에 관한 주무관청의 허가는 그 본질상 주무관청의 자유재량에 속하는 행위로서 그 허가 여부는 다툴 수 없으므로 그에 대한 불허가 처분은 행정소송의 대상이 되지 아니한다." 그 밖에 대법원 1985. 8. 20. 84누509 참조.

때에는 등기를 하여야 제3자에게 대항할 수 있다(제54조).

사단법인과 재단법인으로 나누어 살피기로 한다.

2. 社團法人의 定款變更

262 총사원의 3분의 2 이상의 동의로 정관을 변경할 수 있다(제42조 제1항 본문). 의결정족수는 정관에서 달리 정할 수 있다(제42조 제1항 단서). 정관변경은 사원총회의 전권사항이다.

3. 財團法人의 定款變更

263 재단법인의 본질상 정관은 변경할 수 없는 것이 원칙이다. 이 원칙으로 일관하게 되면 정관변경의 필요가 발생한 경우에 기존의 재단법인을 소멸시키고 다시 새로운 법인을 설립하여야 한다. 이러한 사정을 고려하여 민법은 다음과 같은 경우에 재단법인의 정관변경을 허용하고 있다.

첫째, 정관의 규정에 의한 변경이다. 설립자가 정관에서 그 변경방법을 정한 때에는 그 방법에 따라 정관을 변경할 수 있다(제45조 제1항). 그런데 이것은 엄밀한 의미에서 정관변경이 아니라 정관의 실현으로 보아야 한다.

둘째, 명칭과 사무소 소재지의 변경이다. 재단법인의 목적달성 또는 그 재산의 보전을 위하여 적당한 때에는 명칭 또는 사무소의 소재지를 변경할 수 있다(제45조 제2항).

셋째, 목적 또는 그 밖의 사항의 변경이다. 재단법인의 목적을 달성할 수 없게 된 경우에 설립자 또는 이사는 원래의 설립취지를 참작하여 목적을 비롯한 정관의 규정을 변경할 수 있다(제46조). 기본재산의 처분 또는 증가도 정관변경에 해당하는 것으로 보아야 한다. 왜냐하면 재산은 재단법인의 실체를 이루는 것이며, 재단법인의 기본재산에 관한 사항은 정관의 기재사항으로서 기본재산의 변경은 곧 정관의 변경을 초래하기 때문이다.[189)]

---

188) 대법원전원합의체 1996. 5. 16. 95누4810: "민법 제45조와 제46조에서 말하는 재단법인의 정관변경 '허가'는 법률상의 표현이 허가로 되어 있기는 하나, 그 성질에 있어 법률행위의 효력을 보충해 주는 것이지 일반적 금지를 해제하는 것이 아니므로, 그 법적 성격은 인가라고 보아야 한다." 민법개정안은 제42조 제2항의 '허가'를 '인가'로 개정하였다.

Ⅷ. 法人의 消滅

1. 序　　說

264 법인의 소멸이란 법인이 권리능력을 상실하는 것으로 자연인에 있어서의 사망에 해당한다. 자연인과 달리 법인의 소멸은 단계적으로 진행된다. 즉 해산사유가 발생하게 되면 법인은 본래의 활동을 멈추고 청산절차로 들어가게 된다. 해산 후에 청산과정에 있는 법인을 '청산법인'이라고 한다.

2. 解　　散

(1) 槪　念

265 법인의 해산이란 법인이 원래의 목적수행을 위한 적극적인 활동을 그치고 청산절차로 들어가는 것을 말한다.

(2) 解散事由

1) 社團法人과 財團法人 공통의 해산사유

266 사단법인과 재단법인에 공통되는 해산사유는 다음과 같다(제77조 제1항).

ⓘ 존립기간의 만료 또는 정관에서 정한 해산사유의 발생이다.

ⓘⓘ 법인의 목적달성 또는 달성 불능이다. 목적달성이 불가능하게 되었다 하더라도 정관을 변경하여 가능한 목적으로 변경하여 존속할 수 있다(제42조, 제46조).

ⓘⓘⓘ 파산이다. 법인이 채무초과상태(소극재산이 적극재산보다 많은 상태)가 되면 이사는 지체없이 파산신청을 하여야 한다(제79조).

ⓘⓥ 설립허가의 취소이다. 법인이 목적 이외의 사업을 하거나 설립허가

---

189) 대법원 1965. 5. 18. 65다114; 대법원 1967. 12. 19. 67다1337; 대법원 1974. 4. 23. 73다544; 대법원 1982. 9. 28. 82다카499; 대법원 1991. 5. 28. 90다8558 등 참조.

의 조건에 위반하거나 기타 공익을 해하는 행위를 한 때에는 주무관청은 그 허가를 취소할 수 있다(제38조).

민 법 개 정 안	
현 행 규 정	개 정 안
제38조(법인의 설립허가의 취소) 법인이 목적이외의 사업을 하거나 설립허가의 조건에 위반하거나 기타 공익을 해하는 행위를 한 때에는 주무관청은 그 허가를 취소할 수 있다.	제38조(법인의 설립인가의 취소) 법인이 목적이외의 사업을 하거나 법령에 위반하여 공익을 해하는 행위를 한 때에는 주무관청은 그 인가를 취소할 수 있다.
개정배경　字句를 조정하고 허가를 인가로 전환하였다.	

2) 社團法人 특유의 해산사유

267 사단법인에만 해당되는 해산사유는 다음과 같다.

ⓘ 사원이 하나도 없게 된 경우이다.

ⓘⓘ 사원총회의 결의이다. 총회의 결의에 의한 해산을 임의해산이라고 하며, 이는 총회의 전권사항이다. 총사원 4분의 3이상의 동의로 해산결의를 할 수 있으나, 의결정족수는 정관으로 달리 정할 수 있다(제78조).

3. 淸　算

(1) 槪　念

268 청산이란 해산한 법인이 잔무를 처리하고 재산을 정리하여 권리능력을 완전히 소멸시키는 절차를 말한다. 즉 법인의 소멸시점은 청산이 종료된 때이다.[190] 해산사유가 파산인 때에는 파산법에서 정하는 절차에 의하게 되고, 해산사유가 그 밖의 것인 때에는 민법에서 정하는 절차에 의한다.

---

190) 대법원 1989. 8. 8. 선고 88다카26123: "사단법인의 구성원들이 그 법인을 해산하고 신법인을 결성한 경우 구법인과 신법인의 구성원이 동일하고 그 두 법인의 임원과 대표자가 일시 부분적으로 중복된 때가 있었으며 두 법인의 설립목적이 같고 구법인이 해산하면서 그 재산을 신법인에 승계시키기로 결의하고 신법인이 구법인의 재산을 사실상 인수하여 관리한 바 있더라도 구법인이 그 청산절차를 종료하지 않은 이상 의연히 법인으로 존속하므로 구법인과 신법인과는 별개의 법인으로 보아야 한다."

청산절차에 관한 규정은 모두 제3자의 이해관계에 중대한 영향을 미치므로 강행규정으로 보아야 한다.[191]

청산법인의 능력은 어떠한가? 청산법인은 청산의 목적범위 내에서만 권리능력을 가진다(제81조).

(2) 清算法人의 機關

269 청산법인의 집행기관은 청산인이다. 파산의 경우를 제외하고 해산 당시의 이사가 청산인으로 되나, 정관 또는 총회의 결의로 달리 정한 바가 있으면 그에 의한다(제82조). 해산 전의 이사에 관한 규정들이 청산인에 준용된다(제96조). 정관의 규정에 의할 때 청산인이 될 자가 없거나 청산인의 결원으로 인하여 손해가 생길 염려가 있는 때에는 법원은 직권 또는 이해관계인이나 검사의 청구에 의하여 청산인을 선임할 수 있다(제83조). 중요한 사유가 있는 때에는 법원은 직권 또는 이해관계인이나 검사의 청구에 의하여 청산인을 해임할 수 있다(제84조).

감사라든가 사원총회와 같은 다른 기관들은 그대로 유지된다.

(3) 清算事務: 清算人의 직무권한

1) 解散의 登記와 申告(제85조, 제86조)

270 우선, 해산사유가 파산이 아닌 경우를 보자. 청산인은 그 취임 후 3주간 내에 해산의 사유 및 연월일, 청산인의 성명 및 주소와 청산인의 대표권을 제한한 때에는 그 제한을 주된 사무소 및 분사무소 소재지에서 등기하고(제85조 제1항), 주무관청에 신고하여야 한다(제86조 제1항). 청산 중에 취임한 청산인은 성명과 주소를 주무관청에 신고하면 된다(제86조 제2항).

한편, 해산사유가 파산이어서 파산법이 적용되는 경우에는 법원이 직권으로 등기를 촉탁하고 주무관청에 통지한다(파산법 제110조, 제115조).

2) 現存事務의 終結(제87조 제1항 제1호)

271 해산 전에 시작되어 계속되고 있는 사무를 종결하여야 한다.

---

191) 대법원 1980. 4. 8. 79다2036; 대법원 1995. 2. 10. 94다13473 참조.

3) 債權의 推尋(제87조 제1항 제2호)

272 법인의 채권을 실현함으로써 잔여재산을 확정하기 위한 것이다.

4) 債務의 辨濟(제87조 제1항 제2호)

(가) 債權申告의 公告와 催告

273 청산인은 취임한 날로부터 2개월 내에 3회 이상의 공고로 채권자에 대하여 일정한 기간(2개월 이상) 내에 그 채권을 신고할 것을 최고하여야 한다(제88조 제1항). 법인의 채권자가 누구이며 그 내용이 어떠한가 하는 것을 법인의 장부만 가지고는 명확하게 알 수 없는 경우가 있다는 것을 고려한 규정이다. 이 공고에는 채권자가 기간 내에 신고하지 아니하면 청산으로부터 제외될 것이라는 사실을 표시하여야 한다(제88조 제2항). 이 공고는 '법원의 등기사항의 공고'(제54조 제2항)와 같은 방법으로 하여야 한다. 따라서 신문에 공고를 하는 것이 원칙이다(비송사건절차법 제65조의 2).

한편, 청산인은 '알고 있는 채권자'(법인의 장부 등을 통하여 법인의 채권자로 확인된 자를 말함)에 대해서는 개별적으로 채권신고를 최고하여야 한다(제89조 제1문). '알고 있는 채권자'에 대해서는 그가 채권신고를 하지 않았다 하여 청산에서 제외하지 못한다(제89조 제2문).

(나) 辨 濟

274 채권신고 기간 내에는 변제기 도래 여부와 상관없이 어떠한 채권자에 대해서든 변제를 하지 못한다(제90조 본문). 이는 모든 채권자에게 공평한 변제를 할 수 있도록 하기 위한 것이다. 그런데 채권신고 기간이 채무의 변제기를 유예하는 것은 아니다. 그러므로 변제기가 경과된 채무에 대해서 법인은 지연손해배상을 하여야 한다(제90조 단서).

채권신고기간이 경과한 후에는 변제기에 이르지 아니한 채무에 대하여도 변제할 수 있으며(제91조 제1항), 조건있는 채권, 존속기간의 불확정한 채권 기타 가액의 불확정한 채권에 관하여는 법원이 선임한 감정인의 평가에 의하여 변제하여야 한다(제91조 제2항).

청산으로부터 제외된 채권자는 법인의 채무를 완제한 후 잔여재산의 귀속권리자에게 인도하지 아니한 재산에 대하여서만 변제를 청구할 수 있다(제92조).

5) 殘餘財産의 引渡(제87조 제1항 제3호)

275 위의 절차를 진행한 후에 잔여재산이 있으면 이를 귀속권자에게 인도하여야 한다. 영리법인인 주식회사에 있어서는 잔여재산은 각 주주가 보유하고 있는 주식의 수에 따라 분배된다(상법 제538조). 비영리법인의 청산절차에 있어서 법인의 잔여재산의 귀속에 대해서는 제80조가 규정하고 있다. 첫째, 잔여재산은 정관으로 지정한 자에게 귀속한다(제1항). 둘째, 정관으로 귀속권자를 지정하지 아니하거나 이를 지정하는 방법을 정하지 아니한 때에는 이사 또는 청산인은 총회의 결의와 주무관청의 허가를 얻어 그 법인과 유사한 목적을 위하여 그 재산을 처분할 수 있다(제2항). 앞의 어떤 방법으로도 처분하지 못한 재산은 국고에 귀속한다(제3항).

6) 破産申請(제93조)

276 법인이 파산 이외의 사유로 해산하여 청산절차를 진행하던 중에 법인의 재산을 가지고 채무를 완전하게 변제하는 불가능한 것이 명백하게 된 때에는 청산인은 지체없이 파산선고를 신청하고 이를 공고하여야 한다(제93조 제1항). 공고는 '법원의 등기사항의 공고'와 같은 방법으로 하여야 한다(제93조 제3항, 제88조 제3항, 제54조 제2항). 따라서 신문에 공고를 하는 것이 원칙이다(비송사건절차법 제65조의 2).

청산인은 파산관재인에게 그 사무를 인계함으로써 그 임무가 종료한다(제93조 제2항). 파산재단에 속하는 문제에 대해서는 파산관재인이 직무권한을 가지지만 그 밖의 청산사무에 대해서는 여전히 청산인이 직무권한을 가진다.

7) 清算終結의 登記와 申告(제94조)

277 청산이 종결한 때에는 청산인은 3주간 내에 이를 등기하고 주무관청에 신고하여야 한다(제94조). 유의할 것은, 법인이 소멸하는 것은 청산종결등기가 완료된 때가 아니라 청산사무가 사실상 종결된 때라는 점이다. 그러므로 청산종결등기가 되었다 하더라도 청산사무가 사실상 아직 종료되지 않았다면 청산법인은 존속한다.[192] 청산종결등기는 대항요건에 불과하다(제54조 제1항 참조).

---

192) 대법원 1980. 4. 8. 79다2036; 대법원 1997. 4. 22. 97다3408; 대법원 2003. 2. 11. 99다66427·73371 등 참조.

Ⅸ. 法人의 登記

278 법인의 존재나 조직은 제3자의 이해관계에 막대한 영향을 준다. 그러므로 이를 공시할 필요가 있다. 개인상인이라든가 영리법인에 관한 등기는 '상업등기'라 하는데, 이는 상법 제34조 이하 및 비송사건절차법 제129조 이하에서 정하고 있다. 비영리법인의 등기에 대해서는 비송사건절차법 제60조 이하에서 규정하고 있다.

민법이 규정하고 있는 법인등기에는 다음과 같은 것이 있다: ① 설립등기(제49조); ② 분사무소 설치 및 사무소 이전의 등기(제50조, 제51조); ③ 변경등기(제52조); ④ 직무집행정지 등의 가처분의 등기(제52조의 2); ⑤ 해산등기(제85조).

위의 등기 중 ①만이 성립요건이고 나머지는 모두 대항요건에 불과하다(제54조 제1항).

Ⅹ. 法人의 監督과 罰則

1. 法人의 監督

279 영리법인과 달리 비영리법인은 설립으로부터 소멸에 이르기까지 국가의 감독을 받는다.

법인이 존속하고 있는 동안 법인의 업무에 대한 감독은 설립허가를 준 주무관청이 담당한다(제37조). 감독의 내용은 법인의 사무 및 재산상황의 검사, 설립허가의 취소 등이다(제37조, 제38조, 제67조 제3호).

법인의 해산 및 청산은 법원이 검사·감독한다(제95조). 감독의 내용은 필요한 검사, 청산인의 선임·해임 등이다(제95조, 제83조, 제84조).

2. 法人에 대한 罰則

280 법인의 이사, 감사 또는 청산인이 그의 직무를 적절하게 수행하지 않은 때에는 과태료를 물어야 한다(제97조). 과태료는 刑罰이 아닌 秩序罰로서 그 절차는 형사소송법이 아니라 비송사건절차법에 의한다(비송사건절차법 제247조~제249조).

XI. 非法人社團과 非法人財團

1. 意　　義

281 사단법인 또는 재단법인의 실체를 가지고 있음에도 불구하고 법인의 나머지 설립요건(주무관청의 허가 및 설립등기)을 갖추지 않은 채 사단법인 또는 재단법인과 유사한 방법으로 법생활을 영위하는 존재를 가리켜 '비법인사단' 또는 '비법인재단'이라고 한다.

2. 非法人社團

(1) 概　念

282 非法人社團이라고 할 수 있기 위해서는 구성원의 個人性과는 별개로 권리의무의 주체가 될 수 있는 독자적 존재로서의 단체적 조직을 가지고 있어야 한다. 즉 고유의 목적을 가지고 사단적 성격을 가지는 규약을 만들어 이에 근거하여 의사결정기관 및 집행기관인 대표자를 두는 등의 조직을 갖추고, 기관의 의결이나 업무집행방법이 다수결의 원칙에 의하여 행해지며, 구성원의 가입, 탈퇴 등으로 인한 변경에 관계없이 단체 그 자체가 존속되고, 그 조직에 의하여 대표의 방법, 총회나 이사회 등의 운영, 자본의 구성, 재산의 관리 기타 단체로서의 주요사항이 확정되어 있어야 한다.[193)]

---

193) 대법원 1992. 7. 10. 92다2431; 대법원 1994. 4. 26. 93다51591; 대법원 1997. 1.

비법인사단은 宗中,[194] 개신교 교회,[195] 주택건설촉진법에 의하여 설립된 재건축조합,[196] 공동주택의 입주자대표회의[197] 등 다양한 모습으로 나타난다.

비법인사단은 조합과 구별되는데, 그 구별기준은 단체성의 강약을 기준으로 판단하여야 한다. 조합이란 2인 이상이 상호간에 금전 기타 재산 또는 노무를 출자하여 공동사업을 경영할 것을 약정하는 계약관계에 의하여 성립하는 것이므로(제703조) 어느 정도 단체성에서 오는 제약을 받지만 구성원의 개인성이 강하게 드러나는 인적 결합체이다. 이에 반해, 비법인사단에 있어서는 구성원의 個人性이 비법인사단의 團體性에 매몰되어 드러나지 않는다.[198] 비법인사단과 조합은 명칭에 의하여 구별되는 것이 아니라 실질에 의하여 판단되어야 한다. 단체성의 강약이라는 것을 쉽게 말하자면 다음과 같다: 다른 법률주체와 법률관계를 형성하는 경우에 조합에 있어서는 그 효과가 조합원 전원에게 귀속하는 것이지만, 구성원의 개인성이 단체에 매몰되어 있는 비법인사단에 있어서는 그 효과가 비법인사단 자체에 귀속한다.

◆ 보충설명: 宗中員의 자격

종래 판례에 따르면, 종중원의 자격은 공동선조의 후손 중 '成年의 男子'이었다.[199] 그러나 2005년 7월 21일 대법원 전원합의체[200]는 다음과 같이 종래의 입장을 변경하는 판결을 하였다: "종원의 자격을 성년 남자로만 제한하고 여성에게는 종원의 자격을 부여하지 않는 종래 관습에 대하여 우리 사회 구성원들이 가지고 있던 법적 확신은 상당 부분 흔들리거나 약화되어 있고, 무엇보다도 헌법을 최상위 규범으로 하는 우리의 전체 법질서는 개인의 존엄과 양성의 평등을 기초로 한 가족생활을 보장하고, 가족 내의 실질적인 권리와 의무에 있어서 남녀의 차별을 두지 아니하며, 정치·경제·사회·문화 등 모든 영역에서 여성에 대한 차별을 철폐하고 남녀평등을 실현하는 방향으로 변화되어 왔으며, 앞으로도 이러한 남녀평등의

---

24. 96다39721·39738; 대법원 1999. 4. 23. 99다4504 등 참조.

194) 대법원 1983. 4. 12. 83도195; 대법원 1991. 8. 27. 91다16525 등 참조.

195) 대법원 1967. 12. 18. 67다2202; 대법원전원합의체 1993. 1. 19. 91다1226; 대법원 1995. 2. 24. 94다21733; 대법원 1995. 9. 5. 95다21303 등 참조.

196) 대법원 1996. 1. 26. 95다40915; 대법원 1996. 10. 25. 95다56866; 대법원 1999. 12. 10. 98다36344; 대법원 2001. 5. 29. 2000다10246; 대법원 2002. 9. 10. 2000다96; 대법원 2003. 7. 22. 2002다64780; 대법원 2003. 7. 11. 2001다73626 등 참조.

197) 대법원 1991. 4. 23. 91다4478 참조.

198) 특히 대법원 1992. 7. 10. 92다2431 참조.

199) 대법원 1973. 7. 10. 72다1918; 대법원 1978. 9. 26. 78다1435; 대법원 1983. 2. 8. 80다1194 등 참조.

200) 대법원전원합의체 2005. 7. 21. 2002다1178.

원칙은 더욱 강화될 것인바, 종중은 공동선조의 분묘수호와 봉제사 및 종원 상호간의 친목을 목적으로 형성되는 종족단체로서 공동선조의 사망과 동시에 그 후손에 의하여 자연발생적으로 성립하는 것임에도, 공동선조의 후손 중 성년 남자만을 종중의 구성원으로 하고 여성은 종중의 구성원이 될 수 없다는 종래의 관습은, 공동선조의 분묘수호와 봉제사 등 종중의 활동에 참여할 기회를 출생에서 비롯되는 성별만에 의하여 생래적으로 부여하거나 원천적으로 박탈하는 것으로서, 위와 같이 변화된 우리의 전체 법질서에 부합하지 아니하여 정당성과 합리성이 있다고 할 수 없다. 따라서 종중 구성원의 자격을 성년 남자만으로 제한하는 종래의 관습법은 이제 더 이상 법적 효력을 가질 수 없게 되었다고 할 것이다."

(2) 法律關係

1) 法的 規律에 관한 원칙

283 비법인사단에 관한 실정법 규정으로 주요한 것은 다음과 같다: ① 비법인사단의 재산귀속형태는 총유이다(제275조, 제278조); ② 비법인사단은 소송상의 당사자능력이 있다(민사소송법 제52조); ③ 비법인사단은 등기능력이 있다(부동산등기법 제30조).

비법인사단에 관하여 법규정이 없는 경우에는 어떻게 하여야 하는가? 통설에 따르면, 사단법인에 관한 규정 중에서 주무관청의 허가라든가 등기와 관련된 것을 제외하고는 비법인사단에 유추적용하는 방법으로 문제를 해결하여야 한다.[201] 판례도 같은 입장이다.[202]

2) 財産歸屬關係: 總有

284 비법인사단의 재산소유형태는 總有이다(제275조). 총유는 공동소유의 한 유형인데, 공동소유란 복수의 법률주체가 공동으로 소유권자의 지위에 있는 경우이다. 현행법상 이와 같은 공동소유에는 總有 이외에 共有 및 合有가 있다. 공유·합유·총유의 구별은 복수의 소유자 사이의 인적 결합관계의 정도[203]에 따른 구별이라고 할 수 있다.[204]

비법인사단의 사원이 집합체로서 물건을 소유하는 형태는 총유이다(제

201) 郭潤直, 앞의 책 "民法總則", 126면; 金曾漢·金學東, 앞의 책 "民法總則", 166면; 白泰昇, 앞의 책 "民法總則", 205면; 李銀榮, 앞의 책 "民法總則", 247면; 宋德洙, "民法講義(上)", 333면.

202) 대법원 1997. 1. 24. 96다39721·39738 등 참조.

203) 인적 결합관계의 정도가 강하다는 것은 구성원의 개별적 개성이 단체 속에 매몰되는 것을 의미하게 된다. 인적 결합관계의 정도가 약한 순서로 배열하면, '공유'→'합유'→'총유'의 순서가 된다.

204) 이에 대해서는 명순구, 앞의 책 "민법학기초원리", 276-278면 참조.

275조 제1항). 수인이 하나의 단체의 이름으로 결합되어 있는데, 그 단체에 의한 인적 결합의 정도가 높아 단체구성원의 개성이 단체 속에 매몰되어 있다면 이는 이미 組合體의 단계를 넘었다고 보아야 한다. 그러므로 이와 같은 단체에 있어서는 더 이상 구성원의 개성을 전제로 한 '지분'의 개념을 상정할 수 없게 된다. 이와 같은 실체를 바탕으로 법인설립등기를 한 社團法人의 경우에는 법률의 규정에 따라 그 구성원의 개성이 사단법인의 이름으로 완전히 매몰되어, 그 소유형태는 사단법인 자체의 단독소유라고 설명하면 된다. 즉 이 경우에는 사단법인의 개별 구성원의 측면에서 그들의 물건에 대한 소유관계를 논의할 여지가 없다.

이에 반해, 非法人社團은 사단법인에 준하는 실체를 가지고 있기는 하나 법인설립등기를 갖추지 못한 존재이다. 비법인사단은 그 실질의 차원에서는 사단법인과 동일하게 다루어야 할 필요성이 있으나, 그 형식의 차원에서는 법인설립에 관한 허가주의(제32조)로 인하여 사단법인과 동일하게 취급할 수 없는 딜레마를 내포하고 있다. 현행 민법 제275조 제1항은 이와 같은 상황을 '비법인사단의 구성원의 총유'라는 방법으로 절충한 것이다. 총유라는 것은 소유권의 권능 중 '관리 · 처분'의 권능과 '사용 · 수익'의 권능이 각각 분해되어, 전자는 단체 자체에 속하고[205] 후자는 각 구성원에게 분속하게 되는 특수한 공동소유형태이다. 쉽게 말하자면, 총유란 '관리 · 처분'의 측면에서는 개별 구성원의 개성이 단체에 매몰되지만, '사용 · 수익'의 측면에서는 구성원의 개성이 단체에 매몰되지 않는 공동소유이다.

◘ 사례연구: 非法人社團

• 사안의 내용 1,500명의 세례교인으로 구성된 α교회(통합파 부산노회 소속)는 X목사의 인도 아래 오랜 기간 동안 바람직한 신앙생활을 해왔다. 그런데 담임목사 X의 목회방침이 원인이 되어 교회 내부가 양분되어 분쟁이 벌어지게 되었다. 교인 중 1,000명은 X목사를 지지하는 입장이었는데, 이들 X목사 지지파는 종전의 교회를 탈퇴하고 β교회라는 이름으로 다른 노회(합동정통파 경남노회)에 가입하였다. 이와 같은 상황에도 불구하고 X목사를 지지하는 교인수가 압도적으로 많았던 관계로 탈퇴 후에도 종전의 교회건물을 여전히 점유 · 사용하면서 예배 기타 종교행위를 계속하였다. 이에 X목사를 반대하던 500명의 잔류파 교인들은 교회건물의 소유권은 그들에게 있다는 이유로 X목사 지지파로 구성된 교회에 대

205) 비법인사단의 전형적인 것으로 교회나 종중을 들 수 있는데, 이들 비법인사단의 구성원이 교회나 종중의 재산을 임의로 처분할 수는 없는 것이다.

하여 소유권에 기한 물권적 청구권을 주장하고 있다. 잔류파 교인들의 청구는 법적으로 타당한가?

● 사안의 해결

Ⅰ. 문제의 소재[206)]

소유자는 그 소유에 속한 물건을 점유하고 있는 자에 대하여 그 반환을 청구할 수 있으나(제213조 본문), 점유자에게 당해 물건을 점유할 수 있는 권리가 있는 때에는 점유자는 물건의 반환을 거부할 수 있다(제213조 단서).[207)] 이 규정에 비추어 보면, 사안에 있어서 핵심은 문제의 사실관계가 민법 제213조 본문에 의하여 포섭될 수 있는 성질의 것인가 아니면 단서에 의하여 포섭될 것인가 하는 점에 있는 것으로 보인다. 그런데 사안에 대한 해결책은 단순히 제213조의 적용방향에만 달려 있는 것이 아니다.

이 문제에 접근하기 위한 선결문제로 다음과 같은 것을 들 수 있다. 첫째, 교회의 법적 성격을 어떻게 보아야 할 것인가? 둘째, 교회의 분열이란 무엇이며 그 효과는 어떠한 것인가? 이와 같은 문제인식을 토대로 잔류파 교인들에 의한 청구의 적법성을 검토하기로 한다.

Ⅱ. 교회의 법적 지위: 비법인사단

교회의 법적 성격에 대하여 판례는 비법인사단으로 파악하고 있다.[208)] 따라서 교회명의로 법률행위를 할 수 있으며, 그 법률행위의 효력은 교회 자체에 귀속하게 된다. 그리고 교회의 재산소유형태는 총유이다.

통합파 부산노회 소속으로 존재해 왔던 α교회는 비법인사단으로 볼 수 있다. 그리고 평화롭게 교회가 운영되었던 시점까지는 교회건물은 당시 교회구성원의 총유에 속하는 것으로 판단할 수 있다. 그러나 이것만으로는 사안에 나타난 법률분쟁을 해결하였다고 볼 수 없다. 왜냐하면 현재는 종래 세례교인 1,500명 중 500명만이 원래의 α교회에 남아 있을 뿐 나머지

---

206) 이 사안은 대법원 판결(대법원 1993. 1. 19. 91다1226)에 나타난 사실관계를 단순화한 것이다.

207) 제213조는 소유권에 기한 물권적 청구권을 규정한 것이다. 구체적 사례를 들어서 이 규정의 의미를 살피기로 한다. A는 α건물의 소유자이다. 소유자가 아닌 B가 α건물에 거주(즉 점유)한다고 할 때에 B의 지위는 크게 두 가지로 구분할 수 있다: ① B가 A와의 계약(예: 임대차계약)에 의하여 α건물을 점유하는 경우; ② B가 A와 아무런 법률관계 없이 무단으로 α건물을 점유하는 경우. ②의 경우에는 α건물의 소유자 A가 B에 대하여 건물의 인도를 청구할 수 있다. 왜냐하면 점유자 B에게는 자신의 점유를 정당화할 수 있는 사유가 없음에도 불구하고 A의 소유권을 침해하고 있기 때문이다. 그러나 ①의 경우에는 상황이 다르다. 이 경우에는 A가 α건물의 소유자라고 하더라도 B에게 건물의 인도를 청구할 수 없다. 왜냐하면 B는 자신의 점유를 정당화할 수 있는 사유(즉 점유권원)를 가지고 있기 때문이다. 제213조 본문은 ②의 경우에 해당하는 것이며, ①은 제213조 단서에 해당하는 것이다.

208) 판례가 모든 교회를 비법인사단으로 보는 것은 아니다. 예컨대, 개신교 중 '구세군교회'의 경우에는 일반적인 경우와 달리 취급하고 있다. 즉 대법원 1986. 7. 8. 85다카2648 판결은 다음과 같이 판시하고 있다: "구세군군령군율이 구세군의 전 자산은 구세군대장만이 유일한 소유자이고 구세군대장은 구세군신탁회사라는 명칭을 가진 회사를 설립하여 그 재산을 관리하도록 규정하고 있다면 구세군은 지역교회 중심인 일반교회와는 달리 강력한 중앙집권적 조직을 갖추어 산하 영문의 재산에 관하여 일체의 사권행사를 부인하고 있다고 해석하여야 할 것이므로 구세군 영문회당의 대지를 구입하고 건물을 신축함에 있어서 그 비용 가운데 구세군 교인들의 헌금이 일부 들어갔다 하더라도 위 대지 및 건물이 교인들의 총유에 속하는 것으로 볼 수 없다."

1,000명은 X목사와 함께 종전의 교회를 탈퇴하고 β교회라는 이름으로 다른 노회에 가입하였고, 이들 사이에 교회건물에 대하여 다툼이 벌어지고 있기 때문이다.

현재 구체화된 분쟁내용이 말해주고 있듯이, 동일한 교회가 수 개의 분파로 나누어지는 경우에 원래 교회의 재산에 대한 법률관계는 어떻게 처리되어야 할 것인가 하는 것이 문제된다.

Ⅲ. 교회의 분열

교회의 분열이란 종래 하나의 단일체로 운영되던 교회가 두 개 이상의 교회로 나누어지는 것을 말한다. 일부 교인이 산발적으로 교회로부터 떠나는 것은 교인의 탈퇴에 불과한 것이므로, 이 경우에는 종래 교회의 동일성·계속성에 아무런 영향을 주지 못한다. 즉 종전의 교회만이 계속 존속하고 탈퇴한 교인은 비법인사단의 사원으로서의 지위를 잃기 때문에 교회재산에 대한 사용·수익권을 상실하는 결과만이 나타날 뿐이다. 이와 같이 법률상 교회가 분열되었다고 판단되기 위하여는 종전의 교회가 둘 이상으로 분리되고, 이들 각 단체가 모두 사단으로서의 실체를 구비하고 있어야 한다.[209] 교회분열이 있게 되면 종전의 교회재산에 대한 권리관계에 대하여 다툼이 생길 여지가 많다. 왜냐하면 종전의 교회는 동일성을 상실하여 소멸하고 새로이 복수의 교회가 성립하게 되는데, 이들 새로운 교회가 각각 종전의 교회재산에 대하여 권리를 주장할 가능성이 있기 때문이다.

교회 분열시 분열된 새로운 교회가 종전의 교회재산에 대하여 가지는 법적 지위에 대하여는 몇 가지의 학설이 대립하고 있다.

제1설[210]은 교회 분열에도 불구하고 종전의 교회재산은 분열 당시의 교인들의 총유에 속하는 것으로 본다. 즉 종전 교회의 재산은 분열 당시 교인들의 총유에 속하고, 교인들은 각 교회활동의 목적 범위 내에서 총유권의 대상인 교회재산을 사용·수익할 수 있다는 것이다. 그러므로 교회재산 총유권자의 일부인 잔류교인들로 이루어진 교회가 다른 총유권자들로 이루어진 교회에 대하여 교회 건물의 인도를 구할 수 없다는 결과가 된다. 이 견해는 1993년 1월 19일 대법원 전원합의체 판결[211]의 다수의견에 해당하는 것이다. 이 견해에 따르면, 사안에 있어서 X목사를 반대하던 500명의 잔류파 교인들이 X목사 지지파 교회에 대하여 소유권에 기한 물권적 청구권을 주장하는 것은 허용될 수 없게 된다. 왜냐하면 X목사 지지파 교회의 교인들 또한 종전 교회재산에 대하여 여전히 총유권자의 지위에 있기 때문이다.

제2설[212]은 원칙적으로 교회의 분열을 인정하지 않는 전제 위에서 출발하고 있는 견해로서 1993년 1월 19일 대법원 전원합의체 판결에서의 소수의견 중 하나였다. 이 견해의 주장내용은 다음과 같다: ① 민법상 사단법인의 구성원의 탈퇴 또는 사단법인의 해산은 인정되지만, 사단법인의 구성원들이 2개의 법인으로 나뉘어 각각 독립한 법인으로 존속한다고 하는 식의 사단법인의 분열은 인정되지 않는다; ② 사단법인과 유사한 실질을 가지는 비법인사단의 경우에 있어서도 사실상의 분열은 몰라도 법적 의미에 있어서의 분열은 이를 인정할 여지가 없으며, 가령 그와 같은 분열을 인정한다 하더라도 그 경우의 재산귀속관계 기타의 법률관계에 관하여 직접 적용할 법규는 물론 유추적용할 법규도 실정법상 찾아볼 수 없다; ③ 교회가 사실상 분열된 경우에는 사단법인의 해산결의에 관한 민법 제78조를 유추적용하여 사단법인의 총회라 할 수 있는 지교회의 공동의회에서 재적회원의 3/4 이상의 찬성으로 교단변경을 결의할 수 있게 함이 타당하고, 이와 같이 교인들의 총의에 따라 소속교단을 적

---

209) 대법원 1985. 2. 8. 84다카730; 대법원 1987. 6. 30. 86마478; 대법원 1988. 3. 22. 86다카1197; 대법원 1989. 2. 14. 87다카3037; 대법원 1993. 1. 19. 91다1226 등 참조.

210) 白泰昇, 앞의 책 "民法總則", 209면.

211) 대법원 1993. 1. 19. 91다1226.

212) 金相容, '敎會分裂時의 財産歸屬', "法律新聞", 1993년 3월 29일.

법하게 변경하게 되면 종전교회의 교인들의 총유에 속하였던 교회의 재산은 변경된 교회의 교인들의 총유로 귀속되는 것이다; ④ 이와 같은 적법한 절차 없이 교인들의 집단탈퇴로 새로운 교회가 생긴 것에 불과한 경우에는 종전교회의 교인들의 총유에 속하였던 모든 재산은 종전교회와 동일성을 유지하는 종전교회의 교인들의 총유로 계속하여 남는 것이고, 종전교회와 법적으로 무관한 새로운 교회 또는 그 교인들이 이에 대하여 어떤 형태이든 권리를 가질 수는 없다. 이 견해에 따르면, 사안에 있어서 X목사를 반대하던 500명의 잔류파 교인들이 X목사 지지파 교회에 대하여 소유권에 기한 물권적 청구권을 주장하는 것은 적법한 것으로 된다.

제3설[213]은, 하나의 총유단체인 교회가 두 개의 총유단체인 각 교회로 분열되면 종전 총유단체인 교회에 속한 재산은 분열후의 두 개의 총유단체인 각 교회의 공유로 되고, 각 교회의 공유지분은 총유의 형태로 각 교회 및 그 구성원에게 귀속된다고 본다.[214] 그리고 이 경우에 있어서 각 교회의 공유지분비율에 대하여는, ① 분열 당시 총유재산에 대하여 개별적 사용이익권을 가진 교인의 각 교회별 비율(즉 각 교회의 세례교인의 수)에 의하여 결정하고자 하는 입장과 ② 분열된 교회는 각각 동일한 비율의 공유지분을 가지는 것으로 보는 입장[215]이 있을 수 있다.

위 학설과 판례를 검토하기로 한다.

제1설은 그것이 현재 판례의 입장이기는 하나 다음과 같은 점에서 비판의 여지가 있다. 교회의 분열을 인정하면서 교회의 재산은 분열 당시의 교인의 총유에 속한다고 보는 것은 법률분쟁을 해결한 것이라기보다는 법원이 분쟁을 회피한 것으로 볼 수밖에 없다.[216] 종교상의 문제가 분쟁의 출발이라 하더라도 그것이 속세법원에 구체적인 분쟁사항으로 제기되었다면 법원으로서는 이에 대하여 명확한 법적 해결책을 제시하여야 한다. 만일 그러하지 못했다면 이는 실질적으로 재판을 거부하는 것과 큰 차이가 없다. 또한 제1설은 교회의 분열을 인정하면서도 그에 대응하는 법적 판단을 하지 않았다는 비판도 가능하다.

제2설은 교회의 무질서한 분열의 방지라는 정책적 고려에 치중한 견해로 생각된다. 특히 제2설은 극단적인 형식논리에 입각하고 있다는 점에서 비판의 여지가 있다. 교회의 법적 성격이 비법인사단이라는 측면만을 놓고 본다면 제2설의 입장이 비법인사단의 특성을 가장 명확하게 반영한 것이다. 왜냐하면 교회를 비법인사단으로 본다면 사원(즉 교인)의 出入은 사단의 동일성에 영향을 주지 못하는 것으로 보아야 하기 때문이다. 그러나 분열되어 나간 교회가 사단으로서의 실체를 가지고 있음에도 불구하고 이러한 상황을 사원의 개별적 탈퇴와 동일시하는 것은 균형 있는 법해석으로 볼 수 없다. 또한 제2설은, 민법이 사단의 분열을 예정하고 있지 않을 뿐만 아니라 그와 같은 분열을 인정한다 하더라도 그 경우의 재산귀속관계 기타의 법률관계에 관하여 직접 적용할 법규는 물론 유추적용할 법규도 실정법상 찾아볼 수 없다는 것을 논거로 들고 있다. 그러나 이 설명은 수긍하기 어려운 측면이 있다. 왜냐하면 실정법상 규정이 없다는 사실이 사단의 분열을 인정할 수 없는 논거로 될 수는 없으며, 분열 후의 재산관계에 대하여 적용할 실정법이 없다면 관습법을 탐색하여야 하고 관습법도 없다면 조리에 따라 판단할 수 있는 것이기 때문이다(제1조).

제3설은 제1설과 제2설이 내포하고 있는 문제점을 해소할 수 있는 것으로 가장 타당한

---

213) 郭潤直 편 / 李東明 집필, "民法注解 [V]", 博英社, 1996, 662면.

214) 이 견해도 1993년 1월 19일 대법원 전원합의체 판결에서의 소수의견 중의 하나이다.

215) 예: 교회가 2개로 분열되면 각각 1/2의 지분, 3개로 분열되면 각각 1/3의 지분을 보유하게 된다는 것.

216) 사안과 같이 교회가 분열되어 각 교회가 같은 건물을 사용할 수 없게 됨에 따라 벌어진 분쟁에 대하여, 법원은 "그래도 같이 화합하여 잘 지내라!" 하는 식의 답을 준 것에 불과하다.

견해로 평가된다. 제3설에 대하여 일부 학설은 다음과 같은 비판을 제기한다: 종전교회 교인들의 총유였던 교회재산이 교인총회의 의결도 없이 갑자기 공유로 전환되는 이유를 법리적으로 설명하기 어렵다. 그러나 이와 같은 비판에 대하여는 다음과 같은 재비판이 가능하다: 교회분열로 인하여 복수의 법률주체가 생기게 되고 복수의 주체가 하나의 물건을 공동으로 소유한다고 할 때 그 원칙적인 형태는 공유라고 보아야 하므로 법리적 관점에서의 설명이 가능하다. 공유가 공동소유의 원칙적인 형태라는 것은 개인주의적 자유주의를 전제로 하는 근대민법의 대전제에서 볼 때 부인할 수 없는 사실이다.[217] 한편 각 분열교회의 공유지분비율은 분열 당시 총유재산에 대하여 개별적 사용수익권을 가진 교인의 각 교회별 비율, 즉 각 교회의 세례교인의 수에 의하여 결정하는 것이 타당하다고 생각한다. 왜냐하면 교인수와 상관없이 단순히 분열교회의 수를 기준으로 지분비율을 결정하는 것은 종전의 교회재산의 형성에 대한 교인들의 기여도를 도외시하는 결과가 되며, 특히 분열된 각 교회의 교인의 수가 현격한 차이를 가지는 경우에도 동일한 지분을 가지는 것으로 하는 것은 형평의 관념에 반하기 때문이다.

사안에서 종전의 교회는 두 개의 교회로 분열되었다고 할 수 있다. 이 경우에 분열교회는 각각 종전의 교회재산에 대하여 공유자의 지위에 있고, 이들의 공유지분비율은 분열당시의 세례교인의 비율에 따라 결정되어야 한다. 이렇게 보면 종전의 교회건물은 X목사를 반대하던 잔류파 교인들의 교회(α교회)와 X목사 지지파인 탈퇴교회(β교회)의 공유로 귀속하며, 이들 교회의 지분비율은 각각 1/3과 2/3인 것으로 보아야 한다. 종전교회의 교인수가 1,500명이었는데, 이 교인들이 α교회에 그 1/3인 500명, β교회에 그 2/3인 1,000명으로 분열되었기 때문이다.

결국, 종전의 교회건물에 대하여 α교회 · β교회 양자 모두 공유자로서 소유권자의 지위에 있는 것이다.

Ⅳ. 사안해결의 요약

교회가 분열된 상황에서 α교회가 또 다른 공유자인 β교회에 대하여 소유권에 기한 물권적 청구권을 주장하는 것(제213조 본문)은 허용될 수 없다 할 것이다. α교회와 β교회의 분쟁은 어떻게 해결되어야 할 것인가? 궁극적으로는 공유물분할이 있어야 할 것이다. 공유물분할의 방법으로는 현물분할[218] · 대금분할[219] · 가격배상분할[220]이 있는데, 교회건물은 불가분물이므로 대금분할 또는 가격배상분할의 방법에 따라 분할이 이루어지게 될 것이다. 그러나 분할절차가 완료되기 전까지는 공유물의 관리에 관한 제265조 본문에 따라 α교회와 β교회간의 법률관계를 처리하여야 할 것이다. 이에 따르면, 공유물의 관리에 관하여는 공유자의 지분의 과반수로 정하게 되어 있다. 사안의 경우에 β교회의 지분이 2/3로 과반수가 되므로 α교회의 주장과 달리 오히려 β교회의 의사에 따라 종전의 교회건물에 대한 관리방법을 정해야 할 것이다.

---

217) "연대채무성은 추정되지 않는다"라는 원칙이라든가, 다수당사자의 채권관계에 있어서 원칙적인 형태는 분할채권 · 채무관계라는 것(제408조)도 이와 같은 논리에 기초한 것이다.

218) 예: A와 B가 쌀 1000리터에 대하여 동일한 지분으로 공유자로서의 지위에 있다고 할 때, A와 B가 전체 쌀을 반분하여 각각 500리터에 대하여 단독소유자로 되는 것.

219) 예: A와 B가 1억원 가액의 건물에 대하여 동일한 지분으로 공유자로서의 지위에 있다고 할 때, 이 건물을 제3자에게 매각하여 그 대금을 반분하여 각각 5000만원씩을 취득하게 되는 것.

220) 예: A와 B가 1억원 가액의 건물에 대하여 동일한 지분으로 공유자로서의 지위에 있다고 할 때, B가 A에게 5000만원을 지급하고 건물에 대하여 단독소유자가 되는 것.

3. 非法人財團

(1) 槪 念

285 일정한 재산이 그 재산을 출연한 자의 재산과 분리되어 독립적인 사회적 실재로서 운용되고 있는 경우에, 이 재산을 법률상으로 특별히 다루어야 할 필요성으로 인하여 고안된 개념이 바로 非法人財團이다. 비법인재단이라고 하기 위해서는 일정한 목적으로 출연된 재산이 출연자의 재산과 독립하여 있고 그것을 관리하기 위한 기구가 존재하여야 한다.

(2) 法律關係

286 비법인재단에 소송상의 당사자능력과 등기능력이 인정된다는 점은 비법인사단에서와 같다(민사소송법 제52조, 부동산등기법 제30조). 비법인재단에 관하여 법규정이 없는 경우에는, 비법인사단에서와 마찬가지로 재단법인에 관한 규정 중에서 주무관청의 허가라든가 등기와 관련된 것을 제외한 규정이 유추적용된다.

특히 문제되는 것은 비법인재단의 재산귀속형태이다. 사단과 달리 재단의 경우에는 사원이 없으므로 총유의 개념이 성립할 여지가 없음은 물론이다.[221] 그렇다면 비법인재단의 실체에 해당하는 재산의 소유권자는 누구인가? 우선, 문제의 재산을 출연자에게 귀속하는 것으로 보는 것은 생각할 수 없다. 왜냐하면 이러한 해결책은 비법인재단의 개념과 본질적으로 상치하는 것이기 때문이다. 종래 학설에서 가능한 해결방안으로 논의되는 것은 다음의 두 가지이다: ① 비법인재단의 단독소유로 구성하는 방법; ② 비법인재단의 대표자 또는 관리인에게 신탁적으로 귀속하는 것으로 구성하는 방법.

이에 관하여 종래 학설은 비법인재단의 재산이 부동산이어서 등기할 수 있는 경우와 그 외의 경우로 구분하여 설명하는 것이 일반적이다. 종래의 학설상황을 소개하면 다음과 같다.

---

221) 재단으로 판명된 이상, 만일 재단의 재산증식에 일정한 자연인의 기여가 있다 하더라도 그 재산은 재단에 귀속되는 것이지 기여자의 총유에 귀속한다는 등의 논리를 펼 수는 없다.

제1설[222]은 다음과 같이 주장한다: 부동산의 경우에는 비법인재단 명의로 등기하는 길이 열려 있기 때문에(부동산등기법 제30조) 재단명의로 등기할 수 있고, 따라서 이 경우에는 비법인재단의 단독소유로 된다; 그러나 기타의 재산권의 귀속관계에 대하여는 아무런 규정이 없어서 문제인데, 이 경우에 재단의 단독소유라고 하기에는 공시방법이 없으므로 곤란하다; 그러므로 부동산물권 이외의 권리의 형식적인 귀속관계는 '신탁'[223]의 법리로 설명하여야 한다; 즉 이들 재산은 관리자의 개인명의로 보유되며 법률행위도 이 관리자의 개인명의로 하는 수밖에 없다.

제2설(다수설)[224]은 다음과 같이 주장한다: 非法人財團도 하나의 독립된 실체이므로 등기할 수 있는 부동산물권뿐만 아니라 기타의 재산권도 비법인재단의 단독소유로 귀속하는 것으로 보아야 한다.

제1설과 제2설 중에서 어느 것이 타당한 해석론이라고 할 수 있겠는가? 결론만으로 본다면 제2설이 타당하다고 생각한다. 그러나 제2설도 기본관념에 있어서 명확하지 못한 면을 가지고 있다. 다음에서는 종래 학설을 비판적 관점에서 평가해 보기로 한다.

ⓘ 첫째, 종래 학설은 모두 문제의 출발점을 잘못 설정하고 있다는 생각이 든다. 제1설이든 제2설이든 모두 "부동산의 경우에는 부동산등기법 제30조에 의하여 재단의 명의로 공시하는 것이 가능하므로 별다른 문제가 없으며, 문제되는 것은 그 밖의 경우이다"라는 것을 논의의 출발점으로 하고 있다. 그러나 이러한 논리는 타당한 전제 위에서 출발한 것으로 보기 곤란하다. 왜냐하면 공시방법과 재산의 귀속은 별개의 문제이기 때문이다. 비법인재단의 재산소유형태를 설명함에 있어서 이를 공시의 문제와 연관시키는 것은 수긍하기 어렵다.

ⓘⓘ 둘째, 제1설에 대하여는 다음과 같은 비판이 가능하다. 제1설은 부동산물권 이외의 재산권은 '신탁'의 법리로 설명하여야 한다고 하면서, 이 경

222) 郭潤直, 앞의 책 "民法總則", 193면; 金曾漢·金學東, 앞의 책 "民法總則", 169면.

223) 신탁에 대해서는 이 책 [355] 이하 참조.

224) 李銀榮, 앞의 책 "民法總則", 251면; 白泰昇, 앞의 책 "民法總則", 216면; 李英俊, 앞의 책 "民法總則", 855면; 金相容, 앞의 책 "民法總則", 284면; 高翔龍, 앞의 책 "民法總則", 272면.

우의 재산은 관리자의 개인명의로 귀속된다고 설명하고 있다. 그런데 재산이 관리자의 개인명의로 귀속된다고 설명하는 것은 비법인재단의 실체를 인정한다고 하는 것과 모순되는 것이다.

ⅲ 셋째, 제1설이 부동산물권 이외의 재산권은 재단의 관리자에게 신탁적으로 귀속한다고 하는 부분에 대하여도 다음과 같은 비판이 가능하다. 우선, 신탁적으로 귀속한다면 비법인재단과 관리인 사이에 계약 또는 유언에 기하여(신탁법 제2조) 신탁관계가 설정되어야 할 것인데, 이들 양자 사이에 이러한 관계를 설정하는 것은 지나친 의제이다. 설사 양자 사이에 신탁관계가 설정된 것으로 본다 하더라도 문제가 남는 것은 여전하다. 양자 사이에 신탁관계가 설정된 것으로 보기 위해서는 일정 시점에 있어서 문제의 재산이 信託者의 지위에 있는 非法人財團에 귀속하였다는 것을 전제로 하여야만 가능한 논리이다. 제1설의 표현대로 한다면 부동산물권 이외의 재산권은 처음부터 관리자에게 신탁적으로 귀속하였다고 보아야 할 것인데, 이는 신탁이론에 합치하는 논리로 볼 수 없다. 또한 제1설과 같이 부동산물권 이외의 권리의 형식적인 귀속관계를 '신탁'의 법리로 설명하고자 한다면, 信託者에 해당하는 非法人財團의 권리능력이 전제되어야 한다. 그런데 제1설은 非法人財團은 권리능력의 주체가 될 수 없다는 것을 전제로 삼고 있다. 이러한 측면에서 제1설은 논리모순을 포함하고 있다.

ⅳ 넷째, 제2설도 논리모순의 문제점을 포함하고 있다고 본다. 제2설은 등기할 수 있는 부동산물권뿐만 아니라 기타의 재산권도 非法人財團의 단독소유로 귀속한다고 보는데, 이러한 해석은 비법인재단의 권리능력을 긍정하는 전제에서만 가능한 것이다. 기본적으로 비법인재단의 권리능력을 부정하면서 제2설과 같이 설명하는 것은 논리의 일관성을 결여한 것이다.

요컨대, 비법인재단의 개념을 인정하는 한에서는 비법인재단의 재산소유 형태는 문제의 재산이 어떤 것이든 간에(공시의 대상이 되는 것인가 여부와 상관없이) 비법인재단의 단독소유로 보아야 할 것이다.

사례연구: 非法人財團

• 사안의 내용　　慈愛寺는 사설사찰이 아닌 일반사찰로서 불당을 갖추고 주지 및 승려가 신도와 함께 정기적으로 불교의식을 진행해 온 사찰로서 오래 전부터 존재해 왔는데, 신도들이 사찰의 운영이나 재산의 관리·처분에 관여하는 정도는 극히 미미하였다. 이 사찰의 불당은 독립된 건물로서의 형체를 구비하고 있으나 미등기인 상태로 되어 있다. 이 불당의 소유권은 누구에게 있는가?

• 사안의 해결　　개인사찰의 소유형태는 그 개인의 단독소유이다. 그러나 사안의 慈愛寺와 같은 일반사찰의 경우는 그렇게 볼 수 없다. 만일 慈愛寺가 민법의 규정에 따라 사단법인 또는 재단법인으로 법인설립등기를 하였다면 慈愛寺는 의심의 여지없이 권리능력을 가지게 되어 불당의 소유권은 법인의 단독소유라고 말할 수 있게 된다. 그러나 慈愛寺는 법인설립등기를 하지 않았다. 법인설립등기를 하지 않은 사찰은 신도들이 사찰의 운영이나 재산의 관리·처분에 관여하는 정도에 의하여 비법인재단 또는 비법인사단인 사찰로 구분되는 것으로 보아야 한다. 그런데 이러한 기준에서 볼 때, 慈愛寺는 비법인재단으로 판단된다.

비법인재단의 재산소유형태에 대하여는 학설상 논란이 있으나 문제의 재산이 부동산이든 아니면 그 이외의 것이든 간에 비법인재단의 단독소유에 속하는 것으로 보아야 한다. 그러므로 불당의 소유권은 비법인재단인 慈愛寺의 단독소유에 속하는 것이다. 그런데 사안의 경우 불당의 소유권자가 慈愛寺임에도 불구하고 아직까지 미등기인 상태로 있다. 불당이 미등기 상태라고 하여 소유권에 영향을 주는 것은 아니지만, 慈愛寺의 대표자(주지)[225]는 불당을 慈愛寺 명의로 소유권보존등기를 할 수도 있다(부동산등기법 제30조).

4. 종합평가: 非法人社團과 非法人財團의 權利能力

287 비법인사단 또는 비법인재단에 관한 논의에 있어서 가장 기본적인 것은 이들을 권리능력의 주체로 볼 수 있는가 하는 것이다. 이에 관하여 종래 통설과 판례[226]는, 비법인사단 또는 비법인재단은 권리능력의 주체로 될 수 없다는 입장을 견지하고 있다. 이와 같은 인식에 따라 종래 학설에서는 非法人社團을 '法人格 없는 社團' 또는 '權利能力 없는 社團'으로, 非法人財團을 '法人格 없는 財團' 또는 '權利能力 없는 財團'으로 부르기도 한다. 과연 비법인사단 또는 비법인재단은 권리능력이 없다고 단정할 수 있는가?

---

225) 사찰의 대표자는 주지인 것이 원칙이다(대법원 1982. 2. 23. 81누42; 대법원 1992. 6. 12. 92다12018·12025; 대법원 1993. 1. 26. 92다48239 등 참조).

226) "문중 또는 종중과 같이 사실상 사회생활상의 하나의 단위를 이루는 경우에는 법률상 특수한 사회적 작용을 담당하는 독자적 존재가 될 수 있다고 할 것이므로, 이러한 법인 아닌 사단이나 재단이 권리능력의 주체는 될 수 없다고 하여도 민사소송상의 당사자능력이나 등기능력은 있다"(대법원 1970. 2. 10. 69다2013)라든가 "법인 아닌 사단에 대하여는 사단법인에 관한 민법규정 가운데서 법인격을 전제로 하는 것을 제외하고는 이를 유추적용하여야 할 것인바…"(대법원 1992. 10. 9. 92다23087) 등의 판결이 그 예이다.

非營利法人이 성립하기 위해서는 관할관청의 許可와 設立登記가 있어야 한다는 민법의 규정(제32조~제34조)에 입각한다면 非法人社團 또는 非法人財團은 권리능력의 주체가 될 수 없다고 해석할 수밖에 없을 것이다. 그러나 "非法人社團 또는 非法人財團은 권리능력의 주체로 될 수 없다"라는 원칙의 타당범위는 많은 제약요인을 가지고 있다. 다음에서는 주요한 제약요인을 들어보기로 한다.

ⓘ 첫째, 민사소송법이 비법인사단 또는 비법인재단에 소송법상의 當事者能力을 부여하고 있다는 점이다(민사소송법 제52조). 비법인사단 또는 비법인재단이 당사자능력을 가지는 것으로 보는 이상, 이들이 당사자능력을 가지는 한도 내에서는 사법상의 권리능력을 가지는 것으로 해석할 가능성도 없지 않다.[227] 當事者能力이라는 것은 소송법적 관점에서 파악되는 개념이므로 실체법상 권리능력이 없는 경우에도 當事者能力은 인정될 수 있다.[228] 따라서 당사자능력이 인정된다는 사실로부터 곧바로 실체법상의 권리능력이 인정된다는 결론을 도출할 수는 없을 것이다. 그러나 소송법상의 當事者能力者는 실체법상의 權利能力者와 결과에 있어서는 사실상 다를 것이 없다는 점에 유의할 필요가 있다. 비법인사단 또는 비법인재단이 원고 또는 피고로 되는 경우에는 소송에 있어서 法人과 동일하게 다루어지고, 비법인사단 또는 비법인재단이 직접 판결의 名義人이 되며, 그에게 직접 권리·의무가 귀속하는 취지로 판결할 수 있기 때문이다. 결국, 비법인사단 또는 비법인재단은 개별소송을 통하여 실체법상의 權利能力을 인정받는 결과가 된다.[229]

ⓘⓘ 둘째, 부동산등기법이 비법인사단 또는 비법인재단에 登記能力을 부

227) 오래된 것이기는 하나 다음과 같은 판결은 비법인사단 또는 비법인재단의 권리능력 문제에 관하여 시사하는 바가 있다(대법원 1962. 5. 10. 61누102): "법인 아닌 사단 또는 재단으로서 민사소송법상 당사자능력을 가질 경우에는 소송상 법인 아닌 사단 또는 재단 그 자체가 권리 의무의 주체로 취급된다 할 것이므로 만일 이와 같은 사단 또는 재단이 민사소송법상 당사자능력이 있으되 사법상 또는 공법상 권리의 주체가 될 수 없다 하면 소송법상 당사자 능력을 인정할 아무런 실익이 없는 것이며 결국 당사자능력 그 자체도 부여될 수 없는 결과가 될 것이다."

228) 실체법상 權利能力이 인정되지 않음에도 불구하고 소송법적인 관점에서 當事者能力이 인정된 者를 종래 학설에서는 '形式的 當事者能力者'라 한다.

229) 鄭東潤·庾炳賢, 앞의 책 "民事訴訟法", 173-174면 참조.

여하고 있다는 점이다. 부동산등기법 제30조에 따르면, 비법인사단 또는 비법인재단에 속하는 부동산의 등기는 그 대표자 또는 관리인이 당해 사단 또는 재단의 명의로 하도록 되어 있다. 비법인사단 또는 비법인재단이 부동산에 관한 권리의 귀속자가 될 수 있다는 것이다. 비법인사단 또는 비법인재단이 부동산에 관한 권리의 귀속자가 되기 위해서는 이들에게 權利能力이 존재하여야 한다.

ⅲ 셋째, 비법인사단의 재산소유형태를 총유로 규정하고 있는 민법의 규정도 "非法人社團 또는 非法人財團은 권리능력의 주체로 될 수 없다"라는 원칙에 대한 제한요소로 작용한다. 비법인사단의 사원이 집합체로서 물건을 소유하는 경우에 대하여 민법은, 비법인사단의 재산은 단체구성원에게 총유적으로 귀속하는 것으로 규정한다(제275조 제1항). 이 규정에 대하여 문리해석을 시도한다면, 민법의 태도는 비법인사단의 재산을 비법인사단 자체의 단독소유로 하는 것이 아니라 단체구성원의 공동소유로 규율하는 태도를 취하고 있는 것으로 이해할 수 있다. 그리고 이러한 입장에서 보면 민법은 非法人社團에 대하여 실체법상의 權利能力을 인정하지 않는 것으로 해석할 수 있을 것이다. 그런데 제275조 제1항의 문언에 따라 비법인사단의 재산은 비법인사단 자체의 단독소유로 귀속하지 않고 단지 구성원의 공동소유에 귀속하는 것으로 해석하게 되면 다음과 같은 몇 가지 난점에 봉착하게 된다. 첫째, 비법인사단을 인정하는 이유는 일정한 단체가 그 개별적 구성원의 개성과 독립적으로 사회적 실체를 가지고 있다는 것이다. 그럼에도 불구하고 재산의 귀속을 단순히 구성원의 공동소유에 속하는 것으로 해석하는 것은 사회적 실체로서의 비법인사단을 인정하는 전제와 모순되는 결과가 된다. 둘째, '總有'라는 공동소유형태의 본질에도 유의할 필요가 있다. 총유라는 개념 속에는 이미 개별적 구성원의 개성과 독립된 단체의 존재가 전제되어 있다. 즉 구성원의 총유라고 하더라도 이 말 자체의 의미 속에는 단체 자체의 단독소유라는 뜻도 내포되어 있다. 왜냐하면 총유라는 것은 소유권의 권능 중 '관리·처분'의 권능과 '사용·수익'의 권능이 각각 분해되어, 전자는 단체 자체에 속하고 후자는 각 구성원에게 분속하게 되는 특수한 공동소유형태로 볼 수 있기 때문이다. 이렇게 보면 '관리·처분'의 측면에서는 비법인사단도 소유자로서의 권능을 보유한다고 말할 수 있으며, 따라서

비법인사단 자체도 權利의 귀속자(즉 權利能力者)라고 볼 여지가 있다.

ⅳ 넷째, 통설과 판례는 非法人社團 또는 非法人財團의 권리능력을 전면적으로 부정하는 입장을 취하고 있음에도 불구하고, 非法人社團 또는 非法人財團의 대표자의 불법행위에 대하여는 法人의 불법행위책임에 관한 제35조 제1항의 유추적용을 인정하고 있다.[230] 이는 非法人社團 또는 非法人財團의 責任能力을 인정하는 것이다. 책임능력을 인정하면서 권리능력을 부정하는 것은 균형 있는 해석태도로 보기 어렵다.

ⅴ 다섯째, 비법인사단·비법인재단을 사단법인·재단법인과 동일하게 다루는 법령이 광범위하게 존재한다는 점이다.[231] 이와 같은 사정도 "非法人社團 또는 非法人財團은 권리능력의 주체로 될 수 없다"라는 원칙의 실효성을 약화시키는 요인으로 작용한다.

요컨대, 非法人社團 또는 非法人財團의 권리능력을 전면적으로 부정하게 되면 법리적 측면에서 여러 가지 난점에 봉착하게 된다. 또한 非法人社團 또는 非法人財團이 주무관청의 허가와 설립등기를 마치지 못했다는 사실에 착안한 극히 형식적인 논리에 따라 非法人社團 또는 非法人財團의 권리능력을 전면적으로 부정하는 것은 현실성도 없다. 어떠한 단체를 非法人社團으로 볼 수 있도록 한 사정 및 어떠한 목적재산을 非法人財團으로 볼 수 있도록 한 사정의 한도 안에서는 非法人社團 또는 非法人財團에 권리능력이 있는 것으로 해석할 것을 제안한다. 이러한 관점에서 보면, 법인설립등기를 하지 않은 일정한 실체를 가리키는 용어로서는 '非法人社團'·'非法人財團'이 적합하다고 생각되며, 이와 달리 '법인격 없는 사단'·'법인격 없는 재단'이라고 한다든가 혹은 '권리능력 없는 사단'·'권리능력 없는 재단'이라고 하는 등의 용어는 어폐가 있다고 본다.

한편, 민법개정안은 비법인사단과 비법인재단의 법적 지위에 관한 일반적인 규정을 신설하였다(민법개정안 제39조의 2).

---

230) 서울지방법원 1988. 4. 14. 87가합54; 대법원 1994. 3. 25. 93다32828·32835; 대법원 1994. 4. 12. 92다49300; 대법원 2000. 1. 28. 99다35737 등 참조.

231) 예: '사회교육법' 제2조 제2호, '공탁사무처리규칙' 제19조, '행정절차법' 제9조 제2호, '행정심판법' 제10조, '공항시설관리권 등록령' 제19조, '수도시설관리권 및 하수종말처리장시설관리권 등록령' 제20조 제1항, '토지수용법시행령' 제18조의 5, '유료도로관리권 등록령' 제20조 제1항 등.

민 법 개 정 안	
현 행 규 정	개 정 안
〈신 설〉	제39조의2(법인 아닌 사단과 재단) 법인 아닌 사단과 재단에 대하여는 그 성질에 반하지 아니하는 한 본장의 규정을 준용한다.
개정배경	종래 통설의 입장을 명문화하였다.

제 3 장

權利의 客體

民法總則

제 1 절 總　　說
제 2 절 物件의 意味
제 3 절 不動產과 動產
제 4 절 主物과 從物: 從物理論
제 5 절 元物과 果實

제 1 절 總　　說

288 권리객체란 권리의 대상을 말하는 것으로 권리의 귀속주체인 權利主體에 대응하는 개념이다. 권리의 종류와 내용이 다양한 만큼 그에 상응하여 권리의 대상도 다양할 수밖에 없다. 權利客體는 사람의 행위,[1] 권리 자체,[2] 무형의 정신적 산물,[3] 유형의 물체,[4] 무형의 물체[5] 등과 같이 극히 다양한 형태로 나타나게 된다.

이와 같은 여러 권리객체 중에서 민법이 종합적으로 규정하는 것은 '物件'이다(제98조~제102조). 그러므로 다음에서는 物件을 중심으로 논의하기로 한다.

---

1) 예: 가수가 방송사의 한 프로그램에서 노래를 해주기로 하는 출연계약을 체결한 경우에 방송사가 가수에 대하여 가지는 채권의 객체는 가수가 노래를 하는 행위이다.

2) 예: 채권양도계약에 있어서 권리객체는 채권이라는 권리 자체이다.

3) 思想(idea)의 산물을 배타적으로 지배할 수 있는 권리를 '지적재산권'('지적소유권' 또는 '무체재산권'이라고도 함)이라 한다. 이에 대해서는 이 책 [39] 참조.

4) 예: 토지·건물·냉장고 등.

5) 예: 전기·가스·열에너지 등.

제 2 절　物件의 意味

제 2 절　物件의 意味

Ⅰ. 物件의 개념
Ⅱ. 物件의 요건
Ⅲ. 金錢(또는 貨幣)의 특수성
Ⅳ. 物件의 분류

Ⅰ. 物件의 개념

289 우리 민법에 따르면, '物件'이라 함은 有體物 및 電氣 기타 관리할 수 있는 自然力을 말한다(제98조). 이와 같이 현행 민법상 물건에는 유체물 뿐만 아니라 무체물도 포함된다. 법제에 따라서는 유체물만을 물건의 범주에 포함시키는 경우[1]도 있으나, 이러한 법제에 있어서도 무체물이 권리의 객체가 될 수 없는 것은 아니다. 물건이라는 개념도 권리객체의 한 유형일 뿐이기 때문이다. 물건을 유체물에 한정하는 법제에서는 물건이라는 개념의 외연(外延)이 좁을 뿐이다.

한편, 物權이라는 權利의 객체에 관하여는 주의할 부분이 있다. 일반적으로 물권의 객체가 되는 것은 물건이다(소위 '物件主義의 原則'). 그러나 물권의 객체는 물건에 한정되는 것이 아니다. 왜냐하면 物權의 객체는 物件 이외에 債權 및 기타의 權利로 확장되기 때문이다.[2]

---

1) 예컨대, 독일 민법 제90조는 다음과 같이 규정한다: "이 법률에서 물건이라 함은 유체물만을 말한다."

2) 예: 재산권의 준점유(제210조), 재산권을 목적으로 한 권리질권(제345조 이하), 지상권이나 전세권을 목적으로 한 저당권(제371조 제1항).

Ⅱ. 物件의 요건

290 권리객체로서의 물건이라고 하기 위해서는 다음과 같은 요건을 구비하여야 한다: ① 관리가능성; ② 비인격성; ③ 독립성.[3)]

1. 管理可能性

291 관리가능성이란 배타적 지배가 가능하다는 것을 의미한다. 권리라는 것이 일정한 물건을 직접적·간접적으로 지배하는 것을 중요한 내용으로 하고 있다는 점에서 관리가능성은 권리객체로서의 물건이 되기 위한 요건이라 할 수 있다.

관리가능성 문제는 상대적인 것으로 거래관념에 따라 판단하여야 할 것이다. 有體物이라 하여 반드시 관리가능성이 있는 것은 아니며,[4)] 無體物이라 하여 관리가능성이 없는 것도 아니다.[5)] 과학과 문화의 발달에 따라 관리가능성의 범위는 확대된다고 볼 수 있다.

2. 非人格性

292 物件이라고 하기 위해서는 그것이 살아 있는 사람의 신체 또는 그 일부가 아니어야 한다.

비인격성 요건과 관련하여 시체·유해가 소유권의 객체가 될 수 있는가에 대하여 학설이 대립하고 있다. 제1설은 소유권의 객체이기는 하나 이 때의 소유권은 오직 매장·제사·공양 등을 할 수 있는 권능과 의무를 내용으로 하는 특수한 소유권이라 한다.[6)] 제2설은 시체·유해에 대한 권리는

---

3) 종래의 많은 학설은 물건의 요건에 관하여, 이들 세 가지 이외에도 '유체물 또는 관리가능한 자연력'을 포함시켜 설명한다. 그러나 이것은 물건의 요건이라기보다는 물건의 범주로 보는 것이 옳을 것이다.

4) 예: 북극성은 유체물이나 현재로서는 관리가능성이 없다.

5) 전기·가스·열에너지 등은 무체물이지만 관리가능성이 긍정된다.

6) 郭潤直, 앞의 책 "民法總則", 242면; 金曾漢·金學東, 앞의 책 "民法總則", 233면; 李銀榮, 앞의 책 "民法總則", 301면.

소유권이라 할 수 없으므로 慣習法上의 管理權으로 이해한다.[7] 어떤 입장으로 보든 결과에 있어서는 아무런 차이가 없다. 이들 학설은 "시체·유해가 소유권의 객체가 되는가?" 하는 문제를 출발점으로 하고 있는데, 어느 학설도 시체·유해에 대한 권리가 사용·수익·처분의 권능을 포함하는 完全物權으로서의 所有權의 객체는 아니라고 하는 점에 대하여는 견해가 일치하며, 다만 '특수한 소유권'이니 '관습법상의 관리권'이니 하는 식으로 용어만 달리 사용할 뿐이다. 또한 시체·유해에 대한 매장·관리를 내용으로 하는 권한이 일정한 자에게 귀속한다는 점에 대하여도 차이가 없다. 이와 같이 실질적 차이를 동반하지 않는 학설대립은 지양되어야 할 것으로 본다. 시체·유해에 대한 매장권·관리권·공양권은 포괄적 권한을 포함하는 喪主 또는 祭主의 권리[8]의 내용을 이루는 권한으로 이해하는 것이 어떨까 생각한다. 사실 시체·유해는 이를 물건으로 보지 않는 것[9]이 보다 타당한 것으로 생각한다. 왜냐하면 제98조가 말하는 물건은 자유로운 거래의 대상이 되는 것만을 의미하는 것으로 해석하여야 하기 때문이다.

動物도 物件인가? 일상용어로서의 물건이란 생명체가 아닌 것을 의미한다. 그러나 동물은 인격성의 주체가 될 수 없다는 점에서 법적으로는 물건의 범주에 포함시켜야 할 것이다. 물론 생명체로서의 동물의 특수성으로 인하여 일반적인 물건과 달리 보아야 할 측면도 있으나, "동물이 물건인가 아닌가?" 하는 식의 극단적인 질문에 대한 답으로서 최소한 현행의 민사법적 관점에서는 물건으로 볼 수밖에 없을 것이다.[10] 그러나 동물을 물건으로 본다 하여 동물이 가지고 있는 특성을 무시할 수는 없을 것이다.[11]

---

7) 李太載, 앞의 책 "民法總則", 183면.

8) 이와 같은 권리를 '상주권' 또는 '제사권'이라고 표현한다면 이들 권리는 친권과 같이 의무를 수반한 권리로 보아야 할 것이다.

9) 李英俊, 앞의 책 "民法總則", 895면; 金相容, 앞의 책 "民法總則", 288면.

10) 독일 민법은 동물보호의 차원에서 1990년의 개정을 통하여 "동물은 물건이 아니다"(제90조의 a 제1문)라고 규정하였다. 그러나 동물에 대하여 특별한 정함이 없는 한 물건에 관한 규정을 준용한다(제90조의 a 제3문).

11) 보석을 잘라 그 조각을 판매하는 행위와 애완견을 해부하여 흉칙한 모양을 만들어 판매하는 행위는 법적 관점에서 차별하여야 할 것이다. 후자의 매매계약은 일반인에게 극한적인 혐오감을 불러일으킬 수 있는 것이므로 선량한 풍속에 반하는 것으로 무효로 평가될 가능성이 있다(제103조).

3. 獨立性

293 독립성 요건에 관하여 종래의 통설은 대체로 다음과 같이 설명하고 있다: 물건이기 위해서는 물건의 일부 또는 구성부분이어서는 아니 되고, 또한 다수의 물건의 집합이어서도 아니 된다. 그런데 이와 같은 서술은 물건이 되기 위한 요건으로서의 독립성에 대한 설명으로서는 적합성이 없다고 생각한다. 통설의 설명 중 "물건이기 위해서는 물건의 일부 또는 구성부분이어서는 아니 된다"라는 부분까지는 수긍할 수 있으나 "다수의 물건의 집합이어서도 아니 된다"라는 부분은 찬성하기 어렵다. 왜냐하면 다수의 물건의 집합이라고 하는 것은 이미 독립성을 구비한 여러 개의 물건이 있다는 것을 의미하기 때문이다. 물건의 요건으로서의 독립성 문제는 어떤 물체가 그 자체로 경제적 효용성을 구비함으로써 독립적으로 거래의 객체가 될 수 있겠는가 하는 차원에서 바라보는 것이 옳다고 본다. 이와 같은 관점에서 볼 때, 독립성 요건에 대한 설명으로는 "당해 물체가 그 자체로서 경제적 가치를 가지고 있어 독립적으로 거래객체가 될 수 있어야 한다" 정도로 보면 될 것이다.

어떤 물체가 독립성의 요건을 구비하고 있는가에 대한 판단은 물리적 형태에 따라 획일적으로 정해지는 것이 아니고, 거래관념에 따라 판단하여야 한다.

Ⅲ. 金錢(또는 貨幣)의 특수성

1. 金錢(또는 貨幣)의 物件性: 부정

294 화폐도 물건인가? 어떻게 생각해 보면 화폐도 물건의 요건(관리가능성, 비인격성, 독립성)을 모두 구비하여 물건이라고 할 수 있을 것 같기도 하다. 이러한 시각에 따라 종래 대부분의 학설은 금전 또는 화폐를 특수한 동산 정도로 이해하여 오고 있다. 그러나 화폐는 교환의 매개물로서 지불수

단의 기능, 가치척도의 기능, 가치저장의 기능을 하는 자산(assets)인 것이지, 일반적인 물건과 같이 그 자체가 일정한 경제적 또는 비경제적 가치를 내포하고 있지 못하다.[12] 그리고 금전을 물건으로 보는 데에서 오는 아무런 실익도 없다. 요컨대, 금전 또는 화폐는 물건이 아니다.

2. 金錢(또는 貨幣)의 법적 특성

295 금전을 특수한 동산으로 보든, 아니면 물건이 아닌 독특한 자산으로 보든 금전은 몇 가지 점에서 특성을 보인다. 중요한 것만을 보기로 한다.

첫째, 금전은 물권적 청구권의 대상이 되지 않고 채권적 청구권의 대상이 될 뿐이다. 예를 들어 설명한다. A가 B의 금전 100만원을 절취한 경우 A는 B에게 채권적 청구권(불법행위 또는 부당이득)에 기하여 그 금전을 배상 또는 반환받는 것이지 물권적 청구권은 인정되지 않는다. 즉 A는 B의 절취행위로 인하여 발생한 손해 또는 손실에 해당하는 가치를 배상 또는 반환하라고 할 수 있는 것이지, A 자신이 절취당한 100만원 그 자체를 돌려달라고 요구할 수는 없다. 물권적 청구권은 그 대상이 특정되어 있음을 전제로 하는 것인데, 금전의 경우에는 그러한 특정성을 상정할 수 없으므로[13] 물권적 청구권이 인정될 수 없다. 이러한 상황을 가리켜 "금전의 경우에는 소유와 점유가 일치한다."라고 표현하기도 한다.

둘째, 금전채무에 있어서는 이행불능이 있을 수 없고 이행지체만이 문제된다. 예를 들어, A가 5월 10일에 B에게 100만원을 지급하여야 할 채무가 있는데 이행기에 그 금전을 B에게 가지고 가다가 강풍이 불어 금전이 모두 소실되었다 하더라도, 다시 준비하여 지연이자와 함께 100만원을 지급하여야 한다.

셋째, 금전채권자가 채무자에 대하여 금전채무의 불이행을 이유로 손해배상을 청구하는 경우에 손해의 증명을 요하지 않는다(제397조 제2항 전단). 책임법의 일반원칙에 따른다면 손해배상을 받기 위해서는 채무자에 의한

---

12) 예전과 달리 태환지폐(convertible money)가 아닌 오늘날의 불환지폐(unconvertible money)의 경우에는 그 자체가 아무런 상품가치도 가지고 있지 않아 명목화폐라고 부른다.

13) 앞의 사안에서 B가 A로부터 금전 100만원을 절취함으로써 그 금전은 B가 소지하고 있던 다른 금전과 혼화되므로 물권적 청구권의 대상을 특정할 수 없다.

채무불이행으로 인하여 자신에게 손해가 발생했음을 증명해야 하는데, 금전채무에 있어서는 이러한 손해의 증명이 필요하지 않다는 것이다. 금전은 당연히 이자를 발생시킨다는 관념을 전제로 한 규정이다.

넷째, 금전채무자가 자신의 채무불이행이 과실에 기한 것이 아니라는 사실을 주장한다 하더라도 손해배상책임을 면할 수 없다(제397조 제2항 후단). 책임법의 일반원칙에 따른다면, 손해배상책임이 발생하기 위해서는 채무자에게 귀책사유가 있어야 하는데, 금전채무의 불이행에 있어서는 이러한 요건이 요구되지 않는다. 금전채무의 특성상 채무자의 주관적 지급불능은 채무자의 면책사유로 될 수 없기 때문이다.

다섯째, 선의취득제도[14]에 있어서 도품 또는 유실물의 경우에 특칙이 인정되고 있다(제250조 본문). 그러나 금전의 경우에는 특칙이 적용되지 않는다(제250조 단서).

Ⅳ. 物件의 분류

296 물건은 기준에 따라 매우 다양한 분류가 가능하다. 다음에서는 이러한 분류 중 학리상 의미를 가진 것을 중심으로 살피기로 한다. 민법이 명문으로 규율하고 있는 사항(동산과 부동산, 주물과 종물, 원물과 과실)도 분류론에 포함될 수 있는 것이기는 하지만 이들에 대해서는 따로 떼어서 설명하기로 한다.

1. 融通物과 不融通物

297 사법상 거래의 객체가 될 수 있는가에 따른 구별이다. 융통물은 사법상 거래의 객체가 될 수 있는 물건이다. 불융통물은 사법상 거래의 객체가 될 수 없는 물건이다. 불융통물에는 공용물(공적 목적에 사용되는 물건으로서 국가 또는 공공단체의 소유물)[15], 公共用物(일반공중의 공동사용에 제공되는

14) 선의취득에 대해서는 이 책 [329] 보충설명 부분 참조.
15) 예: 관공서의 건물 등.

물건),[16] 금제물(법률의 규정에 의하여 거래 또는 소지가 금지되는 물건)[17]이 있다. 공용물이나 공공용물도 공용폐지 후에는 융통물이 된다.

불융통물을 목적물로 하는 계약은 무효라든가, 불융통물은 시효취득의 대상이 되지 않는다는 것 등을 구별실익으로 볼 수 있다.

2. 可分物과 不可分物

298 물건의 가치를 그대로 유지한 채 분할할 수 있느냐를 기준으로 그것이 가능하면 가분물(예: 금전, 곡물), 불가능하면 불가분물(예: 건물, 동물)이다.

구별의 실익의 예로 공유물분할을 들 수 있다. 가분물인 경우에는 현물분할을 하게 되지만 불가분물인 경우에는 대금분할(팔아서 대금을 나눔), 가격배상(한 사람이 단독소유권을 취득하고 공유자에게 지분에 해당하는 가격을 배상)의 방법에 의하게 된다.

3. 代替物과 非代替物

299 객관적 관점에서 물건의 개성이 중시되는가의 여부에 따른 구별이다. 즉 동종, 동량의 다른 물건으로 대체한다고 해도 물건의 동일성이 유지될 수 있으면 대체물(예: 곡물), 그렇지 않으면 비대체물(예: 부동산)이다.

대체물만이 소비대차계약(제598조)의 목적물이 된다는 점 등에서 구별의 실익이 있다.

4. 特定物과 不特定物

300 특정물은 당해 물건의 개별성에 기초하여 개성을 부여한 것이고, 불특정물은 그렇지 않은 물건이다. 쉽게 말해서 특정물은 거래계에서 법적

16) 공용물과 달리 공공용물의 소유권은 반드시 국가 또는 공공단체에 있을 필요가 없으며 사인의 소유에 속할 수 있다(예: 도로, 공원, 하천 등).

17) 금제물에는 두 부류가 있다: ① 소유와 거래가 모두 금지되는 것; ② 소유는 허용되나 거래만이 금지되는 것. ①에 속하는 것으로는 마약(형법 제198조), 음란문서·도서(형법 제243조, 제244조) 등을 들 수 있다. ②에 속하는 것으로는 국보, 지정문화재(문화재보호법 제20조, 제23조, 제42조 이하, 제54조)를 들 수 있다.

으로는 하나뿐인 물건으로 다루어진다. 대체물과 비대체물의 구별이 객관적 관점에서의 분류라면 특정물과 불특정물의 구별은 주관적 관점에서의 분류라고 할 수 있다. 하나의 예를 들어 보자. A가 B로부터 아파트를 구입하기 위하여 매매계약을 체결함에 있어서 매매목적물을 '동일한 구조와 평형의 아파트 100채 중에서 5채'라고 약정한 경우에, 각 아파트는 객관적으로는 비대체물이지만, A·B 사이의 계약에 있어서 계약의 목적물은 불특정물이다. 왜냐하면 B는 A에게 동일한 종류에 속하는 아파트 5채의 소유권을 이전해주면 되기 때문이다.

특정물과 불특정물의 구별은 변제의 장소(제467조), 매도인의 담보책임(제580조, 제581조) 등에서 실익이 있다.

5. 消費物과 非消費物

301 소비물이란 한 번 사용하면 다시는 같은 용도에 사용할 수 없는 물건이고(예: 식품), 그렇지 않은 것은 비소비물이다(예: 토지).

소비대차(제598조)의 목적물은 소비물이어야 하며, 사용대차(제609조)나 임대차(제618조)의 목적물은 비소비물이어야 한다는 점 등에서 구별의 실익이 있다.

6. 單一物·合成物·集合物

(1) 概 念

302 이것은 물건의 형태를 기준으로 한 분류이다.

單一物이란 당해 물건을 이루는 구성부분이 독자적으로는 개성을 갖지 못하고 그것들이 모여 단일한 일체를 이룬 물건을 말한다(예: 말, 콤팩트디스크 등). 단일물은 하나의 물건이다.

합성물이란 구성부분들이 개성을 잃지 않으면서 그것들이 모여 단일한 형체를 이룬 물건을 말한다(예: 자동차, 컴퓨터, 다이아몬드 반지 등). 합성물은 그 자체로서 하나의 물건이 된다. 소유자를 달리하는 물건이 결합하여 합성물을 이루게 되면 그 합성물의 소유권자는 첨부이론에 따라 결정하게 된다

(제256조~제261조).

集合物이란 다수의 물건(단일물 또는 합성물)들의 집합으로서 그것이 하나의 경제적 가치단위를 가질 수 있는 다수 물건의 집합체이다(예: 공장의 시설, 도서관의 장서, 가게에 진열된 상품). 집합물은 각각 독립성을 가지는 물건의 집합이므로 하나의 물건이 아니다.

(2) 集合物과 一物一權主義

302 집합물은 이를 구성하는 각 요소가 물건의 요건을 구비하고 있는 물건의 집합체이므로, 그 각각의 물건이 권리객체가 되는 것이 원칙이다. 이와 관련하여 물권법 영역에서 논의되는 것으로 일물일권주의 원칙이 있다. 一物一權主義란 1개의 물건에 관하여는 1개의 물권만이 성립할 수 있다는 물권법상의 원칙이다.

이 원칙은 물권이라고 하는 권리의 효력내용과 밀접한 관련을 가지는 것이다. 즉 물권은 대세적 권리이므로 그 내용을 일반인이 알 수 있도록 공시하여야 하는데(공시의 원칙), 물건의 구성부분이나 물건의 집단은 공시가 불가능하거나 또는 공시제도에 혼란을 야기할 수 있으므로 그것들을 하나의 물권의 객체로 하지 않는 것이다. 그리하여 물건의 구성부분의 경우에는 이를 아예 물권의 객체로 인정하지 않고, 물건의 집단의 경우에는 각 물건마다 하나의 물권이 성립하는 것으로 된다.

일물일권주의는 물권의 특질과 공시의 원칙의 요구를 뒷받침하는 기능을 수행하기 위하여 인정되는 원칙이다. 그러므로 물건의 일부나 집단 위에 하나의 물권을 인정해야 할 실익이 있고, 물건의 일부나 집단 위에 하나의 물권을 인정할 필요가 있으며, 그렇게 한다 하더라도 혼란을 야기하지 않는다면 이 원칙은 적용되지 않을 수 있는 것이다. 이와 같은 이유에서 공시의 원칙이 관철될 수 있는 경우에는 일물일권주의의 예외로서 물건의 일부[18] 또는 집합물[19] 위에 하나의 물권이 성립하는 것으로 하는 것이다.

---

18) 예: 1필의 토지의 일부에 대하여 용익물권을 설정하는 것이 가능하다(부동산등기법 제136조, 제137조, 제139조 제1항).

19) 예: 수목의 집단에 대한 입목등기·명인방법, 공장저당권의 목적으로서의 공장과 설비.

공장저당법에 따라 설정할 수 있는 공장저당권을 예로 들어 집합물 위에 하나의 저당권을 설정하는 법기술의 의미를 밝혀보기로 한다. X는 다음과 같은 구성으로 되어 있는 공장을 운영하고 있다: 3필의 토지, 6개의 건물, 100점의 기계, 500점의 기구. X가 금융기관으로부터 금전을 차용하기 위하여 담보를 제공하고자 할 때에 자기가 보유하고 있는 토지·건물을 포함한 공장시설을 전체로서 담보로 하는 공장저당권에 의하게 되면, 일물일권주의를 관철하는 경우와 비교하여 다음과 같은 이점이 있다: ① 공장시설은 각각 밀접한 연관을 가지고 있는 것이어서 집합체를 하나의 단위로 하는 것이 담보가치를 높게 평가받아 보다 많은 자금을 융통할 수 있다; ② 일물일권주의를 고집하게 되면 각 물건마다 담보물권을 설정하여야 할 것인데, 담보물권 취득절차가 복잡하게 된다; ③ X가 채무를 불이행하여 담보물이 경매되는 경우에도 그 공장을 운영할 수 있는 사람이 공장시설 일체를 경락받아 여전히 공장을 운영할 수 있게 되어 사회경제적으로도 이익이 된다.[20]

이와 같은 이유에서 공장저당법·광업재단저당법과 같은 특별법은 일물일권주의의 예외를 인정하고 있다. 공장저당권과 광업재단저당권에 있어서는 일물일권주의 원칙을 완화하기 위한 전제로서 저당권의 대상이 되는 물건들을 모두 등기에 의하여 공시하도록 하고 있다. 일물일권주의와 공시의 원칙의 관계를 생각해 볼 때, 등기와 같은 공시수단이 일물일권주의 원칙을 완화하는 한계점으로 작용하는 것은 극히 자연스러운 일이다.

그렇다면 일물일권주의 원칙을 완화하여 집합물을 하나의 물권의 객체로 할 수 있는 경우는 공장저당법·광업재단저당법과 같은 특별법이 있는 경우에만 가능하다고 볼 것인가? 판례는 등기·등록과 같은 정규적인 공시방법을 가지지 못한 집합물도 경우에 따라서는 하나의 물권의 대상이 될 수 있다는 입장이다.[21] 즉 정규적인 공시방법을 갖추지 못한 집합물이라 하

20) 만일 각각의 물건에 대하여 저당권을 설정했다면 토지와 공장건물은 L에게, 기계는 M에게, 기구는 N에게 경락되는 상황이 벌어져 공장이 가지고 있던 가치를 상실시키는 결과를 초래할 수도 있다.

21) 대법원 1988. 10. 25. 85누941; 대법원 1988. 12. 27. 87누1043; 대법원 1990. 12. 26. 88다카20224; 대법원 1999. 9. 7. 98다47283; 대법원 2003. 3. 14. 2002다72385; 대법원 2004. 11. 12. 2004다22858 등 참조.

더라도 그 집합물이 다른 물건과 구별될 수 있도록 그 종류·장소·수량지정 등의 방법에 의하여 특정되어 있으면 집합물이 하나의 물권(특히 양도담보권)의 객체가 될 수 있다고 한다. 양도담보권에 있어서 판례는 일물일권주의 원칙을 완화하는 한계점으로 작용하는 '공시'의 의미를 엄격하게 보지 않고 유연하게 보고 있는 것이다.

제 3 절　不動産과 動産

제 3 절　不動産과 動産
Ⅰ. 序　說
Ⅱ. 不動産
Ⅲ. 動　産

Ⅰ. 序　說

304 부동산과 동산을 구분하는 이유는 크게 다음의 두 가지이다: ① 부동산은 인간경제생활의 기초이며 비교적 가치가 큰 재산이어서 거래를 보다 신중하고 안전하게 하도록 유도할 필요가 있다; ② 권리관계를 등기부와 같은 공적 장부에 기재하여 일반에게 공시하게 되면 여러 가지 이점이 있는데, 그렇다고 모든 물건을 그리 할 수는 없고 양적·장소적으로 제한적인 부동산만이라도 그 이상을 실현하여야 한다.

부동산과 동산은 실정법상으로 여러 가지 면에서 차이가 있다. 그 중요한 것을 들면 다음과 같다: ① 공시방법에 있어서 부동산은 등기(제186조), 동산은 점유(제188조)이다; ② 동산의 거래에 대해서만 선의취득이 인정된다(제249조)[1]; ③ 시효취득[2]의 요건에 차이가 있다(제245조, 제246조); ④ 제한물권의 인정범위에 차이가 있다.[3]

1) 선의취득에 대해서는 이 책 [329] 보충설명 부분 참조.

2) 시효취득제도란 진실한 권리관계와 상관없이 일정기간의 시간의 경과를 핵심요건으로 하여 권리를 인정해 주는 제도를 말한다. 취득시효에는 점유취득시효와 등기부취득시효가 있다. 점유취득시효란 타인의 물건을 일정기간 점유한 경우에 점유자에게 소유권을 인정해 주는 것이다(부동산의 점유취득시효에 대하여는 제245조 제1항, 동산의 점유취득시효에 대하여는 제246조). 등기부취득시효란 권리자로서 등기된 상태가 10년 이상인 자가 당해 부동산을 점유하고 있는 때에 당해 등기의 유효성 여부와 상관없이 등기된 권리를 인정해 주는 것이다(제245조 제2항).

3) 예: 부동산은 질권의 대상이 되지 못한다.

Ⅱ. 不 動 産

305 부동산이란 토지 및 그 정착물이다(제99조 제1항). 토지와 토지정착물의 순서로 살피기로 한다.

1. 土 地

306 土地는 어느 법제에서나 부동산으로 인정되는 유체물이다. 토지는 연속되어 있으나 거래상의 편의를 위하여 구역마다 번호(즉 지번)를 붙여 관리한다. 거래의 단위가 되는 토지의 개수는 '필'로 표시된다.

일상적 의미에서의 토지란 地表面을 의미하는 것으로 이해된다. 그러나 법적 의미에서의 土地란 地表뿐만 아니라 지표면에 상응하는 空中과 地下까지 포함하는 것으로 보아야 한다. 이와 같은 관념에 따라 제212조는 "토지의 소유권은 정당한 이익 있는 범위 내에서 토지의 상하에 미친다"라고 정하고 있는 것이다. 그러므로 토지를 구성하는 모든 요소(예: 토사·암석·지하수·동굴 등)는 토지의 구성부분으로서 당연히 당해 토지소유권의 범위에 속하게 된다. 그러나 토지의 구성부분이라 하더라도 민법상의 특별규정 또는 특별법에 의하여 토지소유권의 행사가 제한되는 경우가 있다. 이와 관련하여 광물과 지하수에 대하여 간단히 보기로 한다.

암석 중 일정한 鑛物은 광업법의 규율대상이 된다. 이 법은 광물자원의 합리적 개발을 도모하기 위하여 일정한 광물(이 법에서는 이를 '法定鑛物'이라 한다)에 대하여는 국가가 미채굴광물에 대하여 이를 채굴하고 취득할 권리를 부여하도록 규정하고 있다(동법 제2조). 그러므로 법정광물에 해당하는 물체에 대하여는 토지소유권이 제한되는 결과가 된다.

地下水는 어떠한가? 지하수도 土地의 구성부분을 이루는 것이기는 하나 지하에서 서로 연결되어 있기 때문에 인접 토지의 소유권과의 관계에서 그 이용을 조절할 필요가 있다. 이와 같은 이유에서 민법은 상린관계(相隣關係)[4]의 일환으로 제235조와 제236조를 두어 지하수의 이용관계를 규율하고

4) 토지는 서로 연속되어 있으며 인접하는 토지소유자는 각각 당해 토지에 대한 소

있다.

2. 土地定着物

(1) 土地定着物의 개념

307 토지정착물이란 토지에 고정되어 있어서 용이하게 이동할 수 없는 물체로서, 그러한 상태로 있는 것이 당해 물체의 통상적인 성질로 인정되는 것을 말한다. 건물·수목·교량·송전탑 같은 것이 이에 해당한다. 토지와의 관계에서 어느 정도로 정착성을 가지고 있어야 하는가에 대한 판단은 거래관념에 의할 수밖에 없을 것이다.

토지에 정착된 것이면 土地定着物이고, 따라서 모두 不動産인가? 이에 관하여는 학설이 대립하고 있다. 제1설(통설)[5]은 정착의 사실만으로 당해 물체를 부동산으로 보고, 다만 이와 같은 부동산은 토지와 독립된 부동산(獨立定着物), 토지의 구성부분으로 다루어져 항상 토지와 운명을 같이 하는 부동산(從屬定着物)으로 구분된다고 한다. 이에 대해 제2설[6]은 정착물이기 위해서는 토지와 독립된 것이어야 한다고 주장한다. 학설 중에는 "제99조는 토지의 '定着'을 기준으로 動産과 구별되는 토지 이외의 부동산의 표준을 정한 것이고, 그 토지의 定着物이 土地와는 독립한 별개의 不動産이 되는지 여부는 따로 평가되어야 한다"[7]라고 하면서 제1설을 옹호하기도 한다.

제1설(통설)과 제2설 중에서 어떤 것이 타당한 것인가? 두 학설 모두 논리적 오류를 내포하고 있다고 생각한다. 첫째, '不動産'이라는 것은 權利客體로서의 '物件'이어야 한다. 부동산은 앞서 논의한 物件의 要件(특히 獨立性)을 구비한 것이어야 하며, 따라서 토지의 구성부분에 불과한 것으로 평

유자로서 서로 배타적이며 완전한 권리를 행사할 수 있는 것이 원칙이다. 그런데, 이들 인접토지의 소유자가 서로 자신의 권리를 행사한다면 각자의 소유권행사가 서로 충돌하는 경우가 발생하게 된다. 민법은 이러한 이해의 충돌을 조정하기 위하여 제216조부터 제244조에 걸쳐 규정을 두고 있는데, 이러한 규율의 대상이 되는 관계를 상린관계라고 한다. 상린관계는 소유권의 제한 또는 확장의 모습으로 나타나게 되며 독립한 물권은 아니다.

5) 郭潤直, 앞의 책 "民法總則", 252면; 白泰昇, 앞의 책 "民法總則", 292면; 金相容, 앞의 책 "民法總則", 298면.

6) 金基善, 앞의 책 "韓國民法總則", 200면.

7) 金俊鎬, 앞의 책 "民法總則", 266면.

가되는 것은 그것이 비록 定着物이라 하더라도 不動産으로 볼 수 없는 것이다. 이런 점에서 볼 때, 통설이 '토지의 구성부분으로 다루어져 항상 토지와 운명을 같이 하는 부동산(종속정착물)'이라는 표현을 사용하는 것은 수긍하기 어렵다. 통설이 말하는 소위 '종속정착물'은 정착물이기는 하되 부동산의 범주에는 속하지 못하는 것으로 보아야 할 것이다. 둘째, 두 학설은 모두 定着物과 不動産을 동의어로 파악하고 있는데, 정착물과 부동산은 동의어로 볼 수 없다는 점에 유의할 필요가 있다. 제99조 제1항에서 말하는 '定着物'이란 土地 이외의 어떤 물체가 부동산으로 평가되기 위한 하나의 중요한 표준을 정한 것일 뿐이다. 그러므로 정착물 중에는 不動産인 것도 있고 不動産으로 볼 수 없는 것(즉 土地의 構成部分)도 있다. 현행 민법의 해석상 '定着物'은 '不動産'의 상위개념으로 보아야 한다.

요컨대, 土地 이외의 것으로 不動産이라고 하기 위해서는 土地定着物로서 토지와의 관계에서 獨立性을 유지하고 있는 것으로 평가되는 物體이어야 한다.

(2) 不動産으로서의 土地定着物

308 토지정착물 중에는 물건의 요건을 구비함으로써 토지와 독립한 부동산으로 볼 수 있는 것과 토지의 구성부분에 불과한 것이 있다. 다음에서는 이와 관련하여 문제되는 사항을 검토하기로 한다.

1) 建 物

309 건물이란 토지 위에 세워진 집 따위의 인공적 구조물을 말한다. 건물을 토지의 구성부분으로 보는 독일 민법(제94조)의 태도와 같이, 대부분의 서양법제는 "地上物은 土地에 따른다(*superficies solo cedit*)"라는 원칙에 따라 建物을 土地와 독립된 물건으로 보지 않는다. 그러나 우리나라에서는 건물은 토지와 독립된 부동산이다. 그러므로 토지 위에 건물이 정착해 있는 경우에 토지와 건물을 따로 처분하는 것도 가능하다. 이에 따라 부동산등기법은 "등기부는 토지등기부와 건물등기부의 2종으로 한다"라고 정하고 있다(동법 제14조 제1항).

토지와 독립된 부동산으로서 건물이라고 하기 위해서는 어느 정도의 구조를 갖추고 있어야 할 것인가? 이에 대하여 판례는, 건물로 볼 수 있을 것인가를 판단함에 있어서 단순히 물리적 구조만을 표준으로 하여 획일적으로 평가할 수는 없지만 적어도 기둥·지붕·주벽(主壁)은 이루어져 있어야 한다는 입장이다.[8)]

2) 樹 木

310 수목이란 토지에 뿌리를 두고 살아 있는 木本植物을 말한다. 토지에서 분리된 나무는 동산일 뿐이다. 樹木은 원칙적으로는 토지의 구성부분에 불과한 것이나 일정한 수목집단이 '立木登記' 또는 '明認方法'의 대상이 된 때에는 예외적으로 부동산으로 다루어진다. 다음에서는 입목등기와 명인방법에 대하여 좀 더 살피기로 한다.

일상적인 용어로서의 '입목(立木)'이란 '토지 위에 서 있는 채로의 수목'을 의미하는 것이다. 이렇게 본다면 '立木'은 '樹木'의 동의어에 불과한 것이다. 그러나 법에서 말하는 立木이란 토지에 부착된 수목의 집단으로서 '입목에관한법률'의 규정에 따라 所有權 保存登記[9)]를 받은 것을 말한다(동법 제2조 제1항). 입목등기의 대상이 되는 樹木은 대통령령으로 정하도록 되어 있다(동법 제2조 제2항). 立木으로 등기를 받을 수 있는 수목의 집단의 범위는 1필의 토지 또는 1필의 토지의 일부분에 生立하고 있는 모든 종류의 수목이다(동법 시행령 제1조[10)]). 立木은 토지와 독립된 부동산으로 다루어지는

8) 대법원 1977. 4. 26. 76다1677: "건축중의 건물이 어느 정도에 이르렀을 때 이를 독립된 부동산으로 볼 것이냐 하는 문제는 반드시 그 물리적 구조만을 표준으로 하여 획일적으로 이를 결정지을 수는 없는 것이지만 건물의 기능과 효용면에서 적어도 기둥과 지붕 그리고 주벽만이라도 이루어져야 된다." 그 밖에 대법원 1984. 6. 26. 83다카1659; 대법원 1984. 9. 25. 83다카1858; 대법원 1986. 11. 11. 86누173; 대법원 1993. 4. 23. 93다1527·1534 등 참조.

9) 보존등기라 함은 등기의 대상이 되는 물건에 대하여 그 소유자의 신청에 따라 처음으로 행해지는 등기이다. 예컨대, X가 자기 소유의 나대지(裸垈地: 그 위에 구조물이 없는 빈 토지) 위에 건물을 신축하였다면, X는 신축행위 자체로서 당해 건물에 대한 소유권을 취득하게 된다. X의 건물에 대한 소유권 취득은 법률행위에 의한 것이 아니므로 등기에 의하여 소유권을 취득하는 것이 아니다. 그런데 X가 이 건물에 대한 소유권을 매매계약에 의하여 Y에게 이전하고자 하는 경우, 양수인 Y가 소유권을 취득하는 것은 법률행위에 의한 물권변동이므로 Y명의로 이전등기를 하여야만 비로소 소유권을 취득하게 된다. Y명의로의 소유권이전등기를 하기 위하여는 그 전제로서 신축건물에 대한 등기부가 개설되어 있어야 할 것이다. 소유권보존등기를 신청하게 되면 등기부가 처음으로 개설되는 것이다.

10) 개정되기 전의 시행령 제1조는 다음과 같이 정하고 있었다: 식재된 수목의 경우

데(동법 제3조 제1항), 立木을 대상으로 하는 권리는 所有權과 抵當權에 한정[11]된다는 점에 유의하여야 한다(동법 제3조 제2항).

'明認方法'이란 수목의 집단에 대하여 그것이 누구의 소유인가 하는 것을 제3자가 명확하게 인식할 수 있도록 일정한 標識[12]를 하는 것을 말한다. 명인방법은 관습법상으로 인정되는 공시방법으로 볼 수 있는데, 명인방법을 갖춘 수목의 집단은 토지와 독립된 부동산으로 다루어지게 된다. '입목에관한법률'의 시행령(1995년)이 개정되어 수목집단에 대한 공시방법으로 입목등기를 할 수 있는 가능성이 확대된 것은 분명하나, 등기절차에 기인한 번잡성 및 등기비용 등으로 인하여, 수목에 대한 일반적인 공시방법은 아직도 明認方法이라 할 수 있다. 명인방법에 의하여 공시된 수목의 집단은 소유권의 객체가 될 수 있을 뿐이다.[13] 입목과 달리 명인방법은 완전한 공시방법이라 할 수 없으므로 저당권의 객체로 할 수는 없다.[14] 한편, 입목등기의 대상은 수목에 한정되나 명인방법은 수목에 한정되지 않는다는 점도 유의하여야 한다.[15]

에는 법에 정해진 30종의 법정수목(소나무, 잣나무 등)에 속하는 것이어야 하며, 천연림의 경우에는 30종의 법정수목에 속하며 수종이 7종 이내로 조성되어 있어야 한다. 그러나 1995년 7월 15일의 개정(대통령령 제14737호)에 따라 입목등기의 대상을 모든 종류의 수목으로 확대하였는데, 이는 입목에 관한 권리의 행사를 보다 수월하게 하기 위한 것이다.

11) 입목은 소유권·저당권 이외에 양도담보권의 대상은 될 수 있다고 해석된다. 왜냐하면 양도담보는 소유권이전의 형식을 가지기 때문이다.

12) 예: 일정한 범위의 수목집단에 철망을 치고 철망 중간에 표찰을 달아 '홍길동 소유 수목'이라고 표시하는 것.

13) 양도담보의 대상은 되는 것으로 해석하여야 한다. 왜냐하면 양도담보는 소유권이전의 형식에 의하는 담보제도이기 때문이다.

14) 저당제도는 그 성질상 완전한 공시방법을 전제로 한다. 저당권은 저당목적물이 가지는 교환가치만을 지배하는 담보물권이다. 어떤 물건에 저당권이 설정된다 하더라도 저당권설정자는 여전히 저당물을 점유함으로써 계속 그 사용가치를 향유하는 것이기 때문에 저당권은 다른 담브물권(예: 담보목적물에 대한 점유를 채권자에게 이전시켜야 하는 유치권 또는 질권)에 비하여 관념성을 띠게 된다. 저당권자는 피담보채권에 대한 만족을 얻지 못한 경우에 한하여 저당물을 경매하여 경매대금으로부터 다른 채권자에 우선하여 자기 채권의 만족을 얻게 된다. 이와 같이 저당권은 관념적 권리이기 때문에 저당권의 존재와 내용을 표시할 수 있는 방법은 이를 공적 장부(예: 등기부)를 통하는 수밖에 없다. 근대의 등기제도가 저당권을 중심으로 하여 발달한 것도 바로 이런 사정에 기인하는 것이다. 저당권의 공시제도가 완비되지 않아 저당권자의 법적 지위에 안전성을 확보해 주지 않는다면 자본가는 금전을 필요로 하는 사람에게 금전을 대여해 주는 것을 꺼리게 될 것이고, 그리되면 자본의 효율적 운용이 불가능하게 될 것이다.

사례연구: 物件의 개념

• 사안의 내용 A는 자기 소유의 α토지에 대하여 B와 매매계약을 체결하고 B에게 소유권이전등기를 해 주었다. α토지 위에는 오래 전부터 감나무 다섯 그루가 자라고 있었는데, A·B간의 계약내용에는 감나무를 어떻게 처리할 것인가에 관하여는 아무런 약정이 없었다. A는 B에게 다음과 같이 주장하고 있다: "매매계약의 목적물은 토지에 한정되는 것이므로 감나무를 캐어 가겠다." A의 주장은 법적으로 허용될 수 있는가?

• 사안의 해결 사안의 감나무는 토지에 뿌리를 내리고 있는 수목이다. 수목은 토지정착물로서 토지와 독립된 부동산으로 다루어지는 경우도 있다(제99조 제1항). 그런데 그리 되기 위해서는 당해 수목에 대하여 立木登記 또는 明認方法을 통한 공시방법을 갖추어야 한다. 그러나 사안에서의 감나무들은 공시방법을 구비하지 못하고 있다. 그러므로 감나무들은 토지정착물이기는 하나 α토지의 구성부분에 불과한 물체이다. 즉 감나무는 권리객체로서의 물건의 요건을 구비하지 못한 물체이다.

A·B 사이에 체결된 매매계약의 목적물은 α토지이다. A는 매매계약을 원인으로 B에게 α토지에 대한 소유권이전등기를 해 주었다. 그러므로 α토지에 대한 소유권은 B에게 이전되었다(제186조). 감나무들은 α토지의 구성부분에 불과한 것이므로 A가 감나무들을 캐어 가겠다고 주장하는 것은 B의 토지소유권을 침해하는 것으로 허용될 수 없다.

3) 未分離果實

311 미분리과실이란 수목으로부터 분리되지 않은 果實을 말한다(예: 과수의 열매, 뽕나무 잎 등). 수목으로부터 과실이 분리되면 이는 天然果實(제101조 제1항)로서 元物인 수목과 독립된 動産이며, 果實의 收取權者에게 귀속하게 된다(제102조 제1항). 이에 반해 未分離果實은 수목의 구성부분에 불과한 것이다. 그러나 명인방법을 갖춘 때에는 독립된 권리객체로 인정된다. 명인방법을 갖춘 미분리과실은 소유권의 객체가 될 수 있을 뿐이다.[16]

未分離果實이 부동산인가 아니면 동산인가에 대하여 학설이 대립한다. 학설대립에 실익이 있는 것은 아니지만 논리적 측면에서 이 문제에 대하여 생각해 보기로 한다. 다수설[17]은 未分離의 果實이 토지에 정착하고 있다는 이유에서 부동산으로 본다. 이에 반해 소수설[18]은 민사집행법 제213조가 미분리과실을 동산으로 다루고 있다는 사실[19]을 논거로 동산으로 이해한다.

15) 예: 미분리과실에 대한 명인방법.

16) 양도담보의 대상은 되는 것으로 해석하여야 한다. 왜냐하면 양도담보는 소유권이전의 형식에 의하는 담보제도이기 때문이다.

17) 金相容, 앞의 책 "民法總則", 300면; 金俊鎬, 앞의 책 "民法總則", 268면; 白泰昇, 앞의 책 "民法總則", 295면; 金曾漢·金學東, 앞의 책 "民法總則", 243면; 李英俊, 앞의 책 "民法總則", 904면.

18) 郭潤直, 앞의 책 "民法總則", 256면; 金疇洙, 앞의 책 "民法總則", 209면.

민사집행법 제213조는 미분리과실이 가지는 경제적 특성을 고려한 규정이므로 단순히 규정위치를 논거로 동산으로 판단하는 것은 무리가 아닐까 생각한다. 그리고 이 규정은 미분리과실에 대한 경매는 그것이 성숙하여 수목으로부터 분리됨으로써 독립된 동산으로 되는 상황을 전제한 것으로 이해하여야 할 것이다. 또한 명인방법은 특수한 부동산에 대한 공시방법이라는 점에서 본다 하더라도 미분리과실은 부동산으로 보는 것이 균형 있는 해석으로 생각된다.

4) 農作物

312 일반적으로 농작물이라 하면 다년생의 木本植物(예: 뽕나무, 유실수 등)을 포함하여 널리 농사의 대상이 되는 작물을 가리킨다. 그러나 종래 민법학에서 사용하는 용어로서의 농작물이란 1년생의 草本植物(예: 약초, 양파, 마늘, 고추, 보리, 입도[20] 등)을 가리킨다. 다년생의 木本植物은 樹木의 범주에 포함되는 것으로 보기 때문이다. 1년생의 초본농작물에 대해서는 종래 특수한 논의가 있다. 다음에서는 이에 관하여 살피기로 한다.

(가) 종래의 학설·판례 상황

313 1년생의 초본농작물의 소유권에 관한 판례이론의 내용은 다음과 같다: 정당한 권원을 바탕으로 토지를 경작한 경우에 농작물의 소유권은 경작자에게 있으며, 정당한 권원 없이 타인의 토지를 경작한 경우에도 그 농작물의 소유권은 경작자에게 귀속한다.[21] 그 논거로서 판례는 다음과 같은 사실을 들고 있다: ① 농작물 재배의 경우에는 파종부터 수확까지 불과 수 개월밖에 안 걸리고, ② 경작자의 부단한 관리가 필요하며, ③ 그 점유가 경작자에게 귀속하고 있는 것이 비교적 명백하다. 판례이론의 이와 같은 논거에 비추어 볼 때 이 판례이론의 적용범위는 1년생의 초본농작물임을 알 수 있다. 그리하여 타인의 임야에 권한 없이 식재한 것이 다년생의 木本

19) 민사집행법 제213조 제1항은 다음과 같이 정하고 있다: "토지에서 분리되기 전에 압류한 과실은 충분히 익은 다음에 매각하여야 한다." 제213조는 민사집행법 제2편(강제집행) 제2장(금전채권에 기초한 강제집행) 제4절(동산에 대한 강제집행)에 규정되어 있다.

20) '立稻'란 논에 그냥 선 채로 있는 벼를 말한다.

21) 대법원 1963. 2. 21. 62다913; 대법원 1965. 7. 20. 65다874; 대법원 1967. 7. 11. 67다893; 대법원 1968. 6. 4. 68다613·614; 대법원 1979. 8. 28. 79다784 등 참조.

農作物인 때에는 위 판례이론이 적용되지 않는 것으로 판시하고 있다.[22] 판례는, 草本農作物의 경우에 있어서 경작자가 그것을 식재한 토지에 대하여 사용권원을 가지고 있는가 여부와 무관하게 언제나 토지와 독립된 부동산으로 본다.

초본농작물에 관한 판례이론에 대하여 학설의 평가는 엇갈린다. 판례이론이 들고 있는 논거와 더불어 유휴토지를 효율적으로 운용할 수 있다는 논거 등을 부가하면서 판례이론을 수용하고자 하는 찬성론[23]이 있는가 하면, 판례이론은 경작자를 보호하고자 하는 정책적 배려에 치우친 것으로 법리적으로 허용될 수 없다는 반대론[24]도 있다. 반대론은 판례의 법리적 문제점으로서 다음과 같은 점을 지적한다: 정당한 권원에 의거하여 타인의 토지에서 경작하는 때에는 그 농작물은 토지에 '附合'하지 않고 토지와 독립된 부동산으로 볼 수 있을 것이지만(제256조 단서), 아무런 권원 없이 타인의 토지에서 경작한 농작물은 독립성이 없는 단순한 정착물로서 '附合'의 법리(제256조 본문)에 따라 토지소유자의 토지소유권에 귀속하는 것으로 보아야 한다. 농작물의 소유권 귀속에 관한 문제는 제256조와 밀접하게 연관되어 있다. 그러므로 다음에서는 제256조의 규범의미에 대한 이해를 바탕으로 종래의 학설과 판례를 비판적 관점에서 검토하기로 한다.

(나) 종래 학설·판례에 대한 비판적 평가

가) 제256조의 규범의미

314 제256조 본문은 다음과 같이 규정하고 있다: "부동산의 소유자는 그 부동산에 부합한 물건의 소유권을 취득한다." 즉 부동산에 어떠한 물건이 부합한 때에는 부동산의 소유권자가 부합물에 대한 소유권을 취득한다는 것이다. 부동산에 어떤 물건이 附合되었다는 것은 훼손하지 않으면 그 물건을 부동산으로부터 분리할 수 없거나 분리에 과다한 비용을 요하는 상태를 말한다.[25] 일단 부합이 인정되어 附合物이 탄생하였다면 그 이후로는

---

22) 林木의 경우에는 그 성장이 장기간을 요하고 그 점유상태도 보통 명백한 것이 아니므로 임야에 타인이 권한 없이 식재한 경우에는 초본농작물에 관한 판례이론이 적용될 수 없다고 한다(대법원 1970. 11. 30. 68다1995 참조).

23) 金相容, 앞의 책 "民法總則", 301면; 金俊鎬, 앞의 책 "民法總則", 269면; 金曾漢·金學東, 앞의 책 "民法總則", 244면.

24) 郭潤直, 앞의 책 "民法總則", 257면; 白泰昇, 앞의 책 "民法總則", 296면.

하나의 물건으로 다루어야 하며, 따라서 원래 상태로의 복구는 허용되지 않는다. 그리고 이는 强行規範이다.[26]

한편, 제256조 단서는 다음과 같이 규정하고 있다: "그러나 타인의 권원에 의하여 부속된 것은 그러하지 아니하다." 제256조 본문과 관련지어 단서에 대하여 文理解釋을 한다면 다음과 같은 논리가 가능하다: 부동산에 어떤 물건이 부착되어 훼손하지 않으면 그 물건을 부동산으로부터 분리할 수 없거나 분리에 과다한 비용을 요하는 상태에 있다 하더라도, 그러한 부착이 부동산에 대하여 使用權原이 있는 자[27]에 의한 것인 때에는 附合이 일어나지 않는다. 여기에서 다음과 같은 의문이 제기될 수 있다: 부동산에 어떤 물건이 부착되어 훼손하지 않으면 그 물건을 부동산으로부터 분리할 수 없거나 분리에 과다한 비용을 요하는 상태에 있다면 그 자체로서 附合이 일어난 것이다; 부합물이 탄생한 경우에 원래 상태로의 복구는 허용되지 않는다는 것은 강행규범이다; 이렇게 본다면, 부동산에 대한 사용권원 유무와 상관없이 부합이 일어나는 것으로 보는 것이 논리에 합당할 것이다; 그런데 제256조 단서의 문언에 따른다면, 부동산에 대한 사용권원 유무에 따라 부합의 인정 여부가 달라지는 것으로 된다; 이와 같은 분석에 따른다면, 제256조 단서는 제256조 본문과의 관계에서 볼 때 논리모순이 아닌가 하는 의문이 발생한다.

종래의 학설·판례도 이와 같은 문제점을 인식하고 있다. 그리하여 판례는 다음과 같이 말하고 있다: 부합물에 관한 소유권 귀속의 예외를 규정한 제256조 단서의 규정은 타인이 그 권원에 의하여 부속시킨 물건을 분리하여도 경제적 가치가 있는 경우에 한하여 적용되는 것이다; 그러므로 부속시킨 물건을 분리하게 되면 경제적 가치를 상실하는 경우에는 비록 권원에 의하여 부속시켰다 하더라도 당해 물건이 부속된 부동산소유자의 소유에 귀속하는 것으로 해석하여야 한다.[28] 요컨대, 제256조 단서가 적용되기

---

25) 대법원 1962. 1. 31. 4294민상445; 대법원 1995. 6. 29. 94다6345 참조.

26) 즉 이에 반하는 약정은 무효이다.

27) 대법원 1989. 7. 11. 88다카9067: "민법 제256조 단서 소정의 '權原'이라 함은 지상권, 전세권, 임차권 등과 같이 타인의 부동산에 자기의 동산을 부속시켜서 그 부동산을 이용할 수 있는 권리를 뜻한다."

28) 대법원 1960. 3. 31. 4292민상574; 대법원 1975. 4. 8. 74다1743 참조.

위해서는 부동산에 부속된 물체를 분리한다 하더라도 그 물체가 여전히 경제적 효용을 유지할 수 있는 것이어야 한다는 것이다. 이러한 관점에서 접근한다면 제256조 본문과 제256조 단서 사이의 논리적 모순점은 완전히 극복되는 것인가?

그렇게 말하기 어렵다고 생각되는데, 그 이유는 이러하다. 다른 규정에서의 본문·단서의 일반적인 관계와 마찬가지로 제256조 단서 또한 어떤 사실관계가 원칙적으로는 본문에 의하여 포섭될 수 있어야 한다는 것을 전제로 하는 것이다. 즉 제256조 단서는 부동산에 어떤 물건이 부합되었다는 것을 전제로 하는 것이다. 만일 판례와 같이 "제256조 단서가 적용되기 위한 요건으로서 부속된 물건이 부동산과의 관계에서 독립된 경제적 효용을 가지고 있어야 한다"라고 말한다면 제256조 단서의 규범내용은 제256조 본문에 대한 단서의 형식으로 규율할 것이 아니라, 조문을 달리하든가 최소한 항을 달리했어야 마땅했을 것이다. 왜냐하면 부속된 물건이 부동산과의 관계에서 독립된 경제적 효용을 가지고 있다면 이와 같은 상황은 附合과는 아무 관련이 없는 것이기 때문이다. 또한 부속된 물건이 부동산과의 관계에서 독립된 경제적 효용을 가지고 있는 것이라면(특히 물건의 요건인 '독립성'을 구비하고 있다면), 비록 부동산에 대하여 사용권원이 없는 자가 부속시킨 경우라 하더라도 사용권원이 있는 자가 부속시킨 경우와 달리 볼 이유가 없을 것이다.[29] 즉 부동산에 부속된 물건이 독립된 경제적 효용을 가지고 있다면 부동산에 대한 사용권원 유무와 상관없이 그 물건은 부동산과 독립된 하나의 물건으로 보아야 할 것이다.

그렇다면 제256조 단서의 의미는 어떻게 이해하여야 할 것인가? 제256조 단서와 같은 규정은 土地定着物을 土地所有權의 構成部分으로 보는 법제(예: 독일민법)에 있어서 특별한 의미를 가지는 것으로 생각된다. 왜냐하면 그와 같은 법제에서는 "지상물은 토지에 따른다"라는 원칙에도 불구하고 토지소유권의 범위가 地上物에까지 이르는 것, 즉 地上物이 土地所有權

29) 부동산에 대한 사용권원이 있는 자가 부속시킨 경우와 그렇지 않은 경우는 다음과 같은 차이에 불과할 것이다: ① 타인의 부동산에 대한 사용권원이 있는 자가 부속시킨 때에는 그 권원이 존속하는 동안 부동산소유자가 부동산으로부터 당해 물건을 제거할 것을 청구하지 못한다; ② 타인의 부동산에 대한 사용권원이 없는 자가 부속시킨 때에는 부동산소유자가 부동산으로부터 당해 물건을 제거할 것을 청구할 수 있다.

에 흡수되는 것을 저지하기 위한 규범조치가 필요하기 때문이다. 독일민법과 같은 법제에 있어서 제256조 단서와 같은 규범이 없다면 地上權과 같은 권리가 존재할 수 없을 것이다. 다음과 같은 예를 생각해 보자. P는 Q소유의 토지에 건물을 신축하여 그 건물을 사용하고자 한다. 이 때에 건물과 토지와의 관계에 대하여 아무런 규범조치가 없다면 P는 건물을 사용할 수 없을 것이다. 왜냐하면 "지상물은 토지에 따른다"라는 원칙에 따라 Q의 토지소유권의 범위는 지상물에도 미치게 되어 토지소유자 Q로서는 P에게 물권적 청구권을 행사할 수 있을 것이기 때문이다. 결국, 제256조 단서와 같은 규범은 "지상물은 토지에 따른다"라는 원칙에도 불구하고 토지소유권이 토지정착물에까지 미치는 것을 차단하는 역할을 하게 되는 것이다.

나) 土地와의 관계에서 본 農作物의 獨立性

315 위의 논의를 통하여 다음과 같은 사실을 확인할 수 있었다: 우리 법제에 있어서 부동산에 어떤 물건을 부속시킨 경우에 부합이 인정되는가 여부를 판단함에 있어서 부동산에 대한 사용권원이라는 것이 결정적인 기준이 되지 못한다. 부동산이 토지인 경우를 들어 이와 같은 사실을 확인해 보자. P가 Q 소유의 토지 위에 건물을 신축하였다고 할 때, 신축건물은 토지에 부합하지 않는 독립된 부동산으로서 그 소유권은 P에게 있다. 그런데 신축건물이 토지와 독립된 부동산이라는 사실은 P에게 Q 소유의 토지를 사용할 수 있는 권원이 있는가 문제와는 아무 상관이 없다. 왜냐하면 토지정착물 중에서 건물은 아예 원천적으로 土地와 독립된 별개의 不動産이기 때문이다. 즉 원천적으로 獨立性을 가지는 물체는 제256조 단서와 무관하게 부합이 일어나지 않는다. 여기에서 다음과 같은 입론이 가능하다: 토지정착물 중에서 제256조 단서가 적용되는 것은, 그 자체로서는 토지와 독립된 물건으로 다루어지지 못하는 물체(예: 명인방법·입목등기를 하지 않은 수목집단)에 한정되는 것으로 보아야 할 것이다. 그리고 여기에서 말하는 '토지정착물 중에서 그 자체로서는 토지와 독립된 물건으로 다루어지지 못하는 물체'에는 농작물도 포함될 것이다.

앞에서의 논의를 기초로 하여 토지에 농작물이 부착된 경우를 생각해 보자. 종래 판례와 학설의 입장을 다시 정리해 보자. 판례의 입장은 다음과 같다: 토지사용에 대한 권원 유무와 상관없이 농작물은 토지와 독립된 부동산이다. 종래 학설의 입장은 어떠한가? 판례이론에 찬성하는 입장이든 반대하는 입장이든 학설이 내세우는 원칙론은 다음과 같다: 토지와의 관계에서 농작물의 독립성은 경작자에게 타인의 토지에 대한 使用權原이 있는가 여부를 기준으로 하여야 한다. 즉 종래 학설은 모두 원칙론적으로는 경작자에게 토지사용에 대한 권원이 있는가 여부에 따라 농작물의 독립성을 판단하여야 한다는 점에서는 다툼이 없다. 다만 이론적 측면이 아닌 실제적 측면(특히 경작자 보호)을 들어 판례이론에 찬성하는 입장이 있고, 이와 달리 원칙론을 그대로 관철하는 입장이 있을 뿐이다. 그런데 만일 토지정착물의 독립된 권리객체성을 판단함에 있어서 부동산에 대한 使用權原의 有無가 결정적 기준이 아니라고 본다면, 농작물을 토지와 독립된 부동산으로 볼 것인가를 판단함에 있어서 경작자에게 타인의 토지에 대한 使用權原이 있는가 여부를 기준으로 하는 것은 타당한 견해로 볼 수 없다. 여기에서 다음과 같은 근본적인 문제점이 발생한다: "토지에 부착된 농작물을 토지에 부합되는 것으로 볼 것인가 아니면 토지와 독립된 부동산으로 볼 것인가" 하는 것을 판단함에 있어서 경작자에게 타인의 토지에 대한 使用權原이 있는가 여부를 기준으로 하는 것을 타당한 관점이라고 할 수 있겠는가? 생각건대, 이는 정당한 관점으로 보기 어렵다. 그 이유는 이러하다: 농작물은 토지정착물임에 분명하다; 현행법상 토지와 독립된 부동산으로 다루어지는 토지정착물에는 두 가지 유형이 있는데, 하나는 그 존재 자체로서 토지와 독립된 부동산으로 되는 경우(예: 건물)이고, 다른 하나는 입목등기 또는 명인방법을 갖춤으로써 비로소 토지와 독립된 부동산으로 인정되는 경우(예: 수목)이다; 농작물은 후자에 속한다; 그러므로 농작물에 대하여 입목등기 또는 명인방법이 없다면 농작물은 독립된 권리객체로 볼 수 없다. 결국, 농작물이 토지와 독립된 부동산으로 인정되기 위해서는 농작물에 대하여 최소한 명인방법이 갖추어져 있어야 한다.

판례가 "정당한 권원 없이 타인의 토지를 경작한 경우에도 그 농작물의 소유권은 경작자에게 귀속한다"라는 입장을 유지하려 한다면, 농작물의 경작사실과 존재 자체를 명인방법에 준하는 공시방법으로 이론구성하는 것이 오히려 법리적으로 설득력을 가질 것으로 생각한다. 왜냐하면 토지정착물에 대한 명인방법은 정형적이고 특별한 형식에 의하는 것이 아니라 관습상 인정되는 공시방법에 불과한 것이므로 농작물의 경작사실과 존재 자체를 농작물의 공시방법으로 인정할 가능성을 전적으로 부정할 일은 아니기 때문이다. 1년생의 초본농작물에 대한 종래의 판례이론이 그 논거로서 들고 있는 사실[30]을 고려해 볼 때, 농작물의 경작사실과 존재 자체를 관습법상 인정되는 하나의 공시방법으로 인정하는 것이 어떨까 생각한다. 만일 농작물의 경작사실과 존재 자체를 하나의 공시방법으로 본다면, 1년생의 초본농작물은 수목과 같은 일반적인 토지정착물과는 다른 면모를 가지게 된다. 즉 1년생의 초본농작물은 마치 건물과 같이 처음부터 토지와 독립된 부동산으로 다루어지는 것이다. 그리고 이와 같은 이론의 적용범위는 종래의 판례이론과 마찬가지로 1년생의 초본농작물에 한정되어야 할 것이라는 점에 유의하고자 한다. 이 이론을 다년생의 목본농작물에까지 확장하여 적용한다면 이는 토지소유권에 대한 근본적인 침해가 될 것이기 때문이다.

다) 農作物의 獨立性과 농작물의 除去請求

316 1년생의 초본농작물을 제256조 단서와 무관하게 원천적으로 토지와 독립된 별개의 부동산으로 본다 하더라도 여전히 남는 문제가 있다. 타인의 토지 위에 정착된 농작물에 대하여 토지소유자가 제거청구를 하는 경우에 경작자의 법적 지위는 어떠한가 하는 문제가 그것이다. 이 문제는 종래에 별로 논의되지 않은 것이다. 그러나 논의의 가치가 충분하다고 생각한다. 왜냐하면 농작물이 토지와 별개의 독립된 부동산이라는 것과 토지소유자가 농작물에 대하여 제거청구를 할 수 있다는 것은 전혀 별개의 문제이기 때문이다. 예컨대, 토지에 대한 사용권원 없이 타인의 토지에 건물을 신축한 경우에 건물소유권은 신축자에게 있으나 토지소유자는 권원 없이 건물을 부착시킨 자를 상대로 당해 건물을 철거할 것을 청구할 수 있는 권리를 가지는데, 농작물의 경우에도 이와 마찬가지의 상황이 되기 때문이다.

농작물에 대한 제거청구의 문제를 다음과 같은 두 가지 경우로 나누어서 생각해 보기로 하자: ① 경작자에게 토지에 대한 사용권원이 있는 경우; ② 경작자에게 토지에 대한 사용권원이 없는 경우.

---

30) 이는 다음과 같은 것을 말한다: ① 농작물 재배의 경우에는 파종부터 수확까지 불과 수 개월밖에 안 걸린다; ② 경작자의 부단한 관리가 필요하다; ③ 그 점유가 경작자에게 귀속하고 있는 것이 비교적 명백하다.

①의 경우를 본다. 경작자가 토지에 대한 사용권원을 가지고 있다면 그와 같은 사용권원이 존속하고 있는 한 토지소유자는 농작물의 제거를 요구할 수 없다. 왜냐하면 경작자는 토지를 점유하고 사용할 권리를 보유하고 있기 때문이다.

②의 경우를 본다. 경작자에게 토지사용권원이 없는 때에는 토지소유자는 경작자에 대하여 농작물의 제거를 청구할 수 있다고 해석하여야 한다. 왜냐하면 농작물의 경작·존재 자체를 공시방법으로 본다 하더라도 이는 농작물이 토지와 독립된 부동산이며, 그 결과 농작물의 소유자는 경작자라는 사실을 말하는 것에 불과한 것이기 때문이다. 즉 농작물의 소유권이 경작자에게 있다는 것과 토지소유자가 자신의 토지 위에 식재되어 있는 농작물에 대하여 물권적 청구권을 행사하여 이를 제거할 것을 청구할 수 있다는 것은 별개의 문제이다.

그렇다면 토지소유자의 이와 같은 권리는 언제나 긍정되는 것인가? 토지소유자가 농작물에 대하여 제거청구를 한 시점이 농작물의 수확단계에서 이루어진 것이라면 토지소유자의 청구에 응하여 농작물을 제거한다 하더라도 별다른 문제가 없을 것이다. 그러나 수확기 전에 청구를 하였고, 이에 따라 토지에 부착된 미성숙 상태에 있는 농작물이 언제나 제거의 대상이 된다고 하는 것은 사회경제적으로도 손실이 된다. 여기에서 권리남용금지의 법리에 따라 토지소유자의 제거청구에 관한 원칙을 완화할 필요가 있다. 즉 스스로 토지를 이용하지 않던 자가 농작물의 제거를 청구하는 것은 토지소유권을 남용하는 것으로 보자는 것이다. 토지소유자가 농작물에 대하여 이를 제거할 것을 청구한 경우에 이를 인용할 것인가 여부는 일률적으로 볼 것이 아니다. 즉 당해 청구가 권리남용의 요건을 충족하는가에 따라 선별적으로 판단하여야 할 것이다.

토지소유자의 농작물 제거청구가 권리남용에 해당되어 경작자가 수확시까지 당해 농작물을 토지에 정착시키는 것이 가능하다 하더라도 경작자는 토지소유자에게 당해 토지의 임대료 상당액에 대해서는 부당이득의 법리에 따라 정산하여야 한다.

사례연구: 農 作 物

• **사안의 내용** 서울에 살고 있는 A는 강원도 산골에 소재한 a토지의 소유자이다. A는 a토지 근처에 대단위 관광시설이 들어설 것이라는 소문을 듣고 a토지를 매수하였을 뿐이었다. 그리하여 A는 a토지를 매수할 당시에 한 번 토지를 방문한 것 이외에는 한 번도 가본 적 없이 약 10년의 기간 동안 그대로 방치하고 있었다. a토지 인근에 살고 있는 B는 약 5년 전부터 A와 아무런 상의도 없이 a토지에 감자를 심어왔다. 그러던 어느 날 a토지를 방문한 A는 그 토지에 감자가 심어져 있는 것을 보고 B에게 감자를 제거할 것을 요구하고 있다. A의 주장은 법적으로 허용되는 것인가?

• **사안의 해결** A소유의 a토지 위에서 B가 경작하고 있는 감자는 1년생의 초본농작물이다. 이와 같은 농작물의 경우에 판례는, 경작자에게 토지에 대한 사용권원이 없다 하더라도 경작자에게 농작물에 대한 소유권이 있는 것으로 본다. 그런데 판례이론에 의한다 하더라도 감자에 대한 소유권이 B에게 있다는 것일 뿐, 토지소유자 A가 자신의 소유권에 기하여 방해제거를 청구하는 것은 별개의 문제이다. A의 주장은 원칙적으로는 타당한 것이다. 그러나 A가 오랜 동안 a토지를 방치하고 있다가 특별한 이익도 없이 감자의 제거를 청구하는 것은 권리남용의 요건을 충족한다고 보아야 한다. 그러므로 A의 청구는 법의 조력을 얻지 못한다. A로서는 자신의 토지가 타인에 의하여 무단으로 사용되었다는 사실을 이유로 B에 대하여 부당이득의 반환(제741조) 또는 불법행위로 인한 손해배상(제750조)을 청구하는 것에 만족하여야 한다.

Ⅲ. 動 產

317 우리 민법상 동산의 개념은 용이하게 파악될 수 있다. 즉 부동산(즉 토지 또는 그 정착물) 이외의 물건은 동산이다(제99조 제2항). 전기 기타 관리할 수 있는 자연력도 동산에 속한다. 선박, 자동차, 항공기는 동산이기는 하지만 부동산과 같이 다루어진다. 즉 부동산에 대한 권리를 등기부에 등재하여 공시하듯이 등록부를 두어 권리관계를 공시한다.

제 4 절 主物과 從物: 從物理論

제 4 절 主物과 從物: 從物理論
Ⅰ. 序 說
Ⅱ. 從物理論의 원형
Ⅲ. 從物理論의 유추

Ⅰ. 序 說

318 從物理論이라 함은 어떤 물건(즉 '주물')과의 관계에서 종된 지위에 있는 물건(즉 '종물')은 주물과 법적 운명을 같이 한다는 내용의 법리이다(제100조). 배와 노는 각각 주물과 종물에 해당한다.

종물이론의 원형은 물건과 물건 사이에서 인정되는 것이나, 판례와 학설은 권리와 권리 사이에도 이 이론을 유추하고 있다.

Ⅱ. 從物理論의 원형

1. 從物理論의 적용요건

319 "종물은 주물의 처분에 따른다"라는 내용의 종물이론이 적용되기 위한 요건은 "종물이란 무엇인가?"라는 방향에서 접근할 수 있다. 종물의 요건을 정리하면 다음과 같다.

ⓘ 첫째, 종물이라고 하기 위해서는 주물의 상용에 이바지하는 것이어야 한다. 주물의 상용에 이바지한다 함은 계속성을 띠면서 주물로 하여금 경제적 효용을 다하게 하는 것을 말하는 것이다.[1] 그러므로 주물 그 자체

1) 대법원 1985. 3. 26. 84다카269; 대법원 1993. 8. 13. 92다43142; 대법원 1994. 6.

의 경제적 효용과 직접 관계가 없는 물건은 종물이 아니다.[2] 또한 단순히 일시적으로 주물의 경제적 효용에 이바지할 뿐인 것도 종물로 볼 수 없다.[3]

ⅱ 둘째, 종물은 주물에 부속된 것이어야 한다. 여기에서 '부속'이라고 하는 것은 주물과의 관계에서 장소적 밀접성을 가져야 함을 의미하는 것이다.[4] 장소적 밀접성을 가져야 한다는 것이지 주물의 일부라는 뜻이 아니다. 만일 주물의 일부라면 "종물은 주물의 처분에 따른다"라는 종물이론이 적용될 여지가 없을 것이다. 종물은 그 자체로서 물건의 요건을 갖추고 있어야 함을 유의하여야 한다. 즉 종물은 주물과 독립된 물건으로서의 성격을 잃지 않는다. 종물은 반드시 하나의 물건일 필요는 없다. 즉 복수의 물건이 종물의 지위에 있는 경우도 생각할 수 있는 것이다.

ⅲ 셋째, 부동산도 종물이 될 수 있다.[5] 이는 특히 건물을 토지와 독립된 부동산으로 보는 우리 민법의 태도와 관련되는 것이다. 건물을 토지의 구성부분으로 보는 법제에 있어서는 종물을 동산에 한정하고 있으나(독일민법 제97조 제1항), 우리 민법에 있어서는 그와 같은 제한을 둘 수 없다.

ⅳ 넷째, 주물과 종물은 동일한 소유자에게 속하는 것이어야 한다. 앞에서 말한 모든 요건을 갖추었다 하더라도 문제의 두 물건에 대한 소유자가 다른 경우에는 주물·종물의 개념은 나올 수 없다. 다음과 같은 예를 들어 생각해 보자: α물건은 계속적으로 β물건의 경제적 효용에 이바지하고 있

10. 94다11606; 대법원 1997. 10. 10. 97다3750; 대법원 2000. 11. 2. 2000마3530 등 참조.

2) 대법원 1985. 3. 26. 84다카269: "호텔의 각 방실에 시설된 텔레비전, 전화기, 호텔세탁실에 시설된 세탁기, 탈수기, 드라이크리닝기, 호텔주방에 시설된 냉장고, 제빙기, 호텔방송실에 시설된 브이티알(비데오), 앰프 등은 호텔의 경영자나 이용자의 상용에 공여됨은 별론으로 하고 주물인 호텔 각 방실 자체의 경제적 효용에 직접 이바지하지 아니함은 경험칙상 명백하므로 위 부동산에 대한 종물이라고는 할 수 없다."

3) 대법원 1995. 6. 29. 94다6345: "주유소의 주유기는 계속해서 주유소 건물 자체의 경제적 효용을 다하게 하는 작용을 하고 있으므로 주유소 건물의 상용에 공하기 위하여 부속시킨 종물이다."

4) 대법원 1956. 5. 24. 4288민상526: "종물이기 위해서는 특정의 주물에 기속된다고 인정될 만한 장소적 관계에 있어야 함을 요한다."

5) 대법원 1993. 2. 12. 92도3234: "횟집으로 사용할 점포 건물에 거의 붙여서 횟감용 생선을 보관하기 위하여, 즉 위 점포 건물의 상용에 공하기 위하여 신축한 수족관 건물은 위 점포건물의 종물이라고 해석할 것이다"; 대법원 1988. 2. 23. 87다카600: "어느 건물이 주된 건물의 종물이기 위하여는 주된 건물의 경제적 효용을 보조하기 위하여 계속적으로 이바지되어야 하는 관계가 있어야 한다."

다; 그런데 α는 P의 소유이고 β는 Q의 소유이다. 이 경우에 α를 β의 종물이라고 한다면, Q가 β에 대한 소유권을 R에게 이전시킨 경우 β와 함께 α에 대한 소유권도 R에게 이전하게 된다. 그런데 이와 같은 결과는 α의 소유권자인 P의 권리를 침해하게 되는 것이다. 이와 같은 이유로 하여 "주물과 종물은 동일한 소유자에게 속하는 것이어야 한다"라고 말하는 것이다. 그런데 "주물과 종물은 동일한 소유자에게 속하는 것이어야 한다"라는 말은 논리모순의 측면이 있다. 보다 정확하게 말한다면, 두 물건의 소유자가 다른 때에는 그 중 어느 한 물건에 대하여 '종물'이라는 용어 자체를 사용할 여지가 없다고 보아야 한다.

2. 從物理論의 취지와 효과

320 종물이론의 취지를 한 마디로 말한다면, 물건이 가지는 경제적 효용을 계속 유지시킴으로써 거래계에 존재하는 재화의 효용을 극대화시키자는 것이다. 복수의 물건이 서로 주물·종물관계에 있다면 이들 물건의 경제적 단일성을 유지시키는 것이 사회경제적으로 이익이 되기 때문이다.

종물이론의 효과는 종물은 주물과 법률적·경제적 운명을 같이 한다는 것이다. 그러므로 주물에 대한 소유권의 양도나 물권의 설정 및 매매·임대차 등은 종물에도 그 효력을 미친다. 주물 위에 저당권이 설정된 경우에 저당권의 효력은 종물에 대하여도 미친다는 규정(제358조)은 특별한 규정이기보다는 종물이론의 연장선상에 있는 규정으로 이해하여야 할 것이다.[6)]

제100조 제2항은 강행규정은 아니다. 그러므로 법률관계 당사자 사이에 이 규정과 다른 특약을 하는 때에는 종물이론은 적용되지 않는다.[7)]

---

6) 대법원 1994. 6. 10. 94다11606: "저당권의 효력이 미치는 저당부동산의 종물이라 함은 민법 제100조가 규정하는 종물과 같은 의미이다."

7) 대법원 1978. 12. 26. 78다2028: "어선의 의장품이 선체의 종물이라 하더라도 특히 당사자가 선체와 기관만을 공제계약의 목적물로 하고 의장품은 그 계약목적물로 삼지 않기로 합의한 것이라면 의장품이 그 법적 운명에 있어서 반드시 선체와 함께 하여야 될 이유는 없다."

Ⅲ. 從物理論의 유추

321 종물이론은 물건과 물건 사이에서 인정되는 법리이다. 그러나 권리와 권리 사이에도 종물이론을 유추하는 데에 대하여 학설·판례상 아무 이견이 없다. 원본채권과 이자채권은 서로 주종의 관계에 있는데, 원본채권이 양도되면 이자채권도 함께 양도된다는 것과 같은 것이 그 예이다.

토지 이외의 정착물, 특히 건물도 부동산으로 보고 있는 우리 법에 있어서는 종물이론이 유추되는 빈도가 다른 법제에 비하여 높다고 볼 수 있다. 종물이론이 유추되는 대표적인 경우는 이러하다. 地上權[8]에 기하여 타인의 토지 위에 건물을 소유하는 자가 건물에 대하여 저당권을 설정한 경우이다. 이 경우에 종물이론이 유추적용된다. 즉 건물에 대한 저당권의 효력은 그 건물의 소유를 내용으로 하는 지상권에도 미치게 된다는 것이다. 그 결과 건물에 대한 저당권이 실행되어 경락인이 그 건물의 소유권을 취득하였다면 건물을 경락받은 후에 건물을 철거한다는 식의 매각조건으로 경매된 것과 같은 특별한 사정이 없는 한, 경락인은 건물 소유를 위한 지상권도 취득하는 것으로 보아야 한다.[9] 즉 경락인은 건물 소유권뿐만 아니라 이에 부수하여 당해 건물의 대지에 대한 사용권원도 취득한다는 것이다. 이와 같이 경락인은 건물소유권과 아울러 그와 동시에 지상권을 취득하게 되는데, 이들 권리취득은 모두 법률행위에 의한 물권변동이 아닌 경매에 의한 물권변동에 해당하기 때문에 등기를 요하지 않는다(제187조).

권리간의 종물이론 유추와 관련하여 유의하여야 할 사안이 있다. 임차권에 의하여 타인의 토지 위에 건물을 소유하는 자가 자기 소유의 건물에 대하여 저당권을 설정한 경우가 그것이다. 언뜻 보면, 이 경우에도 건물에 대한 저당권의 효력은 그 건물의 소유를 내용으로 하는 임차권에도 미치게 되어 건물에 대한 저당권의 실행으로 경락인이 그 건물의 소유권을 취득하였다면 경락인은 건물 소유를 위한 임차권도 취득하는 것으로 보기 쉽다.

---

8) 지상권의 개념에 대해서는 이 책 [38] 보충설명 부분 참조.
9) 대법원 1996. 4. 26. 95다52864 등 참조.

그러나 이와 같은 사안은 그리 보아서는 안 된다. 그 이유는 이러하다: 만일 경락인이 임차권도 취득한다고 보게 되면, 원래의 임차인이 경락인에게 임차권을 양도한 것과 같은 결과가 된다; 그런데 임차권의 양도에는 임대인의 승낙을 요한다(제629조); 그러므로 임대인의 승낙이 없는 한, 경락인은 임차권을 취득했다는 것을 가지고 임대인에게 대항할 수 없다고 보아야 한다.[10] 임차권의 경우에 이와 같이 지상권의 경우와 큰 차이를 보이는 것은 채권과 물권의 본질적 상이점에 그 원인이 있다. 지상권은 물권이며, 물권자는 자신의 물권의 범위 내에서 자유로운 처분권을 가진다. 그러나 임차권은 채권으로서, 대인적 권리인 채권은 채권관계 당사자 사이에서만 효력을 가지는 것에 불과하다. 이 사례에서 토지임대인에 대하여 채권(즉 임차권)을 주장할 수 있는 것은 임대차계약의 당사자인 원래의 임차인에 한하는 것이다.

10) 대법원 1993. 4. 13. 92다24950 참조.

제 5 절 元物과 果實

제 5 절 元物과 果實
Ⅰ. 果實의 의미
Ⅱ. 果實의 귀속

Ⅰ. 果實의 의미

1. 元物과 果實의 개념

322 과실이라 함은 일정한 물건(또는 금전)으로부터 발생한 수익을 말하며, 과실을 생기게 한 물건(또는 금전)을 원물이라고 한다. 원물・과실의 개념은 법제마다 차이가 있는데, 우리 민법은 물건(또는 금전)으로부터 발생한 수익인 물건(또는 금전)의 과실만을 인정할 뿐이다. 즉 현행 민법상 권리로부터 발생한 수익인 권리의 과실(예: 주식의 배당금, 특허권의 사용대가)은 과실의 범주에 속하지 않는다.[1]

2. 果實의 종류

323 민법은 果實을 天然果實과 法定果實의 두 종류로 분류하여 정하고 있다.

천연과실은 원물의 경제적 용도에 따라 산출된 물건을 말하는 것이다(제101조 제1항). 동물의 새끼, 유실수로부터 산출된 열매, 닭으로부터 산출된 계란, 젖소로부터 산출된 우유 등이 천연과실에 해당한다. 이와 같이 자연적・유기적으로 생산된 물건이 천연과실이라는 점에는 의문의 여지가 없으나, 천연과실은 여기에 한정되지 않는다. 즉 돌산에서 떼어낸 돌과 같이 무

1) 권리의 과실도 과실(특히 법정과실)로 보아야 한다는 소수설도 있다(高翔龍, 앞의 책 "民法總則", 298면).

기적·인공적으로 수취되는 물건도 천연과실로 보는 것이 통설의 입장이다.

법정과실은 물건(또는 금전)의 사용대가로 받는 금전 기타의 물건이다(제101조 제2항). 임대차계약에 있어서 물건사용의 대가로 지불되는 차임, 지상권자가 토지사용의 대가로 지불하는 지료, 금전소비대차에 있어서 금전사용의 대가로 지불되는 이자 등이 법정과실에 해당한다. 이와 같이 법정과실은 타인으로 하여금 일정기간 동안 물건(또는 금전)을 사용하게 하고 나중에 그 물건 자체(예: 임대차의 경우) 또는 그 물건과 동종·동질·동량의 물건(예: 소비대차의 경우)을 반환받는 법률관계에서 발생하게 된다.

3. 天然果實 여부가 문제되는 상황

324 민법은 천연과실을 '물건의 용법에 의하여 수취하는 산출물'로 정의하고 있다(제101조 제1항). 여기에서 말하는 '물건의 용법에 의하여'의 의미에 관하여 종래 학설의 이해태도가 동일하지 않다. 문제상황은 다음과 같다: 승마용 말의 새끼, 일소(役牛)로부터 산출된 우유, 감상용 식물로부터 산출된 열매 등과 같은 물건을 천연과실로 볼 것인가? 즉 '물건의 용법에 의하여'라는 것은 '원물의 경제적 용도에 따라서'라는 의미인데, 이들 물건은 승마·일·감상이라는 원물의 경제적 용도에 따라 산출된 것이 아닌 것으로 볼 수 있다는 측면으로 인하여 발생한 문제이다.

제1설[2]은 '물건의 용법에 의하여'를 매우 엄격하게 해석하여 위의 물건은 과실이 아니라고 한다. 제2설[3]은 다음과 같이 주장한다: 천연과실의 개념은 원물로부터 분리되어 과실이 발생한 때에 그것을 누구의 소유로 할 것인지를 정하는 데에 있는 것이다; 그러므로 이들 물건을 과실로 볼 것인가 하는 방향에서 논의할 것이 아니라 그 물건이 누구의 소유인가 하는 방향에서 문제를 해결하는 것이 옳다고 한다. 제2설이 현재 다수설의 위치에 있는 것 같다. 이들 학설대립에 별다른 실익이 있는 것으로 생각되지는 않으나 논리훈련의 의미에서 검토하기로 한다.

우선 제2설의 문제점을 보기로 한다. "문제된 물건이 과실인가?" 하는

2) 金基善, 앞의 책 "韓國民法總則", 217면 참조.

3) 郭潤直, 앞의 책 "民法總則", 281면; 高翔龍, 앞의 책 "民法總則", 297면; 金俊鎬, 앞의 책 "民法總則", 275면.

것이 논의의 대상인데, 제2설은 이 논쟁의 대상에 대하여는 아무런 답을 하고 있지 않다. 논쟁의 대상이 "문제된 물건이 과실인가?"라는 것이라면 그 물건이 과실인가 여부를 말하는 것이 정당한 논의태도일 것이다.

또한 제2설이 그들의 논리를 구체적 사례에 적용하면서 부가하는 설명도 수긍하기 어렵다. 그들이 드는 사례는 대체로 이러한 것이다[4]: P가 Q화원으로부터 화분에 심어진 관상용 식물을 임차하였는데, 그 식물로부터 열매가 분리되었다면 그 열매는 누구의 소유인가? 이에 대하여 제2설은 다음과 같이 판단한다: 원물인 관상용 식물에 대한 임대차계약이 감상뿐만 아니라 수익도 목적으로 한 것인가 아니면 단지 감상만을 목적으로 한 것인가에 따라 열매에 대한 소유권을 판단한다. 이 설명에 따르면, 임대차계약이 수익·감상을 목적으로 한 경우에는 열매는 P의 소유이고, 감상만을 목적으로 한 경우에는 Q의 소유로 된다는 것이다.

천연과실의 개념을 설정하게 되는 실익이 천연과실에 대한 소유권 귀속에 있다는 것은 옳다. 원물로부터 일정한 물건이 독립되었고 그 물체가 물건의 요건을 구비하였다면 그 물건을 중심으로 하여 법률관계를 새로이 설정해 줄 필요가 있기 때문이다. 그러나 원물로부터 분리된 어떤 물건이 천연과실인가에 대한 판단과 그 천연과실에 대한 소유권 판단은 분리하여 생각하여야 한다. 논리순서로 볼 때 천연과실 여부에 대한 판단은 그에 대한 소유권 판단에 선행되어야 할 문제이다. 제2설의 입장은 문제의 열매가 천연과실인가에 대한 판단은 생략한 채 그 소유권자만을 판단하려고 한다는 점에서 논리과정의 적정성을 결여하고 있다. 그들이 들고 있는 사례에서 임대차계약이 수익·감상을 목적으로 한 때에는 P가 열매의 소유자라고 판단하고자 한다면, 그 논리적 전제로서 문제의 열매가 법적으로 어떤 지위에 있기 때문에 그리 된다는 것을 밝혔어야 한다. 임대차계약이 수익·감상을 모두 목적으로 한 경우에 열매에 대한 소유권이 P에게 귀속하는 것은 P가 임차물인 관상용 식물에 대하여 사용권뿐만 아니라 수익권도 있기 때문이며, 이 수익권에 과실수취권이 포함되기 때문인 것이다. 임대차계약에 있어서 임차인은 임차물에 대하여 사용권과 수익권을 가지는 것이 원칙이다(제

4) 특히 郭潤直, 앞의 책 "民法總則", 261면.

618조). 그러므로 임대인·임차인 사이에 특별한 약정이 없다면 열매는 임차인인 P의 소유로 된다. 그러나 당사자간의 특약에 의하여 수익권은 임대인에게 있는 것으로 합의하였다면 열매는 임대인인 Q에게 귀속할 것이다. 이 경우에도 열매가 천연과실이라는 점은 변함이 없으나 천연과실의 귀속에 관한 당사자간의 약정에 의하여 수익권이 임대인에게 귀속하는 것이다. 제2설이 들고 있는 사례에서 문제의 열매가 경우에 따라 P 또는 Q에게 귀속하는 것은, 원물에 대한 수익권의 한 내용을 구성하는 과실수취권에 대한 당사자간의 약정의 결과인 것이지 원물로부터 분리된 열매의 법적 성질에 기인하는 것은 아니다. 제2설이 들고 있는 사례에서 임대차계약의 내용이 수익·감상을 내용으로 한 것인 때에 식물의 열매가 P에게 귀속한다고 설명하기 위해서는, 문제의 열매가 원물로부터 발생한 천연과실이라는 점을 인정하여야 할 것이다.

제1설은 어떠한가? 제1설은 제101조 제1항의 '물건의 용법에 의하여'에 대한 의미를 오해한 측면이 있다. '물건의 용법에 의하여'라는 표지는 이를 주관적 측면에서만 바라볼 일이 아니라고 본다. 승마용 말의 새끼, 일소(役牛)로부터 산출된 우유, 감상용 식물로부터 산출된 열매 등과 같은 예에서 승마용 말·일소(役牛)·감상용 식물의 경제적 용도에 승마·일·감상이 포함되는 것은 사실이다. 그러나 이들 승마·일·감상이라는 경제적 용도는 말·소·식물 그 자체의 본질적 용도에 부가하여 인정되는 또 다른 용도라는 사실에 유의할 필요가 있다. 승마·일·감상이라는 부가적 용도로 인하여 당해 물건의 본질에 기하여 당연히 인정되는 경제적 용도가 잠식되는 것은 아니라고 생각한다. 그러므로 승마용 말의 새끼, 일소(役牛)로부터 산출된 우유, 감상용 식물로부터 산출된 열매 등은 모두 천연과실로 보아야 한다.

Ⅱ. 果實의 귀속

1. 序 說

325 현행 민법상 元物과 果實은 모두 물건이어야 하는데, 원물로부터 과실이 발생하였다면 그 과실이 누구에게 귀속할 것인가 하는 것을 정하여야 할 필요가 있다. 이에 따라 민법은 天然果實과 法定果實로 구분하여 果實의 귀속에 관한 질서를 정하고 있다(제102조).

2. 法定果實의 귀속원리

326 法定果實의 경우에는 수취할 권리의 '存續期間日數'의 비율로 취득한다(제102조 제2항).

다음과 같은 예를 생각해 보자: P는 자기 소유의 PC를 Q와의 임대차계약에 따라 Q에게 인도하여 현재 Q가 점유하고 있다; 임차기간은 90일로 하였고 차임은 90일이 경과한 때에 한꺼번에 30만원을 지급하기로 하였다; 임대차계약의 존속기간 중 1/3이 경과한 시점에서 PC를 Q의 점유상태에 놓아둔 채 P는 이 임차물에 대하여 K와 매매계약을 체결하고 이를 목적물반환청구권의 양도[5]의 방법으로 K에게 인도하였다. 그리고 이와 동시에 임대인으로서의 지위도 승계하였다. 이 경우에 임차인 Q가 임대차계약에 기하여 지급하여야 하는 차임은 PC로부터 발생하는 법정과실이다. 또한 임대차계약이 존속하는 중에 PC에 대한 소유자 및 임대인이 P에서 K로 변경되었다. 이 경우에 법정과실인 차임에 대한 권리, 즉 법정과실에 대한 권리는 PC에 대한 소유자 및 임대인으로서의 법적 지위가 존속하는 날수의 비율로

---

5) 제190조는 "제3자가 점유하고 있는 동산에 관한 물권을 양도하는 경우에는 양도인이 그 제3자에 대한 반환청구권을 양수인에게 양도함으로써 동산을 인도한 것으로 본다"라고 규정한다. 예를 들어 보자. P는 자기 소유의 α물건을 S에게 임대차계약에 따라 인도하여 간접점유자의 지위에 있다; α물건에 대한 직접점유가 S에게 있는 상태에서 P는 이 물건을 Q에게 매각하였다; P는 S와의 임대차계약 종료시에 S로부터 물건을 반환받아 이를 다시 Q에게 현실의 인도를 하여야 할 것이다; 그러나 그렇게 하지 않고 P의 S에 대한 반환청구권을 Q에게 양도함으로써 인도한 것으로 보는 것이다.

P와 Q에게 귀속되는 것이다. PC에 대한 소유자 및 임대인으로서의 법적 지위가 P에서 Q로 변경된 시점이 임대차계약의 존속기간 중 1/3이 경과한 때에 이루어졌다. 그러므로 30만원이라는 법정과실은 P와 K에게 각각 1/3(즉 10만원), 2/3(20만원)씩 귀속하게 된다.

天然果實의 경우에는 그것이 원물로부터 분리하는 때에 원물에 대하여 수익권을 보유하고 있는 자에게 귀속한다(제102조 제1항). 천연과실은 그것이 원물로부터 분리되어 독립된 物件性을 구비하는 시점이 일시적이고 명확하다는 점에서 법정과실과 차이를 보인다. 이와 같은 이유로 민법은 천연과실과 법정과실의 귀속을 달리 정하고 있는 것이다. 천연과실의 귀속에 대하여는 항을 바꾸어 좀 더 자세히 살피기로 한다.

3. 天然果實의 귀속원리

327 천연과실의 수취권자에 관하여 민법 제102조 제1항은 "천연과실은 그 원물로부터 분리하는 때에 이를 수취할 권리자에게 속한다"라고 규정하고 있다. 이 규정에 의한다면, 천연과실은 천연과실이 원물로부터 분리되는 시점에 원물에 대하여 수익권을 가진 자에게 귀속한다는 결과가 된다. 그러므로 천연과실에 대한 소유권 귀속의 문제는 원물에 대한 수익권자가 구체적으로 누구인가 하는 문제로 환언될 수 있다.

민법 제211조가 "소유자는 법률의 범위 내에서 그 소유물을 사용, 수익, 처분할 권리가 있다"라고 규정하고 있는 바와 같이, 원물에 대한 제1차적 수익권자는 원물의 소유자이다. 그러나 '천연과실의 소유자는 원물의 소유자'라는 것은 원칙에 불과하다. 왜냐하면 일정한 사유에 의하여 원물에 대한 수익권이 원물의 소유자 이외의 자에게 이전되는 경우가 있을 수 있기 때문이다.

종래의 학설은 원물의 소유자가 아님에도 불구하고 과실에 대한 수취권이 인정되는 자로서 선의의 점유자(제201조), 지상권자(제279조), 전세권자(제303조), 유치권자(제323조), 질권자(제343조), 저당권자(제359조), 매도인(제587조), 사용차주(제609조), 임차인(제618조), 친권자(제923조), 수유자(제1079조) 등을 들고 있다.[6] 종래의 학설에서는 이들의 과실수취권을 '천연과실의

6) 郭潤直, 앞의 책 "民法總則", 262면; 李英俊, 앞의 책 "民法總則", 908면; 金相容,

소유자는 원물의 소유자'라는 원칙에 대한 예외적인 경우로 관념함으로써 이들의 과실에 대한 권리내용과 '천연과실의 소유자는 원물의 소유자'라고 할 때의 원물 소유자의 과실에 대한 권리내용이 동일한 것으로 파악하고 있다. 즉 '과실수취권'을 과실에 대한 소유권과 같은 의미로 해석하고 있는 것으로 보인다.

종래 학설은 어떤 자가 법률행위 또는 법률의 규정이라는 일정한 사유에 의하여 천연과실에 대한 일정한 권리를 주장할 수 있는 모든 경우를 동일평면상에 있는 등가적인 것으로 이해함으로써 천연과실수취권에 대한 올바른 이해를 저해하고 있다고 생각된다. 생각건대, 어떤 자가 천연과실에 대하여 일정한 권리를 주장할 수 있다고 할 때, 그 권리는 경우에 따라 각각 다른 내용을 가지는 것으로 보아야 한다. 예컨대, 원물의 소유자·선의의 점유자·지상권자·전세권자·사용차주·임차인 등이 천연과실에 대하여 가지는 권리의 내용은 천연과실의 소유권 자체임에 반하여, 유치권자·질권자·저당권자의 천연과실에 대한 권리는 천연과실에 대한 소유권 자체가 아닌 천연과실의 교환가치[7]인 것이다. 한편, 친권자(제923조 제2항 본문) 또는 환매특약부매매에서의 매수인(제590조 제3항)에 있어서와 같이 입법자가 법률관계의 청산을 간결하게 하기 위하여 상계의 법리를 적용함으로써 마치 이들이 과실에 대하여 권리가 있었던 것과 같은 결과가 되는 경우도 있다.

요컨대, 어떤 자가 천연과실에 대하여 가지는 권리는 소유권 자체일 수도 있고 다른 것일 수도 있다.

앞의 책 "民法總則", 306면.

7) 유치물, 질물 또는 저당물로부터 발생한 과실에 대한 소유권은 이들 담보물의 소유권자에게 귀속하는 것이 원칙이다.

제 4 장

權利의 變動

제 1 절 總 說
제 2 절 法律行爲
제 3 절 期 間
제 4 절 消滅時效

제 1 절 總　　說

제 1 절 總　　說

Ⅰ. 權利變動의 개념

Ⅱ. 權利變動의 모습

Ⅲ. 權利變動의 原因

Ⅳ. 앞으로의 논의: 내용과 체계

Ⅰ. 權利變動의 개념

328 '權利變動'이란 권리의 발생·변경·소멸을 총칭하여 일컫는 개념이다. 즉 권리변동이란 권리주체와 권리객체 사이의 구체적인 내용이 변화하는 모습을 말하는 것이다.

Ⅱ. 權利變動의 모습

1. 權利의 發生

329 권리의 발생에는 절대적 발생과 상대적 발생이 있다. 이것을 권리를 취득하는 사람의 시각에서 보면 각각 원시취득과 승계취득이 된다.

原始取得(절대적 발생)은 타인의 권리에 기초함이 없이 새로운 권리를 취득하는 경우를 말한다(예: 건물의 신축으로 인한 소유권 취득, 선의취득, 선점 등). 承繼取得(상대적 발생)은 舊權利者에게 속하고 있던 권리에 기초하여 권리를 취득하는 경우이다. 승계취득에 있어서는 "누구도 자기가 가진 것을 초과하는 권리를 양도할 수 없다(*Nemo plus juris ad alium transferre potest quam ipse habet*)"라는 원칙이 적용된다. 자기에게 속하지 않는 권리를 처분하는 행위가 무효인 것은 이 원칙에 근거한 것이다. 한편, 원시취득이 있게 되면 거래계에 새로운 권리가 탄생하는 결과가 된다.

承繼取得은 다시 移轉的 承繼와 設定的 承繼로 구분된다. 이전적 승계란 舊權利者에게 속하고 있었던 권리가 그 동일성을 유지하면서 그대로 新權利者에게 이전되는 것이다. 이전적 승계는 개별적인 취득원인에 의하여 개별적인 권리를 취득하는 '特定承繼'(예: 매매에 의한 소유권 취득)와 하나의 취득원인에 의하여 다수의 권리를 일괄적으로 취득하는 包括承繼(예: 상속에 의한 다수의 소유권 취득)가 있다. 설정적 승계란 구권리자의 권리는 그대로 존속하면서 그 권리내용의 일부만이 신권리자에게 이전되는 것이다(예: 지상권의 취득, 저당권의 취득[1]).

◈ 보충설명: 無權利者로부터의 所有權取得(善意取得), 公示의 原則, 公信의 原則

α동산의 소유자 P가 Q와의 임대차계약에 따라 Q에게 점유를 이전함으로써 Q가 이 물건을 점유하고 있다; Q는 P와의 계약내용에 따라 임대차기간 만료시에 P에게 목적물을 반환하여야 할 채무를 부담하고 있는 자이다; 그런데 Q는 α물건을 매매계약을 통하여 R에게 매도하고 인도까지 완료하였다; α물건은 R로부터 S, S로부터 T, T로부터 U에게 순차적으로 매도되어 현재는 U가 점유하고 있다. 여기에서 문제되는 것이 "누구도 자신이 가진 것을 넘어 타인에게 권리를 양도할 수 없다(*Nemo plus juris ad alium tranaferre potest quam ipse habet*)"로 표현되는 거래법상의 일반원칙이다. 이 원칙의 차원에서만 본다면, α물건에 대한 연쇄적 거래에도 불구하고 α물건의 소유자는 여전히 P로 보아야 하며, 따라서 P는 현재의 점유자 U에 대하여 소유물반환청구권에 의하여 물건을 되찾을 수 있다. 왜냐하면 Q는 α동산의 소유자가 아니므로 R로서는 소유권을 취득할 수 없는 것이기 때문이다. 그런데 이러한 결과는 거래의 안전을 심각하게 저해할 수 있다. 그러므로 민법 제249조는 "평온·공연하게 동산을 양수한 자가 선의이며 과실 없이 그 동산을 점유한 경우에는 양도인이 정당한 소유자가 아닌 때에도 즉시 그 동산의 소유권을 취득한다"라고 규정한다. 앞의 사례에서의 R이 이 규정에서 정하는 요건을 충족[2]하게 되면 R은 소유권을 취득하는 결과가 되고, 따라서 R로부터 S·T를 거쳐 U에 이르는 모든 거래는 유효한 것으로 된다. 이와 같은 경우에 R이 α물건을 '善意取得'한다고 말하는 것이다. 이 때, 진정한 소유자 P는 소유권을 상실하는 결과가 되는데, 이러한 상황은 P의 Q에 대한 損害賠償(제390조·제750조) 또는 不當利得返還(제741조)과 같은 債權制度에 의하여 청산되어야 한다.

선의취득제도는 거래안전의 보호를 입법취지로 한다. 그런데 이 제도는 '공시의 원칙' 및 '공신의 원칙'과의 관련하에서 이해되어야 한다.

---

1) 부동산에 지상권 또는 저당권을 설정해 준다 하더라도 소유권자로서의 지위는 유지된다는 점을 생각해 보라.

2) 특히 R로서는 Q가 무권리자라는 사실을 알지 못하였으며(선의), 모른 데에 과실이 없다는(무과실) 요건이 의미를 가지는 것이다. 반면, 제249조 전단의 '공연'·'평온' 요건은 특별한 의미를 가지지 못하는 것으로 입법론상의 비판이 있다.

우선, 公示의 原則이란 "물권의 존재와 내용을 일정한 표상에 의하여 일반인이 알 수 있도록 하여야 한다"라는 것이다. 채권과 달리 물권은 대세적 효력을 가지는 것이므로 그 존재와 내용을 일반인에게 알리는 것은 거래안전을 위한 중요한 시스템이라 할 수 있다. 그런데 이와 같이 공시의 원칙이 중요성을 가진다고 하여 모든 물권에 대하여 동일한 정도의 공시수단을 요구할 수는 없는 일이다. 부동산이나 특정의 동산(항공기 · 자동차 · 중장비 · 선박 등)은 등기 또는 등록의 대상으로 하여도 문제가 없겠으나 책 · 연필과 같은 사소한 동산의 경우까지 등기 · 등록의 대상에 포함시키는 것은 오히려 거래의 수월성을 해치게 된다. 그리하여 일반적인 동산의 경우에는 점유를 공시방법으로 하고 있다. 간단히 말해서, 부동산물권의 원칙적 공시방법은 등기, 동산물권의 원칙적 공시방법은 점유라고 할 수 있다.

다음으로, 公信의 原則은 이러한 공시방법에 의하여 공시된 내용을 신뢰하여 물건을 양수한 자는, 그에 부응하는 물권이 실제로는 존재치 않는다 하더라도 그가 신뢰한 대로 권리를 취득한다는 원칙을 말한다. 부동산의 경우와 동산의 경우로 나누어 살피기로 한다. 우선, 부동산의 경우를 보자: α부동산에 대한 등기부상의 소유자는 P로 되어 있으나 실제의 소유권자는 P가 아니다; Q는 등기부의 내용을 믿고 P와 매매계약을 체결하였다; 이 때 만일 부동산등기에 공신의 원칙이 적용된다면(다시 말해서, 부동산물권의 공시방법인 부동산등기에 공신력이 인정된다고 하면) P가 소유권자가 아니라 하더라도 Q는 소유권을 취득하게 된다. 다음으로, 동산의 경우를 보자: P가 α동산을 점유하고 있기는 하나 실제의 소유권자는 P가 아니다; Q는 P의 점유를 믿고 P와 매매계약을 체결하였다; 이 때 만일 동산점유에 공신의 원칙이 적용된다면(다시 말해서, 동산물권의 공시방법인 점유에 공신력이 인정된다고 하면) P가 소유권자가 아니라 하더라도 Q는 소유권을 취득하게 된다.

현행법은 동산물권의 공시방법인 占有에는 公信力을 인정한다. 善意取得에 관한 제249조는 이를 규정한 것이다. 그러므로 제249조는 "누구도 자신이 가진 것을 넘어 타인에게 권리를 양도할 수 없다"라는 일반원칙에 대한 중대한 예외이다. 그러나 부동산물권의 공시방법인 登記에는 公信力이 인정되지 않는다. 물론 우리 민법 규정에 이와 같은 명시적 규정은 없다. 그러나 일반원칙에 대한 예외규정이 없다는 것은 곧 일반원칙에 따라 해결하여야 한다는 의미가 되므로, 부동산등기에 관하여 제249조와 동일한 취지의 예외규정이 없는 한 일반원칙에 의하여 해결하여야 한다.

2. 權利의 變更

330 권리의 변경이란 권리가 동일성을 유지한 채 권리의 주체, 내용, 효력이 변경되는 것이다. 앞서 본 승계취득은 주체의 변경의 예에 해당한다고 할 수 있다. 내용의 변경에 해당하는 것으로는 제한물권의 설정으로 인한 소유권의 변경, 선순위저당권의 소멸로 인한 후순위저당권의 순위승진 등을 들 수 있다.

3. 權利의 消滅

331 권리소멸에는 절대적 소멸과 상대적 소멸이 있다. 절대적 소멸(객

관적 소멸)은 거래계에서 권리가 완전히 없어지는 것(예: 물건의 멸실로 인한 소유권의 소멸, 채무면제로 인한 채권의 소멸)이고, 상대적 소멸(주관적 소멸)은 권리 자체가 소멸되는 것이 아니라 권리주체만이 변경되는 것(예: 매매로 인한 소유권의 이전)을 말한다.

Ⅲ. 權利變動의 原因

1. 法律要件과 法律事實

(1) 槪 念

332 권리변동이 일어나기 위해서는 일정한 원인이 있어야 한다. 권리변동의 원인을 가리켜 '法律要件'이라고 한다. "…한 사실이 있으면, …한 효과가 발생한다"라는 형식을 취하고 있는 법규에 있어서 전반부의 조건명제에서 요구되어 있는 요건의 총체가 법률요건이며, 후반부의 귀결명제에서 주어지는 효력이 權利變動(즉 法律效果)이다. 이와 같이 법률요건이란 법률효과를 발생시키는 사실의 총체를 가리킨다. 그리고 그 사실 하나하나를 法律事實이라고 한다. 다시 말해, 법률요건은 1개 또는 2개 이상의 법률사실의 결합으로 구성된다.

(2) 權利變動의 原因에 대한 중요한 분류

333 권리관계의 변동원인은 매우 다양하다. 그런데 여기에서는 法律行爲와 非法律行爲의 구분을 보기로 한다. 왜냐하면 이 분류가 법체계적으로 중요한 의미를 가지기 때문이다.

우선, 권리관계의 변동원인이 법률행위인 경우를 보기로 한다. 예를 들어, MP3 소유자인 A는 이를 B에게 30만원에 팔겠다는 제안을 하였고 B는 A의 제안내용을 그대로 받아들였다고 해보자. 이와 같이 A와 B의 의사가 합치하였다면 이들에게는 각각 매매계약에 기한 權利와 義務가 귀속되는데, 이 권리·의무는 A와 B가 서로 의욕했기 때문에 비로소 발생한 것이다. 즉

權利變動의 원인이 당사자의 의사에 있는 것이다. 이와 같이 권리관계의 발생·변경·소멸을 내용으로 하는 의사를 일정한 방식으로 외부에 표현하는 행위를 '意思表示'라고 한다(예: "이 물건을 너에게 팔겠다" 또는 "그 물건을 너로부터 사겠다"). 권리관계 중에서도 이러한 意思表示를 구성요소로 하는 것을 '法律行爲'에 기한 권리관계라 한다. 이 법률행위는 한 개 또는 두 개 이상의 의사표시로 구성되는데, 전자를 單獨行爲[3]라 하고 후자를 契約[4]이라고 한다. 契約은 계약당사자 일방의 意思表示인 '請約'과 이에 상응하는 타방당사자의 意思表示인 '承諾'에 의하여 성립하는 法律行爲이다.

다음으로, 권리관계의 변동원인이 법률행위가 아닌 경우를 보기로 한다. 즉 당사자가 의욕하지 않은 행위 또는 사건에 의하여 권리변동이 일어나는 경우이다. 위법한 가해행위로 인하여 손해를 입은 자에게 損害賠償請求權이라는 權利가 부여됨으로써 가해자와 피해자가 권리관계에 놓이게 되는 경우가 그 예이다. 이 때의 權利關係는 당사자들이 의욕한 의사내용에 따라 결정되는 것이 아니라 타인에게 위법·유책하게 손해를 가한 자는 이를 배상하여야 한다는 법률의 규정(제750조)에 의하여 발생한다. 고의로 타인에게 상해를 입힌 자는 피해자에게 제750조에 기하여 손해배상을 하여야 하는데, 이 때 가해자가 의욕한 것은 타인에게 폭행을 하려는 것이지 損害賠償이라는 權利關係는 아니다.

2. 法律事實의 분류

(1) 전통적 입장

334 법률사실의 개념을 명확히 이해하기 위해서는 이를 체계적으로 분류해 보는 것이 효과적이다. 법률사실에 대한 전통적인 분류방법[5]을 표로 나타내면 다음과 같다.

---

3) 遺言은 단독행위의 예이다.

4) 賣買, 賃貸借는 계약의 예이다.

5) 郭潤直, 앞의 책 "民法總則", 269면; 李英俊, 앞의 책 "民法總則", 88면; 金俊鎬, 앞의 책 "民法總則", 285면; 高翔龍, 앞의 책 "民法總則", 308면; 白泰昇, 앞의 책 "民法總則", 306면; 金相容, 앞의 책 "民法總則", 317면; 金曾漢·金學東, 앞의 책 "民法總則", 255면.

[법률사실의 분류]

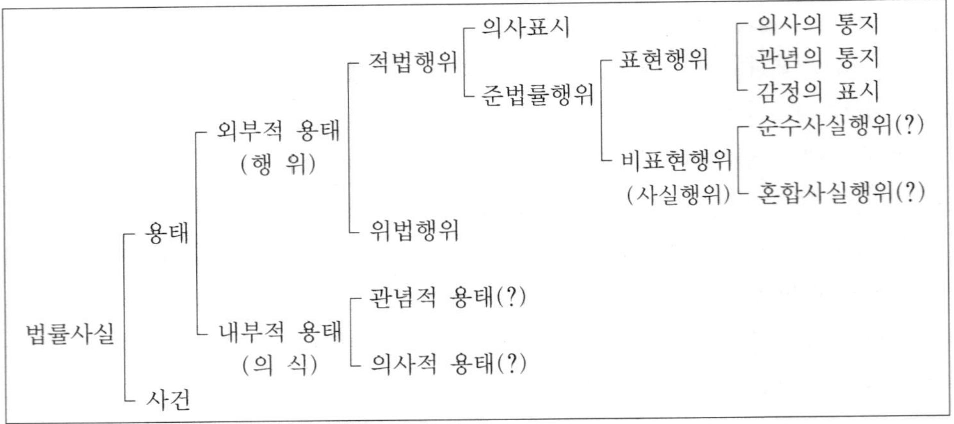

○ 위의 표에서 '?' 표시는 종래의 통설에 대하여 비판적 관점을 제시한 사항이다.

다음에서는 이들 각 법률사실의 의미를 구체적으로 밝히고자 한다.

1) 容態 · 事件

335 법률사실은 크게 용태와 사건으로 구분된다. 容態는 사람의 의식이나 정신작용에 기초한 법률사실이며, 事件은 사람의 정신작용과 관계없는 법률사실로서 시간의 경과 · 출생 · 사망 등이 그 예이다. 계속하여 용태에 대하여 보기로 한다.

2) 外部的 容態 · 內部的 容態

336 용태는 外部的 容態와 內部的 容態로 구분할 수 있다. 외부적 용태는 의식이 일정한 표상을 통하여 외부적으로 표현되는 용태로서 '行爲'라고도 한다. 이와 달리 내부적 용태는 의식이 외부적으로 표현되지 않는 용태로서 '意識'이라고도 한다. 종래의 통설은 내부적 용태를 다시 '觀念的 容態'와 '意思的 容態'로 구분한다.

통설에 따르면, 관념적 용태란 일정한 사실에 대한 인식이 있는가 여부에 대한 내심적 의식을 가리키는 것으로, 善意(어떤 사실을 알지 못하는 것) · 惡意(어떤 사실을 알고 있는 것) 등이 여기에 해당한다고 설명한다. 통설에 따르면, 의사적 용태란 어떤 사람이 일정한 의사를 가지고 있느냐 여부에 대한 내심적 의식 내지 내심적 과정을 가리키는 것으로, 所有의 意思(예: 제197조) · 제3자에 의한 변제에 있어서 채무자의 허용 또는 불허용(제469조) ·

事務管理에 있어서 본인의 의사(제734조) 등이 여기에 해당하는 것으로 설명한다. 통설은, 내부적 용태 중에서 일정한 사실에 대한 인식이 문제되는 관념적 용태 이외의 것은 의사적 용태로 보는 것 같다. 그런데 내부적 용태를 '관념적 용태'와 '의사적 용태'로 구분하여야 할 필요가 있는가에 대하여 의문이 든다.

어쨌든, 내부적 용태는 예외적인 경우에 한하여 법률사실로 되며,[6] 특히 그 자체만으로 법률요건이 되는 경우는 없고 다른 법률사실과 결합함으로써만 법률요건이 되는 데에 특징이 있다. 다음에서는 외부적 용태에 대하여 보기로 한다.

3) 適法行爲·違法行爲

337 외부적 용태는 적법행위와 위법행위로 구분된다. 適法行爲는 법적으로 허용되기 때문에 법률사실이 되는 외부적 용태이다. 이에 반해 違法行爲는 법적으로 허용되는 것이 아니기 때문에 행위자를 제재하는 법률효과를 발생시키는 외부적 용태로서, 채무불이행(제390조)·불법행위(제750조)를 예로 들 수 있다. 다음에서는 적법행위에 포함되는 법률사실을 보기로 한다.

4) 意思表示·準法律行爲

338 적법행위는 크게 의사표시와 준법률행위로 구분할 수 있다. 의사표시는 법률행위를 구성하는 법률사실이라는 점에서 매우 특별한 의미를 가진다. 법률행위는 그것의 구성요소인 의사표시의 내용이 그대로 법률효과를 결정한다는 점에서 다른 모든 법률사실과 구별된다. 이와 같은 의미에서 법률행위를 사적자치의 발현수단이라고 말하는 것이다. 다음에서는 준법률행위에 대하여 보기로 한다.

5) 表現行爲·非表現行爲

339 준법률행위는 표현행위와 비표현행위로 구분된다. 표현행위는 사람의 의식내용 그 자체를 일정한 표상을 통하여 외부에 표현한다는 점에서는 의사표시와 유사하나 표시자가 의도한 대로의 법률효과가 발생하는 것이 아니라 법률에 규정된 일정한 효과만이 발생한다는 점에서 의사표시와

---

6) 법규범은 외부적 행위를 규율하는 것이 원칙이기 때문이다.

구별된다. 이와 같이 표현행위는 의사표시와 본질을 달리하기는 하나 일정한 의사를 외부에 표시한다는 면에서 유사성을 가진다. 이러한 유사성에 근거하여 준법률행위에 대하여는 의사표시에 관한 규정을 유추적용할 수 있다는 것이 통설의 입장이다. 표현행위에 속하는 것으로는 '意思의 通知'·'觀念의 通知'·'感情의 表示'가 있다.

의사의 통지는 자신의 일정한 의사를 타인에게 통지하는 행위이다. 각종의 최고가 그 전형적인 예이다(예: 제15조 제1항, 제88조, 제131조, 제174조, 제381조 제1항, 제540조, 제552조).[7] 관념의 통지는 과거 또는 현재의 일정한 사실을 알리는 행위로서 '사실의 통지'라고도 한다. 사원총회소집의 통지(제71조), 채권자대위권 행사사실의 통지(제405조), 채권양도 사실의 통지·승낙(제450조), 공탁 사실의 통지(제488조) 등이 그 예이다. 관념의 통지가 있게 되면 그에 대하여 일정한 법률효과가 부여되지만 그 법률효과는 통지자의 의사에 의하여 좌우되는 것이 아니라 법률의 규정에 따른 효력이 발생할 뿐이다. 감정의 표시는 사람의 일정한 감정을 표시하는 행위로서, 수증자의 망은행위에 대한 용서(제556조 제2항), 배우자의 부정행위에 대한 용서(제841조)가 그 예이다.[8] 다음에서는 비표현행위에 대하여 살피기로 한다.

6) 純粹事實行爲·混合事實行爲

340 비표현행위[9]는 사실행위라고도 한다. 이것은 사람의 정신작용에

7) 意思의 通知가 意思表示와 다른 점을 제15조 제1항의 예를 들어 생각해 보자. 무능력자와 법률행위를 한 상대방은 무능력자가 능력자가 된 후 1개월 이상의 기간을 정하여 취소할 수 있는 법률행위의 추인 여부에 대하여 확답할 것을 최고할 수 있다. 이 경우 최고를 하는 무능력자의 상대방의 실제 의사는 무능력자가 취소할 것을 바랄 수도 있고 추인할 것을 바라고 최고했을 수도 있다. 그러나 1개월의 기간 내에 아무런 확답을 하지 않은 경우에 최고에 대한 법률효과는 최고를 한 자의 의사와 상관없이 법률의 규정에 의하여 획일적으로 나타난다. 즉 법률행위를 추인한 것으로 본다.

8) 感情의 表示가 意思表示가 아니라는 점을 제841조를 들어 생각해 보자. 배우자의 부정행위는 법정이혼사유이다(제840조 제1호). 그런데 배우자 일방의 부정행위가 있다 하더라도 타방 배우자가 사후에 이를 용서한 때에는 부정행위를 이유로 이혼청구를 할 수 없다(제841조). 즉 부정행위에 대한 사후용서가 있게 되면 이혼청구를 할 수 없다는 법률효과가 발생하게 된다. 타방배우자가 용서를 할 당시의 내심의 의사가 이혼청구 여부와는 무관하게 일단 용서만을 하고자 했던 경우라 하더라도 용서의 법률효과는 이혼청구권의 소멸로 나타난다. 이혼청구가 금지되는 것은 용서하는 자의 의사에 의한 것이 아니라 제841조의 규정에 의한 것이기 때문이다.

9) '비표현행위'라는 용어는 그 내용과 부합하지 않는 면이 있다. '비표현행위'라는 용어 그대로 한다면 이는 의사가 표현되지 않은 경우를 가리키는 것으로 보아야 할 것이

의하여 행위가 이루어지기는 하지만 그 내심의 의식내용은 법적 의미를 가지지 않고 외부적 결과만이 의미를 가질 뿐이며, 이 외부적 결과 자체에 법률효과가 부여되는 것을 말한다. 종래 통설[10]은 비표현행위를 다시 '순수사실행위'와 '혼합사실행위'로 구분하고 있다. 순수사실행위는 외부적 결과의 발생만 있으면 법률이 일정한 효과를 부여하는 것으로 매장물 발견(제254조)과 같은 것이 이에 해당하며, 혼합사실행위는 외부적 결과의 발생 이외에 일정한 의식이 있어야 법률이 일정한 효과를 부여하는 것으로 무주물선점(제252조)과 같은 것이 이에 해당하는 것으로 본다.[11]

그러나 사실행위를 순수사실행위와 혼합사실행위로 구분하는 태도의 타당성에 대하여는 의문이 든다. 그 이유는 다음과 같다. 종래 통설은 외부적 결과의 발생 이외에 일정한 의식이 있어야 법률효과가 부여된다는 점을 들어 혼합사실행위와 단순사실행위를 구별하고 있다. 그러나 이와 같은 입장은 법률사실이라는 것이 單位的 概念(unitary conception)이라는 사실을 간과하고 있는 것 같다. 단위적 개념으로서의 법률사실은 경우에 따라서는 하나의 단위만으로 법률효과가 발생하는 경우도 있으나,[12] 대부분의 법률요건은 2개 이상의 법률사실로 구성된다. 종래 통설이 혼합사실행위를 법률효과의 발생과 직접 연관지어 설명하는 것은 단위적 개념으로서의 법률사실과 법률효과 발생의 필요조건인 법률요건을 혼동한 것이다. 통설이 혼합사실행위의 예로 들고 있는 무주물선점을 보자. 이 경우는 점유[13]라는 법률사실과 소유의 의사[14]라는 법률사실이 결합하여 무주물선점이라는 법률요건을 구

다. 그러나 '비표현행위'라는 용어는 문자적 의미와는 사뭇 다른 것을 가리킨다. 의식에 기초하여 일정한 표시를 하였다 하더라도 그 결과인 표시만이 법적 의미를 가질 뿐이지 의사는 법적 고려대상이 되지 않는다는 의미 정도로 이해하면 될 것이다.

10) 郭潤直, 앞의 책 "民法總則", 268면; 高翔龍, 앞의 책 "民法總則", 307면; 白泰昇, 앞의 책 "民法總則", 306면; 金俊鎬, 앞의 책 "民法總則", 287면; 李英俊, 앞의 책 "民法總則", 85면; 金曾漢·金學東, 앞의 책 "民法總則", 258면; 金相容, 앞의 책 "民法總則", 317면.

11) 무주물선점이 소유권의 취득이라는 법률효과를 발생시키기 위해서는 점유 이외에 소유의 의사라는 일정한 의식과정도 있어야 한다는 점을 들어 이와 같이 말하는 것이다.

12) 예컨대, 단독행위는 법률행위의 일종으로서 그 자체가 법률요건이 된다. 단독행위는 하나의 법률사실(즉 의사표시)만으로 구성되므로 법률사실과 법률요건의 외연이 같다.

13) 점유는 비표현행위(사실행위)에 속하는 법률사실이다.

성하는 것이지 무주물선점 자체가 법률사실은 아닌 것이다. 요컨대, 비표현행위(사실행위)를 순수사실행위와 혼합사실행위로 구분하는 통설의 태도는 수긍하기 어렵다.

(2) 비판적 평가

341 법적으로 의미 있는 사항을 일정한 기준에 따라 분류하는 작업은 학문방법론의 측면에서 매우 중요한 일이다. 그러나 법률사실에 대한 종래의 전통적 분류방법은 특별한 실익도 없이 지나치게 세분한 느낌이 없지 않다. 프랑스 민법학에서는 법률요건의 차원에서 법률행위(acte juridique)·사실행위(fait juridique)로 법률요건을 2분하는 정도이다. 독일의 민법학에서도 법률사실을 의사표시(Willenserklärung)·준법률행위(Geschäftsähnliche Handlungen)·사실행위(Realacte)로 3분하는 입장이 설득력을 얻고 있다.[15] 의사표시·준법률행위·사실행위·사건 정도로 4분하는 것이 어떨까 생각한다.

한편, 전통적 분류체계를 용인한다 하더라도 그 구체적 내용을 그대로 수용하기 어려운 부분도 있다. 내부적 용태를 관념적 용태와 의사적 용태로 세분한다든가 비표현행위(사실행위)를 순수사실행위와 혼합사실행위로 다시 구분하는 것 등이 그 예이다.

Ⅳ. 앞으로의 논의: 내용과 체계

342 민법학의 논의대상의 대부분은 권리변동에 관한 것이다. 이 장(제4장)의 제목이 '권리의 변동'이기는 하나, 권리변동을 모두 다룰 것은 물론 아니다. 여기에서는 민법 총칙편의 규정사항에 맞추어 논의를 진행하기로 한다.

그러므로 앞으로의 논의범위는 다음과 같이 된다: ① 법률행위(제103조~제154조); ② 기간(제155조~제161조); ③ 소멸시효(제162조~제184조).

---

14) 소유의 의사는 내부적 용태에 속하는 법률사실이다.
15) 白泰昇, 앞의 책 "民法總則", 306면.

제 2 절　法律行爲

제 2 절　法律行爲
Ⅰ. 法律行爲의 의미
Ⅱ. 法律行爲의 종류
Ⅲ. 法律行爲의 요건
Ⅳ. 意思表示의 效力發生
Ⅴ. 意思表示의 構成要素와 法律行爲의 解釋
Ⅵ. 法律行爲의 內容(目的)
Ⅶ. 缺陷있는 意思表示
Ⅷ. 代理
Ⅸ. 無效와 取消
Ⅹ. 法律行爲의 附款

Ⅰ. 法律行爲의 의미

343 법률행위란 '의사표시'라는 법률사실로 구성되는 법률요건이다. 법률행위에 있어서는 당사자의 의사가 법률효과에 직접 지향되어 있다는 점에서 다른 법률요건과 구별된다는 점은 이미 알고 있는 바이다.

법률행위가 효력을 발생하는 근거가 무엇인가? 법률행위의 효력 근거에 관한 논의는 오랜 역사를 거쳐 복잡하게 진행되어 왔다. 그런데 여기에서는 이에 관한 자세한 논의는 피하고자 한다. 다만, 가장 전통적이라고 생각되는 입장을 정리하여 소개하면 다음과 같다: 인간은 자기에게 주어진 가능성의 범위 내에서 도덕적 명령을 인식하고 자기의 생활목표에 따라 자신의 행동을 결정할 수 있는 이성적 존재이다; 법은 이러한 이성적 존재로서의 인간의 가치를 승인하였다; 그러므로 법에 의하여 허용된 범위 안에서 자율적으로 형성된 인간의 의사는 법적 구속력을 가지게 된다; 그리고 이러한 논리의 사법적 표현이 바로 사적자치의 원칙이며 법률행위는 사적자치의 원칙을 구현하는 도구에 해당한다.

Ⅱ. 法律行爲의 종류

1. 單獨行爲·契約·合同行爲

344 이것은 법률행위를 구성하는 의사표시의 수 및 그 방향을 기준으로 한 분류이다.

(1) 單獨行爲

345 단독행위는 하나의 의사표시만으로 성립되는 법률행위이다. 단독행위는 법률행위자의 일방적인 의사표시에 의하여 권리변동이 일어난다는 점에서 "상대방의 동의 없이는 누구도 타인에게 이익 및 손실을 강제하지 못한다"라는 원칙에 부합하지 않는 측면을 가지고 있다. 이와 같은 이유에서 단독행위는 법률에 규정된 경우에 한하여 예외적으로 허용되는 것이다(예: 취소권, 해제권 등). 한편, 단독행위가 가지는 문제점을 보정하기 위한 조치로서 단독행위의 상대방(단독행위로 인하여 권리상태에 직접적으로 영향을 받게 되는 타인)에게 단독행위로 인한 법률효과의 승인·거절권을 부여하는 경우(예: 제1074조의 유증의 승인·포기)도 있다.

단독행위는 그 의사표시가 상대방에게 도달하여야 효력을 발생하는가 여부에 따라 '상대방 있는 단독행위'와 '상대방 없는 단독행위'로 구분된다. 이러한 점에서 보면 '상대방 있는 단독행위'와 '상대방 없는 단독행위'의 용어가 적합한 것 같지는 않다. 상대방 있는 단독행위에 속하는 것으로는 채무면제·상계·해제·취소 등을 들 수 있고, 상대방 없는 단독행위에는 유언·재단법인설립행위·권리포기 등이 속한다. 상대방 없는 단독행위는 그 개념상 법률행위자의 의사표시가 완성된 때(즉 표시행위가 있는 때)에 효력을 발생하는 것이 원칙이다. 상대방 없는 단독행위는 다시 두 가지 부류로 구분할 수 있다: ① 법률행위 당시에 특정의 상대방이 없기 때문에 상대방 없는 단독행위로 한 경우(예: 권리의 포기, 재단법인설립행위); ② 특정의 상대방이 있기는 하나 법률행위 내용의 비밀성을 확보할 정책적 필요성 때문에 상대방 없는 단독행위로 한 경우(예: 유언). 상대방 없는 단독행위는 의사의 진정성·거래안전 확보 등의 이유로 요식행위로 하는 경우가 많다(예: 재단법인설립행위, 유언).

(2) 契 約

346 계약이란 1인 또는 수인이 다른 1인 또는 수인과 사이에 어떤 물건을 제공하거나 어떤 일을 행하거나 또는 행하지 않을 것에 대하여 합의함으로써 성립하는 법률요건이다. 계약은 2개(예: 2인이 매매계약을 체결하는 경우) 또는 3개 이상(예: 3인 이상이 조합계약을 체결하는 경우)의 의사표시를 요소로 한다.[1)]

(3) 合同行爲

347 법률행위를 단독행위와 계약으로 양분하는 입장('제1설'이라고 하자) 복수의 의사표시로 성립하기는 하나 계약과 구별되는 법률행위의 유형으로 '합동행위'라는 개념을 인정하여야 한다는 학설('제2설'이라고 하자)이 있다.[2)] 제2설이 주장하는 합동행위의 특질로서 중요한 것은 다음의 두 가지이다: ① 계약은 서로 대립하는 복수의 의사표시를 요소로 하는데 반해 합동행위는 방향을 같이하는 복수의 의사표시를 요소로 한다; ② 계약의 당사자들은 서로 상반되는 이해관계를 가지는데 반해 합동행위의 당사자들은 공동의 목적을 위하여 협력하는 관계에 있다. 이러한 특성을 기초로 제2설은 자기계약·쌍방대리(제124조) 및 의사표시에 관한 규정(제107조~제110조)이 합동행위에는 적용이 없다는 것을 계약과 구별하여 합동행위를 인정하는 실익이라고 한다.[3)] 합동행위를 인정하는 학설에 일리가 있기는 하다. 그런데 문제는 그러한 주장의 필요성과 실익이다. 다음에서는 이 학설의 문제점을 몇 가지 시각에서 비판적으로 검토하기로 한다.

---

1) 계약의 기초적 개념에 대해서는 이 책 [333]도 참조.

2) 합동행위의 개념은 1892년 독일의 쿤체(Kuntze)에 의하여 창시되었고 그 후 독일에서는 이를 인정하는 견해와 부정하는 견해가 대립한다.

3) 이 문제에 대해서는 사단법인설립행위의 법적 성질에 관한 이 책 [190] 이하도 참조.

첫째, 논거의 적정성을 본다. 제2설을 주장하는 이유로서 중요한 것의 하나는 당사자 1인의 의사표시의 결함으로 인하여 법률행위 자체가 영향을 받지 않도록 하는 것이다. 앞의 논거 ①과 ②는 바로 이러한 주장의 이론적 기초이다. 그런데 법률행위의 당사자가 3인 이상인 때라면 모르겠으나, 2인인 때에는 1인의 의사표시의 결함은 법률행위의 효력에 영향을 미칠 수밖에 없다. 그렇다면 제2설의 논거의 적정성 내지 일반성에 문제가 있는 것 아닌가? 제2설이 내세우는 두 논거는 당사자가 2인 이상이면 언제든지 통할 수 있어야 할 것 같기에 하는 말이다.

둘째, 논거의 실제적 타당성을 본다. 3인 이상이 법률행위를 하였고 그 당사자의 의사표시가 제2설이 말하는 두 가지의 특질(①과 ②)을 가지고 있다는 이유만으로 1인의 의사표시의 결함이 법률행위의 효력에 영향을 미치지 않는다는 결론을 이끌어내는 것은 타당성이 약하다고 본다. 다음과 같은 예를 들어 본다: A·B·C 3인이 ①과 ②의 특질을 가진 의사표시를 하였는데, 이 중 C의 의사표시에 결함이 있었다; 그런데 A는 C가 법률행위의 당사자이기 때문에 이 법률행위를 한 것이었다. 사정이 이러함에도 불구하고 C의 의사표시의 결함과 상관없이 A와 B간의 법률행위는 유효하다는 식의 결론을 낼 수 있을 것인가?

셋째, 합동행위 개념의 실제적 기능을 본다. 제1설은 법률행위를 단독행위와 계약으로 양분하는 전제 위에서 계약의 유형이 매우 다양하게 나타날 수 있음을 인정하는 입장이다. 그러므로 제1설은 존재할 수 있는 모든 법률행위를 망라할 수 있다. 이에 비해 제2설은 제1설이 계약으로 보는 것 중에서 앞의 ①과 ②의 특질을 가진 법률행위를 합동행위의 개념으로 포착하려는 것이다. 제2설이 실제적으로 기능하기 위해서는 모든 법률행위는 ⓐ 1개의 의사표시로 성립하는 단독행위, ⓑ 2개 이상의 대립적인 방향의 의사표시로 성립하는 계약, ⓒ 2개 이상의 평행적 의사표시로 구성되는 합동행위의 세 가지 중 하나에 속할 수 있어야 한다. 다양하게 나타나는 법률행위 중에서 ⓐ와 ⓑ를 가려내는 것은 어려운 일이 아니다. 그런데 ⓐ와 ⓑ에 속하지 않는 법률행위는 모두 ⓒ에 속한다고 할 수 있을까? 만일 그러하다면 제2설은 실제적으로 유용한 학설이라고 할 수 있겠으나 그렇지 않다면 단독행위도 계약도 합동행위도 아닌 또 다른 개념을 강구하여야 한다. 생각건대, 사적자치의 원칙으로 인하여 법률행위의 유형은 극히 다양하게 나타날 수밖에 없다는 사실을 고려해 볼 때 제2설이 실제적 유용성을 가질 수 있는 조건(즉 "ⓐ와 ⓑ에 속하지 않는 법률행위는 모두 ⓒ에 속한다")은 유지되기 어렵다고 본다.

합동행위의 개념은 일면에서는 유용할지 모르지만 이론체계상으로 여러 가지 불필요하게 복잡한 결과를 만들어낸다. 요컨대, 합동행위의 개념을 따로 인정할 필요는 없다고 본다. 법률행위를 단독행위와 계약으로 구분하고 제124조라든가 의사표시의 결합에 관한 규정의 적용 여부에 대해서는 구체적인 법률행위의 특성을 고려하면서 이들 규범에 대한 목적론적 해석을 통하여 판단하는 것이 타당하다고 생각한다.

2. 義務負擔行爲 · 處分行爲

348 의무부담행위란 당사자에게 일정한 의무를 발생시키는 법률행위이다. 매매계약과 같은 채권계약은 전형적인 의무부담행위이다. 그리하여 매매계약이 있게 되면 매도인은 매매목적물에 대한 소유권을 이전하여야 할 의무를 부담하고, 매수인은 매매대금을 지급하여야 할 의무를 부담하게 된다. 이와 같이 의무부담행위는 이행의 문제를 남기게 된다. 처분행위란 현존하는 권리에 대한 변동을 직접 일으키는 법률행위이다. 처분행위가 있게 되면 권리객체의 귀속에 변화가 있게 된다. 처분행위의 대표적인 예로 물권행위를 들 수 있는데, 물권행위가 있게 되면 물권의 변동이 있게 된다. 법률행위의 내용이 물권의 변동이 아닌 처분행위(예: 채권에 대한 처분행위)를 가리켜 준물권행위라고 한다.

처분행위에 있어서는 처분자에게 처분권이 있어야 한다는 것이 유효요건[4]이지만, 의무부담행위에 있어서는 처분권이 문제되지 않는다. 왜냐하면 의무부담행위에 의해서는 의무만 부담할 뿐이기 때문이다. 다른 사람 소유의 물건을 목적물로 한 매매계약이 유효한 이유가 여기에 있다(제569조). 타인 소유물에 대한 매매계약을 체결한 경우에 매도인은 이행기까지 매수인

4) 쉽게 말해서, 다른 사람 소유의 목적물을 대상으로 한 처분행위(물권행위)는 무효이다.

에게 물건에 대한 소유권을 이전시켜 줄 의무를 부담할 뿐이다.

3. 出捐行爲 · 非出捐行爲

(1) 槪 念

349 출연행위란 자기의 재산을 감소시키고 타인의 재산을 증가시키는 행위이다(예: 매매). 비출연행위란 자기의 재산을 감소시킬 뿐 타인의 재산을 증가시키지 않거나(예: 권리의 포기) 재산의 증감을 가져오지 않는(예: 대리권의 수여) 법률행위이다. 출연행위는 다시 세분될 수 있는데, 중요한 것만을 보기로 한다.

(2) 有償行爲 · 無償行爲

350 당사자 일방만이 출연을 하는 경우를 무상행위라고 하고(예: 증여, 사용대차), 쌍방이 모두 출연을 하는 경우를 유상행위라고 한다(예: 매매, 임대차, 고용). 잘못 생각하면 매매계약과 같은 법률행위는 출연행위가 아니라고 판단할 수 있다. 일방의 재산이 감소된 만큼 타방으로부터 반대급부를 받기 때문이다. 그러나 매매계약은 쌍방이 모두 출연을 하는 유상계약이다. 유상계약의 경우에는 매매에 관한 규정이 준용된다(제567조).

(3) 有因行爲 · 無因行爲

351 모든 출연행위에는 그 출연을 정당화하는 법률상의 '原因(*causa*)'이 존재한다. 예컨대, A가 B에게 부동산에 대한 소유권을 이전하는 출연행위를 하는 경우에 그 법률상의 원인은 증여일수도 있고 매매일 수도 있다. 출연행위 중에는 그 원인의 유효·무효에 의하여 영향을 받는 것도 있고 그렇지 않은 것도 있다. 전자를 有因行爲라 하고 후자를 無因行爲라 한다.

무인행위의 전형적인 예로 어음행위를 들 수 있다. 예를 들어 보자: A와 B는 매매계약을 체결하였다; 매수인 B는 매도인 A에게 매매대금 100만원을 어음으로 지급하였다; A는 그 어음을 C에게 양도하였다. 이 사안에서 원인행위는 매매계약이고 출연행위는 어음행위이다. 어음행위는 무인행위이다(제513조~제515조). 그러므로 만일 매매계약이 무효나 취소 또는 해제된다 하더라도 어음행위 그 자체는 유효하다. 따라서 C는 어음발행인 B에 대해 어음금의 지급을 청구할 수 있다. 다만, 매도인 A는 B에게 부당이득반환의무를 이행함으로써(제741조) A와 B 사이의 내부적인 청산을 하게 된다. 어음행위를 무인행위로 한 것은 유가증권인 어음거래에 안정성을 기하기 위한 입법정책의 결과이다.

한편, 유인성 여부에 대하여 다투어지는 경우도 있다. 채권행위를 원인행위로 하는 출연행위인 물권행위의 경우가 그 예이다. 예를 들어 보자: A와 B는 부동산 매매계약을 체결하였다; 매도인 A는 B에게 부동산에 대한 이전등기를 해주었다; B는 다시 C와 매매계약을 체결하였고 그에게 이전등기를 해주었다; 그런데 A·B간의 매매계약이 무효로 판명되었다. 이 사안의 법률관계는 물권행위를 유인행위로 보는가 아니면 무인행위로 보는가에 따라 달라진다. 무인론의 입장에서는 다음과 같이 본다: 원인행위의 무효에도 불구하고 B는 물권의 소유자이다; 그러므로 B는 부동산에 대한 소유권자의 지위에 있다; C는 소유권자로서 처분권이 있는 B로부터 부동산을 양수한 자이므로 유효하게 소유권을 취득한다; 따라서 A는 C에게 대하여 부동산을 반환받을 수 없고(즉 소유물반환청구권의 행사 불가능), 다만 B를 상대로 부당이득반환청구권을 행사하여(제741조) 내부적인 청산을 할 수 있을 뿐이다.[5] 유인론의 입장에서는 다음과 같이 본다: 원인행위의 무효로 인하여 물권행위도 무효로 됨에 따라 B는 소유권을 취득하지 못한다; C는 소유권자가 아니어서 처분권이 없는 B로부터 부동산을 양수한 자이므로 C도 소유권을 취득하지 못한다; 따라서 A는 C에게 소유물반환청구권을 행사할 수 있다. 생각건대, 출연행위는 유인행위인 것이 원칙이다. 그러므로 어음행위와 같이 법률에 특별한 규정이 없는 한 유인행위로 볼 수밖에 없다고 생각한다. 이 문제는 물권법에서 논의할 사항이므로 이 정도에서 논의를 그치기로 한다.

---

5) 원물반환이 불가능하므로 가액으로 반환받는 것에 만족할 수밖에 없다(제747조 제1항).

4. 要式行爲 · 不要式行爲

352 법률행위를 함에 있어서 법률이 정하는 일정한 방식에 따라서 해야 하는가 여부에 따라 요식행위와 불요식행위로 구분된다. 사적자치의 원칙은 방식의 자유를 포함하는 것이고, 따라서 법률행위는 불요식행위인 것이 대부분이다. 그러나 법률행위를 신중하게 하도록 한다든가 법률관계의 명확성을 위하여 민법이 요식행위로 하는 것도 있다. 유언(제1060조), 법인설립행위(제40조, 제43조), 인지(제859조), 입양(제878조), 혼인(제812조) 등이 그 예이다.

5. 生前行爲 · 死因行爲

353 행위자의 사망으로 효력이 발생하는 법률행위를 사인행위라고 하고(예: 유언, 사인증여), 그 밖의 법률행위를 생전행위라고 한다. 사인행위에 있어서는 그 효과가 법률행위자의 사후에 발생하는 특성으로 인하여 그 존재 및 내용에 대하여 다툼이 생길 가능성이 많기 때문에 요식행위로 하는 경우가 있다(예: 제1060조).

6. 信託行爲 · 非信託行爲

354 법률행위의 특수한 형태로 신탁행위가 있다. 신탁행위를 제외한 법률행위는 비신탁행위이므로 다음에서는 신탁행위를 중심으로 살피기로 한다.

(1) 信託行爲의 두 종류: '信託法上의 信託', '民法學上의 信託'

355 일반적으로 '信託'이라 함은, 일정한 목적을 수행하기 위하여 특정 권리를 외부적으로 신탁자로부터 수탁자에게 이전하고 내부적으로는 수탁자가 신탁목적의 범위 내에서 신탁목적물을 관리 · 처분할 수 있는 법률관계이다. 이와 같이 신탁의 본질적 특질은 일정한 범위의 권리의 실질적 이전, 즉 내부관계에서 '법적 허용'이 존재하여야 한다. 우리의 법체계에서

사용하는 '신탁'에는 두 가지가 있다: ① '信託法上의 信託'; ② '民法學上의 信託'.

우선, 신탁법상의 신탁에 대하여 보자. 신탁법상의 신탁이란 1961년에 제정된 '신탁법'에서 정한 요건을 구비한 신탁으로서 위탁자와 수탁자의 특별한 신임관계에 기하여 위탁자가 특정의 재산권을 수탁자에게 이전하거나 기타의 처분을 하고 수탁자로 하여금 위탁자 또는 제3자(수익자)의 이익을 위하여 또는 특정의 목적을 위하여 그 재산권을 관리(관리신탁)·처분(처분신탁)하게 하는 법률관계를 말한다(동법 제1조 제2항). 신탁재산은 독립성이 인정된다. 즉 신탁재산은 위탁자의 재산과도 구별되고 수탁자의 재산과도 구별된다. 그러므로 다음과 같은 결과가 된다: ① 신탁재산의 관리·처분·멸실·훼손 기타의 사유로 수탁자가 얻은 재산은 신탁재산에 속한다(동법 제19조); ② 신탁재산에 속하는 채권과 신탁재산에 속하지 아니하는 채무와는 상계하지 못한다(동법 제20조); ③ 신탁재산은 수탁자의 파산재단·상속·강제집행에서 제외된다(동법 제21조·제22조·제25조). 이와 같이 신탁법상의 신탁재산은 독립성이 인정되는 관계로, 만일 신탁재산이 등기 또는 등록하여야 할 것인 때에는 신탁은 그 등기 또는 등록을 함으로써 제3자에게 대항할 수 있다(동법 제3조 제1항).

다음으로 민법학상의 신탁을 보자. 민법학상의 신탁이란 권리의 신탁적 양도(예: 양도담보, 추심을 위한 채권양도[6])를 이론적으로 설명하기 위하여 사용되는 개념이다. 민법학상의 신탁행위는 로마법의 '*fiducia*'에 연원하는 것으로, 특히 독일법에서 정비된 이론이다. 민법학상의 신탁을 구체적으로 들어가면 다시 여러 유형이 있게 되는데, 그 공통적 특징은 다음과 같다: 어

---

6) 추심을 위한 채권양도란 무엇인가? 우선 '추심'이란 어떤 것을 찾아내어 가져온다는 의미인데, 일반적으로는 채권자가 자신의 채권을 실현하기 위하여 채무자에 대해 행하는 행위를 가리킨다. 다음과 같은 예를 들어 추심을 위한 채권양도의 개념을 이해하도록 해보자: P는 Q에게 금전을 대여해 주어 Q에 대하여 금전반환채권을 가지고 있다; 그런데 P는 마음이 무척 여려 남에게 빚독촉을 하지 못한다; 이에 반해 P의 친구 R은 빚을 받아내는 일을 아주 부드럽게 잘 하는 사람이다; 이에 P는 자기가 Q에 대하여 가지고 있는 채권을 R에게 양도하면서, R로 하여금 Q로부터 돈을 받아 다시 P에게 넘겨줄 것을 약정한다. 이 경우에 P는 자신의 채권을 R에게 확정적·실질적으로 양도한 것이 아니라 '채권추심'이라는 경제적 목적의 한도에서 채권을 양도한 것이다. 이를 '추심을 위한 채권양도'라 한다.

떤 경제적 목적을 달성하기 위하여 일방(신탁자)이 타방(수탁자)에게 그 목적달성에 필요한 정도를 넘는 권리를 이전하면서 한편으로 수탁자는 그 이전받은 권리를 이러한 경제적 목적범위를 넘어서 행사해서는 아니 될 대내적 의무를 부담하는 것을 내용으로 하는 법률관계이다.

신탁법상의 신탁과 민법학상의 신탁의 본질적 차이는 다음과 같다: 신탁법상의 신탁재산은 수탁자에게 절대적으로 이전하고 신탁자는 신탁계약의 내용에 따라 이익교부의 채권을 가지는 데 반해, 민법학상의 신탁에 있어서는 소유권이 외부적으로만 수탁자에게 이전되고 내부적으로는 여전히 신탁자가 소유자로서의 모든 실질을 가진다.

(2) 名義信託

1) 名義信託의 개념과 유형

356 일반적으로 '명의신탁'이라 함은 대내관계에서는 신탁자가 물건을 관리·수익하면서 공부상의 소유명의만을 수탁자로 하여두는 것을 말한다.[7] 명의신탁은 일제 강점기에 조선고등법원의 판례이론으로 형성된 것을 국권회복 후에도 그대로 승계하여 판례에 의하여 계속 발전된 개념이다. 판례이론에서 말하는 명의신탁의 주요 성립요건은 다음과 같다: ① 신탁자와 수탁자 사이에 명의신탁관계에 관한 합의가 있어야 한다; ② 명의신탁을 할 수 있는 것은 당해 권리를 공부에 의하여 공시할 수 있는 물건(예: 건물, 토지, 자동차 등)이어야 한다[8]; ③ 진정한 권리자가 아닌 자가 공부상 권리자로 표시되어야 한다; ④ 진정한 권리자가 당해 물건에 대하여 사용·수익을 계속하여야 한다.

명의신탁은 크게 '登記名義信託'과 '契約名義信託'으로 구분할 수 있다. 우선 등기명의신탁을 보자. 등기명의신탁은 다시 두 유형으로 분류할 수 있다: ① 2자간의 명의신탁; ② 3자간의 명의신탁. 2자간의 명의신탁이란 명의신탁자가 소유하던 부동산의 소유명의를 명의수탁자 명의로 하는 경우로

---

7) 대법원 1965. 5. 18. 65다312 참조.

8) 대법원 1994. 10. 11. 94다16175: "동산에 관하여는 공부상 그 소유관계가 공시될 수 없는 것이기 때문에 명의신탁이 성립할 여지가 없고, 다만 동산을 점유하고 있다는 외관을 신뢰하고 그 점유자로부터 이를 매수하여 점유한 경우에는 동산의 선의취득이 문제될 뿐이다."

서 '單純名義信託'이라고도 한다.[9] 3자간의 명의신탁이란 명의신탁자가 원소유자로부터 부동산을 매수하면서 명의수탁자의 명의를 빌려 등기한 경우로서 '中間省略登記型 名義信託'이라고도 한다.[10] 계약명의신탁이라 함은 명의신탁자의 위임에 따라 수탁자가 자기 이름으로 매매계약을 체결하고 등기도 수탁자 명의로 경료하는 경우이다.[11] 이 경우에는 명의신탁자와 명의수탁자 사이에 위임계약과 명의신탁약정이 함께 있게 된다.

명의신탁과 관련하여 이론적 관점에서 우선적으로 문제되는 것은 명의신탁을 신탁행위로 볼 수 있을 것인가 하는 것이다. 명의신탁이 신탁법상의 신탁이 아니라는 점은 분명하다. 그러므로 문제는 명의신탁을 민법학상의 신탁의 범주에 포함시킬 수 있을 것인가 하는 것인데, 이를 긍정하게 되면 명의신탁의 유효성에 대하여 의문의 여지가 없다. 판례는 명의신탁을 민법학상의 신탁으로 보는 전제 위에서 이론을 발전시켜 온 것이다. 과연 명의신탁을 민법학상의 신탁행위로 볼 수 있는가? 이에 대하여는 항을 바꾸어 살피기로 한다.

2) 名義信託의 유효성 문제

357 명의신탁의 유효성 문제는 1995년 7월 1일부터 시행된 소위 '부

9) 실제 소유자 P가 등기명의만을 Q에게 이전하는 경우이다. P·Q간의 명의신탁약정은 무효이고(동법 제4조 제1항) 그에 따라 행해진 등기도 무효이다(동법 제4조 제2항 본문). 그러므로 소유자는 명의신탁자인 P이다.

10) P가 R로부터 부동산의 소유권을 취득하기 위하여 R과 매매계약을 하고 매매대금도 자신이 지급하지만 이전등기를 자신이 아닌 Q의 명의로 하는 것이다. 정상적인 등기라면 등기순서는 'R→P→Q'로 되어야 할 것인데, P·Q간의 명의신탁약정에 의하여 P명의의 등기가 생략된 채 'R→Q'의 형식으로 등기된다는 면에서 '중간생략등기형 명의신탁'이라고도 한다. P·Q간의 명의신탁약정과 Q명의로 경료된 등기는 무효이다(동법 제4조 제1항, 제4조 제2항 본문). 그러므로 부동산의 소유자는 여전히 원소유자, 즉 매도인(R)이다.

11) 계약명의신탁이란 명의신탁자의 부탁에 따라 수탁자가 자기 이름으로 매매계약을 체결하고 등기도 수탁자 명의로 경료하는 경우이다. 예컨대, P·Q간의 위임계약에 따라 Q가 매수인으로서 매도인 R과 매매계약을 체결하고 등기도 Q명의로 하는 경우이다. 이에 대하여는 경우를 나누어 검토하여야 한다. 첫째, 타방 당사자(즉 매도인 R)가 P·Q간에 명의신탁약정이 있었다는 것을 안 경우에는 원칙대로 처리된다. 즉 Q명의의 등기는 무효이고 소유권은 R에게 귀속하는 것으로 된다. 둘째, 매도인(R)이 P·Q간에 명의신탁약정이 있었다는 것을 모르는 경우에 대하여 법률은 예외적으로 Q명의의 등기를 유효한 것으로 한다(동법 제4조 제2항 단서). 동법 제4조 제2항 단서의 취지는 신탁자와 수탁자간의 명의신탁약정을 유효로 한다는 것이 아니라 신탁자와 수탁자간의 명의신탁약정으로 인하여 선의의 매도인에게 불측의 손해를 주지 않겠다는 것이다.

동산실명제'를 계기로 큰 변화가 있었다. 그러므로 다음에서는 '부동산실권리자명의등기에 관한 법률'(1995. 3. 30. 제정 법률 제4944호)[12]의 시행 전과 시행 후로 구분하여 검토하기로 한다.

(가) 不動産實名法 制定前의 상황

358 명의신탁약정이 유효한 법률행위인가 하는 문제는 이 약정을 민법학상의 신탁행위의 범주에 포함시킬 수 있을 것인가 하는 문제로 귀착된다. 판례 및 명의신탁약정의 유효성을 긍정하는 입장에서는 이 약정을 민법학상의 신탁행위의 일종으로 본다.

명의신탁약정이 과연 민법학상의 신탁행위의 특성을 가지고 있는가? 이에 대한 답을 구하기 위해서 우선 민법학상 신탁행위의 특성을 생각해 보기로 한다. 민법학상 신탁행위의 특성을 요약하면 다음과 같다: ① 대외관계(수탁자-제3자)와 대내관계(신탁자-수탁자)가 분리된다는 점; ② 대외관계에서의 '법적 가능'이 대내관계에서의 '법적 허용'을 초과한다는 점; ③ 만일 수탁자가 대내관계에서의 '법적 허용'을 초과하는 행위도 대외관계에서는 유효하나 대내관계에서 수탁자는 신탁자에게 채무불이행책임을 진다는 점.

순수이론적 시각에서 본다면 이 약정은 민법학상의 신탁행위의 특성을 가지지 못한 허위표시(제108조)에 불과한 것으로서 무효라고 보아야 한다.[13] 왜냐하면 명의신탁약정에 있어서 명의신탁자는 권리에 대한 名義 이외에는 어떠한 권한도 수탁자에게 넘기는 것이 없기 때문이다. 즉 민법학상의 신탁행위의 본질적 특질인 '내부관계에서의 법적 허용'이 전혀 존재하지 않는다. 민법학상의 신탁행위가 되기 위해서는 수탁자에게 모종의 '법적 허용'이 존재하여야 하는데, 만일 명의신탁에 있어서 수탁자에게 '법적 허용'이 존재한다면 이것은 이미 명의신탁이 아니다. 대내관계에 있어서 수탁자에게 어떠한 '법적 허용'도 존재하지 않아야 한다는 것이 명의신탁의 요건이기 때문이다. 그러므로 명의신탁은 민법학상의 신탁행위의 일종으로 볼 수 없다. 일부 학자[14]는 다음과 같은 견해를 피력하면서 명의신탁약정의 유효성을 주장하기도 한다: "명의신탁의 당사자 사이에 외부적 소유권과 내부적 소

12) 이하 '부동산실명법'이라 한다.
13) 이에 대해서는 이 책 [437] 참조.
14) 李英俊, "物權法", 博英社, 2002, 140면.

유권을 분리하여 귀속시키기로 하는 신탁계약이 있고 이 신탁계약에 따라 물권적 합의와 등기가 행해지므로 물권변동에는 아무런 하자가 없다." 그러나 이에 대하여는 다음과 같은 비판이 가능하다: 외부적 소유권과 내부적 소유권을 분리하여 귀속시키기로 하는 물권적 합의는 물권법정주의를 규정한 제185조에 반하는 것으로서 무효라고 보아야 한다. 우리 민법상의 소유권이란 단일의 완전물권을 의미하는 것이며, 내부적 소유권과 외부적 소유권의 구분은 허용되지 않는다는 점에 유의할 필요가 있다.

명의신탁을 민법학상의 신탁행위의 일종으로 보아 그 자체를 유효한 약정으로 파악하는가, 아니면 이를 허위표시에 불과한 것으로 보는가에 따라 나타나게 되는 중요한 차이는, 명의수탁자가 당해 권리를 제3자에게 처분한 경우이다. 명의신탁을 신탁행위의 범주에 포함되는 것으로 보는 판례의 입장에 의하면, 제3자가 선의이든 악의이든 관계없이 권리를 취득한다. 왜냐하면 민법학상의 신탁행위의 일반적 효력이 그러한 것이기 때문이다. 이에 반해 명의신탁을 허위표시의 일종으로 보는 입장에 의하면, 제108조 제2항에 따라 제3자가 선의인 경우에 한하여 권리를 취득하는 것으로 해석하게 된다.

(나) 不動産實名法 制定後의 상황

359 '부동산실명법'은 원칙적으로 명의신탁을 무효로 보는 입장이다(동법 제4조 제1항). 그렇다면 이 법률이 명의신탁약정을 무효로 본 이론적 근거는 무엇인가? 언뜻 보면, 이 법률 제정 전의 학설 중에서 명의신탁약정을 허위표시로 보아 무효로 판단하고자 했던 입장을 채택한 것 아닌가 하는 생각도 할 수 있다. 그러나 사실은 그렇지 않다.

이 법률이 명의신탁약정을 무효로 한 것은 이 약정이 반사회적인 내용의 약정이라는 사실에 근거한 것이다. 즉 명의신탁약정이 무효인 것은, 법률행위의 유효요건 중 내용에 관한 유효요건을 구비하지 못하였기 때문인 것이지, 의사표시에 관한 유효요건을 충족하지 못하고 있다는 이유에서 무효로 본 것이 아닌 것이다. 다시 말하여, 명의신탁약정이 무효인 이론적 근거는 이 약정의 내용이 사회적 타당성 요건을 구비하지 못한 것이기 때문이다. 이와 같은 사실은 이 법률 제1조에 나타나 있을 뿐만 아니라,[15] 이

15) 동법 제1조는 다음과 같이 규정하고 있다: "이 법은 부동산에 관한 소유권 기타

법률의 규정내용[16]에도 반영되어 있다.

요컨대, '부동산실명법'에 있어서 명의신탁약정이 무효인 근거는 제103조에서 찾아야 한다. 그러므로 이 법률이 명의신탁이 허위표시인가 여부에 대한 논쟁을 불식시킨 것은 아니다. 그리고 이 법률에 의하여 예외적으로 유효성이 긍정되는 영역에 대해서는, 이 법률 시행 후에도 여전히 종래의 판례이론이 그대로 유지되고 있는 것이다.

Ⅲ. 法律行爲의 요건

360 법률행위가 당해 당사자의 의사내용에 따라 법률효과를 발생하기 위해서는 일정한 요건을 갖추어야 한다. 법률행위의 요건은 이를 '성립요건'과 '효력요건'으로 구분하여 설명하는 것이 일반적이다.

1. 成立要件

361 법률행위의 성립요건이란 법률행위의 존재가 인정되기 위한 최소한의 외형적·형식적 요건이다. 성립요건은 다시 일반성립요건과 특별성립요건으로 구분된다. 일반적 성립요건은 법률행위의 당사자의 존재, 법률행위의 내용의 존재, 의사표시의 존재로 정리할 수 있다. 특별성립요건은 법

물권을 실체적 권리관계에 부합하도록 실권리자 명의로 등기하게 함으로써 부동산등기제도를 악용한 투기·탈세·탈법행위 등 반사회적 행위를 방지하고 부동산거래의 정상화와 부동산가격의 안정을 도모하여 국민경제의 건전한 발전에 이바지함을 목적으로 한다."

16) 예를 들어 보기로 한다. 첫째, 동법 제4조 제3항이다. 이 규정에 의하면 명의신탁의 무효는 제3자에 대하여 대항할 수 없는 것으로 되어 있는데, 제3자의 선의·악의는 불문한다. 만일 명의신탁약정의 무효근거가 허위표시였다면 선의의 제3자에 대하여만(제108조 제2항) 대항할 수 없는 것으로 규정했어야 할 것이다. 둘째, 동법 제8조이다. 이 규정은 종중 소유의 부동산에 대한 명의신탁 및 배우자에 대한 명의신탁은 일정한 요건 아래 유효성을 긍정하고 있다. 명의신탁약정의 무효근거가 제108조 제1항이라면 이와 같은 예외적인 사항에 대하여 그 유효성을 긍정할 수 없게 될 것이다. 왜냐하면 의사표시의 구조라는 측면에서 본다면 무효인 명의신탁과 유효인 명의신탁 사이에 아무런 차이가 없기 때문이다.

률에 의하여 부가적으로 요구되는 요건으로서, 법인설립을 위한 등기·혼인계약에서의 신고 등이 그 예이다.

성립요건을 충족하지 못하면 법률행위는 존재하지 않는 것이다. 이를 '법률행위의 부존재'라고 한다. 법률행위의 부존재로 판단되면 법률행위의 유효·무효·취소의 문제도 논의될 여지가 없게 된다. 법률행위의 유효·무효·취소는 법률행위가 성립요건은 충족하여 일단은 그 존재가 긍정된 후의 문제이기 때문이다.

2. 效力要件

362 법률행위의 효력요건이란 성립요건을 갖춘 법률행위가 당사자가 의도한 대로의 효과를 발생하기 위하여 요구되는 요건이다. 효력요건은 법률행위의 유효성이 부인되는 요소에 해당하지 않아야 한다는 소극적 관점에서의 요건으로 볼 수 있다. 성립요건과 마찬가지로 유효요건도 일반유효요건과 특별유효요건으로 구분할 수 있다.

(1) 一般效力要件

363 일반유효요건은 일반성립요건에 대응하여 생각하면 된다. 유효요건이란 성립요건이 충족되었다는 전제 위에서 비로소 논의될 수 있는 것이기 때문이다. 그러므로 법률행위의 일반유효요건도, 법률행위의 당사자의 측면·법률행위의 내용의 측면·의사표시의 측면에서 파악할 수 있는 것이다.

1) 當事者에 관한 유효요건

364 당사자에 관한 유효요건으로서 통설은 당사자의 권리능력·의사능력·행위능력의 존재를 든다. 의사무능력자에 의한 법률행위는 무효인 법률행위이고 행위무능력자에 의한 법률행위는 일단은 유효하나 취소할 수 있는 법률행위이므로 의사능력·행위능력의 존재를 유효요건으로 말하는 것은 타당하다.

그러나 권리능력의 존재를 유효요건으로 드는 것은 수긍하기 어렵다. 권리능력이 없다는 것은 법률주체(즉 당사자)가 존재하지 않는 것과 같은 것이기 때문이다. '권리능력의 존재'라는 요건은 유효요건이라기보다는 오히려 성립요건으로 이해하는 것이 논리에 맞는 이해태도로 생각한다.

2) 法律行爲의 內容에 관한 유효요건[17]

365 법률행위의 내용(또는 목적)이란 법률행위 당사자가 그 법률행위에 의하여 실현하고자 하는 실질적 결과이다. 법률행위가 유효성을 보유하기 위해서는 당해 법률행위의 내용이 일정한 요건을 구비하여야 한다. 왜냐하면 법률행위라는 것이 사적자치를 실현하기 위한 법률적 수단이기는 하지만 사적자치의 원리라는 것도 본질적으로는 법에 의하여 승인된 것이므로 법의 이념에 의한 제한을 받을 수밖에 없기 때문이다.

전통적인 입장에서 법률행위 내용에 관한 유효요건으로 드는 것은 다음의 네 가지이다: ① 確定性; ② 可能性; ③ 適法性; ④ 社會的 妥當性. ① 확정성: 법률행위의 내용은 법률행위 당시에 확정되어 있거나 또는 장래에라도 확정될 수 있어야 한다는 것이다. ② 가능성: 법률행위의 내용은 가능한 것이어야 한다는 것이다.[18] ③ 적법성: 법률행위의 내용이 강행규정에 위배되지 않아야 한다는 요건이다. ④ 사회적 타당성: 법률행위의 내용이 '선량한 풍속 기타 사회질서'(제103조)에 반하지 않아야 한다는 요건이다.[19] 이들 요건을 충족하지 못한 법률행위는 무효이다.

3) 意思表示에 관한 유효요건[20]

366 의사표시에 관한 유효요건을 보기로 한다. 이 요건은 법률행위의 구성요소인 의사표시에 있어서 표의자의 진의와 표시가 일치하고 또한 그 의사표시가 표의자의 자유로운 의사결정에 의한 것이어야 한다는 것이다.

이 요건에 관한 민법상의 통칙적 규율은 제107조(비진의표시)·제108조(통정허위표시)·제109조(착오에 의한 의사표시)·제110조(사기·강박에 의한 의사표시)이다. 의사표시에 관한 유효요건을 구비하지 못한 법률행위는 제107조 내지 제110조의 규범에 따라 무효 또는 취소할 수 있는 법률행위로 된다.

---

17) 이에 대하여 자세한 것은 이 책 [410] 이하 참조.

18) 불능은 여러 시점에서 판단할 수 있는데, 법률행위의 유효요건으로 문제되는 가능성의 판단시점은 법률행위 성립 당시이다. 즉 뒤에서 보는 바와 같이 법률행위 유효요건에서 문제되는 것은 원시적 불능이다.

19) 강행규정이란 그 규율내용이 '선량한 풍속 기타 사회질서'에 관한 것인데, 이와 같이 보게 되면 '적법성' 요건은 '사회적 타당성' 요건에 포함되는 것 아닌가 하는 의문이 제기될 수 있다. 이에 대하여 자세한 것은 이 책 [416] 이하 참조.

20) 이에 대하여 자세한 것은 이 책 [430] 이하 참조.

(2) 特別效力要件

367 특별효력요건은 일정한 법률행위에 있어서 일반효력요건에 부가하여 특별히 요구되는 효력요건이다. 대리행위에 있어서의 대리권의 존재, 조건부·기한부 법률행위에 있어서 조건의 성취 또는 기한의 도래 등이 그 예이다.

Ⅳ. 意思表示의 效力發生

368 의사표시의 효력발생은 중요한 문제이다. 왜냐하면 의사표시의 효력발생 여부에 따라 의사표시를 구성요소로 하는 법률행위의 성립시기가 결정되기 때문이다. 이와 관련하여 민법은 다음 세 가지 사항을 규정하고 있다: ① 의사표시의 효력발생시기(제111조); ② 의사표시의 수령능력(제112조); ③ 의사표시의 공시송달(제113조). 다음에서는 이들에 대하여 차례로 살피고자 한다.

1. 意思表示의 效力發生時期

369 격지자간의 의사표시의 효력발생시기를 언제로 할 것인가에 대해서는 몇 가지 가능성이 있다: ① 表白主義(표의자가 의사표시를 한 때에 효력이 발생하는 것으로 보는 것); ② 發信主義(표의자가 의사표시를 상대방에게 발송한 때에 효력이 발생하는 것으로 보는 것); ③ 到達主義(의사표시가 상대방에게 도달한 때에 효력이 발생하는 것으로 보는 것); ④ 了知主義(상대방이 의사표시의 내용을 이해한 때에 효력이 발생하는 것으로 보는 것).[21] 상대방 없는 의사표시와 상대방 있는 의사표시의 경우로 구분하여 살피기로 한다.

---

21) 우편을 이용하여 서면으로 의사표시를 하는 경우를 예로 들어 설명해 본다. ①은 편지를 완성한 것, ②는 우편함에 편지를 투입하는 것, ③은 상대방의 개인 우편함에 들어온 것, ④는 상대방이 편지를 읽고 그 내용을 이해한 것을 가리킨다.

(1) 相對方 없는 意思表示의 경우: 表白主義

370 상대방 없는 의사표시에 있어서는 표의자의 의사표시를 수령하여야 할 특정의 상대방이 없다. 그러므로 이 경우에는 의사표시가 외형적 존재를 가지게 된 때(즉 표시행위가 완료된 때)에 효력을 발생한다. 상대방 없는 의사표시에 있어서는 표의자와 그 상대방의 이해를 조정하여야 하는 문제가 없어 표백주의에 의하는 것이 원칙이다. 그러나 상대방 없는 의사표시에 있어서도 그 의사표시를 요소로 하는 법률행위의 특질로 인하여 법률행위가 효력을 발생하는 시기를 특별히 법률로 정하는 경우도 있다. 재단법인설립행위는 설립등기시에(제33조), 상속의 포기는 상속이 개시된 때에 소급하여(제1042조), 유언은 유언자가 사망한 때에 효력을 발생한다(제1073조).

(2) 相對方 있는 意思表示의 경우: 到達主義의 原則

371 상대방 있는 의사표시에 있어서는 표의자의 의사를 상대방에게 알리는 것을 전제로 하기 때문에, 표의자와 상대방 사이에 이해관계의 조정이 필요하게 된다. 예컨대, A가 B를 상대방으로 하여 의사표시를 함에 있어서 A가 B에게 편지를 써서 우편으로 발송하였는데, B는 이를 수령하지 못하였다고 해보자. 표백주의 내지 발신주의를 취하게 되면 A의 의사표시는 효력을 발생한 것이 되고 도달주의 내지 요지주의를 취하게 되면 그 반대의 결과가 된다.

1) 原則: 到達主義

(가) 原則의 내용

372 상대방 있는 의사표시의 효력발생시기에 관하여 민법은 도달주의를 원칙으로 한다(제111조 제1항). 이 원칙은 격지자[22] 사이의 의사표시뿐만 아니라 대화자간의 의사표시에도 적용되는 것으로 보아야 한다. 그러나 대화자간의 의사표시의 특성(표의자의 표시행위가 완료된 시점과 상대방이 그 의사표시를 수령하는 시점이 동일함)으로 인하여 대화자간의 의사표시에 있어서는 그 효력발생시기라는 것이 별로 문제되지 않는다.

---

22) '격지자'란 '대화자'에 반대되는 개념이다. 격지자란 단순히 장소적 개념이 아니라 시간적인 개념이다. 장소적으로 떨어져 있다 하더라도 전화로 의사표시를 하는 것은 대화자간의 의사표시로 보아야 한다.

'도달'의 의미에 대하여 통설은, 사회관념상 상대방이 의사표시의 내용을 알 수 있는 객관적 상태에 놓여지는 것을 의미하는 것으로, 상대방이 그 의사표시를 현실적으로 수령하였거나 그 통지의 내용을 이해하였을 것까지 요구하는 것은 아니라고 한다.[23] 예를 들어 상대방의 개인우편함에 투입되어 상대방이 그것을 볼 수 있는 상태에 있었다면 도달한 것으로 볼 수 있다는 것이다.

(나) 原則의 효과

373 도달주의를 채택함에 따라 다음과 같은 결과가 된다. 첫째, 의사표시의 부도달 내지 연착에 대한 불이익은 표의자의 부담으로 된다. 둘째, 의사표시를 발송했다 하더라도 상대방에게 도달하기 전에는 이미 행한 의사표시를 철회할 수 있다. 그러나 이미 도달하였다면 상대방이 의사표시의 내용을 요지하기 전이라 하더라도 철회할 수 없다.

민법 제111조 제2항[24]은 다음과 같이 규정하고 있다: "표의자가 그 통지를 발한 후 사망하거나 행위능력을 상실하여도 의사표시의 효력에 영향을 미치지 아니한다." 이 규정의 취지에 대한 종래 학설의 설명은 대체로 다음과 같다[25]: 의사표시의 도달이라는 것은 이미 완성된 의사표시의 효력발생요건에 지나지 않는다; 따라서 발신 후의 사정변경(사망 또는 행위능력 상실)은 의사표시의 효력에 영향을 미치지 않는다. 이러한 설명에 다음과 같은 사항을 추가하고자 한다. 첫째, 상대방에게 불측의 손해를 주지 않도록 하기 위한 배려이다. 발신 후의 사정변경에도 불구하고 의사표시의 효력을 인정한다 하더라도 표의자(자신 또는 그 상속인)에게는 특별한 불이익이 없으나, 그 효력을 인정하지 않는다면 상대방에게 불측의 손해를 입힐 수 있다.[26] 둘째, 제111조 제2항은 법률행위의 경제성(economy)에 부합하는 규정이다. 발신후의 사정변경으로 인하여 의사표시가 당연히 실효하는 것으로

---

23) 판례도 같은 입장이다(대법원 1964. 10. 30. 64다65; 대법원 1983. 8. 23. 82다카439; 대법원 1997. 11. 25. 97다31281 등 참조).

24) 종래 대부분의 학자들은 이 규정을 도달주의의 효과 부분에서 설명하고 있는데, 사실 제111조 제2항을 도달주의의 효과로 보기는 어렵다고 생각한다. 그러나 갑작스런 혼란을 피하기 위하여 여기에서 논의하기로 한다.

25) 白泰昇, 앞의 책 "民法總則", 449면; 金俊鎬, 앞의 책 "民法總則", 389-390면.

26) 郭潤直 편/朴英植 집필, "民法註解[II]", 博英社, 1996, 615면 참조.

하게 되면 같은 내용의 의사표시를 반복하여야 하는 경제적 비효율을 경험하여야 하기 때문이다. 제111조 제2항의 실제적 효과는 다음과 같다: ① 표의자가 사망한 경우에는 그 의사표시의 효과는 상속인에게 귀속한다[27]; ② 표의자가 행위능력을 상실한 때에는 표의자 본인에게 효과가 귀속하고, 그 의사표시를 구성요소로 하여 성립한 법률행위는 취소할 수 있는 법률행위로 된다.

2) 例外: 發信主義

(가) 承諾의 意思表示의 경우

374 계약은 청약과 승낙이라는 두 개의 의사표시로 성립한다. 도달주의의 원칙에 따른다면, 계약은 청약을 받은 자가 그에 대응하여 승낙의 의사표시를 하고 그 의사표시가 청약자에게 도달한 때에 성립하는 것으로 되어야 한다. 그러나 민법은 격지자간의 계약은 승낙의 통지를 발송한 때에 성립하는 것으로 규정하고 있다(제531조). 도달주의의 원칙과 이 규정을 조화롭게 해석하기 위하여 여러 학설[28]이 주장되고 있다. 이 규정의 해석에 대한 자세한 논의는 생략한다. 다만 이 규정이 코먼로의 'mailbox rule'과 상당히 유사하다는 사실에 유의하고자 한다.[29]

(나) 그 밖의 경우

375 무능력자의 상대방의 최고에 대한 무능력자측의 확답(제15조), 무권대리인의 상대방의 최고에 대한 본인의 확답(제131조), 채무인수에 있어서 채무자의 최고에 대한 채권자의 확답(제455조)의 경우에 발신주의를 취하고 있다.

한편, 거래의 신속을 요하는 상법에서는 발신주의가 채택되는 경우가

---

27) 모든 의사표시가 다 그런 것은 아니다. 당사자의 인적 요소가 중시되는 법률행위(예: 위임)와 같이 당사자 일방의 사망이 법률관계의 종료사유인 경우에는(제690조 참조) 표의자의 상속인이 의사표시를 승계하는 것으로 볼 수 없다. 그리고 그 한도에서 제111조 제2항은 적용되지 않는다고 볼 수 있다.

28) 예: ① 제1설(승낙의 부도달을 해제조건으로 하여 승낙의 발신시에 계약이 성립하고 효력을 발생한다); ② 제2설(계약은 승낙의 발신에 의하여 성립하지만 계약의 효력은 승낙의 도달에 의하여 발생한다); ③ 제3설(승낙은 도달을 정지조건으로 하여 승낙의 통지가 도달되면 계약의 효력은 승낙의 발신시에 소급한다)

29) 'mailbox rule'이란 우편이나 이와 유사한 수단(즉 적절한 전달수단)을 통해 승낙의 의사표시가 이루어졌다면 승낙의 의사표시는 발송된 때(書信을 우편함에 투입하였을 때)에 효력을 발한다는 내용의 원칙이다. 이에 대하여 자세한 것은 명순구, 앞의 책 "미국계약법입문", Nr. 66 이하 참조.

많다(예: 제52조, 제53조, 제67조 등).

2. 意思表示의 受領能力

376 의사표시의 수령능력이란 타인의 의사표시의 내용을 이해할 수 있는 능력이다. 의사표시의 수령이라는 것은 상대방으로부터 발신된 의사표시를 접수하는 소극적인 행위라는 점에서 행위능력의 수준보다 낮게 규정할 수도 있으나, 민법은 모든 행위무능력자를 의사표시수령 무능력자로 규정하고 있다(제112조). 미성년자와 한정치산자에게 행위능력이 인정되는 경우에 대해서는 의사표시의 수령능력도 인정하여야 할 것이다.

제112조는 상대방 있는 의사표시의 경우에 적용되는 것이다. 이 규정은 의사표시가 상대방에게 도달하는 것을 전제로 한 규정이기 때문이다.

표의자가 의사표시수령 무능력자에게 행한 의사표시라고 하여 절대적으로 효력이 없는 것은 아니다. 즉 제112조는 '대항'의 개념을 도입하고 있다. 따라서 무능력자측에서 의사표시의 도달과 유효를 주장하는 것은 무방하다. 의사표시수령 무능력자에 대한 의사표시라 하더라도 그의 법정대리인이 그 도달을 안 후에는 의사표시를 가지고 대항할 수 있다(제112조 단서). 이해의 편의를 위하여 다음과 같은 예를 들어 본다: A는 미성년자 B에게 의사표시를 하여 그것이 10월 1일 B에게 도달하였다; 그로부터 며칠이 지난 10월 5일 B의 친권자 C는 A의 의사표시가 B에게 도달한 사실을 알게 되었다. 이 사안에서 10월 5일 이후로는 A는 자신의 의사표시를 가지고 대항할 수 있다. 그러나 무능력자측에서 문제의 법률행위를 취소할 가능성은 여전히 남아있다.

3. 意思表示의 公示送達

377 의사표시는 상대방에게 도달하여야 효력을 발생한다. 그런데 상대방이 누구인지를 알지 못하거나(예: 원래의 상대방이 사망하였는데 그 상속인을 알지 못하는 경우) 상대방의 주소를 알지 못하는 경우(예: 상대방이 행방불명된 경우)가 있을 수 있다. 이와 같은 경우에 표의자의 이익을 보호하기 위하여 마련된 것이 공시송달제도이다. 즉 표의자가 과실없이 상대방을 알지 못

하거나 상대방의 소재를 알지 못하는 경우에는 의사표시는 민사소송법 공시송달의 규정에 의하여 송달할 수 있다(제113조). 공시송달은 법원사무관 등이 송달할 서류를 보관하고 그 사유를 법원게시판에 게시하는 방법으로 행해지는 것이 일반적이며(민사소송법 제195조), 그 사유를 게시한 날로부터 2주일이 경과하면 효력을 발생한다(제196조 제1항).

V. 意思表示의 構成要素와 法律行爲의 解釋

1. 序 說

378 法律行爲의 解釋이란 법률행위의 내용을 확정하는 것을 말한다. 여러 가지 법률요건 중에서 특히 法律行爲는 법률행위 당사자의 의사표시의 내용이 그대로 법률효과가 된다는 점에서 다른 법률요건과 구별된다. 바로 이런 이유로 하여 법률행위를 私的 自治의 실현수단이라고 말하는 것이다. 그리고 법률행위의 이러한 특징으로 인하여 법률행위의 해석은 매우 중요한 문제이다. 한편 法律行爲는 意思表示라는 法律事實을 구성요소로 하는데, 이 의사표시의 구성요소를 어떻게 보는가에 따라 법률행위의 해석이 영향을 받게 된다. 그러므로 법률행위 해석의 문제를 살피기 전에 意思表示의 構成要素에 대하여 검토할 필요가 있다.

이해의 편의를 위하여 다음 사안을 제시하기로 한다[30]: A는 고서적 α와 β를 소유하고 있다. A는 B와 고서적에 대한 매매계약을 체결하였는데, A가 B에게 매도의 청약을 함에 있어서 내심으로는 α를 매도할 생각이었다. 그러나 그러한 의사를 명확하게 표시하지 못하고 α가 아닌 β로 이해될 수 있는 방식으로 표시행위를 하였다. 기대가능한 주의를 다했음에도 불구하고 B는 매매목적물을 α가 아닌 β로 인식하여 A의 청약에 대하여 승낙을 하였다. B는 A에게 β를 인도할 것을 청구할 수 있는가?

사안에서는 매수인 B가 매도인 A에게 β를 인도할 것을 청구할 수 있는

30) 이 항에서는 이 사안을 단순히 '사안'이라고 표현하기로 한다.

법적 지위에 있는가 하는 것이 문제로 되어 있다. 이에 대한 대답은 A·B간의 매매계약의 목적물을 β로 볼 수 있는가 여부에 달려 있다. 즉 A·B간의 매매계약의 목적물이 β라면 매수인의 지위에 있는 B가 계약목적물인 β의 인도를 청구하는 데에 문제가 없을 것이다. 그런데 이에 대한 판단은 그리 간단한 문제가 아니다. 왜냐하면 A가 B에게 매도의 청약을 함에 있어서 내심으로는 α를 매도할 생각이었으나, 그러한 내심의 의사가 B에게 정확하게 전달되지 못하였고 이에 따라 B는 매매목적물을 α가 아닌 β로 인식하고 A의 청약에 대하여 승낙을 하였기 때문이다.

계약성립의 원칙적 모습은 당사자 사이의 합의이다. 合意란 일정한 법률효과의 발생을 목적으로 하는 당사자 사이의 意思의 合致로서 2개의 法律事實, 즉 請約과 이에 대응한 承諾의 형태로 행해지게 된다. 합의가 성립하기 위해서는 청약과 승낙이 서로 합치하여야 하는데, 합치에는 '客觀的 合致'[31]와 '主觀的 合致'[32]가 있다. 사안에서 A·B간의 매매계약의 성립요건으로서의 合意와 관련하여 意思表示의 主觀的 合致의 측면은 아무런 문제가 없다. A에 의한 請約의 意思表示의 상대방은 B이고, B에 의한 承諾의 意思表示의 상대방은 A이기 때문이다. 문제되는 것은 客觀的 合致의 측면이다. 매매계약의 내용을 이루는 매매목적물에 관하여 A는 이를 α로 생각하였고, B는 β로 생각하였기 때문이다. 만일 A의 意思表示에서의 계약의 목적물은 α이고, B의 의사표시에서의 계약의 목적물은 β라면 이들 두 意思表示는 客觀的 合致가 이루어지지 않았으므로 매매계약은 不成立으로 다루면 될 것이다. 그리고 이렇게 본다면 B는 A에게 β를 인도할 것을 청구할 수 없을 것이다. 그러나 이와 같은 해결방향은 A가 자신의 내심의 의사를 명확하게 표시하지 못함으로 인하여 발생한 불이익을 전적으로 B에게 전가시키는 것으로 불공평한 결과를 초래할 수 있다. 이러한 점을 고려하여, A

---

31) 客觀的 合致란 계약체결당사자 서로가 주고받은 意思表示의 내용이 일치하는 것을 말한다. 예컨대, 일방이 어떤 물건을 100만원에 매도한다는 請約의 意思表示를 하고 이에 응하여 상대방이 그 물건을 100만원에 매수한다는 承諾의 意思表示를 하였다면 매매계약의 성립을 위한 客觀的 合致가 있는 것으로 된다.

32) 主觀的 合致란 계약성립을 위하여 행해진 의사표시가 각각 계약상대방에 대한 것이어야 한다는 것이다. 예컨대, X가 Y에게 어떤 물건을 100만원에 매도한다는 청약의 의사표시를 하였는데, Y가 아닌 W가 X에게 그 물건을 100만원에 매수한다는 승낙의 의사표시를 한다 해도 X·W 사이에 매매계약이 성립하지 않는다.

의 B에 대한 의사표시에 있어서 계약의 목적물을 β로 볼 수 있는 가능성을 검토할 필요가 있다. 이에 대한 검토는 法律行爲 解釋의 차원에서 판단되는 것이다.

2. 意思表示의 構成要素

(1) 序 說

379 의사표시란 일정한 법률효과를 발생시킬 것을 목적으로 하여 내적으로 형성된 일정한 의사를 외부에 표시하는 행위이다. 의사표시의 구성요소로서 논의되는 것은 다음의 4가지이다: ① 행위의사; ② 효과의사; ③ 표시의사; ④ 표시행위. 이들 요소 중 ①·②·③은 의사적 요소로, 그리고 ④는 행위적 요소로 분류한다.

다음에서는 이와 관련한 종래의 논의를 검토한 후, 종합적 평가와 아울러 앞에서 제시한 사안에 대한 해결책을 살펴봄으로써 의사표시의 구성요소에 대한 이해를 도모하고자 한다.

(2) 行爲意思

380 종래 통설에 의하면, '行爲意思'란 어떠한 행위를 한다는 認識을 말한다. 意思表示라고 할 수 있기 위해서는 意識 있는 行態이어야 하며, 따라서 의식불명상태, 최면상태에서 이루어진 행위는 행위의사가 결여되어 있기 때문에 표의자의 행위라고 할 수 없다고 한다.

이와 같이 통설은 行爲意思를 의사표시의 구성요소의 하나로 보고 있다. 그러나 행위의사를 의사표시의 구성요소로 보는 것이 타당한가에 대하여 의문이 있다. 결론부터 말한다면, 행위의사의 개념을 종래 학설과 같이 이해한다면 行爲意思는 의사표시의 구성요소라기보다는 의사표시가 유효하기 위한 전제라고 보는 것이 옳다고 생각한다. 즉 통설에서 말하는 行爲意思는 의사능력의 문제로 보자는 것이다. 그 이유로 다음과 같은 두 가지를 들고자 한다.

첫째, 법률행위에 관한 이론체계의 통일성의 측면이다. 行爲意思를 의사표시의 구성요소로 보는 통설도 법률행위의 유효요건으로서 意思能力을 들고 있다. 그런데 의사표시의 구성요소로서의 행위의사에 대한 통설의 개념 설정은 意思能力의 그것과 차이가 없다. 동일한 개념이 意思表示의 構成要素 및 意思表示의 有效要件의 두 단계에서 반복적으로 검토되는 것은 법률행위에 관한 이론구성에 있어서 긴밀성을 방해할 수 있다. 意思能力을 민법상의 能力으로 관념하고자 한다면 行爲意思를 굳이 의사표시의 구성요소에 포함시킬 필요가 없다고 생각한다. 한편, 학설 중에는 能力制度라고 하는 것은 획일적 기준의 자격제도인데, 意思能力은 그러한 성격의 개념이 아니라는 이유에서 의사능력을 민법상의 능력으로 보지 않는 입장이 있다.[33] 의사능력을 민법상의 능력으로 보지 않는 입장에서는 행위의사를 의사표시의 구성요소로 본다 하더라도 통설에서와 같은 논리적인 문제점은 없을 것이다. 그러나 能力이라는 것이 논리필연적으로 획일적 자격이어야 하는 것은 아니므로 이 부분에 있어서는 통설의 입장이 타당하다. 요컨대, 意思能力은 민법상의 能力이며, 이렇게 본다면 종래 통설에서 의사표시의 구성요소의 하나로 논의되어 온 行爲意思는 意思能力의 차원에서 접근하는 것이 타당하다.

둘째, 去來安全과 契約經濟의 측면이다. 행위의사를 의사표시의 구성요소로 보게 되면 행위의사가 결여된 의사표시를 구성요소로 하는 법률행위는 不存在로 판단되어야 한다. 이러한 결과는 표의자의 의식을 의사능력의 문제로 보고, 이를 충족하지 못한 경우에는 법률행위를 無效로 하는 것과 큰 차이가 있다.[34] 意思能力의 결여는 법률행위의 不存在가 아닌 無效事由에 해당하기 때문이다. 의사표시를 할 당시에 表意者에게 意思能力이 없었다는 이유로 당해 법률행위를 無效로 평가하게 되면 無效行爲의 轉換(제138조),[35] 無效行爲의 追認(제139조)[36] 등의 法理에 따라 去來安全 또는 契約經濟의 요구를 충족시킬 수 있는 여지가 있다. 그러나 表意者의 意識을 의사표시의 구성요소로서의 行爲意思의 문제로 보게 되면 의식의 결여는 의사

---

33) 李銀榮, 앞의 책 "民法總則", 156면 이하.

34) '法律行爲의 不存在'는 법률행위의 成立要件 자체가 구비되지 못한 것을 말하는 것이지만, '法律行爲의 無效'는 법률행위의 成立要件은 구비되어 있으나 效力要件이 충족되지 못하여 효력을 발생하지 못하는 경우라는 점을 생각해 보라.

35) 이에 대해서는 이 책 [565] 이하 참조.

36) 이에 대해서는 이 책 [567] 이하 참조.

표시의 부존재라는 결과로 나타나게 되어 무효인 법률행위에 있어서와 같은 法理를 적용할 수 있는 가능성이 원천적으로 배제된다.

요컨대, 종래 통설에서 말하는 行爲意思는 意思表示의 구성요소로 관념할 것이 아니라 법률행위의 유효요건인 意思能力의 문제로 파악하는 것이 타당하다고 생각한다.

(3) 효과의사

381 '效果意思'란 일정한 효과를 원하는 表意者의 內部的 意思라 할 수 있다. 그런데 이 효과의사에 관하여는 몇 가지 점에서 학설상 대립이 있다. 그러므로 다음에서는 학설대립 사항을 기준으로 항목을 나누어 살피기로 한다.

1) 效果意思의 개념

382 효과의사의 개념에서부터 학설상 논의가 있다. 제1설(소위 '사실적 효과의사설')은 效果意思란 법이 법률효과를 부여할 가치가 있다고 인정되는 사실적 효과를 의욕하는 것이라고 한다.[37] 그리고 제2설('법률적 효과의사설')은 效果意思란 사실적 효과가 아닌 법률효과를 의욕하는 것이라고 한다.[38]

살피건대, 어느 학설을 취하든 의미 있는 차이가 발생하는 것은 아니라고 생각한다. 왜냐하면 제1설에서도 모든 의욕을 效果意思로 보는 것은 아니기 때문이다. X가 자신의 생일잔치에 초대할 의사를 가지고 어떤 친구에게 초대장을 주었다고 해보자. 이 경우에 X의 초대의사가 추구하는 생활관계는 法的 拘束力이 전제된 의사로 볼 수 없다. 法律行爲는 法律要件이고, 따라서 법률행위의 구성요소인 의사표시는 그 본질상 법적 구속력을 인정할 수 있는 것이어야 하는데, 이러한 구속력을 발견할 수 없다면 이를 法律事實로서의 意思表示의 구성요소로 볼 수는 없을 것이다.

효과의사의 개념에 관한 학설대립은 일정한 의사를 바라봄에 있어서 이를 사실적 관점에서 볼 것인가(제1설의 이해태도), 아니면 평가적 관점에서 볼 것인가(제2설의 이해태도)의 차이로 볼 수 있다. 그런데 제1설에 있어서도 결국 어느 시점에서는 당해 의사가 법적 의미를 가지는 것인가에 대한 판

37) 金俊鎬, 앞의 책 "民法總則", 343면 참조.
38) 李英俊, 앞의 책 "民法總則", 112면 참조.

단을 하게 된다. 이러한 측면에서 보면 효과의사의 개념에 관한 학설대립은 법적 의미의 존재에 대한 판단시점의 차이로 귀결된다고 볼 수 있다. 법적 의미의 존재 여부에 대한 판단시점을 어디로 할 것인가에 따라 법적으로 의미 있는 차이가 발생한다면 그 학설대립의 실익이 있다고 볼 수 있을 것이다. 그러나 판단시점에 따라 법적 평가에 있어서 어떠한 차이가 발생한다고 볼 수 없다. 그러므로 效果意思의 개념에 관한 학설대립은 지양되어야 할 것으로 생각한다.

요컨대, 효과의사의 개념에 관한 학설대립은 일정한 의사를 평가적 관점에서 볼 것인가 아니면 사실적 관점에서 볼 것인가 하는 데에 기인하는 것이다. 그런데 법적 판단은 결국 평가적 관점이어야 한다. 이런 점에서 볼 때, 사실적 효과의사설은 무용한 우회를 하고 있을 뿐이다. 또한 法理論은 가능하면 간명하여야 한다. 그러므로 효과의사의 개념설정에 대하여는 제2설(법률적 효과의사설)에 따르는 것이 타당한 방법이라고 생각한다.

2) 效果意思의 본체

383 效果意思의 본체가 무엇인가에 대하여도 학설상 대립이 있다. 효과의사의 본체에 관한 학설대립은 法律行爲의 理論體系에 광범위하게 영향을 미치는 문제이다. 다음에서는 종래의 학설상황을 비판적 관점에서 검토해 보기로 한다.

(가) 종래의 학설상황

384 종래 학설은 效果意思를 '表示上의 效果意思'와 '內心的 效果意思'로 구분한다. '표시상의 효과의사'란 표시행위로부터 추단되는 효과의사를 말하며, '내심적 효과의사'란 표의자가 가지고 있던 실제의 의사('眞意' 또는 '內心의 意思')를 가리킨다. 효과의사의 본체에 관한 학설대립의 구체적인 내용은 다음과 같다: '表示上의 效果意思'와 '內心의 效果意思' 중 어떤 것을 효과의사의 본체로 볼 것인가? 즉 '效果意思'라는 것이 의사표시의 구성요소라는 점에 대해서는 아무런 이견이 없으나, 效果意思의 본질을 무엇으로 볼 것인가에 대하여는 견해가 일치하지 않는다.

제1설[39]은 效果意思의 본체를 '表示上의 效果意思'로 보는 견해이다. 즉

39) 郭潤直, 앞의 책 "民法總則", 280면; 金俊鎬, 앞의 책 "民法總則", 344면; 李銀榮, 앞의 책 "民法總則", 449면; 金基善, 앞의 책 "韓國民法總則", 244면.

의사표시의 요소가 되는 것은 '표시상의 효과의사'라고 한다. 이 견해는 表示主義理論을 염두에 둔 것이다. 여기에서 意思主義와 表示主義의 대립에 대하여 생각해 볼 필요가 있다. 이 대립은 어떤 意思表示에 있어서 眞意와 表示가 부합하지 않는 경우에 그 意思表示의 내용을 확정함에 있어서 眞意를 기준으로 할 것인가 아니면 表示를 기준으로 할 것인가 하는 문제를 둘러싸고 벌어진 논쟁이다. 意思主義에 따르면, 眞意가 의사표시의 본체이므로 진의와 표시가 일치하지 않는 경우에는 그 의사표시는 무효 또는 부존재로 판단하게 된다. 이에 반해, 表示主義는 의사표시의 본체를 表示行爲로 보아, 表示行爲에 대응하는 眞意가 없다 하더라도 표시된 대로의 법률효과가 발생하는 것으로 본다. 表示主義者로서는 의사표시의 구성요소 중 眞意와 같은 意思的 要素가 의사표시의 효력에 영향을 미치지 못하도록 해야 할 필요가 있으며, 이러한 의도에서 효과의사를 表示行爲로부터 추단되는 것으로 파악하는 것이다.

제2설[40]은 '眞意' 또는 '內心的 意思'를 효과의사의 본체로 보는 견해로서 사람의 의사는 사물의 본성상 內心의 意思이어야 한다는 것을 논거로 한다.

(나) 종래 학설에 대한 비판적 관점

385 결론부터 말한다면, 效果意思의 본체는 表意者의 '眞意' 또는 '內心的 意思'로 보아야 한다. 즉 제2설의 입장이 타당하다. 그 이유는 다음과 같다.

첫째, 제1설에 의한다면 效果意思라는 것은 실재하는 것이 아니라 表示行爲에 의하여 인식되는 것에 불과하다는 결과가 된다. 그런데 이렇게 본다면 효과의사라는 개념을 인정할 필요가 없지 않은가 하는 지적이 가능하다. 그리고 意思表示에 있어서 表意者의 眞意가 가지는 위상을 격하시키는 것은 개인의 자율적 의지에 기초한 意思表示를 구성요소로 하는 法律行爲의 본질적 특성을 무시하는 것이기도 하다. 법률행위의 요소인 의사표시를 이해하는 기본시각은 실재하는 의사로부터 출발하는 것이 마땅하다고 생각한다.

---

40) 李英俊, 앞의 책 "民法總則", 115면; 白泰昇, 앞의 책 "民法總則", 313면; 金相容, 앞의 책 "民法總則", 336면.

둘째, 제1설은 의사표시의 효력에 관한 현행법의 규율태도와 현격한 거리가 있다. 그 이유는 이러하다. 이 입장에 따르면, 內心의 意思는 의사표시의 효력에 있어서 결정적인 역할을 하지 못한다고 보아야 할 것이며, 특히 內心의 意思와 表示行爲가 서로 대응하지 않는다 하더라도 表示行爲에 따라 완전히 유효한 意思表示로 평가되어야 할 것이다. 그러나 민법은 내심의 의사와 표시행위가 일치하지 않는 경우는 정상적인 의사표시가 아니라는 전제 아래에서 규율하고 있다(제107조, 제108조, 제109조 등). 이러한 비판에 대하여 제1설은 다음과 같이 방어할지 모른다. 즉 非眞意表示(제107조), 通情虛僞表示(제108조) 및 錯誤(제109조)를 '內心의 意思'와 '表示行爲'가 일치하지 않는 경우로 이론구성하는 것이 아니라, '內心의 意思'와 '表示上의 效果意思'가 불일치하는 경우로 보는 것이다.41) 그런데 이러한 설명에 대하여는 다시 다음과 같은 재비판이 가능하다. 즉 제1설에 따르게 되면, 비정상적인 의사표시의 경우(제107조-제109조)에는 실재하는 의사(즉 내심의 의사)가 고려되지만 정상적인 의사표시의 경우에는 실재하는 의사가 별다른 역할을 하지 못한다는 추론이 가능한데, 이는 균형을 잃은 설명태도이다. 의사표시의 구성요소를 살핌에 있어서 원칙적인 논의대상은 정상적인 의사표시이어야 하는 것이지 비정상적인 의사표시를 모델로 할 수는 없는 것이다.

셋째, 효과의사의 본체를 표시상의 효과의사로 본다면, 법률행위의 개념설정이 이원화되어야 한다. 왜냐하면 표의자의 진의가 절대적 중요성을 가지는 법률행위(예: 신분행위)와 그 이외의 법률행위로 구분했을 때, 후자의

41) 效果意思의 본체에 관하여 제2설을 취한다면 제107조·제108조·제109조의 이론구성에 있어서 이를 '內心의 意思'와 '表示行爲'가 불일치하는 경우로 보아야 논리에 합당한 것이다. 만일 효과의사의 본체에 관하여는 제2설에 따라 효과의사의 본체를 '表示上의 效果意思'가 아닌 '內心의 意思'로 보면서도 非眞意表示(제107조)·通情虛僞表示(제108조)·錯誤(제109조)에 관한 개념설정에 있어서 이 경우들을 '內心的 效果意思'와 '表示上의 效果意思'가 불일치하는 것으로 설명하는 견해가 있다면 이는 논리성을 결여한 것이다. 반대의 경우도 마찬가지이다. 效果意思의 본체에 관하여 제1설을 취한다면 제107조·제108조·제109조의 이론구성에 있어서 이를 '內心的 效果意思'와 '表示上의 效果意思'가 불일치하는 경우로 보아야 논리에 합당한 것이다. 만일 효과의사의 본체에 관하여는 제1설에 따라 효과의사의 본체를 '내심의 의사'가 아닌 '표시상의 효과의사'로 보면서도 非眞意表示(제107조)·通情虛僞表示(제108조)·錯誤(제109조)에 관한 개념설정에 있어서 이 경우들을 '內心의 意思'와 '表示行爲'가 불일치하는 것으로 설명하는 견해가 있다면 이는 논리성을 결여한 것이다.

경우에는 표시상의 효과의사를 효과의사로 본다 하더라도 그리 심각한 문제가 아닐지 모르나 전자의 경우에 있어서도 표시상의 효과의사를 효과의사로 본다는 것은 당해 법률행위의 본질에 반하는 것이 되기 때문이다. 법률행위의 개념을 이원적으로 설명한다면 모르되 그렇지 않다면 표시상의 효과의사를 효과의사로 볼 수는 없을 것이다.

效果意思의 본체가 무엇인가에 관한 논의는 법률행위의 본질의 차원에 관한 것이고, 이런 점에서 본다면 效果意思의 본체는 表示行爲에 의하여 추단되는 가상적인 개념으로서의 '表示上의 效果意思'가 아니라 실재하는 개념으로서의 표의자의 '眞意' 또는 '內心的 意思'로 보아야 한다.

여기에서 효과의사의 본체를 표시상의 효과의사로 보고자 하는 학설의 목표를 생각해 볼 필요가 있다. 이 학설은 극히 주관적인 의사적 요소가 의사표시의 효력에 결정적인 영향을 미치지 못하도록 함으로써 법률행위 상대방의 신뢰보호 및 더 나아가 거래안전을 도모하고자 하는 것이다. 법률행위 분야에 있어서 상대방의 신뢰보호 및 거래안전의 문제 또한 중요한 것이다. 그러나 "의사표시의 구성요소가 무엇인가?" 하는 것이 논의의 대상인 이상 이는 법률행위의 본질론의 차원에서 접근하여야 할 것이며, 상대방의 신뢰보호 및 거래안전의 문제는 다른 차원에서 접근하여야 할 사항이라고 생각한다. 상대방의 신뢰보호 및 거래안전을 고려하기 위한 방법으로서 가장 기초적인 것은 '法律行爲의 解釋'[42]이라고 할 수 있다.[43]

---

42) 法律行爲의 解釋에 대해서는 이 책 [392] 이하 참조.

43) 제1설은 판례도 효과의사의 본체를 '표시상의 효과의사'로 보고 있다고 하면서 일련의 판결들을 인용하고 있다. 이를테면, "계약당사자간에 어떠한 계약내용을 처분문서인 서면으로 작성한 경우 그 문언의 객관적인 의미가 명확하다면 특별한 사정이 없는 한 그 문언대로의 의사표시의 존재와 내용을 인정하여야 할 것이지만, 그 문언의 객관적인 의미가 명확하게 드러나지 않는 경우에는 당사자의 내심적 의사의 여하에 관계없이 그 문언의 내용과 그 계약이 이루어지게 된 동기 및 경위, 당사자가 그 계약에 의하여 달성하려고 하는 목적과 진정한 의사, 거래의 관행 등을 종합적으로 고찰하여 사회정의와 형평의 이념에 맞도록 논리와 경험의 법칙, 그리고 사회일반의 상식과 거래의 통념에 따라 당사자 사이의 계약의 내용을 합리적으로 해석하여야 하는 것이고…"(대법원 1993. 10. 26. 93다3103) 등이 그것이다. 그러나 이러한 판결은 효과의사의 본체를 '표시상의 효과의사'로 본 결과가 아니라 法律行爲의 解釋(특히 規範的 解釋)의 결과라는 사실에 유의하여야 할 것이다.

(4) 表示意思

386 효과의사의 본체를 '표시상의 효과의사'로 보든 '내심적 효과의사'로 보든 '표시의사'의 개념을 정의함에 있어서는 차이가 없다. 표시의사란 효과의사를 외부에 발표하려는 의사, 즉 효과의사와 표시행위를 매개하는 의사를 말한다. 그런데 이 표시의사가 의사표시의 요소인가에 대하여 학설이 일치하고 있지 않다.

1) 종래의 학설상황

387 제1설은 표시의사를 의사표시의 구성요소가 아니라고 한다. 이 견해의 논거로는 여러 가지가 있는데, 대표적인 것은 다음과 같다: ① 표시의사를 의사표시의 요소로 보게 되면 표시의사가 없는 경우 의사표시의 부존재가 되어 거래안전을 해칠 수 있다; ② 표시주의를 관철하기 위하여는 표시의사를 의사표시의 구성요소에 포함시키지 말아야 한다; ③ 표시의사가 효과의사와 일치하는 경우에는 효과의사에 포함되고 표시행위에 일치하는 때에는 표시행위에 포함시켜 관념하면 되므로 표시의사를 의사표시의 독립적 구성요소로 볼 수 없다.

제2설은 표시의사를 의사표시의 구성요소라고 하는데, 그 논거는 다음과 같다: ① 표시의사는 표시상의 착오와 내용의 착오의 구별기준이 된다[44]; ② 표시의사를 의사표시의 요소로 인정하더라도 대부분의 경우 규범적 해석에 의하여 표시의사가 존재한다고 해석되므로 거래안전에 지장을 주지 않는다.

---

44) 표시상의 착오란 표시행위 자체에 착오가 있는 경우로서 표의자가 표시하고자 하는 것을 잘못 표시한 때에 문제되는 것이다. 2,000으로 적을 생각이었으나 잘못하여 20,000으로 적은 경우가 그 예이다. 혹자는 표시상의 착오를 표시의사와 표시행위가 일치하지 않는 경우라고 한다. 그러므로 표시의사를 어떻게 보는가에 따라 표시상의 착오의 위상이 달라지게 되는데, 그 구체적인 내용은 다음과 같다. 표시의사를 의사표시의 요소로 보는 견해에 따르면 2가지 견해가 가능한데, 하나는 극단적인 입장으로서 이 경우에는 표시행위에 대응하는 표시의사가 없으므로 의사표시의 불성립으로 다루어져야 한다는 입론이며, 다른 하나는 완화된 입장으로서 표시의사와 표시행위가 불일치하는 경우이므로 착오로 다루어야 한다는 입론이다. 다음으로 표시의사를 의사표시의 요소로 보지 않는 견해에 따르면 이러한 경우에 착오가 있다고 할 수 있기는 하나 내용의 착오와 개념적으로 구별되지 않게 된다.

2) 종래의 학설에 대한 비판적 관점

388 결론에 있어서는 표시의사를 의사표시의 구성요소가 아니라고 보는 제1설의 입장이 타당하다고 생각한다. 특히 제2설의 논거는 수긍하기 곤란하다. 제2설의 두 논거 중 표시의사는 표시상의 착오와 내용의 착오의 구별기준이 된다는 것에 대하여는 다음과 같은 비판이 가능하다: 표시의사를 의사표시의 구성요소에 포함시키게 되면 내용의 착오와 따로 표시상의 착오를 독립적 개념으로 분류하여야 하는데, 이는 표시의사를 의사표시의 구성요소에 포함시킴으로써 있게 되는 결과인 것이지 논거로 볼 수는 없다. 한편, 두 번째 논거도 다음과 같은 이유에서 타당한 것으로 보기 어렵다: 표시의사를 의사표시의 구성요소에 포함시킨다 하더라도 규범적 해석에 의하여 거래안전이 보호된다고 하는 사실은 표시의사를 의사표시의 구성요소에 포함시킬 수 있는가 하는 것과 직접적 관련이 없는 문제이다. 다른 제도에 의하여 법적 보호가 가능하다고 하여 어떤 제도의 존재의의를 무용하게 만들 수는 없는 것이다.

표시의사를 의사표시의 구성요소로 볼 필요가 없다는 점에서는 종래의 제1설과 같지만 그 이유는 좀 다른 각도에서 검토할 필요가 있다고 본다. 표시의사를 설명함에 있어서 보통 독일민법학에서의 학습용 사안인 'Trier 포도주경매장 사안'을 드는데, 사안의 내용은 이러하다: "X가 포도주경매장에서 친구를 보고 반가와 손을 들었는데, Trier의 상관습에 따르면 경매장에서 손을 드는 행위는 일정액의 증가신청으로 통용되었다. X가 손을 들었고 이에 따라 경매장의 사회자는 포도주에 대한 경매가 이루어졌다고 사회봉을 두드렸다." 표시의사가 의사표시의 요소인가에 대한 학설이 이 사안을 보는 태도는 상이하다. 표시의사는 의사표시의 요소가 아니라는 제1설은 다음과 같이 말하게 된다: X가 손을 든 행위는 표시의사가 결여된 것이기는 하나 표시의사는 의사표시의 요소가 아니므로 의사표시가 유효하게 성립한다(착오의 문제는 여전히 남음). 한편, 제2설은 다음과 같이 말하게 된다: 표시의사는 의사표시의 구성요소인데, X가 손을 든 행위는 표시의사가 결여되어 있으므로 의사표시의 부존재에 해당한다(법률행위의 규범적 해석에 의하여 유효한 의사표시로 될 수 있다는 점을 부정하지는 않음).

경매장에서 손을 든 행위(즉 표시행위)에 관한 의사를 효과의사와 구별하여 표시의사라고 포착하여야 할 필요가 있는가에 대하여 의문이며, 따라서 이 사안은 종래 학설과는 다른 각도에서 볼 필요가 있지 않은가 생각한다. 논자에 따라서는 경매장에서 손을 든 X가 기본적으로 포도주를 매수할 의사가 있어 효과의사는 있는 것이므로 효과의사는 문제되지 않고 이 효과의사를 외부에 표현하려는 의사(즉 표시의사)가 문제된다고 말할지 모른다. 그러나 매수인의 효과의사란 단순한 매수의사만을 의미하는 것이 아니라 얼마의 가격에 어떤 조건으로 매수할 것인가에 대한 의욕까지 포함하는 것으로 보아야 할 것이다. 이렇게 본다면 이 사안에서 문제되는 것은 표시의사의 문제가 아니라 오히려 효과의사와 표시행위의 불일치 문제로 보는 것이 타당하지 않을까 하는 생각이 든다. 즉 표시의사는 독자적 의미가 없다는 것이다.

요컨대, 표시의사는 의사표시의 구성요소가 아니라고 보아야 할 것이다. 특히 효과의사를 표시행위에 의하여 추단되는 표시상의 효과의사로 보는 학설에 따르면, '표시의사'라는 개념 자체를 상정할 필요가 없을 것이라는 점도 지적하고자 한다. 왜냐하면 표시의사는 효과의사와 표시행위를 매개하는 것에 불과한 것인데, 효과의사가 표시행위에 의하여 추단되는 것으로 본다면 표시의사는 당연히 표시행위에 따라 추단되는 것으로 보아야 할 것이기 때문이다.

(5) 表示行爲

389 표시행위란 내적 의사를 외부에 표출하는 적극·소극의 모든 외부적 행위를 말한다. 표시행위가 의사표시의 요소가 된다는 점에 대하여는 이견이 있을 수 없다.

(6) 종합적 평가

390 의사표시의 구성요소에 관한 앞에서의 결론을 요약하면 다음과 같다: ① 행위의사는 의사표시의 요소가 아니라 의사능력의 문제로서 의사표시의 유효요건으로 보는 것이 타당하다; ② 효과의사는 의사표시의 요소이며, 특히 효과의사는 일정한 표시행위를 하기 위하여 인간의 내부심리과

정에서 형성된 내부적 의사를 가리키는 것으로 보아야 하며, 이렇게 본다면 효과의사는 종래 학설에서 말하는 '내심적 효과의사'를 가리키는 것으로 관념하여야 한다; ③ 표시의사는 의사표시의 형성과정에 있어서 독자적 의미가 없는 것으로 의사표시의 구성요소가 아니라고 보아야 한다.

사안에서 문제되는 것은 α와 β 중에서 어느 것이 계약의 목적물인가 하는 것이며, 의사표시의 구성요소의 측면에서 특히 사안에서 문제되는 것은 효과의사이다. 효과의사의 본체를 표시상의 효과의사로 보는 입장과 내부적 의사로 보는 입장으로 구분하여 검토해 보자.

우선, 효과의사의 본체를 표시상의 효과의사로 보는 입장에서는 A와 B 각각의 의사표시에 있어서의 효과의사는 다음과 같다. B의 의사표시에 있어서의 효과의사는 A로부터 β를 매수하고자 하는 것으로 이 점은 별다른 문제가 없다. 그러나 A의 의사표시에 있어서의 효과의사를 판단함에 있어서 효과의사의 본체를 표시상의 효과의사로 보는 입장이라면 A의 효과의사는 그에 의하여 행해진 표시행위로부터 추단되는 것인데, A의 표시행위로부터 추단되는 의사는 α가 아닌 β로 보아야 한다. 이렇게 본다면 A·B간에 각각 서로에 대하여 행해진 청약과 승낙의 의사표시가 주관적·객관적으로 합치하게 되어 β를 목적물로 하는 매매계약이 유효하게 성립하게 된다. 그러므로 매수인 B는 매도인 A에게 매매목적물 β의 인도를 청구할 수 있다. 다만, 이와 같은 계약내용은 A의 내부적 의사와 일치하는 것이 아니므로 제109조에 따라 착오를 이유로 A가 매매계약을 취소할 수 있는 가능성은 남게 된다.

다음으로, 효과의사의 본체를 내심의 의사로 보는 입장에서는 A와 B 각각의 의사표시에 있어서의 효과의사는 다음과 같다. B의 의사표시에 있어서의 효과의사는 A로부터 β를 매수하고자 하는 것으로 이 점은 별다른 문제가 없다. 그런데 A의 의사표시에 있어서의 효과의사를 판단함에 있어서 효과의사의 본체를 내심의 효과의사로 보는 입장이라면 A의 효과의사는 B에게 β가 아닌 α를 매도하고자 하는 것이다. 이렇게 본다면 A·B간에 각각 서로에 대하여 행해진 청약과 승낙의 의사표시는 주관적 합치는 있으나 객관적 합치가 없는 것으로 된다. 그러므로 A·B간에는 매매계약이 유효하게 성립하지 못하여 B로서는 A에게 β의 인도를 청구할 수 없다.

여기에서 다음과 같은 문제를 생각할 필요가 있다. 효과의사의 본체를 내심의 의사로 보는 입장에 선다면 사안과 같은 경우에 언제나 계약 불성립으로 끝나는 것인가 하는 것이 그것이다. 효과의사의 본체를 내심의 의사로 본다 하더라도 법률행위의 해석에 의하여 A・B간에 β를 목적물로 하는 매매계약이 성립하는 것으로 판단할 수 있는 여지가 있다는 점에 유의할 필요가 있다. 이와 같은 시각에서 다음에서는 법률행위의 해석에 대하여 검토하기로 한다.

3. 法律行爲의 解釋

391 다음에서는 법률행위 해석에는 어떠한 것이 있는가에 대한 종래의 논의를 검토한 후, 이를 토대로 앞에서 제시한 사안에 대한 해결책을 살펴봄으로써 법률행위 해석에 관한 이해를 도모하고자 한다.

(1) 法律行爲解釋의 의미와 대상

1) 종래의 학설상황

392 法律行爲의 解釋이라 함은 법률행위의 내용을 명확히 하는 작업을 말한다. 그러나 법률행위 해석의 구체적 의미에 대하여는 약간의 논의가 있다.

제1설[45]은 종래의 일반적 학설로서, 법률행위의 해석의 의미를 의사주의・표시주의의 대립과 관련지어 설명하고 있다. 즉 "법률행위의 해석은 표의자의 숨은 진의를 탐구하는 것인가, 아니면 표시행위가 가지는 객관적 의미를 밝히는 것인가?"라는 문제제기로부터 출발하여 표시주의에 기울어진 입장에서는 표시행위가 가지는 객관적 의미를 밝히는 것이라고 하며, 의사주의에 기울어진 입장에서는 표의자의 내심적 효과의사를 탐구하는 것이라고 한다.

이에 대하여 제2설[46]은, 법률행위의 해석의 의미를 의사주의・표시주의

45) 金曾漢・金學東, 앞의 책 "民法總則", 283면; 李銀榮, 앞의 책 "民法總則", 421면; 李英俊, 앞의 책 "民法總則", 259면.

46) 白泰昇, 앞의 책 "民法總則", 369면.

와 연관지어 설명하는 제1설의 입장은 법률행위 해석의 대상과 그 목적을 혼동한 것이라고 비판하면서 다음과 같이 주장한다: 법률행위 해석의 대상은 어디까지나 표시행위이지만 해석의 목적은 그 표시행위로부터 표의자의 내심적 효과의사를 탐지하는 데에 있다고 보아야 한다.

2) 종래 학설에 대한 비판적 관점

393 법률행위의 해석의 의미를 의사주의·표시주의의 대립 문제로 이해하는 제1설에 대하여는 다음과 같은 비판이 가능하다: ① 의사표시에 있어서 내심의 의사와 표시행위는 모두 의사표시의 핵심적 구성요소로 보아야 함에도 불구하고 내심의 의사 또는 표시행위 중 어느 하나에 대하여만 무게를 둠으로써 의사표시의 통일적 구조를 왜곡시킬 우려가 있다; ② 표시주의에 기울어진 입장에서는 표시행위가 가지는 객관적 의미를 밝히는 것이라고 하는데, 이런 논리대로 한다면 법률행위 해석의 방법으로서 '표의자의 진의 탐지'를 내용으로 하는 자연적 해석은 법률행위 해석의 범주 밖에 있는 것으로 된다; ③ 반대로, 의사주의에 기울어진 입장에서는 표의자의 내심적 효과의사를 탐구하는 것이라고 하는데, 이런 논리대로 한다면 표시행위의 객관적 의미를 밝히는 규범적 해석은 법률행위 해석의 범주 밖에 있는 것으로 된다.

법률행위 해석의 대상과 목적을 구분하여 설명하는 제2설도 수긍하기 어려운 점이 있다: ① 법률행위 해석의 대상을 표시행위로 보고 있는데, 이는 규범적 해석영역에서만 타당할 뿐 표의자의 진의를 탐구하는 자연적 해석에 있어서는 타당성이 없다; ② 법률행위 해석의 목적은 그 표시행위로부터 표의자의 내심적 효과의사를 탐지하는 것이라고 설명하는데, 규범적 해석의 경우에는 표의자의 내심적 의사를 탐지하는 것이 아니라 표시행위의 객관적 의미를 탐구하는 것이며 이 규범적 해석도 법률행위 해석의 하나라는 점에서 볼 때 이 설명은 일반성이 결여되어 있다. 또한 제2설이 법률행위 해석의 목적을 "표시행위로부터 내심적 효과의사를 탐지하는 데에 있다"라고 하는 부분도 근본적인 문제점을 안고 있다. 그 이유는 이러하다. 내심적 효과의사를 논의하는 이유는 그야말로 표의자의 주관적 의사가 무엇인가를 밝히는 것이다. 그런데 표시행위를 통하여 내심적 효과의사를 탐지한다는 것은 내심적 효과의사의 의미와 부합하지 않는다. 내심적 효과의

사란 표시행위로부터 탐지된 효과의사가 아니라 그 자체로서의 효과의사를 말하는 것으로 보아야 할 것이다.

법률행위는 의사표시를 구성요소로 한다. 그리고 내부적 의사와 표시행위는 양자 모두 의사표시의 핵심요소로서 인식하여야 한다. 그러므로 법률행위 해석에 있어서 이 양자 중 어떤 것 하나에만 무게를 둘 것이 아니라는 점을 지적하고자 한다. 뒤에서 보는 바와 같이, 법률행위 해석에 있어서 그 결과가 어떤 경우에는 표의자의 진의와 상응하고 또 어떤 경우에는 표의자의 진의와 무관하게 표시행위에 상응하기도 한다. 그런데 이러한 결과는 법률행위 해석의 대상이 표의자의 진의 또는 표시행위이기 때문이 아니라, 의사표시 자체의 문제가 아닌 다른 요인이 개입됨으로써 나타나는 결과로 보아야 할 것이다.

(2) 法律行爲解釋의 종류

1) 自然的 解釋

394 자연적 해석이란 표의자의 진의를 밝히는 해석방법을 말한다. 자연적 해석을 함에 있어서는 계약서상의 문구와 같은 표시행위의 외형에 구속되지 않고[47] 제반 사정을 종합하여 표의자의 실제의사를 밝혀야 한다.[48] 자연적 해석에 관한 종래 학설의 입장을 사항별로 살피면서 자연적 해석의 의미를 구체적으로 검토하기로 한다.

(가) 제1차적 해석으로서의 自然的 解釋

395 법률행위 해석에 있어서 표의자의 진의를 탐구하는 자연적 해석이 제1차적 해석이라는 점에 대하여는 학설상 이견이 없다. 개인의 생활관계는 각자의 의사에 따라 자율적으로 형성한다는 사적자치의 원칙과 이 원칙의 실현수단으로서의 법률행위의 기능을 염두에 두고 생각할 때, 제1차적

47) 프랑스민법 제1156조가 "합의를 해석함에 있어서는 용어의 문자적 의미보다는 계약당사자의 공통된 의사를 탐지하여야 한다"라고 규정한다든가 독일민법 제133조가 "의사표시의 해석에 있어서는 표의자의 실제의사를 탐구하여야 하며 표현의 문자적 의미에 구애되어서는 아니된다"라고 규정하는 것은 이러한 의미이다.

48) 우리 대법원도 "계약서에 사용된 문자의 의미는 계약당사자가 기도하는 목적과 계약당시의 제반 사정을 참작하여 합리적으로 해석하여야 할 것이다"(대법원 1965. 9. 28. 65다1519)라고 함으로써 같은 입장이다.

해석은 자연적 해석이어야 한다는 설명에는 의문이 있을 수 없다. 그런데 자연적 해석의 의미에 관하여 짚고 넘어가야 할 사항이 있다.

첫째, 자연적 해석과 효과의사의 본체에 관한 학설과의 관계가 그것이다. 의사표시의 구성요소로서의 효과의사의 본체에 관하여 이를 표의자의 진의로 보는 입장에서는 자연적 해석을 제1차적 해석이라고 말해도 문제가 없으나 효과의사의 본체를 '표시상의 효과의사'로 보는 입장에서 자연적 해석을 제1차적 해석이라고 하는 것은 무리가 있다. 자연적 해석이 제1차적 해석인 근본적 이유는 사적자치의 본질에 기초하는 것이다. 그런데 '표시상 효과의사설'에서의 자연적 해석은 착오, 비진의표시, 통정허위표시를 판단하기 위한 기능에 그치는 것으로 된다. 의사표시의 구성요소에 관한 설명에 있어서는 효과의사의 본체를 '진의'가 아닌 '표시상의 효과의사'로 보면서, 법률행위 해석을 논함에 있어서는 진의의 탐구를 제1차적 작업으로 말하는 것은 논리모순의 측면이 있다. 효과의사의 본체를 표시상의 효과의사가 아닌 진의로 보아야 할 이유는 여기에서도 발견된다 할 것이다.

둘째, 자연적 해석의 적용영역과 자연적 해석의 결과에 관한 문제이다. 이에 관하여 일부 학설은 다음과 같이 설명한다: "자연적 해석은 특히 '상대방 없는 단독행위'의 해석에서 전형적인 예를 찾을 수 있으며, 자연적 해석의 결과 표의자의 진의가 확정되면 법률행위는 진의대로 효력을 발생한다."[49] 이 설명은 정확하지 못한 부분이 있다고 판단되며 다음에서는 그 문제점을 지적하고자 한다. 우선, 위의 설명은 법률행위의 종류에 따라 자연적 해석이 행해지는 것도 있고 그렇지 않은 것도 있다는 것으로 이해된다. 그러나 이 설명은 정확하지 않다. 자연적 해석은 모든 법률행위에 대하여 항상 1차적으로 행해져야 하는 것이기 때문이다. 다음으로, 자연적 해석의 결과 표의자의 진의가 확정되면 법률행위는 진의대로 효력을 발생한다는 설명부분도 수긍하기 어렵다. 자연적 해석의 결과 진의가 확정되었다고 하여 항상 그 진의대로 효력을 발생하는 것은 아니기 때문이다. 이 대목에 대하여는 항을 바꾸어 살피기로 한다.

---

49) 金相容, 앞의 책 "民法總則", 427면; 金亨培, 앞의 책 "民法學講義", 120면; 白泰昇, 앞의 책 "民法總則", 370면 이하; 李銀榮, 앞의 책 "民法總則", 423면.

(나) 自然的 解釋의 결과에 대한 마무리

396 자연적 해석의 결과는 다음의 두 가지로 나타날 수 있다: ① 표의자의 진의를 탐지함; ② 표의자의 진의를 탐지하지 못함. 이들 각 경우에 대한 법적 처리는 어떠한 방식으로 마무리되는 것인가? 이들 각 경우를 구분하여 검토하기로 한다.

가) 表意者의 眞意를 탐지한 경우

397 자연적 해석에 의하여 표의자의 진의를 탐지하였다 하여 항상 표의자의 진의대로 효력을 발생하는 것은 아니다. 표의자의 진의가 탐지되었다면 그 다음 단계로서 법률행위의 내용을 진의대로 확정할 것인가 하는 문제를 판단하여야 하는데, 이 단계의 판단은 당해 법률행위에 있어서 표의자의 진의가 절대적 중요성을 가지는가 또는 당해 법률행위가 계약인가 단독행위인가 등과 같은 요인에 따라 차이가 있게 된다.

우선, 법률행위의 성질상 표의자의 진정한 의사가 절대적 중요성을 가지는 경우(예: 신분행위)부터 보기로 한다. 이 경우에는 자연적 해석의 결과 탐지된 진의대로 표의자의 의사표시의 내용이 일단 확정된다. 또한 표의자의 표시행위가 자연적 해석의 결과 탐지된 진의와 일치되지 않는다 하더라도 표시행위가 아닌 진의대로 의사표시의 내용을 확정하는 것이다. 그러나 이와 같이 확정된 표의자의 의사표시가 그대로 법률행위의 내용을 구성하고 유효한 법률요건으로서 효력을 발생하는 것은 아니다. 자연적 해석의 결과 확정된 것은 법률행위를 구성하는 하나의 법률사실에 불과한 표의자 일방의 의사표시일 뿐이며, 법률요건으로서의 법률행위의 내용이 종합적으로 확정된 것은 아니기 때문이다. 그러므로 자연적 해석의 결과 표의자 일방의 의사표시의 내용이 확정되었다면 그 다음에는 법률사실의 차원이 아닌 법률요건의 차원에서의 평가가 있어야 한다. 법률요건의 차원에서의 평가는 당해 법률행위가 단독행위인가 계약인가에 따라 차이를 보이게 된다. 단독행위인 경우에는 자연적 해석의 결과로 확정된 표의자의 진의가 그대로 법률행위의 내용으로 된다. 이에 반해 계약인 경우에는 표시행위와는 상관없이 표의자의 진의에 따라 확정된 그의 의사표시가 상대방의 의사표시와의 관계에서 주관적·객관적 합치가 있는 때에 한하여 계약이 성립하게 된다. 예컨대, X와 Y의 계약에 있어서 X의 진의는 P이고 표시행위는 Q이어서

'P≠Q'이고, Y의 진의와 표시행위는 모두 Q인 경우라면 X · Y간의 계약은 불성립으로 귀결된다. 표의자의 진의가 절대적 중요성을 가지는 법률행위인 경우에 있어서 X의 의사표시의 내용은 그의 진의에 따라 P로 평가되어야 하는데, 상대방의 의사표시의 내용은 Q이어서 'P≠Q'의 상황이 되기 때문이다.

다음으로, 법률행위의 성질상 표의자의 진정한 의사가 절대적 중요성을 가지지 않는 경우(예: 일반적 거래행위)를 보기로 한다. 이 때에는 자연적 해석의 결과 도출된 표의자의 진의가 항상 그대로 의사표시의 내용으로 평가되지 못한다는 점을 유의하여야 한다. 당해 법률행위에 있어서 표의자의 진정한 의사가 절대적 중요성을 가지지 않는 경우라면 표의자의 진의뿐만 아니라 그 상대방의 신뢰도 보호되어야 하기 때문이다. 즉 상대방이 자연적 해석의 결과 확정된 표의자의 진의대로 이해하였거나 또는 필요한 주의를 기울였더라면 그렇게 이해했을 것이라면 표의자의 진의대로의 효력이 발생할 것이나, 그 이외의 경우라면 표의자의 진의가 법률행위의 내용으로 되지 못하고 다음 단계의 해석(규범적 해석)에 의하여 법률행위의 내용을 확정하여야 한다. 바로 이러한 측면에서, 자연적 해석의 결과 진의가 확정되었다고 하여 항상 그 진의대로 효력을 발생하는 것으로 보는 입론에 문제가 있다고 말한 것이다.

자연적 해석에 따라 표의자의 진의를 탐지한 경우에 있어서 유의하여야 할 것 중에 "잘못된 표시행위는 법률행위 성립에 지장을 주지 않는다(*falsa demonstratio non nocet*)"는 원칙이 있다. 예를 들어 설명하기로 한다. X · Y간의 계약에 있어서 X의 진의는 P이고 표시행위는 Q이어서 'P≠Q'인 상태에서 Y의 진의가 P이기만 하다면 이 원칙에 따라 X · Y간에는 P를 내용으로 하는 법률행위가 성립하게 된다. X · Y의 의사표시에 있어서 표시행위가 일치하지는 않지만 양자의 진의가 P로서 동일하다면 잘못된 표시행위에도 불구하고 법률행위의 성립을 인정하는 것이 당사자의 의사에 합치하는 해석이 되기 때문이다.[50)]

50) 대법원이 "부동산의 매매계약에 있어 쌍방 당사자가 모두 특정의 甲 토지를 계약의 목적물로 삼았으나 그 목적물의 지번 등에 관하여 착오를 일으켜 계약을 체결함에 있어서는 계약서상 그 목적물을 甲 토지와는 별개인 乙 토지로 표시하였다 하여도, 甲

나) 表意者의 眞意를 탐지하지 못한 경우

398 이 경우에는 표시행위의 객관적 의미를 기초로 표의자의 상대방의 시각에서 행해지는 규범적 해석에 따라 법률행위의 내용을 확정하여야 할 것이다.

2) 規範的 解釋

399 종래 학설에 있어서 규범적 해석의 개념설정 방법에는 두 가지 종류가 있는 것으로 보인다. 제1설은, 규범적 해석이란 진의와 표시행위가 일치하지 않는 경우에 상대방의 시각에서 표시행위에 따라 법률행위의 내용을 확정하는 것이라고 한다. 제2설은, 규범적 해석이란 모든 정황을 고려하여도 표의자의 진의를 확정할 수 없는 경우에 상대방의 시각에서 표시행위에 따라 법률행위의 내용을 확정하는 것이라고 한다. 그런데 이들 두 가지의 개념설정은 모두 수긍하기 어려운 면이 있다.

우선, 제1설의 문제점을 보기로 한다. 제1설의 입장대로 한다면 의사와 표시가 일치하지 않는 모든 경우에 언제나 상대방의 입장에서 표시행위에 따라 법률행위의 내용을 확정해야 한다는 결과가 되는데, 의사와 표시가 일치하지 않는 경우에 진의대로 법률행위의 내용이 결정되는 경우도 있으므로(예: 표의자의 진의가 절대적 중요성을 가지는 경우) 이 개념설정은 채택하기 어렵다. 제2설도 수긍하기 어렵다. 왜냐하면 규범적 해석은 모든 정황을 고려하여도 표의자의 진의를 확정할 수 없는 경우에만 행해지는 것이 아니기 때문이다. 표의자의 의사를 확정하였다 하더라도 그 진의가 표시행위와 불일치하고 문제된 법률행위의 성질상 표의자의 진의가 절대적 중요성을 가지지 않는 경우에도 규범적 해석이 고려되어야 한다는 점에 유의하여야 한다.

요컨대, 제1설이 전제하고 있는 상황(즉 진의와 표시행위가 일치하지 않는 경우) 및 제2설이 전제하고 있는 상황(자연적 해석의 단계에서 진의를 확정하지 못한 경우) 모두에 있어서 규범적 해석이 고려될 수 있다고 보아야 한다. 이

토지에 관하여 이를 매매의 목적물로 한다는 쌍방 당사자의 의사합치가 있은 이상 그 매매계약은 甲 토지에 관하여 성립한 것으로 보아야 한다"(대법원 1996. 8. 20. 96다19581·19598)라고 판시한 것은 '*falsa demonstratio non nocet*'원칙을 적용한 것이다. 유사한 취지의 판례: 대법원 1992. 11. 24. 92다31514; 대법원 1993. 10. 26. 93다2629·2636 등 참조.

런 측면에서 생각해 볼 때, 규범적 해석의 개념에 대하여는 이를 "표의자의 입장에서 그의 진의를 탐구하는 것이 아니라 그 상대방의 입장에서 표시행위가 가지는 객관적인 의미를 탐구하는 것이다"라는 정도로 보면 족할 것으로 생각한다.

규범적 해석은 자연적 해석을 시행한 후 2차적으로 행해지는 해석방법이다. 표의자의 상대방이 기대가능한 주의를 기울였음에도 불구하고 표의자의 진의를 알 수 없는 경우라면 상대방으로서는 표시행위의 객관적 의미대로 이해할 수밖에 없을 것이라는 것이 규범적 해석의 인정근거이다.[51] 결국, 규범적 해석은 표의자의 표시행위를 믿은 상대방의 신뢰를 보호하고자 하는 것이므로 해석의 결과로 평가된 법률행위의 내용이 진의와 다른 경우도 있을 수 있으며, 이 경우에는 상대방의 신뢰가 표의자의 내심적 효과의사보다 우선하는 결과가 될 수 있다. 이렇게 되면, 규범적 해석의 결과 표의자는 그의 진의와 일치하지 않는 법률행위에 구속되는 결과가 될 수도 있는데, 규범적 해석에 의하여 나타나는 이러한 결과는 착오제도에 의하여 보정되게 된다. 즉 표의자는 규범적 해석에 의하여 확정된 자신의 의사표시에 있어서 의사와 표시가 불일치한다는 것을 이유로 민법 제109조의 착오제도를 통하여 법률행위적 구속으로부터 벗어날 수 있는 가능성이 있다. 이와 같이 규범적 해석은 착오제도와 밀접한 연관을 가지고 있다.

3) 補充的 解釋

400 보충적 해석이란 법률행위의 내용에 틈이 있는 경우에 그 틈을 보충하여 법률행위 당사자간에 문제된 법률관계를 해결하는 것이다.[52] 그렇다면 보충적 해석의 재료(즉 법률행위의 틈을 보충하는 기준)는 무엇인가? 이는

51) 대법원 1992. 5. 26. 91다35571: "법률행위의 해석은 당사자가 그 표시행위에 부여한 객관적인 의미를 명백하게 확정하는 것으로서 당사자가 표시한 문언에 의하여 그 객관적인 의미가 명확하게 드러나지 않는 경우에는 그 문언의 내용과 그 법률행위가 이루어진 동기 및 경위, 당사자가 그 법률행위에 의하여 달성하려고 하는 목적과 진정한 의사, 거래의 관행 등을 종합적으로 고찰하여 사회정의와 형평의 이념에 맞도록 논리와 경험의 법칙, 그리고 사회일반의 상식과 거래의 통념에 따라 합리적으로 해석하여야 한다." 같은 취지: 대법원 1993. 10. 26. 93다3103; 대법원 1994. 3. 25. 93다32668; 대법원 1994. 4. 29. 94다1142; 대법원 1994. 6. 28. 94다6048; 대법원 2001. 3. 23. 2000다71555; 대법원 2002. 5. 24. 2000다72572; 대법원 2004. 4. 28. 2003다39873 등 참조.

52) 보충적 해석의 실제적인 적용례에 대해서는 이 책 [409] 사례연구 참조.

양 당사자의 진의가 아니라 '가정적 의사'이다. 즉 문제된 법률행위에 관한 여러 정황을 고려하여 판단해 볼 때, 만일 그와 같은 틈을 알았더라면 당사자가 그 부분에 대하여 어떻게 정하였을 것인가를 기준으로 하게 된다.

보충적 해석의 기능에 대하여는 학설대립이 있다. 제1설(통설)은, 보충적 해석은 법률행위 해석의 일종으로 본다. 이에 반해 제2설은, 보충적 해석은 법률행위 해석이 아니라 법의 적용일 뿐이라고 한다. 제2설의 논거는 다음과 같다: 제1설에 따르면 보충적 해석은 법률행위 내용상의 틈을 전제로 하는 것이라고 한다; 그런데 법률행위의 해석이란 존재하는 의사표시의 내용을 확정하는 것이지 존재하지 않는 틈을 메우는 것은 아니라고 보아야 한다; 그러므로 보충적 해석은 법률행위의 해석이 아니라 법의 적용으로 보아야 한다.

언뜻 보면 제2설이 설득력 있게 보이기도 하나 찬성하기 어렵다. 법률행위시에는 염두에 두지 못하여 법률행위의 내용에 포함되지 못하였으나 그러한 사정을 알았더라면 법률행위 당사자가 이를 어떻게 정하였을까 하는 가정적 의사를 탐구하는 보충적 해석은 객관적 규범(법률, 관습, 조리)을 적용하는 작업에 선행되어야 할 작업이다. 법률행위 내용상의 틈을 보충하고자 할 때 곧바로 객관적 규범을 적용하기에 앞서 보충적 해석을 실행한다는 것은 법률행위의 내용을 당사자의 의사에 가장 근접하는 방향으로 확정하기 위한 것으로서 사적자치의 본질과 연결되는 것이다. 법률행위 당사자의 가정적 의사를 탐구하는 보충적 해석은 법률행위 해석의 일종으로 파악하여야 할 것이며, 법의 적용으로 보기 어렵다.

이러한 문제와 관련하여 다음과 같은 점에 대하여도 학설상 논의가 있다: "임의법규로 법률행위의 틈을 규율할 수 있는 경우에는 보충적 해석은 문제되지 않는가?" 이 경우에는 보충적 해석의 여지가 없고 임의법규의 적용만이 문제된다는 학설도 있다. 그러나 이 견해는 다음과 같은 이유에서 수긍하기 어렵다: 법률행위의 해석은 법적용에 앞서는 것인데, 보충적 해석을 법률행위의 해석으로 보는 이상, 법률행위의 틈을 규율하는 임의법규가 있다는 이유로 보충적 해석의 여지를 배제하는 것은 논리적으로 타당하지 않다. 보충적 해석의 결과가 임의법규의 규율내용과 상이할 가능성도 있으며 그러한 경우라면 임의법규보다 오히려 당사자의 의사에 근접한 보충적 해석의 결과에 따라 법률행위를 규율하여야 할 것이다. 보충적 해석에도 불구하고 당사자의 의사를 탐지해낼 수 없는 때에 비로소 법적용을 통하여 법률관계를 확정하여야 할 것이다.

(3) 종합적 평가

401 계약에 있어서 각 당사자의 개별적 의사표시에 있어서 진의와 표시가 일치하고 그들 각각의 의사표시가 일치한다면 계약이 유효하게 성립한다. 그러나 사안에 있어서는 계약의 유효한 성립을 즉각적으로 인정할 수 없는 요인이 있다. 계약당사자 A·B가 매매계약의 목적물로 인식한 대상이 상이하기 때문이다. 그러므로 계약성립 여부를 판단하기 위한 전제로서 법률행위 해석의 여지가 있게 된다. 법률행위 해석은 당사자의 의사표시에 대한 자연적 해석·규범적 해석·보충적 해석의 순서로 진행된다. 이 순서에 따라 특히 사안에서 문제되고 있는 계약의 목적물에 초점을 맞추어 A·B간의 매매계약의 내용을 대상으로 법률행위 해석을 시도하기로 한다. 다만 이 사안에서는 보충적 해석의 여지는 없고 자연적 해석과 규범적 해석만이 문제된다.

첫 번째 단계로서 자연적 해석을 하여야 한다. 사안에 나타난 사실관계를 토대로 표의자의 시각에서 계약당사자 A와 B의 진의를 밝혀보면 다음과 같다. A의 의사표시에 대한 자연적 해석에 따라 탐지할 수 있는 계약의 목적물은 α이다. 이에 반해 B의 의사표시에 대한 자연적 해석에 따라 탐지할 수 있는 계약의 목적물은 β이다. 자연적 해석의 결과 A와 B의 의사표시에 있어서 계약당사자 각각의 진의는 탐지되었으나 이들의 진의가 일치하지 않는다. 표시행위에 잘못이 있다 하더라도 계약당사자의 진의가 서로 부합한다면 진의대로 계약이 유효하게 성립할 수 있을 것이지만(*falsa demonstratio non nocet*) 사안에 있어서는 계약당사자의 진의가 일치하지 않는다. 그러나 이 단계에서 계약의 불성립으로 속단할 수는 없다. 자연적 해석의 결과에 대한 마무리 작업에 따라서는 다른 결과가 올 수 있기 때문이다. A·B간에 문제된 계약은 표의자의 진의가 절대적인 중요성을 가지는 법률행위에 속하는 것으로 볼 수 없다는 점에서 상대방의 신뢰를 보호하기 위한 규범적 해석의 필요성이 제기된다.

규범적 해석의 단계에서 문제되는 것은 특히 A의 B에 대한 매도청약의 의사표시이다. 매도청약자 A의 진의는 목적물을 α로 의욕하였으나 그러한 의사를 명확하게 표시하지 못하였고, 이에 따라 B는 매매목적물을 α가 아닌 β로 인식하여 A의 청약에 대하여 승낙의 의사표시를 하였다. 표의자 A의 상대방 B가 기대가능한 주의를 기울였음에도 불구하고 표의자의 진의를 알 수 없었으므로 상대방으로서는 표시행위의 객관적 의미대로 이해할 수 밖에 없다. 즉 규범적 해석의 결과 A의 B에 대한 의사표시에 있어서 계약의 목적물은 α가 아닌 β로 해석되는 것이다. 이렇게 되면 A·B 각각의 의사표시에 있어서 매매계약의 목적물은 β로 확정되고, 이에 따라 β를 목적물로 하는 매매계약이 유효하게 성립하는 것으로 된다.

A·B간의 매매계약이 유효하게 성립함에도 불구하고 A로서는 제109조에 따라 착오를 이유로 계약을 취소함으로써 계약의 구속력으로부터 벗어날 수 있는 가능성은 남아 있다. 계약당사자 일방인 A로서는 계약의 목적물에 관하여 진의와 표시 사이에 불일치가 있으며, 계약의 목적물은 법률행위의 중요부분이라 할 수 있기 때문이다.

민법개정안에서는 법률행위의 해석에 관한 규정을 신설하였다(민법개정안 제106조). 현행민법 제106조는 소위 '사실인 관습'에 관한 것인데, 그 내용을 완전히 삭제하고 법률행위해석의 방법에 관한 일반원칙(민법개정안 제106조 제1항)과 해석의 표준으로서 거래관행과 신의칙을 제시하고 있다(민법개정안 제106조 제2항).

민 법 개 정 안	
현 행 규 정	개 정 안
제106조(사실인 관습) 법령중의 선량한 풍속 기타 사회질서에 관계없는 규정과 다른 관습이 있는 경우에 당사자의 의사가 명확하지 아니한 때에는 그 관습에 의한다.	제106조(법률행위의 해석) ① 법률행위의 해석에 있어서는 표현된 문언에 구애받지 아니하고 당사자의 진정한 의사를 밝혀야 한다. ② 법률행위는 당사자가 의도한 목적, 거래관행 그밖의 사정을 고려하여 신의성실의 원칙에 따라 해석하여야 한다.

사례연구: 意思表示의 構成要素와 法律行爲의 解釋

● 사안의 내용 앞에서 제시한 사안[53]과 같다.

● 사안의 해결 사안에서 B가 A에게 β의 인도를 청구할 수 있는가 여부는 문제된 매매계약의 목적물을 α가 아닌 β로 볼 수 있는가에 달려 있다. A의 B에 대한 의사표시에 있어서 표의자 A의 진의가 표시행위에 굴절 없이 반영되지 못했다는 점이 문제의 출발점이라 할 수 있는데, 이에 대한 해결은 효과의사의 본체를 '표시상의 효과의사'로 보는가 아니면 '내심의 효과의사'로 보는가에 따라 이론구성에 차이가 있다.

효과의사의 본체를 표시상의 효과의사로 보는 입장에서 본다면, 사안에서 A・B간에 각각 서로에 대하여 행해진 청약과 승낙의 의사표시가 주관적・객관적으로 합치하게 되어 β를 목적물로 하는 매매계약이 유효하게 성립하게 된다. 다만, 이와 같은 계약내용은 A의 내부적 의사와 일치하는 것이 아니므로 제109조에 따라 착오를 이유로 A가 매매계약을 취소할 수 있는 가능성은 남게 된다.

한편, 효과의사의 본체를 내심의 의사로 보는 입장에 선다면 A・B간에 각각 서로에 대하여 행해진 청약과 승낙의 의사표시는 주관적 합치는 있으나 객관적 합치가 없어 계약불성립으로 귀결된다고 속단하기 쉽다. 그러나 효과의사의 본체를 내심의 의사로 본다 하더라도 규범적 해석에 의하여 A・B간에 β를 목적물로 하는 매매계약이 성립하는 것으로 판단할 수 있다. 다만 이 경우에 있어서도 제109조에 따라 착오를 이유로 A가 매매계약을 취소할 수 있는 가능성은 남게 된다.

효과의사의 본체를 표시상의 효과의사로 보든 내심의 의사로 보든 결과는 같다. 즉 A・B 사이에서 β를 목적물로 하는 매매계약이 유효하게 성립하며, A의 의사표시가 제109조의 요건을 충족시키는 경우에 한하여 착오를 이유로 계약을 취소함으로써 A는 계약의 구속력으로부터 벗어날 수 있다. 그러나 법률행위의 본질을 고려해 볼 때, 효과의사의 본체는 내심의 의사로 보아야 할 것이며, 이런 관점에서 본다면 규범적 해석에 기초한 이론구성에 따라 사안을 해결하는 것이 타당하다고 생각한다.

4. 法律行爲解釋의 標準

402 통설은 법률행위 해석의 표준으로서 다음의 네 가지를 든다: ① 당사자가 기도하는 목적; ② 신의성실의 원칙; ③ 임의규정; ④ 사실인 관습. 다음에서는 이들에 대하여 차례로 살피고자 한다.

(1) 當事者가 企圖하는 目的

403 당사자가 당해 법률행위를 통하여 달성하고자 하는 목적은 그 자체가 법률행위의 내용을 구성하는 것은 아니다. 그러나 당사자가 기도하는 목적은 자연적 해석을 위한 전제인 표의자의 진의를 파악하는 단서가 된다든가 혹은 규범적 해석[54] 내지 보충적 해석을 위한 자료로 사용될 수 있다.

53) 이 책 [378]을 보라.

(2) 信義誠實의 原則: 특히 例文解釋의 문제

404 신의성실의 원칙을 법률행위 해석의 표준으로 인정하는 데에 대해서는 이견이 없다. 이는 규범적 해석과 보충적 해석의 자료로 사용될 수 있다.

법률행위 해석의 표준과 관련하여 예문해석이라는 것이 있다. 예문해석이란 거래계에서 일반적으로 관용되는 서식이 있는데(예: 근저당권설정계약서), 그 서식에 부동문자로 적혀있는 계약조항이 당사자 일방에게 지나치게 불리한 경우에 그것은 단순한 예문에 불과한 것이지 당사자가 진정으로 구속당할 의사가 없는 것으로 판단하여 그 조항을 법률행위의 내용에서 제외하는 해석이다. 대법원은 여러 차례에 걸쳐 예문해석을 통한 문제해결을 한 바 있다.[55] 예문해석은 부동문자로 인쇄된 처분문서[56]의 해석에 있어서 신의성실의 원칙이 사용된 것으로 평가할 수 있다. 이와 같은 판례의 태도에 대하여 일부 학설은 예문해석에 의할 것이 아니라 '약관의규제에관한법률'(특히 제3조, 제5조, 제6조)을 적용하여 해결하여야 했을 것이라고 하여 비판

54) 다음과 같은 판결은 당사자가 기도한 목적이 규범적 해석의 자료로 사용될 수 있음을 판시한 것으로 평가된다. 대법원 1992. 5. 26. 91다35571: "법률행위의 해석은 당사자가 그 표시행위에 부여한 객관적인 의미를 명백하게 확정하는 것으로서 당사자가 표시한 문언에 의하여 그 객관적인 의미가 명확하게 드러나지 않는 경우에는 그 문언의 내용과 그 법률행위가 이루어진 동기 및 경위, 당사자가 그 법률행위에 의하여 달성하려고 하는 목적과 진정한 의사, 거래의 관행 등을 종합적으로 고찰하여 사회정의와 형평의 이념에 맞도록 논리와 경험의 법칙, 그리고 사회일반의 상식과 거래의 통념에 따라 합리적으로 해석하여야 한다."

55) 예를 들어, 대법원 2004. 2. 13. 2002다43882: "근저당설정계약서는 처분문서이므로 특별한 사정이 없는 한 그 계약 문언대로 해석하여야 함이 원칙이지만, 그 근저당권설정계약서가 금융기관 등에서 일률적으로 일반거래약관의 형태로 부동문자로 인쇄하여 두고 사용하는 계약서인 경우에 그 계약 조항에서 피담보채무의 범위를 그 근저당권설정으로 대출받은 당해 대출금채무 외에 기존의 채무나 장래에 부담하게 될 다른 원인에 의한 모든 채무도 포괄적으로 포함하는 것으로 기재하였다고 하더라도, 당해 대출금채무와 장래 채무의 각 성립 경위 등…여러 사정에 비추어 인쇄된 계약 문언대로 피담보채무의 범위를 해석하면 오히려 금융기관의 일반 대출 관례에 어긋난다고 보여지고 당사자의 의사는 당해 대출금채무만을 그 근저당권의 피담보채무로 약정한 취지라고 해석하는 것이 합리적일 때에는 위 계약서의 피담보채무에 관한 포괄적 기재는 부동문자로 인쇄된 일반거래약관의 예문에 불과한 것으로 보아 그 구속력을 배제하는 것이 타당하다." 그 밖에 대법원 1972. 8. 22. 72다983; 대법원 1990. 7. 10. 89다카12152 참조.

56) 처분문서란 증명하고자 하는 법률적 행위(처분)가 그 서면에 의하여 이루어지는 경우의 문서를 말한다(예: 계약서). 대응하는 것으로 보고문서가 있다. 보고문서란 그 서면에 의하지 않고 일어난 상황을 보고하는 문서이다(예: 영수증).

적 입장을 보인다.[57] 그러나 다음과 같은 이유에서 판례이론을 부당한 것으로만 볼 것은 아니라고 생각한다: ① 판례의 태도는 "법적용에 앞서 법률행위 해석을 하여야 한다."라는 일반원칙에 부합한다; ② 약관의규제에관한 법률이 적용되는 경우라면 모르겠으나 그렇지 않은 경우에는 판례와 같은 예문해석이 불가피하다.

(3) 任意規定(?)

405 임의규정도 법률행위 해석의 표준이라고 할 수 있겠는가? 이에 관하여 일부 학설[58]은 다음과 같이 말한다: ① 제105조는 사적자치의 원칙을 정하고 있는데 이 규정의 반대해석상 당사자가 특별한 의사표시를 하지 않거나 의사표시가 불완전·불명료한 경우에는 임의규정이 적용된다; 그러므로 ② 이 경우에는 임의규정이 법률행위 해석의 표준이 된다.

이와 같은 학설에 대해서는 수긍하기 어렵다. 특히 ①과 ②가 '그러므로'로 연결된다는 것도 이해하기 곤란하다. 임의규정이 적용된다는 것과 임의규정이 법률행위 해석의 표준이 된다는 것 사이에는 논리적 연관성이 없기 때문이다. 임의규정은 법률행위의 어느 부분에 대하여 당사자간에 합의가 없고 또한 법률행위의 해석에 의하여도 그 틈을 보충할 수 없는 경우에 적용되는 객관적 규범이라는 사실에 유의할 필요가 있다. 임의규정은 일정한 경우에 적용의 대상이 될 수 있는 것이라는 점에서 법률행위 해석과는 차원을 달리하는 것이다. 사적자치가 인정되는 영역에서 임의규정이 적용되는 시점은 법률행위 해석작업의 한계점에 위치하는 것이다. 즉 법률행위 해석은 임의규정의 적용에 앞서는 것으로, 법률행위에 대한 해석작업으로부터 어떠한 결과도 도출되지 않는 경우에 비로소 임의규정이 적용되는 것이다.

민법개정안 제106조 제2항도 법률행위 해석의 표준에 관하여 "법률행위는 당사자가 의도한 목적, 거래관행 그밖의 사정을 고려하여 신의성실의 원칙에 따라 해석하여야 한다"라고 규정하여 임의규정을 포함시키지 않고 있다.

---

57) 郭潤直 편/宋德洙 집필, 앞의 책 "民法註解[II]", 196면; 白泰昇, 앞의 책 "民法總則", 378면; 金俊鎬, 앞의 책 "民法總則", 319면 등.

58) 특히 郭潤直, 앞의 책 "民法總則", 323면.

(4) 事實인 慣習

1) 意　味

406 제106조는 "법령 중의 선량한 풍속 기타 사회질서에 관계없는 규정과 다른 관습이 있는 경우에 당사자의 의사가 명확하지 아니한 때에는 그 관습에 의한다"라고 규정하고 있다. 제106조의 '관습'은 종래 '사실인 관습'으로 불려온 것으로 법률행위 해석의 표준이 된다. 제106조가 적용되기 위한 요건(즉 사실인 관습이 법률행위 해석의 표준이 되기 위한 요건)을 정리하면 다음과 같다: ① 관습이 존재하여야 한다; ② 관습이 선량한 풍속 기타 사회질서에 반하지 않아야 한다; ③ 당사자의 의사가 명확하지 않아야 한다.

사실인 관습은 규범적 해석과 보충적 해석에서 모두 중요한 표준이 될 수 있으며, 다만 사실인 관습이 기능하는 구체적 의미상에 차이가 있을 뿐이다. P라는 내용의 사실인 관습이 있다는 가정 아래 예를 들어 보기로 한다. P가 규범적 해석의 기준으로 활용된다면, "P가 존재하므로 표의자의 상대방으로서는 표의자의 표시행위를 P에 따라 …로 이해하였을 것이다"라는 식으로 기능하게 된다. 이에 반하여 P가 보충적 해석의 기준으로 활용된다면, "P가 존재하므로 만일 계약당사자가 법률행위상의 틈을 알았더라면 당사자들은 P에 따라 …로 정하였을 것이다"라는 식으로 기능하게 된다.

2) 事實인 慣習과 慣習法의 관계

407 종래의 일반적 학설에 따르면, 민법 제106조는 제1조와의 관계에서 일정한 모순관계에 있다고 한다. 즉 제1조에 의하면 법의 적용순서는, '법률(강행법규, 임의법규) → 관습법'의 순서가 되나, 제106조에 의하면, '강행법규 → 사실인 관습 → 임의법규 → 관습법'의 순서가 되어, 관습법이 사실인 관습의 하위에 서게 되는 모순점이 있다는 것이다. 두 조문 사이의 이와 같은 모순관계를 제거 또는 완화할 목적으로 종래 학설은 여러 가지 시도를 하였다.

(가) 종래의 학설상황

408 제1설[59]은 관습법과 사실인 관습을 구별하는 전제 아래 다음과 같이 주장한다. 제1조의 관습법은 사회구성원의 법적 확신에 의하여 지지되

59) 金基善, 앞의 책 "韓國民法總則", 241면.

어 법적 가치를 가지게 된 관습을 말하는 데 반해, 제106조의 사실인 관습은 법적 확신에 의하여 지지되지 못하는 관습을 말한다.[60] 그런데 이 학설에 따르면, 다음과 같은 문제가 일어난다: 제106조에 의하면, 법적 확신을 취득하지 못한 사실인 관습은 임의규정보다 우선하는 데 비해 법적 확신의 단계에 이른 관습법은 임의규정보다 하위에 서게 되지 않는가? 이 문제에 대하여 제1설은, 사실인 관습은 그 효력에 있어서는 관습법의 하위에 서지만 사실상으로는 관습법 이상의 효력을 가지는 것이라고 말한다. 생각건대, 이 학설은 일정한 근거를 가진 논리적 설명이라기보다는 "제1조와 제106조는 모순되지 않는다"라는 말을 다른 단어를 사용하여 우회적으로 반복한 것에 불과한 것으로 생각된다.

제2설[61]의 주장은 다음과 같다: 법으로서 존재하는 형식 또는 법으로서 형성되는 형식이라는 면에서는 관습법과 사실인 관습은 구별되나, 사적자치가 인정되는 영역에서는 사실인 관습이든 관습법이든 모두 임의법규에 우선하여 법률행위 해석의 기준이 되므로 양자를 구별하는 실익이 없다. 이 학설의 문제점을 지적하기로 한다. 이 학설은 제1조와 제106조 사이의 모순점에 대하여 나름대로의 해결방안을 제시하지 못하고 다만 논쟁의 포커스를 피해가고 있을 뿐이다.

제3설[62]의 주장은 다음과 같다: 사실인 관습도 법규범이라는 점에서는 관습법과 동일하나 관습법이 강행규범적 성질을 가지는 것인 데 반하여 사실인 관습은 임의규범적 성질을 가지는 것이다. 이 학설에 대하여는, 관습법을 강행규정의 성질을 가지는 것과 임의규정의 성질을 가지는 것으로 구분하는 기준과 실익이 모호하다는 비판이 가능하다. 또한 논쟁의 포커스를

60) 관습법과 사실인 관습의 개념에 관하여는 판례도 이와 같은 입장에 있다(대법원 1983. 6. 14. 80다3231): "관습법이란 사회의 거듭된 관행으로 생성한 사회생활규범이 사회의 법적 확신과 인식에 의하여 법적 규범으로 승인·강행되기에 이르는 것을 말하고, 사실인 관습은 사회의 관행에 의하여 발생한 사회생활 규범인 점에서 관습법과 같으나 사회의 법적 확신이나 인식에 의하여 법적 규범으로서 승인된 정도에 이르지 않은 것을 말하는바, 관습법은 바로 법원으로서 법령과 같은 효력을 갖는 관습으로서 법령에 저촉되지 않는 한 법칙으로서의 효력이 있는 것이며, 이에 반하여 사실인 관습은 법령으로서의 효력이 없는 단순한 관행으로서 법률행위의 당사자의 의사를 보충함에 그치는 것이다."

61) 郭潤直, 앞의 책 "民法總則", 322면.

62) 金曾漢, "新民法總則", 博英社, 1986, 223면.

피해가고 있을 뿐이라는 점에서 제2설과 마찬가지의 문제가 있다.

(나) 종래 학설에 대한 비판

409 제1설, 제2설 및 제3설은 모두 제1조와 제106조의 관계에 대하여 설득력 있는 해결책을 제시하지 못하고 있다. 게다가 이들 학설이 전제하고 있는 제106조의 순서(즉 '강행법규 → 사실인 관습 → 임의법규 → 관습법') 자체도 수긍하기 어렵다. 제106조는 관습이 임의규정에 우선함을 규정하고 있을 뿐, '강행법규 → 사실인 관습 → 임의법규 → 관습법'의 순서를 규정하고 있지는 않다. 제1설, 제2설 및 제3설은 서로 차원을 달리하는 두 가지 사항(즉 '법의 적용'과 '법률행위 해석')을 동일 평면에서 바라보려는 잘못된 출발에서 비롯된 것으로 보아야 한다.

이런 관점에서 새로운 학설(제4설)이 나타났다. 제4설의 주장은 다음과 같다[63]: 제1조는 法源에 관한 규정이고 제106조는 법률행위의 해석기준에 관한 것이기 때문에 양자의 적용범위가 다르고 따라서 충돌현상도 일어나지 않는다. 법의 적용과 법률행위의 해석은 구별되어야 한다는 점에서 제4설의 입론의 취지가 타당하다고 생각한다. 특히 제106조의 규정내용으로 볼 때, 이 규정이 법률행위 해석의 규준을 정하고 있음은 명백한 사실이다.

다만 제4설을 취하면서도 제1조의 관습법과 제106조의 사실인 관습을 법적 확신 유무에 따라 구별하고 제106조가 말하는 관습은 법적 확신에 의하여 지지되지 않는 사실인 관습만을 의미하는 것으로 보는 견해는 찬성하기 어렵다. 관습 중에서 법적 확신에 의하여 지지되는 것과 그렇지 못한 것이 있으며, 제1조에서 말하는 관습법은 전자에 해당하는 것만을 의미하는 것으로 보는 점은 수긍할 수 있다. 그러나 법적 확신에 의하여 지지되는 관습을 제106조의 관습에서 제외시키는 것은 타당하지 않다고 본다. 즉 제1조가 말하는 관습법에 해당하기 때문에 제106조의 관습은 되지 못한다는 논리는 성립할 수 없다는 것이다. 그 이유는 이러하다. 제106조가 법률행위의 해석기준에 있어서 임의규정보다 관습을 보다 우선시키는 것은 임의규정보다 관습이 당사자의 의사에 보다 근접하는 것으로 보기 때문이다. 이러한 제106조의 취지를 고려하여 생각해 볼 때, 사회구성원의 법적 확신에 의하

63) 李英俊, 앞의 책 "民法總則", 30면 이하; 白泰昇, 앞의 책 "民法總則", 377면.

여 지지되는 관습이라면 그러하지 못한 관습보다 오히려 더 법률행위해석의 기준이 되어야 하는 것이다. 요컨대, 제106조에서 말하는 관습에는 사회구성원의 법적 확신에 의하여 지지되는 관습법도 포함되는 것으로 보아야 한다. 이렇게 본다 하더라도 법논리상의 모순을 야기시키지 않는다. 제1조와 제106조는 각각 차원을 달리하는 문제이기 때문이다. 제106조의 관습을 '사실인 관습'으로 표현한다고 할 때, 여기에서 '사실인'이라는 수식어는 법원으로서가 아닌 법률행위 해석기준인 하나의 '사실' 정도로 이해할 것을 제안한다.

민법개정안에서는 현행 제106조의 규정을 전면 삭제하고 이 규정을 법률행위해석의 방법과 표준에 관한 규정으로 대체하였다. 그 결과 현행민법 제106조에 포함되어 있는 '관습'이라는 용어로 인하여 빚어진 복잡한 학설대립은 생략할 수 있을 것 같다. 그러나 관습 또는 거래관행이 법률행위해석의 기준이 된다는 점에는 아무 변화가 없다.

◘ 사례연구: 補充的 解釋과 事實인 慣習

● 사안의 내용　서울 가락동에서 과일가게를 경영하고 있는 A는 가락동 농수산물센터에서 과일 도매상을 경영하는 B로부터 과일을 공급받고 있었다. 2002년 2월 24일 15시에 A는 B로부터 사과 5상자를 구입하기 위하여 매매계약을 체결하였다. 이 매매계약을 체결하면서 B는 A에게 '지금으로부터 5일째 되는 날에' 사과를 배달해 주기로 약속하였다. 그럼에도 불구하고 B는 3월 2일 오후가 되어서야 사과를 가지고 왔다. B는 공휴일을 이용하여 가족과 나들이를 한 것이었다. 이로 인하여 A는 재고부족으로 인하여 장사를 제대로 하지 못했다. 이에 A는 계약에 따르면 3월 1일까지 배달을 했어야 하는데, B가 약속을 지키지 못했으므로 계약위반으로 인한 손해를 배상하라고 요구하였다. 이에 B는 법대로 하자면, 3월 1일은 공휴일이므로 그 날 이행할 필요는 없다고 맞서고 있다. 그런데 가락동 지역에서는 공휴일에도 변함없이 농수산물 거래가 이루어져 왔다. A는 B에게 손해배상책임을 물을 수 있는가?

● 사안의 해결　B에게 손해배상책임이 있는가를 판단하기 위해서는 B에게 계약위반 사실이 있는가를 검토하여야 한다. B의 계약위반에 관하여 문제되는 것은 채무의 이행기에 이행을 했는가 하는 것이다. B의 채무의 이행기는 계약체결일인 2002년 2월 24일 15시로부터 5일째 되는 날이다. 기간계산의 원칙에 따르면 이행기는 2002년 3월 1일이 되어야 하나 그 날은 공휴일이므로(제161조) 이행기는 그 다음 날인 3월 2일이다. 이렇게 보면 B는 계약을 위반한 사실이 없는 것으로 볼 수 있다. 민법의 규정에 따라 판단한다면 B에게는 계약위반 사실이 없다고 말할 수 있다. 그런데 기간계산에 관한 민법의 규정은 당사자의 의사에 의하여 그 적용을 배제할 수 있는 임의규정이다. 게다가 가락동 지역에서는 공휴일에도 변함없이 농수산물 거래가 이루어지는 관행이 존재하고 있다. 이와 같은 관행에 따른다면 B는 비록 3월 1일이 공휴일이라 하더라도 그 날까지 사과를 A에게 배달하였어야 하는데, 그리 하지 않았으므로 계약을 위반하였다고 판단할 수 있다. 사안해결의 열쇠는 법률행위 해

석에 있다. 특히 사안에서는 민법상의 임의규정과 관습의 상호관계가 문제되고 있다. 이는 제106조의 규범내용에 직접적으로 관계되는 것이다.

사안에서는 기간의 계산방법이 문제되고 있다. 그런데 A·B간의 계약내용에는 이들 문제에 관한 합의가 발견되지 않는다. 즉 이들 사항에 있어서 법률행위의 내용상 틈이 존재한다. 이 경우에 곧바로 기간계산에 관한 민법의 규정(특히 제161조)을 적용할 일은 아니다. 일정한 법률행위에 대하여 법규정을 적용하는 것은 법률행위 해석의 한계점에서 고려되어야 하기 때문이다. 제161조의 적용에 앞서 공휴일에도 거래를 하는 가락동의 관습을 규준으로 한 보충적 해석이 시행되어야 한다. 이렇게 되면 이 관습이 민법 제161조의 적용을 배제하는 결과가 된다. 그러므로 3월 1일이 공휴일임에도 불구하고 B의 채무의 이행기는 3월 1일이다. B에게는 계약위반 사실이 있으며, 따라서 A는 B에게 손해배상을 청구할 수 있다.

Ⅵ. 法律行爲의 內容(目的)

1. 序　說

410 법률행위의 내용(또는 목적)이란 법률행위 당사자가 그 법률행위에 의하여 실현하고자 하는 법률효과를 말한다. 법률행위의 내용(또는 목적)은 법률행위의 목적물과 구별된다. 예를 들어, A(매도인)와 B(매수인)가 PC에 대한 매매계약을 체결하였다고 해보자. 이 경우에 A의 B에 대한 소유권 이전의무와 B의 A에 대한 금전지급의무가 법률행위의 내용(또는 목적)이고, PC와 금전은 법률행위의 목적물이다.

법률행위라는 것은 사적자치를 실현하기 위한 법률적 수단이다. 그런데 사적자치의 원리도 법에 의하여 승인된 것이므로 법의 이념에 의한 제한을 받을 수밖에 없다. 법률행위의 내용이 사회·경제적으로 무용하다든가 혹은 법의 한계를 넘었다면 그 법률행위는 법에 의한 보호를 받을 수 없다. 전통적으로 법률행위 내용에 관한 유효요건으로 드는 것은 다음의 네 가지이다: ① 確定性; ② 可能性; ③ 適法性; ④ 社會的 妥當性. 법률행위의 내용에 관한 유효요건을 구비하지 못한 법률행위는 무효이다. 다음에서는 이들 유효요건에 대하여 차례로 살피기로 한다.

2. 確 定 性

411 법률행위의 내용은 법률행위 당시에 확정되어 있거나 또는 장래에라도 확정될 수 있어야 한다. 예를 들어, A가 B에게 “내가 너에게 무엇을 팔려고 하는데 너 살래?”라는 청약의 의사표시를 하였고, 이에 대하여 B가 A에게 “그래, 살께!”라는 청약을 하였다 하더라도 이 법률행위는 무효이다. 법률행위의 내용에 확정성이 없기 때문이다.

3. 可 能 性

(1) 概　念

412 법률행위의 내용이 가능한 것이어야 한다. 실현이 불가능한 것을 내용으로 하는 법률행위는 무효이다. 불능은 사회의 거래통념에 따라 정하는 것으로 반드시 물리적 불능에 한정되지 않고 일반 거래실정에서 불가능한 것도 불능이다.[64)]

(2) 不能의 분류: 原始的 不能과 後發的 不能

413 불능은 기준에 따라 다양한 분류가 가능하다. 그런데 그 중에 가장 중요한 것이 원시적 불능과 후발적 불능이다. 이 분류는 불능의 시점을 기준으로 한 것으로, 원시적 불능은 법률행위 성립 당시에 이미 불능인 경우이고 후발적 불능은 법률행위 성립 후에 불능으로 된 경우를 말한다. 다음에서는 이 분류와 관련하여 몇 가지 사항을 살피기로 한다.

1) 無效事由로서의 原始的 不能

414 원시적 불능인 내용의 법률행위는 무효이다.[65)] 여기에서 원시적

---

64) 대법원 1974. 5. 28. 73다1133; 대법원 1994. 5. 10. 93다37977; 대법원 1995. 5. 28. 94다42020 등 참조.

65) “원시적 불능을 목적으로 한 법률행위는 무효이다”라는 원칙에 대하여, 이것이 법리적으로 정당하지 않다는 지적이 있다(李英俊, 앞의 책 “民法總則”, 185면 이하 참조). 그러나 우리 민법은 원시적 불능이 무효사유임을 전제로 규율하고 있다(제535조 참조).

불능이 법률행위를 무효로 하는 논리적 과정을 생각해 보기로 한다.

다음과 같은 예를 들어 생각해 보자: P(매도인)와 Q(매수인)는 β물건을 목적물로 하여 매매계약을 체결하였는데, 계약성립 당시에 이미 β가 멸실되어 원시적 불능이었다. P·Q간의 매매계약에 있어서 법률행위의 내용은 다음의 두 가지이다: ① P의 Q에 대한 의무인 'β에 대한 소유권이전채무'; ② Q의 P에 대한 의무인 '금전지급채무'. 이 두 채무 중에서 그 내용이 원시적으로 불능인 것은 ①에 한정되는 것일 뿐 ②는 불능이 아니다. 금전채무의 경우에는 불능이 있을 수 없기 때문이다. P의 채무내용의 원시적 불능으로 인하여 P·Q간의 계약이 무효가 되는 논리과정은 다음과 같다: "불능은 채무를 발생시키지 않는다(*impossibilium nulla obligatio*)"라는 원칙에 의하여 ①은 실효된다; ①이 실효되면 쌍무계약의 특성인 성립상의 견련관계[66]로 인하여 ②도 또한 실효된다; 계약관계의 내용을 이루는 ①·②의 두 채무가 모두 실효되므로 P·Q간의 계약은 무효이다.

위의 설명은 문제된 법률행위가 쌍무계약인 경우이다. 편무계약(예: 증여계약)에 있어서는 계약당사자 일방에 대하여만 채무가 존재하며 이 채무의 내용이 원시적으로 불능이라면 "불능은 채무를 발생시키지 않는다"라는 원칙에 의하여 당해 채무가 실효되며, 이는 계약관계의 내용을 이루는 모든 채무가 실효된 것이므로 계약이 무효로 되는 것이다.

원시적 불능으로 인하여 법률행위가 무효인 때에는 당사자는 당해 법률행위에 구속되지 않는다. 그런데 원시적 불능으로 인하여 법률행위가 무효로 되는 경우라 하더라도 손해배상 문제가 나타날 수 있다. 이에 따라 민법은, 목적이 불능한 계약을 체결할 때에 그 불능을 알았거나 알 수 있었을 자는 상대방이 그 계약의 유효를 믿었음으로 인하여 받은 손해를 배상하여야 한다고 정하고 있다(제535조 제1항 본문). 이를 일반적으로 '계약체결상의

---

66) 쌍무계약이란 계약의 성립으로 인하여 계약당사자가 모두 채무를 부담하게 되는 계약을 말한다(예: 매매계약). 쌍무계약에 기하여 발생한 채무는 상호간섭관계(즉 견련관계)에 있게 된다. 즉 쌍무계약에 기하여 발생한 채무 사이의 견련관계는 성립·이행·존속의 각 단계에서 계속 유지됨으로써, "일방의 채무가 성립하지 않으면 타방의 채무도 성립하지 않는다"(성립상의 견련성), "일방이 채무를 이행하지 않는 상태에서는 타방도 채무의 이행을 강제당하지 않는다"(이행상의 견련성) 또는 "일방의 채무가 소멸하면 타방의 채무도 소멸한다"(존속상의 견련성)라는 효과를 나타내게 된다. 이 세 가지 견련성 중 원시적 불능에 관련하여 문제되는 것은 '성립상의 견련성'이다.

과실책임'이라 한다.

2) 後發的 不能과의 차이

415 후발적 불능의 경우에는 법률행위는 일단 유효한 것이다. 후발적 불능은 상황에 따라 손해배상·계약해제·대상청구권·대가위험부담 등이 문제될 수 있다. 다음과 같은 구체적 예를 들어 이들 개념을 소개하기로 한다: P(매도인)와 Q(매수인)는 β물건을 목적물로 하여 매매계약을 체결하였는데, 계약성립 후에 β가 멸실되어 불능이 되었다. P·Q간의 매매계약에 있어서 법률행위의 내용은 다음의 두 가지이다: ① P의 Q에 대한 의무인 'β에 대한 소유권이전채무'; ② Q의 P에 대한 의무인 '금전지급채무'.

후발적 불능에 대한 법적 규율은 당해 불능이 계약당사자 일방의 귀책사유(고의·과실)로 인한 것인가 여부에 따라 차이가 있다.

우선, P·Q 누구에게도 귀책사유 없이 후발적 불능이 된 경우를 보기로 한다. 이 두 채무 중에서 그 내용이 불능인 것은 ①에 한정되는 것일 뿐 ②는 불능이 아니다. 금전채무의 경우에는 불능이 있을 수 없기 때문이다. P의 채무내용이 후발적 불능이라는 사유가 P·Q간의 계약관계에 어떠한 영향을 미치는가 하는 것을 보면 다음과 같다: "불능은 채무를 발생시키지 않는다"라는 원칙에 의하여 ①은 소멸한다; ①이 소멸하면 쌍무계약의 특성인 존속상의 견련관계[67]로 인하여 ②도 또한 소멸한다; 계약관계의 내용을 이루는 ①·②의 두 채무가 모두 소멸하므로 P·Q는 계약의 구속력으로부터 벗어나게 된다. 따라서 P·Q 어느 누구도 상대방에 대하여 채무이행을 요구할 수 없다. 이와 같은 상황을 불능이 된 채무의 귀속자(즉 P)의 입장에서 보면, 자신의 채무(즉 ①)와 대가관계에 서는 반대채무(즉 ②)를 청구할 수 없다는 결과가 된다. 이와 같은 상황을 가리켜 대가위험을 채무자가 부담한다고 말하는 것이다(채무자위험부담주의: 제537조).[68]

---

67) 쌍무계약에서 나타나는 세 가지 견련관계(성립·이행·존속상의 견련관계) 중 후발적 불능과 관련하여 문제되는 것은 '존속상의 견련관계'이다.

68) 대가위험은 쌍무계약에서만 특유하게 문제되는 것이다. 편무계약에 있어서는 일방의 채무에 대응하여 대가관계에 서는 상대방의 채무가 존재하지 않기 때문이다. 편무계약의 내용을 이루는 채무가 계약당사자 누구에게도 책임 없는 사유로 후발적 불능이 된 때에는 "불능은 채무를 발생시키지 않는다"라는 원칙에 의하여 당해 채무가 소멸하며, 이는 계약관계의 내용을 이루는 모든 채무가 소멸된 것이므로 당사자는 계약의 구속력으로부터 벗어나게 된다.

다음으로, P의 귀책사유로 인하여 ①이 후발적 불능이 된 경우를 보기로 한다. 이 경우에는 당해 후발적 불능이 불능으로 된 채무의 귀속자(즉 P)의 귀책사유로 인한 것이라는 사실이 “불능은 채무를 발생시키지 않는다”라는 원칙 적용의 장애요소로 작용하게 된다. 즉 이 경우에 P는 자신의 귀책사유로 후발적 불능을 야기한 데 대하여 책임을 져야 할 지위에 서게 되는 것이다. 즉 P의 상대방인 Q는 손해배상을 청구하여(제390조)[69] 자기가 입은 손해를 전보받거나, 계약을 해제하여(제546조) 계약관계로부터 벗어날 수 있다.

후발적 불능에 대한 제재방법으로 하나 더 생각할 것은 대상청구권이다. 대상청구권이란 원래의 급부가 불능이 된 때에 이행을 불능하게 한 사정의 결과로 채무자가 그 목적물에 대신하는 이득을 취득하는 경우에 채권자가 채무자에게 대하여 그 이익을 양도할 것을 청구할 수 있는 권리이다. 예컨대, 채무의 목적물이 제3자의 행위로 인하여 멸실되었고 채무자가 그 가해자에 대하여 손해배상청구권을 취득한 경우에 채권자가 채무자의 제3자에 대한 손해배상청구권을 양도할 것을 요구할 수 있는 권리가 대상청구권이다. 우리 민법에 명문의 규정은 없으나 이를 인정하는 것이 판례와 통설의 입장이다. 채무자의 귀책사유로 인하여 이행불능이 된 때에도 대상청구권을 인정하여야 할 것인가에 대하여는 학설이 대립하고 있다.

---

69) 이행불능으로 인한 손해배상액은 어떻게 결정되는가? 앞의 예에서 계약체결일을 5월 1일, 매매목적물 인도채무 이행기를 8월 1일, 매매대금을 100만원이라 하고, 매매대금은 목적물 인도와 동시에 일시에 지급하기로 약정한 것으로 가정해 보자. 매수인 Q의 손해배상액은 매매대금인 100만원이 아니다. 손해배상이란 채권자가 실제로 입은 손해를 배상하는 것인데, Q는 아직 매매대금 100만원을 지급하지 않아 이 부분에 대한 손해는 없기 때문이다. Q에게 발생한 손해액은 8월 1일(즉 매매목적물 인도채무 이행기) 당시 당해 목적물의 시가에서 매매대금을 뺀 금액이다. 후발적 불능의 원칙적 판단시점은 이행기이며, 이행불능으로 인한 손해배상이라는 것은 이행기에 채무자가 이행했더라면 채권자가 취득하였을 이익을 전보해 주는 것이기 때문이다. 8월 1일 당시 매매목적물의 시가가 150만원이라면 Q가 P에게 요구할 수 있는 손해배상액은 50만원(150만원-100만원)인 것이다. 만일 8월 1일 당시 매매목적물의 가액이 매매대금인 100만원보다 적다면 P의 손해배상청구권은 성립하지 않는다. 왜냐하면 손해배상청구권의 제1차적 성립요건은 ‘손해의 발생’이기 때문이다.

4. 사회적 타당성과 적법성

(1) '社會的 妥當性' 요건의 의미

1) '社會的 妥當性' 요건의 포괄범위

416 사적자치원칙이 지배하는 법률행위의 영역에 있어서, 모든 법률주체는 자신의 자유로운 의사에 따라 법률행위를 함으로써 다양한 법률관계를 형성할 수 있다. 그러나 사적자치의 원칙이라는 것도 법에 의하여 인정되는 것이므로 그 자체에 내재적 한계가 있는 것으로 보아야 한다. 그리하여 제103조는 다음과 같이 규정하고 있다: "선량한 풍속 기타 사회질서에 위반한 사항을 내용으로 하는 법률행위는 무효로 한다." 결국 '사회적 타당성' 요건이란 법률행위의 내용이 사회적으로 승인될 수 있는 것이어야 한다는 것을 의미하는 것이다. 법률행위의 내용이 사회적으로 승인되는 범위에 있는가에 대한 판단기준은 시대에 따라 변할 수 있다. 그러므로 제103조는 '선량한 풍속'·'사회질서'라는 추상적 개념을 표지로 삼아 그 시대의 지배적인 가치관에 따라 융통성을 가지고 판단하라는 규범명령으로 이해할 수 있다.

여기에서 제103조와 함께 추상적 개념을 표지로 하여 법률행위의 내용을 규제하는 또 하나의 규정이 있음에 유의하여야 한다. 불공정한 법률행위를 무효로 하고 있는 제104조가 그것이다. 제104조는 다음과 같이 규정하고 있다: "당사자의 궁박, 경솔 또는 무경험으로 인하여 현저하게 공정을 잃은 법률행위는 무효로 한다." 제103조와 제104조의 상호관계에 대하여 논의가 있을 수 있는데, 이에 대하여 통설과 판례[70]는 제104조를 제103조의 예시규정으로 파악하는 입장이다. 즉 불공정한 법률행위도 그 성질에 있어서 제103조에서 말하는 선량한 풍속 또는 사회질서에 반하는 행위에 해당하는 것으로 보는 것이다.

제103조와 제104조의 관계를 이와 같이 이해한다면 '사회적 타당성' 요건이란 법률행위가 제103조와 제104조에 의하여 무효로 평가될 것을 내용으로 하지 말아야 한다는 것을 의미하는 것으로 이해할 수 있는 것이다.

70) 대법원 1964. 5. 19. 63다821; 대법원 1965. 11. 23. 65사28 참조.

2) '社會的 妥當性' 요건과 '適法性' 요건의 관계

(가) '適法性' 요건과 强行規定의 의미

417 '적법성' 요건이란 법률행위의 내용이 강행규정에 위배되지 않아야 한다는 요건이다. 강행규정이란 민법의 규정 중에서 '선량한 풍속 기타 사회질서에 관한 규정'(제103조 · 제105조)으로 당사자의 의사에 의하여 그 적용을 배제할 수 없는 것을 말한다. 다시 말하면, 강행규정이란 제103조와 제105조의 표지인 '선량한 풍속 기타 사회질서'에 관계된 것을 규율내용으로 하는 실정규범을 가리키는 것이다. 그러므로 만일 법률행위의 내용이 강행규정에 위반하는 때에는 그 법률행위는 무효이다. 强行規定에 반대되는 개념은 任意規定으로서 법률행위 당사자의 의사에 의하여 그 적용을 배제할 수 있는 규정이다(제105조). 임의규정에 의하여 규율되는 영역은 '선량한 풍속 기타 사회질서'에 관련된 것이 아니어서 사적자치가 허용되는 것이다.

당사자의 의사에 의하여 형성된 법률행위의 내용이 법규정과 상치하는 경우에, 당해 법률행위의 효력은 문제된 규정이 강행규정인가 아니면 임의규정인가에 따라 완전히 상반된 결과로 나타나게 된다. 문제의 규정이 강행규정인 때에는 법률행위는 무효로 됨에 반하여, 임의규정인 때에는 당사자에 의하여 형성된 법률행위의 내용이 임의규정의 적용을 배제하게 된다. 이와 같이 어떤 규정의 성격이 강행규정인가 여부는 매우 중요한 문제인데, 강행규정과 임의규정의 구별표준은 무엇인가? 양자의 구별에 관한 일반원칙은 없다.[71] 그러므로 문제의 규정이 '선량한 풍속 기타 사회질서'에 관한 사항을 규율하는 것인가 여부를 기준으로 구체적 사정에 따라 판단할 수밖에 없다.

강행규정의 개념에 대하여는 좀 더 살펴볼 필요가 있다. 왜냐하면 강행규정의 개념에 대한 종래 학설의 태도에 명확하지 않은 부분이 있다고 판

71) 때에 따라서는 일정한 규정에 대하여 명문으로 그 강행규정성을 표현하는 경우도 있으나 이는 예외적인 것이다. 강행규정은 법률행위 당사자 쌍방에게 적용되는 것이 원칙이다. 그런데 때에 따라서는 법률행위의 내용이 당사자 일방에게 불리한 때에만 당해 법률행위를 무효로 하는 것이 있다(예: 제289조 · 제652조). 이와 같은 규정도 강행규정이기는 하나 일방에 대하여만 강행규정이라는 의미에서 이를 '편면적 강행규정'이라 한다. 편면적 강행규정은 사회경제적 약자에 해당하는 당사자를 특별히 보호하고자 하는 입법정책의 표현으로 이해할 수 있다.

단되기 때문이다. 종래 학설은 강행규정의 개념을 다음과 같은 두 가지 측면에서 정의하고 있다: ① 강행규정이란 선량한 풍속 기타 사회질서에 관한 규정이다[72]; ② 강행규정이란 당사자의 의사 여하에 불구하고 적용되는 규정이다.[73] 여기에서 유의할 것은 강행규정의 개념에 대한 종래 학설의 이와 같은 두 개의 정의가 상호배척관계에 있는 것이 아니라는 점이다. 즉 강행규정이란 ①과 ②의 속성을 모두 가지고 있다는 것이 종래 학설의 입장인 것이다. 그런데 종래 학설과 같이 강행규정을 ②의 측면에서 보게 되면 강행규정과 團束規定(禁止規定)[74]의 상호관계가 문제로 대두된다. 종래 학설에서 제기하고 있는 문제상황을 보다 구체적으로 표현하면 다음과 같다: 단속규정도 당사자의 의사 여하에 불구하고 적용되는 규정이다; 이와 같은 면에서 보면 단속규정도 강행규정이다; 그런데 강행규정 위반은 무효사유이다; 그렇다면 단속규정을 위반한 법률행위도 무효로 되는 것이 논리이다; 그런데 단속규정의 경우에는 이를 위반했다고 하여 언제나 법률행위를 무효로 할 수는 없다; 그러므로 강행규정과 단속규정과의 관계가 문제된다.

이와 같은 문제상황을 해결하기 위하여 종래 다수설은 강행규정을 효력규정과 단속규정으로 구분하면서 전자는 사법상의 효력에 영향을 미치지만 후자는 그러하지 않다는 점에서 구별된다고 한다.[75] 그런데 이 견해를 취하고자 한다면 "강행규정에 위반한 법률행위는 무효이다"라는 말을 해서는 아니 될 것이다. 왜냐하면 이들이 말하는 단속규정의 경우에는 강행규정이기는 하나 그에 위반하여도 법률행위의 효력에는 영향이 없기 때문이다. 다수설로서는 다음과 같이 말해야만 논리상 문제가 없을 것이다: "강행규정 중 효력규정에 위반한 법률행위는 무효이다." 그런데 다수설은 이와 같은 표현 대신에 "강행규정에 위반한 법률행위는 무효이다"라는 표현을 통상적

---

72) 특히 郭潤直, 앞의 책 "民法總則", 296면.

73) 특히 郭潤直, 앞의 책 "民法總則", 296면.

74) 團束規定이란 어떤 행위를 하는 데에 대하여 일정한 조건을 과하거나 행정단속의 입장에서 일정한 제한·금지를 가하는 규정을 말한다. 단속규정의 대표적인 것으로 식품위생법의 예를 들어 보자. 이 법률은 식품으로 인한 위생상의 위해를 방지하고 식품영양의 질적 향상을 도모하는 것을 내용으로 한다(동법 제1조). 이에 따라 식품의 제조·판매 등의 영업을 하고자 하는 때에는 허가를 받도록 요구하고 있으며(동법 제22조), 무허가로 영업을 하는 때에는 행정적 제재의 대상이 된다(동법 제55조 이하).

75) 郭潤直, 앞의 책 "民法總則", 297면; 金俊鎬, 앞의 책 "民法總則", 325면; 金基善, 앞의 책 "韓國民法總則", 228면; 金曾漢·金學東, 앞의 책 "民法總則", 302면.

으로 사용하고 있다. 논리에 일관성이 없다고 판단할 수 있는 대목이다.[76] 다수설은, "강행규정에 위반한 법률행위는 무효이다"라는 표현에 대하여 이를 "강행규정 중 효력규정에 위반한 법률행위는 무효이다"라는 의미로 해석해 줄 것을 요구하고 있는 것 같다.

다수설이 이와 같은 논리상의 문제점을 가지게 된 원인은 어디에서 찾을 수 있을 것인가? 그것은 '강행규정'이라는 개념의 법체계상의 위치를 잘못 설정한 것에 기인한 것으로 보인다. '강행규정(règle impérative)'이라는 것은 '임의규정(règle supplétive)'에 대응하는 개념으로서, '임의규정'이라는 것이 법률행위론의 영역에서만 문제되는 개념인 것과 마찬가지로 '강행규정' 또한 법률행위론의 영역에서만 통용되는 개념이라는 사실에 유의할 필요가 있다. 종래 학설이 강행규정과 단속규정의 관계를 문제삼게 된 배경은, 강행규정의 개념이 통용될 수 있는 범위를 고려하지 않은 채 강행규정이 가지고 있는 하나의 속성(즉 '당사자의 의사 여하에 불구하고 적용되는 규정')에 초점을 맞추어 논의를 전개하였다는 점이다. 강행규정이라는 개념은 법률행위론의 영역에서만 타당한 것이라는 사실에 유의하면서 강행규정과 단속규정의 개념 및 양자의 관계를 설명하면 다음과 같이 될 것이다: ① 강행규정이란 법률행위를 규율하는 법규정으로서 사적자치의 한계('선량한 풍속 기타 사회질서')를 실정화한 규범이다; ② 단속규정이란 어떤 행위를 하는 데에 대하여 일정한 조건을 과하거나 행정단속의 입장에서 일정한 제한·금지를 가하는 규정이다; ③ 단속규정 중에는 법률행위의 효력에 관계된 것도 있을 수 있으며, 이와 같이 법률행위의 효력에 영향을 주는 단속규정은 법률행위론의 관점에서 보면 이는 강행규정이다.

강행규정과 단속규정의 관계에 관한 앞에서의 논의를 도표로 나타내면 다음와 같다.

76) 이러한 논리상의 문제를 시정하기 위한 노력으로 다른 학설(高翔龍, 앞의 책 "民法總則", 330면 이하; 李英俊, 앞의 책 "民法總則", 199면 이하 등)이 주장되기도 하였으나 이들 역시 별다른 설득력이 없다.

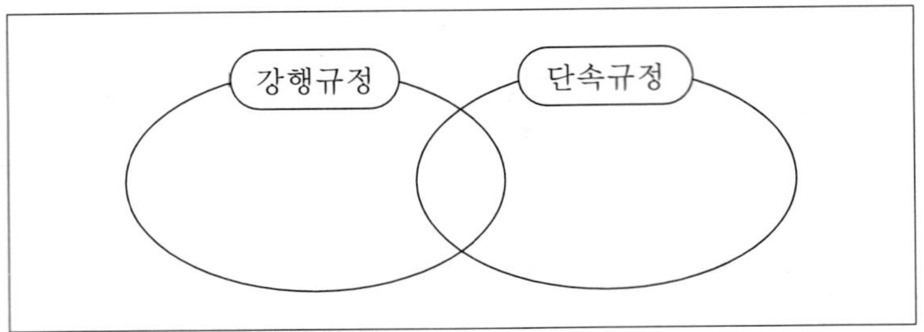

(나) '適法性' 요건의 독자적 존재 필요성: 부정

418 법률행위의 내용이 '선량한 풍속 기타 사회질서'에 반하는 때에는 '사회적 타당성' 요건을 구비하지 못한 것으로 당해 법률행위는 무효이다(제103조). 한편 '적법성' 요건이란 법률행위의 내용이 강행규정에 위배되지 않아야 한다는 요건으로 이해되고 있다. 그리고 강행규정은 제103조의 핵심표지인 '선량한 풍속' 또는 '사회질서'의 개념이 구체적으로 실현된 실정규범을 가리키는 것이다. 그렇다면 '적법성' 요건을 '사회적 타당성 요건'과 따로 법률행위의 유효요건으로 하여야 할 필요가 있는가 하는 의문이 제기될 수 있다.

이에 대하여 전통적 통설은 적법성 요건을 사회적 타당성 요건과 별개의 요건으로 다루어 왔다.77) 극히 형식적으로만 보면 적법성 요건은 이를 사회적 타당성 요건과 별개의 요건으로 설정할 수 있는 것처럼 보이기도 한다. 왜냐하면 강행규정은 선량한 풍속 기타 사회질서와 관계되는 '실정규범'이므로, 법률행위의 내용이 개별적 실정규정을 위반하지는 않은 것이라 하더라도 '선량한 풍속 기타 사회질서'에 반하는 것이면 제103조의 사회적 타당성 요건에 따라 평가하여야 할 것이기 때문이다. 이와 같은 이유에서 통설은, 적법성 요건은 사회적 타당성 요건에 우선하여 검토되어야 할 요건으로 이해한다.

그러나 실질적인 관점에서 볼 때, 통설의 타당성에 대하여 의문이 든다. 그 이유를 설명하면 다음과 같다: 강행규정이란 제103조의 '선량한 풍속 기타 사회질서'를 구체화한 실정규범이다; 이렇게 본다면 법률행위의 내용이

77) 郭潤直, 앞의 책 "民法總則", 293면; 白泰昇, 앞의 책 "民法總則", 336면; 高翔龍, 앞의 책 "民法總則", 340면; 金俊鎬, 앞의 책 "民法總則", 320면; 金曾漢·金學東, 앞의 책 "民法總則", 281면; 李銀榮, 앞의 책 "民法總則", 357면; 金基善, 앞의 책 "韓國民法總則", 225면; 金相容, 앞의 책 "民法總則", 379면.

강행규정에 위반했다는 것은 최소한 제103조가 말하는 '선량한 풍속 기타 사회질서'에 반하는 것이라고 말할 수 있다; 즉 사회적 타당성 요건은 적법성 요건을 포괄하는 지위에 있는 요건이다; 그러므로 사회적 타당성 요건을 검토하게 되면 적법성 요건은 자동적으로 판단되는 결과가 된다; 따라서 사회적 타당성 요건과 따로 적법성 요건을 요구하는 것은 실질적 의미가 없는 일이다. 적법성 요건은 사회적 타당성 요건과 다른 평가기준으로서 작용하는 것으로 볼 수 없다. 실질적으로 동일한 평가기준을 가지고 반복적으로 평가하는 것은 무용한 우회에 불과한 것이라고 생각한다. 요컨대, '선량한 풍속 기타 사회질서'와 관계된 규정(즉 강행규정)이 실정화되어 있다면 사회적 타당성 요건의 판단이 용이할 뿐인 것이지, 이 판단을 사회적 타당성 요건과 독립된 적법성 판단의 문제로 이해할 필요는 없다고 생각한다.

(2) 제103조의 適用要件에 관한 개별적 문제

1) '善良한 風俗'과 '社會秩序'의 관계

419 제103조에는 '선량한 풍속 기타 사회질서'라는 표지가 있다. 여기에서 '선량한 풍속'과 '사회질서'는 어떠한 관계에 있는가? 이 문제에 관하여 학설은 매우 다양한 입장을 보여주고 있다. 종래 학설을 정리하면 다음과 같다: ① '선량한 풍속'이라 함은 사회의 일반적 도덕관념을 말하며, '사회질서'라 함은 국가·사회의 공공적 질서 내지 일반적 이익을 가리키는 말이므로 '선량한 풍속'은 그것의 상위개념인 '사회질서'의 일종으로 이해되며 '사회질서'가 제103조의 중심개념을 이룬다[78]; ② '선량한 풍속'과 '사회질서'라는 개념은 그 한계가 애매하고 반드시 별개의 내용을 가지고 있는 것도 아니므로 구별할 필요가 없으며 양자를 일괄하여 사회질서라고 하면 충분하다[79]; ③ '선량한 풍속'은 윤리개념이고 '사회질서'는 공익개념이므로 양자는 병존개념 또는 대립개념인 것이지 후자가 전자의 포괄개념은 아니다.[80]

---

78) 郭潤直, 앞의 책 "民法總則", 302면; 金俊鎬, 앞의 책 "民法總則", 329면.

79) 白泰昇, 앞의 책 "民法總則", 348면; 高翔龍, 앞의 책 "民法總則", 341면; 李銀榮, 앞의 책 "民法總則", 367면; 金曾漢·金學東, 앞의 책 "民法總則", 310면.

80) 李英俊, 앞의 책 "民法總則", 215면; 金相容, 앞의 책 "民法總則", 398면.

우리 민법 제103조는 이 규정에 대응한다고 볼 수 있는 외국의 민법규정과 비교해 볼 때, 유의할 만한 특색을 지니고 있다. '선량한 풍속'과 '사회질서'의 관계에 대하여 프랑스민법전은 '선량한 풍속 또는 공공질서'(제1133조), 일본 민법전은 '公의 秩序 또는 善良한 風俗'(제90조), 그리고 독일 민법전은 '선량한 풍속'(제138조)으로 규정함으로써, 이들 민법전에서는 '선량한 풍속'만을 언급하든지 또는 최소한 '선량한 풍속'과 '사회질서'를 서로 병립적인 개념으로 설정하고 있는 데 반해, 우리 민법 제103조의 문언은 '선량한 풍속'을 '사회질서'의 하위개념으로 놓아 후자가 전자를 포괄하는 것이라고 해석될 수 있는 여지를 보이고 있다. 우리 민법의 입법자가 제103조의 文言을 다른 법제와 달리 특색 있게 설정한 정확하며 구체적인 이유는 알 수 없다. 그런데 현행 민법 제정과정의 대강을 보여주는 '民法案審議錄'에 따르면, 선량한 풍속을 사회질서의 한 예시로 기술하고 있다.[81] 이렇게 본다면, 입법자의 의사는 '사회질서'를 '선량한 풍속'의 상위개념으로 생각한 것 같다. 그런데 같은 자료에 따르면, 제103조는 일본 민법 제90조와 동일한 취지라고 기술하고 있다.[82]

이와 같은 사정 및 법해석에 있어서 입법자의 의사가 절대적인 것도 아니라는 점을 염두에 두고 생각한다면, 현행 민법 제103조에서의 '선량한 풍속'과 '사회질서'의 관계를 해석함에 있어서 이 규정의 文言에 엄격하게 구속되어야 할 당위성은 없을 것 같다. 또한 일본 민법전 제90조의 모범이 되었다고 볼 수 있는 프랑스민법전 제1133조도 '선량한 풍속'과 '공공질서'를 병립적인 개념으로 설정하고 있다. 즉 선량한 풍속(bonnes moeurs)이란 윤리·도덕적 개념으로서 人間의 性道德, 人格性 및 人格의 自由 등에 관계되는 것으로 국가의 사회·경제적 일반질서(예: 일정한 부류에 속하는 경제적 약자의 보호, 국가 통화제도의 보호, 행위능력제도, 거래안전의 보호 등)를 의미하는 공공질서(ordre public)와 구별된다.[83] 이상의 논의를 토대로 생각해 볼 때, 우리 민법 제103조의 '선량한 풍속'과 '사회질서'라는 개념을 파악함에 있어

81) 앞의 책 "民法案審議錄(上卷)", 70면.

82) 앞의 책 "民法案審議錄(上卷)", 70면.

83) J. Ghestin, *Traité de Droit Civil, Les obligations, Le contrat: formation*, Paris, L.G.D.G., 1988, pp. 84 et s.

서 법규정의 문언에 얽매여서 전자를 후자에 포함되는 것으로 한다든가 또는 양자의 구별을 인정하지 않는 해석태도는 찬성하기 어렵다.

제103조의 '선량한 풍속'과 '사회질서'는 병립적인 개념으로 보아야 하며, 이러한 해석론은 제103조와 일정한 관련을 가지고 있는 제746조의 해석에 있어서도 매우 중요한 의미를 가지게 된다.[84)]

2) 제103조의 포섭범위

420 여기에서는 제103조가 적용되어 법률행위가 무효로 되는 경우를 불법의 대상이 무엇인가에 따라 분류하여 검토하고자 한다. 이 문제에 관하여 판례는 다음과 같은 정형적 이론을 제시하고 있다: "민법 제103조에 의하여 무효로 되는 법률행위는 법률행위의 내용이 선량한 풍속 기타 사회질서에 위반되는 경우뿐만 아니라, 그 내용 자체는 반사회질서적인 것이 아니라고 하여도 법률적으로 이를 강제하거나 법률행위에 반사회질서적인 조건 또는 금전적인 대가가 결부됨으로써 반사회질서적 성질을 띠게 되는 경우 및 표시되거나 상대방에게 알려진 법률행위의 동기가 반사회질서적인 경우를 포함한다."[85)]

다음에서는 이 판례이론을 세 가지로 유형화하여 몇 가지 구체적 예를 통하여 살피기로 한다.

(가) 法律行爲의 내용 자체가 不法性을 띠는 경우

421 법률행위에 의하여 발생하게 되는 권리·의무의 내용 자체가 불법인 경우이다. 예를 들어 보자. P가 Q에게 어떤 사람을 살해할 것을 부탁하고 그에 대하여 금전을 지급할 것을 내용으로 하는 계약을 체결하였다고 해보자. 이 법률행위에 따라 Q는 P에 대하여 어떤 사람을 살해하여야 할 의무를 부담하게 된다.

이와 같은 상황은 법률행위의 내용 자체가 불법성을 띠는 경우에 해당하는데, 이는 제103조가 규율하고 있는 본래적인 형태이다.

(나) 法律行爲에 부수된 내용이 不法性을 띠는 경우

422 여기에서 다루고자 하는 것은 법률행위의 내용 자체는 불법성을 가지는 것이 아니지만 다른 부수적 사정이 결부됨으로써 제103조에 따라

84) 이에 대하여 자세한 것은 명순구, 앞의 책 "민법학기초원리", 425-430면 참조.
85) 특히 대법원 2001. 2. 9. 99다38613 참조.

법률행위가 무효로 되는 경우이다. 이 경우에 해당하는 것은 다음과 같은 몇 가지로 나누어 생각할 수 있다.

첫째, 법률행위의 내용 자체는 불법성이 없으나 이를 법적으로 강제함으로써 불법성을 띠는 경우이다. 예를 들어 P·Q가 다음과 같은 계약을 체결하였다고 생각해 보자: P는 평생 누구와도 혼인을 하지 말아야 할 것이며, 만일 P가 혼인을 하면 Q에게 위약금을 지급하여야 한다. 이 경우에 법률행위의 내용은 'P가 누구와도 혼인을 하지 않을 것'이다. 그런데 'P가 누구와도 혼인을 하지 않을 것'이 P의 자유로운 의사에 따른 것이라면 불법성을 띠게 될 이유가 없다. 즉 법률행위의 내용 자체는 불법성을 가지지 않는다. 그러나 'P가 누구와도 혼인을 하지 않을 것'이라는 사실이 P·Q간의 계약에 의하여 강제된다면 불법성을 띠게 되는 것이다. 여기에서 문제되는 것은 법률행위의 내용 자체가 아니라 자유로워야 할 행위를 강제한다는 것이 문제되는 것이다.

둘째, 법률행위의 내용 자체는 불법성이 없으나 금전적 이익이 관련됨으로써 불법성을 띠는 경우이다. 다음과 같은 예를 들어 보자: 공무원인 P는 Q에 관한 민원사항을 해결해 주고 그 일을 수행하는 대가로 Q로부터 보수를 받기로 약정하였다. 어떤 일의 대가로 금전을 받는 것 자체는 불법성이 없다. 여기에서 문제되는 것은 당연히 해야 할 직무행위의 대가로 금전을 수령하였다는 점이다.[86)]

셋째, 법률행위에 불법성 있는 조건이 결부된 경우이다. 범죄행위를 할 것을 조건으로 하여 증여계약을 체결하는 경우가 그 예이다. 이 문제에 대해서는 제151조 제1항에 규정이 있다. 조건은 법률행위의 내용이므로 불법조건으로 인하여 법률행위는 무효로 된다.

위의 세 가지 유형에 해당하는 법률행위는 제103조에 의하여 무효이다.

(다) 動機가 不法性을 띠는 경우

423 동기란 어떤 의사결정이나 행위를 하게 된 원인 또는 계기를 말한다. 법률행위의 동기란 일정한 법률행위를 하게 된 원인으로, 좀더 구체적으로 말하자면 일정한 효과의사를 형성하게 된 연유를 가리킨다. 예를 들

---

86) 대법원 1971. 10. 11. 71다1645 참조.

어 보자. P는 도박장으로 사용할 목적으로 Q 소유의 건물에 대하여 Q와 임대차계약을 체결하였다. 이 경우에 건물임대차계약 자체에는 전혀 불법적인 요소가 없고 그와 같은 임대차계약을 체결하게 된 동기에 불법요소가 존재하고 있다. 법률행위의 내용이 불법요소를 포함하고 있는 때에는 사회적 타당성 요건을 구비하지 못한 것으로 제103조에 의하여 무효이다. 그런데 법률행위의 동기는 법률행위의 내용이 아니다. 이와 같이 법률행위의 내용이 아닌 동기가 사회적 타당성을 결여하고 있는 경우에 그 법률행위의 효력은 어떻게 보아야 할 것인가?

원칙적으로 동기는 법률행위의 내용은 아니지만 경우에 따라서는 동기의 불법성으로 인하여 법률행위는 무효로 될 수 있다는 점에 대하여는 해석론상 이견이 없다. 문제는, 어떠한 경우에 동기의 불법으로 인하여 법률행위를 무효로 할 것인가 하는 것이다. 이에 대한 학설의 입장을 정리하면 다음과 같다. 제1설은 동기가 표시된 때에 한하여 법률행위가 무효로 된다는 입장이다. 이 견해는 표시되지 않은 동기의 불법을 이유로 하여 법률행위를 무효로 하게 되면 거래안전을 위협한다는 것을 논거로 한다. 제2설은 동기가 표시된 경우는 물론이고 표시되지 않은 때에도 상대방이 그 불법동기를 알았거나 알 수 있었을 때에는 불법동기로 인하여 법률행위가 무효로 된다고 한다. 이 견해는 동기가 표시되지 않았다는 것을 이유로 무조건 유효한 것으로 한다면 제103조의 취지가 크게 손상된다는 점을 논거로 한다.

판례는 어떠한가? 판례의 입장을 정리하면 다음과 같다: ① 법률행위가 선량한 풍속 기타 사회질서에 위반한 사항을 그 내용으로 한 것이 아니고 단지 법률행위의 연유·동기 혹은 수단으로 한 것에 불과한 것은 이로써 법률행위를 무효로 할 수 없는 것이 원칙이다[87]; ② 민법 제103조에 의하여 무효로 되는 법률행위는 법률행위의 내용이 선량한 풍속 기타 사회질서에 위반되는 경우뿐만 아니라, 상대방에게 표시되거나 알려진 법률행위의 동기가 반사회질서적인 경우를 포함한다.[88] 판례의 입장은 제2설과 유사하

87) 대법원 1972. 10. 31. 72다1271·1272 참조.

88) 대법원 1984. 12. 11. 84다카1402; 대법원 1992. 11. 27. 92다7719; 대법원 1994. 3. 11. 93다40522; 대법원 1999. 4. 13. 98다52483; 대법원 1999. 7. 23. 96다21706; 대법원 2000. 2. 11. 99다56833; 대법원 2001. 2. 9. 99다38613 등 참조.

면서도 일면에서는 상당한 차이가 있는 것으로 평가된다. 판례는 불법동기를 상대방이 인식하여야만 제103조가 적용될 수 있는 것으로 판단하고 있는데, 이 점에서 제2설과 구별된다. 제2설은 상대방이 불법동기를 인식하지 못했다 하더라도 그 불법동기를 알 수 있었다면 제103조가 적용되는 것으로 보고 있기 때문이다.

불법동기에 기하여 행해진 법률행위에 대하여 제103조를 적용할 수 있을 것인가 하는 문제는 다음과 같은 두 가지 사항을 어떻게 조정할 것인가의 문제이다: ① 불법동기에 의하여 형성된 법률행위의 효력을 제어할 필요성; ② 거래안전의 확보. 이와 같은 관점에서 학설·판례를 평가하기로 한다. 우선 제1설은 ①의 측면이 거의 무시되고 ②의 측면만을 강조한 것으로 균형 있는 해석태도로 보기 어렵다. 제2설은 상대방이 경과실로 불법동기를 인식하지 못한 때에도 제103조가 적용되는 것으로 보는 것인데, 이는 상대방에게 불법동기의 인식에 대한 주의의무를 부과하는 것이다. 그런데 이와 같은 입장은 ①의 측면이 지나치게 강조된 듯한 느낌이 있다. 이와 같은 사정을 고려해 볼 때, 판례의 태도가 ①·②의 측면을 균형 있게 고려한 해석태도라고 생각한다.

3) 主觀的 要件의 문제

424 제103조에 의하여 법률행위가 무효로 되기 위해서는 그 내용이 객관적으로 선량한 풍속 기타 사회질서에 반하여야 한다는 점에 대하여는 학설·판례상 이견이 없다. 문제는 주관적 요건이다. 즉 법률행위를 할 당시에 당해 법률행위가 선량한 풍속 기타 사회질서에 반하여야 한다는 것을 인식하고 있어야 하는가? 이에 대하여 일부 학설[89]은 객관적 요건 외에 주관적 요건도 요구하고 있다. 이 학설은 그 논거로서 다음과 같은 사항을 지적한다: "양속질서 위반의 법률행위가 사적자치의 한계를 유월하여 무효로 된다는 것은 결국 이러한 행위의 법적 비난가능성에서 연유하는 것이므로 원칙적으로 양속질서에 반하는 사정에 대한 인식을 요한다고 할 것이다."[90]

생각건대, 제103조의 적용요건에 주관적 요건을 요구하는 것은 수긍하기 어렵다. 특히 선량한 풍속 또는 사회질서에 반하는 내용의 법률행위를

89) 李英俊, 앞의 책 "民法總則", 231면; 高翔龍, 앞의 책 "民法總則", 361면.
90) 李英俊, 앞의 책 "民法總則", 243면.

무효로 하는 것은 그와 같은 법률행위를 한 자에 대한 비난가능성의 문제가 아니라고 보아야 한다. 주관적 요건을 요구하는 입장에 따른다면, 의사무능력자에 의하여 행해진 법률행위는 제103조가 적용될 여지가 아예 없다는 것인데, 이는 제103조의 규범의미와 거리가 멀다. 제103조의 취지는 법질서의 유지를 위한 최소한의 한계를 정한 것으로 이해하여야 할 것이다. '선량한 풍속'과 '사회질서'의 관계를 각각 병립적인 것으로 이해하는 전제 위에서 부연하면 다음과 같다. 우선, '선량한 풍속'의 경우에는 동일 문화권에 속하는 인간이면 누구나 공유하는 윤리의식이 그 한계가 되는 것이므로 특정한 법률행위가 선량한 풍속에 반하는가에 대한 인식 자체가 문제되지 않는다고 보아야 할 것이다. 다음으로, '사회질서'의 경우를 생각해 보자. 이 경우에 당해 법률행위의 내용이 사회질서에 반하는 것이라는 사실을 인식하지 못했다고 하여 제103조의 적용이 배제되고 그에 따라 당해 법률행위의 유효성을 시인한다면, 이는 사회질서 유지라는 최후의 보루를 설정하고자 하는 제103조의 규범의미를 벗어나는 결과가 된다.

요컨대, 제103조의 적용요건으로서는 객관적 요건으로 충분한 것으로 보아야 한다. 판례도 제103조의 적용요건으로서 주관적 요건을 문제삼지 않은 것으로 이해된다. 이에 대한 판례의 입장은 이러하다: 제103조는 행위의 객관적인 성질을 기준으로 하여 그것의 불법성 여부를 판단한다는 점에서 법률행위 당사자의 주관적 사항까지 참작하는 제104조와 구별된다.[91]

(3) 제104조의 適用要件에 관한 개별적 문제

1) 제104조의 適用要件

425 당사자의 궁박·경솔·무경험으로 인하여 현저하게 공정을 잃은 법률행위는 무효이다(제104조). 폭리행위를 규제하기 위한 규정은 민법의 여러 곳에 산재해 있다. 유질계약의 금지(제339조), 과다한 손해배상액의 예정에 대한 제재(제398조 제2항), 대물반환의 예약에 관한 규제(제607조·제608조) 등이 그것이다. 이들 규정과 비교해 볼 때, 제104조는 다음과 같은 점에서 차이가 있다: ① 제104조는 폭리행위를 규제하기 위한 일반규정이다; ②

---

91) 대법원 1965. 11. 23. 65사28 참조.

제104조가 적용되기 위해서는, 다음에서 보는 바와 같이, 객관적 요건 이외에 주관적 요건도 충족되어야 한다.

제104조의 적용에 따라 법률행위가 무효로 되기 위한 요건으로 학설과 판례는 객관적 요건과 주관적 요건을 요구하고 있다.

우선, 객관적 요건을 보자. 제104조가 적용되기 위해서는 급부와 반대급부 사이에 현저한 불균형이 있어야 한다. 어느 정도가 되어야 불균형이 현저하다고 할 수 있는가에 대하여 일률적·획일적인 기준을 없으며, 사안에 따라 구체적으로 판단하는 수밖에 없다.

다음으로, 주관적 요건을 보자. 제104조가 적용되기 위해서는 주관적 요건이 충족되어야 한다는 점에서 제103조 및 폭리행위를 규제하는 개별규정과 구별된다는 점은 이미 살핀 바 있다. 주관적 요건이란 당사자 일방의 궁박·경솔·무경험을 이용하여 폭리를 취했어야 한다는 것이다. '궁박'이란 급박한 곤궁을 말하는 것으로, 경제적 원인에 기인할 수도 있고 또는 정신적·심리적 원인에 기인할 수도 있다.[92] '경솔'이란 의사를 결정할 당시에 그 행위의 결과에 대하여 보통인이 베푸는 고려를 하지 않는 심적 상태를 말한다. '무경험'이란 일반적인 생활경험 및 지식의 결여를 말한다. 불공정한 법률행위가 성립하기 위한 요건인 궁박·경솔·무경험은 이것들이 모두 구비되어야 하는 것이 아니고 그 중 일부만 갖추어져도 충분하다.[93] 주관적 요건의 구체적 의미에 대하여 학설상 논의가 있다. 폭리자에게 해악의 의도가 필요하다는 견해, 해악의 의도까지는 필요 없고 상대방의 궁박·경솔·무경험의 사정을 알고 있는 것만으로 족하다는 견해 등이 있다. 이에 관하여 판례는 '알고 있을 것', '편승할 것', '인식하고 있을 것', '이용할 것' 등과 같이 다양한 표현을 사용하다가 최근에는 다음과 같이 판시하고 있다: "피해 당사자가 궁박·경솔·무경험의 상태에 있었다고 하더라도 그 상대방 당사자에게 그와 같은 피해 당사자측의 사정을 알면서 이를 이용하려는 의사, 즉 폭리행위의 악의가 없었다면 불공정한 법률행위는 성립하지 않는다."[94]

---

92) 대법원 1999. 5. 28. 98다58825 참조.

93) 대법원 1987. 5. 12. 86다카1824; 대법원 1993. 10. 12. 93다19924; 대법원 1998. 1. 23. 97다42601; 대법원 1999. 5. 28. 98다58825 등 참조.

민법개정안은 제104조에 대한 개정을 제안하고 있다(민법개정안 제104조).

<table>
<tr><th colspan="2">민 법 개 정 안</th></tr>
<tr><th>현 행 규 정</th><th>개 정 안</th></tr>
<tr><td>제104조(불공정한 법률행위) 당사자의 궁박, <u>경솔</u> 또는 무경험으로 인하여 현저하게 공정을 잃은 법률행위는 무효로 한다.</td><td>제104조(불공정한 법률행위) 당사자의 궁박, <u>판단력의 부족</u> 또는 무경험으로 인하여 현저하게 공정을 잃은 법률행위는 무효로 한다.</td></tr>
<tr><td colspan="2">개정배경 '경솔'의 언어적 의미는 말이나 행동에 조심성이 없고 신중하지 못하다는 것인데, 제104조의 원래 취지는 그러한 사람을 보호하겠다는 것이 아니다. 개정안은 제104조의 취지에 맞게 '경솔'을 '판단력의 부족'으로 변경한 것이다.</td></tr>
</table>

2) 제104조의 適用範圍

426 제104조의 적용범위에 대하여 종래 통설과 판례는 다음과 같은 입장을 견지하고 있다: 민법 제104조가 규정하는 현저히 공정을 잃은 법률행위라 함은 자기의 급부에 비하여 현저하게 균형을 잃은 반대급부를 하게 하여 부당한 재산적 이익을 얻는 행위를 의미하는 것이다; 그러므로 증여계약과 같이 아무런 대가관계 없이 당사자 일방이 상대방에게 일방적인 급부를 하는 법률행위는 그 공정성 여부를 논의할 수 있는 성질의 법률행위가 아니다.[95]

제104조의 지배적 작용범위가 유상계약이라는 지적은 옳다. 유상계약은 계약당사자 쌍방 모두가 경제적 의미를 가지는 출연을 하는 계약으로 급부와 반대급부 사이에 경제적 불균형이 문제될 수 있기 때문이다. 그러나 제104조가 유상계약에서만 문제되는 것은 아니라고 보아야 한다. 단독행위라 하더라도 그것이 경제적인 관점에서 일정한 행위에 대한 반대급부로서의 의미를 가지는 것이라면 제104조가 적용될 수 있다.[96]

---

94) 대법원 1988. 9. 13. 86다카563; 대법원 1991. 7. 9. 91다5907; 대법원 1992. 5. 26. 92다84; 대법원 1992. 10. 23. 92다29337; 대법원 1996. 6. 14. 94다46374; 대법원 1996. 10. 11. 95다1460 등 참조.

95) 대법원 1993. 3. 23. 92다52238; 대법원 1993. 7. 16. 92다41528·41535; 대법원 1993. 10. 26. 93다6409; 대법원 1997. 3. 11. 96다49650; 대법원 2000. 2. 11. 99다56833 등 참조.

96) 단독행위가 제104조의 적용에 따라 무효로 되는 실제 사례는 다음과 같다(대법

(4) '社會的 妥當性' 요건 흠결의 효과

427 법률행위의 내용이 선량한 풍속 또는 사회질서에 반하거나 급부와 반대급부 사이에 현저한 불균형이 있는 때에는 각각 제103조와 제104조에 의하여 그 법률행위는 무효이다. 다음에서는 사회적 타당성 요건 흠결의 효과를 제103조와 제104조의 경우로 구분하여 좀 더 구체적으로 살펴보자.

1) 제103조의 效果

428 선량한 풍속 또는 사회질서에 위반한 사항을 내용으로 하는 법률행위는 무효이다. 무효인 법률행위는 당사자를 구속할 수 없으므로 아직 이행하고 있지 않은 상태라면 이행의무가 없다.

그런데 이미 이행한 상태라면 당사자간의 재산관계를 어떻게 처리하여야 하는가? 원칙론적으로 보면 일방이 타방으로부터 수령한 급부는 법률상 원인이 없는 부당이득이므로 각자 이를 반환하여야 할 것이다(제741조). 그런데 이 경우에 제746조가 규정하고 있는 불법원인급여가 문제될 수 있다. 불법의 원인으로 인하여 재산을 급여하거나 노무를 제공한 때에는 그 이익의 반환을 청구하지 못하기 때문이다(제746조 본문). 이 문제를 여기에서 자세하게 논의할 수는 없으나,[97] 그 결론만을 간단히 밝히면 다음과 같다: ① 법률행위의 내용이 '선량한 풍속'에 반한다는 이유로 제103조에 의하여 무효로 되는 때에는 이미 이행한 부분에 대한 반환청구는 허용되지 않는다(제746조 본문); ② 그러나 '사회질서'에 반한다는 이유로 제103조에 의하여 무효로 되는 때에는 제746조 본문의 적용범위에 속하지 않는 것이므로 부당이득법리의 일반원칙(제741조)에 따라 반환청구를 인정하여야 한다.

원 1975. 5. 13. 75다92): "채무자인 회사가 남편의 징역을 면하기 위하여 부정수표를 회수하려면 물품 외상대금 중 금 100만원을 초과하는 채권에 대한 포기서를 써야 된다는 강압적인 요구를 하므로 사회적 경험이 부족한 가정부인이 경제적·정신적 궁박상태하에서 구속된 자기남편을 석방 구제하는 데에는 위 수표의 회수가 필요할 것이라는 일념에서 회사에 대한 물품 잔대금 채권이 얼마인지조차 확실히 모르면서 보관중이던 남편의 인감을 이용하여 남편을 대리하여 위임장과 포기서를 작성하여 준 채권포기행위는 거래관계에 있어서 현저하게 균형을 잃은 행위로서 사회적 정의에 반하는 불공정한 불법행위로 보는 것이 상당하다."

97) 이 문제에 관한 구체적인 사항에 대해서는 명순구, 앞의 책 "민법학기초원리", 425-430면 참조.

2) 제104조의 效果

429 불공정한 법률행위는 무효이다. 법률행위가 아직 미이행 상태라면 이행할 필요가 없다. 그런데 제104조에 의하여 무효인 법률행위에 기하여 당사자 일방 또는 쌍방이 이미 이행을 하였다면 이를 어떻게 처리하여야 할 것인가? 이에 대하여는 학설이 대립하고 있다.

제1설(통설)[98]은 다음과 같이 설명한다: 불법원인은 폭리행위자측에만 있다; 그러므로 폭리행위자는 제746조 본문에 의하여 반환청구를 할 수 없고, 폭리행위자의 상대방은 제746조 단서에 따라 반환청구를 할 수 있다. 이 학설에 따르면, 폭리행위자의 상대방이 오히려 반사적인 이득을 취하는 결과가 된다.

제2설은 일부무효론[99]에 따라 해결하여야 한다고 주장한다.[100] 이 학설의 주장자가 말하는 '일부무효'라는 것이 "균형이 유지되는 부분까지는 유효하고 이를 넘는 부분은 무효이다"라는 것인지 아니면 다른 것인지 구체적인 의미를 알 수는 없다. 만일 '일부무효'의 의미를 "균형이 유지되는 부분까지는 유효하고 이를 넘는 부분은 무효이다"라는 의미로 사용한 것이라면 이는 수긍하기 어려운 견해이다. 다음과 같은 예를 생각해 보자. 시가 100만원짜리 시계를 10만원에 매도하기로 약정한 경우에, 이 견해대로 한다면 급부간의 균형이 유지되는 한도인 10만원을 매매대금으로 하는 매매계약으로 해석하자는 것인데, 이는 제104조의 취지에도 부합하지 않는다. 제104조의 취지는 불공정한 법률행위를 무효로 함으로써 다시 새로운 법률행위에 따른 법률관계를 형성하라는 것이기 때문이다. 또한 이와 같은 해석은 사적자치의 원리에도 반하는 해석이다. 매매가액을 10만원으로 조정한다는 점에 대하여 계약당사자의 의사가 전혀 개입된 바가 없기 때문이다.[101] 한편, 이 학설이 말하는 '일부무효'의 의미를 제137조가 규정하고 있는 사항과

---

98) 郭潤直, 앞의 책 "民法總則", 315면; 白泰昇, 앞의 책 "民法總則", 364면; 金相容, 앞의 책 "民法總則", 422면.

99) 이에 대해서는 이 책 [563] 이하 참조.

100) 高翔龍, 앞의 책 "民法總則", 358면.

101) 제137조 본문이 "법률행위의 일부분이 무효인 때에는 그 전부를 무효로 한다"라고 규정하는 것도 사적자치의 원리와 밀접하게 연관된 것이다. 이에 대해서는 이 책 [563] 참조.

같은 것으로 본 것이라면, 굳이 제104조의 효과로서 일부무효를 말할 필요가 없다. 이 학설이 자신의 입장을 옹호하기 위하여 원용하고 있는 판례도, 그 실제는 제104조의 효과에 관한 것이 아니라 제137조가 정하는 일부무효의 법리에 관련된 것이다.[102] 또한 이 학설이 말하는 '일부무효'가 제137조가 말하는 것과 같은 것이라면, 이 학설은 제104조의 효과에 대한 일반적 설명이 되지 못한다는 문제점도 나타나게 된다. 왜냐하면 제137조 단서에 따라 일부무효의 법리가 적용되기 위해서는, ① 일체로 행해진 법률행위가 복수의 약정내용을 포함하고 있고, ② 이 중 일부 약정에만 무효사유가 있으며, ③ 나머지 부분이 없더라도 그 부분만으로 법률행위를 하였을 것으로 판단되는 등의 요건이 구비되어야 하기 때문이다.[103] 만일 제104조에 해당하는 불공정한 법률행위가 이와 같은 요건을 구비하지 못하는 경우라면 제2설은 그와 같은 법률행위의 효과를 어떻게 처리한다고 말할 것인가?

제3설[104]은 독일의 다수설이라는 전제 아래, 폭리행위의 피해자가 폭리자에게 행한 급부행위는 무효이지만 폭리자가 폭리피해자에게 한 급부행위는 유효하다고 한다. 그런데 이 견해는 법리적으로 여러가지 면에서 난점이 발견된다. 무엇보다도, 급부행위 중 하나는 유효하고 다른 하나는 무효라는 설명이 수긍하기 어렵다. 급부행위가 유효하다는 것은 급부의 원인이 유효하다는 것인데, 급부의 원인은 폭리행위자와 피해자 사이의 하나의 법률행

102) 이 학설은 1967년의 대법원 판결(대법원 1967. 7. 24. 67다723)을 원용하고 있다. 이 판결은 다음과 같이 판시하고 있다: "X와 Y 사이에 체결된 계약에는 α부동산을 X가 Y에게 수표금채무의 담보로 제공한다는 약정과 약정기한까지 수표금을 지급하지 못하는 경우에 α부동산의 소유권을 Y에게 완전히 이전하기로 한다는 약정이 있었는데, 후자의 약정은 X가 구속되기 직전의 궁박한 상태에서 금 215,000원의 수표금채무 변제를 위하여 시가 금 2,042,500원 상당의 α부동산의 소유권을 Y로 하여금 취득케 하기로 한 것이니 현저히 공정을 잃은 법률행위로서 무효라 할 것이나, 전자의 담보제공 약정은 현저히 불공정하다는 하자가 없어 무효라 할 수 없다." 복수의 약정이 일체적으로 체결된 법률행위에 있어서 그 복수의 약정이 분할가능한 경우에, 일부의 약정이 무효라 하더라도 다른 약정은 제137조 단서에 따라 유효로 할 수 있다. 이것이 소위 '일부무효의 법리'이다. 위 판결의 사안은 X·Y 사이에 '대물변제약정'과 '담보제공약정'이라는 복수의 약정이 하나의 법률행위로서 일체적으로 체결된 경우이며, 또한 이들 약정이 분할가능한 경우이다. 그리하여 대법원은 '대물변제약정'은 제104조에 따라 무효이고, '담보제공약정'은 유효로 판단한 것이다.

103) 이에 대해서는 이 책 [564] 참조.

104) 李英俊, 앞의 책 "民法總則", 254면.

위이다. 그런데 하나의 동일한 법률행위에 기초한 두 개의 급부행위가 하나는 유효하고 다른 것은 무효라는 것이 논리적으로 가능한 것인가? 무효의 대상은 법률행위 자체인 것이지 법률행위에 기하여 발생한 급부행위가 아니라는 점에 유의할 필요가 있다. 또한 이 견해에 의할 때, 폭리자와 그 상대방이 모두 이미 이행한 경우에 폭리행위의 피해자는 그가 수령한 것을 계속 보유한다고 할 수 있는데, 그렇다면 폭리자가 폭리피해자로부터 수령한 것은 어떻게 처리하여야 한다는 것인가? ① 제746조 본문이 적용되어 폭리피해자는 폭리자에게 반환청구를 할 수 없다는 것인지, 아니면 ② 제1설(통설)과 같이 제746조 단서가 적용되어 폭리자에게 반환청구를 할 수 있다는 것인지 명확하지 않다. 만일 ①과 같이 해석한다면 폭리피해자와 폭리행위자는 그가 수령한 급부물을 그대로 보유하는 결과가 되는데, 이는 제104조의 규정을 무의미하게 하는 결과가 된다. 만일 ②와 같이 해석한다면 폭리피해자는 폭리행위자로부터 수령한 것을 그대로 보유하고 동시에 자신이 폭리행위자에게 급부한 것을 반환받게 되어 제1설에서와 같이 폭리피해자가 오히려 반사적인 이득을 취하는 결과가 된다. 한편, 제3설은 "급부물을 폭리피해자의 소유로 하여 폭리피해자의 채권자의 강제집행의 대상으로 되게 하는 것이 폭리행위자의 채권자의 강제집행의 대상으로 되게 하는 것보다 타당한 해결책이다"라고 설명하는데, 무슨 이유로 폭리행위자의 채권자보다 폭리행위피해자의 채권자가 우선적으로 보호되어야 하는가도 쉽게 납득이 되지 않는다.

위에서 살펴본 바와 같이, 제104조의 효과에 관한 종래의 학설은 모두 문제점을 포함하고 있다. 제2설과 제3설은 법률행위 및 법률행위 무효에 관한 기본궤도에 충실하지 못하다는 문제점을 포함하고 있다. 한편, 제1설은 제104조의 효과를 설명함에 있어서 제746조를 연관시켰다는 점에서 올바른 해결책을 제시했다고 할 수 없다. 제104조에 의하여 무효로 되는 불공정한 법률행위는 제746조와 무관한 영역에 위치해 있다고 보아야 한다.[105] 즉 불공정한 법률행위에 기하여 급부행위가 이루어졌다면 이들 급부는 제104조에 의하여 무효인 법률행위에 의하여 이루어진 것이므로 부당이득에 관한

105) 이에 대해서는 명순구, 앞의 책 "민법학기초원리", 425-430면 참조.

일반원칙(제741조)에 따라 이를 반환하여야 할 것이다.

Ⅶ. 缺陷있는 意思表示

1. 序 說

430 앞에서는 법률행위의 유효요건 중에서 법률행위의 내용에 관한 유효요건을 살펴보았다. 여기에서는 결함있는 의사표시에 대하여 살피고자 하는데, 이것은 법률행위의 의사표시에 관한 유효요건의 문제로 볼 수 있다. 이에 관한 민법의 규정은 크게 두 가지로 분류할 수 있다. 첫째는 의사와 표시의 불일치 문제이다. 여기에 해당하는 것은 다음과 같다: ① 비진의표시(제107조); ② 통정허위표시(제108조); ③ 착오(제109조). ①·②·③은 모두 의사와 표시가 일치하지 않는다는 점에서는 같지만, ①·②는 그 불일치를 표의자 자신이 알고 있는 경우이고 ③은 표의자가 그 불일치를 모르는 경우라는 점에서 차이가 있다. 둘째는 하자있는 의사표시(사기·강박에 의한 의사표시)이다. 여기에 있어서는 의사와 표시가 불일치한다는 것이 문제되는 것이 아니라 의사표시가 표의자의 자유로운 의사에 기하여 형성되지 못하였다는 것이 문제되는 것이다.

다음에서는 의사와 표시가 불일치하는 경우와 하자있는 의사표시로 나누어 살피고자 한다.

2. 意思와 表示의 不一致

(1) 非眞意表示

1) 非眞意表示의 개념

431 非眞意表示란 표의자 자신이 행한 표시행위의 객관적 의미가 진의(즉 內心的 效果意思)와 다르다는 것을 알면서 한 의사표시를 말한다. 즉 의사와 표시가 일치하지 않는데, 이와 같은 불일치를 表意者 자신이 알고 있는 경우이다. 非眞意表示에 대한 이와 같은 정의는 의사표시의 구성요소

인 效果意思의 본체를 '表示上의 效果意思'가 아닌 '內心的 效果意思'로 보는 관점[106]에서의 설명이다. 효과의사의 본체를 '표시상의 효과의사'로 보는 학설[107]에서는 비진의표시를 다음과 같은 식으로 정의하는 것이 논리의 일관성을 유지하는 것이다: 비진의표시란 내심의 효과의사와 표시상의 효과의사의 불일치로서 표의자가 그 불일치를 알고 있는 경우이다. 효과의사의 본체를 표시상의 효과의사로 보는 입장에 있음에도 불구하고 비진의표시를 진의와 표시가 불일치하는 경우로 보는 것은 논리적이라 볼 수 없다.[108] 다음에서는 효과의사의 본체를 '내심적 효과의사'(즉 '眞意')로 보는 입장에서 설명하기로 한다.

의사와 표시가 불일치하는 경우는 크게 두 가지 유형으로 구분된다: ① 의사와 표시의 불일치를 표의자 자신이 알고 있는 경우(意識的 不一致); ② 의사와 표시의 불일치를 표의자 자신이 모르고 있는 경우(無意識的 不一致). 무의식적 불일치가 바로 錯誤에 의한 의사표시이다(제109조). 한편, 의식적 불일치는 다시 그와 같은 불일치에 대하여 법률행위 상대방과 통정한 경우와 그렇지 않은 경우로 나누어진다. 전자는 通情虛僞表示(제108조)이고, 후자가 바로 여기에서 중점적으로 논의하고자 하는 非眞意表示이다.

2) 非眞意表示의 요건

432 비진의표시가 되기 위한 요건은 다음과 같다.

첫째, 법적으로 의미 있는 의사표시의 외형, 즉 表示行爲가 있어야 한다. 그러므로 명백한 농담이나 연극배우의 대사와 같은 경우에는 비진의표시가 문제되지 않는다.

둘째, 眞意와 表示가 일치하지 않아야 한다. 즉 表示行爲에 대응하는 效果意思가 존재하지 않아야 한다. 여기에서 말하는 '眞意'란 특정한 내용의 의사표시를 하고자 하는 표의자의 생각을 말하는 것이지 표의자가 진정으로 마음속에서 바라는 사항을 뜻하는 것은 아니다. 그러므로 표의자가 의사표시의 내용을 진정으로 마음 속에서 바라지는 아니하였다고 하더라도 당

---

106) 李英俊, 앞의 책 "民法總則", 115면; 白泰昇, 앞의 책 "民法總則", 313면; 金相容, 앞의 책 "民法總則", 336면.

107) 郭潤直, 앞의 책 "民法總則", 280면; 金俊鎬, 앞의 책 "民法總則", 344면; 李銀榮, 앞의 책 "民法總則", 449면; 金基善, 앞의 책 "韓國民法總則", 244면.

108) 이에 대해서는 이 책 [384] 참조.

시의 상황에서는 그것이 최선이라고 판단하여 그 의사표시를 하였을 경우에는 이를 내심의 효과의사가 결여된 非眞意表示라고 할 수 없다.109) 또한 일정한 의사표시를 하게 된 동기는 문제되지 않는다. 예컨대, 表意者가 강제에 의해서나마 증여하기로 하고 그에 따른 증여의 의사표시를 한 이상 증여의 內心的 效果意思가 결여된 것이라 할 수 없는 것이다.110) 그러므로 이와 같은 경우에는 强迫에 의한 意思表示(제110조)는 문제될 수 있으나 非眞意表示는 문제되지 않는다.

셋째, 의사와 표시의 불일치를 表意者 스스로 알고 있어야 한다. 이 요건으로 인하여 비진의표시는 의사표시의 의식적 불일치의 유형에 해당하는 것으로 通情虛僞表示와 공통점을 가지며 무의식적 불일치인 錯誤와 구별된다.

3) 非眞意表示의 효과와 적용범위

(가) 效 果

433 非眞意表示의 효과는 원칙과 예외의 두 측면에서 살펴야 한다.

우선 원칙의 측면을 보자. 非眞意表示라 하더라도 그 의사표시는 유효한 것이 원칙이다(제107조 제1항 본문). 비진의표시는 결국 표시행위대로의 효력이 발생하는 것으로 되는데, 그 이론적 근거에 대하여 통설은 표시주의를 취한 결과로 설명한다.111) 이에 대하여 일부 학설112)은, 비진의표시가 표시된 대로 효력을 발생하는 것은 표의자가 이를 의욕하였기 때문이라고 설명한다. 즉 상대방으로 하여금 표시행위 대로 효력이 발생한다고 믿도록 하는 것이 표의자의 의사이고, 이 의사에 따라 비진의표시가 표시된 대로 효력을 발생하는 것이라고 한다. 그러나 이 학설에는 찬성하기 어렵다. 만일 표의자의 의사가 상대방으로 하여금 표시행위대로 효력을 발생한다고 믿도록 하는 것이 아닌 다른 경우라면 이 학설은 당해 의사표시의 효력을 어떻

109) 대법원 1980. 7. 8. 80다639; 대법원 1993. 7. 16. 92다41528·41535; 대법원 1996. 12. 20. 95누16059; 대법원 2001. 1. 19. 2000다51919·51926; 대법원 2003. 4. 25. 2002다11458 등 참조.

110) 대법원 1993. 7. 16. 92다41535 참조.

111) 郭潤直, 앞의 책 "民法總則", 330면; 金俊鎬, 앞의 책 "民法總則", 335면; 李銀榮, 앞의 책 "民法總則", 471면; 金曾漢·金學東, 앞의 책 "民法總則", 331면.

112) 李英俊, 앞의 책 "民法總則", 329면.

게 볼 것인가? 제107조 제1항 본문의 취지는 통설과 같이 보는 것이 옳다. 즉 法律行爲가 유효하기 위해서는 眞意와 表示가 일치하여야 한다는 것이 私的自治의 原則에 충실한 것이나, 양자 사이에 불일치가 있다 하더라도 그러한 결과는 표의자가 스스로 자초한 것이며 또한 표의자의 상대방의 신뢰를 보호할 필요가 있으므로 표시된 대로 효력을 발생하도록 한 것이다.

다음으로 예외적인 측면을 보기로 한다. 相對方이 眞意 아님을 알았거나 알 수 있었을 때에는, 非眞意表示를 요소로 하는 법률행위는 無效이다(제107조 제1항 단서). 표의자의 내심의 의사와 표시된 의사가 일치하지 아니한 경우에는 표의자의 진의가 어떠한 것이든 표시된 대로의 효력을 생기게 하여 거짓의 표의자를 보호하지 아니하는 반면에, 만약 그 표의자의 상대방이 표의자의 진의 아님에 대하여 惡意 또는 過失 있는 善意의 경우라면 이 때에는 그 상대방을 보호할 필요가 없이 표의자의 진의를 존중하여 그 진의 아닌 意思表示의 효력을 부정하는 것이다.[113)]

제107조 제1항 단서에 해당하여 당해 法律行爲가 無效로 된다 하더라도 이 무효를 가지고 선의의 제3자에게 대항할 수 없다(제107조 제2항). 거래안전을 고려한 입법조치이다.

(나) 適用範圍

434 제107조의 적용범위에 대하여 문제되는 사항을 중심으로 살피기로 한다.

法律行爲가 契約인 경우는 물론 相對方 있는 單獨行爲의 경우에도 제107조 제1항 본문 및 단서가 적용될 수 있다는 점에 대하여는 학설상 다툼이 없다. 또한 相對方 없는 單獨行爲의 경우에도 제107조 제1항 본문이 적용될 수 있다는 점에 대하여도 학설상 다툼이 없다.

상대방 없는 단독행위의 경우에 제107조 제1항 단서의 적용이 있는가에 대하여는 학설상 다툼이 있다. 다수설[114)]은 제107조 제1항 단서가 상대방 있는 법률행위를 상정하고 있다는 것을 논거로 하여, 상대방 없는 단독행위의 경우에는 제107조 제1항 단서의 적용이 없는 것으로 해석한다. 다수설에

113) 대법원 1987. 7. 7. 86다카1004 참조.

114) 李銀榮, 앞의 책 "民法總則", 472면; 郭潤直, 앞의 책 "民法總則", 332면; 金俊鎬, 앞의 책 "民法總則", 357면.

따르면, 상대방 없는 단독행위의 경우에는 언제나 유효한 것으로 된다. 이에 대하여 소수설[115]은 상대방 없는 단독행위에 있어서도 상대방이 구체적인 權利·義務를 취득하는 경우에는 제107조 제1항 단서를 유추적용하는 것으로 해석한다. 상대방 없는 단독행위의 경우에 제107조 제1항 단서의 적용이 있는가 하는 문제는 이 규정이 법률행위를 無效로 하는 근거가 무엇인가 하는 방향에서 접근할 필요가 있다고 본다. 제107조 제1항 단서가 법률행위를 무효로 하는 이유는, 표시행위에 부합하는 진의가 존재하지 않아 의사표시에 흠이 있는데 그 사실을 상대방이 알았거나 알 수 있었다면 그와 같은 상대방의 신뢰를 보호할 필요가 없기 때문이다. 그런데 상대방 없는 단독행위에 있어서는 법률행위의 성립시까지 상대방의 신뢰가 문제될 여지가 없다. 그러므로 상대방 없는 단독행위는 제107조 제1항 단서의 적용범위에 포함되지 않는 것으로 보아야 할 것이다.

가족법상의 법률행위에는 제107조의 적용이 없다고 보아야 한다. 왜냐하면 이 경우에는 表意者의 眞意가 절대적 중요성을 가지기 때문이다. '私人의 公法行爲'[116]의 경우에도 판례는 제107조의 적용이 없다고 본다.[117] 제107조의 적용이 배제되는 경우는 두 가지 유형으로 분류할 수 있을 것이다: ① 眞意가 절대적 중요성을 가지는 의사표시의 경우(예: 가족법상의 법률행위); ② 表示行爲대로 그 내용을 확정하여야 할 의사표시의 경우(예: 私人

115) 金相容, 앞의 책 "民法總則", 463면; 白泰昇, 앞의 책 "民法總則", 397면; 高翔龍, 앞의 책 "民法總則", 403면.

116) '사인의 공법행위'란 공법관계에 있어서의 사인의 모든 법적 행위로서 공법적 효과가 부여되는 사인의 행위를 총칭하는 용어이다.

117) 대법원 1997. 12. 12. 97누13962: "공무원이 사직의 의사표시를 하여 의원면직처분을 하는 경우 그 사직의 의사표시는 그 법률관계의 특수성에 비추어 외부적·객관적으로 표시된 바를 존중하여야 할 것이므로, 비록 사직원제출자의 내심의 의사가 사직할 뜻이 아니었다고 하더라도 진의 아닌 의사표시에 관한 민법 제107조는 그 성질상 사직의 의사표시와 같은 사인의 공법행위에는 준용되지 아니하므로 그 의사가 외부에 표시된 이상 그 의사는 표시된 대로 효력을 발한다." 이와 같은 판시내용은 제107조 본문을 적용한 것과 결과에 있어서는 같다. 그러나 그와 같은 결과에 이른 과정은 표시주의를 엄격하게 관철한 것이지 제107조 제1항 본문의 적용에 의한 것은 아니다. 사인의 공법행위에 대하여 제107조의 적용이 문제되는 것은 특히 제107조 제1항 단서이다. 즉 사인의 공법행위의 상대방인 행정청이 사인의 당해 행위가 진의와 일치하지 않는다는 것을 알았거나 알 수 있었다 하더라도 이 경우에는 표시주의를 엄격하게 관철함에 따라 제107조 제1항 단서의 적용이 없으므로 표시된 대로 효력을 발생하는 것으로 보는 것이다.

의 公法行爲). ①에 있어서는 제107조 제1항 본문이 적용될 수 없을 것이며, ②의 경우에는 제107조 제1항 본문의 적용이 아니라 당해 의사표시의 본질로 인하여 표시행위대로 효력을 발생하게 되는 것이다. ①·② 모두에 있어서 제107조 제1항 본문의 적용이 없으므로 단서 또한 적용될 수 없을 것이다. 제107조 제1항 단서는 문제된 의사표시가 그 성질상으로는 제107조 제1항 본문의 적용범위에 들어간다는 것을 전제로 한 것이기 때문이다.

사례연구: 非眞意表示

● **사안의 내용** A는 자기 소유의 α토지에 대하여 B와 임대차계약을 체결하였는데, 임대차기간에 대하여는 약정한 바가 없다. 임차인 B가 α토지를 3년 정도 사용·수익해 오던 어느 날 임대인 A는 B에게 느닷없이 계약해지통고를 하였다. 그런데 A는 B와의 계약관계를 해소하려는 의도로 해지통고를 한 것이 아니라, 해지통고를 하면 B가 차임을 인상해 줄 것으로 믿고 그리 한 것이었다. 이 경우에 A의 B에 대한 해지통고가 A·B간의 임대차관계의 해소사유가 될 수 있는가?

● **사안의 해결** 賃貸借契約의 기간에 관하여 약정이 있는 때에는 그에 따르지만, 약정이 없는 때에는 賃貸人이든 賃借人이든 계약당사자는 언제든지 契約解止의 통고를 할 수 있다(제635조 제1항). 사안의 경우 임대차기간에 관한 약정이 없었으므로 A는 계약해지의 통고를 할 수 있는 법적 지위에 있다.

문제는 A의 B에 대한 법률행위가 의사표시에 관한 유효요건을 구비하고 있는가 하는 점에 있다. 사안에서 A의 B에 대한 해지통고는 제107조에서 정하고 있는 非眞意表示의 요건을 충족하고 있다. 또한 B는 당해 意思表示가 표의자 A의 진의와 일치하지 않는다는 사실을 알았거나 알 수 있는 것도 아니었다. 그러므로 제107조 제1항 본문이 적용되어 A의 B에 대한 법률행위는 유효한 것이다.

賃貸借와 같은 繼續的 契約의 경우에 계약기간에 관한 약정이 없는 경우에 당사자가 언제든지 解止할 수 있도록 한 것은 계약당사자의 인격적 자유를 보장하기 위한 것이다.[118] 그런데 해지통고로 인하여 곧바로 解止의 효력이 발생하는 것으로 하게 되면 계약당사자에게 혼란을 야기할 수 있다. 이런 이유에서 민법은 완충규정을 두고 있다. 즉 해지통고를 받은 날로부터 일정한 기간이 경과하는 때에 해지의 효력이 발생하여 계약관계가 해소되는 것으로 하고 있다(제635조 제2항). 사안에서 임대차계약의 목적물은 土地이다. 토지임대차의 경우에 임대인이 해지통고를 한 때에는 해지통고가 상대방에게 도달한 날로부터 6개월, 임차인이 해지통고를 한 때에는 해지통고가 상대방에게 도달한 날로부터 1개월이 경과한 때에 해지통고의 효력이 발생한다(제635조 제2항 제1호).

사안에서 임대인 A의 해지통고가 B에게 도달한 날로부터 6개월이 경과한 때에 A·B간의 임대차계약은 해소된다.

118) 이에 대해서는 명순구, 앞의 책 "민법학기초원리", 81면 참조.

(2) 通情虛僞表示

1) 通情虛僞表示의 의미

(가) 通情虛僞表示의 개념

435 通情虛僞表示란 표의자가 상대방과의 合意 아래 행하는 허위의 意思表示이다. 즉 표의자가 진의와 다른 의사표시를 하는 데에 있어서 상대방과 통모한 경우이다. 허위의 의사표시를 구성요소로 하는 法律行爲는 無效이다(제108조 제1항).

통정허위표시에 대한 이와 같은 정의는 의사표시의 구성요소인 效果意思의 본체를 '表示上의 效果意思'가 아닌 '內心的 效果意思'로 보는 관점[119)]에서의 설명이다. 효과의사의 본체를 '표시상의 효과의사'로 보는 학설[120)]에서는 통정허위표시를 다음과 같은 식으로 정의하는 것이 논리의 일관성을 유지하는 것이다: 통정허위표시란 내심의 효과의사와 표시상의 효과의사의 불일치로서 그 불일치에 대하여 상대방과의 사이에 합의가 있는 경우이다. 효과의사의 본체를 표시상의 효과의사로 보는 입장에 있음에도 불구하고 통정허위표시를 진의와 표시가 불일치하는 경우로 보는 것은 논리적이라 할 수 없다.[121)]

다음에서는 효과의사의 본체를 '내심적 효과의사'(즉 '진의')로 보는 입장에서 살피기로 한다.

진의와 표시가 일치하지 않는다는 점과 그와 같은 불일치를 표의자가 알고 있는 경우라는 점에서 통정허위표시는 非眞意表示와 공통된다. 그러나 표의자 자신이 비진의표시라는 사실을 인식하는 데에 그치지 않고 그와 같은 비진의표시를 하는 것에 대하여 상대방의 양해가 있었다는 점[122)]에서 제107조가 규율하고 있는 비진의표시와 구별된다.[123)] 또한 의사와 표시의 불일치가 의식적이라는 면에서 무의식적 불일치인 錯誤와 구별된다.

119) 李英俊, 앞의 책 "民法總則", 115면; 白泰昇, 앞의 책 "民法總則", 313면; 金相容, 앞의 책 "民法總則", 336면.

120) 郭潤直, 앞의 책 "民法總則", 280면; 金俊鎬, 앞의 책 "民法總則", 344면; 李銀榮, 앞의 책 "民法總則", 449면; 金基善, 앞의 책 "韓國民法總則", 244면.

121) 이에 대해서는 이 책 [384] 참조.

122) 대법원 1972. 12. 26. 72다1776 참조.

123) 이와 같은 측면에서 제107조의 비진의표시를 '단독허위표시'라 부르기도 한다.

(나) 通情虛僞表示와의 구별개념

가) 隱匿行爲

436 은닉행위란 가장행위에 의하여 숨겨진 법률행위를 말한다. 예컨대, P가 자신의 자식 Q에게 부동산을 증여하면서 증여세를 절약하기 위하여 매매의 형식을 이용하는 경우에, 매매계약은 假裝行爲이고 증여계약은 隱匿行爲이다.

은닉행위 자체는 通情虛僞表示가 아니다. 은닉행위 부분에 대하여는 의사와 표시의 불일치가 전혀 존재하지 않기 때문이다. 그러므로 은닉행위는 그것이 법률행위의 유효요건을 구비하고 있는가 여부에 따라 유효성을 판단하면 될 것이다.[124] 그러므로 앞의 예에서 P·Q간의 법률행위가 贈與契約의 유효요건을 갖추고 있다면, 증여계약으로서는 유효한 법률행위로 볼 수 있다.

일정한 경우에 은닉행위가 유효한 법률행위인 이유는, 당해 행위에 관하여 당사자간에 완벽한 의사의 합치가 있기 때문이며 이는 自然的 解釋의 결과(특히 '*falsa demonstratio non nocet*')[125]로 설명할 수 있다.

나) 信託行爲

437 신탁행위는 크게 두 유형으로 구분된다: ① 信託法上의 信託行爲; ② 民法學上의 信託行爲. 그러므로 이들 두 가지를 차례로 살피기로 한다.

신탁법상의 신탁행위는 통정허위표시를 요소로 하는 법률행위가 아니다. 委託者가 '특정의 재산권을 受託者에게 이전한다는 점' 및 '受託者가 委託者 또는 제3자에게 이익을 교부한다는 점'이 신탁행위의 내용인데, 그와 같은 내용에 대하여 意思와 表示 사이에 불일치가 존재하지 않기 때문이다. 민법학상의 신탁행위는 어떠한가? 민법학상의 신탁행위도 신탁법상의 신탁

---

124) 이와 같은 취지의 판결로는 대법원 1993. 8. 27. 93다12930: "매도인이 경영하던 기업이 부도가 나서 그가 주식을 매도할 경우 매매대금이 모두 채권자은행에 귀속될 상황에 처하자 이러한 사정을 잘 아는 매수인이 매매계약서상의 매매대금은 형식상 금 8,000원으로 하고 나머지 실질적인 매매대금은 매도인의 처와 상의하여 그에게 적절히 지급하겠다고 하여 매도인이 그와 같은 주식매매계약을 체결한 경우, 매매계약상의 대금 8,000원이 적극적 은닉행위를 수반하는 허위표시라 하더라도 실지 지급하여야 할 매매대금의 약정이 있는 이상 위 매매대금에 관한 외형행위가 아닌 내면적 은닉행위는 유효하고 따라서 실지매매대금에 의한 위 매매계약은 유효하다."

125) 이에 대해서는 이 책 [397] 참조.

행위도 통정허위표시를 요소로 하는 법률행위가 아니다. 예컨대, 讓渡擔保나 推尋을 위한 債權讓渡에 있어서 권리를 이전한다는 점에 대하여 의사와 표시 사이에 불일치가 존재하지 않기 때문이다.

名義信託의 경우를 보자. 명의신탁은 민법학상의 신탁행위의 본질적 요소인 대내관계에서의 '法的 許容'이 전혀 존재하지 않는다는 점에서 이론적으로 민법학상의 신탁행위의 범주에 포함시키기 어렵다는 점을 살핀 바 있다.[126] 또한 명의신탁에 있어서는 법률행위 당사자 사이에 권리를 이전한다는 의사가 존재하지 않음에도 불구하고 표시행위는 權利移轉의 형식으로 나타나는 경우로서 의사와 표시 사이에 불일치가 존재한다. 그리고 이와 같은 불일치에 대하여 법률행위 당사자 사이에 통정 내지 양해가 있는 경우이다. 그러므로 명의신탁은 허위표시를 요소로 하는 가장행위에 해당하는 것으로 보아야 할 것이다. 그러나 판례는 오래 전부터 名義信託을 民法學上의 信託行爲의 일종으로 관념하여 왔다. 한편, '부동산실권리자명의등기에관한법률'이 명의신탁의 원칙적 무효를 규정하고 있으나, 그 무효의 근거는 제108조 제1항이 아니라는 점도 이미 지적하였다.[127]

다) 허수아비행위

438 타인과 거래행위를 함에 있어서 자신이 전면에 나서고 않고 마치 자신이 거래행위를 한 것과 같은 경제적 효과를 가져오게 하는 경우가 있다. 예컨대, Y로부터 물건을 구입하고자 하는 X가 자신은 표면에 나서지 않고 제3자 Z를 내세워 매매계약을 하도록 하는 경우이다. 이 경우에 X는 Z라는 허수아비를 사용하여 Y와 거래를 하게 되는 것이다.[128] 이 경우에 Y와의 매매계약의 당사자는 Z이다. Y로부터 목적물을 매수하여 소유권을 취득한 Z는 X와의 약정에 따라 목적물에 대한 소유권을 X에게 이전해 주어야 할 채무를 지게 되며, X 또한 Z와의 약정에 따라 Y·Z간의 매매로부터 발생한 매매대금 및 기타 비용을 Z와 정산할 채무를 부담하게 된다.

이와 같이 허수아비(Z)가 개입된 법률행위에 있어서는 X·Z간의 법률

126) 이에 대해서는 이 책 [358] 참조.

127) 이에 대해서는 이 책 [359] 참조.

128) 이와 같은 형식의 거래는 간접대리가 개입된 법률관계이다. 이런 이유에서 허수아비행위는 대부분 간접대리에서 나타난다고 말하는 것이다. 이 사례에서 Z는 X의 간접대리인이다. 간접대리에 대해서는 이 책 [467] 참조.

행위와 Y·Z간의 법률행위는 각각 독립된 별개의 법률행위이다. 그리고 이들 각 법률행위에는 통정허위표시가 개입되어 있지 않다.

라) 詐害行爲

439 채무자가 채권자를 해함을 알고 재산권을 목적으로 한 법률행위를 한 경우 채권자는 법원에 그 법률행위의 효력을 취소할 수 있는 권리가 있다(제406조 제1항 본문). 債權者의 이와 같은 권리를 債權者取消權이라 한다. 다음과 같은 예를 들어 보자: X는 Y에 대하여 1억원의 채권을 가지고 있다; 채무자 Y는 자기의 유일한 재산인 시가 2억원의 β토지를 1,000만원의 매매대금으로 Z에게 매각하고 所有權移轉登記를 해 주었다. 이 사안에서 Y와 Z가 법률행위 당시에 그 법률행위가 채권자 X를 해한다는 사실[129]을 알고 있었다면(즉 詐害意思의 존재) Y·Z간의 법률행위는 채권자를 해하는 詐害行爲가 되는 것이다. 이와 같은 채권자사해행위에 대하여 채권자 X는 Z를 상대로 債權者取消權을 행사할 수 있다. 債權者取消訴訟에서 X가 승소하게 되면 Y·Z간의 법률행위는 그들 사이에서는 유효하나 X에 대하여는 그 유효를 주장하지 못한다.[130]

채무자와 제3자 사이에 체결된 사해행위에 대하여 채권자가 이를 공격할 수 있도록 한 것은 그 법률행위로 인하여 채권자의 이익을 부당하게 해친다는 점에 근거하는 것일 뿐, 그 법률행위가 意思와 表示가 不一致하는 의사표시를 요소로 하였기 때문인 것은 아니다. 대부분의 사해행위는 통정허위표시를 요소로 하는 가장행위에 해당될 가능성이 많으나 양자가 필연적 관계에 있는 것은 아니다. 앞에서 든 사례에서 Y·Z간의 법률행위는 사해행위로서 X에 의한 채권자취소권의 대상이 될 수 있다. 그러나 Y·Z간의 법률행위가 通情虛僞表示를 요소로 하는 가장행위의 요건을 갖추고 있지 않다면[131] 제108조가 적용될 여지는 전혀 없는 것이다.

---

129) β토지가 Y의 소유로 남아 있다면 X로서는 Y가 채무를 이행하지 않는 경우에 β토지에 대한 강제집행을 통하여 채권의 만족을 얻을 수 있을 것이나, β토지가 Y소유의 재산으로 남아 있지 않다면 X의 Y에 대한 채권은 무의미한 것이 될 것이다. 그러므로 Y·Z간의 법률행위는 X의 이익을 해하는 것이다.

130) 이는 채권자취소권 행사의 효과에 있어서 통설·판례(상대적 무효설)에 따른 설명이다. 채권자취소의 효과에 대해서는 복잡한 논의가 있으나, 이는 언급하지 않기로 한다.

131) 이를테면, Y로서는 β토지를 헐값에라도 Z에게 매각하고자 하는 의사가 있었고

2) 通情虛僞表示의 요건

440 어떠한 의사표시가 통정허위표시가 되기 위한 요건은 다음과 같다.

첫째, 意思表示가 존재해야 한다. 의사표시 자체가 존재하지 않는다면 法律行爲 不成立의 문제에 해당할 것이지 통정허위표시에 의한 법률행위의 무효 문제는 발생하지 않을 것이다.

둘째, 의사와 표시가 불일치하여야 한다. 즉 표시행위에 대응하는 效果意思가 없어야 한다. 그리고 그와 같은 불일치를 表意者 스스로가 알고 있어야 한다. 이 점에 있어서는 非眞意表示와 차이가 없다.

셋째, 의사와 표시의 불일치에 대하여 상대방과의 通情이 있어야 한다. 이 점에서 비진의표시와 다르다. 여기에서 말하는 통정이란 표의자가 진의 아닌 의사표시를 한다는 것을 알고 있는 것으로는 부족하고 그에 관하여 상대방과의 사이에 의사의 합치가 있는 것을 말한다. 통정이 없으면 제108조의 적용가능성은 처음부터 배제되고 제107조의 문제가 될 수 있을 뿐이다.

3) 通情虛僞表示의 효과와 적용범위

(가) 效 果

가) 法律行爲 當事者間의 효과

441 通情虛僞表示를 요소로 하는 법률행위(즉 가장행위)는 無效이다(제108조 제1항). 가장행위를 무효로 하는 근거에 대하여 일부 학설[132]은 이를 私的 自治의 原則에서 구하는 것 같다. 즉 당사자 쌍방이 표시대로의 법률효과를 발생시키지 않을 것이라는 데에 합의가 있는 경우이기 때문에 이 합의를 존중하여 무효로 하고 있는 것이라는 식의 설명이 그것이다. 그러나 이러한 설명의 타당성에 대하여는 의문이 든다. 사적자치란 의사와 표시가 일치되는 정상적인 의사표시로 구성되는 법률행위를 전제로 하여 인정되는 원칙이라는 사실에 유의할 필요가 있다. 가장행위를 무효로 규정한 근거는 다음과 같이 보고자 한다: 通情虛僞表示는 意思와 表示가 不一致하는 경우로서 원칙적인 측면에서 의사표시의 유효요건을 구비하지 못한 것이다; 게

이와 같은 의사에 따라 매도의 표시행위를 하였다면, 이러한 의사표시에는 의사와 표시의 불일치를 논의할 여지가 없으며, 따라서 Y·Z간의 법률행위는 가장행위가 아니다.

132) 白泰昇, 앞의 책 "民法總則", 399면.

다가 그 불일치에 대하여 상대방도 알고 있는 경우이므로 상대방의 신뢰보호도 문제되지 않는다; 그러므로 "의사와 표시가 일치하여야 한다"라는 의사표시의 유효요건에 관한 원칙을 그대로 관철하여 통정허위표시를 요소로 하는 가장행위를 무효로 하고 있는 것이다.

가장행위는 무효이기 때문에 아직 미이행 상태라면 이행할 필요가 없고, 이미 이행하였다면 부당이득반환에 의하여 청산하여야 한다. 여기에서 제746조의 적용 여부에 관한 논의가 있을 수 있다. 이에 대하여 통설은 통정허위표시 그 자체는 불법이 아니라는 이유에서 제746조의 적용이 없다고 한다.[133] 타당한 설명이라고 생각한다. 제746조는 법률행위의 내용(내지 목적)이 불법인 경우에 적용되는 것임에 반해, 제108조에서 문제되는 것은 법률행위의 내용이 아닌 法律行爲의 構成要素인 意思表示 자체의 문제이다. 그러므로 제746조가 문제되지 않는 것은 극히 당연한 것이다.

나) 제3자와의 관계

442 通情虛僞表示를 요소로 하는 가장행위는 당사자 사이에서는 無效이나, 선의의 제3자에 대하여는 이 무효를 가지고 대항하지 못한다(제108조 제2항). 제108조 제2항은, 선의취득이 인정되지 않는 영역(예: 부동산거래)에서 공신의 원칙[134]을 인정하는 것과 같은 결과가 되어 거래안전을 보호하는 기능을 한다. 여기에서 선의라 하는 것은 의사표시가 통정허위표시임을 알지 못하는 것이다.

제108조 제2항의 '제3자'란 통정허위표시의 當事者 및 包括承繼人 이외의 자로서 통정허위표시에 의하여 외형상 형성된 법률관계를 토대로 새로운 이해관계를 가지게 된 자를 말한다.[135] 예컨대, 가장매매의 매수인으로부터 목적 부동산을 다시 매수한 자, 가장매매의 매수인으로부터 저당권을 설정받은 자, 가장저당권설정행위에 의한 저당권의 실행에 의하여 부동산을 경락받은 자 등이 이에 해당한다. 그러나 다음 사례에서의 S는 제108조 제2항의 '제3자'가 아니다: P는 자기 소유의 부동산을 가장매매에 의하여 Q에

---

133) 郭潤直, 앞의 책 "民法總則", 334면; 李銀榮, 앞의 책 "民法總則", 500면; 金曾漢·金學東, 앞의 책 "民法總則", 334면; 金基善, 앞의 책 "韓國民法總則", 255면.

134) 공신의 원칙에 대해서는 이 책 [329] 보충설명 부분 참조.

135) 대법원 1982. 5. 25. 80다1403.

게 매도하고 Q명의로 이전등기를 해주었다; Q는 사정을 모르는 R에게 부동산을 매도하였고 R명의의 이전등기가 완료되었다; 이 경우에 R은 소유권을 취득한다(제108조 제2항); Q에게 처분권이 없음에도 불구하고 무단으로 처분행위를 했으므로 P는 Q에 대하여 損害賠償債權을 취득한다; 손해배상채권자 P가 그 채권을 S에게 양도하였다. 이 사례에서 채권양수인 S는 제108조 제2항의 '제3자'가 아니다. 왜냐하면 S는 통정허위표시에 의하여 형성된 법률관계를 토대로 새로운 이해관계를 가지게 된 자에 해당하지 않기 때문이다.

가장행위의 무효를 가지고 선의의 제3자에게 대항할 수 없다는 점은 분명하다. 그런데 선의의 제3자가 적극적으로 무효를 주장할 수 있는가? 통설[136)]은 선의의 제3자의 무효주장을 긍정하는데, 그 논거는 다음과 같은 두 가지로 요약될 수 있다: ① 통정허위표시에 의하여 작출된 외관은 바람직한 것이 아니므로 선의의 제3자는 허위표시의 무효를 주장할 수도 있다[137)]; ② 제108조 제2항은 선의의 제3자를 보호하기 위한 것인데, 제3자 스스로가 보호받을 뜻이 없을 때에는 그 무효주장을 막을 이유가 없다.[138)] 소수설[139)]은 제3자의 무효주장을 부정하고 있는데, 그 논거는 다음과 같다: 선의의 제3자라고 해서 그 법률행위의 결과가 자기에게 불리하면 무효를 주장하고 유리하면 유효를 주장할 수 있게 한다면 거래안전을 보호하려는 제108조 제2항의 취지에 반한다. 다음과 같은 이유에서 소수설의 입장이 타당하다고 생각한다. 첫째, 제108조 제2항의 근본취지는 단순히 선의의 제3자를 보호하기 위한 조치가 아니라 거래안전을 고려한 것이다. 그런데 통설은 제108조 제2항의 취지를 선의의 제3자 보호규정의 의미 정도로 관념함으로써 마치 선의의 제3자가 자신의 권리를 포기할 수 있다는 식으로 해석하고 있다. 둘째, 선의의 제3자가 무효주장을 한다는 것은 신의성실의 원칙(특히 禁反言의 原則)에 반하는 행위를 승인하는 것이 되어 부당하다. 요컨대, 선의의 제3자가 적극적으로 무효를 주장할 수는 없다고 해석하여야

136) 郭潤直, 앞의 책 "民法總則", 336면; 金俊鎬, 앞의 책 "民法總則", 363면; 白泰昇, 앞의 책 "民法總則", 402면.

137) 金亨培, 앞의 책 "民法學講義", 144면.

138) 白泰昇, 앞의 책 "民法總則", 402면.

139) 李英俊, 앞의 책 "民法總則", 345면; 金曾漢·金學東, 앞의 책 "民法總則", 336면.

한다.

선의의 제3자로부터 다시 권리를 양수한 자가 악의인 경우에도 가장행위의 무효를 가지고 대항할 수 없는가? 예를 들어 보자: P가 Q와의 통정허위표시에 의하여 Q에게 권리를 이전하였다; Q는 선의의 R에게 권리를 이전하였고, R은 악의의 S에게 다시 권리를 이전하였다. 이 사례에서 R이 제108조 제2항의 제3자에 해당한다는 점은 분명하다. 문제는 S의 법적 지위이다. S는 선의자가 아니며, 특히 '대항'관계라는 것은 상대적 법률관계이므로 S에 대해서는 P·Q간의 법률행위의 무효를 가지고 대항할 수 있는 것으로 해석할 여지도 없지 않다. 그러나 S의 지위를 그와 같이 해석하게 되면, 이는 선의의 제3자인 R의 지위를 해하는 결과[140]가 될 뿐만 아니라 거래안전을 보호하고자 하는 제108조의 근본취지에도 부합하지 않는다. 그러므로 통설은 제3자로부터 다시 권리를 양수한 자가 악의인 경우에도 가장행위의 무효를 가지고 대항할 수 없는 것으로 해석한다.

(나) 適用範圍

가) 제108조의 適用範圍

443 제108조의 通情虛僞表示는 非眞意表示에 대하여 당사자간에 합의가 있는 경우이다. 그러므로 통정허위표시는 상대방 있는 법률행위를 적용범위로 한다. 즉 契約 및 相對方 있는 單獨行爲에 적용된다는 점은 의문의 여지가 없다.

相對方 없는 單獨行爲에도 제108조의 적용을 긍정할 수 있는가? 이에 대하여 통설[141]은 적용되지 않는다는 입장이다. 이와 달리 일부 학설[142]은 상대방 없는 단독행위의 경우에도 제108조가 적용되는 것으로 해석한다. 그 논거는 다음과 같다: 상대방 없는 단독행위의 경우에 제108조의 적용을 부정하게 되면 이 단독행위로 인한 결과를 부정하여 원상으로 복구할 수 없

---

140) P가 S에게 물권적 청구권 또는 부당이득반환청구권을 행사하여 권리의 대상이 된 목적물을 회수해 가면 S는 R에게 담보책임(제570조 참조)을 추궁할 수 있다는 점을 생각해 보라.

141) 郭潤直, 앞의 책 "民法總則", 336면; 金基善, 앞의 책 "韓國民法總則", 258면; 白泰昇, 앞의 책 "民法總則", 403면; 金曾漢·金學東, 앞의 책 "民法總則", 337면.

142) 李英俊, 앞의 책 "民法總則", 347면; 高翔龍, 앞의 책 "民法總則", 415면; 李銀榮, 앞의 책 "民法總則", 496면; 金相容, 앞의 책 "民法總則", 469면.

게 된다. 소수설은 상대방 없는 단독행위를 위한 의사표시에 있어서 의사와 표시가 일치하지 않는 경우에 그 법률행위의 무효근거를 설정하기 위한 방편으로 제108조를 생각하는 것 같다. 그러나 그와 같은 경우에 있어서의 무효근거는 의사표시에 관한 유효요건의 일반원칙에서 찾는 것으로 충분하다고 본다. 즉 의사와 표시가 일치하지 않는 의사표시는 유효성을 보유할 수 없는 것이기 때문이다. 허위의 의사표시에 있어서 상대방과의 통정이 문제될 수 없는 상대방 없는 단독행위에 있어서는 제108조의 적용이 없는 것으로 해석하여야 할 것이다.

표의자의 진의가 절대적 중요성을 가지는 순수한 가족법상의 법률행위에 있어서는 제108조 제1항의 적용과 무관하게 무효이다. 순수한 가족법상의 법률행위에 있어서 제108조 제2항의 적용이 문제될 수 없다는 것은 물론이다.

나) 제108조 제2항의 類推適用 문제

444 제108조 제2항은 제1항의 적용이 긍정되는 것을 전제로 한 규정이다. 그러므로 통정허위표시에 의하여 형성된 법률관계가 존재하지 않는다면 제108조 제2항은 적용될 여지가 없는 것이다.[143] 그런데 일부 학설에 따르면,[144] 진정한 권리자 본인이 외관을 창출한 데에 대하여 일정한 원인을 제공한 경우에 이 외관을 신뢰한 제3자의 보호를 위하여 제108조 제2항을 유추적용할 것을 주장한다.

다음과 같은 사례[145]를 생각해 보자: P는 Q로부터 代理權을 수여받았는데, 代理權의 내용은 제3자로부터의 금전차용 및 담보권 설정행위였다; Q는 P에게 담보권 설정에 필요한 등기권리증·인감증명서 등을 교부하였다; P는 이들 서류를 가지고 부동산에 대하여 자기 앞으로 所有權移轉登記를 한 다음, R로부터 금전을 차용하면서 담보로 이 부동산에 抵當權을 설정해 주고 금전을 유용하였다; Q는 R을 상대로 저당권의 말소를 청구하였다. 이에 대한 대법원의 판단은 이러한 것이었다: ① R이 P에게 금전을 대

143) 高翔龍, 앞의 책 "民法總則", 405면; 白泰昇, 앞의 책 "民法總則", 405면.

144) 金相容, 앞의 책 "民法總則", 472면; 李英俊, 앞의 책 "民法總則", 351면; 金曾漢·金學東, 앞의 책 "民法總則", 337면.

145) 이 사례는 대법원 판결의 사안이다(대법원 1981. 12. 22. 80다1475).

여하고 그 부동산에 담보권을 설정한 것은 P를 진실한 소유자로 믿고 한 것이지 P를 Q의 代理人이라고 믿고 한 것이 아니므로 表見代理에 관한 제126조가 적용될 수 없다; ② P가 자기 명의로 소유권이전등기를 함에 있어 Q가 이를 통정·용인하였거나 이를 알고도 방치(허위의 소유권이전등기라는 외관형성에 관여)하였다고 할 수 없으므로 제108조를 적용할 수도 없다; ③ 그러므로 R 명의의 저당권의 등기는 말소의 대상이 된다.

앞에서 언급한 일부 학설은 이와 같은 사례에 제108조 제2항을 유추적용함으로써 R을 보호할 필요가 있다고 한다. 그러나 이러한 해석은 다음과 같은 이유에서 수긍하기 어렵다: 이와 같은 사례에 대하여 제108조 제2항의 유추적용에 의하여 제3자의 신뢰를 보호하고자 한다면, 제3자의 신뢰가 문제되는 모든 경우에 제108조 제2항이 유추된다는 식의 극단적 결과가 초래될 수도 있을 것이다; 그런데 이러한 결과는 등기에 공신력을 인정하지 않는 우리 민법의 기본체계에 반하는 것이다. 또한 그러한 결과는 이익균형의 측면에서도 문제가 있다. 앞의 사례에 대하여 제108조 제2항의 유추적용에 따라 R이 보호된다고 하게 되면 P의 배임행위로 인한 모든 리스크(risk)를 Q가 부담하도록 하는 것이기 때문이다. 구체적인 법리적 근거를 마련하지 않은 채 신뢰보호의 측면만을 강조하는 것은 균형있는 해석론으로 보기 어렵다. 제108조 제2항은 신뢰보호를 위한 만능의 도구일 수 없다는 점에 유의할 필요가 있다.

사례연구: 通情虛僞表示

• 사안의 내용 X에게서 금전을 차용하여 소비한 A는 X로부터의 강제집행이 있을 것을 대비하여 자기소유의 α토지에 대하여 B와 짜고 허위로 매매계약을 체결함과 아울러 B 명의로 소유권이전등기를 완료하였다. B는 자신이 α토지에 대한 등기명의인으로 되어 있는 것을 기화로 α토지에 대한 사정을 모르는 C와 매매계약을 체결하고 C명의로 소유권이전등기를 해 주었다. A·B·C 사이의 법률관계는 어떠한가?

• 사안의 해결 A·B간에 체결된 매매계약에 있어서 A의 B에 대한 매도의 의사표시 부분에 결함이 있다. 즉 매도인 A의 의사표시는 의사와 표시가 일치하지 않는 것이며, 특히 이와 같은 불일치에 대하여 의사표시의 상대방인 B와의 사이에 합의가 있는 경우이다. A의 B에 대한 매도의 의사표시는 통정허위표시에 해당한다. 통정허위표시는 유효한 의사표시가 아니며 그와 같은 의사표시를 요소로 하여 성립한 가장행위는 무효이다(제108조 제1항). 그러므로 A·B간의 매매계약은 무효이다.

α토지는 B 명의로 등기되어 있기는 하나 이는 무효인 원인행위에 기한 등기로서 무효이

다. B 명의의 등기에도 불구하고 α토지의 소유자는 여전히 A이다. C는 처분권이 없는 B로부터 권리를 양수한 자이다. 권리변동의 일반원칙에 따른다면 소유자 A는 C에 대하여 자신이 소유자임을 주장할 수 있다고 보아야 한다. 그러나 C는 통정허위표시에 의하여 외형상 형성된 법률관계를 토대로 새로운 이해관계를 가지게 된 선의의 제3자이다. 이와 같은 범주에 있는 제3자에 대하여는 가장행위의 무효를 가지고 대항할 수 없다(제108조 제2항). 그러므로 A는 C에게 자신이 소유자임을 주장할 수 없으며, 따라서 C는 α토지에 대한 소유권자의 지위에 서게 된다.

B의 행위로 인하여 α토지에 대한 소유권을 상실하게 된 A는 그가 입은 손해에 대하여 B에게 손해배상청구권을 행사함으로써 청산하게 된다.

(3) 錯 誤

1) 概念設定

(가) 錯誤의 개념

445 意思表示의 錯誤는 그 개념에서부터 학설이 일치하지 않을 정도로 매우 복잡한 문제이다. 착오의 개념설정이 단순하지 않은 것은 대체로 다음과 같은 점에 기인하는 것이다. 첫째, 意思表示의 構成要素에 관하여, 效果意思의 본체를 內心的 效果意思로 보는가 아니면 表示上의 效果意思로 보는가 또는 表示意思를 의사표시의 독립적 구성요소로 볼 것인가[146] 여부에 따라 착오의 개념설정이 달라지게 된다. 둘째, 動機의 錯誤를 제109조에서 말하는 착오에 포함시킬 것인가 여부에 따라서도 착오의 개념설정에 차이가 있게 된다.

가) 종래의 학설상황

446 착오의 개념에 대한 종래 주요 학설의 내용을 정리하면 다음과 같다.

제1설은, 錯誤란 表示上의 效果意思와 內心的 效果意思(즉 眞意)가 불일치하는 경우로서 이러한 불일치를 알지 못하는 것이라고 한다.[147]

제2설은, 錯誤란 표의자가 意思表示에 이르는 過程 또는 意思表示 자체에 있어서 스스로 자각하지 못하면서 사실과 일치하지 않는 인식 또는 판

---

146) 表示意思를 어떻게 보는가에 따라 '表示上의 錯誤'의 위상이 달라진다는 설명에 대해서는 이 책 [387] 참조.

147) 黃迪仁, 앞의 책 "現代民法論 I (總則)", 176면; 金曾漢·金學東, 앞의 책 "民法總則", 339면; 金疇洙, 앞의 책 "民法總則", 368면; 金基善, 앞의 책 "韓國民法總則", 261면; 李銀榮, 앞의 책 "民法總則", 507면; 李太載, 앞의 책 "民法總則", 255면.

단을 하고 이에 의거하여 의사표시를 한 경우라고 한다.148)

제3설은, 錯誤란 眞意와 表示의 불일치이며 여기에서 진의라고 하는 것은 표의자가 진정으로 의도하였던 의사, 즉 착오가 없었더라면 표시하였을 것으로 판단되는 의사를 말한다고 한다.149)

제4설은, 錯誤란 眞意와 表示와의 불일치로서 표의자가 그러한 불일치를 알지 못하는 것이라고 한다.150)

나) 종래의 학설에 대한 비판

448 제1설은 效果意思의 본체를 表示上의 效果意思로 보는 입장을 전제로 한 것이다.151) 그러나 효과의사의 본체는 內心의 意思(즉 眞意)로 보아야 한다는 점152)에서 이 학설은 그 출발이 잘못되었다고 본다. 이와 같은 문제점 이외에도 이 학설은 그 자체로서 논리상 여러 가지 부당성을 내포하고 있다. 첫째, 內心的 效果意思(즉 眞意)는 의사표시의 구성요소가 아니라고 하면서 무슨 이유로 착오의 개념설정에 있어서는 眞意를 운운하는가 하는 것이다. 둘째, 이 견해에 따른다면 動機의 錯誤는 착오가 아니라고 보아야 한다. 왜냐하면 동기의 착오의 경우에는 표시상의 효과의사와 내심적 효과의사가 일치하는 경우이기 때문이다. 그런데 이 학설은 동기가 표시되고 상대방이 알고 있는 경우에는 법률행위 내용의 착오로 되어 취소사유로서의 착오가 될 수 있다고 한다. 그러나 동기가 표시되고 상대방이 이를 알고 있다는 사실로 인하여 동기가 언제나 법률행위의 내용으로 된다고 볼 수는 없을 것이다. 이는 극히 편의적인 설명에 불과할 뿐 논리성이 결여되어 있다. 動機의 錯誤를 착오의 범주에 포함시키기 위하여 스스로의 논리를 버리는 결과를 자초하고 있다.

제2설은 어떠한가? 이 견해는 動機의 錯誤를 제109조에서 말하는 錯誤의 범주에 포함시켜 관념하고자 하는 것을 주목적으로 하여 주장되는 것이다. 이 학설은 동기의 착오를 위하여 錯誤理論은 물론 法律行爲論의 전반적

148) 金容漢, 앞의 책 "民法總則論", 295면; 張庚鶴, 앞의 책 "民法總則", 483면; 高翔龍, 앞의 책 "民法總則", 423-425면.

149) 郭潤直, 앞의 책 "民法總則", 338-339면.

150) 白泰昇, 앞의 책 "民法總則", 410면.

151) 그러므로 효과의사의 본체를 표시상의 효과의사가 아닌 내심적 효과의사로 보면서도 착오의 개념을 이와 같이 보는 학설이 있다면 이는 자기모순이다.

152) 이에 대하여는 이 책 [385] 참조.

체계에 흠집을 낸다는 근본적 문제점을 안고 있다. 이 학설이 논리성을 유지하기 위해서는 일정한 의사표시를 하게 된 단순한 동기도 意思表示의 구성요소로 보아야 할 것이다. 그러나 단순한 동기는 의사표시의 구성요소로 볼 수 없으며 착오의 개념에 관하여 제2설을 취하는 학자조차 단순한 동기를 의사표시의 구성요소로 보지는 않는다. 그렇다면 제2설의 입장은 체계적 논리성을 구비하고 있지 못한 것으로 보아야 한다. 이와 같은 문제점 이외에도 제2설은 다른 측면에서도 부당성을 내포하고 있는데, 다음에서는 이 학설이 주장하는 논거를 비판하는 방향에서 논의를 전개하기로 한다. 첫째, 이 학설은, 실제에서 문제되는 착오의 대부분은 動機의 錯誤인데, 이를 착오에서 배제시키는 것은 착오제도를 사실상 부정하는 것과 다름이 없다고 한다. 그러나 이러한 논거는 '動機의 錯誤'와 '性狀의 錯誤'(또는 性質의 錯誤)를 구별하지 못한 데에 기인하는 것이다.[153] 둘째, 동기의 착오도 제109조의 착오로 보게 되면 거래안전을 해할 수 있다는 비판에 대하여 이 학설은, 거래의 안전을 해하는 것은 일반적인 의사표시의 착오의 경우에도 마찬가지이므로 유독 동기의 착오를 거래안전의 관점에서 문제삼을 필요는 없다고 한다. 거래안전의 측면에서만 본다면 그렇게 말할 수 있을지 모르나 동기의 착오를 의사표시의 착오와 동일한 위상으로 배치시키는 것은 최소한 제109조의 명문에 정면으로 배치된다. 왜냐하면 제109조는 '法律行爲의 內容'에 착오가 있는 때에 취소할 수 있는 것으로 규정하고 있기 때문이다. 셋째, 이 학설에 따르면 取消事由로서의 착오의 범위가 지나치게 확대되는 결과가 되는데, 이러한 부작용을 제어하기 위한 방법으로 이 학설은 착오를 이유로 한 취소의 요건으로서 '相對方의 認識可能性'을 요구한다.[154] 그러나 착오의 요건으로서 상대방의 인식가능성을 요구하는 것은 착오를 이유로 한 취소제도의 본질과 상치된다. 왜냐하면 착오제도는 表意者의 意思表示만을 고립적 대상으로 하는 것이지 상대방의 신뢰까지 고려하는 것은 아니기

153) 이 점에 대하여는 뒤에 자세히 보기로 한다(이 책 [448] 이하 참조).

154) 착오를 이유로 한 취소의 요건으로서 '상대방의 인식가능성'을 요구하는 또 하나의 이유는, 이 요건을 추가함으로써 표의자의 신뢰이익배상책임을 인정하고 있지 않은 우리 법제상의 결함을 보충할 수 있다고 주장한다. 그러나 이러한 주장도 수긍하기 어렵다. 신뢰이익배상 문제는 착오자의 취소권 인정 여부와는 별개의 문제인데, 차원이 다른 문제를 우회적 방법으로 해결하려 한다면 법의 체계성에 손상을 줄 수 있기 때문이다.

때문이다. 또한 착오라는 것이 항상 상대방 있는 법률행위의 경우에만 발생할 수 있는 것이 아니라는 점에서 이런 주장은 일반성이 결여되어 있다.

제3설은 어떠한가? 이 학설을 취하는 분도 效果意思의 본체에 관하여는 이를 表示上의 效果意思로 보고 있다. 그렇다면 착오의 개념설정에 있어서도 제1설과 같은 주장을 하여야 그나마 논리에 충실한 태도일 것이다. 그럼에도 불구하고 착오의 개념을 제1설과 달리 보는 것은 動機의 錯誤를 제109조의 착오에 포함시키기 위한 것이다. 따라서 이 학설은 동기의 착오를 제109조의 착오에 포함시키기 위하여 논리의 일관성을 버린 것이다. 이러한 비판을 염두에 둔 때문인지 이 학설은 착오의 개념에서 말하는 '眞意'란 "표의자가 진정으로 의도하였던 의사, 즉 착오가 없었더라면 표시하였을 것으로 판단되는 의사를 말한다"라고 설명하는 것 같다. 그러나 진의라는 것은 '실재하는 의사'의 의미로 사용되어야 할 용어이며, 또한 이 학설의 주장자 자신도 그의 교과서의 다른 부분에서는 진의라는 것을 '실재하는 의사'의 의미로 사용하고 있다. 논리성과 체계성의 측면에서 의미 있는 학설로 보기 어렵다.

제4설은 어떠한가? 이 학설은 效果意思의 본체를 眞意로 보는 것을 전제로 하는 입장이다.[155] 판례도 같은 입장인 것으로 보인다.[156] 이 학설은 의사표시의 구조를 왜곡한다든가 또는 법률행위론의 체계를 훼손하는 요소가 없다는 점에서는 타당성을 가진다. 그러나 이 학설은 빈도수가 상대적으로 많은 性狀의 錯誤를 포섭하기 어렵다는 문제가 있다. 뒤에서 보는 바와 같이 성상의 착오는 제109조의 착오로서 고려되어야 한다. 그런데 성상의 착오는 진의와 표시가 불일치하는 것이 아니라 법률행위의 내용에 대한 잘못된 인식이 문제되는 경우이기 때문이다. 제4설은 다양하게 전개될 수 있는 착오의 유형을 모두 포괄하기에 부족하다.

종래 학설에 대한 비판적 관점을 토대로 착오를 다음과 같이 정의하고자 한다: "錯誤란 意思와 表示의 不一致를 알지 못하고 意思表示를 하였거

155) 그러므로 효과의사의 본체를 내심적 효과의사가 아닌 표시상의 효과의사로 보면서도 착오의 개념을 이와 같이 보는 학설이 있다면 이는 자기모순이다.

156) 대법원 1967. 6. 27. 67다793: "착오라 함은 표시의 내용과 내심의 의사가 일치하지 아니함을 표의자 자신이 알지 못한 경우를 말한다." 그 밖에 대법원 1979. 3. 27. 78다2493; 대법원 1984. 10. 23. 83다카1187 참조.

나 또는 效果意思의 내용과 직접적으로 연계된 사실에 대한 잘못된 인식을 토대로 의사표시를 한 경우이다."157)

(나) 動機의 錯誤와 性狀의 錯誤의 개념

가) 動機의 錯誤와 性狀의 錯誤의 구별

448 動機란 어떤 의사결정이나 행위를 하게 된 원인을 말한다. 일반적으로 동기의 착오라 함은 일정한 효과의사를 결정하게 만든 사실을 실제와 달리 인식한 것을 말한다. 동기의 착오를 이와 같이 이해한다면 그 단계는 극히 다양하게 나타날 수 있다. 예컨대, 어떤 사람이 고가의 토지를 매수하였다고 생각해 보자. 이 때 다음과 같은 두 경우를 비교해 보자: ① 특정인에게 그 매수사실을 뽐내기 위하여 그리 한 것인데, 실제로는 매매계약 당시에 그 특정인은 이미 사망한 상태인 경우; ② 그 토지가 상가단지로 편입될 것으로 예상하여 토지 위에 상가를 건축할 목적으로 매수한 것인데, 실제로는 상가단지에 편입될 토지가 아니었던 경우. 사실의 차원에서 본다면, 뽐내고자 하는 것과 상가를 건축하고자 하는 것 모두 동기라고 할 수 있고, 또한 일정한 사실에 대하여 잘못된 인식을 가지고 있었으므로 착오가 있었다고 판단할 수 있다. 그러나 규범적 차원에서까지도 양자를 동일하게 취급하는 것은 무리가 있다. 왜냐하면 전자에 있어서는 계약 자체의 내용과 무관한 주위상황에 대한 잘못된 인식이 문제되고 있으나, 후자의 경우에는 법률행위의 내용을 이루는 계약의 목적물이 가지는 내재적 성상에 대한 잘못된 인식이 문제되고 있기 때문이다. 후자의 경우가 바로 '性狀의 錯誤'이다.

우리 학설도 오래 전부터 '성상의 착오'라는 개념을 사용하여 왔다. 다만 학설상 견해의 대립점은 성상의 착오를 동기의 착오의 범주에 포함시킬 것인가 하는 것이다. 性狀의 錯誤를 動機의 錯誤의 범주에 포함시킨다면 이는 동기의 착오의 한 종류로 될 것이며, 성상의 착오를 동기의 착오의 범주에 포함시키지 않는다면 이는 법률행위 내용의 착오로 관념되는 것이다. 성상의 착오를 동기의 착오가 아닌 법률행위 내용의 착오로 보게 되면 성상

157) 착오에 관한 이 정의 중에서 '효과의사의 내용과 직접적으로 연계된 사실에 대한 잘못된 인식을 토대로 의사표시를 한 경우'라는 표현부분은 성상의 착오를 일반적인 착오의 범주에 포함시키기 위함이다.

의 착오는 제109조에 의하여 당연히 포섭되는 착오로서의 위상을 가지게 된다. 종래의 통설은 성상의 착오를 동기의 착오에 해당하는 것으로 보는 것이었다.[158] 그러나 이 통설에는 찬성할 수 없는데, 그 이유는 다음과 같다. 性狀의 錯誤에서 문제되는 목적물의 성상에 대한 인식은, 의사표시의 구성요소로서의 효과의사를 결정하는 시점 이전에 존재한다는 측면에서 보면 단순한 動機와 공통된다. 그러나 性狀은 효과의사를 결정하는 動因에 그치지 않고 그 자체가 效果意思의 내용을 이룬다는 점에서 단순한 동기와 구별된다. 즉 단순한 動機와 달리 性狀은 법률행위의 내용으로 편입되는 것이다.

종래의 통설이 성상의 착오가 동기의 착오에 편입된다는 것을 전제로 착오에 대한 개념설정을 시도하다 보니, 앞에서 지적한 바와 같은 자기모순・비논리・의사표시에 대한 개념왜곡・법률행위론에 대한 체계훼손 등의 문제점을 야기하게 되었다고 생각된다. 이러한 문제점이 발생하게 되는 논리과정은 다음과 같이 설명될 수 있다: 錯誤의 대상은 법률행위의 구성요소로서의 意思表示이다; 그런데 단순한 동기는 의사표시의 구성요소로 볼 수 없다; 그럼에도 불구하고 의사표시의 구성요소가 아닌 단순한 動機와 의사표시의 구성요소가 되는 性狀을 모두 같은 차원의 동기로 포섭하였다; 그러므로 논리의 완결성을 기할 수 없다.

요컨대, 性狀의 錯誤는 단순한 동기의 착오와 구별하여야 한다. 후자와 달리, 전자는 효과의사의 내용에까지 연계됨으로써 의사표시의 내용을 구성하는 것으로 보아야 하기 때문이다.

나) 動機의 錯誤와 性狀의 錯誤에 대한 마무리

449 단순한 동기의 착오와 성상의 착오를 구별하지 않고 이를 모두 포괄적으로 동기의 착오로 관념하는 통설의 입장에서도 모든 동기의 착오를 취소사유로 인정하는 것은 아니다. 즉 동기의 착오를 포괄적으로 보는 통설의 입장에서도 동기의 착오가 취소사유로 인정되기 위한 일정한 조건을 제시하고 있다. 이 조건은 착오의 개념설정에 있어서 어떠한 입장을 취하는가에 따라 차이가 있는데, 다음에서는 착오의 개념설정에 관한 각 학설

158) 성상의 착오를 동기의 착오에 편입시켜 파악하는 통설의 입장은 착오의 개념설정에 관하여 앞에서 말한 어떤 입장을 취하는가 하는 것과 직접적인 관계는 없다.

이 주장하는 내용을 보기로 한다.

제1설과 제3설은 動機가 표시되고 상대방이 알고 있는 경우에는 법률행위 내용의 착오로 되어 取消事由로서의 錯誤가 될 수 있다고 한다. 제2설은 모든 착오의 경우에 대하여 '相對方의 認識可能性'을 요구하고 있으므로 동기의 착오의 경우에도 상대방의 인식가능성이 있어야 취소사유로서의 착오가 될 수 있다. 제4설은 動機가 법률행위 내용결정에 결정적인 動因을 이루는 경우에 한하여[159] 또는 性狀의 錯誤에 한하여[160] 취소사유로서의 착오가 될 수 있다고 하며, 이 경우라 하더라도 제109조의 적용이 아닌 유추적용[161]으로 본다. 한편, 판례는 표의자가 그 동기를 당해 의사표시의 내용으로 삼을 것을 상대방에게 표시하고 의사표시의 해석상 법률행위의 내용으로 되어 있어야 한다[162]고 보며, 이 때 동기가 법률행위의 내용으로 인정되면 충분하고 당사자들 사이에 별도로 그 동기를 의사표시의 내용으로 삼기로 하는 합의까지 이루어질 필요는 없다[163]고 한다.

결국, 동기의 착오가 취소사유로 인정되기 위한 일정한 조건에 관하여 제4설을 제외한 나머지 입장(제1설 · 제2설 · 제3설 · 판례)은 약간의 표현상의 차이가 있기는 하나 動機의 錯誤가 취소사유가 되기 위하여 상대방의 인식가능성을 요구하는 결과가 된다. 그러나 이러한 결과는 錯誤制度의 본질과는 거리가 있다. 착오제도는, 원칙적으로 당사자의 진정한 의사에 기하여 성립된 법률행위에 의하여만 구속력을 인정하겠다는 기본관념으로부터 출발하는 것으로, 문제로 된 하나의 의사표시만을 고립적 대상으로 하는 것이지 상대방의 신뢰까지 고려하는 것은 아니기 때문이다.[164] 한편, 동기의 착

159) 白泰昇, 앞의 책 "民法總則", 414면.

160) 李英俊, 앞의 책 "民法總則", 367면.

161) 유추적용으로 보는 것은 이 학설의 기본전제와의 관계에서 논리성을 유지하기 위한 것으로 보인다. 착오의 개념을 진의와 표시의 불일치로 보는 입장에서 볼 때 동기의 착오는 이를 단순히 진의와 표시의 불일치라고 말할 수 없으며, 또한 모든 동기의 착오를 의사표시의 내용으로 보지 않는 입장에서 의사표시의 착오에 관한 제109조를 적용하는 것이 논리적으로 무리가 있기 때문이다.

162) 대법원 1989. 1. 17. 87다카1271; 대법원 1995. 5. 23. 94다60318; 대법원 1996. 3. 26. 93다55487; 대법원 1999. 4. 23. 98다45546 등 참조.

163) 대법원 1989. 1. 17. 87다카1271; 대법원 1989. 12. 26. 88다카31507; 대법원 1995. 11. 21. 95다5516; 대법원 1996. 3. 26. 93다55487; 대법원 1998. 2. 10. 97다44737 등 참조.

164) 착오제도에 있어서 상대방의 이익에 대한 균형적 배려는, 착오가 법률행위의 중

오와 관련하여 대다수의 학설은 '相對方에 의하여 유발된 動機'를 특별히 취급하는 경향이 있다.[165] 즉 판례는 '상대방에 의하여 유발된 동기'에 대하여는 다른 경우와 달리 제109조에 의한 취소를 널리 인정한다는 것이다.[166] 그러나 판례의 태도를 그와 같이 평가할 수 있는가에 대하여는 의문이다. 종래 학설이 '상대방에 의하여 유발된 동기'로 들고 있는 사안들에 대하여는 다음과 같은 평가가 타당하다고 생각한다: 동기가 타방에 의하여 유발되어 일방이 의사표시를 하였다면 동기의 착오의 경우에 판례가 취하고 있는 "그 동기를 당해 의사표시의 내용으로 삼을 것을 상대방에게 표시하여 법률행위의 내용으로 되어 있어야 한다"라는 요건은 이미 충족된 것이다; 그러므로 法院으로서는 다음 단계의 요건(특히 重要部分의 錯誤)만을 문제로 본 것이다. 소위 '상대방에 의하여 유발된 동기'의 경우에는 동기가 상대방에 의하여 유발되었다는 사실에 의하여 이 동기가 자동적으로 법률행위의 내용이 되었기 때문에 다음의 요건사실 판단의 문제로 넘어간 것이지 '상대방에 의하여 유발된 동기'에 대하여 판례가 특별한 취급을 하고 있는 것은 아니라고 보아야 한다. 종래 학설이 '상대방에 의하여 유발된 동기'라고 하는 사안들은 모두 "그 동기를 당해 의사표시의 내용으로 삼을 것을 상대방에게 표시하여 법률행위의 내용으로 되어 있어야 한다"라는 원칙을 확인한 것에 불과하다는 점을 지적하고자 한다.

動機의 錯誤에 있어서 당해 動機가 效果意思의 결정에만 영향을 준 경우(즉 단순동기착오)와 이에서 그치지 않고 效果意思의 內容에까지 연계됨으로써 의사표시의 내용을 구성하는 경우(性狀의 錯誤)를 차별적으로 다루지 않고 이들을 모두 포괄적으로 동기의 착오로 보는 통설의 태도는 여러 가지 면에서 이론적 난점을 야기하게 된다. 이런 점을 고려해 본다면, 다음과 같은 해결방법이 타당하다고 생각한다: ① 動機의 錯誤를 포괄적으로 볼

요부분에 해당하여야 한다는 것 및 착오자에게 중과실이 없을 것이라는 요건 단계에서 행해지는 것이다.

165) 李英俊, 앞의 책 "民法總則", 365면; 高翔龍, 앞의 책 "民法總則", 436면; 金相容, 앞의 책 "民法總則", 483면.

166) 예컨대, 귀속재산이 아닌데도 공무원이 귀속재산이라고 하여 토지소유자가 토지를 국가에 증여한 경우(대법원 1978. 7. 11. 78다719), 공무원의 법령 오해로 인하여 토지소유자가 토지를 국가에 증여한 경우(대법원 1990. 7. 10. 90다카7460; 대법원 1991. 3. 27. 90다카27440; 대법원 1992. 2. 25. 91다38419) 등.

것이 아니라 포괄적인 의미에서의 동기의 착오로부터 성상의 착오를 분리해내야 한다; ② 性狀의 錯誤는 의사표시의 내용에 대한 착오이므로 동기의 표시 여부 또는 상대방의 인식가능성 여부와 무관하게 제109조의 적용대상이 된다고 보아야 한다; ③ 포괄적 의미의 동기의 착오로부터 性狀의 錯誤를 분리하고 난 나머지의 동기의 착오에 대하여는 당해 동기가 효과의사 형성에 극히 결정적인 動因이 된 경우에 한하여 민법 제2조 제1항을 매개로 한 제109조의 유추적용을 통하여 예외적으로 취소사유가 되어야 한다.[167] 이러한 입장에서 본다면, 성상의 착오는 이를 아예 처음부터 동기의 착오에서 배제하는 것이 어떨까 생각한다. 즉 '動機의 錯誤'라는 개념을 性狀의 錯誤를 포함하는 포괄적 의미로 사용하지 말고 성상의 착오를 제외한 '단순동기의 착오'의 의미로 사용할 것을 제안한다.

민법개정안은 현행 제109조 제2항을 제3항으로 돌리고 제109조 제2항을 신설하여 물건의 성상과 동기의 착오를 규율하고 있다. 개정안은 동기의 착오에 관한 종래 판례의 입장(동기의 착오에 있어서 그 표시 여부에 중점을 두는 입장)과 상당한 차이가 있다. 개정안은 큰 틀에 있어서 앞에서의 제안(즉 성상의 착오와 단순한 동기의 착오를 구별하는 입장)과 시각을 같이 하는 것으로 평가된다.

민 법 개 정 안	
현 행 규 정	개 정 안
제109조(착오로 인한 의사표시) ① (생략)	제109조(착오로 인한 의사표시) ① (현행과 같음)
〈신 설〉	② 당사자, 물건의 성질 그밖의 법률행위의 동기에 착오가 있는 경우에도 그 착오가 거래의 본질적인 사정에 관한 것인 때에는 제1항을 준용한다.
② 전항의 의사표시의 취소는 선의의 제3자에게 대항하지 못한다.	③ 제1항 및 제2항의 의사표시의 취소는 선의의 제3자에게 대항하지 못한다.

167) 포괄적 의미의 동기의 착오로부터 성상의 착오를 분리하고 난 나머지의 동기의 착오는 의사표시의 내용이 될 수 없다. 이와 같은 경우에 제109조를 직접 적용하는 것은 논리상 무리가 있으므로 제109조의 유추적용을 말하고 있는 것이다.

2) 錯誤를 이유로 한 取消의 要件

(가) 法律行爲의 內容에 관한 錯誤일 것

450 법률행위의 내용(목적)이란 당사자가 그 법률행위를 통하여 달성하고자 하는 법률효과이다. 착오를 이유로 법률행위를 취소하기 위해서는 착오가 법률행위의 내용에 관한 것이어야 한다. 그러므로 법률행위를 하게 된 동기에 관한 착오는 법률행위의 내용에 관한 착오가 아니어서 원칙적으로 취소사유가 되지 못함은 앞서 살핀 바와 같다.

(나) 重要部分에 관한 錯誤일 것

451 착오가 법률행위의 내용에 관한 것일 뿐만 아니라 중요부분에 관한 착오여야 한다. 의사표시의 착오가 법률행위의 내용의 중요부분에 관한 착오인가 여부는 그 각 행위에 관하여 주관적, 객관적 표준에 따라 구체적 사정에 따라 판단하여야 한다.[168] 중요부분의 판단에 있어서 통설과 판례[169]는 주관적·객관적 표준을 사용한다. 즉 표의자에게 착오가 없었더라면 그러한 의사표시를 하지 않았으리라고 판단되는 정도의 착오이어야 하며(주관적 표준), 동시에 일반인도 표의자의 입장이라면 그러한 의사표시를 하지 않았을 것이라고 판단되는 정도의 착오이어야 한다(객관적 표준).

(다) 表意者에게 重過失이 없을 것

452 착오가 표의자의 중대한 과실에 기인한 경우에는 법률행위의 내용의 중요부분에 착오가 있더라도 취소하지 못한다(제109조 제1항 단서). '중대한 과실'이라 함은 표의자의 직업, 행위의 종류, 목적 등에 비추어 보통 요구되는 주의를 현저히 결여한 것을 말한다.[170] 착오의 경우에 취소권을 인정하는 취지는 표의자의 진실된 의사를 보호하기 위한 것이다. 그런데 착오자에게 중대한 과실이 있는 경우까지 그를 보호한다는 것은 균형있는 해결책이 아닐 것이다.

(라) 表意者의 錯誤에 대한 相對方의 認識可能性(?)

453 착오를 이유로 법률행위를 취소하기 위한 요건으로서 표의자의

---

168) 대법원 1985. 4. 23. 84다카890 등 참조.

169) 대법원 1989. 1. 17. 87다카1271; 대법원 1996. 3. 26. 93다55487; 대법원 1999. 2. 23. 98다47924; 대법원 1999. 4. 23. 98다45546; 대법원 2003. 4. 11. 2002다70884 등 참조.

170) 대법원 1992. 11. 24. 92다25830·25847; 대법원 1996. 7. 26. 94다25964; 대법원 2000. 5. 12. 2000다12259 등 참조.

착오에 대한 상대방의 인식가능성이 요구되는가? 착오제도는 表意者의 意思表示만을 고립적 대상으로 하는 것이지 상대방의 신뢰까지 고려하는 것은 아니다. 앞에서 설명한 바와 같이,[171] 인식가능성을 요구하는 것은 착오를 이유로 한 취소제도의 본질과 상치된다.

◘ 사례연구: 錯 誤

● 사안의 내용 A는 α토지의 지상에 고층아파트의 건설이 가능한 것으로 알고 고층아파트 건설을 위하여 B로부터 α를 매수하기로 하는 계약을 체결하였다. 계약에 따라 A는 B에게 매매대금을 완납하였고 B는 A에게 등기와 점유를 이전하였다. 그러나 α토지는 군사기지 부근에 위치하는 관계로 보안상의 이유 등으로 인하여 매매계약체결 당시부터 그 지상에 고층아파트의 건축을 할 수 없는 부동산이었다. B 또한 계약체결 당시 α토지에 고층건물을 건축할 수 없다는 사정을 알지 못하였으나 A가 그 토지를 어떠한 목적으로 매수하고자 하는 것에 대하여는 계약과정에서 이미 이를 알고 있었다. A가 착오를 이유로 B에 대하여 취소의 의사표시를 한 경우 A의 행위의 적법성을 판단하라.

● 사안의 해결 A의 α토지에 대한 매수청약의 의사표시는 동기의 착오에 의한 것이다. 동기의 착오를 이유로 법률행위를 취소할 수 있기 위한 조건은 착오의 개념설정과 맞물려 다양한 학설상의 견해가 있으나 어느 학설에 의하든 사안에서 A의 동기의 착오는 취소사유가 되는 착오로 판단할 수 있다. 왜냐하면 착오자 A의 의사표시의 상대방인 B도 A의 매입동기를 알고 있었기 때문이다. 또한 판례의 입장에서 보더라도 A의 동기의 착오가 취소사유로 되는 데에 문제가 없다. 왜냐하면 A의 매입동기가 상대방에게 표시되어 법률행위의 내용으로 되어 있었기 때문이다. 한편, 성상의 착오를 단순한 동기의 착오로부터 분리하여 생각하는 학설에 따른다 하더라도 결과는 같다. A의 착오가 취소사유로서의 착오에 해당하기 위한 나머지 요건도 모두 충족되었다. 그러므로 A의 B에 대한 취소의 의사표시는 적법한 것이다.

3) 錯誤의 효과

(가) 當事者에 대한 효력

454 착오에 의한 의사표시를 요소로 하는 법률행위에 대하여 구민법은 이를 무효로 하였다. 그러나 현행법은 취소할 수 있는 법률행위[172]로 규정하였다(제109조 제1항). 취소 여부는 취소권자인 착오자의 자유로운 선택에 달려 있다. 취소가 있기 전에는 비록 착오에 의한 의사표시에 의한 법률행위라 하더라도 유효하고, 취소권을 행사하면 법률행위는 소급적으로 무효로 된다(제141조 본문).

171) 이에 대해서는 이 책 [447] 참조.

172) 취소의 대상이 의사표시인가 아니면 법률행위인가에 대해서는 이 책 [574] 참조.

(나) 제3자에 대한 효력

455 착오로 인한 법률행위의 취소는 선의의 제3자에게 대항하지 못한다(제109조 제2항). 이 규정의 취지는 통정허위표시에서 설명한 것과 같다.[173]

(다) 信賴利益에 대한 배상

456 착오제도가 표의자의 진의를 보호하기 위한 것이기는 하나, 그 법률행위가 유효하다고 믿고 거래를 한 상대방으로서는 법률행위가 취소됨에 따라 손해를 입는 수도 있다. 독일민법은 착오를 이유로 법률행위를 취소한 경우에 표의자는 상대방에게 신뢰이익의 배상책임을 부담시킨다(독일민법 제122조). 우리 민법은 이에 관하여 명문규정을 두고 있지 않다.

이 문제에 관한 학설의 입장은 다음과 같다: ① 제1설(계약체결상의 과실에 관한 제535조[174]를 유추적용함으로써 상대방에게 신뢰이익에 대한 배상을 인정하여야 한다[175]); ② 제2설(상대방에게 손해배상청구권을 줄 것인가 여부는 입법정책의 문제인데, 우리 민법에는 명문의 규정이 없으므로 손해배상청구권을 인정할 수 없다)[176]. 어떤 입장이 타당한가? 우선, 제2설은 채택하기 어렵다. 착오자의 상대방에게 손해배상청구권을 인정할 것인가 여부를 단순히 입법정책의 문제로 보는 것은 타당한 견해로 보기 어렵다. 착오제도가 관장하는 영역은 착오자로 하여금 법률행위의 구속력으로부터 벗어날 수 있도록 해주는 것까지이다. 그러므로 착오자가 법률행위를 취소함으로써 상대방이 손해를 입은 경우에 그 손해에 대한 배상 여부는 책임법의 영역에서 그 고유의 기준을 가지고 판단할 일이다. 특히 표의자의 착오가 경과실로 인한 것이라 하더라도 취소가 허용되는데, 이와 같이 과실로 인하여 상대방에게 손해를 가했다면 손해배상의 인정 여부를 논의할 필요가 충분하다. 그렇다면 제1설과 같이 제535조를 유추적용하여 해결하는 것이 타당할까? 제535조는 법률행위 무효의 상황이고 착오를 이유로 취소를 하게 되면 소급적으로 무효가 된다는 면에서 볼 때, 양자 사이에 유추적용을 위한 기본전제로서의 상황의

173) 이에 대해서는 이 책 [442] 참조.

174) 이에 대해서는 이 책 [414] 참조.

175) 郭潤直, 앞의 책 "民法總則", 420면; 白泰昇, 앞의 책 "民法總則", 427면 등.

176) 金曾漢·金學東, 앞의 책 "民法總則", 351면; 高翔龍, 앞의 책 "民法總則", 484면 등.

유사성이 존재한다. 이러한 면에서 제1설의 기본적인 태도에 대해서는 수긍이 간다. 그러나 제535조의 손해배상책임의 성질이 무엇인가에 대해서는 유의하여야 할 점이 있다. 그 성질을 계약책임으로 보는 입장도 있으나, 법률행위가 무효 또는 취소된 경우에 계약체결과 관련하여 일방이 타방에게 가한 손해에 대한 배상책임의 성질은 불법행위책임(제750조)으로 보는 것이 우리 민법의 체계에 맞다고 생각한다.[177] 판례도 같은 입장으로 보인다.[178] 한편, 경과실로 인하여 착오에 기한 의사표시를 한 자가 법률행위를 취소한 것에 대하여 그 상대방이 불법행위에 기한 손해배상을 청구한 사안에서 대법원은 다음과 같은 취지의 판시를 하였다[179]: 불법행위로 인한 손해배상책임이 성립하기 위해서는 가해자의 고의 또는 과실 이외에 행위의 위법성이 요구되는데, 민법 제109조에서 중과실이 없는 착오자의 착오를 이유로 한 법률행위의 취소를 허용하고 있는 이상 착오를 이유로 취소하는 행위는 위법성 요건이 충족되지 않아 불법행위책임이 성립하지 않는다. 이 판결의 태도에는 수긍하기 어려운 부분이 있다. 민법 제109조가 존재한다는 것과 불법행위의 성립요건으로서의 위법성은 상관이 없는 문제라고 생각되기 때문이다. 착오제도에서 문제되는 것은 법률행위의 구속력으로부터의 해방인데, 이것과 손해배상은 차원을 달리하는 사항이기 때문이다.

요컨대, 표의자가 착오를 이유로 법률행위를 취소한 경우에 표의자의 행위가 제750조의 불법행위를 구성하는가 여부에 따라 상대방에게 손해배상을 하여야 한다. 그리고 이 때의 손해배상의 범위는 신뢰손해(계약이 아무런 흠이 없이 유효하게 체결된다고 믿었던 것에 의하여 입은 손해)이다. 민법개정안은 이와 같은 취지의 규정을 신설하였다(민법개정안 제109조의 2).

177) 이 문제에 대해서는 명순구, 앞의 책 "민법학기초원리", 402-404면 참조.

178) 대법원 2001. 6. 15. 99다40418: "어느 일방이 교섭단계에서 계약이 확실하게 체결되리라는 정당한 기대 내지 신뢰를 부여하여 상대방이 그 신뢰에 따라 행동하였음에도 상당한 이유 없이 계약의 체결을 거부하여 손해를 입혔다면 이는 신의성실의 원칙에 비추어 볼 때 계약자유 원칙의 한계를 넘는 위법한 행위로서 불법행위를 구성한다고 할 것이다." 그 밖에 대법원 2003. 4. 11. 2001다53059; 대법원 2004. 5. 28. 2002다32301 등도 참조.

179) 대법원 1997. 8. 22. 97다13023 참조.

민 법 개 정 안	
현 행 규 정	개 정 안
〈신 설〉	제109조의2(취소자의 손해배상의무) ① 제109조에 의하여 의사표시를 취소한 자는 그 착오를 알 수 있었던 경우에는 상대방이 그 의사표시의 유효함을 믿었음으로 인하여 받은 손해를 배상하여야 한다. 그러나 그 배상액은 의사표시가 유효함으로 인하여 생길 이익액을 넘지 못한다. ② 제1항의 규정은 상대방이 표의자의 착오를 알았거나 알 수 있었을 경우에는 적용하지 아니한다.

4) 適用範圍

457 다음에서는 제109조의 적용범위를 살피고자 한다. 제109조가 적용되지 않는다는 것은, 착오에도 불구하고 법률행위가 완전하게 유효하다든가 또는 착오가 취소사유가 아닌 무효사유임을 의미한다.

첫째, 상대방 없는 단독행위에도 적용되는가? 이 경우에 제109조의 적용을 배제하여야 할 특별한 이유가 없다.[180]

둘째, 가족법상의 법률행위에는 원칙적으로 적용이 없는 것으로 보아야 한다.[181] 왜냐하면 제109조는 표의자와 상대방의 경제적 이익상태의 균형을 고려한 규정인데, 가족법상의 법률행위는 진실성과 비타산성을 기초로 하기 때문이다. 착오로 인한 의사표시를 요소로 하는 가족법상의 법률행위는 무효이다.

셋째, 소송행위에는 제109조의 적용이 없다. 즉 착오에도 불구하고 소송행위는 유효하다. 소송행위는 일반 사법상의 행위와는 달리 내심의 의사보다 그 표시를 기준으로 하여 그 효력 유무를 판정할 수밖에 없기 때문이

180) 대법원 1999. 7. 9. 98다9045 참조.

181) 이것이 통설이나 소수설로서 가족법상의 행위에도 제109조의 적용을 인정하는 견해도 있다(李銀榮, 앞의 책 "民法總則", 512면). 그러나 특히 다음과 같은 점에서 소수설은 찬성하기 어렵다: 취소할 수 있는 법률행위는 일단은 유효하고, 다만 취소권을 행사하면 소급적으로 무효가 되는 것인데, 이러한 상황은 가족법의 본질적 요소 중의 하나인 가족관계의 안정성과 거리가 멀다.

다.[182]

넷째, 거래의 신속과 안전이 요구되는 경우에 제109조의 적용이 없는 경우도 있다. 예컨대, 주식을 인수한 자는 주식회사의 설립 후에는 착오를 이유로 인수행위를 취소하지 못한다(상법 제320조).

다섯째, 법률행위의 본질적 특성으로 인하여 제109조가 되지 않는 경우도 있는데, 화해계약[183]이 그 예이다. 화해계약은 착오를 이유로 취소하지 못한다(제733조 본문). 그 이유는 이러하다: 화해계약은 당사자의 상호양보에 의하여 화해계약에서 정해진 내용이 사실과 다르다는 것을 용인하면서 양 당사자가 분쟁을 종료시키는 계약이다; 그런데 화해계약을 체결한 후에 분쟁사항이 사실과 다르다는 이유로 화해계약의 효력을 부정하게 되면 분쟁의 해결이라는 화해계약의 목적을 달성할 수 없다. 그러나 화해당사자의 자격 또는 화해의 목적인 분쟁 이외의 사항[184]에 착오가 있는 때에는 취소할 수 있다(제733조 단서).

5) 錯誤와 다른 제도의 관계

(가) 錯誤와 詐欺

458 표의자가 타인의 기망행위로 인하여 착오에 빠지고, 그 상태에서 의사표시를 하였다면 사기에 의한 의사표시가 문제된다. 기망행위로 인한 착오가 중요부분이라면 제109조에도 해당하게 된다. 이와 같은 경우라면 표의자는 자신의 선택에 좇아 착오를 이유로 취소하든가(제109조 제1항) 또는 사기를 이유로 취소(제110조 제1항)할 수 있다는 것이 통설이고 타당하다고 생각한다.

---

182) 대법원 1964. 9. 15. 64다92; 대법원 1997. 6. 27. 97다6124; 대법원 1997. 10. 24. 95다11740 등 참조.

183) 화해란 당사자가 서로 양보하여 그들 사이의 분쟁을 끝낼 것을 약정함으로써 성립하는 계약이다(제731조). 예를 들어 보자: A(매도인)와 B(매수인) 사이에 매매계약이 체결되었다; A가 B에게 100만원의 매매대금을 청구하자 B는 매매대금이 80만원이라고 주장하였다; A, B가 서로 10만원씩 양보하여 매매대금을 90만원으로 하기로 하고 분쟁을 끝내기로 하는 계약이 화해이다.

184) '화해의 목적인 분쟁 이외의 사항'이란 분쟁의 대상이 아니라 분쟁의 전제 또는 기초가 된 사항으로서 쌍방 당사자가 예정한 것이어서 상호 양보의 내용으로 되지 않고 다툼이 없는 사실로 양해된 사항을 말한다(대법원 1995. 12. 12. 94다22453).

(나) 錯誤와 擔保責任

459 담보책임이란 매매계약과 같은 유상계약에 있어서 양 급부간의 경제적 등가성을 유지시켜 주기 위하여 채무불이행책임과 따로 특별히 인정된 제도이다. 채무불이행책임은 과실책임이어서 귀책사유가 요구되지만 담보책임은 무과실책임이라는 점에서 큰 차이가 있다. 다음과 같은 예를 들어 보자: A(매도인)와 B(매수인) 사이에 진돗개에 대한 매매계약을 체결하였다; 그런데 B가 진돗개를 인도받은 후 며칠이 지나지 않아 진돗개가 죽었다; 그 죽음은 매매계약 체결 전부터 걸려있던 치명적인 병으로 인한 것으로 밝혀졌다; 계약체결시에는 A·B 누구도 개가 병든 사실을 알지 못했다. 이 경우에 매수인 B는 A에게 담보책임을 물어 계약을 해제할 수 있다(제580조). A는 자기에게 고의 또는 과실이 없다는 사실을 들어 책임으로부터 벗어날 수 없다. 한편, 이 사례에서 매매계약을 체결하기 위하여 B가 A에게 행한 의사표시는 매매목적물에 대한 착오에 의한 의사표시로 볼 수 있다. 그렇다면 B로서는 담보책임과 착오를 모두 주장할 수 있겠는가? 이에 관하여 학설이 대립한다.

제1설[185]은 매매계약에 있어서는 담보책임에 관한 규정이 특별규정이라는 이유를 들어 담보책임이 우선적으로 적용되는 것으로 해석한다. 제2설[186]은 양자는 그 요건과 효과가 다르다는 이유를 들어 경합적으로 인정된다고 해석한다. 단순히 실체법의 영역에서만 본다면 제1설을 주장할 여지가 있다. 그러나 절차법의 영역까지 포함하여 생각한다면 제1설은 설득력이 없다. 가령 B가 착오를 이유로 매매계약을 취소하였는데, 그 취소권 행사의 적법성과 관련하여 소송이 벌어졌다고 해보자. 제1설의 논리대로 한다면 B로서는 담보책임을 주장했어야지 착오를 이유로 법률행위를 취소할 수는 없다고 보아야 하는데, 법원은 그런 이유를 들어 B에게 패소판결을 하여야 하는가? 그런데 이러한 결과는 민사소송법상의 대원칙인 변론주의[187]에 반

185) 高翔龍, 앞의 책 "民法總則", 438면; 金容漢, 앞의 책 "民法總則", 302면; 白泰昇, 앞의 책 "民法總則", 429면; 李英俊, 앞의 책 "民法總則", 369면; 宋德洙, 앞의 책 "民法講義 (上)", 176면 등 참조.

186) 金相容, 앞의 책 "民法總則", 504면; 李銀榮, 앞의 책 "民法總則", 526면; 金疇洙, 앞의 책 "民法總則", 383면 등 참조.

187) 辯論主義란 재판의 기초가 되는 소송자료의 수집을 당사자의 책임으로 하는 민

하는 것이다.

요컨대, 착오와 담보책임은 경합적으로 인정하여야 한다. 판례도 같은 취지로 이해된다. 비록 착오와 담보책임의 관계에 관한 것이 아니고 착오와 해제에 관한 사안이기는 하나 대법원은 다음과 같이 판시하였다: "매도인이 매수인의 중도금 지급채무불이행을 이유로 매매계약을 적법하게 해제한 후라도 매수인으로서는 상대방이 한 계약해제의 효과로서 발생하는 손해배상책임을 지거나 매매계약에 따른 계약금의 반환을 받을 수 없는 불이익을 면하기 위하여 착오를 이유로 한 취소권을 행사하여 위 매매계약 전체를 무효로 돌리게 할 수 있다."[188]

◈ 보충설명: 共通의 錯誤 또는 雙方錯誤

다음과 같은 사례를 보자[189]: X(매도인)과 Y(매수인) 사이에 부동산매매계약을 체결하면서 이 매매로 인하여 X에게 부과될 양도소득세 등 모든 세금을 Y가 부담하기로 하는 문제에 관하여 협상을 하였고, 세무전문가에게 알아보니 세금액이 5억원이라 하여 세금을 모두 Y가 부담하기로 약정하였다; 그런데 실제로 과세관청으로부터 X에게 통지된 세액은 원래 예상한 5억원을 4억원이나 초과한 9억원이었다; X는 Y에 대하여 추가세액 4억원을 부담할 것을 요구하였으나 Y는 원래의 약정액인 5억원 이외에는 추가로 부담할 수 없다고 하였다; 이에 X는 착오를 이유로 계약을 취소하는 소송을 제기하였다.

법률행위의 당사자 쌍방이 공통적으로 착오에 빠져 법률행위를 한 경우에도 제109조를 적용할 수 있을 것인가? 쌍방착오에 대하여 제109조의 적용 여부를 논의하는 배경은 다음과 같다; 첫째, 제109조는 일방의 착오를 전제로 한 규정이라는 점이다; 둘째, 쌍방착오와 같은 경우에는 취소를 하여 법률행위를 실효시킬 것이 아니라 계약내용을 당사자의 의사에 맞게 수정하여 유지하는 것이 바람직하다는 점이다. 어쨌든 대법원은 제109조를 적용하였다. 대법원의 판시내용은 다음과 같다: ① 원고(X)와 피고(Y) 쌍방은 매매계약 체결시에 약정한 세액 이상의 추가부담은 없을 것이라는 錯誤에 빠졌다; ② 원고 X가 錯誤에 빠졌다 하더라도 피고 Y가, 원고 X가 부담해야 할 세액이 약정금액을 초과할 것이라는 사실을 알았더라면 그 초과금액까지도 부담하였을 것이라고 인정되는 경우였다면 원고 X는 착오를 이유로 매매계약을 취소할 수 없었을 것이다; ③ 그러나 제반사정에 비추어 볼 때 피고에게 그러한 의사가 있었다고 해석할 수 없다; ④ 그러므로 X는 착오를 이유로 매매계약을 취소할 수 있다.

쌍방착오의 문제에 대하여 학설은 대립한다. 제1설[190]은, 보충적 해석에 의하여 해결하려

사소송법상의 원칙을 말한다. 법원이 적극적인 입장에서 스스로 소송자료를 수집하는 職權探知主義와 대립되는 개념이다. 변론주의에 따라 '주요사실'(主要事實: 이는 법률효과를 규정하는 법규의 구성요건에 해당하는 사실을 말한다)이 당사자의 주장에 나타나지 않는 한 법원으로서는 주요사실을 스스로 탐지하여 판결의 기초로 할 수 없다.

188) 대법원 1991. 8. 27. 91다11308; 대법원 1996. 12. 6. 95다24982·24999 참조.

189) 이는 대법원의 판결(대법원 1994. 6. 10. 93다24810)을 간략하게 재구성한 것이다.

190) 李英俊, 앞의 책 "民法總則", 404면.

는 입장이다. 즉 착오가 없었더라면 당사자가 의욕하였을 것을 탐색한 결과, 양당사자의 의사의 일치 여부에 따라 일치하면 그 내용에 맞추어 계약내용을 수정하여 계약의 효력을 유지시키고, 일치하지 않으면 계약의 불성립으로 보자는 것이다. 제2설[191]은 주관적 행위기초론[192]에 의하여 해결하려는 입장이다. 즉 만약 주관적 행위기초의 상실에 해당하는 사정이 없었더라면 당사자가 합의하였을 내용으로 계약내용을 수정하여 계약의 효력을 유지시키고, 계약의 수정이 당사자 일방에게 불리한 때에는 그에게 해제·해지권을 인정하자는 것이다.

어떤 학설에 의하든 방법론적으로나(왜냐하면 양 학설 모두 가정적 의사를 탐구하기 때문) 결과론에 있어서(왜냐하면 양 학설 모두 계약의 수정 또는 해소를 인정하기 때문) 큰 차이는 없다. 다만, 법이론은 가능하면 간명해야 한다는 점 및 법률행위에 관한 분쟁에 있어서는 법률행위의 해석이 선행되어야 한다는 점에서 볼 때 제1설의 입장이 우리에게 보다 적합하다고 생각한다. 위 판결에서 대법원도 형식적으로는 제109조를 적용하였으나 그 실제를 들여다보면(특히 위의 판시부분 중 ②와 ③) 학설의 입장과 크게 다르지 않다고 평가된다.

3. 瑕疵있는 意思表示: 詐欺·强迫에 의한 意思表示

(1) 瑕疵 있는 意思表示의 의미

460 법률행위 영역에서 통용되는 사적자치의 원칙은 당사자의 자율적인 의사에 법적 효력을 부여한다는 것을 내용으로 한다. 따라서 당사자의 자율적인 의사에 기초하지 않은 의사표시에 의하여 형성된 법률행위는 정상적인 효력을 발생시키는 법률행위로 볼 수 없다. '하자 있는 의사표시'란 의사표시가 표의자의 자유로운 의사결정에 의하여 이루어지지 못하고 타인의 위법한 간섭에 의하여 이루어진 경우를 말한다. 민법은 이를 '詐欺·强迫에 의한 意思表示'로 규율하고 있다(제110조).

詐欺에 의한 의사표시란 表意者가 타인(상대방 또는 제3자)의 欺罔行爲로 인하여 착오에 빠지고 그러한 상태에서 행해진 의사표시를 말한다. 이와 같

191) 金曾漢·金學東, 앞의 책 "民法總則", 344면; 金相容, 앞의 책 "民法總則", 505면; 宋德洙, 앞의 책 "民法講義 [上]", 177면.

192) '주관적 행위기초'라 함은 행위기초의 분류와 관련하여 독일의 Karl Larenz 교수가 채택한 개념이다(행위기초론의 기초적 개념에 대해서는 이 책 [56] 참조). 그는 행위기초를 주관적 행위기초(subjektive Geschaftsgrundlage)와 객관적 행위기초(objektive Geschaftsgrundlage)로 분류하였다. 주관적 행위기초란 당사자가 계약을 체결함에 있어서 기초를 형성한 공통의 관념 또는 기대이고, 객관적 행위기초란 당사자들의 인식과 상관없이 계약체결의 전제가 된 외부적 사정으로서 그 사정의 존재나 계속이 계약의 당연한 전제로 되어 있는 것이라고 한다. 주관적 행위기초의 상실의 사례로서는 주식매매에 있어서 양당사자가 다 같이 신문에 잘못 보도된 주식시세표를 보고 주식거래를 한 경우(소위 'Borsenkursfall') 등을 든다. 객관적 행위기초의 상실의 사례로서는 화폐가치의 폭락 등을 든다.

이 사기에 의한 의사표시는 표의자의 착오가 타인의 기망행위에 의하여 야기되었다는 점에 특질이 있다. 한편, 강박에 의한 의사표시란 표의자가 타인(상대방 또는 제3자)의 强迫行爲에 의하여 공포심에서 행한 의사표시를 말한다. 사기에 의한 의사표시와 강박에 의한 의사표시 사이에 이와 같은 차이가 있음에도 불구하고 민법은 양자를 같은 차원으로 놓고 규율하고 있는데, 이러한 규율태도는 무엇을 근거로 한 것인가? 그 이유는 이러하다: 錯誤(제109조)·非眞意表示(제107조)·通情虛僞表示(제108조)에서는 의사와 표시의 불일치 자체가 문제되는 것임에 반하여, 詐欺에 의한 의사표시와 强迫에 의한 의사표시에서는 표의자의 意思形成過程에 하자가 있다는 점이 문제되기 때문이다. 즉 표의자의 자율적인 결정에 기한 의사표시가 아니라는 점에 있어서 사기에 의한 의사표시와 강박에 의한 의사표시는 공통점을 가진다.

사기·강박에 의한 의사표시를 요소로 하는 법률행위는 取消할 수 있는 法律行爲이다(제110조 제1항). 즉 일단은 유효하나 取消權者가 取消權을 행사하게 되면 처음부터 無效인 법률행위로 된다(제141조 본문). 사기·강박은 형사상으로 사기죄·공갈죄(또는 협박죄)를 구성하여 사기자·강박자에게 刑事責任이 부과될 수 있다. 또한 사기·강박이 제750조의 불법행위의 요건(① 손해의 발생, ② 가해행위의 위법성, ③ 가해행위자의 귀책사유, ④ 가해행위와 손해발생 사이의 인과관계)을 충족하게 되면 사기·강박의 피해자는 損害賠償請求權을 행사하여 손해를 塡補받을 수도 있다. 그런데 제110조에서 규율하는 것은 사기·강박으로 인한 의사표시의 유효성 자체에 관한 것으로, 어떠한 의사표시가 사기·강박으로 인한 의사표시로 판명되는 경우에 그와 같은 의사표시를 구성요소로 하여 성립되는 법률행위의 효력이 문제되는 것이다.

(2) 瑕疵 있는 意思表示의 요건

1) 詐欺에 의한 意思表示의 경우

461 첫째, 위법한 欺罔行爲가 있어야 한다. 기망행위란 표의자로 하여금 실제와 다른 관념을 야기하게 하거나 또는 이미 실제와 다른 관념을 가지고 있는 표의자의 잘못된 관념을 강화시키는 행위를 말한다.

둘째, 詐欺者의 故意가 있어야 한다. 여기에서 요구되는 고의는 2단계의 고의이다. 즉 기망행위에 의하여 상대방을 착오에 빠지게 하려는 데에 대한 故意와 이 착오에 기하여 일정한 의사표시를 하게 하려는 데에 대한 故意가 있어야 한다. 이와 같은 2단계의 고의가 있는 것으로 충분하며 사기자가 '재산적 이익을 취득하기 위하여'라는 부분에 대한 고의는 필요하지 않다. 왜냐하면 사기에 의한 의사표시를 취소할 수 있도록 한 것은 표의자의 의사의 자율성을 보호하기 위한 것이기 때문이다.

셋째, 因果關係가 존재하여야 한다. 欺罔行爲에 의하여 착오를 일으켰고 이 착오에 의하여 의사표시를 했어야 한다는 것이다. 즉 欺罔行爲·錯誤·意思表示 사이에 인과관계가 있어야 한다.

2) 强迫에 의한 意思表示의 경우

462 첫째, 위법한 强迫行爲가 있어야 한다. 강박행위란 상대방에게 해가 되는 일이 있을 것임을 고지하여 그로 하여금 공포심을 가지게 하는 행위를 말한다. 공포심을 생기게 하면 그것으로 족하고 공포심을 일으키게 하는 방법에는 제한이 없다. 강박의 정도에는 여러 단계가 있을 수 있다. 제110조에서 말하는 취소사유로서의 강박행위는 당해 강박으로 인하여 표의자의 자율적 의사가 제한된 경우를 말하는 것이지 자율적 의사가 완전히 박탈된 경우를 가리키는 것이 아니다. 만일 타인의 강박행위로 인하여 표의자의 자율적 의사가 완전히 결여된 상태에서 행한 의사표시라면, 이는 取消事由가 아니라 無效事由로 보아야 한다.[193)]

둘째, 强迫者의 故意가 있어야 한다. 즉 강박행위에 의하여 상대방을 공포에 빠지게 하려는 데에 대한 故意와 이 공포심에 기하여 일정한 의사표시를 하게 하려는 데에 대한 故意가 있어야 한다. 이와 같은 2단계의 고의가 있는 것으로 충분하며 강박자의 '재산적 이익을 취득하기 위하여'라는 부분에 대한 고의는 필요하지 않다는 점은 사기에 의한 의사표시에 있어서와 같다.

셋째, 因果關係가 존재하여야 한다. 즉 强迫行爲·恐怖感·意思表示 사이에 인과관계가 있어야 한다.

---

193) 대법원 1974. 2. 26. 73다1143; 대법원 1984. 12. 11. 84다카1402; 대법원 1992. 11. 27. 92다7719; 대법원 1996. 10. 11. 95다1460 등 참조.

(3) 瑕疵 있는 意思表示의 효과

1) 相對方의 詐欺·强迫의 경우

463 하자 있는 의사표시를 한 表意者는 그와 같은 의사표시를 요소로 하는 법률행위를 取消할 수 있다(제110조 제1항). 사기에 의한 의사표시에 있어서 사기의 상대방이 착오를 일으킨 것이 法律行爲의 重要部分이 아니라 하더라도 일반적인 착오의 경우(제109조)와 달리 취소할 수 있다. 만일 제109조와 제110조의 요건을 모두 구비하였다면 表意者로서는 取消權의 근거를 제109조 또는 제110조 중에서 자유로이 선택할 수 있다.

하자 있는 의사표시로 인한 법률행위는 取消할 수 있는 法律行爲이다. 그러므로 취소권을 행사하게 되면 법률행위는 소급적으로 無效가 된다(제141조 본문). 그러나 取消權者가 법률행위를 취소하지 않는 한 유효한 법률행위로 남게 된다. 사기·강박이 형사상 범죄를 구성한다고 하더라도 취소권을 행사하지 않는 한 私法的으로는 유효한 법률행위이다.

2) 제3자의 詐欺·强迫의 경우

464 詐欺·强迫은 법률행위의 상대방에 의한 것일 수도 있으나 상대방이 아닌 제3자의 행위에 의한 것일 수도 있다. 제3자의 사기·강박에 의하여 하자 있는 의사표시를 한 경우도 표의자의 의사결정의 자율성이 침해되었다는 점에서는 상대방에 의한 사기·강박의 경우와 차이가 없다. 이러한 측면에서 보면 제3자의 사기·강박의 경우에도 상대방의 사기·강박에서와 마찬가지로 취소할 수 있는 법률행위로 처리하여야 할 것이다. 그러나 이와 같은 경우에 무조건 취소권을 인정하게 되면 제3자의 사기·강박에 전혀 관여하지 않은 상대방에게는 너무 가혹한 결과가 된다. 여기에서 표의자의 의사결정의 자유와 상대방의 신뢰를 균형 있게 조정하여야 할 필요성이 대두된다.

이와 같은 이유에서 민법은 제110조 제2항에서 제3자의 사기·강박에 의한 의사표시의 효력을 규율하고 있다. 상대방 있는 의사표시에 있어서 제3자가 사기·강박을 행한 때에는, 법률행위의 상대방이 그 사실을 알았거나 알 수 있는 경우에 한하여 법률행위를 취소할 수 있다(제110조 제2항). 이 규정은 상대방 있는 법률행위(예: 계약, 상대방 있는 단독행위)에서만 타당한 것이다. 그러므로 상대방 없는 단독행위에 있어서 제3자의 사기·강박으로 인하여 하자 있는 의사표시를 하였다면, 당해 단독행위의 효과의 귀속자의 그 사실에 대한 인식 여부를 불문하고 취소할 수 있다.

제110조 제2항의 제3자의 범위를 구체적으로 어떻게 설정할 것인가 하는 것이 문제될 수 있다. 일반적으로 제3자란 법률관계에 있어서 그 법률관계에 직접 참여한 當事者 및 법적으로 그와 동일시할 수 있는 者 이외의 者라고 말할 수 있다. 그러나 제3자의 개념을 획일적으로 정할 수는 없다. 즉 구체적 법률규정에서 '제3자'라고 할 때에는 당해 규범의 입법취지를 고려하여 그 범위를 판단할 필요가 있다. 제110조 제2항의 제3자의 범위에 관하여 판례는 다음과 같은 이론을 제시하고 있다: "상대방 있는 의사표시에 관하여 제3자가 사기나 강박을 한 경우에는 상대방이 그 사실을 알았거나 알 수 있었을 경우에 한하여 그 의사표시를 취소할 수 있으나, 相對方의 代理人 등 상대방과 동일시할 수 있는 자의 사기나 강박은 제3자의 사기·강박에 해당하지 아니한다."[194] 즉 대리인 등과 같이 상대방과 동일시할 수 있는 자는 제110조 제2항의 제3자가 아니므로, 상대방이 그와 같은 자의 사기·강박행위에 대하여 선의·무과실이라 하더라도 하자 있는 의사표시를 한 자는 법률행위를 취소할 수 있다는 것이다.

판례는, 상대방과 동일시할 수 있는 자[195]의 사기·강박에 대하여는 제110조 제2항이 아니라 제1항이 적용되는 것으로 보아 제110조 제2항의 적용범위를 축소함으로써 사기·강박의 피해자의 의사결정의 자유를 보다 넓게 보호하고자 하는 취지로 해석할 수 있다. 판례이론의 기본취지는 수긍이 간다. 그러나 代理人을 '상대방과 동일시 할 수 있는 자'의 범주에 포함시켜 이해하는 태도에 대하여는 의문의 여지가 있다. 그 이유는 다음과 같다: 代理人에 의한 법률행위에 있어서 그 법률효과의 귀속주체는 本人이지만 代理行爲의 當事者는 代理人이다; 이와 같은 취지에서 代理行爲의 의사표시의 결함은 代理人을 표준으로 하는 것이다(제116조 제1항); 그러므로 代理人

194) 대법원 1999. 2. 23. 98다60828·60835 참조.

195) 판례에 따르면, 상대방의 피용자이거나 상대방이 사용자책임을 져야 할 관계에 있는 피용자에 지나지 않는 자는 상대방과 동일시할 수는 없어 이 규정에서 말하는 제3자에 해당한다고 판시한다(대법원 1998. 1. 23. 96다41496).

의 경우에는 처음부터 제110조 제2항과 아무 관련이 없는 것으로 보아야 한다. 물론 어떻게 보든 결과는 마찬가지이다. 그러나 판례의 태도에는 법리적 엄격성이 부족하다는 생각이 드는 것이다.

3) 去來安全의 보호

465 사기·강박을 이유로 한 法律行爲의 取消는 선의의 제3자에게 대항하지 못한다(제110조 제3항). 이 규정은 제107조 제2항, 제108조 제2항, 제109조 제2항과 같은 취지의 규범으로 이해하면 된다. 즉 제110조 제3항의 제3자란 사기·강박에 의한 의사표시에 의하여 형성된 법률행위에 기초하여 새로운 법률관계를 가지게 된 자를 의미한다.

사기·강박의 피해자가 취소의 의사표시를 하기 전에 새로운 이해관계를 가지게 된 자가 제110조 제3항의 제3자에 해당한다는 점은 의문의 여지가 없다. 그렇다면 취소의 의사표시가 있은 후에 이해관계를 가지게 된 자는 이 규정의 보호대상에서 제외되는 것인가? 하나의 예를 들어 보자: P는 Q의 강박에 의하여 자기 소유 부동산에 대하여 매매계약을 체결하고 이를 원인으로 Q에게 소유권이전등기를 해 주었다; P는 강박을 이유로 이 매매계약을 취소하였으나 Q명의의 등기를 말소하지 않은 상태에서 Q는 R에게 부동산을 매도하고 R명의의 등기를 완료하였다. 이 사례에서 R은 취소의 의사표시가 있은 후에 이해관계를 가지게 된 자이기는 하다. 그러나 법률행위의 취소는 상대방에 대한 단순한 의사표시에 의한다는 점에서 제3자가 용이하게 알 수 없는 일이다. 이런 점을 감안한다면, 취소 후라 하더라도 취소사실을 알지 못하고 법률관계를 형성하였다면 제110조 제3항의 제3자에 포함시키는 것이 거래안전을 보호하고자 하는 이 규정의 취지에 부합하는 해석일 것이다.[196] 판례도 같은 입장을 취하고 있다.[197] 즉 취소의 의사표시 이후라 하더라도 취소사실에 대하여 선의인 때에는 제110조 제3항에

196) 李英俊, 앞의 책 "民法總則", 415면; 金相容, 앞의 책 "民法總則", 512면.

197) 대법원 1975. 12. 23. 75다533: "사기에 의한 법률행위의 의사표시를 취소하면 취소의 소급효로 인하여 그 행위의 시초부터 무효인 것으로 되는 것이요 취소한 때에 비로소 무효로 되는 것이 아니므로 취소를 주장하는 자와 양립되지 아니하는 법률관계를 가졌던 것이 취소 이전에 있었던가 이후에 있었던가는 가릴 필요 없이 사기에 의한 의사표시 및 그 취소사실을 몰랐던 모든 제3자에 대하여는 그 의사표시의 취소를 대항하지 못한다고 보아야 할 것이고 이는 거래안전의 보호를 목적으로 하는 민법 제110조 제3항의 취지에도 합당한 해석이 된다."

의하여 보호된다.

제110조 제3항의 '제3자'의 범위에 관한 위의 해석론은 법률행위가 처음부터 무효가 아니라 일단은 유효한 법률행위가 일정한 계기(즉 취소의 의사표시)에 의하여 소급적으로 무효가 되는 경우에 나타나게 된다. 그러므로 이 해석론은 착오를 이유로 한 법률행위의 취소에 관한 제109조 제2항의 해석에 있어서도 마찬가지로 보아야 한다. 이와 같은 맥락에서 볼 때, 이 해석론은 취소의 경우뿐만 아니라 일단은 유효한 법률행위가 당사자 일방의 의사표시에 의하여 소급적으로 실효되는 다른 법률관계에도 적용되는 것으로 보아야 할 것인데, 그 대표적인 예로 계약해제의 효과에 관한 제548조 제1항 단서에서 말하는 제3자를 들 수 있다.[198)]

◘ 사례연구: 强拍에 의한 意思表示

● **사안의 내용** 전원주택 건축을 위한 토지를 물색하고 있던 A는 부동산 시세에 밝고 거래수완이 뛰어난 B에게 토지매수를 위한 대리권을 수여하였다. 토지를 물색하던 B는 전원주택을 신축하기에 매우 적합한 α토지를 발견하였다. B는 여러 차례에 걸쳐 α토지의 소유자 C를 찾아가 α토지를 매도할 것을 요청하였으나 C는 그 토지를 매도할 생각이 전혀 없다는 말만 되풀이할 뿐이었다. 오기가 발동한 B는 C에 대한 뒷조사를 하게 되었고 그 과정에서 C가 상습적인 필로폰 복용자임을 알게 되었다. B는 C를 찾아가 만일 α토지를 양도하지 않으면 C를 고발한다고 협박하였고, 이에 B는 A의 대리인의 자격에서 C와 매매계약을 체결하게 되었다. 그간의 사정을 전혀 알고 있지 못한 A는 매매대금을 지급하고 자신의 명의로 α토지에 대하여 소유권이전등기를 하였다. α토지에 대한 매매계약의 유효성을 판단하라.

● **사안의 해결** B는 A의 代理人의 자격으로 C와 대리행위를 하였다. 대리인에 의한 법률행위에 있어서 그 법률행위의 효과의 귀속점은 本人이다. 그러나 대리행위의 당사자는 本人이 아닌 代理人이다. 대리행위에 있어서 의사표시의 하자 여부는 代理人을 표준으로 한다(제116조 제1항). 그러므로 B의 강박행위 사실에 대하여 A가 이를 전혀 몰랐다 하더라도 이는 사안의 법률관계에 어떤 영향도 미치지 못한다. 제3자의 사기·강박에 관한 제110조 제2항의 해석과 관련한 판례이론에 따른다 하더라도 결과는 마찬가지이다. 판례는, 상대방의 대리인 등 상대방과 동일시할 수 있는 자의 사기나 강박은 제3자의 사기·강박에 해당하지 않는 것으로 보기 때문이다.

C는 대리인 B의 강박에 의하여 의사표시를 하였다. B의 강박이 C의 의사의 자율성을 완전히 상실하도록 하였다면 무효사유에 해당할 것이나, 사안에서 B의 강박은 그 정도는 아니라고 판단된다. 그러므로 B의 强迫은 取消事由에 해당한다. 그러므로 강박의 피해자 C는 문

---

198) 대법원 1985. 4. 9. 84다카130·131: "계약당사자의 일방이 계약을 해제하였을 때에는 계약은 소급하여 소멸하여 해약당사자는 각 원상회복의 의무를 지게 되나 이 경우 계약해제로 인한 원상회복등기 등이 이루어지기 이전에 계약의 해제를 주장하는 자와 양립되지 아니하는 법률관계를 가지게 되었고 계약해제 사실을 몰랐던 제3자에 대하여는 계약해제를 주장할 수 없다."

제의 매매계약을 취소할 수 있다(제110조 제1항).
요컨대, α토지에 대한 매매계약은 취소할 수 있는 법률행위이다. 取消權者 C가 취소의 의사표시를 하게 되면 이 계약은 처음부터 무효인 것으로 된다(제141조 본문). 이에 따라 A 명의의 소유권이전등기 또한 無效의 登記로서 말소등기의 대상으로 된다.

Ⅷ. 代　理

1. 序　說

(1) 代理의 개념과 기능

466 법률행위는 의사표시를 구성요소로 하며 법률행위의 효과는 그 의사표시를 한 表意者에게 귀속하는 것이 원칙이다. 그런데 이와 같은 원칙이 오히려 거래의 수월성을 방해[199]한다든가 또는 때에 따라서는 법률행위 당사자의 이익보호에 장애[200]가 될 수 있다. '代理'라 함은 본인과 일정한 관계에 있는 타인(代理人)이 本人의 이름으로 의사표시를 하거나(能動代理의 경우) 또는 의사표시를 수령하는(受動代理의 경우) 방법으로 법률행위를 하고 그 법률효과는 본인에게 귀속하는 것을 내용으로 하는 제도이다. 이와 같이 대리는 意思表示를 요소로 하는 法律行爲에 한해 인정되는 것이다.[201]

代理人에 의한 법률행위의 효과를 本人에게 귀속하게 함으로써 대리제도는 '私的自治의 확장'(任意代理의 경우) 내지 '私的 自治의 보충'(法定代理의 경우)이라는 기능을 담당하게 된다. 대리제도에 있어서는 기본적으로 세 가지 방향의 법률관계가 나타나게 된다(소위 '代理의 3面關係'): ① 本人과 代理人간의 관계(代理權); ② 代理人과 相對方간의 관계(代理行爲); ③ 本人과 相對方간의 관계(法律效果).

---

199) 예컨대, 장소적·시간적 이유로 인하여 직접 법률행위를 할 수 없는 경우임에도 불구하고 직접 법률행위를 하도록 요구하는 상황을 생각해 보라. 이러한 상황은 임의대리제도의 인정 필요성으로 나타난다.

200) 예컨대, 직접 법률행위를 하기에 충분한 정신능력을 가지고 있지 못한 상황을 생각해 보라. 이러한 상황은 법정대리제도의 인정 필요성으로 나타난다.

201) 강의에 출석하는 것은 법률행위가 아니다. 그러므로 출석은 대리의 대상이 되는 행위가 아니다. 따라서 소위 '대리출석'이라는 것은 대리행위가 아니다.

(2) 代理와 구별되는 개념

1) 間接代理

467 엄밀한 의미의 대리에 있어서는 대리인이 본인의 이름으로 타인과 법률행위를 하기 때문에 그 법률행위의 효과가 대리인을 거치지 않고 직접 본인에게 귀속한다. 그러나 간접대리에 있어서는 간접대리인이 자신의 이름으로 법률행위를 하는 것이기 때문에 그 법률행위의 효과가 일단 간접대리인에게 귀속하였다가 그 후 간접대리인과 본인 사이의 약정에 따라 청산을 하게 되는 것이다. 이런 의미에서 간접대리를 '경제대리'라고도 한다. 간접대리와 구별하기 위하여 엄밀한 의미의 대리를 '직접대리'라고 표현하기도 한다.

2) 使　者

468 使者라 함은 본인에 의하여 완성된 의사표시를 상대방에게 그대로 전달하거나(전달기관으로서의 사자) 본인이 결정한 효과의사를 상대방에게 표시하는 방법으로 표시행위를 완성하는(표시기관으로서의 사자) 자이다. 이 중에서 대리와 비슷한 것은 후자이다. 어떤 형태의 사자이든 간에 효과의사를 형성하는 것은 본인이지 사자가 아니라는 점에서 대리와 구별된다.[202]

3) 代　表

469 대리제도는 본인과 별개의 법인격을 가지는 대리인이 한 행위의 효과가 본인에게 귀속하는 제도로서 그 효과가 본인에게 귀속되는 근거는 대리인의 대리의사에서 찾을 수 있다. 그러나 법인의 대표제도는 법인이라고 하는 동일 인격 내의 문제로서 이사가 법인의 대표기관의 자격으로 한 행위는 곧바로 법인 자신의 행위가 되는 것이지, 그 행위의 효과가 법인에 귀속되기 위하여 대리의사와 같은 효과귀속의 효과의사가 따로 필요하다고 볼 수 없다. 이와 같은 대표와 대리의 구체적 차이점으로 특기할 만한 것으로는, 대리행위의 대상이 되는 것은 법률행위에 한정되나 대표행위에 있어서는 사실행위도 그 대상이 된다는 것이다.

4) 名義冒用

470 대리인은 본인을 현명하여 대리행위를 하는 것이 원칙이다(제115

---

202) 대법원 1967. 4. 18. 66다661 참조.

조 본문). 그러나 현명을 하지 않았다 하더라도 상대방이 대리인으로서 한 것임을 알았거나 알 수 있었을 때에는 본인에게 효력이 발생한다(제115조 단서). 한편, 대리인이 본인의 이름으로 법률행위를 하였다 하더라도 대리의사가 존재한다면 유효한 대리행위로서 본인에게 효력이 발생한다.[203]

그런데 대리의사가 없이 타인의 명의를 모용하여 이루어진 법률행위의 효과는 누구에게 귀속하는가? 판례는 이를 법률행위 해석의 문제로 접근한다. 즉 자연적 해석과 규범적 해석의 순서로 법률행위 해석을 하여 법률행위의 당사자를 판단한다. 타당한 태도라고 생각한다.[204]

2. 代理關係의 제1면: 代理權(本人·代理人간의 관계)

(1) 代理權의 發生

1) 代理權의 개념

471 대리제도에 있어서 실제로 법률행위를 하는 자(代理人)와 그 효과의 귀속주체(本人)가 분리되는 현상이 일어나게 되는데, 이와 같은 현상을 정당화하기 위해서는 本人과 代理人 사이에 일정한 관계를 설정할 필요가 있다. 本人의 이름으로 의사표시를 하거나 또는 의사표시를 수령하여 본인에게 직접 법률효과를 귀속시킬 수 있는 대리인의 본인과의 관계에 있어서의 법적 지위 내지 자격을 '代理權'이라 한다. 대리권은 대리제도의 3면관계 중에서 본인과 대리인 사이의 문제이다. 대리권 없는 자에 의하여 행해진 대리행위(無權代理)의 경우는 정상적인 법률효과를 발생시키지 못한다.

---

203) 대법원 1963. 5. 9. 63다67; 대법원 1969. 9. 28. 65다1052; 대법원 1976. 12. 14. 76다2191; 대법원 1987. 6. 23. 86다카1411 등 참조.

204) 대표적인 예로 대법원 1995. 9. 29. 94다4912: "타인의 이름을 임의로 사용하여 계약을 체결한 경우에는 누가 그 계약의 당사자인가를 먼저 확정하여야 할 것으로서, 행위자 또는 명의인 가운데 누구를 당사자로 할 것인지에 관하여 행위자와 상대방의 의사가 일치한 경우에는 그 일치하는 의사대로 행위자의 행위 또는 명의인의 행위로서 확정하여야 할 것이지만, 그러한 일치하는 의사를 확정할 수 없을 경우에는 계약의 성질, 내용, 목적, 체결경위 및 계약체결을 전후한 구체적인 제반사정을 토대로 상대방이 합리적인 인간이라면 행위자와 명의자 중 누구를 계약당사자로 이해할 것인가에 의하여 당사자를 결정하고, 이에 터잡아 계약의 성립 여부와 효력을 판단함이 상당할 것이다." 그 밖에 대법원 1998. 5. 12. 97다36989; 대법원 1998. 3. 13. 97다22089; 대법원 2003. 9. 5. 2001다32120; 대법원 2003. 12. 12. 2003다44059 등 참조.

代理權의 발생원인은 문제의 대리가 法定代理인가 任意代理인가에 따라 다르다. 법정대리권의 발생원인은 법률의 규정이며, 임의대리권은 본인의 타인에 대한 代理權授與에 의하여 발생하게 된다. 이와 같이 임의대리에 있어서 대리권을 수여하는 행위를 '授權行爲'라 한다. 법정대리권은 법률규정에 기초하는 것이므로 특별히 문제될 것이 없으나, 임의대리권에 있어서는 몇 가지 이론적 문제점이 있다. 그러므로 다음에서는 수권행위를 중심으로 논의하기로 한다.

2) 授權行爲

(가) 授權行爲의 법적 성질

472 수권행위의 법적 성질에 관한 논의는 이를 契約으로 볼 것인가 아니면 單獨行爲(상대방 있는 단독행위)로 볼 것인가의 문제로 집약된다. 통설[205)]은 수권행위의 성질을 단독행위로 보는 데 반해, 소수설[206)]은 이를 계약으로 본다. 수권행위를 계약으로 보게 되면 수권행위의 성립을 위해서 本人·代理人 사이에 청약과 승낙의 의사표시의 교환이 있어야 하고, 또한 代理人의 本人에 대한 의사표시에 결함이 있는 때에는 수권행위가 無效·取消될 수 있다. 단독행위로 보게 되면 본인의 의사표시와 대리인의 의사표시의 수령만으로 수권행위가 성립하므로 본인의 의사표시에 결함이 없는 한 수권행위가 무효·취소될 여지가 없게 된다.

수권행위의 법적 성질을 계약으로 관념하는 것이 논리적으로 불가능한 것은 아니지만, 현행법의 해석으로서는 통설의 입장이 타당하다고 생각한다. 그 이유는 다음과 같이 정리할 수 있다. 첫째, 授權行爲는 代理人에게 권리 또는 의무를 부과하는 것이 아니라는 점이다. 만일 수권행위가 대리인에게 권리 또는 의무를 부과하는 것이라면 "누구도 자신의 의사에 의하지 않고 권리 또는 의무를 강제당하지 않는다"라는 원칙에 따라 代理人의 承諾이 요구되는 것으로 보아야 할 것이다. 그러나 授權行爲는 代理人에게 권리 또는 의무를 부과하는 것이 아니라 일정한 地位 내지 資格을 부여하는

205) 高翔龍, 앞의 책 "民法總則", 495면 이하; 郭潤直, 앞의 책 "民法總則", 371면; 金相容, 앞의 책 "民法總則", 558면; 金俊鎬, 앞의 책 "民法總則", 405면; 金曾漢·金學東, 앞의 책 "民法總則", 392면 이하; 白泰昇, 앞의 책 "民法總則", 462면; 李英俊, 앞의 책 "民法總則", 477면; 李銀榮, 앞의 책 "民法總則", 601면.

206) 金基善, 앞의 책 "韓國民法總則", 286면.

것에 지나지 않는 것이라는 점에서 이 원칙에 구애될 필요가 없다. 둘째, 제117조의 규정이다. 제117조는 "代理人은 行爲能力者임을 요하지 아니한다"라고 정하고 있다. 만일 授權行爲를 계약으로 본다면 이 규정은 무의미한 것으로 전락하게 된다.

(나) 授權行爲의 獨自性 · 無因性

가) 授權行爲의 獨自性의 문제: 獨自性 인정

473 수권행위의 독자성 · 무인성에 대한 논의는 수권행위와 수권행위의 원인이 되는 법률관계의 상호관계에 관한 것이다. 그러므로 이 문제를 이해하기 위해서는 原因行爲의 의미를 알아야 한다. 수권행위의 원인행위란 본인과 대리인 사이의 '內部的 法律關係'이다. 任意代理에 있어서는 통상적으로 本人과 代理人 사이의 내부관계로서 위임 · 도급 · 고용 등과 같은 계약관계가 존재하고 이러한 계약채무의 이행과 관련된 대외적 사무를 처리하기 위하여 수권행위가 있게 된다. 이와 같은 경우에 있어서 위임 · 도급 · 고용과 같은 법률관계를 原因行爲라고 할 수 있다. 원인행위가 委任인 경우를 예로 하여 原因行爲와 代理行爲의 관계를 생각해 보자. 위임이란 당사자의 일방(委任人)이 상대방(受任人)에 대하여 사무의 처리를 부탁하고 상대방이 이를 승낙함으로써 성립하는 계약이다(제680조). 위임계약에 따라 수임인은 약정된 사무를 처리할 채무를 부담하게 된다. 위임계약에는 수권행위가 따르는 것이 일반적이지만 그렇지 않을 수도 있다. 예컨대, 위임사무의 내용이 法律行爲[207]가 아닌 事實行爲[208]인 때에는 授權行爲가 개입될 여지가 없다. 앞의 논의내용을 정리하면 다음과 같다: 내부적 법률관계가 존재한다고 하여 언제나 수권행위가 있는 것은 아니다; 수권행위가 있다면 언제나 내부적 법률관계가 존재하게 된다.

'授權行爲의 獨自性'이란 무엇인가? 수권행위의 독자성이란 本人 · 代理人간의 내부적 법률관계와 수권행위가 개념상 구별되는가 하는 문제이다. 이에 관하여, 대리권은 내부적 법률관계에 의하여 직접 발생하므로 수권행위의 관념을 특별히 인정할 필요가 없다는 소수설이 있다.[209] 이 견해는 수

207) 예: 수임인이 제3자와 계약을 체결하는 것이 위임사무의 내용인 경우.
208) 예: 수임인이 위임인의 밭을 갈아주는 것이 위임사무의 내용인 경우.
209) 金容漢, 앞의 책 "民法總則論", 341면.

권행위의 독자성을 부정하는 입장이다. 그러나 통설은 수권행위의 독자성을 인정하고 있다.[210] 통설이 타당하다고 생각하는데, 그 이유는 다음과 같다. 첫째, 수권행위가 내부적 법률관계와 같은 시기에 양자가 합체되어 행해지는 것이 통상적이라 하더라도 이와 같은 상황이 獨自性을 부인하는 논거로 될 수는 없다. 양자가 합체되어 행해지지 않는 경우도 일어날 수 있으며, 특히 양자가 합체되어 행해진다는 것과 양자가 개념상 구별된다는 것은 서로 별개의 문제이기 때문이다. 둘째, 현행법도 양자의 개념상 구별을 전제하고 있다. 제128조 제1문은 대리권은 原因된 法律關係(즉 內部的 法律關係)의 종료에 의하여 소멸한다고 정하고 있다. 만일 수권행위의 독자성을 부인한다면 이와 같은 규정은 무의미한 것이다. 또한 제128조 제2문은 원인된 법률관계(즉 내부적 법률관계)가 종료되기 전이라 하더라도 이와는 별개로 수권행위만을 철회하는 것도 가능함을 인정하고 있다. 제128조는 수권행위의 독자성을 전제로 한 규정으로 이해하여야 할 것이다.

나) 授權行爲의 無因性 문제: 無因性 부정

474 수권행위의 무인성에 관한 논의는 다음과 같이 요약할 수 있다: 授權行爲가 있다면 언제나 내부적 법률관계(즉 원인행위)가 존재하게 된다; 원인행위가 不存在·無效·取消·解除 등에 의하여 失效되었다면 수권행위도 그에 따라 실효되는가? 원인행위의 실효에 따라 수권행위도 실효된다고 보는 입장(有因說)은 수권행위의 無因性을 부인하는 것이며, 수권행위는 원인행위의 실효에 의하여 영향을 받지 않는다고 보는 입장(無因說)은 수권행위의 無因性을 인정하는 것이다. 수권행위의 독자성을 부인한다면 수권행위의 무인성은 처음부터 문제되지 않는다. 그러나 수권행위의 독자성을 인정하게 되면 수권행위의 무인성 문제가 나타나게 된다.

수권행위의 독자성을 인정한다면 그 유효성도 각각 독자적으로 판단하여야 한다. 그리고 무인성 논의가 실질적 의미를 가지는 상황은, 원인행위는 실효되었으나 수권행위는 유효한 경우이다. 원인행위와 수권행위가 동일한 시점에서 같은 사유로 실효된 때에는 무인성 논의의 실익이 없는 것이

---

210) 高翔龍, 앞의 책 "民法總則", 495면; 郭潤直, 앞의 책 "民法總則", 372면; 金俊鎬, 앞의 책 "民法總則", 405면; 金曾漢·金學東, 앞의 책 "民法總則", 391면; 白泰昇, 앞의 책 "民法總則", 462면; 李銀榮, 앞의 책 "民法總則", 599면.

다. 그런데 원인행위와 수권행위는 동시에 합체되어 행해지는 것이 보통이다. 그러므로 무인성 논의가 실제적 의미를 가지는 경우는 많지 않다.

이해의 편의를 위하여 다음과 같은 사례를 들어 유인설[211]과 무인설[212]의 입장을 설명하기로 한다: P는 Q와 5월 1일 위임계약을 체결하고 5월 10일에 Q에게 대리권을 수여하였다; Q는 대리권의 범위 내에서 5월 15일 R과 대리행위를 하였다; 위임계약이 체결된 5월 1일 당시에 P는 의사무능력 상태였으나 수권행위는 의사능력을 회복한 후에 이루어졌다. 이 사례에서 P·Q간의 위임계약은 무효이나 수권행위는 유효하다. 무인설의 논리는 다음과 같다: P·Q간의 위임계약의 무효는 수권행위에 영향을 주지 않는다; 그러므로 Q는 유효한 대리권에 기하여 대리행위를 한 것이다; 그러므로 Q·R간의 대리행위의 효과는 본인인 P에게 귀속하게 된다. 이와 달리, 유인설의 논리는 다음과 같다: P·Q간의 위임계약의 무효는 수권행위에 영향을 준다; 그러므로 Q는 대리권 없이 대리행위를 한 것이다; Q·R간의 대리행위는 무권대리이므로 P가 추인을 하지 않는 한 그 효과가 P에게 귀속하지 않는다.

無因說의 주된 논거는 去來安全의 保護이다. 한편, 무인설의 논거 중에는 다음과 같은 것도 있다: 수권행위의 독자성이 인정되므로 무인성을 긍정하여야 한다. 그러나 이 논거는 타당한 것으로 보기 어렵다. 수권행위의 독자성을 인정한다면 그 유효성도 원인행위와 별도로 판단하여야 함은 물론이다. 그런데 수권행위의 유인·무인의 문제는, 양자의 유효성을 별도로 판단하여야 한다는 것 자체에 있는 것이 아니라, 이에서 한 걸음 더 나아가 비록 수권행위가 유효하다 하더라도 원인행위의 효력에 결함이 있는 경우에 이러한 원인행위에 의하여 수권행위가 실효되는가 하는 것에 있다는 점을 유의할 필요가 있다.

무인설이 내세우는 논거로는 거래안전의 보호가 유일한 것으로 생각된다. 그런데 거래안전이라는 것을 논거로 볼 수 있는가 하는 생각이 든다.

---

211) 高翔龍, 앞의 책 "民法總則", 498면; 郭潤直, 앞의 책 "民法總則", 373면; 金基善, 앞의 책 "韓國民法總則", 287면; 金俊鎬, 앞의 책 "民法總則", 407면; 李英俊, 앞의 책 "民法總則", 483면; 李銀榮, 앞의 책 "民法總則", 602면.

212) 金曾漢·金學東, 앞의 책 "民法總則", 393면.

거래안전이라는 것은 논거라기보다는 오히려 목적으로 보는 것이 옳다고 본다. 그렇다면 무인설은 설득력 있는 논거를 가지고 있지 못한 것으로 생각된다. α라는 법률행위가 β라는 법률행위를 原因行爲로 하는 경우에 있어서 논리적으로는 α의 무인성을 이야기할 여지가 없는 것은 아니다. 그러나 무인성을 긍정하기 위해서는 실정법상의 근거가 있어야 한다. 즉 법률행위는 有因行爲인 것이 원칙이기 때문에 어떤 법률행위를 無因行爲로 하기 위해서는 立法的 決斷이 있어야 한다. 그런데 우리 민법 어디에도 授權行爲를 無因行爲로 볼 수 있는 실정규정이 존재하지 않는다. 그러므로 원칙으로 돌아가 수권행위는 有因行爲로 볼 수밖에 없다.

수권행위의 무인성 논의와 관련하여 제128조 제1문도 유의하여야 할 규정이다. 이에 따르면 원인행위의 종료에 의하여 대리권도 소멸한다. 물론 이 규정은 '원인행위의 종료'(예: 위임계약의 존속기간의 만료)만을 규정한 것이지 원인행위가 무효·취소·해제 등으로 실효한 경우를 규율하고 있지는 않다. 그러므로 이 규정이 유인설의 적극적 논거는 되지 못한다. 그러나 소극적인 방향에서 볼 때, 이 규정은 최소한 무인설이 적합하지 않다는 것을 보여주는 중요한 실정법적 근거이다. 무인설의 논리에 의한다면 원인행위의 종료에 의하여 수권행위도 당연히 실효되는 것으로 볼 수 없기 때문이다.

유인설에 입각하면서도 거래안전을 위하여 특수한 이론을 펴는 경우가 있는데, 그와 같은 학설로는 다음과 같은 것이 있다: ① 代理行爲가 이미 행하여진 때에는 원인행위가 失效한다 하더라도 代理行爲는 소급하여 無權代理로 되지 않는다[213]; ② 대리권 소멸 후의 表見代理에 관한 제129조를 적용하여 본인에게 대리행위의 효과가 귀속되는 것으로 보아야 한다.[214] ①설은 유인설의 논리에 정면으로 배치되는 주장이다. 그리고 제1설은 제117조를 근거로 하는데, 원인행위의 실효사유는 행위무능력에 한정되는 것이 아닐 뿐만 아니라 이 규정의 내용[215]은 수권행위의 무인성 논의와 아무런 관련이 없는 것이다. 그러므로 ①설은 채택하기 곤란하다. ②설은 거래안전

---

213) 郭潤直, 앞의 책 "民法總則", 385면; 金俊鎬, 앞의 책 "民法總則", 407면.

214) 李銀榮, 앞의 책 "民法總則", 594면. 수권행위에 대하여 무인설을 취하면서도 이와 같은 주장을 하는 학설도 있다(李英俊, 앞의 책 "民法總則", 543면 이하).

215) 이 규정의 취지에 대해서는 이 책 [486] 참조.

의 보호를 위하여 제129조의 내용을 왜곡하고 있다. 제129조는 일단 존재했던 대리권이 후에 소멸한 때에 적용되는 것이다. 그러므로 수권행위가 소급적으로 실효되어 처음부터 대리권이 존재하지 않는 것으로 되는 경우에는 적용될 여지가 없는 규정이다. 그러므로 ②설도 채택하기 어렵다. 유인설을 취하는 한 원인행위의 실효에 따라 수권행위도 실효되고, 따라서 대리행위는 그것이 이미 행해졌다 하더라도 무권대리로 보아야 한다. 그렇다면 유인설을 취하는 경우에 상대방 보호 내지 거래안전은 전혀 고려되지 못하는 것인가? 그렇지는 않다고 보아야 한다. 원인행위의 실효로 인하여 대리행위는 절대적 무효로 되는 것이 아니라 無權代理로 남는다는 점에 유의하고자 한다. 그러므로 無權代理에 관하여 마련된 상대방 내지 거래안전 보호조치에 문의할 수 있을 것이다. 몇 가지 경우로 나누어서 살펴보자. 첫째, 원인행위에 대한 취소권 행사로 인하여 원인행위가 무효로 된 경우이다. 이 때에는 본인이 無權代理를 追認할 가능성은 실제로 없을 것이다. 그러나 상대방으로서는 제135조에 기하여 無權代理人에게 契約의 履行 또는 損害賠償을 청구할 수 있을 것이다. 둘째, 원인행위가 처음부터 무효인 경우이다. 이 때에는 본인에 의한 추인 가능성을 생각할 수 있으며, 본인이 追認을 하게 되면 대리행위의 효과는 본인에게 귀속하게 된다(제130조 · 제133조). 만일 본인이 추인을 거절하는 때에는 상대방은 제135조에 기한 책임을 물을 수 있을 것이다. 결국, 유인설의 입장에서 본다면, 제135조는 상대방 내지 거래안전의 보호에 있어서 중요한 역할을 수행하게 된다.

제135조의 이와 같은 기능에도 불구하고 거래안전 보호의 정도는 무인설에 의하는 것보다는 물론 좁다. 제135조가 적용되기 위해서는 그 적용요건을 구비하여야 하기 때문이다. 특히 代理人이 行爲無能力者인 때에는 상대방은 계약이행 또는 손해배상을 청구할 수 없다(제135조 제2항). 그런데 대리인이 행위무능력자라 하더라도 상대방으로서는 본인에게 불법행위책임을 물을 수 있는 가능성이 남아 있다. 행위무능력자의 無權代理行爲로 인하여 상대방이 손해를 입었다면 피해를 입은 상대방은 본인 · 대리인 간의 내부관계에 따라 본인에게 제756조의 사용자책임을 물을 수 있는 여지가 있기 때문이다. 제756조의 책임주체인 '使用者'는 고용계약에서만 문제되는 것이 아니라 위임 · 조합 · 도급 등을 통하여 타인을 사용하는 자도 포함하기 때

문이다.[216]

(2) 代理權의 범위와 그 제한

1) 代理權의 범위

475 대리권의 범위는 法定代理와 任意代理에 있어서 차이가 있다. 법정대리권의 범위는 법률의 규정에 의하여 정해지므로 특별히 논의할 것은 아니다. 그러므로 임의대리를 중심으로 살피기로 한다.

任意代理權의 범위는 授權行爲의 내용에 의하여 정해지게 된다. 그러므로 임의대리권의 범위는 결국 수권행위를 대상으로 한 법률행위의 해석에 의하여 정해지게 된다. 수권행위에 대한 법률행위 해석을 통해서도 대리권의 범위를 확정할 수 없는 경우를 대비하여 민법은 보충규정을 두고 있다. 제118조가 그것이다. 이에 따르면, 대리권은 있으나 그 범위가 정해지지 않은 경우에 있어서 대리권의 범위는 다음의 행위로 한정된다: ① 보존행위(제118조 제1호); ② 대리의 목적인 물건이나 권리의 성질을 변경시키지 않는 범위에서의 이용·개량행위(제118조 제2호). 제118조가 적용되는 것은 대리권의 범위가 전혀 정해져 있지 않은 경우가 아니라, 일정 범위의 대리권은 정해져 있는 상태에서 그와 관련된 사무에 대하여 대리행위를 하는 경우이다. 예컨대, 금전소비대차계약을 체결할 권한을 수여받은 대리인에게 계약관계를 해제할 대리권이 있는지 여부,[217] 예술인의 매니저의 대리권의 범위에 공연계약 체결도 포함되는지 여부[218] 등이다.

---

216) 대법원 1982. 11. 23. 82다카1133; 대법원 1987. 12. 8. 87다카459; 대법원 1988. 6. 14. 88다카102; 대법원 1994. 10. 25. 94다24176; 대법원 1996. 10. 11. 96다30182 등 참조.

217) 대법원 1997. 9. 30. 97다23372: "전주(錢主)를 위하여 금전소비대차계약과 그 담보를 위한 담보권설정계약을 체결할 대리권을 수여받은 것으로 인정되는 경우라 하더라도 특별한 사정이 없는 한 일단 금전소비대차계약과 그 담보를 위한 담보권설정계약이 체결된 후에 이를 해제할 권한까지 당연히 가지고 있다고 볼 수는 없다."

218) 대법원 1993. 5. 14. 93다4618·4625: "통칭 매니저의 대리권의 범위는 연주자의 연주활동의 주선이나 연주에 관하여 공연장확보, 공연비용 또는 출연료결정, 연주일정의 확정 등에만 미칠 뿐 공연계약에 관하여는 대리권이 없다."

2) 代理權의 제한

(가) 共同代理

476 代理人이 2인 이상인 경우에 대리권은 어떠한 방식으로 행사되어야 하는가? 대리인이 數人인 때에는 복수의 대리인이 각자 본인을 대리할 권한이 있는 것이 원칙이다(소위 '各自代理의 原則': 제119조 본문). 그러나 법률의 규정(예: 제909조 제2항) 또는 수권행위에 의하여 복수의 대리인이 공동으로만 대리행위를 하여야 하는 경우도 있을 수 있다(제119조 단서). 이와 같이 수인의 대리인이 공동으로만 대리할 수 있는 것을 '共同代理'라 한다.

共同代理를 설정하는 것은 복수의 대리인으로 하여금 공동의 대리행위를 하도록 함으로써 대리인들 간의 상호견제 및 신중한 의사결정을 도모하고자 하는 것이다. 공동대리에 있어서는 대리인 중 1인이 대리행위에 참가하지 않으면 유효한 대리행위가 되지 못하고 無權代理로 된다. 그런데 이러한 대리행위는 제126조의 표현대리가 성립할 가능성이 많을 것이다. 또한 대리인 중 1인의 의사표시에 흠이 있는 때에는 대리행위 전체에 결함이 있게 된다. 이와 같은 면에서 볼 때, 공동대리는 각 대리인의 입장에서 보면 대리권의 제한으로 작용하게 되는 것이다.

共同代理에 의한 代理權의 제한이 能動代理에 있어서 적용된다는 점에 대하여는 이견이 없다. 그런데 受動代理의 경우에도 공동대리에 의한 제한이 있는가에 대해서는 학설상 다툼이 있다. 즉 수동대리에 있어서도 복수의 대리인이 공동으로 의사표시를 수령하여야 하는가 하는 문제이다. 통설[219]은 다음과 같은 이유에서 각 대리인은 단독으로 의사표시를 수령할 수 있다고 한다: ① 상대방 보호와 거래상의 편의를 고려하여야 한다는 점; ② 상법 제12조 제2항은 共同支配人의 경우 支配人 1인에 대한 의사표시는 영업주에 대하여 효력이 있다고 규정하고 있다는 점. 통설이 말하는 이들 논거를 차례로 생각해 보자. 첫째, ①은 논거가 아니라 목적에 해당한다. 둘째, 상법 제12조 제2항이 그와 같이 규정하고 있는 것은 사실이나, 이는 商

219) 高翔龍, 앞의 책 "民法總則", 508면; 金基善, 앞의 책 "韓國民法總則", 292면; 金相容, 앞의 책 "民法總則", 578면; 金俊鎬, 앞의 책 "民法總則", 411면; 金曾漢·金學東, 앞의 책 "民法總則", 403면; 白泰昇, 앞의 책 "民法總則", 472면; 李英俊, 앞의 책 "民法總則", 517면; 李銀榮, 앞의 책 "民法總則", 618면.

法의 특성(특히 거래의 신속성·원활성 보장)에 기초한 것이라는 점에서 民法上의 代理에 관한 논의에 적합한 논거로 볼 수 없다.[220] 생각건대, 共同代理에 의한 代理權의 제한은 能動代理에 한정된다는 명문의 규정이 없는 이상 受動代理도 공동으로 하여야 하는 것으로 해석하여야 할 것이다.[221] 특히 상법 제12조 제2항의 의미는 통설과 반대로 이해하는 것이 옳다고 본다. 商行爲의 대리에 관한 商法의 규정은 民法上의 代理制度를 변경한 성격을 가지기 때문이다.

(나) 自己契約·雙方代理

477 自己契約이란 代理人이 한편으로는 本人을 대리하고 다른 한편에서는 自己 自身이 상대방이 되어 계약을 체결하는 것이다. 예컨대, P로부터 α물건의 매각을 위한 대리권을 수여받은 Q가 스스로 매수인이 되어 매매계약을 체결하는 경우이다. 雙方代理란 동일인이 당사자 쌍방의 代理人으로서 대리행위를 하는 것이다. 예컨대, R이 P로부터는 α물건의 매각을 위한 대리권을 수여받았고 Q로부터는 α물건의 매수를 위한 대리권을 수여받아 혼자서 매매계약을 체결하는 경우이다. 자기계약에 있어서는 본인과 대리인이 대립적 이해관계에 서게 되는데, 실제로 계약을 체결하는 대리인이 자신의 이익을 추구함으로써 본인의 이익을 해할 수 있는 가능성이 있다. 쌍방대리에 있어서는 대리인에게 대리권을 수여한 복수의 본인이 서로 대립적 이해관계에 서게 되는데, 한 사람의 대리인에 의하여 대리행위를 함으로써 복수의 본인 중 어느 일방의 이익을 해할 수 있는 가능성이 있다. 이와 같은 이유에서 민법은 自己契約과 雙方代理를 금지하고 있다(제124조 본문).

자기계약과 쌍방대리를 금지한 취지는 本人의 利益을 고려한 것이다. 그러므로 본인의 허락이 있으면 자기계약·쌍방대리도 유효한 대리행위이다(제124조 본문). 또한 이와 같은 취지에 맞추어 통설은, 자기계약·쌍방대리 금지의 원칙에 반하여 행해진 대리행위의 효력에 대하여 이를 절대적

---

220) 상법은 기업활동의 특수성을 고려하여 민법상의 대리제도를 수정한 특칙을 두고 있다. 상법에는 제12조 제2항 이외에도 다음과 같은 특칙이 있다: ① 상행위의 대리에는 현명을 요하지 않는다(민법 제115조와 상법 제48조 비교); ② 본인의 사망은 대리권 소멸사유가 아니다(민법 제127조 제1호와 상법 제50조 비교); ③ 상업사용인의 대리권은 포괄적·정형적이다(민법 제118조와 상법 제11조·제15조 비교).

221) 郭潤直, 앞의 책 "民法總則", 378면.

무효로 보지 않고 無權代理로 파악한다. 즉 이들 대리행위에 대하여 본인이 追認을 하면 유효한 대리행위로 된다. 한편, 자기계약·쌍방대리의 금지는 대리행위로 인하여 새로운 이해관계가 형성되는 경우에 한정된다. 그러므로 채무의 이행과 같이 이미 확정되어 있는 법률관계를 결제·청산하는 것에 불과한 행위에 대해서는 본인의 허락이 없더라도 자기계약·쌍방대리가 허용된다(제124조 단서).[222]

(3) 代理權의 濫用

1) 意 味

478 일반적으로 대리행위는 그 대리행위의 법적 효과뿐만 아니라 대리행위로 인한 경제적 이익까지도 본인에게 귀속시킬 의사로 이루어지는 것이다. 이와 달리 대리인이 자신 또는 제3자의 이익을 도모하기 위하여 대리행위를 이용한 경우에 당해 대리행위의 운명은 어떻게 보아야 할 것인가? 이것이 소위 '代理權濫用'의 문제이다.

2) 종래의 학설·판례 상황

479 대리권남용에 대하여 민법은 명문의 규정을 두고 있지 않으며, 이에 따라 몇 가지의 학설이 주장되고 있다.

제1설(소위 '제107조 제1항 단서 유추적용설')[223]은 제107조 제1항 단서를 유추적용하여 해결하고자 하는 입장으로 그 주장내용은 다음과 같다: 代理人이 대리행위를 함에 있어서 '本人을 위한 것'임을 표시한다는 것(제114조 제1항)은 本人에게 대리행위의 효과를 귀속시키고자 하는 意思인 것이지 本人의 利益을 위한 것이라는 의미는 아니다; 그러므로 대리인이 권한을 남용하여 자신 또는 제3자의 이익을 위해 대리행위를 하였다 하더라도, 이는 원칙적으로 유효한 대리행위로서 그 행위의 효과는 本人에게 귀속한다; 다만, 相對方이 그와 같은 사정을 알았거나 알 수 있었을 때에는 제107조 제1항 단서를 유추적용하여 그 행위의 본인으로의 효과귀속을 부정하여야 한다.

제2설(소위 '대리권부인설')[224]은 대리행위의 의미를 제1설과 달리 파악하

---

222) 대법원 1981. 2. 24. 80다1756 참조.

223) 郭潤直, 앞의 책 "民法總則", 381면; 金容漢, 앞의 책 "民法總則論", 330면; 張庚鶴, 앞의 책 "民法總則", 556면.

는 입장으로 그 주장내용은 다음과 같다: 代理權에는 이를 본인의 이익을 위하여 행사하여야 한다는 내재적 제한이 있는 것이다; 그러므로 대리권남용 행위는 유효한 대리권 행사로 볼 수 없다; 따라서 代理權濫用 行爲의 효과는 本人에게 귀속할 수 없는 것이 원칙이다; 그러나 대리권남용 행위에 대하여 제126조의 表見代理의 법리를 유추적용하여 그 효과를 본인의 행위로 귀속시킬 수는 있다.

제3설(소위 '신의칙설')[225]의 주장내용은 다음과 같다: "代理權濫用 行爲와 같은 배임적 행위도 대리행위로 되지만, 상대방의 악의·중과실 등 信義則에 반하는 사정이 있는 때에는 그 효력을 부정하여야 한다."

판례는 오래 전부터 제1설의 입장[226]을 취하고 있다.[227] 한편, 代理에 관한 규정은 代表에 준용되므로 대리권남용의 법리는 대표권남용의 경우에도 동일하게 작용하는 것으로 보아야 하는데, 대리권남용의 경우에는 판례가 제1설과 같은 태도로 일관하였음에 반하여, 대표권남용의 경우에는 제1설을 취한 것[228]과 제3설을 취한 것[229]이 혼재하다가 최근에는 제1설에 따

---

224) 李銀榮, 앞의 책 "民法總則", 621면; 李英俊, 앞의 책 "民法總則", 502면; 金相容, 앞의 책 "民法總則", 637면.

225) 高翔龍, 앞의 책 "民法總則", 511면 이하.

226) 1987년 7월 7일의 대법원 판결(대법원 1987. 7. 7. 86다카1004)은 다음과 같이 판시하고 있다: "진의 아닌 의사표시가 대리인에 의하여 이루어지고 그 대리인의 진의가 본인의 이익이나 의사에 반하여 자기 또는 제3자의 이익을 위한 배임적인 것임을 그 상대방이 알거나 알 수 있었을 경우에는 민법 제107조 제1항 단서의 유추해석상 그 대리인의 행위는 본인의 대리행위로 성립할 수 없다 하겠으므로 본인은 대리인의 행위에 대하여 아무런 책임이 없다 할 것이며, 이 때 그 상대방이 대리인의 표시의사가 진의 아님을 알았거나 알 수 있었는가의 여부는 표의자인 대리인과 상대방 사이에 있었던 의사표시의 형성과정과 그 내용 및 그로 인하여 나타나는 효과 등을 객관적인 사정에 따라 합리적으로 판단하여야 한다." 같은 취지의 판결로는, 대법원 1987. 11. 10. 87다카1557; 대법원 1996. 4. 26. 94다29850; 대법원 1999. 3. 9. 97다7721 등 참조.

227) 친권자가 법정대리인으로서 대리권을 남용한 경우에 대하여 대법원은 제3설을 취하는 것으로 평가된다. 예컨대, 1997년 1월 24일 판결(대법원 1997. 1. 24. 96다43928)에서 대법원은 "친권자인 모가 미성년자인 자의 법정대리인으로서 자의 유일한 재산을 아무런 대가도 받지 않고 증여하였고 상대방이 그 사실을 알고 있었던 경우, 그 증여행위는 친권의 남용에 의한 것이므로 그 효과는 자에게 미치지 않는다"라고 하면서 그 논거로서 제920조, 제924조 이외에 제2조를 들고 있다(같은 취지의 판결로는, 대법원 1981. 10. 13. 81다649).

228) 대법원 1975. 3. 25. 74다1452: "조합의 이사장직무대행자가 자기의 이익을 위한 것이고 조합을 위하여 차용하는 것이 아님을 대부자가 주의했더라면 알 수 있었을 경우에는 민법 제107조 제1항 단서를 유추하여 그 대차계약은 조합에 대하여 효력을 발생할

라 해결하는 입장이다.[230] 요컨대, 대리권남용과 대표권남용에 대한 주류적 판례의 입장은 제1설과 동일하다.

3) 종래의 학설·판례에 대한 비판적 평가

(가) 代理權濫用 行爲의 本人으로의 效果歸屬

480 우선, 대리권남용 행위가 본인의 행위로 귀속될 수 있는가 하는 문제를 보기로 한다. 이에 대하여는, 제1설과 제3설이 주장하는 바와 같이, 대리권남용 행위의 효과도 원칙적으로는 본인에게 귀속될 수 있다는 입장이 타당하다고 본다. 왜냐하면 대리인이 본인의 이름으로 대리행위를 할 때의 '代理意思'는 代理行爲의 效果를 本人에게 귀속시키고자 하는 意思인 것이지 本人의 利益을 위한 것이라는 意思는 아니라고 보아야 하기 때문이다. 이러한 면에서 볼 때, 제2설이 "본인의 이익을 위하여 행사하여야 한다"는 것을 대리권의 내재적 한계로 설정하는 것은 대리권의 개념을 오해한 것이다. 요컨대, 대리권남용 행위는 그것이 대리인의 배임의 측면을 포함하고 있다 하더라도 원칙적으로는 본인에게 그 효과가 귀속되어야 한다.

제2설은, 대리권남용 행위의 효과는 본인에게 귀속할 수 없는 것이 원칙이나 제126조의 표현대리의 법리를 유추적용하여 그 효과를 본인의 행위로 귀속시킬 수 있다고 한다. 그러나 대리권남용의 경우에 제126조의 표현대리의 법리를 유추적용하는 것은 논리상 허용될 수 없다고 본다. 왜냐하면 제126조의 표현대리는 대리인이 대리권의 범위를 초과하여 대리행위를 한 때에 문제되는 것인데, 대리권남용에 있어서는 대리권의 범위 내에서 이루어진 대리행위가 문제되는 것이기 때문이다. 즉 유추적용의 본질적 요건으로서의 상황의 유사성이 존재하지 않는 것이다. 유추적용이란 일정한 규범을 상황의 유사성을 기초로 유사사례에 대하여 법정책적 필요에 따라 확장하여 적용하는 것을 의미한다는 점에 유의할 필요가 있다.

수 없다."

229) 대법원 1987. 10. 13. 86다카1522: "주식회사의 대표이사가 그 대표권의 범위 내에서 한 행위는 설사 대표이사가 회사의 영리목적과 관계없이 자기 또는 제3자의 이익을 도모할 목적으로 그 권한을 남용한 것이라 할지라도 일응 회사의 행위로서 유효하고 다만 그 행위의 상대방이 그와 같은 정을 알았던 경우에는 그로 인하여 취득한 권리를 회사에 대하여 주장하는 것이 신의칙에 반하므로 회사는 상대방의 악의를 입증하여 그 행위의 효과를 부인할 수 있을 뿐이다."

230) 대법원 1988. 8. 9. 86다카1858; 대법원 1997. 8. 29. 97다18059 참조.

대리권남용 행위의 원칙적 효과귀속에 대한 설명으로는 제1설과 제3설의 입장이 타당하다. 즉 대리권을 남용한 대리행위도 본인에게 그 효과가 귀속한다. 그러나 제1설과 같이 대리권남용의 경우에 제107조 제1항 단서를 유추적용하는 태도의 이론적 타당성에 대해서는 의문이 있다.

첫째, 유추적용이 가능하기 위하여는 상황의 유사성 요건이 충족되어야 할 것인데, 대리권남용에서 문제되는 상황과 제107조에서 문제되는 상황 사이에는 그와 같은 상황 유사성이 인정될 수 없다. 왜냐하면 제107조는 의사표시에 있어서 의사와 표시의 불일치 상황을 전제로 하는 것인데, 대리권남용에 있어서 대리인의 의사표시에는 의사와 표시의 불일치가 존재하지 않기 때문이다. 대리권남용에 있어서는 당해 법률행위를 위한 의사와 표시가 완전히 일치하며, 다만 거기에 배임의 의사가 추가될 뿐이라는 점에 유의할 필요가 있다. 또한 경제적 이익의 귀속을 기준으로 하여 의사와 표시의 불일치를 판단하려 한다면 양도담보·추심을 위한 채권양도 같은 것도 모두 非眞意表示로 파악되어 제107조 제1항 단서에 따라 무효로 평가되어야 할 것이다. 제1설의 이와 같은 난점은 대리권남용을 규율하기에 적합하지 않은 제107조를 무리하게 끌어들이고 있다는 데에 기인하는 것이다.[231] 둘째, 제107조 제1항 단서에서 근거를 구하는 경우 대리권남용 사실을 輕過失로 인하여 알지 못한 경우에도 당해 행위의 효과가 본인에게 귀속되지 못하는 것으로 보게 되어 부당하다. 이는 결국 대리행위의 相對方에게 대리행위로 인한 실질적인 이익귀속까지 살펴야 할 주의의무를 요구하는 것으로 되는

231) 대리권남용 사실에 대하여 그 상대방이 악의 또는 과실 있는 선의의 경우에, 제1설은 제107조 제1항 단서의 적용을 고려하고자 한다. 경제적 이익을 기준으로 하여 의사와 표시의 불일치를 따지지 않고 대리의사만을 기준으로 생각한다면 어느 정도 설득력이 있다고 본다. 이를 좀더 설명하면 다음과 같다. 일반적인 의사표시에 있어서는 효과의사와 이에 상응하는 표시행위가 있으면 의사표시가 성립하나, 대리행위에 있어서의 의사표시의 경우에는 일반적인 효과의사 및 표시행위에 부가하여 본인을 대리한다는 점에 대한 효과의사 및 표시행위(현명)가 필요하다. 그리고 대리한다는 점에 대한 효과의사 및 표시행위는 제107조에서 말하는 '의사'와 '표시'에 해당하는 것으로 파악할 수 있다. 그런데 대리권남용의 경우, 대리인에게 있어서 대리한다는 점에 대한 효과의사와 표시행위 사이에 의도적 불일치가 있다. 그러므로 이와 같은 논리구성이라면 대리권남용에 대하여 제107조의 적용가능성이 열릴 수도 있을 것이다. 그러나 이 경우에도 제107조가 직접 적용된다고 말할 수는 없을 것이다. 왜냐하면 제107조에서 말하는 '意思'와 '表示'라는 것은 법률행위의 내용에 관한 것이기 때문이다.

데, 그와 같은 결과는 代理制度에 있어서의 거래안전 및 형평의 관념에 반하는 것이라 할 것이다.

결론적으로 제3설이 타당하다고 생각한다. 代理權濫用 사실을 알았거나 重過失로 알지 못한 경우에 한하여 본인에 대한 효과귀속을 부정하여야 할 것이다.

(나) 代理權濫用으로 인한 損害賠償責任

481 대리권남용 행위라 하더라도 원칙적으로는 그 효과가 본인에게 귀속하게 되어 본인에게 이행책임이 부과될 뿐, 상대방의 손해배상청구권이 문제될 여지가 없다고 보아야 한다. 그러나 대리권남용 행위의 효과가 본인에게 귀속되지 않을 수 있는데, 이 경우에는 本人 또는 代理人의 相對方에 대한 손해배상책임이 문제될 수 있다. 한편, 대리권남용에 있어서의 손해배상 문제는 대리권남용 행위의 효과가 본인에게 귀속하지 못한 사유가 무엇인가에 따라 차이가 있다는 점에 유의하여야 한다. 다음에서는 이와 같은 요소를 고려하여 대리권남용에 있어서 상대방의 손해배상청구권의 성립 여부와 그 근거를 생각해 보자.

대리권남용 행위의 효과가 본인에게 귀속하지 못한 사유에 대해서는 다음과 같은 분류가 가능하다: ① 대리권을 남용하여 행해진 대리행위 자체가 강행규정에 위반하여 무효인 경우; ② 대리권남용에 의한 대리행위의 상대방이 대리권남용 사실에 대하여 악의라는 등의 사유가 있는 경우.

우선, ①의 경우를 살피기로 하자. ①에 있어서 대리행위의 무효라는 상황이 상대방에게 대하여 불법행위의 성립요건을 충족시킬 수 있다.[232] 이때에 대리권남용 행위로 인하여 손해를 입은 相對方은, 代理人에 대하여는 제750조에 기한 손해배상책임을, 그리고 本人에 대하여는 제756조의 使用者責任을 물을 수 있다. ①의 경우에 있어서 계약위반으로 인한 손해배상책임(제390조)은 문제되지 않는다. 왜냐하면 계약위반으로 인한 손해배상은 유효한 계약관계를 전제로 하는 것이기 때문이다.

다음으로, ②의 경우를 보자. ②에 있어서 상대방의 손해배상청구권은 "대리권을 남용한 행위에 대한 기본적 관점이 어떠한가?" 하는 논의와 밀

232) 법률행위의 무효와 손해배상책임에 대해서는 명순구, 앞의 책 "민법학기초원리", 402-404 참조.

접한 관련이 있다. 그러므로 다음에서는 대리권남용에 관한 각 학설의 입장에서 대리권남용으로 인한 손해배상 문제를 검토하기로 한다.

첫째, 판례인 '제107조 제1항 단서 유추적용설'의 입장에서 보기로 한다. 다음과 같이 경우를 구분하여 살피기로 한다: 상대방이 악의·중과실인 경우; 상대방이 경과실인 경우; 상대방에게 과실이 없는 경우.

ⓘ 먼저, 상대방이 대리인의 대리권남용 사실에 대하여 악의이거나 중과실로 알지 못한 경우이다. 이 때에는 상대방에게 손해배상청구권이 발생할 수 없다고 해석하여야 한다. 왜냐하면 상대방이 惡意이거나 重過失이 있다는 사실은 그가 代理權濫用으로 인하여 발생하는 損害를 引受한 것[233]으로 해석하는 것이 형평의 관념 내지 신의칙(특히 모순행위금지의 원칙)에 비추어 타당하기 때문이다.

ⓘⓘ 다음으로, 상대방이 대리인의 대리권남용 사실을 경과실로 알지 못한 경우이다. '제107조 제1항 단서 유추적용설'에 따르면, 이 때에 대리행위의 효과는 본인에게 귀속하지 않는다. 그러나 상대방의 대리인에 대한 불법행위책임(제750조)과 본인에 대한 사용자책임(제756조)의 성립 가능성을 배제할 수는 없다.[234] 여기에서 다음과 같은 사실에 유의할 필요가 있다: '제107조 제1항 단서의 유추적용설'에 있어서 경과실의 경우에 손해배상책임이 성립하게 되면 논리적으로 언제나 過失相計가 행해져야 한다. 그 이유는 다음과 같다: 대리권남용으로 인한 법률행위가 본인에게 귀속하지 않는다는 것은 곧 거래상대방(즉 불법행위 피해자)에게도 過失이 있다는 의미를 포함하는 것이다[235]; 불법행위 피해자에게 過失이 있다면 손해배상액 산정에 있

233) 第756조의 사용자책임의 성립요건을 판단함에 있어서 피용자의 불법행위가 사용자의 사무집행행위에 해당되지 않음을 피해자 자신이 알았거나 또는 중과실로 알지 못한 경우에는 피해자는 사용자에 대하여 사용자책임을 물을 수 없다(대법원 1983. 6. 28. 83다카217; 대법원 1998. 3. 27. 97다19687)는 판례이론은 이 경우에도 적용되는 것으로 보아야 할 것이다.

234) 대리인의 진의가 본인의 이익이나 의사에 반하여 자기 또는 제3자의 이익을 위한 배임적인 것임을 그 상대방이 알았거나 알 수 있었을 경우에, 제107조 제1항 단서의 유추해석상 그 대리인의 행위에 대하여 본인은 아무런 책임을 지지 않지만, 불법행위의 성립은 가능하다는 판례가 있다(대법원 1999. 1. 15. 98다39602 참조).

235) 거래상대방에게 과실이 없다면 당해 대리권남용 행위의 효과는 본인에게 귀속하게 되고 본인이 당해 법률행위에 대한 이행책임을 질 뿐, 불법행위의 문제가 생기지 않을 것이다.

어서 반드시 이를 고려하여야 한다.[236] 판례는 代表權濫用과 代理權濫用에 관하여 이를 동일한 차원에서 바라보고 있는데,[237] 이들 권한남용으로부터 비롯된 불법행위의 문제에 있어서 판례가 언제나 過失相計를 고려하고 있는 것은 바로 이와 같은 상황에 기인한 것이다.

ⓘⓘⓘ 마지막으로, 상대방이 대리인의 대리권남용 사실을 알지 못했고 알지 못한 데에 과실이 없는 경우이다. 이 때에는 대리인의 행위가 본인에게 귀속하므로 상대방의 손해배상청구권이 문제되지 않는다.

둘째, '대리권부인설'의 입장에서 보기로 한다. 여기에서도 다음과 같이 경우를 나누어 살피기로 한다: 상대방이 악의·중과실인 경우; 상대방이 경과실인 경우; 상대방에게 과실이 없는 경우. 대리권부인설은 대표권남용행위를 무권대리로 보는 시각이다. 그러므로 이 입장에서는 상대방이 악의·중과실인 경우는 물론 경과실의 경우에 있어서도 대리행위의 효과가 본인에게 귀속[238]하지 않는다. 이 때 상대방의 손해배상청구권 문제에 대해서는 다음과 같은 논리로 전개될 것이다. ① 상대방이 악의·중과실인 때에는 상대방이 손해를 인수한 것으로 보아야 할 것이므로 손해배상청구권이 성립하지 않는다.[239] ② 상대방이 경과실인 때에는 상대방의 대리인에 대한 불법행위책임(제750조)과 본인에 대한 사용자책임(제756조)이 성립할 수 있다.[240] ③ 상대방이 과실 없이 대리인의 대리권남용 사실을 알지 못한 경우를 보자. 이 때에도 대리행위의 효과가 본인에게 당연히 귀속하지는 않고 무권대리행위로 될 뿐이다. 그러므로 상대방으로서는 제126조의 표현대리의 성립을 주장하여 본인과의 법률관계를 설정하든가, 아니면 제135조 제1항에

---

236) 대법원 1967. 3. 21. 66다2660: "피해자에게 과실이 있는 경우 가해자가 과실상계를 주장하지 아니하였다 하더라도 손해배상액을 정함에 있어서 이를 참작하지 아니하였음은 잘못이다."

237) 이에 대해서는 이 책 [226] 참조.

238) 대리권부인설은 제126조의 표현대리의 법리에 따라 대리행위의 효과가 본인에게 귀속할 수 있는 가능성을 말하고 있다(이 책 [479] 참조). 그러나 상대방에게 과실(중과실·경과실 포함)이 있다면 제126조는 고려될 수 없다.

239) 이 점은 '제107조 제1항 단서 유추적용설'의 논리와 동일한 것이다.

240) 상대방이 제135조 제1항을 근거로 하여 대리인에게 손해배상을 청구할 수는 없다. 왜냐하면 제135조 제1항에 기한 손해배상청구권이 성립하기 위해서는 대리인에게 대리권이 없다는 사실을 알지 못한 점에 대하여 상대방에게 과실이 없어야 하기 때문이다(제135조 제2항).

따라 대리인을 상대로 계약의 이행 또는 손해배상을 청구할 수 있을 것이다.[241] 이와 함께 상대방의 대리인에 대한 불법행위책임(제750조)과 본인에 대한 사용자책임(제756조)의 성립도 고려할 수 있을 것이다.

셋째, 상대방이 악의 또는 중과실인 때에 한하여 대리권남용 행위의 효과가 본인에게 귀속하지 않는다는 입장에서 상대방의 손해배상청구권의 문제를 살피기로 한다. 이 입장에 따르면, 상대방이 대리권남용 사실에 대하여 무과실인 경우는 물론 경과실이 있는 때에도 대리행위의 효과가 본인에게 귀속한다. 그러므로 상대방의 무과실·경과실의 경우에는 상대방의 손해배상청구권이 논의될 여지가 없다. 한편, 상대방이 악의 또는 중과실인 때에는 대리권남용 행위의 효과가 본인에게 귀속하지 않지만, 그렇다고 하여 상대방의 손해배상청구권이 성립한다고 볼 수는 없다. 왜냐하면 이 때의 상대방은 손해를 인수한 것으로 보아야 하기 때문이다.

사례연구: 代理權의 濫用

● 사안의 내용　A는 자기 소유의 α부동산을 매도해 달라는 부탁과 함께 X에게 대리권을 수여하였다. X는 Y에게 A의 대리인임을 증명하는 위임장을 제시하면서 A의 이름으로 Y와 α부동산을 목적물로 하는 매매계약을 체결하였다. 그런데 X는 처음부터 매매대금을 수령하여 고리대금사업을 할 생각으로 대리행위를 한 것이었다. Y는 X측의 주관적 사정을 알지 못했으나 알지 못한 데에 대하여 경과실은 인정될 수 있었다. 이 경우에 Y는 A에 대하여 α부동산에 관한 소유권이전채권을 취득하였다고 볼 수 있겠는가?

● 사안의 해결　대리인 X의 대리권남용 사실에 대하여 거래상대방 Y는 악의는 아니었으나 그 사실을 알지 못한 점에 경과실이 있는 경우이다. 이와 같은 경우에 판례에 따르면, 제107조 제1항 단서를 유추적용하여 당해 법률행위의 효과는 본인에게 귀속하지 않는 것으로 본다. 즉 판례에 따르면, Y는 A에 대하여 α부동산에 관한 소유권이전채권을 취득하였다고 볼 수 없다. 이 때 Y로서는, 본인인 A에 대하여는 사용자책임(제756조)을, 현실적 가해자인 X에 대하여는 제750조를 근거로 손해배상책임을 물을 수 있을 뿐이다. 이 경우 Y의 과실도 고려하여 이를 과실상계의 사유로 참작해야 할 것이다.

그러나 대리권남용에 대한 처리에 있어서 제107조 제1항 단서의 유추적용에 의하지 않고 상대방이 악의 또는 중과실의 경우에 한하여 본인에게 효과가 귀속하지 않는 것으로 보게 되면, Y는 A에 대하여 매매계약의 유효를 전제로 소유권이전채권을 취득하게 된다.대리인 X의 대리권남용 사실에 대하여 거래상대방 Y는 악의는 아니었으나 그 사실을 알지 못한 점에 경과실이 있는 경우이다. 이와 같은 경우에 판례에 따르면, 제107조 제1항 단서를 유추적용하여 당해 법률행위의 효과는 본인에게 귀속하지 않는 것으로 본다. 즉 판례에 따르면, Y는 A에 대하여 α부동산에 관한 소유권이전채권을 취득하였다고 볼 수 없다. 이 때 Y로서는, 본인인 A에 대하여는 사용자책임(제756조)을, 현실적 가해자인 X에 대하여는 제750조를 근

241) 표현대리와 무권대리의 관계에 대해서는 이 책 [501] 이하 참조.

거로 손해배상책임을 물을 수 있을 뿐이다. 이 경우 Y의 과실도 고려하여 이를 과실상계의 사유로 참작해야 할 것이다.

그러나 대리권남용에 대한 처리에 있어서 제107조 제1항 단서의 유추적용에 의하지 않고 상대방이 악의 또는 중과실의 경우에 한하여 본인에게 효과가 귀속하지 않는 것으로 보게 되면, Y는 A에 대하여 매매계약의 유효를 전제로 소유권이전채권을 취득하게 된다.

(4) 代理權의 消滅

1) 法定代理·任意代理 공통의 소멸사유

482 법정대리이든 임의대리이든 대리권은 다음과 같은 사유로 인하여 소멸한다: ① 本人의 死亡; ② 代理人의 死亡·禁治産 또는 破産(제127조).

本人 또는 代理人의 死亡이 대리권 소멸사유라는 것은 代理關係에서의 본인의 지위 또는 대리인의 지위가 상속의 대상이 되지 않는다는 것을 의미하는 것이다. 본인의 사망을 대리권 소멸사유로 하는 이유는 이러하다: 法定代理에 있어서는 本人의 사망으로 인하여 대리의 필요성이 없어졌기 때문이다; 任意代理에 있어서는 本人과 代理人간의 인적 요소가 기초를 이루는 것인데, 본인의 사망으로 인하여 그 기초가 상실되었기 때문이다. 금치산자나 파산자도 代理人이 될 수 있다(제117조 참조). 그러나 대리인이 된 후에 금치산선고 또는 파산선고를 받은 경우라면 이는 중대한 사정변경이다. 대리인의 금치산 또는 파산을 대리권 소멸사유로 정한 것은 본인과 대리인 간의 관계는 인적 요소가 강조되는 법률관계라는 점을 고려한 것이다.

2) 法定代理·任意代理 특유의 소멸사유

483 법정대리에 특유한 대리권 소멸사유를 보자. 법정대리권의 발생원인은 법률규정이지만 그 구체적인 모습은 다음과 같은 세 부류로 나누어진다: ① 本人과의 일정한 身分關係에 의하여 당연히 代理權이 부여되는 경우[242]; ② 일정한 자의 指定에 의하여 代理權이 부여되는 경우[243]; ③ 法院의 選任行爲에 의하여 代理權이 부여되는 경우.[244] 法定代理에 있어서는 그 발생원인에 따라 각각 소멸원인에 차이가 있게 된다. 이에 관해서는 법

242) 예: 일상가사에 관한 부부의 대리권(제827조), 친권자(제911조·제920조), 법정후견인(제932조·제933조) 등.

243) 예: 지정후견인(제931조), 지정유언집행자(제1093조·제1094조) 등.

244) 예: 부재자재산관리인(제22조·제23조), 상속재산관리인(제1023조·제1040조·제1044조·제1047조·제1053조), 유언집행자(제1096조) 등.

률에서 개별적으로 규정하고 있다.

임의대리에 특유한 대리권 소멸사유를 보자. 임의대리권은 原因된 법률관계의 종료 또는 授權行爲의 撤回에 의하여 소멸한다(제128조). 예컨대, 原因된 법률관계가 委任인 때에는 委任關係의 종료에 의하여 代理權도 소멸한다. 위임의 종료사유는 위임계약의 해지(제689조), 당사자 일방의 사망·파산 및 수임인의 금치산선고(제690조)이다. 그러므로 원인된 법률관계가 위임인 때에는 제127조에서 정한 대리권 소멸사유에 해당하지 않는 경우(예: 위임계약의 해지, 본인의 파산)에도 대리권은 소멸하게 된다.

3. 代理關係의 제2면: 代理行爲(代理人·相對方간의 관계)

(1) 代理行爲의 方式: 顯名主義

484 代理人이 대리행위를 하기 위하여 의사표시를 함에 있어서는 그와 같은 의사표시가 자기 자신이 아닌 本人을 위한 것임을 표시하여야 한다(제114조 제1항). 즉 대리행위는 本人의 이름으로 하여야 한다. 이와 같이 의사표시가 본인을 위한 것임을 표시하는 것을 본인이 누구인가를 나타낸다는 의미에서 '현명(顯名)'이라 하고(예: 'P의 대리인 Q'), 현명을 요구하는 입법주의를 顯名主義라 한다. 顯名은 대리행위의 효과가 직접 본인에게 귀속하도록 하는 연결점으로서의 기능을 하는 것이다. 제114조 제1항에서 말하는 '본인을 위한 것'이라 함은 '본인의 경제적 이익을 위한 것'이라는 의미가 아니라 '법률효과를 본인에게 귀속시키기 위한 것'이라는 의미이다.

현명을 하지 않은 때에는 그 의사표시는 자신을 위한 것으로 본다(제115조 본문). 즉 대리인 자신이 법률행위의 효과의 귀속주체로 된다. 그러나 현명을 하지 않았다 하더라도 타인의 대리인으로서 의사표시를 한다는 것을 상대방이 알았거나 알 수 있었을 때에는 현명을 한 것과 마찬가지의 효력이 있다(제115조 단서).

앞에서의 설명은 能動代理에 관한 것이다. 受動代理에 있어서는 상대방쪽에서 당해 의사표시가 대리인이 아닌 본인에 대한 것임을 표시하여야 한다(제114조 제2항). 수동대리에 있어서는 대리인이 현명하여 의사표시를 수령하는 것이 불가능하기 때문이다. 또한 수동대리에는 제115조의 적용이 없다.

(2) 代理行爲의 흠

485 대리행위의 당사자는 代理人과 相對方이다. 그러므로 의사표시에 관한 유효요건의 구비 여부는 本人이 아닌 代理人을 표준으로 판단한다.[245] 즉 의사표시의 효력이 의사의 흠결, 사기·강박 또는 어느 사정을 알았거나 과실로 알지 못한 것으로 인하여 영향을 받을 경우에 그 사실의 유무는 代理人을 표준으로 결정한다(제116조 제1항). 여기에서 유의할 것은, 의사표시에 흠이 있는가의 판단은 대리인을 표준으로 하는 것이지만 그러한 의사표시의 효과귀속 주체는 여전히 本人이라는 것이다. 예컨대, 상대방의 강박에 의하여 대리인이 대리행위를 한 경우에 강박 여부는 代理人을 표준으로 하여 판단하지만 取消權은 本人에게 귀속하는 것이다.

제116조 제1항의 원칙에 대하여 예외가 있다. 代理人이 本人의 지시에 따라 대리행위를 한 때에는 本人은 자기가 안 사정 또는 과실로 인하여 알지 못한 사정에 관하여 代理人의 不知를 주장하지 못한다(제116조 제2항). 다음과 같은 하나의 예를 들어 보자: P는 Q에 대하여 채권을 가지고 있으며, 이들 사이에 양도금지특약이 있었다; 그럼에도 불구하고 P는 그의 채권에 대하여 R과 채권양도계약을 체결하였다; R은 S의 대리인의 자격에서 P와 채권양도계약을 한 것이었다; R은 P·Q간의 양도금지특약의 존재를 알지 못하였으나 S는 그 사실을 알고 있었다. 이 사례에서 대리인 R이 S의 지시에 따라 P와 채권양도계약을 체결하였다면 S는 P·R간의 채권양도계약의 유효를 주장할 수 없다. 그 이유는 다음과 같다: 채권은 당사자가 반대의 의사를 표시한 경우에는 양도하지 못하지만 이와 같은 양도금지특약을 가지고 선의의 제3자에게 대항하지 못한다(제449조 제2항); 대리인 R은 선의이지만 본인 S가 악의인데, 대리인이 본인의 지시에 따라 대리행위를 한 때에는 본인은 자기가 안 사정 또는 과실로 인하여 알지 못한 사정에 관하여 대리인의 부지를 주장하지 못한다(제116조 제2항).

(3) 代理人의 能力

486 대리인은 行爲能力者임을 요하지 않는다(제117조). 이 규정의 취

245) 대법원 1996. 2. 13. 95다41406 참조.

지에 관한 종래 학설의 설명은 다음과 같다: ① 대리행위로 인한 법률효과는 代理人이 아닌 本人에게 귀속하는 것이므로 대리행위의 효력은 대리인의 행위무능력에 의하여 영향을 받지 않는 것으로 한다 하더라도 무능력자제도의 취지에 어긋나지 않는다; ② 本人이 원하여 行爲無能力者를 代理人으로 선임한 이상 그로부터 발생하는 불이익도 본인이 감수하여야 한다.

제117조의 적용범위에 관하여 학설대립이 있다. 제117조가 任意代理에 적용된다는 점에 대해서는 이견이 없으나, 法定代理에도 적용되는가에 대해서는 학설이 일치하지 않는다. 일정한 경우에 대하여 민법은 무능력자는 법정대리인이 될 수 없음을 규정하고 있다.[246] 문제는, 이와 같은 명문규정이 없는 경우에는 제117조가 적용되어 무능력자도 법정대리인이 될 수 있는가 하는 것이다. 제1설[247]은, 민법이 일정한 법정대리인에 한하여 능력자일 것을 요구하고 있으므로 그 이외의 경우까지 이를 확장하는 것은 무리라는 이유에서 법정대리 일반에 관하여 제117조의 적용을 긍정한다. 제2설은,[248] 본인의 보호라는 법정대리제도의 취지에 비추어 볼 때 법정대리인은 능력자임을 요하는 것으로 해석하여야 하므로 제117조는 법정대리에는 적용되지 않는 것으로 해석한다. 법정대리인은 본인의 권익보호를 목적으로 법률규정에 의하여 대리권이 수여된 자로서, 그 권한범위가 광범위하고 그 辭任도 쉽지 않을 뿐만 아니라 본인의 신임에 따라 대리인이 된 자가 아니다. 이와 같은 법정대리의 의미를 고려해 볼 때, 민법상 명문규정이 없다 하더라도 그 취지상 법정대리인은 능력자임을 요하는 것으로 해석할 필요가 있다. 그러므로 제117조의 적용범위는 임의대리에 한정되는 것으로 보아야 한다. 한편, 제117조의 규정취지에 관한 ②의 설명은 임의대리에만 해당되는 것이라는 점에 유의할 필요가 있다. 제117조의 입법취지를 ②와 같이 설명하면서 제117조의 적용범위에 관하여 제1설을 취하는 것은 논리에 부합하지 않는다.

---

246) 예: 후견인(제937조), 친족회원(제964조 제2항), 유언집행자(제1098조).

247) 金俊鎬, 앞의 책 "民法總則", 423면; 金曾漢·金學東, 앞의 책 "民法總則", 422면; 李英俊, 앞의 책 "民法總則", 542면; 李銀榮, 앞의 책 "民法總則", 594면.

248) 郭潤直, 앞의 책 "民法總則", 384면; 金容漢, 앞의 책 "民法總則論", 335면; 高翔龍, 앞의 책 "民法總則", 531면; 白泰昇, 앞의 책 "民法總則", 485면; 金相容, 앞의 책 "民法總則", 593면.

제117조는 代理人이 無能力者임을 이유로 本人이 代理行爲를 취소할 수 없다는 의미이다. 즉 제117조는 무능력자인 대리인측에서 그가 행위무능력자라는 이유로 자신 또는 법정대리인이 대리의 원인된 법률관계(즉 내부적 법률관계)를 취소할 수 없다는 것까지 규정한 것은 아니다. 그렇다면 무능력자인 대리인측에서 내부적 법률관계를 취소한 때에는 이를 어떻게 처리하여야 할 것인가? 다음과 같은 예를 들어 보자: P는 Q와의 위임계약을 기초로 미성년자인 Q에게 대리권을 수여하였고, 이에 따라 Q는 R과 대리행위를 하였다; Q의 법정대리인 S는 P·Q간의 위임계약을 취소하였다. 이 사례에 대한 해결은 수권행위의 무인성 문제와 연결되는 것이다. 수권행위의 무인성을 긍정하는 입장에서는 P·Q간의 위임계약의 소급적 실효에도 불구하고 Q에 의한 대리행위는 여전히 유효한 것으로 된다. 이와 달리 수권행위의 무인성을 부정하는 입장에서는 P·Q간의 위임계약의 소급적 실효에 따라 Q에 의한 대리행위는 무권대리로 된다. 이와 같이 유인설을 취하게 되면 제117조는 실질적 의미를 잃어버리는 결과가 된다. 여기에서 다음과 같은 문제가 제기된다: 제117조를 수권행위의 무인성을 긍정하는가 여부에 따라 영향을 받게 되는 규정으로 보아야 할 것인가? 제117조는, 본인이 무능력자를 대리인으로 선임한 이상 본인으로서는 그로 인하여 발생하는 결과를 자기부담으로 함으로써 거래안전을 도모하는 것을 취지로 한 특별규정으로 해석할 필요가 있다고 생각한다. 그러므로 앞의 사례의 경우에 수권행위의 무인성과 상관없이 P는 Q에 의한 대리행위에 확정적으로 구속되는 것으로 해석된다. 즉 원인행위의 결함이 대리인의 행위무능력인 때에는 이와 같은 사유는 대리행위의 유효성에 영향을 주지 못하는 것으로 보고자 한다.

(4) 代理行爲와 本人의 行爲의 경합

487 임의대리의 경우에 본인이 수권을 했다 하여 본인 자신이 법률행위를 할 수 없는 것이 아니다. 그러므로 두 행위가 경합할 수 있다. 이 때 두 행위의 우열관계는 일반원칙에 따른다. 예컨대, A와 A의 임의대리인 B가 각각 A 소유의 α부동산을 매도하는 계약을 체결하였는데 A의 상대방은 X, B의 상대방은 Y였다. 이 경우에 X와 Y 중 먼저 소유권이전등기를 한

사람이 α부동산의 소유자가 된다.

법정대리의 경우에도 같은 상황이 나타날 수 있다. 그러나 대부분의 경우에는 본인이 행한 법률행위를 실효시키고 법정대리인에 의하여 행해진 법률행위만을 유지하는 방향으로 법률관계가 진행될 것이다. 예컨대, 미성년자 P와 P의 법정대리인 Q가 각각 P 소유의 β부동산을 매도하는 계약을 체결하였는데 P의 상대방은 R, Q의 상대방은 S였다고 해보자. 이와 같은 경우에 대부분 Q는 P·R간의 계약을 취소할 것이다.

4. 代理關係의 제3면: 法律效果(本人·相對方間의 관계)

488 대리행위의 효과는 모두 직접 本人에게 귀속한다(제114조). 즉 대리행위의 효과는 일단 代理人에게 귀속하였다가 本人과 代理人 사이의 내부적 법률관계에 따라 본인에게 이전하는 것이 아니라 곧바로 본인에게 귀속하는 것이다. 이와 같은 점에서 대리는 間接代理[249]와 구별된다.

대리행위의 대상은 法律行爲이다. 그러므로 대리인이 타인에게 사실행위, 특히 不法行爲를 하였다 하더라도 불법행위의 효과(즉 손해배상책임)는 본인에게 귀속하지 않는다. 본인과 대리인 사이의 내부관계로 인하여 본인이 제756조에 의한 사용자책임을 부담할 수 있다. 그러나 이는 대리에 의한 효과가 아니다.

◘ 사례연구: 代理行爲와 無能力

• 사안의 내용　미성년자 A는 컴퓨터를 구입하고자 하는데, 컴퓨터에 대한 지식이 전혀 없어 망설이던 중 컴퓨터에 대한 지식이 풍부한 친구 B(역시 미성년자)에게 100만원의 범위 내에서 컴퓨터를 구입해 줄 것을 부탁하였고 B는 이를 흔쾌히 승낙하였다. 이에 A는 위임장을 교부하였다. B는 A의 이름으로 C와 매매대금을 100만원으로 하여 컴퓨터에 대한 매매계약을 체결하였다. 이 사안에서 A는 자신이 미성년자임을 이유로 B·C간에 체결된 대리행위를 취소할 수 있는가?

• 사안의 해결　행위무능력자 A가 역시 행위무능력자인 B에게 대리권을 수여하였고, 이에 따라 B가 A의 대리인으로서 C와 법률행위를 한 경우에 있어서 대리행위의 본인인 A가 자신이 행위무능력자라는 사유를 들어 B·C간에 체결된 대리행위를 취소할 수 있겠는가 하는 것이 문제되고 있다. 이 문제는 다음과 같은 두 가지 방향에서 검토할 수 있다: ① 대리인 B의 대리권을 부정함으로써 본인인 A가 대리행위의 구속력으로부터 벗어날 수 있는

249) 이에 대해서는 이 책 [467] 참조.

가(즉 無權代理의 문제); ② B의 대리행위 차원에서의 유효성을 긍정하면서 A가 자신이 행위무능력자라는 사유를 들어 문제의 법률행위를 취소할 수 있는가(즉 行爲無能力을 이유로 한 法律行爲의 取消). 이와 같은 두 방향에서 사례에 대한 해결책을 모색하기로 한다.

우선, ①의 방향에서 본 해결책이다. 무능력자 A가 단독으로 B에게 대리권을 수여한 것은 일단은 유효한 법률행위이다. 수권행위의 성질에 대하여 학설상 다툼이 있기는 하나 이는 單獨行爲로 파악하여야 한다. 이와 같이 A의 B에 대한 수권행위가 재산적 법률행위인 이상 이 수권행위는 행위무능력제도의 적용대상이 되는 것으로 보아야 한다. A가 단독으로 B를 상대로 授權行爲를 하였다면 이 수권행위는 取消할 수 있는 法律行爲에 해당한다. 그러므로 取消權者(A 또는 A의 법정대리인)가 수권행위를 취소할 수 있고, 수권행위를 취소하게 되면 B는 無權代理人의 지위에 있는 것으로 되어 B·C 사이에 행해진 대리행위는 A를 구속하지 못하게 된다. 제117조는 이 사안에 적용될 수 있는 규정이 아니라는 점도 유의하여야 한다.

다음으로, ②의 방향에서 본 해결책이다. 행위무능력제도의 기본취지는 무능력자에 의하여 단독으로 이루어진 법률행위에 대하여는 무능력자 측에 취소권을 인정함으로써 당해 법률행위의 구속력으로부터 벗어날 수 있도록 하는 것이다. 사안에서 문제된 법률행위의 경우에 A는 행위무능력제도의 일반적 규범에 따라 자신의 무능력을 들어 B·C간에 이루어진 代理行爲를 取消할 수 있다. 이 때, "법률행위를 행한 당사자는 엄연히 B와 C인데 그 대리행위의 효과의 귀속자에 불과한 A가 자신의 행위무능력을 이유로 자신이 체결하지도 않은 법률행위를 취소할 수 있는가?" 하는 것은 문제되지 않는다. 왜냐하면 원칙적인 취소권자는 문제의 법률행위의 효과의 귀속주체이기 때문이다. 결국, A의 입장에서 볼 때 문제의 법률행위는 취소할 수 있는 법률행위이다.

요컨대, A는 자신이 미성년자임을 이유로 다음과 같은 두 가지 측면에서 B·C간에 체결된 대리행위의 구속력으로부터 벗어날 수 있다: ① B에 대한 수권행위를 취소함으로써 B에 의한 대리행위를 無權代理로 하는 방법; ② B·C간에 체결된 대리행위의 귀속주체의 입장에서 그 법률행위를 取消하는 방법.

5. 復 代 理

(1) 復代理人의 개념 및 성질

489 복대리인이라 함은, 대리인이 그의 대리권의 범위에 속하는 행위를 하기 위하여, 대리인이 자신의 이름으로 선임한 대리인을 말한다. 代理人이 復代理人을 선임할 수 있는 권한을 '復任權'이라 하고, 복대리인을 선임하는 행위는 '復任行爲'라 한다.

復代理에 있어서 本人은 누구인가? 復代理人을 누구의 代理人으로 할 것인가 하는 것은 선험적인 문제가 아니라 입법정책의 문제이다. 복대리인을 代理人의 代理人으로 하는 법제(코먼로 법제)와 달리, 우리 민법상의 복대리인은 本人의 代理人이다(제123조 제1항). 대리인이 복대리인을 선임하였다면 그는 대리권을 잃게 되는가? 代理人이 復代理人을 선임한다 하더라도 대리인이 대리권을 상실하는 것이 아니다. 즉 代理人의 대리권은 復代理人의 대리권과 병존하는 것이다. 이와 같은 의미에서 다수설은 대리인의 복임행위를 대리권의 '병존적·설정적[250] 양도'로 이해하고 있다.[251]

(2) 復任權과 代理人의 책임

490 復代理는 任意代理와 法定代理 양자의 경우에 모두 가능하다. 그런데 복임권의 발생모습과 복대리인을 선임한 대리인의 책임내용은 임의대리와 법정대리에 있어서 큰 차이가 있다.

1) 任意代理人의 復任權

491 임의대리인은 본인의 승낙이 있거나 부득이한 사유가 있는 때에 한하여 복임권을 가진다(제120조). 임의대리에 있어서 본인의 대리인에 대한 수권행위는 양자간의 인적 신뢰관계를 기초로 하는 것이므로 원칙적으로 복임권을 인정하지 않는 것이다. 본인의 승낙이 있거나 부득이한 사유로 인하여 임의대리인이 복대리인을 선임했다면 復任行爲를 한 대리인은 復代理人의 선임·감독에 대하여 책임을 져야 한다(제121조 제1항). 즉 대리인은 복대리인의 선임·감독에 대하여 주의의무를 부담하게 되며 이 의무에 위반하여 본인에게 손해를 끼친 때에는 손해배상을 하여야 한다. 그러나 본인의 지명에 의하여 復代理人을 선임한 때에는 대리인의 책임이 경감된다. 즉 이와 같은 때에는 본인이 지명한 자가 부적임 또는 불성실함을 알고도 이를 본인에게 통지하지 않거나 해임하지 않은 경우에만 책임을 진다(제121조 제2항).

代理人이 유효한 復任權에 기초하여 復任行爲를 하였다 하더라도 일정한 경우에는 본인에 대하여 손해배상책임이 있다는 점을 알 수 있다. 그런데 復代理人의 행위로 인한 대리인의 본인에 대한 손해배상의무는 代理人의 지위에서 문제되는 것이 아니라는 점에 유의할 필요가 있다. 대리인의

---

250) '병존적'이라는 의미는 대리인의 대리권과 복대리인의 대리권이 공존한다는 의미이다. '설정적'이라는 의미는 대리인의 복임행위에 의하여 복대리인이 대리인의 대리권을 설정적으로 승계한다는 의미이다. 설정적 승계의 의미에 대하여 좀 더 자세한 것은 이 책 [329] 참조.

251) 郭潤直, 앞의 책 "民法總則", 387면; 金曾漢·金學東, 앞의 책 "民法總則", 430면; 金俊鎬, 앞의 책 "民法總則", 427면.

손해배상의무는 본인·대리인 간의 내부적 법률관계(예: 위임)에 있어서 그와 같은 법률관계의 일방 당사자인 대리인의 채무불이행을 기초로 하는 것이다.

2) 法定代理人의 復任權

492 法定代理人은 언제든지 復任權을 가지는 것이 원칙이다(제122조 본문). 법정대리인은 본인과의 신뢰관계에 기초하여 대리인이 된 자가 아니며, 특히 법정대리에 있어서 본인이 복임행위를 허락할 지위에 있는 것으로 보는 것은 무리이기 때문이다.

법정대리인에게 복임권을 부여하는 것에 대응하여 법정대리인은 복대리인의 행위에 대하여 전적인 책임을 지게 된다. 즉 법정대리인에게 복대리인의 선임·감독상의 의무위반이 없다 하더라도 본인에 대하여 그 행위의 결과에 대한 책임을 부담한다(제122조 본문). 다만 부득이한 사유로 인하여 복대리인을 선임한 때에는 복대리인의 선임·감독상의 의무위반이 있는 때에 한하여 책임을 진다(제122조 단서·제121조 제1항).

(3) 復代理人의 지위

493 復代理權은 대리인의 복임권에 기초한 것이므로 복대리권은 대리권의 존재 및 범위에 의존하게 된다. 따라서 복대리권은 대리권의 범위를 초과할 수 없으며, 대리인의 대리권이 소멸하면 복대리권도 그에 따라 소멸한다.

復代理人은 代理人의 대리인이 아니라 本人의 대리인이다(제123조 제1항). 그러므로 제3자에 대한 관계에 있어서는 대리인과 같은 방법으로 대리행위를 한다(제123조 제2항). 즉 제114조·제115조·제116조·제117조는 復代理에도 적용된다.

사례연구: 復 代 理

• 사안의 내용 A는 B와 자기 소유의 α토지의 매각에 관하여 위임계약을 체결하고 B에게 α토지의 매각을 위한 대리권을 표시한 위임장을 교부하였다. B는 α토지의 매각을 위하여 여러 사람과 교섭을 하던 중, α토지에 대한 매각사무는 B 자신보다는 C가 적합하다는 생각을 하게 되었다. B는 A에게 다른 사람을 대리인으로 선임하여 그로 하여금 α토지를 매

각하게 하면 안 되겠는가 하는 의사를 타진하였고, A는 B에게 그러한 방법도 무방하다고 말하였다. 이에 B는 C와 위임계약을 체결하고 C에게 자기의 이름으로 된 위임장을 교부하였다. 이에 따라 C는 D와 α토지에 대한 매매계약을 체결하였다. 그런데 D와 계약을 체결함에 있어서 C는 그에게 교부된 위임장의 委任人이 B라는 사실에 집착하여 A의 이름이 아닌 B를 매도인으로 하여 매매계약을 하였다. C·D간의 대리행위의 효력은 A에게 귀속한다고 볼 수 있는가?

● 사안의 해결 B는 A의 任意代理人이다. 임의대리인에게는 復任權이 없는 것이 원칙이다. 그러나 B는 A의 허락에 의하여 복임권이 있는 대리인이다. 따라서 C를 복대리인으로 선임한 B의 복임행위는 유효한 것이다. 복대리인은 代理人의 대리인이 아니라 本人의 대리인이다. 그러므로 C는 D와 법률행위를 함에 있어서 A의 이름으로 했어야 한다. 그런데 사안에서 C는 A가 아닌 B의 이름으로 대리행위를 하였다.

이와 같은 상황은 다음과 같이 정리될 수 있다. 첫째, C에 의한 대리행위의 효과는 A에게 귀속한다고 볼 수 없다. 왜냐하면 C가 대리행위를 함에 있어서 A를 顯名하지 않았기 때문이다(제114조). 둘째, C에 의한 대리행위의 효과가 B에게 귀속한다고 보기도 어렵다. 왜냐하면 復代理人 C는 B가 아닌 A의 대리인이므로 B와의 관계에서 볼 때 C의 대리행위는 無權代理로 보아야 하기 때문이다(제123조 제1항). 셋째, C에 의한 代理行爲의 효과가 C자신에게 귀속한다고 보기도 어렵다. 왜냐하면 C가 顯名을 전혀 하지 않은 것이 아니라 B를 本人으로 현명하였기 때문이다. 만일 D의 입장에서 C가 A의 復代理人이라는 사실을 알았거나 알 수 있었다면 C에 의한 顯名이 잘못되었더라도 C·D간의 대리행위는 효과는 A에게 귀속되는 것으로 해석하여야 할 것이다(제115조 단서). 그러나 D가 그러한 사정을 알았거나 알 수 있었을 만한 특별한 사정이 없는 한, D는 선의·무과실이라 할 것이다. 그럼에도 불구하고 C·D간의 대리행위의 효과가 A·B·C 누구에게도 귀속하지 않는 것으로 본다면, 이는 대리행위의 상대방인 D에게 일방적으로 불이익을 강요하는 결과가 되어 부당하다.

이 사안에서 C·D간의 대리행위의 효과가 곧바로 A에게 귀속하는 것으로 볼 수는 없다. 그러나 다음과 같은 방법에 따라 법률행위의 효과가 우회적 경로를 통하여 A에게 귀속되는 것으로 볼 수는 있다. 첫째, C·D간의 대리행위의 효과는 B에게 귀속하는 것으로 판단할 여지가 있다. 왜냐하면 B와의 관계에서 C는 無權代理人의 지위에 있기는 하나, B가 C에게 자기를 委任人으로 하는 위임장을 교부함으로써 D로 하여금 마치 C가 B의 代理人인 것과 같은 신뢰외관을 조장했기 때문이다. 따라서 C는 제125조의 表見代理人[252]의 지위에 있는 것으로 되어 C·D간의 대리행위의 효과는 B에게 귀속하게 된다. A와의 관계에서 B는 受任人이므로 B가 자기 명의로 취득한 권리는 委任人인 A에게 이전해 주어야 한다(제684조 제2항). 둘째, C·D간의 대리행위는 B와의 관계에서 無權代理이다. 그러므로 B가 追認을 하게 되면 문제의 대리행위의 효과는 B에게 귀속하게 된다(제130조). A와의 관계에서 B는 受任人이므로 B가 자기 명의로 취득한 권리는 委任人인 A에게 이전해 주어야 한다(제684조 제2항). 만일 B가 C·D간의 대리행위로 인하여 취득한 권리를 A에게 이전해주지 않으면 이는 債務不履行이 된다.[253]

252) 이에 대해서는 이 책 [539] 참조.

253) 이 사안은 A·B, B·C 간의 기초적 내부관계가 위임계약인 경우이므로 위와 같은 법적 해결이 가능하다. 그러나 기초적 내부관계가 위임계약이 아닌 때에는 문제된 기초관계에 따라 처리하여야 할 것이다.

6. 無權代理人의 代理行爲: 無權代理·表見代理

(1) 無權代理에 관한 규범의 의미

1) 규범의 취지

494 無權代理라 함은 대리행위로서의 다른 요건은 모두 구비하고 있으나 代理權만이 흠결된 경우이다. 순수 논리적인 측면에서만 본다면 無權代理行爲는 本人·代理人 누구에게도 효과를 귀속시킬 수 없다. 왜냐하면 대리인에게 대리권이 없으므로 본인에게 효과가 발생한다고 할 수 없으며, 本人의 명의로 행해진 법률행위이므로 代理人에게 그 효과가 귀속하는 것으로 볼 수도 없기 때문이다. 그렇다면 無權代理는 권한 없이 행해진 법률행위로서 일반적 법논리에 따라 이를 모두 無效로 보아야 할 것인가?

무권대리행위에는 이를 일괄적으로 무효로 해서는 아니 될 요소가 있는데, 그 요소는 다음과 같은 두 가지로 요약될 수 있다: ① 계약경제의 측면; ② 상대방 내지 거래안전 보호의 측면.

우선, 契約經濟의 측면을 생각해 보자. 무권대리라 하더라도 경제적 관점에서 본인에게 유리한 경우가 있을 수 있다. 그와 같은 상황이라면 무권대리를 무효로 보아 무위(無爲)로 돌리는 것보다는 본인으로 하여금 그 효과의 귀속을 판단하도록 함으로써 당해 법률행위에 효력을 부여하는 것이 효율적일 것이다.

다음으로, 상대방 내지 거래안전 보호의 측면을 생각해 보자. 代理制度는 사적자치의 확장 내지 보충의 기능을 담당하는 것으로 본인은 대리제도를 통하여 상당한 편익을 누리게 된다. 그런데 無權代理를 모두 무효로 보아 無爲로 돌리는 것은 대리제도로 인하여 발생하는 리스크(risk)를 전적으로 대리행위의 상대방에게 부담시키는 것일 뿐만 아니라 그로 인하여 거래안전이 위협을 받게 된다. 여기에서 본인과 상대방간의 이익균형을 고려할 필요가 있다.

이상에서 살핀 바와 같이 無權代理는 순수 논리적으로 접근하기 어려운 면이 내재하고 있다. 그러므로 민법은 무권대리에 있어서의 이익균형을 위한 法政策的 考慮에 따라 특별한 규범을 마련하고 있다.

2) 규범의 개별적 내용

495 민법이 마련하고 있는 특별한 규범체계의 내용은 구체적으로 어떠한 것인가? 무권대리에 관한 규범체계를 앞에서 살핀 '契約經濟'와 '相對方 내지 去來安全의 保護'의 두 측면에 따라 정리해 보자.

첫째, '계약경제'의 측면을 고려한 규범조치는 다음과 같다: 무권대리라 하더라도 확정적 무효가 되는 것이 아니라 본인이 추인하면 유효한 대리행위가 된다(본인의 추인권: 제130조 · 제132조 · 제133조).

둘째, '상대방 내지 거래안전의 보호'의 측면을 고려한 규범조치는 다음과 같다: ① 상대방으로 하여금 무권대리행위로 인한 불안정적 지위로부터 벗어나도록 한다든가(상대방의 催告權: 제131조) 무권대리행위의 구속력으로부터 벗어날 수 있도록 하는 것(상대방의 撤回權: 제134조); ② 대리권이 있는 것 같은 외관이 존재하고 그러한 외관형성에 대하여 본인이 원인을 제공한 것으로 판단되는 때에는 본인에게 대리행위의 효과가 발생하도록 하는 것(表見代理: 제125조 · 제126조 · 제129조); ③ 최종적 조치로서 상대방의 선택에 따라 無權代理人에게 이행의무 또는 손해배상책임을 부과하는 것(무권대리인의 상대방에 대한 책임: 제135조). '상대방 내지 거래안전의 보호'에 관한 민법상의 규정은 본인과 상대방 사이의 이익조정을 도모하기 위한 규범체계로 이해할 수 있다.

(2) 無權代理의 이론체계

496 무권대리에 관한 이론체계는 표현대리의 이론체계적 위상을 어떻게 배치할 것인가 하는 문제와 밀접하게 연관된 것이다. 그러므로 이를 이해하기 위해서는 표현대리의 의미를 파악하여야 한다.

1) 表見代理의 의미

(가) 槪 念

497 표현대리란 대리인에게 대리권이 없음에도 불구하고 마치 대리권이 있는 것 같은 외관이 존재하고(대리행위의 외관의 존재) 그와 같은 외관형성에 대하여 본인이 일정한 원인을 제공하였으며(본인의 원인제공), 상대방이 그와 같은 외관을 신뢰한 데에 대하여 그 신뢰를 보호할 만한 가치가 있다

면(보호가치 있는 신뢰), 마치 정상적인 대리행위에서와 같이 대리행위의 효과를 본인에게 귀속시키는 것이다.

表見代理의 본질에 대해서는 학설이 일치되어 있지 않은데, 앞에서 말한 표현대리에 관한 이와 같은 개념정의는 표현대리의 본질에 관한 학설 중 통설·판례에 따른 것이다. 다음에서는 항을 바꾸어 표현대리의 본질에 관한 학설상의 주요 입장을 살피기로 한다.

(나) 本 質

가) 종래의 학설·판례

㉮ 제1설: 權利外觀說

498 제1설(통설)[254]은, 정상적인 대리행위와 같은 외관이 존재하고 이에 대하여 본인이 일정한 원인을 제공하였으며 이 외관에 대한 상대방의 신뢰에 보호가치가 있는 경우에, 상대방을 보호하고 더 나아가서는 거래안전을 보호하기 위하여 인정된 것이 表見代理라고 한다. 이 학설은 외관에 대하여 본인이 책임을 진다는 측면에서 '외관책임설', 외관보호를 위하여 법률이 특별히 인정한 것이라는 측면에서 '법정책임설'로 불리기도 한다.

판례의 입장도 제1설과 같다. 판례는, 표현대리에 있어서는 대리권이 없음에도 불구하고 법률이 특히 거래상대방 보호와 거래안전 유지를 위하여 본래 무효인 무권대리행위의 효과를 본인에게 미치게 한 것으로서 표현대리가 성립된다고 하여 무권대리의 성질이 유권대리로 전환되는 것은 아니라고 설시하고 있다.[255]

제1설은 최종적 효과에 있어서 표현대리는 정상적인 대리행위와 차이가 없기는 하지만, 그럼에도 불구하고 표현대리는 무권대리로서의 성질을 보유

---

254) 郭潤直, 앞의 책 "民法總則", 392면; 金曾漢·金學東, 앞의 책 "民法總則", 436면; 高翔龍, 앞의 책 "民法總則", 622면; 金相容, 앞의 책 "民法總則", 689면; 白泰昇, 앞의 책 "民法總則", 494면; 金俊鎬, 앞의 책 "民法總則", 435면 등. 판례도 같은 입장이다(대법원 1962. 2. 8. 4294민상192; 대법원 1998. 5. 29. 97다55317 참조.).

255) 대법원전원합의체 1983. 12. 13. 83다카1489: "대리권에 기한 대리의 경우나 표현대리의 경우나 모두 제3자가 행한 대리행위의 효과가 본인에게 귀속된다는 점에서는 차이가 없으나, 유권대리에 있어서는 본인이 대리인에게 수여한 대리권의 효력에 의하여 위와 같은 법률효과가 발생하는 반면, 표현대리에 있어서는 대리권이 없음에도 불구하고 법률이 특히 거래상대방 보호와 거래안전 유지를 위하여 본래 무효인 무권대리행위의 효과를 본인에게 미치게 한 것으로서 표현대리가 성립된다고 하여 무권대리의 성질이 유권대리로 전환되는 것은 아니다."

하는 것으로 본다. 이와 같은 논리에 따라 제1설은 표현대리에 관한 규정과 무권대리에 관한 규정의 중복적용을 고려하게 된다. 그런데 제1설에 속하는 학설의 구체적 내용이 한결같은 것은 아니라는 점에 유의하여야 한다. 무권대리에 관한 규정(제130조~제135조) 모두가 중복적용되는가 하는 점에서 견해가 다시 갈리기 때문이다. 그리하여 제1설은 다시 다음과 같은 두 입장으로 나누어진다: ① 무권대리에 관한 모든 규정이 표현대리에 중복적용된다; ② 무권대리에 관한 모든 규정 중에서 다른 규정은 모두 중복적용되지만 제135조만은 중복적용되지 않는다. 그런데 이와 같은 학설상의 논의내용을 이해함에 있어서 각별히 유의하여야 할 부분이 있다. 표현대리 규정과 아울러 무권대리에 관한 규정이 적용되는가에 관한 논의는, 표현대리가 성립했음에도 불구하고 상대방이 이를 주장하고 있지 않은 시점에서의 문제라는 것이다.[256]

㈏ 제2설: 有權代理說

499 제2설은 극히 일부의 학자[257]가 주장하는 것으로, 표현대리를 無權代理가 아니라 有權代理의 일종으로 본다. 제2설의 논거는 다음과 같다: 대리권의 수여, 즉 수권에는 내부적 수권과 외부적 수권이 있다; 표현대리가 인정되는 경우는 외부적 수권이 있는 경우이다; 즉 표현대리에 있어서는 내부적 수권은 없으나 외부적 수권은 있는 것이다; 그러므로 표현대리의 효과가 본인에게 귀속하는 것은 외부적 수권을 한 본인의 자기결정에 따른 효과이다. 제2설은 통설이 말하는 외관에 대한 '본인의 원인제공'을 외부적 수권으로 봄으로써 표현대리를 무권대리가 아니라고 하는 것이다.

제2설은 표현대리를 정상적인 대리와 본질을 같이하는 것으로 봄에 따라, 무권대리에 관한 규정(제130조~제135조)은 표현대리에는 적용되지 않는다는 논리결과에 이르게 된다.

나) 비판적 검토

500 결론부터 말한다면, 제2설은 수긍할 수 없는 것으로 통설·판례의 입장이 타당하다고 생각한다. 제2설에 대해서는 다음과 같은 비판이 가능하다.

256) 이에 대해서는 이 책 [503] 이하 참조.
257) 李英俊, 앞의 책 "民法總則", 569-570면.

제2설의 핵심논거는 '외부적 수권'인데, 이 학설은 '외부적 수권'의 개념을 임의적으로 변경하여 사용하고 있는 것 같다. '외부적 수권'이라는 것을 표현대리의 본질을 설명하기 위한 논거로 사용될 수 있는 것인가 하는 의문이 드는 것이다. '내부적 수권(interne Vollmacht)'·'외부적 수권(externe Vollmacht)'이라는 개념은 독일민법 제167조 제1항의 해석에서 나타나는 개념이다. 내부적 수권이란 본인이 대리인에게 직접 대리권 수여의 의사표시를 하는 경우이고, 외부적 수권은 어떤 자를 그의 대리인으로 한다는 의사표시를 대리행위의 상대방에게 하는 것을 가리킨다. 즉 내부적 수권과 외부적 수권은 수권행위의 방식을 말하는 것으로 그 효과는 양자 모두에 있어서 대리인이 대리권을 가지게 된다는 것으로 아무런 차이가 없다. 그럼에도 불구하고 마치 양자가 그 본질에 있어서 차원을 달리하는 것처럼 설명하는 것은 타당하지 않다.

대리권 없는 자에 의하여 이루어진 대리행위에 관한 민법의 규정은 순수 논리적인 입장에서 이해할 수 없는 것이다. 이들 규정은 '계약경제'와 '상대방 내지 거래안전의 보호'의 두 측면에서 관계 당사자간의 이익균형을 위한 법정책적 고려에 따라 설정된 것이기 때문이다. 이와 같은 사정을 감안해 본다면, 제2설과 같이 대리이론 자체로부터 표현대리의 본질을 설명하고자 하는 태도는 애초부터 불가능한 것일 뿐만 아니라 우리 민법에 대한 체계적 해석에도 도움이 되지 않는 것으로 생각한다. 그러므로 다음에서는 제1설에 입각하여 논의를 계속하기로 한다.

2) 無權代理의 이론구성: 表見代理의 位相

(가) 논의의 기본방향

501 제1설의 입장에 따라 표현대리도 무권대리로서의 본질을 잃지 않는 것으로 본다면 無權代理에 관한 규정(제130조~제135조)과 表見代理에 관한 규정(제125조·제126조·제129조) 사이의 관계는 어떻게 보아야 할 것인가? 이 문제에 관하여 제1설이 다시 세분된다는 점을 지적한 바 있다.[258] 표현대리의 위상이 어떠한가를 밝힘으로써 무권대리에 관한 이론구성의 틀이 정비될 수 있을 것이다.

---

258) 이에 대해서는 이 책 [498] 참조.

表見代理는 相對方이 이를 주장하는 경우에 비로소 문제되는 것이다. 즉 本人이 표현대리를 주장할 수는 없으며, 다만 無權代理行爲의 追認에 의하여 표현대리가 성립한 것과 같은 결과에 이르게 하든가(제130조·제133조), 아니면 표현대리의 요건을 갖추지 못하였으므로 무권대리행위에 불과하다고 주장할 수 있을 뿐이다. 표현대리는 상대방이 이를 주장하는 때에야 비로소 문제된다고 말하였다. 그러므로 표현대리의 성립을 위한 실질적 요건이 모두 구비되었더라도 상대방이 이를 주장하지 않는 시점에서는 문제의 대리행위는 단순한 無權代理의 성격에 머물러 있을 뿐이다.

바로 이와 같은 상황에서 문제되는 것이 "표현대리에 관한 규정 이외에 無權代理에 관한 규정(제130조~제135조)이 적용될 수 있겠는가?" 하는 것이다. 이에 대해서는 항을 바꾸어 설명하기로 한다.

(나) 無權代理에 관한 개념체계

502 표현대리의 요건이 모두 구비되었음에도 불구하고 상대방이 표현대리를 주장하지 않는 시점에서 표현대리에 관한 규정(제125조·제126조·제129조)과 무권대리에 관한 규정(제130조~제135조)의 상호관계를 설명하기 전에, 우선 무권대리에 관한 종래 학설의 개념체계를 점검할 필요가 있다. 왜냐하면 이에 관한 개념체계는, 양 규범체계 사이의 상호관계를 염두에 두고 구성된 것이기 때문이다. 이에 관한 학설의 입장은 크게 둘로 구분할 수 있다.

제1설의 입장은 이러하다[259]: 대리권 없이 이루어진 대리행위는 모두 넓은 의미에서의 無權代理이다; 이와 같은 無權代理 중에는 본인에게 효과가 귀속되는 경우와 그렇지 않은 경우가 있다; 전자는 '表見代理'이고 후자는 '俠義의 無權代理'이다. 이 학설의 주장내용을 기호로 표시하면 다음과 같다: [광의의 무권대리 = 표현대리 + 협의의 무권대리]. 이 학설에 따르면, 제125조·제126조·제129조는 표현대리에 관한 규정이고, 제130조부터 제135조까지의 규정은 협의의 무권대리에 관한 규정이라고 한다. 제2설의 입장은 이러하다[260]: 대리권 없이 행한 대리행위는 모두 무권대리인데, 이

259) 郭潤直, 앞의 책 "民法總則", 391면; 金相容, 앞의 책 "民法總則", 616면; 白泰昇, 앞의 책 "民法總則", 491면.

260) 高翔龍, 앞의 책 "民法總則", 593면; 金容漢, 앞의 책 "民法總則論", 386면.

무권대리 중 특별한 경우가 표현대리이다. 즉 제2설은, 제1설에서 말하는 '광의의 무권대리'를 무권대리 일반으로 보고, 표현대리는 그와 같은 무권대리의 특수한 형태로 관념하는 것이다. 이들 학설의 주장내용을 그림으로 표현하면 다음과 같다.

[무권대리에 관한 종래 학설의 개념체계]

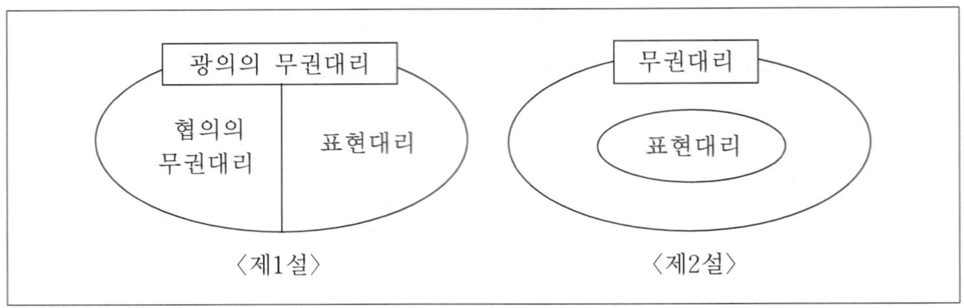

그렇다면 이들 학설의 개념체계에 무슨 차이가 있다고 할 수 있는가? 제1설에 비하여 제2설은 무권대리와 표현대리의 관계를 보다 긴밀하게 설정하고자 하는 의도이다. 즉 제2설은 표현대리가 무권대리의 범주에 온전히 포함되는 것으로 관념함으로써 표현대리는 모든 면에 있어서 무권대리의 성질을 잃지 않는 것으로 보아 제135조까지도 적용되는 것으로 해석하게 된다. 이와 달리 제1설은, '표현대리'와 '협의의 무권대리'의 경계설정을 명확히 함으로써 표현대리가 성립하는 경우에 협의의 무권대리에 관한 규정을 모두 중복적용하지 않고 선택적으로 적용하기 위한 이론적 토대를 설정하기 위한 것이다. 이와 같은 목표에 따라 제1설은 표현대리가 성립하는 경우에 협의의 무권대리에 관한 규정 중에서 제135조만은 적용되지 않는 것으로 해석한다.

제1설과 제2설의 최종적인 대립점은 표현대리가 성립한 경우에 있어서 제135조가 적용되는 것으로 보아야 할 것인가 여부에 있다. 이와 같은 대립점에 대한 판단은 뒤로 미루기로 하고,[261] 여기에서는 무권대리의 개념체계 자체에 관한 종래의 설명의 타당성에 한정하여 살피기로 한다. 결론부터 말

261) 이에 대해서는 이 책 [503] 이하에서 논의할 것이다.

한다면, 무권대리에 관한 종래 학설상의 개념체계는 표현대리와 무권대리에 관한 규정(제130조~제135조) 상호간의 관계설정과 논리적 필연관계에 있지 않다는 것이다. 특히 제1설에 대하여는 다음과 같은 비판이 가능하다: '협의의 무권대리'와 '표현대리'의 경계를 분명히 하려 한다면 무엇 때문에 표현대리가 성립한 경우에 제130조 내지 제134조의 적용을 긍정하는가? 이들 규범은 분명히 제1설이 말하는 '협의의 무권대리'에 관한 규정이기에 하는 말이다. 이와 같은 비판에 대하여 제1설은 다음과 같이 방어할지 모른다: 표현대리가 성립한 경우라 하더라도 제130조 내지 제134조의 적용을 긍정하는 것은 이들이 모두 광의의 무권대리에 속하기 때문이다. 그런데 이에 대해서는 다시 다음과 같은 재비판이 가능하다: 그렇다면 무슨 이유로 오직 제135조만을 적용대상에서 제외하는가? 왜냐하면 제135조 또한 제130조 내지 제134조와 함께 '협의의 무권대리'에 관한 규정에 속하기 때문이다. 제1설이 그들의 목표를 유지하면서 논리성을 잃지 않기 위해서는, 아래 그림에서 보는 바와 같이, 무권대리의 범주를 '제135조'와 '제130조~제134조'로 크게 2분하고, '제130조~제134조'의 범주 안에 표현대리를 위치시켜야 할 것이다.

[제1설의 논리성 유지를 위한 모델]

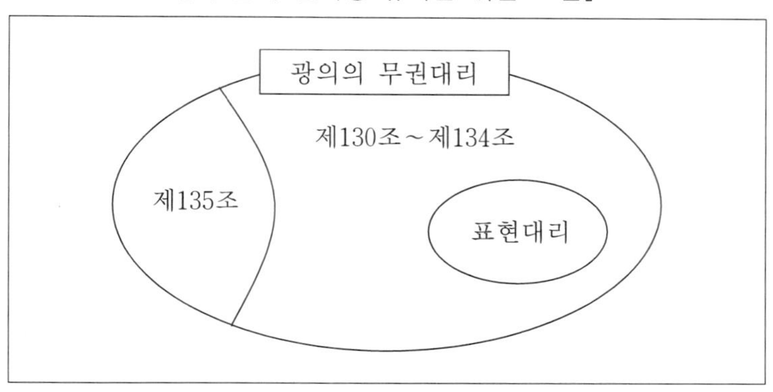

무권대리에 관한 개념체계 자체만을 놓고 보면 제2설의 입장이 타당하다고 생각한다. 특히 제1설이 논리성을 확보하고 있지 못한 원인은, 그들이 말하는 개념체계로 보면 제130조~제135조까지의 6개 규정이 모두 '협의의

무권대리'에 관한 규정임에도 불구하고 제135조만을 차별적으로 다루고 있다는 사실에 있음을 알 수 있었다. 한편, 표현대리가 성립하는 경우에 제135조를 적용할 수 있을 것인가 하는 점이 제1설과 제2설의 실질적 대립점이라는 사실을 언급한 바 있다. 다음에서는 이와 같은 실질적 대립점에 있어서 어떤 학설이 타당하다고 할 수 있는가 하는 것을 항을 바꾸어 검증하기로 한다.

3) 表見代理의 성립이 확정되지 않은 시점에서의 法律關係

(가) 논의의 방향설정

503 여기에서 논의하고자 하는 문제를 간단히 정리하면 다음과 같다: 표현대리는 상대방이 이를 주장하는 때에야 비로소 문제된다; 그러므로 표현대리의 성립을 위한 실질적 요건이 모두 구비되었더라도 상대방이 이를 주장하지 않는 시점에서는 문제의 대리행위는 단순한 無權代理의 성격에 머물러 있을 뿐이다. 그 결과, 이와 같은 시점(즉 표현대리의 실질적 요건은 갖추어졌으나 상대방이 표현대리를 주장하지 않은 시점)에서는 표현대리에 관한 규정 이외에 無權代理에 관한 규정(제130조~제135조)도 적용될 수 있다는 해석이 가능하다. 이미 살핀 바와 같이, 무권대리의 개념체계에 대한 학설대립은 이와 같은 상황을 염두에 둔 것이었다. 그러므로 이에 대한 학설상황은 무권대리의 개념체계에 관한 학설상황의 재현이라고 할 수 있다.

다음에서는 종래의 학설상황을 소개하면서 이를 비판적 관점에서 검토해 보기로 한다.

(나) 종래의 학설상황

504 표현대리의 실질적 요건은 갖추어졌으나 상대방이 표현대리를 주장하지 않은 시점에 있어서 표현대리에 관한 규정 이외에 무권대리에 관한 규정이 적용되는가에 대한 학설의 내용은 이러하다. 첫째, 무권대리의 개념체계에 관하여 제1설을 취하는 입장은 다음과 같이 주장한다: 제130조부터 제134조까지는 표현대리가 성립하는 경우에도 적용될 수 있으나 제135조는 적용되지 않는다. 둘째, 무권대리의 개념체계에 관하여 제2설을 취하는 입장은 다음과 같이 주장한다: 제135조를 포함하여 무권대리에 관한 모든 규정이 경합적으로 적용된다. 표현대리를 무권대리의 일종으로 보는 이상 제2설이 논리에 합치한다고 볼 수 있다는 점은 이미 지적하였다.

제1설은 제135조만을 차별적으로 다루고 있는데, 이로 인하여 무권대리에 관한 그들의 개념체계의 논리성에 흠이 생기게 된다는 점을 지적하였다. 그렇다면 이와 같은 논리적 문제점에도 불구하고 제1설이 제135조를 차별하는 이유는 무엇인가? 이에 대하여 제1설은 다음과 같이 설명한다: ① 代理行爲의 相對方은 본래 本人과 거래할 것을 기대한 것이고 또 정상적인 대리행위에 있어서도 本人과의 사이에서만 효과가 발생하는 것인데, 만일 완전한 有權代理도 아닌 表見代理의 경우에 상대방이 本人의 책임과 無權代理人의 책임을 선택적으로 추궁할 수 있는 것으로 해석한다면 이는 상대방 보호에 편중된 것으로 공평관념에 반한다; ② 제135조에 의한 無權代理人의 책임은 本人에 의한 追認이 없어 본인이 책임을 지지 않는 때에 발생하는 것인데, 표현대리에 의하여 本人이 책임을 지는 것으로 되었다면 굳이 無權代理人에게 책임을 물을 필요가 없다.

제2설은 다음과 같은 논거로써 제135조를 포함하여 무권대리에 관한 모든 규정이 경합적으로 적용된다고 한다: ① 表見代理도 無權代理인 이상 제135조를 차별할 이유가 없다; ② 表見代理가 성립하였다면 本人뿐만 아니라 無權代理人도 책임을 물을 수 있는 원인을 제공하였다고 볼 수 있으므로 상대방이 無權代理人에게 책임을 묻는다 하여 이를 부당한 것으로 볼 수는 없다.

(다) 종래 학설에 대한 비판적 검토

가) 종래 학설의 공통적 문제점

505 여러 차례에 걸쳐 지적한 바와 같이, 表見代理의 규정과 無權代理의 규정의 중복적용 여부에 관한 논의는, 표현대리의 성립을 위한 실질적 요건은 모두 구비되었음에도 불구하고 상대방이 이를 주장하지 않은 상태를 전제로 하는 것이다. 그런데 여기에서 다음과 같은 근본적인 의문을 제기하고 싶다: '확정되지 않은 법률요건'과 '확정된 법률요건'을 대상으로 이들에 대하여 규범의 중복적용을 논한다는 것은 논리상의 오류가 아닌가? 무엇이 '확정되지 않은 법률요건'이고 무엇이 '확정된 법률요건'인가? 대리인이 대리권 없이 대리행위를 한 것으로 판명된 시점을 기준으로 볼 때, 표현대리는 '확정되지 않은 법률요건'이고 무권대리는 '확정된 법률요건'이다. 무권대리인이 대리행위를 하였다면 그 사실 자체로 인하여 무권대리행위로

확정되지만, 표현대리의 경우에는 문제의 대리행위가 무권대리라는 것 이외에 '신뢰외관에 대한 본인의 원인제공' 및 '상대방의 신뢰에 대한 보호가치' 등과 같은 사실이 추가됨으로써 비로소 표현대리행위로 확정된다. 만일 양자가 같은 단계에서 확정되는 것이라면 이들에 관한 규범의 중복적용을 말할 수 있을 것이지만, 양자의 확정단계가 상이하므로 이들에 관한 규범의 중복적용을 논의한다는 것 자체가 논리에 맞지 않는다. 이와 같은 점에서 제1설과 제2설 모두 잘못된 전제에서 출발한 견해가 아닌가 하는 생각이 드는 것이다. 종래 학설은, 대리행위의 상대방이 표현대리를 주장하기만 하면 반드시 성공할 수 있는 상황이라면 모르되 그 이외의 경우에는 타당성이 없다.

앞에서 제안한 입장에 따라 제1설과 제2설의 대립점을 판단한다면 그 결과는 제2설과 같다. 즉 표현대리를 주장하지 않은 시점에 있어서 상대방은 표현대리를 주장할 수도 있고 무권대리에 관한 모든 규정을 원용할 수도 있다. 다음에서는 항을 바꾸어 앞의 제안과 결론까지도 달리하는 제1설의 문제점을 구체적으로 짚어 보자.

나) 제1설의 문제점

㉮ 相對方이 表見代理를 먼저 주장하는 경우

506 相對方이 本人에게 대하여 표현대리를 먼저 주장하는 경우를 보고자 한다.

만일 상대방의 표현대리 주장에 대하여 본인이 스스로 법률효과를 귀속받겠다는 의사를 표시했다면 이는 표현대리의 문제라기보다는 오히려 默示的 追認에 해당하는 것으로 보는 것이 옳다. 그러므로 이 때에는 제135조의 적용이 문제될 여지가 없다.

相對方의 表見代理 주장에 대하여 本人이 이의를 제기한다면 어떻게 될 것인가? 제1설의 논리에 따르면 이와 같은 경우라 하더라도 상대방은 곧바로 無權代理人에 대하여 제135조에 기한 권리를 주장할 수 없다. 왜냐하면 제135조는 표현대리가 부정되는 경우에 적용되는 것인데, 本人이 相對方에 의한 表見代理의 주장을 거부하였다 하여 표현대리가 성립하지 않는다고 단정할 수 없기 때문이다. 그렇다면 상대방으로서는 裁判을 통하여 표현대리의 성립 여부를 확인받아야만 비로소 그에게 제135조에 기한 권리가 인정되는가 하는 것을 판단할 수 있는 것으로 된다. 이렇게 보게 되면, 결국 제135조는 표현대리가 성립하지 않는다는 내용의 법원판결을 전제로 해서만 적용될 수 있다는 것인데, 이는 명백히 제135조의 취지에 반한다. 왜냐하면 제135조를 표현대리가 성립하지 않은 경우에만 적용되는 보충적 규정이라고 볼 수는 없기 때문이다. 또한 표현대리제도는 상대방을 보호하기 위한 제도인데, 만일 제1설과 같이 보게 되면 표현대리제도가 그 취지와 정반대로 오히려 상대방의 제135조에 기한 권리행사에 있어서 장애요소로 작용하게 된다.

한편, 상대방의 주장이 인용되어 표현대리가 성립하는 것으로 판결이 나면 상대방으로서는 제135조에 기한 주장을 할 필요도 없을 것이다. 설령 제135조에 기한 주장을 한다 하더라도 이를 인용할 수는 없을 것이다. 그 이유는 이러하다: 相對方은 본래 本人과 거래할 것을 기대하여 代理人과 법률행위를 한 것이다; 表見代理의 성립에 따라 상대방은 본인과의 법률관계를 설정함으로써 법률행위를 한 목적을 달성하였다; 표현대리가 성립한 것은 상대방이 無權代理人에게 대리권이 있다고 믿었기 때문이다; 그럼에도 불구하고 방향을 전환하여 제135조에 따라 無權代理人과 법률관계를 설정하려는 것은 先行行爲(즉 本人과 법률관계를 설정하려는 태도)와 모순되는 행위이다; 그러므로 상대방의 그와 같은 행위는 신의칙(특히 모순행위금지의 원칙)에 반하는 행위이다. 결국, 상대방에 의한 표현대리의 주장이 인용되어 표현대리가 성립하는 것으로 판결이 나면 表見代理와 제135조의 중복적용은 문제되지 않는다.

㈏ 상대방이 제135조의 권리를 먼저 주장하는 경우

507 相對方이 無權代理人에게 제135조에 기한 권리를 먼저 주장하는 경우이다.

제1설에 따르면, 대리인의 상대방이 제135조에 따라 無權代理人에게 책임을 추궁하기 위해서는 표현대리의 성립이 부정되는 경우이어야 한다. 이는 무권대리인에게 상대방으로 하여금 먼저 본인에 대하여 표현대리의 주장을 하라는 抗辯權이 있다는 결과로 된다. 그런데 무권대리인에게 그와 같은 항변권이 있다고 볼 만한 법리적 근거가 없을 뿐만 아니라, 무권대리인이 표현대리의 성립을 주장하는 것은 표현대리의 성질과도 거리가 멀다. 표현대리는 상대방이 주장하는 경우에 비로소 문제되는 것이기 때문이다.

제1설은 상대방이 무권대리인에게 제135조에 기한 권리를 먼저 주장하는 것을 허용하지 않는 입장이다. 그러므로 상대방이 제135조에 기한 권리를 먼저 주장하는 때에 있어서도 표현대리의 성립 여부를 우선적으로 판단하여야 한다는 결과로 되고, 따라서 이 경우에도 앞의 경우(즉 상대방이 표현대리를 먼저 주장하는 경우)에서 말한 것과 마찬가지의 문제점이 나타나게 된다.

4) 結 語

508 대리인이 대리권 없이 행한 무권대리의 개념체계에 관하여 종래 학설은 크게 둘로 구분되어 있다. 제1설은 다음과 같이 표시할 수 있다: [광의의 무권대리 = 표현대리 + 협의의 무권대리]. 이에 반해 제2설은, 대리권 없이 행한 대리행위는 모두 무권대리이며, 이 무권대리 중 특별한 경우가 표현대리라고 한다. 제1설과 제2설의 실질적이며 최종적인 대립점은, 상대방이 표현대리를 주장하지 않고 곧바로 제135조에 기한 권리를 행사할 수 있겠는가 하는 데에 있다. 그런데 표현대리와 제135조의 중복적용 여부를 논하는 태도 자체가 논리에 합치하지 않는다. 왜냐하면 양자는 같은 단계에서 확정되는 문제가 아니기 때문이다. 이와 같은 점에서 제1설이든 제2설이든 모두 논리적 오류를 포함한 견해가 아닌가 생각한다.

특히 제1설에 따르면, 상대방은 표현대리가 성립하지 않는 경우에 한해서 제135조에 기한 권리를 행사할 수 있다. 이러한 입장은 제135조를 표현대리와의 관계에서 보충적 규정으로 보는 결과가 되는데, 이러한 해석은 제135조의 규범취지와 거리가 멀다. 또한 제1설에 의하게 되면 무권대리에 관한 규범체계의 한 측면인 '상대방 내지 거래안전의 보호'에도 어긋나는 결과에 이르게 된다. 표현대리제도와 제135조는 모두 상대방을 보호하기 위한 제도임에 분명하다. 그런데 제135조를 표현대리의 불성립을 전제로 해서만 적용되는 것으로 보게 되면, 표현대리제도가 오히려 상대방의 권리행사에 있어서 장애요소로 작용하게 되는 문제점이 발생한다.

요컨대, 상대방으로서는 표현대리의 성립을 주장하여 본인과 법률관계를 설정하든 제135조에 따라 무권대리인과 법률관계를 설정하든 자유로운 선택권이 있는 것으로 보아야 할 것이다.[262] 또한 무권대리의 개념체계에 대해서는 제2설의 입장이 타당하다: 즉 대리권 없이 행한 대리행위는 모두 무권대리(무권대리 일반)이며, 이 무권대리 중 특별한 경우가 표현대리이다. 그러므로 표현대리는 무권대리로서의 성질을 잃지 않는다. 다음에서는 이와 같은 입장에 따라 무권대리의 구체적 규범내용을 살피기로 한다.

(3) 無權代理의 구체적 규범내용

509 무권대리행위를 일괄적으로 무효로 해서는 아니 될 요소가 있는데, 그 요소는 '계약경제'와 '상대방 내지 거래안전 보호'의 두 측면임을 설명한 바 있다. 그러므로 무권대리의 구체적 규범내용에 대한 검토에 있어서는 이와 같은 측면을 늘 염두에 두고 생각하여야 한다.

1) 無權代理 一般

(가) 논의의 방향

510 여기에서 다루고자 하는 대상은 제130조부터 제136조까지의 규정이다. 이들 규정의 위상은 무권대리에 관한 개념체계에 있어서 제1설을 취하는가 제2설을 취하는가에 따라 차이가 있다: ① 제1설의 입장에서 보면, 이들 규정은 '협의의 무권대리'(즉 표현대리가 성립하지 않는 경우)에 적용되는 규정이다; ② 제2설의 입장에서 보면, 이들 규정은 표현대리의 성립과 무관하게 모든 무권대리에 적용되는 규정이다.

민법은 무권대리행위가 계약인 경우(제130조~제135조)와 단독행위인 경우(제136조)로 나누어 규정하고 있으므로 이에 따라 설명하기로 한다.

---

262) 2002년에 개정된 민사소송법에서는 豫備的·選擇的 共同訴訟制度를 신설하였다(민사소송법 제70조). 즉 共同訴訟人 가운데 일부의 청구가 다른 共同訴訟人의 청구와 법률상 양립할 수 없거나 共同訴訟人 가운데 일부에 대한 청구가 다른 共同訴訟人에 대한 청구와 법률상 양립할 수 없는 경우에는 訴를 병합하여 하나의 소로 제기할 수 있고, 그 병합은 예비적 또는 선택적으로 할 수 있으며, 공동소송인 사이에는 필수적 공동소송에 관한 규정(민사소송법 제67조~제69조)을 준용한다. 이 제도에 따라 무권대리인의 상대방은 본인에 대한 표현대리의 주장과 무권대리인에 대한 제135조의 책임추궁의 주장을 병합하여 소를 제기할 수 있다. 無權代理人의 相對方이 主位的 請求로서 本人에 대하여 표현대리의 성립을 주장하고, 豫備的 請求로서 무권대리인에게 제135조의 책임을 주장한다면 제1설을 취한다 하더라도 별다른 문제는 없다. 그러나 무권대리인의 상대방에게 그와 같은 식으로 권리구제를 받을 것을 강제할 수는 없는 일이다.

(나) 無權代理行爲가 契約인 경우

511 계약의 무권대리에 관한 민법의 기본태도는 이러하다: ① 본인에게 추인권 및 추인거절권을 부여함으로써 본인의 이익을 고려한다; ② 상대방에게 최고권·철회권 및 무권대리인에 대한 책임을 추궁할 수 있는 권리를 부여함으로써 상대방과 본인간의 이익균형을 도모한다.

가) 本人·相對方間의 관계

㉮ 本人의 權利

㉠ 追認權·追認拒絕權

512 무권대리라 하더라도 本人이 追認을 하게 되면 유효한 대리행위로 된다(제130조). 계약경제의 측면을 반영한 것이며, 특히 추인에 의하여 유효로 하게 되면 상대방의 기대에도 부응한다는 취지에서 인정된 것이다. 이와 같은 점에서 무권대리행위를 流動的 無效라고 하는 것이다. 追認의 효과는 특별한 사정이 없는 한 계약시에 소급한다(제133조 본문). 따라서 추인이 있게 되면 무권대리행위는 처음부터 유효한 것으로 된다. 그러나 이와 같은 遡及效로 인하여 제3자의 권리를 해하지는 못한다(제133조 단서). 추인의 의사표시는 상대방에게 하지 않으면 상대방에게 대항하지 못한다(제132조 본문). 그러나 상대방이 어떠한 경로이든 추인사실을 안 때에는 그러하지 않다(제132조 단서).

무권대리행위는 본인이 추인을 하지 않는 한 본인에게 효력이 발생하지 않는다. 즉 무권대리행위를 그대로 방치하더라도 본인에 대하여 효력이 없다. 그러나 본인이 적극적으로 추인의 의사가 없음을 표시함으로써 무권대리행위를 확정적 무효로 할 수도 있으며(追認拒絕), 추인거절의 의사표시의 방법은 추인의 경우와 같다(제132조). 추인거절의 의사표시를 한 후에는 다시 추인할 수 없다.

본인의 追認權 또는 追認拒絕權의 법적 성질은 모두 形成權이다. 왜냐하면 本人의 一方的 行爲로 인하여 權利變動[263]이 일어나기 때문이다.

㉡ 本人과 無權代理人의 地位가 混同된 경우의 특수문제

513 대리권이 없이 대리행위를 한 후에 본인 또는 무권대리인이 사망

263) 유동적 무효상태에 있었던 무권대리행위가 추인의 경우에는 확정적 유효, 추인거절의 경우에는 확정적 무효로 되기 때문이다.

함으로써 무권대리인과 본인의 지위가 동일인에게 귀속한 경우에 까다로운 법률문제가 나타난다. 두 가지 경우로 나누어 살피기로 한다.

(a) 無權代理人이 本人을 相續한 경우

514 다음과 같은 경우이다: X의 직계비속 A는 대리권이 없음에도 불구하고 X소유의 부동산을 X를 대리하여 Y에게 매도하여 소유권이전등기가 완료되었다; 그 후 X가 사망하였고 A는 X를 상속하였다. 이 경우에 A는 무권대리인의 지위와 본인의 지위를 동시에 가지게 되는데, 이 경우에도 A가 X의 상속인의 지위에서 추인거절권을 행사할 수 있겠는가?

이에 대한 학설은 다음과 같다: ① 제1설[264](무권대리행위는 당연히 유효로 되어 A는 추인거절권을 행사하지 못한다); ② 제2설[265](본인의 지위와 무권대리인의 지위가 융합되지 않고 병존하지만, 본인의 지위에서 추인을 거절하는 것이 신의칙에 반하여 허용되지 않는 경우가 있다). 제1설의 주된 논거는 다음과 같다: 설령 본인의 지위와 무권대리인의 지위가 병존하는 것으로 관념한다 하더라도 무권대리인의 책임을 추궁당하게 되면 결국 본인으로서의 효과를 받는 것과 마찬가지의 결과가 된다; 그러므로 양 지위가 병존한다는 식의 구성이 가지는 실익이 없다. 그러나 제1설의 이 논거는 정확하지 않다. 만약 본인의 지위에서 추인을 거절한다 하더라도 무권대리인으로서 책임을 지겠지만, 상대방이 악의이거나 과실이 있는 선의라면 무권대리인의 책임이 배제되기 때문이다(제135조 제2항). 즉 양 지위가 병존하는 것으로 인한 실익이 있다. 한편, 제1설과 같이 상속으로 인하여 무권대리가 당연히 유효로 된다고 하게 되면 상속이라는 우연한 사정으로 인하여 상대방의 권리가 부당하게 축소되는 상황[266]도 발생할 수 있다. 판례도 제2설과 같은 입장이다.[267]

앞에서의 설명은 무권대리인이 본인을 단독상속한 경우이다. 그렇다면 공동상속의 경우는 어떠한가? 제1설의 문제점은 공동상속의 경우에 보다 명확하게 드러난다. 제1설의 논리대로 일관한다면 이 경우에도 무권대리가

---

264) 金容漢, 앞의 책 "民法總則", 368면; 金曾漢·金學東, 앞의 책 "民法總則", 457면 등.

265) 李英俊, 앞의 책 "民法總則", 562면; 金相容, 앞의 책 "民法總則", 649면; 白泰昇, 앞의 책 "民法總則", 512면; 金俊鎬, 앞의 책 "民法總則", 457면 등.

266) 예: 제1설의 입장에서 본다면 상대방은 철회권(제134조)을 행사할 수 없다.

267) 대법원 1994. 9. 27. 94다20617 참조.

유효하게 되는 것으로 보아야 할 것이다. 그러나 이는 다른 공동상속인의 추인거절권을 이유없이 박탈하는 결과가 되어 타당하지 않다. 그리하여 기본적으로 제1설을 취하면서도 공동상속의 경우에는 상속인 전원의 추인이 있어야 무권대리행위가 유효하다고 보는 학설이 있다.[268] 그러나 단독상속인가 공동상속인가에 따라 근본적으로 다른 이론구성을 한다는 것은 수긍하기 어렵다. 제2설의 타당성이 보다 명확해지는 대목이다. 제2설에 따라 공동상속의 경우를 보면 다음과 같다: 상속재산은 공동상속인의 공유에 속하므로(제1006조) 본인을 상속한 공동상속인은 추인권과 추인거절권을 준공유하는 것으로 된다(제278조); 그런데 무권대리행위의 추인은 처분행위에 해당하므로 공유자 전원의 동의가 있어야 한다(제278조, 제264조); 그러므로 무권대리인이 아닌 다른 공동상속인 전원의 동의가 없는 한, 문제의 대리행위는 여전히 무권대리행위로 남아있게 된다. 따라서 상대방으로서는 제135조에 기하여 무권대리인에게 책임을 추궁하는 수밖에 없다.

(b) 本人이 無權代理人을 相續한 경우

515 다음과 같은 경우이다: X의 직계존속 B는 대리권이 없음에도 불구하고 X소유의 부동산을 X를 대리하여 Y에게 매도하여 소유권이전등기가 완료되었다; 그 후 B가 사망하였고 X는 B를 상속하였다. 이 경우에 X는 무권대리인의 지위와 본인의 지위를 동시에 가지게 되는데, X가 B의 상속인의 지위에서 추인거절권을 행사할 수 있겠는가?

이에 대해서도 학설이 대립한다: ① 제1설[269](무권대리행위가 유효하게 되고 추인을 거절하지 못한다); ② 제2설(본인의 지위와 무권대리인의 지위가 융합되지 않고 병존하며, 본인의 지위에서 추인 또는 추인거절을 할 수 있다).[270] 무권대리인이 본인을 상속한 경우에서 말한 바와 같은 이유에서 제2설이 타당하다고 생각한다. 그리고 이 경우에는 추인거절이 신의칙에 해당할 가능성도 많지 않다. 왜냐하면 상속인이 무단행위를 한 것이 아니며, 오히려 그는 무단행위의 피해자이기 때문이다.

---

268) 金疇洙, 앞의 책 "民法總則", 448면; 高翔龍, 앞의 책 "民法總則", 544면.
269) 郭潤直, 앞의 책 "民法總則", 285면; 金容漢, 앞의 책 "民法總則", 368면.
270) 참고가 될 만한 판결로는 대법원 1994. 8. 26. 93다2019; 대법원 2001. 9. 25. 99다19698 등 참조.

㈏ 相對方의 權利

516 無權代理行爲가 本人에게 효력이 발생하는가 여부는 本人의 追認 또는 追認拒絶에 달려 있다. 따라서 상대방은 매우 불안정한 지위에 있게 된다. 이에 따라 민법은 상대방에게 催告權(제131조)과 撤回權(제134조)을 줌으로써 本人과의 관계에서 이익균형을 꾀하고 있다.

㉠ 催告權

517 相對方은 상당한 기간을 정하여 본인에게 추인 여부의 확답을 催告할 수 있다(제131조 제1문). 催告權은 그 개념상 본인으로부터 추인 또는 추인거절이 없는 상황에서만 행사할 수 있는 것이다. 여기에서 최고권의 의미를 생각해 볼 필요가 있다. 상대방의 최고권은 본인의 추인권·추인거절권이 형성권이라는 점과 밀접한 연관이 있다. 형성권에 있어서는 형성권자의 일방적인 의사표시에 의하여 권리변동이 일어나게 된다. 형성권의 이와 같은 특질로 인하여 당해 권리관계의 상대방은 물론 기타 이해관계자는 극히 불안정한 지위에 있게 된다. 그러므로 형성권이 존재하는 경우에 법률관계의 유동기간으로 인한 법적 불안정상태를 완화할 필요가 있다. 제131조의 최고권은 이와 같은 법적 불안정상태를 완화하기 위한 조치 중의 하나이다.[271]

상대방의 최고권은 상대방에게 있어서 적극적인 의미를 가지지 못한다. 왜냐하면 상대방에 의한 최고의 결과는 제1차적으로는 본인의 태도 여하에 달려 있기 때문이다. 즉 본인이 추인을 하면 무권대리행위는 확정적으로 유효한 것으로 되고, 추인거절을 하면 확정적 무효로 된다. 다만, 상당한 기간 내에 본인으로부터 확답이 없는 때에는 추인을 거절한 것으로 본다(제131조 제2문).

㉡ 撤回權

518 위에서 상대방의 최고권은 적극적인 의미를 가지지 못한다는 점을 지적하였다. 그리하여 민법은 최고권에서 더 나아가 상대방에게 撤回權을 부여하고 있다. 즉 상대방이 무권대리행위에 의한 구속을 원하지 않는 때에는 적극적으로 대리행위의 구성요소가 된 자신의 의사표시를 철회할

271) 이에 대해서는 이 책 [637] 참조.

수 있다(제134조 본문). 철회권이 인정되는 시점은 본인에 의한 추인 또는 추인거절의 의사표시가 있기 전이며, 철회권 행사의 상대방은 本人 또는 代理人이다(제134조 본문).

철회권 행사의 효과는 무엇인가? 이에 대하여 종래 일반적 학설은 無效라고 한다.[272] 그러나 철회권 행사의 효과는 법률행위의 무효가 아닌 법률행위의 不存在로 보는 것이 法論理에 합치한다고 생각한다. 그 이유는 이러하다: 여기에서 문제되는 대리행위는 契約이다; 계약의 성립을 위하여 대리인과 상대방이 의사표시를 하였을 것이다; 상대방측에서 그가 행한 의사표시를 철회하게 되면 계약성립 요소인 하나의 의사표시가 없어지게 되는 것이다; 그러므로 이 상황에서는 단순한 의사표시의 흠이 문제되는 것이 아니라 의사표시 자체가 존재하지 않아 계약의 성립요건이 충족되지 못하는 결과가 된다.[273]

상대방이 자신의 의사표시를 철회하게 되면 본인도 이제는 追認을 할 수 없다. 이와 같은 결과는 제134조의 규범취지에 비추어 명백할 뿐만 아니라, 논리적으로도 추인은 불가능하다. 왜냐하면 철회권 행사의 효과는 법률행위의 성립을 전제로 하는 無效가 아니라 법률행위의 성립요건이 결여된 법률행위의 不存在이기 때문이다. 법률행위의 부존재의 경우에는 추인의 대상 자체가 존재하지 않는다는 점에 유의하여야 한다. 또한 철회를 하게 되면 상대방은 무권대리행위의 성립을 전제로 한 어떠한 주장도 할 수 없다. 본인에 대하여 이행청구를 할 수 없음은 물론 무권대리인에 대한 제135조 제1항의 책임(계약의 이행 또는 손해배상)도 주장할 수 없다. 철회로 인하여 무권대리행위는 더 이상 존재하지 않는 것으로 되기 때문이다.

催告權과 달리, 撤回權은 상대방이 대리행위의 당사자인 대리인에게 대리권이 없음을 모른 때에 한하여 인정된다(제134조 단서). 악의의 상대방은 불확정적인 상태에 놓이는 것을 스스로 각오한 자이므로 보호의 필요성이 없기 때문이다.

---

272) 郭潤直, 앞의 책 "民法總則", 407면; 金相容, 앞의 책 "民法總則", 651면; 金俊鎬, 앞의 책 "民法總則", 460면; 白泰昇, 앞의 책 "民法總則", 513면; 李銀榮, 앞의 책 "民法總則", 655면.

273) 같은 취지의 설명에 대해서는 이 책 [134] 참조.

나) 相對方·無權代理人간의 관계

㉮ 無權代理人의 책임의 요건

519 제135조는 무권대리에 있어서 무권대리인의 상대방에 대한 책임을 규정하고 있다. 제135조의 적용요건은 다음과 같다: ① 대리권 없는 자에 의한 대리행위일 것; ② 본인의 추인을 얻지 못할 것; ③ 상대방이 선의·무과실일 것; ④ 무권대리인이 행위무능력자가 아닐 것. 이들 각 요건에 대하여 좀 더 구체적으로 살펴보자.[274]

㉠ 代理權 없는 者에 의한 代理行爲일 것

520 '대리권 없는 자에 의한 대리행위'이다. 즉 대리권 없는 자가 본인의 이름으로 계약을 하였어야 한다. 제135조는 무권대리를 전제로 한 규정이므로 가장 기초가 되는 요건이다.

㉡ 本人의 追認을 얻지 못할 것

521 '본인의 추인을 얻지 못할 것'이라는 것을 '본인으로부터의 追認이 없어 流動的 無效狀態에 있을 것'으로 해석할 것[275]인가 아니면 '本人이 追認을 거절한 때'로 해석할 것인가 하는 것[276]이 문제될 수 있다. 후자로 새겨야 할 것이다. 그 이유는 다음과 같다: ① 相對方은 본래 本人과의 법률관계를 설정할 목적으로 代理行爲를 한 것으로, 本人이 追認을 하면 그 목적을 달성하는 것인데, 본인에 의한 추인 가능성이 있음에도 불구하고 상대방에게 제135조의 권리를 인정하는 것은 상대방에 대한 지나친 보호이다; ② 제135조는 대리인이 자기명의로 법률행위를 하지 않았음에도 불구하고 대리인에게 책임을 지운다는 점에서 특별한 규정이고 상대방 보호를 위한 최후의 보루이므로, 본인에 의한 추인 가능성이 있다면 적용되지 않는 것으로 보아야 한다. 본인이 추인을 할 가능성이 없거나 추인하지 않으리라는 사정이 증명되면 제135조의 책임을 인정할 수 있다는 학설[277]도 실제에 있어서는 같은 것으로 생각한다. 추인을 할 가능성이 없거나 추인하지 않으

---

274) 제135조의 책임이 성립하지 않는다 하더라도 본인·대리인 간의 내부관계에 따라 본인이 사용자책임을 부담하는 것도 가능하다는 점은 이미 살펴보았다(이 책 [474] 참조).

275) 李銀榮, 앞의 책 "民法總則", 660면.

276) 李英俊, 앞의 책 "民法總則", 618면; 金俊鎬, 앞의 책 "民法總則", 462면.

277) 白泰昇, 앞의 책 "民法總則", 515면 참조.

리라는 것이 확실한 사정이라면 이는 추인거절과 다를 것이 없기 때문이다. 요컨대, '본인의 추인을 얻지 못할 것'이라는 요건을 '본인이 추인을 거절한 때 또는 그와 동일시할 수 있는 상황' 정도로 이해하면 될 것이다.

'본인의 추인을 얻지 못할 것'이라는 요건을 '본인이 추인을 거절한 때 또는 그와 동일시할 수 있는 상황'으로 해석한다면 다음과 같은 결과로 된다: 본인으로부터의 추인이 없는 상태에서 상대방이 제135조에 기한 권리를 행사하기 위해서는 최고를 하여야 한다(제131조); 최고에 대하여 본인이 추인을 하면 대리행위의 효과는 본인에게 귀속하게 된다; 본인이 추인을 거절하면 상대방은 제135조에 기한 권리를 행사할 수 있다; 또한 상당한 기간이 경과했음에도 불구하고 본인으로부터 아무런 확답이 없는 때에도 상대방은 대리인에 대하여 제135조의 책임을 물을 수 있다.

한편, 다음과 같은 사항이 문제될 수 있다: 표현대리가 성립하지 않아야만 제135조가 적용되는가? 이에 대해서는 이미 앞에서 자세히 논의하였다.[278] 표현대리의 성립이 확정되었다면 상대방은 제135조에 기한 권리를 행사할 수 없는 것으로 보아야 한다. 그러나 표현대리의 성립이 확정되지 않고 단순히 성립 가능성의 단계에 있는 것에 불과한 상태에서는 제135조의 권리를 행사할 수 있다고 보아야 한다.

ⓒ 相對方이 善意·無過失일 것

522 상대방은 대리인에게 대리권이 없다는 사실을 알지 못하였고 알지 못한 데에 대하여 過失이 없어야 한다. 제135조는 문제의 대리행위가 대리행위로서 유효한 것이라고 믿은 상대방을 보호하기 위한 것이기 때문이다.

여기에서 다음과 같은 사항이 문제될 수 있다: 제135조의 적용요건으로서의 善意·無過失과 표현대리의 성립요건으로서의 善意·無過失에는 어떤 차이가 있는가? 대리권의 부존재에 대한 善意·無過失은 표현대리의 성립요건이기도 하기 때문에 나타날 수 있는 문제이다. 표현대리는 무권대리의 특수한 형태로서 법정된 경우에 한하여 인정되는 제도이다.[279] 즉 표현대리

278) 이에 대해서는 이 책 [501] 이하 참조.

279) 대법원 1955. 7. 7. 4287민상366: "원래 표현대리제도는 대리제도의 신용을 유지하고 대리인과 거래하는 제3자의 이익을 보호하기 위한 것으로서 민법이 규정한 … 경

는, ① 대리권을 수여하지 않았음에도 불구하고 일정한 자에게 대리권을 수여한 것으로 표시한 경우(제125조), ② 대리권이 있기는 하나 문제의 행위에 대해서까지 대리권이 있지는 않은 경우(제126조) 및 ③ 과거에는 대리권이 있었으나 대리행위 당시에는 대리권이 없는 경우(제129조)에만 성립하는 제도이다. 논자에 따라서는 표현대리의 성립요건으로서의 선의·무과실은 ①·②·③의 상황에 대한 인식을 전제로 한 선의·무과실이라는 점에서 제135조의 선의·무과실과 차이가 있다고 말할 수도 있다. 그러나 굳이 그렇게 볼 필요는 없다고 본다. '대리권의 부존재'라는 것 자체만을 대상으로 놓고 생각한다면 제135조의 선의·무과실과 표현대리에서의 선의·무과실 사이에 실질적인 차이는 없다고 생각한다. 왜냐하면 ①·②·③은 각 표현대리의 성립을 위하여 '선의·무과실' 요건에 부가하여 인정되는 별개의 또 다른 요건으로 보아야 하기 때문이다.

㉣ 無權代理人이 行爲無能力者가 아닐 것

523 제135조의 적용요건이 구비되면 대리인은 마치 당해 법률행위를 자기의 명의로 한 것과 같이 상대방에 대하여 이행책임 또는 손해배상책임을 지게 된다. 그러므로 행위무능력자에게 제135조의 책임을 부과하는 것은 무능력자제도의 취지에 어긋난다고 보아야 한다. 이와 같은 취지에서 대리인이 행위무능력인 때에는 제135조의 책임이 성립하지 않는다(제135조 제2항).

㉯ 無權代理人의 責任의 내용

524 無權代理人은 相對方의 선택에 따라 契約의 履行 또는 損害賠償의 責任을 진다(제135조 제1항). '계약의 이행'과 '손해배상'은 상대방의 선택에 따라 어느 하나로 확정된다. 그러므로 이는 법률의 규정에 의하여 발생한 選擇債權[280]관계이며 선택권은 상대방에게 있는 경우이다. 다음에서는 계약의 이행과 손해배상의 의미에 대하여 살피기로 한다.[281]

우에 한한다."

280) 選擇債權이란 여러 개의 서로 다른 個性을 가진 給付가 선택적으로 채권의 목적으로 되어 있는 채권을 말한다(제380조~제386조 참조).

281) 제135조 제1항에 따른 무권대리인의 책임내용은 계약의 이행 또는 손해배상이다. 종래의 통설은 이들 책임내용의 본질을 설명함에 있어서 일원적으로 설명하는 입장이다. 그러나 양자의 본질은 각각 달리 설명하는 것이 타당하다고 생각한다. 그러므로

㉠ 契約의 履行

525 상대방이 무권대리인에게 계약의 이행을 요구하면 무권대리인은 이에 따라야 한다. 즉 당해 무권대리가 정상적인 대리행위였다면 본인에게 귀속하였을 효과가 무권대리인에게 발생하게 된다. 그렇다면 이와 같은 규범의 본질은 어디에서 찾아야 할 것인가? 상대방 보호 내지 거래안전 및 대리제도의 신용을 유지하기 위한 입법자의 결단에서 찾아야 할 것이다. 무권대리인의 '계약이행' 책임은 법률이 계약의 성립을 의제함으로써 발생하게 되는 것이다.

문제의 계약이 쌍무계약인 경우라면, 상대방이 무권대리인에게 계약의 이행을 청구할 수 있는 것과 마찬가지로 무권대리인도 상대방에게 반대급부의 이행을 청구할 수 있음은 물론이다.

㉡ 損害賠償

526 상대방이 계약이행 대신에 손해배상을 요구하면 代理人은 이에 따라야 한다. 여기에서의 손해배상은 履行利益(즉 계약이 이행되었더라면 취득하였을 이익)의 배상으로 보는 것이 통설이다.[282] 통설은 여기에서의 손해배상을 이행불능으로 인한 손해배상(즉 塡補賠償)에 상응하는 의미로 파악한다. 제135조 제1항의 손해배상은 무권대리인과 상대방 사이에 계약이 유효하게 성립한 것으로 의제된 것을 전제로 하여 인정되는 것이다. 그러므로 여기에서의 손해배상은 이행이익의 배상으로 보아야 할 것이며, 신뢰이익의 배상(계약이 유효함을 믿음으로 인하여 발생한 손해에 대한 배상)을 논의할 여지는 없다고 본다.

손해배상의 본질에 관하여 학설상 다툼이 있다.

제1설(통설)[283]은 상대방 보호와 거래안전을 도모하기 위한 정책적 요인에 의하여 인정된 법정의 무과실책임으로 이해한다.

이하에서는 양자를 구분하여 검토하기로 한다.

282) 高翔龍, 앞의 책 "民法總則", 562면; 郭潤直, 앞의 책 "民法總則", 409면; 金相容, 앞의 책 "民法總則", 657면; 金俊鎬, 앞의 책 "民法總則", 463면; 白泰昇, 앞의 책 "民法總則", 516면; 李英俊, 앞의 책 "民法總則", 629면; 李銀榮, 앞의 책 "民法總則", 663면.

283) 郭潤直, 앞의 책 "民法總則", 408면; 高翔龍, 앞의 책 "民法總則", 561면; 金容漢, 앞의 책 "民法總則論", 368면. 판례도 같은 입장이다(대법원 1962. 4. 12. 4294민상1021 참조.).

제2설[284]은 무권대리인이 자신을 대리인이라고 표시·주장한 사실에서 책임근거를 구하는 견해이다. 대리인이 법률행위를 함에 있어서는 자신이 대리권을 가지고 있다는 묵시적 주장이 내포되어 있으며, 상대방은 이 주장에 대응하여 법률행위를 한 것이므로 대리권의 부존재에 대한 책임은 대리인이 부담하는 것이 당연하다는 것이다. 즉 제2설은 제135조의 책임은 대리인의 '의사표시에 따른 책임'으로서 사적자치의 원칙의 범주 안에서 본질을 찾고자 하는 견해이다. 그런데 이 학설에 대해서는 다음과 같은 비판이 가능하다: 대리인이 법률행위를 함에 있어서는 자신이 대리권을 가지고 있다는 묵시적 주장이 내포되어 있으며, 상대방은 이 주장에 대응하여 법률행위를 하였다는 측면에서 대리인의 책임을 구한다면 정상적인 대리행위의 경우에 본인에게 효과가 귀속하는 현상은 어떻게 설명할 것인가? 대리행위에 있어서 대리인의 효과의사는 본인에게 효과를 귀속시키고자 하는 것이고 또한 그것이 대리제도의 본질에 해당한다. 그러므로 제135조에 기한 대리인의 책임을 의사표시에서 구하는 것은 사적자치원칙에 대한 왜곡이자 지나친 의제라고 생각된다.

제3설[285]은 대리인이 무권대리임을 알지 못한 경우와 안 경우를 구분하여 각각 책임의 근거를 달리한다고 보는 입장이다. 무권대리임을 알지 못한 경우(예: 본인의 의사무능력)와 같이 대리인에게 귀책사유가 없는 때에는 대리권 흠결이라는 危險源에 근접해 있는 자가 대리인이라는 이유로 책임을 지는 것이며, 대리인 스스로 대리권 없음을 알고 있었던 경우와 같이 그에게 귀책사유가 있는 때에는 그 자체가 책임근거가 된다고 한다. 이 학설에 대해서는 다음과 같은 비판이 가능하다. 하나의 규정에 정해진 책임의 근거를 이원적으로 보는 것이 타당한가 하는 것이다. 무과실책임이란 과실이 있든 없든 책임을 진다는 의미이다. 그러므로 대리인이 무권대리인에게 귀책사유가 없음에도 불구하고 책임을 지는 근거를 설명하는 경우를 설명함으로써 충분하며, 무권대리인임을 알지 못한 경우와 안 경우를 굳이 구분하여 각각 책임의 근거를 달리 설정할 필요는 없을 것이다.[286]

---

284) 李英俊, 앞의 책 "民法總則", 614면; 李銀榮, 앞의 책 "民法總則", 658면.
285) 梁彰洙, "民法研究 第1卷", 博英社, 1991, 133면 이하.
286) 우리 민법 제135조의 모법이라 할 수 있는 독일민법에서는 대리인이 대리권의

요컨대, 제135조 제1항의 손해배상의 본질은 제1설(통설)과 같이 보는 것으로 필요충분하다고 생각한다.

다) 本人·無權代理人간의 관계

527 무권대리에 있어서 본인이 추인을 하지 않는 한 본인에게 대리행위로 인한 계약의 효과가 귀속하지 않는다. 그런데 본인이 추인을 하지 않은 경우에 무권대리인의 행위로 인하여 본인이 손해를 입은 부분이 있다면 채무불이행(제390조: 기초적 내부관계가 존재하는 경우) 또는 불법행위(제750조: 기초적 내부관계가 존재하지 않는 경우)에 기하여 무권대리인의 본인에 대한 손해배상채무가 발생할 수 있다. 또한 무권대리행위로 인하여 무권대리인이 이득을 얻고 이에 따라 본인에게 손실이 발생하였다면 부당이득이 성립할 가능성도 있다(제741조). 그러나 이들은 채무불이행제도·불법행위제도·부당이득제도가 적용된 결과일 뿐, 무권대리의 효과와는 무관한 것이다.

본인이 추인을 하게 되면 대리행위의 효과가 본인에게 귀속하게 된다. 이 경우에 무권대리인은 아무런 의무 없이 타인(즉 본인)의 사무를 관리한 것이라는 점에 착안하여 사무관리(제734조)가 성립한다고 해석하는 것이 통설의 입장이다.[287] 그런데 통설의 입장은 의문의 여지가 있다. 문제의 대리행위에 대하여 대리인에게 대리권이 없다 하여 본인·대리인 간에 아무런 내부적 법률관계가 없는 것만은 아니기 때문이다. 만일 이들간에 아무런 내부관계가 없다면 사무관리로 볼 수 있겠으나 반대의 경우에는 단순히 사무관리로 보기 어려운 측면도 있다. 본인·대리인 간에 내부관계가 존재하는 경우에 있어서 본인이 추인을 하게 되면 무권대리행위가 소급적으로 정상적인 대리행위와 같이 되는 것이므로(제133조) 이와 같은 상황을 사무관리

흠결을 알지 못한 경우와 대리권의 흠결을 알았거나 과실로 알지 못한 경우를 구분하여 규율하고 있다(독일민법 제179조). 그리하여 전자의 경우에는 손해배상책임을 인정하되 배상범위는 신뢰이익에 한정되는 것으로 하고 있으며(독일민법 제179조 제2항), 후자의 경우에는 손해배상책임이 없는 것으로 정하고 있다(독일민법 제179조 제3항 제1문). 그러나 우리 민법은 독일민법과 규범내용을 달리한다. 따라서 대리인이 대리권의 흠결을 알지 못한 경우와 대리권의 흠결을 알았거나 과실로 알지 못한 경우를 구분하는 것은 타당한 것으로 보기 어렵다.

287) 郭潤直, 앞의 책 "民法總則", 409면; 李英俊, 앞의 책 "民法總則", 636면; 高翔龍, 앞의 책 "民法總則", 562면; 金相容, 앞의 책 "民法總則", 659면; 金俊鎬, 앞의 책 "民法總則", 463면; 白泰昇, 앞의 책 "民法總則", 516면; 李銀榮, 앞의 책 "民法總則", 664면.

에 문의할 일은 아닌 것 같다. 이 때에 있어서 무권대리인이 대리행위에 의하여 취득한 물건을 본인에게 인도하여야 할 의무라든가 대리행위를 함에 있어서 지출한 비용의 상환청구권의 법적 근거는 이를 본인·대리인 간의 내부적 법률관계(예: 위임)에서 찾아야 할 것이지 사무관리에서 구할 것은 아니라고 생각한다. 그러므로 내부관계가 위임이라면, 취득물의 인도와 비용상환청구권의 법적 근거는 사무관리에 관한 제738조와 제739조에서 찾을 것이 아니라 제684조와 제688조에서 구하여야 할 것으로 생각한다.

(다) 無權代理行爲가 單獨行爲인 경우

가) 原則: 確定的 無效

㉮ 原則의 내용

528 대리권이 없는 자가 한 대리행위가 단독행위인 경우에 민법은 이를 유동적 무효가 아닌 확정적 무효로 함을 원칙으로 한다. 그러므로 단독행위에 대한 무권대리는 추인의 대상이 되지 못하는 것이 원칙이다.

㉯ 原則의 근거

㉠ 종래 학설의 입장

529 민법이 이와 같은 원칙을 설정한 근거에 대하여 종래의 통설은 다음과 같이 설명한다[288]: 단독행위의 무권대리에도 계약의 무권대리에서와 같이 본인의 추인권(제130조)을 인정하면 본인의 이익에 치중하는 결과가 되고, 또 무권대리인의 책임(제135조)을 인정하면 부당한 결과가 될 수 있기 때문이다.

㉡ 종래 학설에 대한 비판

530 이와 같은 통설의 설명에는 몇 가지 수긍하기 어려운 점이 있다.

첫째, 단독행위의 무권대리에도 본인의 추인권(제130조)을 인정하면 본인의 이익에 치중하는 결과가 되기 때문에 그와 같은 무권대리는 확정적 무효로 한다는 설명의 타당성이다. 본인의 이익에 치중하는 것은 계약의 무권대리의 경우에도 다를 것이 없다. 왜냐하면 계약의 무권대리에 있어서도 본인이 추인을 해버리면 상대방의 최고권(제131조)·철회권(제134조) 및 무

288) 郭潤直, 앞의 책 "民法總則", 409면; 金相容, 앞의 책 "民法總則", 660면; 金俊鎬, 앞의 책 "民法總則", 464면; 金曾漢·金學東, 앞의 책 "民法總則", 464면; 白泰昇, 앞의 책 "民法總則", 517면; 李英俊, 앞의 책 "民法總則", 636면.

권대리인에 대한 책임추궁(제135조)이 모두 불가능하며 표현대리도 주장할 필요가 없기 때문이다. 계약의 무권대리에 있어서도 본인의 추인을 중심축으로 하여 대리관계 당사자간의 법률관계가 설정된다. 만일 본인의 이익치중을 문제삼고자 한다면 단독행위의 무권대리에 있어서도 상대방에게 최고권(제131조)·철회권(제134조)[289] 및 무권대리인에 대한 책임추궁권(제135조)을 인정함으로써 균형을 맞추면 될 것이다. 그러므로 단독행위의 무권대리를 확정적 무효로 한 근거를 본인의 이익에 치중하기 때문이라고 말하는 것은 충분하다고 볼 수 없다.

둘째, 단독행위의 무권대리에 있어서 무권대리인의 책임(제135조)을 인정하면 부당한 결과가 되기 때문에 무권대리는 확정적 무효로 한다는 설명의 타당성이다. 제135조가 상대방 보호를 목적으로 한 규정이라면 단독행위의 경우에도 무권대리인의 책임을 인정한다고 하여 구체적으로 무슨 부당한 결과가 발생한다고 보기 어렵다. 일부 학설은 상대방 없는 단독행위의 경우에는 특정의 상대방이 존재하지 않으므로 상대방 보호의 규정이 준용될 여지가 없다고 설명하기도 한다.[290] 그러나 상대방 없는 단독행위라는 것은 법률행위의 상대방이 없다는 의미가 아니라 의사표시가 상대방에게 도달하지 않더라도 효력을 발생한다는 점에 특질이 있는 것이다. 그러므로 이 설명 또한 일반적인 설명이 되지 못한다.

그렇다면 대리권이 없는 자가 한 대리행위가 단독행위인 경우 민법이 이를 유동적 무효가 아닌 확정적 무효를 원칙으로 하는 근거는 어디에서 찾아야 할 것인가? 그것은 계약과 단독행위의 본질적 차이에서 찾아야 할 것으로 생각한다. 이와 같은 관점에서 단독행위의 특성을 보기로 하자.

단독행위는 표의자의 일방적 의사표시에 의하여 권리변동이 발생하는 것이다. 단독행위에 있어서 법률행위의 성립을 위해서는 일방적 의사표시로 족하지만 그 효과는 표의자뿐만 아니라 타인의 권리에 영향을 주게 된다. 이와 같은 측면으로 인하여 단독행위는 법률행위 체계의 원칙적 입장에서

289) 철회권(제134조)은 무권대리인이 수동대리인의 입장에 있는 경우에 한정될 것이다. 왜냐하면 무권대리인이 능동대리인의 입장이라면(즉 표의자가 무권대리인이라면) 상대방에게는 자신이 철회할 수 있는 의사표시가 존재하지 않기 때문이다.

290) 郭潤直, 앞의 책 "民法總則", 409면; 高翔龍, 앞의 책 "民法總則", 563면; 金相容, 앞의 책 "民法總則", 659면; 李英俊, 앞의 책 "民法總則", 636면.

볼 때 예외적인 것이다. 왜냐하면 법률행위의 이론적 기초는 사적자치의 원칙인데, 이 원칙은 "누구도 자신의 의사에 의하지 않고 권리 또는 의무를 강제당하지 않는다"라는 것을 전제로 하기 때문이다. 따라서 단독행위가 법률요건이 되는 것은 법에 의하여 허용된 경우에 한정되는 것이다. 표의자의 일방적 의사표시에 의하여 권리변동이 있게 되는 단독행위에 있어서는 그 자체가 법률관계의 명확성을 해할 여지를 내포하고 있다.

여기에서 계약의 무권대리에 대한 민법의 규율구조를 상기할 필요가 있다. 계약의 무권대리는 확정적 무효가 아닌 유동적 무효이다. 유동적 무효인 법률행위는 종국적으로 무효가 될 수도 있고 경우에 따라서는 유효로 될 수 있는 법률행위로서 그 효과가 극히 유동적이다. 법률관계의 효력이 유동적이라는 것은 바람직한 것이 결코 아니다. 그럼에도 불구하고 민법이 계약의 무권대리에 대해서는 이를 유동적 무효로 한 것은 대리인뿐만 아니라 상대방도 문제의 법률행위 형성에 관여한 경우이기 때문이다. 즉 계약의 무권대리의 법적 지위를 유동적 무효로 한다 하더라도 이해관계 당사자간의 '법률관계 명확성 이익'이 심각하게 훼손되는 것은 아니다. 그러나 단독행위의 경우에는 상황이 다르다. 단독행위는 그 자체가 법률관계의 명확성을 해할 여지를 내포하고 있기 때문이다. 그 자체로서 '법률관계 명확성 이익'을 훼손할 수 있는 단독행위가 무권대리의 형태로 이루어진 경우에, 이를 계약의 무권대리와 같이 유동적 무효로 다룬다는 것은 '법률관계 명확성 이익'에 본질적으로 반하는 결과가 될 수 있다. 이와 같은 취지에서 민법은 단독행위의 무권대리에 대하여 확정적 무효원칙을 채택하고 있는 것이다.

요컨대, 대리권이 없는 자가 한 대리행위가 단독행위인 경우에 민법이 이를 유동적 무효가 아닌 확정적 무효로 하는 취지는 통설이 말하는 것과 달리, 보다 근본적인 목표(즉 법률관계의 유동성 회피)를 위한 입법정책의 표현으로 보고자 한다.[291]

291) 우리 민법 제136조는 독일민법 제180조를 계수한 것으로 볼 수 있는데, 독일민법 제180조에서 단독행위의 무권대리를 원칙적으로 무효로 한 근거도 법률관계의 명확성 확보에 있는 것으로 파악한다(Cf. K. H. Schramm, in: *Münchener Kommentar Bürgerliches Gesetzbuch, Allgemeiner Teil, München*, C. H. Beck Verlag, 1993, vor §180, RdNr.1).

나) 例外: 相對方 있는 單獨行爲의 경우

㉮ 相對方 있는 單獨行爲의 특수성

531 단독행위의 무권대리를 무효로 한 근거는, 단독행위에 있어서는 당해 법률행위의 형성에 있어서 상대방의 관여가 없어서 법률관계의 명확성을 훼손할 수 있다는 것이다. 상대방 없는 단독행위는 표의자의 표시행위만으로 효력을 발생하기 때문에 법률행위 형성과 효력발생에 있어서 상대방의 관여의 여지가 없다. 그러므로 상대방 없는 단독행위에 대하여는 단독행위의 무권대리의 확정적 무효원칙을 그대로 관철하게 된다.

그러나 상대방 있는 단독행위에 있어서는 상황이 다르다. 하나의 의사표시만으로 법률행위가 구성된다는 점에 있어서는 상대방 없는 단독행위와 차이가 없으나 의사표시가 상대방에게 도달하여야 효력을 발생하기 때문이다. 즉 상대방 있는 단독행위에 있어서는 상대방이 최소한 당해 의사표시를 수령하여야만 효력을 발생하게 된다. 물론 상대방에 의한 의사표시의 수령이라는 것이 계약에서와 같이 법률행위의 구성요소인 의사표시를 하는 것은 아니다. 그러나 사실적인 관점에서 보면 단독행위의 상대방이 의사표시를 수령하는 행위는 계약의 성립을 위하여 의사표시를 하는 것과 유사한 모습을 가지는 것으로 볼 여지가 있다. 상대방 있는 단독행위의 이와 같은 특질은 계약의 무권대리에 관한 규정의 유추적용을 고려하게 되는 단서를 제공하게 된다.

그런데 상대방 있는 단독행위라고 하여 모든 경우에 계약의 무권대리와 동일시할 수는 없는 일이다. 왜냐하면 계약에서는 법률행위의 양당사자가 모두 의사표시를 하는 것이지만 단독행위는—그것이 비록 상대방 있는 단독행위라 할지라도—하나의 의사표시에 의하여 구성되는 법률행위이기 때문이다. 그러므로 상대방 있는 단독행위의 무권대리도 원칙적으로는 무효인 것이다. 그러나 상대방 있는 단독행위에 대하여 상대방이 마치 계약의 성립에서와 같이 자신의 일정한 의사를 표시한 것으로 볼 수 있는 요소가 존재한다면, 그와 같은 단독행위를 계약의 무권대리에 준하여 다룬다고 하더라도(즉 무권대리행위의 유동적 무효) 단독행위의 무권대리의 무효원칙의 근거(즉 법률관계의 명확성 확보)를 크게 훼손하는 것으로 볼 수 없다.

이와 같은 사정을 고려하여 제136조는 상대방 있는 단독행위의 무권대리 중 일정한 경우에는 계약의 무권대리에 관한 규정을 준용하고 있는 것이다. 계약의 무권대리에 관한 규정을 준용하기 위한 전제로서 제136조는 다음과 같은 사유를 들고 있다: ① 상대방이 대리인이라 칭하는 자의 대리권 없는 행위에 대하여 동의한 경우; ② 상대방이 무권대리인의 대리권을 다투지 아니한 경우. 즉 ①·②의 사유가 있는 때에는 단독행위를 계약의 무권대리에 준하여 다룬다고 하더라도 단독행위의 무권대리의 무효원칙의 근거인 '법률관계의 명확성 확보'를 훼손하는 것으로 보지 않는 것이다. ①·②의 사유가 있는 경우에 있어서 단독행위의 무권대리를 계약의 무권대리에 준하여 규율하는 민법의 규율태도에 대하여 종래 통설은 다음과 같이 설명한다: 상대방 있는 단독행위에 있어서는 무권대리인에게 대리권이 있다고 믿은 상대방을 보호할 필요가 있다.[292] 즉 통설은 이 규범의 근거를 상대방 보호의 필요성에서 찾고 있다. 그러나 계약의 무권대리를 준용한다는 의미를 단순히 상대방 보호로 볼 수는 없는 일이다. 계약의 무권대리가 준용된다는 것은 무권대리가 확정적 무효가 아닌 유동적 무효에 그친다는 것을 의미하는 것이며, 계약의 무권대리에 관한 규범체계는 '상대방 보호의 측면'과 아울러 '계약경제의 측면'도 함께 고려된 것이기 때문이다.

㈏ 能動代理의 경우

532 무권대리인이 능동대리인의 지위에서 본인의 명의로 상대방 있는 단독행위를 한 경우의 문제이다. 예컨대, 취소권을 행사할 수 있는 대리권을 수여받지 못한 자가 본인을 대리하여 취소권을 행사한 경우이다. 이 사례에서 취소권 행사의 상대방이 대리인의 취소권 행사에 동의하거나 또는 취소권을 행사하는 대리인의 대리권을 다투지 않은 때에는 계약의 무권대리에 관한 규정을 준용한다(제136조 제1문). 즉 무권대리인에 의하여 행해진 단독행위는 확정적 무효가 아니라 유동적 무효이다.

제136조 제1문에 규정된 핵심요건은 다음의 두 가지이다: ① 상대방이 대리인이라 칭하는 자의 대리권 없는 행위에 대하여 동의한 경우; ② 상대방이 무권대리인의 대리권을 다투지 아니한 경우. ①에서 '동의'라고 하는

---

292) 郭潤直, 앞의 책 "民法總則", 409면; 高翔龍, 앞의 책 "民法總則", 564면; 金俊鎬, 앞의 책 "民法總則", 464면; 金相容, 앞의 책 "民法總則", 660면; 金曾漢·金學東, 앞의 책 "民法總則", 464면.

것은 계약성립 요소인 승낙과 같은 것이 아니라 표의자가 일정한 단독행위를 하는 것을 사전에 용인하는 정도의 행위를 말한다. ②에서 대리권을 다투지 않는다는 것은 표의자의 의사표시를 수령한 후에 지체 없이 이의를 제기하지 않은 것을 의미한다.

① 또는 ②의 경우에는 문제의 단독행위는 계약의 무권대리에 있어서와 마찬가지로 유동적 무효이며, 계약의 무권대리에 관한 규정(제130조~제135조)이 준용된다(제136조 제1문).

㈏ 受動代理의 경우

533 무권대리인이 수동대리인의 지위에서 본인의 명의로 상대방 있는 단독행위를 수령한 경우의 문제이다. 예를 들어 보자: P·Q간에 P의 강박에 의하여 계약이 체결되었다; Q는 P를 위한 것임을 표시하여 P의 대리인 R에게 취소권을 행사하였다; Q로서는 R이 계약의 취소에 관하여 대리권이 있는 것으로 알고 그리 한 것이다; 그러나 R에게는 Q로부터의 취소의 의사표시를 수령할 수 있는 대리권이 없었다.

이 사례에서 만일 Q가 취소권을 행사함에 있어서 R의 동의를 얻어 한 것이라면 계약의 무권대리에 관한 규정(제130조~제135조)이 준용된다(제136조 제2문). 즉 이 때의 단독행위도 확정적 무효가 아닌 유동적 무효인 것이다.

2) 表見代理

(가) 序 說

534 表見代理란 無權代理이기는 하나 '대리행위의 외관의 존재', '외관형성에 대한 본인의 원인제공', '상대방의 신뢰에 대한 보호가치'의 요건이 충족되는 경우에 마치 정상적인 대리행위에서와 같이 대리행위의 효과를 본인에게 귀속시키는 것이다. 표현대리가 성립하는 경우로서 민법은 다음의 세 경우를 규정하고 있다: ① 대리권을 수여하지 않았음에도 불구하고 일정한 자에게 대리권을 수여한 것으로 표시한 경우(제125조); ② 대리권이 있기는 하나 문제의 행위에 대해서까지는 대리권이 없는 경우(제126조); ③ 과거에는 대리권이 있었으나 대리행위 당시에는 대리권이 없는 경우(제129조).

다음에서는 이들 세 유형의 표현대리에 공통되는 문제를 설명한 후에 각 표현대리에 대하여 개별적으로 살피기로 한다.

(나) 一般論

535 표현대리의 일반론에 관하여 논의가 가장 복잡한 것은 표현대리 제도의 위상에 관한 문제이다. 그런데 이에 대해서는 그 중요성을 감안하여 앞에서[293] 따로 검토하였다. 그러므로 다음에서는 그것을 제외한 사항을 살피고자 한다.

가) 法律行爲의 一般的 要件 충족

536 표현대리는 대리인의 대리권한에 결함이 있는 경우에 문제되는 것이다. 그러므로 표현대리가 고려되기 위해서는 대리권한 이외에 법률행위의 다른 요건은 충족하고 있어야 한다. 즉 법률행위의 목적이 강행규정에 반하는 것으로 무효인 때에는 표현대리가 성립할 여지가 없다. 예컨대, 사립학교법상의 강행규정에 위반하는 대표행위에 대하여 제126조의 표현대리가 준용되지 않으며,[294] 주식거래에 있어서 투자수익보장약정이 증권거래법상의 강행규정에 위반되어 무효인 이상 증권회사의 지점장에게 그와 같은 약정을 체결할 권한이 수여되었는지 여부에 불구하고 그 약정은 여전히 무효이므로 표현대리의 법리가 준용될 여지가 없다.[295]

나) 表見代理의 주장의 訴訟法上 意味와 效果

537 B가 A의 대리인으로서 C와 대리행위를 하였는데 B가 무권대리인이어서 소송으로까지 비화하였는데, 거래상대방 C가 소송에서 계약의 효과가 A에게 귀속한다는 주장을 할 뿐 표현대리의 주장을 명백하게 하지 않은 경우에 법원으로서는 C의 주장 속에 표현대리의 주장이 포함된 것으로 보아야 할 것인가? 민사소송법상의 변론주의[296]와 관련하여 나타나는 문제이다. 이에 대하여 학설은 대립하는 양상을 보이고 있다.[297] 한 때 판례는 有權代理에 관한 주장 가운데 표현대리의 주장이 포함된 것으로 해석한 적이 있었으나[298] 1983년 대법원 전원합의체[299] 이래로 판례는 종래의 입장을

293) 이에 대해서는 이 책 [501] 이하 참조.

294) 대법원 1983. 12. 27. 83다548 참조.

295) 대법원 1996. 8. 23. 94다38199 참조.

296) 변론주의의 개념에 대해서는 이 책 [459] 참조.

297) 학설에 대해서는 郭潤直 편/車漢成 집필, “民法註解 [III]”, 博英社, 1996, 116-117 참조.

변경하여 유권대리의 주장에는 표현대리의 주장이 포함되어 있지 않다는 태도를 취하고 있다.

표현대리가 긍정되면 정상적인 대리행위와 마찬가지로 상대방과 본인 사이에 법률관계가 설정되어[300] 본인은 상대방에 대하여 대리행위에 따른 이행책임을 부담하게 된다. 그러므로 만일 상대방측에 과실이 있다 하더라도 과실상계의 법리를 유추적용하여 본인의 책임을 경감할 수는 없다.[301] 왜냐하면 과실상계는 본래 채무불이행 내지 불법행위로 인한 손해배상책임에 대하여 인정되는 것이고, 채무내용에 따른 본래의 급부의 이행을 구하는 경우에 적용될 것이 아니기 때문이다.[302] 표현대리가 성립함으로 인하여 본인에게 손해가 발생했다면 본인은 대리인과의 내부관계에 따라 계약위반(제681조 참조) 등을 이유로 손해배상을 청구할 수 있을 것이다(제390조 참조).

다) 表見代理와 '제3자'의 범위

538 표현대리는 대리행위의 상대방의 신뢰를 보호하기 위한 것이다. 제125조, 제126조, 제129조의 법문에서는 '상대방' 대신에 '제3자'라는 표현이 사용되고 있다. 그런 이유에서인지 몰라도 표현대리의 제3자의 범위에 대하여 논의가 있다. 통설은 표현대리에 의하여 보호되는 제3자란 대리행위

298) 대법원 1964. 11. 30. 64다1082 참조.

299) 대법원전원합의체 1983. 12. 13. 83다카1489: "변론에서 당사자가 주장한 주요사실만이 심판의 대상이 되는 것으로서 여기에서 주요사실이라 함은 법률효과를 발생시키는 실체법상의 구성요건 해당사실을 말하는 것인바, 대리권에 기한 대리의 경우나 표현대리의 경우나 모두 제3자가 행한 대리행위의 효과가 본인에게 귀속된다는 점에서는 차이가 없으나 유권대리에 있어서는 본인이 대리인에게 수여한 대리권의 효력에 의하여 위와 같은 법률효과가 발생하는 반면 표현대리에 있어서는 대리권이 없음에도 불구하고 법률이 특히 거래상대방 보호와 거래안전 유지를 위하여 본래 무효인 무권대리행위의 효과를 본인에게 미치게 한 것으로서 표현대리가 성립된다고 하여 무권대리의 성질이 유권대리로 전환되는 것은 아니므로, 양자의 구성요건 해당사실 즉 주요사실은 서로 다르다고 볼 수밖에 없다. 그러므로 유권대리에 관한 주장 가운데 무권대리에 속하는 표현대리의 주장이 포함되어 있다고 볼 수 없으며, 따로이 표현대리에 관한 주장이 없는 한 법원은 나아가 표현대리의 성립여부를 심리판단할 필요가 없다고 할 것이다." 같은 취지: 대법원 1984. 7. 24. 83다카1819; 대법원 1990. 3. 27. 88다카181 참조.

300) 표현대리의 효과에 대한 민법규정의 문언상의 차이(제125조와 제129조는 "책임이 있다"이고 제126조는 "대항하지 못한다")에도 불구하고 실질적인 내용에는 아무런 차이가 없다.

301) 대법원 1996. 7. 12. 95다49554 참조.

302) 대법원 1987. 3. 24. 84다카1324; 대법원 1996. 2. 23. 95다49141; 대법원 1996. 5. 10. 96다8468; 대법원 2000. 4. 7. 99다53742 등 참조.

의 직접적인 상대방을 말하는 것이므로 그로부터 전득한 자는 보호대상에 포함되지 않는 것으로 본다. 판례도 같은 태도이다.303)

표현대리가 無權代理임에도 불구하고 마치 정상적인 대리행위에서와 같은 효과를 인정하는 이유는 대리행위의 상대방의 신뢰에 보호가치가 있다고 인정되기 때문이다. 그리고 그런 한도 내에서 표현대리제도는 본인과 상대방의 이익을 조정하는 기능을 수행하는 것이다. 만약 제3자의 범위를 전득자로까지 확대한다면 대리행위의 상대방을 포함하여 그로부터 권리를 전득할 수 있는 모든 사람을 표현대리제도에 의한 보호범위에 포함시키겠다는 것인데, 이는 본인의 이익의 희생 아래 다른 사람을 특별한 근거도 없이 불합리할 정도로 과도하게 보호하는 것이다. 이러한 면에서 보면 제125조, 제126조, 제129조의 법문으로는 '제3자'보다는 '상대방'이라는 표현으로 개정하여 명확성을 기할 필요가 있다고 생각한다.

(다) 表見代理의 세 유형

가) 代理權授與의 表示에 의한 表見代理

㉮ 意 義

539 제125조에서 정하고 있는 표현대리로서 다음과 같은 경우이다: P는 Q에게 대리권을 수여한 적이 없다; 그럼에도 불구하고 P는 Q에게 대리권을 수여했다는 사실을 R에게 표시하였다; P의 말을 믿은 R은 Q를 P의 대리인으로 잘못 알았고, 이에 따라 P를 본인으로 하여 Q·R 사이에 대리행위가 이루어졌다. 이 표현대리의 성립요건은 다음의 세 가지로 요약할 수 있다: ① 대리권수여 사실의 표시가 있을 것; ② 표현대리인의 대리행위가 표시된 대리권의 범위 내의 행위일 것; ③ 상대방이 선의·무과실일 것.

㉯ 要 件

㉠ 代理權 授與의 表示

540 본인이 제3자(즉 대리행위의 상대방)에 대하여 일정한 자(즉 표현대리인)에게 대리권을 수여하였음을 통지하였어야 한다. 제125조의 표현대리는 제3자와 법률행위를 함에 있어 본인이 그 자에게 대리권을 수여하였다

303) 대법원 1994. 5. 27. 93다21521; 대법원 1997. 11. 28. 96다21751; 대법원 1999. 1. 29. 98다27470 등 참조.

는 표시를 제3자에게 한 경우에 성립하는 것이고, 이때 서류를 교부하는 방법으로 민법 제125조 소정의 대리권 수여의 표시가 있었다고 하기 위하여는 본인을 대리한다고 하는 자가 제출하거나 소지하고 있는 서류의 내용과 그러한 서류가 작성되어 교부된 경위나 형태 및 대리행위라고 주장하는 행위의 종류와 성질 등을 종합하여 판단하여야 한다.[304] 통지의 방식에는 제한이 없으며 묵시적인 통지의 경우라 하더라도 상관이 없다. 몇 가지 예를 들어 본다. 위임장을 포함하여 부동산에 관한 등기서류(예: 등기필증, 인감증명서 등)를 교부하였다면 당해 부동산의 거래에 관하여 대리권 수여의 표시가 있는 것으로 볼 수 있다.[305] 호텔 등의 시설이용 우대회원 모집계약을 체결하면서 자신의 판매점, 총대리점 또는 연락사무소 등의 명칭을 사용하여 회원모집 안내를 하거나 입회계약을 체결하는 것을 승낙 또는 묵인하였다면 그에 관한 대리권 수여의 표시가 있는 것으로 볼 수 있다.[306] 한편, 제조회사가 신문에 자사 제품의 전문취급점 및 A/S센터 전국총판으로 어떤 대리점을 기재한 광고를 한 번 실었다고 하더라도, 전문취급점이나 전국총판의 실질적인 법률관계는 대리상인 경우도 있고 특약점인 경우도 있으며 위탁매매업인 경우도 있기 때문에, 위 광고를 곧 제조회사가 제3자에 대하여 위 대리점에게 자사 제품의 판매에 관한 대리권을 수여함을 표시한 것이라고 보기 어렵다고 판시한 경우도 있다.[307]

여기에서 말하는 '표시'는 어떤 자에게 대리권을 수여하였다는 사실을 알리는 관념의 통지[308]에 해당한다. 그러므로 여기에서의 '표시'는 수권행위 자체를 상대방에게 하는 것(소위 '외부적 수권행위')을 의미하는 것이 아니라는 점에 유의하여야 한다. 대리권 수여의 표시는 철회할 수 있지만 표시와 동일한 방법으로 상대방에게 알려야 한다.

㉡ 表示된 代理權의 범위 안의 행위

541 문제의 대리행위는 표시된 대리권의 범위 내에서 행해진 것이어야 한다. 표시된 대리권의 범위를 넘는 대리행위의 경우에는 제125조의 표

---

304) 대법원 2001. 8. 21. 2001다31264 등 참조.
305) 대법원 1959. 7. 2. 4291민상329; 대법원 1966. 1. 25. 65다2210 참조.
306) 대법원 1987. 3. 24. 86다카1348; 대법원 1998. 6. 12. 97다53762 참조.
307) 대법원 1989. 10. 10. 88다카8354; 대법원 1999. 2. 5. 97다26593 참조.
308) 이에 대해서는 이 책 [338]~[339] 참조.

현대리는 성립할 수 없다. 다만 이 때에는 제125조와 제126조의 복합적용에 의한 표현대리가 성립한다는 것이 통설의 입장이다.[309] 즉 제126조의 표현대리의 성립요건인 '기본대리권의 존재'는 제125조에 의하여 충족되고 대리권을 넘은 부분에 대해서는 제126조의 적용에 의하여 결국 표현대리가 성립하는 것으로 된다. 판례도 통설과 같은 입장으로 판단된다.[310]

ⓒ 相對方의 善意·無過失

542 상대방은 대리행위 당시 대리인에게 대리권이 없다는 사실을 알지 못했어야 하며 알지 못한 데에 대하여 과실이 없어야 한다(제125조 단서). 이에 관한 증명책임은 본인에게 있다는 것이 통설이다. 그러므로 본인이 상대방의 악의 또는 과실을 증명하지 못하면 표현대리가 성립하게 된다.

㉰ 適用範圍

543 제125조의 표현대리는 법정대리에도 적용되는가? 법문이 '대리권을 수여함을 표시'라고 규정하고 있다는 점에 따라 제125조의 표현대리는 임의대리에만 적용되는 것으로 해석하는 것이 통설의 입장이다.[311] 이에 대하여 일부 학설은 호적의 기재와 같은 것을 '대리권 수여의 표시'로 볼 수 있으며 법정대리에도 상대방 내지 거래안전 보호의 필요성이 있다는 이유에서 법정대리에도 제125조의 적용이 있다고 한다.[312] 그러나 이 견해는 명백히 법문에 반하는 것으로 통설의 입장이 타당하다고 생각한다.

나) 代理權 消滅後의 表見代理

㉮ 意　義

544 제129조에서 정하고 있는 표현대리로서 다음과 같은 경우이다:

---

309) 郭潤直, 앞의 책 "民法總則", 398면; 李英俊, 앞의 책 "民法總則", 584면; 李銀榮, 앞의 책 "民法總則", 639면; 白泰昇, 앞의 책 "民法總則", 508면; 金相容, 앞의 책 "民法總則", 640면; 高翔龍, 앞의 책 "民法總則", 594면.

310) 제125조와 제126조의 복합적용에 의한 표현대리를 긍정한 판례는 없다. 그러나 제129조와 제126조의 복합적용에 의한 표현대리를 긍정하는 판례의 입장(대법원 1970. 3. 24. 70다98; 대법원 1971. 12. 21. 71다2024; 대법원 1979. 3. 27. 79다234)으로부터 추론해 볼 때, 제125조와 제126조의 복합적용도 긍정할 것으로 예상된다.

311) 高翔龍, 앞의 책 "民法總則", 571면; 郭潤直, 앞의 책 "民法總則", 394면; 白泰昇, 앞의 책 "民法總則", 497면. 판례도 같은 입장이다(대법원 1955. 5. 12. 4287민상208 참조.).

312) 金容漢, 앞의 책 "民法總則論", 375면; 金疇洙, 앞의 책 "民法總則", 438면; 金相容, 앞의 책 "民法總則", 626면.

P는 Q에게 대리권을 수여하였다; 그런데 어떤 사유로 인하여 대리권이 소멸하였다; 대리권이 소멸한 후에 Q가 P의 대리인으로서 R과 대리행위를 하였다. 이 표현대리의 성립요건은 다음의 세 가지로 요약할 수 있다: ① 존재하였던 대리권이 소멸하였을 것; ② 표현대리인의 대리행위가 전에 존재하였던 대리권의 범위내의 행위일 것; ③ 상대방이 선의·무과실일 것.

㈏ 要 件

㉠ 존재하였던 代理權의 消滅

545 제129조가 적용되기 위해서는 일정한 기간 동안은 대리인에게 대리권이 존재하였어야 한다. 그러므로 수권행위가 무효이거나 취소로 인하여 소급적으로 무효로 된 때에는 제129조는 적용되지 않는다.

자신의 대리권이 소멸된 대리인이 선임한 복대리인과 상대방 사이의 법률행위에도 제129조의 표현대리가 성립할 수 있을까? 이에 대하여 판례는 다음과 같이 판시하고 있다: "표현대리의 법리는 거래의 안전을 위하여 어떠한 외관적 사실을 야기한 데 원인을 준 자는 그 외관적 사실을 믿음에 정당한 사유가 있다고 인정되는 자에 대하여는 책임이 있다는 일반적인 권리외관 이론에 그 기초를 두고 있는 것인 점에 비추어 볼 때, 대리인이 대리권 소멸 후 직접 상대방과 사이에 대리행위를 하는 경우는 물론 대리인이 대리권 소멸 후 복대리인을 선임하여 복대리인으로 하여금 상대방과 사이에 대리행위를 하도록 한 경우에도, 상대방이 대리권 소멸 사실을 알지 못하여 복대리인에게 적법한 대리권이 있는 것으로 믿었고 그와 같이 믿은 데 과실이 없다면 민법 제129조에 의한 표현대리가 성립할 수 있다."[313] 타당한 해결책이라고 생각한다.

㉡ 존재하였던 代理權의 범위 안의 행위

546 문제의 대리행위는 이전에 존재하였던 대리권의 범위 내에서 행해진 것이어야 한다. 문제의 대리행위가 그것을 넘는 대리행위인 경우에는 제129조의 표현대리는 성립할 수 없다. 다만 이 때에는 제129조와 제126조의 복합적용에 의한 표현대리가 성립한다는 것이 통설의 입장이다.[314] 즉

313) 대법원 1998. 5. 29. 97다55317 참조.

314) 高翔龍, 앞의 책 "民法總則", 594면; 郭潤直, 앞의 책 "民法總則", 398면; 金相容, 앞의 책 "民法總則", 644면; 白泰昇, 앞의 책 "民法總則", 508면; 李英俊, 앞의 책

제126조의 표현대리의 성립요건인 '기본대리권의 존재'는 제129조에 의하여 충족되고 대리권을 넘은 부분에 대해서는 제126조의 적용에 의하여 결국 표현대리가 성립하는 것으로 된다. 판례도 통설과 같은 입장이다.[315)]

㉢ 相對方의 善意·無過失

547 상대방은 대리행위 당시 대리인에게 대리권이 없다는 사실을 알지 못했어야 하며 알지 못한 데에 과실이 없어야 한다. 선의의 의미에 대하여 학설상 다툼이 있다. 다수설[316)]에 따르면, 과거에 대리권이 존재하였다는 사실에 대한 인식에 따라 대리행위 당시에도 대리권이 존재한다고 믿는 것을 가리키는 것으로 해석한다. 이에 대하여 소수설[317)]은 문제의 대리행위에 대하여 대리인에게 대리권이 있다고 믿는 것으로 충분하다고 한다. 다수설의 입장이 타당하다고 생각한다. 소수설은 제129조의 법문에도 합치하지 않을 뿐만 아니라, 특히 소수설에 따른다면 제129조의 표현대리의 성립요건 중 ①의 요건(즉 존재하였던 대리권이 소멸하였을 것)이 무색하게 된다.

선의·무과실의 증명책임은 누가 부담하는가? 제125조와 달리 제129조는 '선의'를 본문에 그리고 '무과실'을 단서에 배치하고 있다는 사실을 들어 선의에 대한 증명책임은 상대방에게 있고 과실에 대한 증명책임은 본인에게 있다는 소수설이 있기는 하다.[318)] 그러나 통설은 선의·무과실에 대한 증명책임이 모두 본인에게 있는 것으로 해석한다. 제129조의 표현대리를 다른 유형의 표현대리와 달리 보아야 할 특별한 이유가 없다는 점에서 통설이 타당하다고 생각한다.

㉣ 適用範圍

548 제129조의 표현대리는 임의대리뿐만 아니라 법정대리에도 적용된

"民法總則", 584면; 李銀榮, 앞의 책 "民法總則", 639면.

315) 대법원 1979. 3. 27. 79다234: "민법 제129조의 대리권 소멸 후의 표현대리로 인정되는 경우에, 그 표현대리의 권한을 넘는 대리행위가 있을 때에는 민법 제126조의 표현대리가 성립될 수 있다." 같은 취지의 판결로는, 대법원 1970. 3. 24. 70다98; 대법원 1971. 12. 21. 71다2024; 대법원 1979. 3. 27. 79다234 등 참조.

316) 郭潤直, 앞의 책 "民法總則", 402면; 金相容, 앞의 책 "民法總則", 642면; 金俊鎬, 앞의 책 "民法總則", 445면; 金曾漢·金學東, 앞의 책 "民法總則", 453면; 白泰昇, 앞의 책 "民法總則", 508면.

317) 金容漢, 앞의 책 "民法總則論", 380면.

318) 李英俊, 앞의 책 , "民法總則", 548면.

다는 데에 학설상 이견이 없다. 판례도 학설과 같은 입장이다.[319)]

다) 權限을 넘은 表見代理

㉮ 意 義

549 제126조에서 정하고 있는 표현대리로서 다음과 같은 경우이다: P가 Q에게 1000만원의 금전을 차용하는 것을 내용으로 하는 대리권을 수여하였다; 그런데 Q는 1200만원에 대하여 P를 대리하여 R과 소비대차계약을 체결하였다. 이 표현대리의 성립요건은 다음의 세 가지로 요약할 수 있다: ① 기본대리권의 존재; ② 대리권의 범위를 초과하였을 것; ③ 대리인에게 대리권이 있다고 믿을 만한 정당한 이유가 존재할 것.

㉯ 要 件

㉠ 基本代理權의 존재

(a) 基本代理權의 의미

550 제126조의 표현대리가 성립하기 위해서는 대리인에게 최소한 일정한 범위의 대리권은 반드시 존재하여야 한다.[320)] 제126조의 표현대리의 성립요건으로 기본대리권이 요구됨으로 인하여 이 요건은 본인과 대리행위의 상대방 사이의 이익조정의 기능을 수행한다. 처음부터 전혀 대리권이 없는 때에는 제126조의 표현대리는 성립하지 않아 그 한도에서 본인의 이익이 보호되기 때문이다.

표현대리가 성립한 경우에도 기본대리권이 존재하는 것으로 인정되며[321)] 복대리권도 기본대리권으로 인정된다.[322)] 다음에서는 그 밖에 기본대리권과 관련하여 문제되는 사항을 중심으로 살피기로 한다.

---

319) 대법원 1975. 1. 28. 74다1199: "대리권 소멸 후의 표현대리에 관한 민법 제129조는 법정대리인의 대리권소멸에 관하여도 그 적용이 있다."

320) 대법원 1970. 2. 24. 69다2011; 대법원 1992. 5. 26. 91다32190 등 참조.

321) 이에 대해서는 이 책 [541] 및 [546] 참조.

322) 대법원 1998. 3. 27. 선고 97다48982: "대리인이 사자 내지 임의로 선임한 복대리인을 통하여 권한 외의 법률행위를 한 경우, 상대방이 그 행위자를 대리권을 가진 대리인으로 믿었고 또한 그렇게 믿는 데에 정당한 이유가 있는 때에는, 복대리인 선임권이 없는 대리인에 의하여 선임된 복대리인의 권한도 기본대리권이 될 수 있을 뿐만 아니라, 그 행위자가 사자라고 하더라도 대리행위의 주체가 되는 대리인이 별도로 있고 그들에게 본인으로부터 기본대리권이 수여된 이상, 민법 제126조를 적용함에 있어서 기본대리권의 흠결 문제는 생기지 않는다." 그 밖에 대법원 1967. 11. 21. 66다2197 참조.

(b) 基本代理權의 요건에 관하여 문제되는 사항

a) 事實行爲

551 기본대리권은 원래의 의미에서의 대리권이어야 하는가? 아니면 사실행위에 관한 수권이 있는 경우에도 기본대리권의 요건이 충족되는 것으로 볼 수 있을 것인가? 이에 대하여 학설은 대립하고 있으나, 최근 판례는 법률행위에 관한 대리권에 한정하는 입장이다. "제126조의 표현대리가 성립하기 위하여는 무권대리인에게 법률행위에 관한 기본대리권이 있어야 하는 바, 증권회사로부터 위임받은 고객의 유치, 투자상담 및 권유, 위탁매매약정실적의 제고 등의 업무는 사실행위에 불과하므로 이를 기본대리권으로 하여서는 권한초과의 표현대리가 성립할 수 없다"[323]라는 판시가 그것이다.

b) 公法上의 行爲

552 등기신청행위와 같은 공법상의 행위에 관한 수권이 있는 경우에도 이를 기본대리권이 존재하는 것으로 볼 것인가? 판례는 긍정하는 입장이다.[324]

c) 法定代理

553 법정대리권도 제126조의 기본대리권이 되는가? 다수설은 이를 긍정하는 입장이다. 그러나 이와 다른 소수설도 있다. 소수설이 주장하는 사항을 정리하면 다음과 같다[325]: ① 제126조의 표현대리가 성립하기 위해서는 본인측의 과실이나 행동이 상대방의 신뢰의 원인이었어야 하는데, 법정대리에 있어서 본인에게는 그러한 요소를 찾기가 곤란하다; ② 무능력자의 법정대리에 있어서 우리 민법은 무능력자의 보호를 거래안전에 우선시키고 있는데, 만일 무능력자의 법정대리의 경우에도 제126조를 적용한다면 민법의 가치판단에 반하는 결과가 된다. 판례는 다수설과 같은 입장이다.[326]

---

323) 대법원 1992. 5. 26. 91다32190.

324) 대법원 1978. 3. 28. 78다282·283: "기본대리권이 등기신청행위라 할지라도 표현대리인이 그 권한을 유월하여 대물변제라는 사법행위를 한 경우에는 표현대리의 법리가 적용된다." 같은 취지: 대법원 1965. 3. 30. 65다44; 대법원 1991. 2. 12. 88다카21647 참조.

325) 金曾漢·金學東, 앞의 책 "民法總則", 450-451면 참조.

326) 대법원 1997. 6. 27. 97다3828: "제126조 소정의 권한을 넘는 표현대리 규정은 거래의 안전을 도모하여 거래상대방의 이익을 보호하려는 데에 그 취지가 있으므로 법정대리라고 하여 임의대리와는 달리 그 적용이 없다고 할 수 없고, 따라서 한정치산자의

생각건대, 법정대리권도 원칙적으로 제126조의 기본대리권이 될 수 있다고 본다. 법정대리라는 이유만으로 처음부터 거래의 안전을 도외시할 수는 없는 일이기 때문이다. 법정대리권의 기본대리권 적격성을 인정하면서, 다만 제126조의 다른 요건인 '정당한 이유'를 판단함에 있어서 본인의 보호와 같은 법정대리제도의 취지를 반영하는 태도가 타당하다고 생각한다. 앞에서 든 대법원판결도 판결의 전반적인 취지는 "법정대리권도 제126조의 기본대리권이 되는가?"라는 문제를 판단한 것으로 해석되지는 않는다.

법정대리권과 관련하여 특별히 문제되는 것 중에 일상가사대리권이 있다. 그런데 이에 대해서는 항을 달리하여 살피기로 한다.

d) 日常家事代理權

554 법정대리권의 일종인 부부간의 일상가사대리권(제827조 제1항)도 제126조의 기본대리권이 될 수 있는가? 학설의 입장은 크게 두 가지로 구분할 수 있다: 제1설[327](일상가사대리권을 기본대리권으로 하여 제126조가 적용될 수 있다); 제2설[328](부부간의 일상가사대리권은 그 범위가 '일상의 가사'에 한정되어 있으므로 월권행위에 대하여 제126조를 적용할 수 없다). 제1설은 제126조가 적용되기 위한 요건으로서 정당한 사유의 구체적 의미를 놓고 다시 두 가지로 세분된다: 제1-1설(당해 행위가 일상가사에 속하는 행위라고 믿을 만한 정당한 사유가 있어야 한다); 제1-2설(일상가사의 관념은 기본대리권의 판단요소로 작용하는 것일 뿐이므로 월권행위 그 자체만을 대상으로 하여 대리인으로 행세한 자에게 당해 행위를 할 수 있는 권한이 있다고 믿을 만한 정당한 사유가 있으면 그것으로 충분하다).

제1설(통설)에 대해서는 다음과 같은 비판이 가능하다. 첫째, 일상가사대리권을 제126조가 적용되기 위한 기본대리권으로 보는 태도는 실제에 있어서 별다른 의미를 갖지 못한다. 왜냐하면 '기본대리권의 존재'라는 것이 제126조의 적용요건으로서 매우 중요한 요건임에도 불구하고, 부부간의 관

후견인이 친족회의 동의를 얻지 않고 피후견인의 부동산을 처분하는 행위를 한 경우에도 상대방이 친족회의 동의가 있다고 믿은 데에 정당한 사유가 있는 때에는 본인인 한정치산자에게 그 효력이 미친다."

327) 金相容, 앞의 책 "民法總則", 639면; 金疇洙, 앞의 책 "民法總則", 468면; 李銀榮, 앞의 책 "民法總則", 644면. 판례도 같은 입장이다(대법원 1981. 6. 23. 80다609 참조.).

328) 金曾漢·金學東, 앞의 책 "民法總則", 451면.

계에 있어서는 제827조 제1항에 의하여 언제나 충족되어 있는 조건이기 때문이다. 일상가사대리권을 기본대리권으로 하여 제126조의 적용 여부를 판단하고자 하는 제1설은 논리의 긴밀성과 거리가 멀다. 둘째, 제126조의 정당한 이유의 판단에 관한 제1-1설과 제1-2설은 지나치게 인위적이고 기교적이어서 실제적 유용성이 없다. 제1-1설에 의한다면 일상가사대리권을 제126조의 적용요건으로서의 기본대리권으로 파악할 이유가 없다. 한편, 제1-2설은 일상가사와 현실적으로 행해진 월권행위를 개념적으로 엄격하게 구별할 수 있다는 관념을 전제로 하는데, 과연 이러한 태도가 법실무에서 관철될 수 있을까? 그리고 그러한 태도를 굳이 관철시킬 필요가 있을까?

이와 같은 비판적 관점을 토대로 다음과 같은 해결책을 제시하고자 한다. 첫째, 제1설이 제126조에 의하여 달성하고자 하는 영역 중 일부는 '일상의 가사' 자체의 문제로 해결하여야 한다. 이 경우에는 제832조가 적용되기 때문에 부부가 연대책임을 지게 된다(제832조). 둘째, 매우 중대한 사안(예: 배우자 소유의 부동산의 처분)의 경우에는 제126조를 적용하여 해결할 수 있을 것이다. 이와 같은 사안에 대한 판례의 입장은 비교적 명백하다. 판례는 일상가사대리권을 기본대리권으로 하면서, 다만 제126조 소정의 표현대리가 되려면 배우자 일방에게 일상가사대리권이 있었다는 것만이 아니라 상대방의 입장에서 볼 때 그 배우자에게 타방 배우자가 그 행위에 관한 대리의 권한을 주었다고 믿었음을 정당화 하는 객관적인 사정을 요구한다.[329] 판례 이론의 결론에는 수긍이 간다. 그런데 제126조의 적용요건으로서의 일상가사대리권을 기본대리권으로 파악한 부분에서는 제1설과 마찬가지의 문제점을 안고 있다.

생각건대, 기본대리권은 오히려 부부 일방이 타방에게 인감, 인감증명서, 등기권리증과 같은 것을 교부한 사실 자체에서 찾는 것이 타당하다고 생각한다. 즉 제125조와 제126조의 복합적용의 모습으로 이론구성을 할 것을 제안한다.

---

329) 대법원 1968. 11. 26. 68다1727·68다1728; 대법원 1970. 3. 10. 69다2218; 대법원 1981. 8. 25. 80다3204; 대법원 1982. 9. 28. 82다카177; 대법원 1998. 7. 10. 98다18988 등 참조.

㉡ 代理權의 범위를 초과하였을 것

555 문제의 대리행위가 대리권의 범위를 초과한 것이어야 한다.

기본대리권과 실제로 행해진 대리행위가 동종의 것이어야 하는가? 이에 대하여 통설은, 양자가 같은 종류 또는 비슷한 것이어야 할 필요는 없다고 한다.[330] 그런데 양자가 전혀 다른 종류의 것이라면 제126조의 성립은 부정되어야 하지 않을까 생각한다. 그 이유는 다음과 같다: 제126조가 ①을 요건으로 하는 것은, 일정한 기본대리권을 가지고 있다는 사실로 인하여 문제의 대리행위에 대하여도 대리권이 있을 것이라는 상대방의 신뢰가 강화되는 요인이 되기 때문이다. 만일 기본대리권과 실제로 행해진 대리행위가 전혀 상관없는 경우에도 제126조의 표현대리의 성립을 인정한다면 이는 ①의 요건을 무색하게 하는 것이다. 제126조에 있어서 '기본대리권의 존재'라는 요건은 이 표현대리의 본질적 특성으로 이해하여야 할 것이다. 다만 동종성 여부를 판단함에 있어서는 이를 넓게 해석하는 것이 바람직할 것으로 본다. 즉 기본대리권과 일체불가분의 관계에 있는 행위라고 좁게 볼 것이 아니라 기본대리권의 외형을 가지는 행위도 포함시키자는 것이다.[331] 통설은, 판례도 기본대리권과 실제로 행해진 대리행위 사이에 아무런 관련이 없더라도 제126조의 표현대리가 성립할 수 있는 것으로 판단하고 있다고 설명한다.[332] 그러나 통설이 들고 있는 판례의 사안은 양자 사이에 아무런 관계가 없는 경우라고 보기 어렵다고 생각한다.

제126조의 표현대리에 있어서 '기본대리권의 존재'라는 요건은, 제125조에서의 '대리권수여의 표시', 제129조에서의 '일정 시점에서의 대리권의 존재'에 상응하는 요건으로서 표현대리의 일반적 요건인 '본인의 원인제공'에 해당하는 것이다. 그러므로 제126조의 표현대리에 있어서 '기본대리권의 존재'라는 요건을 무색하게 하는 해석은 수긍하기 어렵다.

---

330) 高翔龍, 앞의 책 "民法總則", 379면; 郭潤直, 앞의 책 "民法總則", 398면; 金俊鎬, 앞의 책 "民法總則", 441면; 白泰昇, 앞의 책 "民法總則", 498면; 李銀榮, 앞의 책 "民法總則", 637면. 한편, 이에 반대하는 견해로는 金相容, 앞의 책 "民法總則", 631면.

331) 이와 같은 제안은 제756조의 사용자책임의 요건인 '사무집행관련성'의 판단에 있어서 통설과 판례가 취하고 있는 '외형이론'(이에 대해서는 이 책 [230] 참조)과 유사한 것이다.

332) 통설이 들고 있는 판례는 다음과 같다: 대법원 1963. 8. 31. 63다326; 대법원 1963. 11. 21. 63다418.

Ⓒ 상대방의 신뢰에 正當한 理由가 존재할 것

556 상대방이 문제의 대리행위에 대해서도 대리권이 있다고 믿을 만한 정당한 이유가 있어야 한다. 제125조·제129조가 선의·무과실로 규정하는 것과 달리 제126조는 '정당한 이유'로 표현하고 있다.

여기에서 '정당한 이유'에 대한 해석론상 학설대립이 있다. 제1설[333]은 선의·무과실의 의미로 새긴다. 제2설[334]은 '정당한 이유'를 무과실보다 좁은 것으로 해석하여 이성인을 기준으로 변론종결시까지의 모든 사정을 고려하여 객관적 거래관념에 따라 판단하여야 한다고 설명한다. 제2설의 입장을 제1설과 대비시켜 좀 더 부연하면 다음과 같다: 첫째, 제1설은 정당한 이유의 판단시기를 '대리행위시'로 보나, 제2설은 '대리행위시' 후의 사정도 판단시기에 포함한다; 둘째, 제1설에서의 판단기준은 '보통인'이나, 제2설은 보통인보다 사리판단력이 높은 '이성인'이라고 한다. 결론부터 말한다면, 제2설의 입장은 수긍하기 어렵다. 그 이유는 다음과 같다. 첫째, 표현대리제도의 근본취지의 측면이다. 표현대리는 대리제도의 신용유지 및 상대방 내지 거래안전 보호를 위한 제도이다. 그러므로 표현대리의 성립에 대한 판단시점은 대리행위시로 보는 것이 타당하다.[335] 둘째, 판단기준의 문제이다. 제2설은 '보통인'보다 사리판단력이 높은 '이성인'을 기준으로 판단하여야 한다고 설명한다. 그런데 '보통인'은 무엇이고 '이성인'은 무엇인가? 일반적으로 '보통인'이라 하는 것은 '이성인'과 같은 의미이다. 셋째, 다른 표현대리제도와의 균형의 측면이다. 제2설에 따르면, 제126조는 제125조·제129조와 비교해 볼 때 성립요건의 판단시점 및 기준에 차이가 나게 되는데, 그와 같은 차이를 두어야 할 특별한 이유가 무엇인가? '정당한 이유'의 의미에 대해서는 제1설의 입장이 타당하다.

정당한 이유에 대한 증명책임은 누구에게 있는가? 이에 대해서는 다양

---

333) 高翔龍, 앞의 책 "民法總則", 580면; 郭潤直, 앞의 책 "民法總則", 399면; 金容漢, 앞의 책 "民法總則論", 377면. 판례도 같은 입장이다(대법원 1981. 8. 20. 80다3247; 대법원 1997. 6. 27. 97다3828 참조.).

334) 金相容, 앞의 책 "民法總則", 632면; 白泰昇, 앞의 책 "民法總則", 499면; 李英俊, 앞의 책 "民法總則", 585면; 李銀榮, 앞의 책 "民法總則", 641면.

335) 판례도 제126조의 요건의 판단시점은 대리행위시로 본다(대법원 1973. 7. 24. 73다474; 대법원 1974. 7. 9. 73다1804; 대법원 1987. 11. 10. 87다카1325 등 참조).

한 학설이 있다.[336] 그리고 이에 관하여 직접적으로 판시한 판례는 없다. 제125조와 제129조의 표현대리와 특별히 달리 보아야 할 법리적인 이유가 없다고 생각한다. 그러므로 본인에게 증명책임이 있는 것으로 해석하고자 한다.

◘ 사례연구: 無權代理

• **사안의 내용** A는 B에게 1억원의 범위 안에서 토지 1필을 매수하여 달라는 부탁과 함께 B에게 위임장을 작성해 주었다. 이에 따라 B는 A의 대리인의 자격으로 C로부터 α 토지를 매수하는 계약을 체결하였는데, 매매대금을 1억 3천만원으로 약정하였다. C는 B가 당해 대리행위에 대하여 대리권이 없음을 알지 못하였고 또한 알 수도 없었다. 이 경우에 있어서 매도인 C의 매매대금채권은 유효하게 성립하는가 하는 것을 판단하고, 만일 그러하다면 C가 이 채권을 행사할 수 있는 자는 A·B 중 누구인가를 검토하라.

• **사안의 해결** B는 無權代理人이므로 대리행위의 효과는 당연히 A에게 귀속하지는 못한다. 契約의 無權代理行爲는 流動的 無效이다. 그러므로 本人의 追認 또는 追認拒絕에 따라 본인에 대한 효과귀속 여부가 결정된다. 만일 本人이 追認을 하게 되면 C의 A에 대한 매매대금채권이 처음부터 유효하게 성립한 것과 같이 된다(제130조·제133조). 만일 本人이 追認을 거절하게 되면 C로서는 代理人 B에 대하여 매매대금채무의 이행을 청구할 수 있다(제135조 제1항). 本人인 A의 追認 또는 追認拒絕이 있을 때까지 C는 추인 여부에 대한 확답을 催告할 수 있으며(제131조), 또한 매매계약의 성립요소인 자신의 意思表示를 撤回하여 매매계약의 구속력으로부터 완전히 벗어나는 것도 가능하다(제134조).

한편, B·C간의 법률행위는 제126조의 表見代理의 요건을 구비하고 있다. 그러므로 C가 표현대리를 주장하게 되면 마치 유효한 대리행위에서와 마찬가지로 대리행위의 효과가 A에게 귀속하게 된다. 결국, C로서는 A에 의한 추인이 없다 하더라도 그의 선택에 따라 표현대리를 주장하여 A와의 법률관계를 설정하든가 제135조에 따라 대리인 B와의 법률관계를 설정할 수 있는 법적 지위에 있다.

Ⅸ. 無效와 取消

1. 序 說

(1) 無效와 取消의 개념

557 유효요건을 완전하게 갖추지 못한 법률행위는 무효이거나 혹은

336) 학설상황에 대하여 자세한 것은 郭潤直 편/車漢成 집필, 앞의 책 "民法註解 [III]", 159면 참조.

취소할 수 있는 법률행위이다. 무효와 취소는 다음과 같은 점에서 차이가 있다: ① 무효사유에 해당하게 되면 법률행위는 처음부터 효력이 없으나, 취소에 있어서는 취소사유가 있더라도 취소권을 행사하기 전까지는 유효하다; ② 무효의 경우에는 누구의 주장을 기다리지 않고 처음부터 당연히 효력이 없는 데 반해, 취소의 경우에는 특정인(즉 취소권자)에 의한 취소권 행사가 있어야 소급적으로 무효가 된다; ③ 무효인 경우에는 시간이 경과한다 하더라도 효력에 변화가 없으나, 취소에 있어서는 일정한 기간의 경과에 의하여 취소권이 소멸하고 그 결과 법률행위는 확정적으로 유효하게 된다.

어떤 사유를 무효사유로 하고 어떤 사유를 취소사유로 할 것인가 하는 것은 입법정책의 문제이다. 무효와 취소의 정책적 기준은 대체로 다음과 같다: 결함부분이 특정인의 개별적 이익에 관련된 것이어서 효력 여부에 대한 결정을 특정인에게 맡겨도 무방한 때에는 취소사유, 결함부분이 개별적 이익의 차원을 넘어 공동체의 이익과 관련된 때에는 무효사유이다.

(2) 無效와 取消의 二重效

558 의사무능력자가 동시에 행위무능력자에 해당하는 경우에 의사무능력을 이유로 한 무효 또는 행위무능력을 이유로 한 취소만이 인정되는가 아니면 당해 법률행위에 관하여 무효와 취소 어느 쪽도 주장할 수 있는가? 이에 관하여는 다음과 같은 몇 가지의 입론이 가능하다.

ⅰ 첫째, 무효인 법률행위를 취소할 수 있다는 것은 논리모순이므로 의사무능력을 이유로 한 무효 주장만이 가능하다는 견해이다.

ⅱ 둘째, 행위무능력을 이유로 하는 취소만이 가능하다는 입장이다. 이 견해의 주된 논거는, 행위능력제도는 의사무능력을 객관화·획일화한 제도로서 의사능력을 수정한 것이므로 행위능력제도가 우선적으로 적용되어야 한다는 것이다.

ⅲ 셋째, 무효·취소 어느 쪽도 주장할 수 있다는 견해로서 무효·취소의 '二重效(Doppelwirkung)' 이론이라 한다.[337] 이 견해의 주된 논거는 다음

337) 高翔龍, 앞의 책 "民法總則", 601면 이하; 郭潤直, 앞의 책 "民法總則", 413면; 金相容, 앞의 책 "民法總則", 672면; 金俊鎬, 앞의 책 "民法總則", 96면; 白泰昇, 앞의 책 "民法總則", 144면; 李英俊, 앞의 책 "民法總則", 341면·683면; 李銀榮, 앞의 책 "民法

과 같다: ① 무효인 법률행위라는 것은 효력을 발생하지 않는다는 것이지 법률행위가 존재하지 않는 '無'의 상태는 아니므로 무효인 법률행위를 취소한다고 하더라도 논리적 모순은 아니다; ② 무효와 취소는 행사기간 등에 차이가 있으므로 양자의 경합을 인정할 실익이 있다.

법률행위의 무효와 취소는 모두 법률행위 내지 의사표시에 일정한 흠이 있다면 당해 법률행위에 구속력을 인정할 필요가 없다는 것을 공통적 취지로 하고 있다. 그리고 어떠한 사유를 무효사유로 할 것인가 취소사유로 할 것인가 하는 것은 양자간의 어떤 본질적인 차이로 인한 것이라기보다 입법정책의 문제이다. 그러므로 어떤 법률행위가 무효사유와 취소사유를 동시에 가지고 있다면 무엇이든 자유롭게 주장할 수 있는 것으로 보아야 할 것이다. 우리나라의 통설도 무효와 취소의 二重效를 인정하고 있다.

◘ 사례연구: 無效와 取消의 二重效

• **사안의 내용** A는 알코올중독 증세를 가지고 있으며 평소 낭비벽이 심하여 법원으로부터 한정치산선고를 받았다. 어느 날 저녁 A는 서울 인사동에서 골동품상을 경영하고 있는 B와 술자리를 같이하게 되었다. A는 집안 대대로 전해 내려오는 연적을 가지고 있는데, 술에 만취되어 변식능력이 없는 상태에서 A는 독자적으로 그 연적에 대하여 B와 매매계약을 체결하였다. 계약에 따라 A는 B에게 연적을 인도함과 동시에 B로부터 매매대금으로 10만원을 지급받았다. A는 매매대금으로 받은 10만원을 생활비에 충당하였고 B는 연적을 자신의 상점에 진열해 놓았다. 이 매매계약의 무효·취소를 중심으로 A·B간의 법률관계를 설명하라.

• **사안의 해결** 사안에서 매매계약의 일방당사자인 A는 한정치산자로서 행위무능력자인 동시에 의사무능력이기도 하다. 이 경우에 이론적으로는 물론 실제적으로도 무효·취소의 '이중효'이론에 따라 해결하여야 할 필요가 있다. 그러므로 의사무능력을 이유로 한 무효 및 행위무능력을 이유로 한 취소의 두 주장이 모두 가능한 것으로 보아야 한다. 물론 행위무능력을 이유로 법률행위를 취소하는 경우 취소권자는 A 또는 A의 법정대리인이다(제140조).

그러나 무효를 주장하는 경우에는 의사무능력자인 A뿐만 아니라 그 상대방인 B도 무효주장을 할 수 있는 것으로 보아야 한다. 왜냐하면 의사무능력자에 의한 법률행위를 무효로 하는 본질적 근거는 의사무능력자의 보호에 있는 것이 아니라 법률행위의 구속력 근거인 '자유로운 의사결정능력'의 결여에 있기 때문이다.

總則", 505면.

2. 法律行爲의 無效

(1) 序 說

1) 無效의 의미

559 법률행위의 무효란 법률행위가 성립한 때로부터 효력이 없는 것을 말한다. 법률행위의 무효는 법률행위의 부존재 또는 불성립과 구별하여야 한다. 이것은 법률행위의 성립요건을 결한 것이라는 점에서, 성립요건은 충족되었으나 효력요건에 결함이 있어 효력을 발생하지 못하는 무효와 차이가 있다. 무효사유는 대체로 다음과 같이 분류할 수 있다: ① 당사자에 관한 효력요건에 결함이 있는 경우(예: 의사무능력); ② 의사표시에 관한 효력요건에 결함이 있는 경우(예: 제107조 제1항 단서, 제108조 제1항); ③ 법률행위의 내용에 관한 효력요건에 결함이 있는 경우(예: 제103조, 제104조); ④ 권한이 없는 자에 의하여 행해진 법률행위(예: 무권대리행위).

무효인 법률행위는 구속력을 가지지 못한다. 그러므로 아직 이행을 하지 않은 상태라면 이행할 필요가 없고, 이미 이행한 상태라면 부당이득으로서 반환을 청구할 수 있다(제741조). 그러나 무효인 법률행위에 기하여 이행행위를 하였다 하더라도 반환청구가 금지되는 경우가 있다(불법원인급여에 관한 제746조 참조).

2) 無效의 종류

(가) 絶對的 無效와 相對的 無效

560 절대적 무효란 당사자 간에는 물론 제3자에 대한 관계에서도 무효인 경우이다(예: 제103조, 제104조). 상대적 무효란 당사자 간에만 무효이고 일정한 제3자에 대하여는 무효의 효력이 미치지 못하는 경우이다(예: 제107조 2항, 제108조 2항).

(나) 當然無效와 裁判上 無效

561 무효는 원칙적으로 당연히 효력이 없다. 즉 당연무효가 원칙이다. 이에 반하여 소에 의하여 무효를 주장하여야 하는 경우가 있는데, 이를 재판상 무효라고 한다. 회사설립의 무효(상법 제184조), 회사합병의 무효(상법 제236조)와 같이 재판상 무효는 법률관계의 획일적 확정을 기하기 위한 것

이다. 재판상 무효는 원고적격과 출소기간의 제한 등이 있어서 실제에 있어서 취소와 유사하다.

(다) 確定的 無效와 流動的 無效

562 확정적 무효란 보통의 무효로서 후에 추인을 하더라도 효력이 생기지 않는 경우이다(제139조 본문). 이와 달리 유동적 무효란 법률행위가 행위시에는 효력을 발생하지 않으나 후에 제3자의 추인 또는 관청의 인허가를 받게 되면 법률행위시에 소급하여 유효로 되고 추인 또는 인허가가 없으면 확정적으로 무효로 되는 경우이다. 우리 민법에 규정된 유동적 무효로는 무권대리인의 대리행위를 들 수 있다. 즉 무권대리인의 대리행위는 무효이지만 본인이 추인하면 대리행위시에 소급하여 유효로 된다(제133조 본문).

대법원은 1991년 12월 24일의 전원합의체판결[338]을 통하여 유동적 무효의 개념을 도입하였다. 사안은 국토이용관리법[339]상의 토지거래허가에 관한 것이었다. 이 법률에 따르면, 토지의 투기적인 거래가 성행하는 것과 같은 상태에 있는 지역을 계약허가구역으로 지정하고 그 토지에 대한 거래에 있어서는 시장·군수 또는 구청장의 허가를 받도록 규정하고 있다('국토의계획및이용에관한법률' 제117조, 제118조 참조). 이와 관련하여 종래 가장 문제되었던 것은 허가를 받지 못한 경우에 당해 법률행위의 효력이 어떠한가 하는 것이었다.

1991년 대법원 전원합의체 판결 전의 상황을 정리하면 다음과 같다. 한때 大法院은 허가를 받지 않고 체결된 토지거래계약에 대하여 이는 법률에 의하여 처벌되는 犯法行爲(국토이용관리법 제31조의 2)라는 근거[340]를 들어 當

338) 대법원전원합의체 1991. 12. 24. 90다12243 참조.

339) 현재 '국토이용관리법'은 폐지되고 이 법률과 '도시계획법'을 통합한 '국토의계획및이용에관한법률'(2003. 1. 1. 시행)로 통합되었다.

340) 이러한 태도는 부동산등기특별조치법에 대한 대법원의 입장과 균형이 맞지 않는다. 이 법은 중간생략등기를 하거나 또는 등기원인을 허위로 기재한 때에는 3년 이하의 징역이나 1억원 이하의 벌금에 처하도록 규정하고 있는데(동법 제8조 제1호·제2호), 이 벌칙규정의 성질에 관하여 대법원은 효력규정이 아닌 단속규정으로 보아 당사자 사이의 중간생략등기의 합의에 관한 사법상의 효력까지 무효로 한다는 취지는 아닌 것으로 보고 있다(대법원 1993. 1. 26. 92다39112). 부동산등기특별조치법상의 벌칙규정을 단속규정으로 보는 태도의 정당성에 대하여는 이를 논외로 하고, 부동산등기특별조치법에 대한 이러한 입장과 달리 국토이용관리법상의 벌칙규정은 효력규정으로 보아 양자를 차별하는 것은 합리적 근거가 없다고 보인다.

然無效라는 입장을 취하였다.[341] 한편, 하급심의 태도는 다양하였는데, 이를 정리하면 다음과 같다: ① 대법원의 입장을 그대로 따르는 입장, ② 거래계약은 언제나 유효하며 허가의 시기는 계약체결 전이든 후이든 상관이 없다는 입장,[342] ③ 허가를 받지 못했다 하더라도 채권계약은 유효하며 다만 등기를 하지 못할 뿐이라는 입장,[343] ④ 허가를 받지 못하였다 하더라도 確定的 無效는 아니고 허가를 받기까지 流動的 無效의 상태에 있다는 입장.[344]

1991년 대법원 전원합의체 판결은 이 문제에 관하여 하나의 전환점이 되었다. 거래허가를 받지 않은 토지거래계약의 효력에 관하여 1991년 12월 24일 대법원은 유동적 무효이론을 기초로 획기적 판결을 하였다. 이 판결에서 다수의견의 핵심사항을 정리하면 다음과 같다.

ⅰ 허가구역에 속한 토지거래계약은 관청의 허가를 받아야만 그 효력이 발생하고 허가를 받기 전에는 物權的 效力은 물론 債權的 效力도 발생하지 아니하여 確定的 無效의 경우와 다를 바 없지만, 일단 허가를 받으면 그 계약은 소급하여 유효한 계약이 되므로 허가를 받기까지는 미완성의 법률행위로서 流動的 無效의 상태에 있다. 그러므로 허가 후에 새로이 거래계약을 체결할 필요는 없다. 한편, 불허가처분을 받게 되면 토지거래계약 체결시에 소급하여 확정적으로 무효가 된다.

ⅱ 허가받기 전의 상태에서는 거래계약의 債權的 效力조차도 전혀 발생하지 않으므로 권리의 이전 또는 설정에 관한 어떠한 내용의 이행청구도 할 수 없다.

ⅲ 처음부터 허가를 배제하거나 잠탈하는 내용의 계약일 경우에는 확정적으로 무효로서 유효로 될 여지가 없다. 즉 허가받을 것을 전제로 한 거래계약만이 유동적 무효로서 허가에 따라 유효로 될 수 있다.[345]

ⅳ 허가의 성질에 대하여 이를 認可로 보았다. 그 근거로는 규제지역

---

341) 대법원 1990. 12. 11. 90다8121; 대법원 1991. 6. 14. 91다7620 참조.

342) 수원지방법원 1989. 12. 21. 88가합19411 참조.

343) 광주지방법원 1990. 9. 27. 91나154. 이 판결은 이 사안의 모범이 된 대법원전원합의체 1991. 12. 24. 90다12243의 원심판결이다.

344) 서울지방법원 1989. 8. 29. 89가합18738 참조.

345) 이러한 판시는 종래 대법원이 허가를 받지 않고 체결된 토지거래계약에 대하여 이는 법률에 의하여 처벌되는 범법행위(국토이용관리법 제31조의 2)라는 근거로 당연무효로 보았던 점을 의식한 것으로 생각된다.

내의 모든 국민에게 전반적으로 토지거래의 자유를 금지하고 일정한 요건을 갖춘 경우에만 금지를 해제하여 계약체결의 자유를 회복시켜 주는 허가의 성질을 가지는 것으로 보는 것은 법의 입법취지를 넘어선 지나친 해석이고, 규제지역 내에서도 토지거래의 자유가 인정되나 다만 위 허가를 받음으로써 허가 전의 流動的 無效 상태에 있는 법률행위의 효력을 완성시켜 주는 것이라는 점을 들고 있다.

ⓥ 토지거래허가를 받기까지는 매매계약이 그 계약내용대로의 효력이 있을 수 없는 것이어서 매수인으로서도 그 계약내용에 따른 대금지급의무가 있다고 할 수 없으므로, 매도인으로서는 그 대금지급이 없었음을 이유로 계약을 해제할 수 없다.

ⓥⓘ 규제지역 내의 토지에 대하여 거래계약이 체결된 경우에 계약을 체결한 당사자 사이에 있어서는 그 계약이 효력 있는 것으로 완성될 수 있도록 서로 협력할 의무가 있음이 당연하므로, 계약의 쌍방 당사자는 공동으로 관할관청의 허가를 신청할 의무가 있고, 이러한 의무에 위배하여 허가신청절차에 협력하지 않는 당사자에 대하여 상대방은 협력의무의 이행을 소송으로써 구할 이익이 있다.

1991년 12월 24일 판결의 다수의견은 流動的 無效理論을 근간으로 하고 있다. 流動的 無效란 確定的 無效에 대응하는 개념으로 현재로서는 無效이나 추후의 일정한 요건(예: 인가, 추인)이 구비되면 법률행위시로 소급하여 유효로 되는 무효형태를 말한다. 이 판결은 국토이용관리법의 문언상의 문제점(즉 허가의 대상이 없음에도 불구하고 허가를 요구하는 논리모순)을 이론적으로 극복하고, 토지거래에 관한 여러 가지 공법적 규제가 사법적 법률관계에 미치는 영향에 관하여 일응의 기준을 제시하였다는 점에서 큰 의미가 있다. 특히 토지거래허가의 성질을 認可로 본 것은 사유재산권 보장 및 사적자치의 원칙이라는 원리적 측면에서는 물론 "계약은 가능하면 유효한 방향으로 해석하여야 한다(*potius valeat quam ut pereat*)"라는 법률행위의 해석기준의 측면에서도 긍정적 평가를 할 수 있다. 그러나 몇 가지 점은 이론적으로 보다 정비되어야 할 것으로 생각한다.[346)]

346) 이에 대해서는 명순구, 앞의 책 "민법학기초원리", 585-592면 참조.

토지거래허가와 관련하여 또 하나 유의하여야 할 판결로서 1999년 6월 17일의 대법원 전원합의체 판결[347)]이 있다. 허가구역 내에서 토지거래계약을 체결한 후에 허가구역지정이 해제된다면 그 토지거래계약은 확정적으로 유효로 되는지 여부가 문제된 사안에서 다수의견은 다음과 같이 판시하고 있다: "허가구역 지정기간 중에 허가구역 안의 토지에 대하여 토지거래허가를 받지 아니하고 토지거래계약을 체결한 후 허가구역 지정해제 등이 된 때에는 그 토지거래계약이 허가구역 지정이 해제되기 전에 확정적으로 무효로 된 경우를 제외하고는, 더 이상 관할 행정청으로부터 토지거래허가를 받을 필요가 없이 확정적으로 유효로 되어 거래 당사자는 그 계약에 기하여 바로 토지의 소유권 등 권리의 이전 또는 설정에 관한 이행청구를 할 수 있고, 상대방도 반대급부의 청구를 할 수 있다고 보아야 할 것이지, 여전히 그 계약이 유동적 무효상태에 있다고 볼 것은 아니다." 이 다수의견에 대해서는 비판적 평가도 만만치 않다.[348)]

(2) 一部無效의 法理

1) 一部無效에 대한 원칙적 효과

562 법률행위의 일부에 무효사유가 있는 때에는 법률행위 전부를 무효로 하는 것이 원칙이다(제137조 본문). 이 규정은 一部取消의 경우에도 유추적용된다.[349)] 법률행위에 포함되어 있는 일정한 결함에 대하여 이를 무효사유로 할 것인가 아니면 취소사유로 할 것인가 하는 것은 선험적 기준에 의한 것이 아니라 입법정책의 문제이기 때문이다.

---

347) 대법원전원합의체 1999. 6. 17. 98다40459 참조.

348) 이 판결의 반대의견은 다음과 같이 설시하고 있다: "국토이용관리법상의 토지거래허가제도가 폐지되지 않고 존치되어 있는 이상, 허가구역 지정기간 중에 허가구역 안의 토지에 관하여 체결된 거래계약은 허가구역 지정해제 등이 된 이후에도 여전히 허가를 받아야 유효로 된다고 해석하여야 토지의 투기적 거래의 규제가 가능하고 이를 목적으로 한 위 제도의 내용 및 취지와 합치되며, 법이론상으로도 무리가 없고, 다수의견에 따르면 허가구역 지정기간 경과 후에는 과거의 투기거래를 문제삼지 않고 이를 용인하는 결과가 되어, 자본을 건전한 투자와 소비로 유도하고 투기거래로 유입되는 것을 차단하여 건실한 경제발전을 도모하고 나아가 토지이용질서를 확립하려는 국가의 기본경제정책에도 배치된다."

349) 대법원 1992. 2. 14. 91다36062; 대법원 1998. 2. 10. 97다44737; 대법원 1999. 3. 26. 98다56607 등 참조.

그 이론적 근거는 무엇인가? 그것은 사적자치의 본질에서 구할 수 있다. 사적자치란 법률행위 당사자가 진실로 의욕한 것에 의하여 그들 자신이 구속되는 것이다. 만일 법률행위 당사자가 의욕하지 않은 사항을 가지고 당사자를 구속하는 것은 사적자치의 원칙에 반하는 것이다. 법률행위의 일부가 무효인 경우에 이를 전부무효로 하는 대신에, 무효인 부분에 대하여만 法的 反價値判斷을 하고 나머지 부분은 유효한 것으로 하게 되면 전체를 일체로서 법률행위를 하고자 했던 當事者의 意思를 왜곡하는 결과가 될 수도 있다. 바로 이와 같은 이유에서 민법은 一部無效의 全部無效의 原則을 견지하고 있는 것이다. 그런데 민법개정안은 현행민법 제137조와 반대로 본문에서 殘部有效를, 단서에서 全部無效를 규정하고 있다.

민 법 개 정 안	
현 행 규 정	개 정 안
제137조(법률행위의 일부무효) 법률행위의 일부분이 무효인 때에는 그 전부를 무효로 한다. 그러나 그 무효부분이 없더라도 법률행위를 하였을 것이라고 인정될 때에는 나머지 부분은 무효가 되지 아니한다.	제137조(법률행위의 일부무효) 법률행위의 일부분이 무효인 때에도 나머지 부분은 효력이 있다. 그러나 효력 있는 부분만으로는 법률행위를 하지 아니하였을 것이라고 인정되는 때에는 그 전부를 무효로 한다.
개정배경 "민법 제137조의 一部無效의 규정은 계약충실의 원칙 및 현실의 적용례에 비추어 원칙과 예외가 반대로 규정되어 있으므로 이를 바로잡을 필요가 있다. 또한 이와 같이 규정함으로써 최근 판례에서도 인정되는 一部取消에 관하여 민법 제137조를 유추적용하기가 수월할 것이다. 일부취소란 법률행위의 일부에 취소사유가 있을 경우 취소권자가 그 일부분에 대하여만 취소의 의사표시를 하고 나머지 부분은 효력을 유지하려는 것을 말하기 때문이다."[350]	

제137조 본문의 전부무효의 원칙에도 불구하고 특별규정에 의하여 이 원칙의 적용이 배제되는 경우가 있다. 그 예로서 '약관의규제에관한법률'[351]

350) 白泰昇, '民法總則 改正案의 主要內容 (I)', "考試界" 2004년 6월호, 18면.

351) 이 법률은 보통거래약관을 규제하기 위한 것이다. '보통거래약관'이란 계약의 일방당사자가 다수의 상대방과 계약을 체결하기 위하여 일정한 형식에 의하여 미리 마련한 계약조항을 말한다(예: 보험약관). 보통거래약관에 의하여 계약이 체결되는 경우에 상대방은 보통거래약관 작성자가 정한 내용대로 계약을 체결할 것인가 아닌가의 자유만을 가지며 계약내용을 조정할 수 있는 가능성이 없다. 이와 같은 계약을 가리켜 '부합계

제16조를 들 수 있다. 여기에서는 제137조 본문과 정반대의 규범을 제시하고 있다. 즉 약관의 전부 또는 일부가 不成立 또는 無效인 경우 계약은 나머지 부분만으로 유효하게 존속하고, 다만 유효한 부분만으로는 계약의 목적달성이 불가능하거나 일방 당사자에게 부당하게 불리할 때에 한하여 당해 계약은 무효이다. 이는 약관규제법의 특성에 의한 것이다. 만일 일부 조항이 무효라는 이유로 계약 전체를 무효로 한다면 이는 거래의 효율성을 해하는 결과를 초래할 것이다. 그 외에 민법에도 제137조의 특칙에 해당하는 규정을 두고 있다. 환매기간에 관한 제591조 제1항, 임대차의 존속기간에 관한 제651조 제1항 등이 그 예이다.

2) 一部無效에 대한 예외적 효과

564 법률행위의 일부에 무효사유가 있는 경우에 있어서의 전부무효원칙은 중요한 예외를 가지고 있다. 무효부분이 없더라도 나머지 부분만으로 법률행위를 하였을 것으로 인정될 때에는 그 나머지 부분에 대한 법률행위는 유효성을 긍정하는 것이다(제137조 단서). 이를 '일부무효의 법리'라 한다. 일부무효의 법리는 일부취소의 경우에도 유추적용된다.[352] 일부무효의 법리가 적용되기 위한 요건은 다음과 같다.

ⓘ 첫째, 法律行爲의 一體性이다. 법률행위의 내용이 동시에 성립하거나 또는 경제적으로 긴밀한 관계에 있어야 한다는 것이다. 만일 일체성이 인정되지 않는다면 문제의 법률행위는 각각 별개의 것으로 그것의 유효·무효도 별도로 평가하게 되므로 일부무효의 법리를 말할 여지가 없다.

ⓘⓘ 둘째, 法律行爲의 分割可能性이다. 법률행위에 일체성이 인정되기는 하나 양적으로 분할가능성이 있어야 한다. 분할가능성이 없다면 법률행위의 일부만에 대한 무효를 논의할 여지가 없을 것이다. 분할가능성의 판단은 법률행위의 목적을 고려하여 판단할 것이지 일률적으로 정할 것은 아니다.

ⓘⓘⓘ 셋째, 無效事由의 局限性이다. 무효사유가 법률행위의 일부에만 존재하여야 한다. 즉 무효부분을 떼어낸 나머지 부분은 유효하여야 한다.

약(附合契約)'이라고 하는데, 여기에 있어서는 상대방의 위치에 있는 소비자의 이익을 보호할 필요성이 크다. 이런 이유에서 제정된 것이 바로 '약관의규제에관한법률'이다.

352) 대법원 1992. 2. 14. 91다36062; 대법원 1998. 2. 10. 97다44737; 대법원 1999. 3. 26. 98다56607 등 참조.

ⅳ 넷째, 當事者의 意思이다. 즉 나머지 부분만으로도 법률행위를 했을 것이라고 하는 당사자의 의사를 인정할 수 있어야 한다. 이 요건이 충족되어야만 법률행위의 일부를 무효로 한다 하더라도 사적자치의 원칙에 반하지 않게 된다. 여기에서의 의사는 실재하는 의사가 아니라 법률행위의 일부분이 무효임을 법률행위 당시에 알았다면 당사자 쌍방이 이에 대비하여 의욕하였을 假定的 意思를 말한다.[353] 이와 같은 점에서 볼 때, 一部無效의 法理에 있어서 補充的 解釋의 기법이 개입된다고 말할 수 있다. 가정적 의사의 존재 여부는 구체적인 경우에 따라 각각 달리 판단할 수 있다. 그러므로 유사한 사안이라 하더라도 당사자에게 그와 같은 가정적 의사가 존재하였는가 하는 것은 전혀 달리 볼 수 있다. 아래 사례연구의 사안과 같이 토지거래허가구역에 위치한 토지와 그 위의 건물에 대하여 일체적으로 매매계약을 체결하였고 아직 토지거래허가를 받지 못한 상태에서 매수인이 건물만에 대한 이행청구를 한 경우에 이것이 허용될[354] 수도 있고 허용되지 않을[355] 수도 있는 것이다.[356]

---

353) 대법원 1996. 2. 27. 95다38875: "복수의 당사자 사이에 중간생략등기의 합의를 한 경우 그 합의는 전체로서 일체성을 가지는 것이므로, 그 중 한 당사자의 의사표시가 무효인 것으로 판명된 경우 나머지 당사자 사이의 합의가 유효한지의 여부는 민법 제137조에 정한 바에 따라 당사자가 그 무효부분이 없더라도 법률행위를 하였을 것이라고 인정되는지의 여부에 의하여 판정되어야 할 것이고, 그 당사자의 의사는 실재하는 의사가 아니라 법률행위의 일부분이 무효임을 법률행위 당시에 알았다면 당사자 쌍방이 이에 대비하여 의욕하였을 가정적 의사를 말한다." 같은 취지의 판결로는 대법원 1993. 12. 14. 93다45930; 대법원 1994. 9. 9. 93다31191 참조.

354) 서울고등법원 1992. 3. 20. 90나8031 참조.

355) 대법원 1992. 10. 13. 92다16836; 대법원 1994. 1. 11. 93다22043 참조.

356) 이와 같은 사안에 대한 법원판결의 대부분은 다음과 같은 취지이다: "…국토이용관리법상의 규제구역 내의 토지와 건물을 일괄하여 매매한 경우 일반적으로 토지와 그 지상의 건물은 법률적인 운명을 같이하는 것이 거래의 관행이고, 당사자의 의사나 경제의 관념에도 합치되는 것이므로, 토지에 관한 당국의 거래허가가 없으면 건물만이라도 매매하였을 것이라고 볼 수 있는 특별한 사정이 인정되는 경우에 한하여 토지에 대한 매매거래허가가 있기 전에 건물만의 소유권이전등기를 명할 수 있다고 보아야 할 것이다…"(대법원 1992. 10. 13. 92다16836). 이와 같은 판례경향에 대하여 일부 학설은 판례가 토지와 건물을 일체로 보는 경향으로 가고 있다고 설명하는 경우도 있다[金相容, '土地去來許可制에 관한 流動的 無效의 法理: 대법원 1991. 12. 24. 90다12243 전원합의체판결', "法과 正義"(徑史李會昌先生華甲紀念論文集), 博英社, 1995, 585-586면]. 그러나 이와 같은 평가는 정확하다고 보기 어렵다. 왜냐하면 이 판례는, 토지와 따로 건물만에 대한 매매계약을 의도하였을 것이라는 당사자의 가정적 의사를 탐지할 수 없었기 때문에 일부무효의 법리를 적용하지 않은 것이기 때문이다.

◘ 사례연구: 一部無效의 法理

• 사안의 내용　A는 α토지와 그 위에 건축되어 있는 β건물의 소유자이다. A는 α와 β에 대하여 일괄적으로 B와 매매계약을 체결하였다. 그런데 α토지는 '국토의계획및이용에관한법률'상의 토지거래규제구역 내에 있는 것이었다. 관할관청으로부터 토지거래허가를 받지 못한 상태에서 매수인 B는 A에 대하여 토지거래 허가신청절차의 이행을 구하는 한편, 우선 β건물만의 인도를 주장하고 있다. 이에 대하여 법원이 어떠한 판단을 할 것으로 예상하는가?

• 사안의 해결　A·B간의 매매계약의 목적물인 α·β 중 β는 국토의계획및이용에관한법률상의 거래허가의 대상이 아니다. 법률행위의 일부에 대하여만 무효사유가 있는 경우이다. 이 경우에 원칙은 법률행위 전부의 무효이다(제137조 본문). 여기에서 一部無效의 法理(제137조 단서)를 고려하여야 하는데, 제137조 단서의 다른 요건은 모두 충족되어 있으나 하나의 요건이 흠결된 것으로 보인다. 토지와 따로 건물만에 대하여만 계약을 하였을 것이라는 당사자의 가정적 의사를 인정하기 어렵다는 것이 그것이다. 왜냐하면 토지와 건물은 법률적인 운명을 같이하는 것이 거래의 관행이고 당사자의 의사나 경제의 관념에도 합치되는 것이므로, 토지에 관한 당국의 거래허가가 없으면 건물만이라도 매매하였을 것이라는 가정적 의사는 특별한 경우가 아니면 인정하기 어렵기 때문이다. 그러므로 사안에서는 일부무효의 법리가 적용될 수 없고 제137조 본문에 따라 A·B간의 계약 전부를 무효로 보아야 한다. 그러므로 β건물에 대한 매매계약의 유효를 전제로 하는 B의 주장은 타당하지 못하다.

(3) 無效行爲의 轉換

1) 意　味

565 무효행위의 전환이란 이런 것이다: 어떤 법률행위가 당초 의도된 법률행위로는 무효라 하더라도 다른 법률행위로서의 요건을 구비하고 있는 경우에, 당사자가 무효를 알았더라면 다른 법률행위를 하였을 것이라고 인정된다면 당초 무효인 법률행위를 다른 법률행위로서 효력을 인정하는 것이다(제138조).

무효행위의 전환에 관한 사례로는 다음과 같은 것을 들 수 있다: ① "婚姻申告가 위법하여 無效인 경우에도 무효인 혼인으로부터 출생한 자를 그 호적에 출생신고하여 등재한 이상 그 자에 대한 認知[357]의 효력이 있다"[358]; ② "당사자 사이에 養親子關係를 창설하려는 명백한 의사가 있고 기타 入養의 성립요건이 모두 구비된 경우에는 요식성을 갖춘 입양신고 대

357) 인지(認知)란 혼인외에 출생한 자를 그 생부나 생모가 자기의 자녀라고 인정하는 행위를 말한다. 혼인외의 출생자에 대한 모자관계(母子關係)는 출산이라는 사실만으로도 성립되지만 부자관계(父子關係)는 오직 이 인지라는 법률행위에 의해서만 성립하게 된다.

358) 대법원 1971. 11. 15. 71다1983.

신 친생자 출생신고가 있다 하더라도 入養의 효력이 있다"[359]; ③ "繼父가 재혼한 처의 자를 입양하기로 그 代諾權者인 生母(妻)와 합의하여 그 입양신고의 방편으로 친생자로서의 출생신고를 한 경우에는 출생신고에 의하여 入養의 효력이 있게 된다."[360]

일부 학설[361]은 민법의 규정에 의하여 무효행위의 전환이 인정되는 경우가 있다고 하면서 다음과 같은 예를 들고 있다: ① "연착된 承諾은 청약자가 이를 새 請約으로 볼 수 있다"(제530조); ② "승낙자가 請約에 대하여 조건을 붙이거나 변경을 가하여 承諾한 때에는 그 청약의 거절과 동시에 새로 청약한 것으로 본다"(제534조); ③ "비밀증서에 의한 유언이 그 방식에 흠결이 있는 경우에 그 증서가 자필증서의 방식에 적합한 때에는 자필증서에 의한 유언으로 본다"(제1071조). ③은 무효행위 전환의 법리로 설명될 수 있지만 ①과 ②를 그렇게 볼 수 없다고 생각한다. 무효행위의 전환이 되는 대상은 法律要件의 차원에 있는 法律行爲이기 때문이다. ①과 ②에서 말하는 승낙은 계약의 구성요소인 法律事實로서의 意思表示일 뿐이지 그 자체가 법률행위는 아니라는 점에 유의할 필요가 있다.

2) 無效行爲 轉換의 요건

566 무효행위의 전환이 인정되기 위한 요건은 다음과 같다.

ⅰ 첫째, 법률행위가 무효이기는 하나 *存在性*은 인정되어야 한다. 법률행위가 성립요건조차 구비하지 못하여 법률행위의 *不存在* 상태에 있는 경우라면 무효행위의 전환은 고려될 여지가 없다. 단독행위도 전환의 대상이 되는가에 대하여 이를 부정하는 견해[362]와 긍정하는 견해[363]가 있다. 單獨

359) 대법원전원합의체 1977. 7. 26. 77다492 참조. 이 판결로 인하여 "양자가 될 자를 양친이 될 부부간의 적출자로 출생신고를 한 경우에 입양자(入養子)로 입적된 것이라고 볼 수는 없다"(대법원 1967. 7. 18. 67다1004)라는 종전의 판례는 폐기되었다. 1977년의 대법원 판결(대법원 1977. 7. 26. 77다492) 후 대법원은 이 판결과 같은 취지로 일관하고 있다(대법원 1988. 2. 23. 85므86; 대법원 1993. 2. 23. 92다1969; 대법원 2000. 6. 9. 99므1633; 대법원전원합의체 2001. 5. 24. 2000므1493; 대법원 2001. 8. 21. 99므2230 등 참조).

360) 대법원 1991. 12. 13. 91므153 참조.

361) 金俊鎬, 앞의 책 "民法總則", 474면; 白泰昇, 앞의 책 "民法總則", 529면; 李銀榮, 앞의 책 "民法總則", 685면; 李英俊, 앞의 책 "民法總則", 672면.

362) 郭潤直, 앞의 책 "民法總則", 419면; 白泰昇, 앞의 책 "民法總則", 529면.

363) 金俊鎬, 앞의 책 "民法總則", 474면; 李英俊, 앞의 책 "民法總則", 672면.

行爲인 遺言에 대하여 무효행위의 전환이론이 적용된 것과 같은 규정(제1071조)이 있을 뿐만 아니라 단독행위라 하여 특별히 전환의 대상이 되지 않는다고 해석할 이론적 근거는 없을 것으로 생각한다.

ⓘⓘ 둘째, 당사자가 의도한 법률행위(제1행위)로서는 무효이지만 다른 법률행위(제2행위)로서의 유효요건을 갖추어야 한다.

ⓘⓘⓘ 셋째, 당사자가 원래 의도한 법률행위(제1행위)가 무효라는 것을 알았더라면 그것이 아닌 다른 법률행위(제2행위)를 하는 것을 의욕하였을 것으로 인정되어야 한다. 다른 법률행위(제2행위)를 하였을 것이라는 의사는 현실적 의사가 아닌 假定的 意思이다. 이와 같은 점에서 볼 때, 무효행위의 전환에 있어서는 補充的 解釋의 기법이 개입된다고 말할 수 있다.

◘ 사례연구: 無效行爲의 轉換

• 사안의 내용　　A는 숯 제조업을 경영할 계획을 가지고 있다. 사업에 필요한 건물 등의 시설을 할 토지를 물색하던 A는 이 사업을 하기에 적합한 α토지를 발견하였다. A는 α토지 위에 지상권을 설정받기로 결심하고 α토지의 소유자 B와 협상을 벌였으나 토지사용료에 대한 이견을 좁히지 못하였다. 그러던 중 A는 다른 일로 해외출장을 가게 되었다. A는 협상수완이 뛰어난 C에게 지상권설정계약에서부터 지상권설정등기까지의 모든 사항에 대하여 대리권을 수여하였고, 급기야 C는 A를 대리하여 B와 지상권설정계약을 체결하고 등기까지 완료하였다. 지상권설정계약서에는 지상권자를 A로 하였으므로 문제가 없었으나 등기신청서류에 등기신청자를 A로 기재하여야 할 것을 자신인 C로 기재하는 실수를 하는 바람에 α토지의 등기부에 A가 지상권자로 등재되지 못하고 C로 등재되고 말았다. 경정등기가 이루어지지 않은 상태에서 A가 B에게 α토지에 대한 사용권을 주장하는 것은 전혀 불가능한 것인가?

• 사안의 해결　　지상권설정계약에 의하여 지상권을 취득하기 위해서는 등기를 하여야 한다(제186조). 그런데 사안에서의 地上權登記는 실체관계와 합치하지 않는 것으로 무효이다. 그러므로 A는 지상권을 취득하지 못하고, 따라서 지상권에 기해서는 토지사용권을 주장할 수 없다. 그러나 A의 대리인의 지위에서 C가 B와 체결한 지상권설정계약은 이를 임대차계약으로 전환하여 A·B간에 임대차계약이 체결된 것으로 인정할 수 있는 가능성이 있다. 만일 A·B간의 법률관계가 제138조에 정한 無效行爲의 轉換의 요건을 충족한다면 임대차계약으로서는 유효한 것으로 된다. 이렇게 되면 A는 임차인의 지위에서 B에게 α토지에 대한 사용권을 주장할 수 있다. 그러나 임차권은 채권에 불과하므로 A로서는 경정등기에 따라 지상권의 등기명의를 변경하여 물권인 지상권자의 지위에서 α토지를 사용하는 것이 합리적일 것이다.

(4) 無效行爲의 追認

1) 序 說

(가) 追認의 개념

567 일반적으로 追認이라 함은 법률행위상의 결함을 사후에 보완하여 법률행위로서의 효력을 완전하게 하는 의사표시를 말한다. 이것이 추인의 일반적 개념인데, 추인의 구체적인 의미는 상황에 따라 차이가 있다. 이를테면 취소할 수 있는 법률행위의 추인과 무효인 법률행위의 추인이 가지는 법적 의미에는 차이가 있다는 것이다.

취소할 수 있는 법률행위의 追認은 일단은 유효한 법률행위이지만 취소함으로써 무효로 할 수 있는(즉 不確定的 有效) 상태를 유효로 확정시키는 행위이다. 이런 점에서 취소할 수 있는 법률행위의 추인은 취소권의 포기를 의미하게 된다. 무효행위의 追認은 이와 다르다. 취소할 수 있는 법률행위가 일단은 유효한 것임에 반해, 무효인 법률행위는 처음부터 그 유효성이 부정된 경우이기 때문이다. 법률행위가 무효인 경우에는 취소할 수 있는 법률행위에 있어서와 같은 대상(즉 일단은 유효한 법률행위)이 존재하지 않는다. 그러므로 무효인 법률행위를 追認한다는 것은 문제된 법률행위에 있어서의 無效事由 部分을 제거한다는 의미를 갖는 것이다.

(나) 無效行爲 追認의 기능

568 무효행위의 추인제도는 계약경제의 측면에서 중요한 의미를 가진다. 이러한 관점을 하나의 예를 들어 설명해 보기로 한다.

P는 의사무능력 상태에서 Q와 계약을 체결하였다. P가 의사무능력 상태이기는 하였으나 P·Q간의 매매계약에는 매매계약의 이행에 관한 구체적인 합의가 모두 포함되어 있다. 그러나 이와 같은 사실이 P·Q간의 계약이 무효라는 사실을 바꿀 수는 없다. 왜냐하면 무효사유는 계약의 내용에 있는 것이 아니라 계약체결 당시 P가 의사무능력이었다는 것에 있기 때문이다. 그런데 P가 의사능력을 회복한 후에도 여전히 계약체결 당시 Q와 약정하였던 내용을 그대로 유지하고 싶은 경우가 있다고 가정해 보자. 이와 같은 경우에 계약이 무효라는 이유로 모든 약정내용을 완전한 '無'의 상태로 돌린다면 P로서는 다시 같은 내용의 의사표시를 반복하여야 하는데, 이

는 계약경제의 측면에서 볼 때 효율성이 떨어진다. 이 경우에 무효행위 추인제도를 통하여 계약경제의 요구를 충족시킬 수 있게 되는 것이다. 즉 계약체결 당시 P·Q간의 법률행위의 무효원인인 P의 의사무능력만 제거하고 나머지 계약내용은 그대로 유지시키는 것이 계약경제의 요구에 부응하는 결과가 되는 것이다.

(다) 제139조의 규범내용

569 取消할 수 있는 법률행위의 追認과 無效인 법률행위의 追認 사이의 차이점에 유의하면서 제139조의 구체적 의미를 생각해 보자.

우선, 제139조 본문은 "無效인 법률행위는 追認하여도 그 효력이 생기지 아니 한다"라고 규정하고 있다. 이 규정은 무효인 법률행위의 본질을 고려해 볼 때 극히 당연한 것이다. 그 이유는 이러하다. 無效란 일정한 법률행위에 대하여 법질서가 법률행위로서의 효력을 인정하지 않는 것을 말한다. 법질서에 의하여 효력이 부인된 무효행위의 경우에 문제된 법률행위 그 자체를 당사자의 사적인 의사에 의하여 사후에 긍정한다는 것은 무효의 본질에 어긋나는 것이다. 왜냐하면 당사자가 그들의 사적인 의사에 의하여 유효성을 긍정하고자 하는 그 법률행위는 이미 법적 반가치 판단을 받은 것이기 때문이다. 즉 문제의 법률행위는 당사자의 의사에 의하여 근원적으로 치유될 수 있는 위치에 있지 못하다.

그렇다면 "그러나 당사자가 그 무효임을 알고 추인한 때에는 새로운 법률행위로 본다"라고 규정한 제139조 단서의 의미는 무엇인가? 앞에서 살펴본 바와 같이 법질서에 의하여 효력이 부인된 무효인 법률행위 그 자체를 당사자의 사적인 의사에 의하여 사후에 긍정한다는 것은 허용될 수 없는 것이다. 그러나 법률행위 당시에 효력요건이 결여되어 무효판단을 받은 법률행위에 대하여 사후에 당해 법률행위에서의 효력요건 흠결부분을 치유 내지 제거하는 행위가 있다면 "법률행위에 있어서 의심스러운 때에는 법률행위의 유효성을 긍정하는 방향으로 해석·운용하여야 한다"는 원칙이 고려되어야 한다. 이 원칙에 따라 제139조 단서는 무효부분이 제거된 경우에 당해 법률행위를 무효로 하기보다는 문제된 무효사유 부분이 제거된 때로부터 새로운 법률행위를 한 것으로 본다는 것이다. 물론 제139조의 단서의 근거로서 앞서 말한 계약경제의 관점도 매우 중요한 것이다. '새로운 법률

행위로 본다'는 것은 無效行爲의 追認에는 遡及效가 인정되지 않는다는 의미이다.[364)]

제139조 단서는 무효의 본질적 특성(특히, 법질서에 의하여 효력이 부인된 무효행위의 경우에 문제된 법률행위 그 자체를 당사자의 사적인 의사에 의하여 사후에 긍정한다는 것은 무효의 본질에 어긋난다는 것)을 고려하여 무효행위 추인을 비소급적인 것으로 규정하고 있다. 그러나 당사자 사이의 특약에 의하여 소급효를 인정하는 것은 사적자치의 원칙상 허용되는 것으로 보아야 할 것이다.[365)] 한편 소급효를 가지고 제3자에게는 대항할 수 없다고 보아야 하는데, 이는 사적자치의 본질로부터 추론될 수 있다. 사적자치가 허용되는 근거는 당사자의 의사에 의하여 형성된 권리관계의 범위가 그들 당사자의 이익영역 안에 있다는 관념에 기초한 것이기 때문이다. 이와 달리 물권행위도 법률행위이기는 하나 여기에는 사적자치가 인정되지 않는데(제185조), 이는 물권행위가 법률행위 당사자의 이익영역에만 관계되는 것이 아니라 타인에게도 영향을 주는 내용의 법률행위이기 때문이다.

2) 無效行爲 追認의 대상과 방법

(가) 追認의 대상

570 제139조 단서에서 말하는 무효행위의 追認은, 종전에는 당해 법률행위가 무효이었으나 추인시에는 무효원인이 제거된 상태를 전제로 하는 것이다. 그러므로 추인시에도 무효원인이 제거되어 있지 않았다면 제139조 단서는 적용될 여지가 없다.

종래 학설 중에는 추인대상이 되는 무효행위는 어떠한 것인가 하는 문제와 관련하여 다음과 같은 주장이 있다: 추인은 무효사유가 '당사자의 의사표시의 흠결'과 관계되는 경우에 한하여 인정된다.[366)] 이 주장의 타당성에

---

364) 대법원 1983. 9. 27. 83므22: "무효행위의 추인이라 함은 법률행위로서의 효과가 확정적으로 발생하지 않는 무효행위를 뒤에 유효케 하는 의사표시를 말하는 것으로 무효인 행위를 사후에 유효로 하는 것이 아니라 새로운 의사표시에 의하여 새로운 행위가 있는 것으로 그때부터 유효케 되는 것이므로 원칙적으로 소급효가 인정되지 않는 것이다." 같은 취지의 판결로는 대법원 1992. 5. 12. 91다26546 등 참조.

365) 통설의 입장이다: 郭潤直, 앞의 책 "民法總則", 417-418면; 金相容, 앞의 책 "民法總則", 676면; 金俊鎬, 앞의 책 "民法總則", 476면; 白泰昇, 앞의 책 "民法總則", 530면; 李銀榮, 앞의 책 "民法總則", 690면.

366) 李銀榮, 앞의 책 "民法總則", 688면.

대해서는 의문점이 있으며, 다음과 같은 비판이 가능하다.

무효행위의 추인이 문제되는 빈도에 있어서 법률행위의 구성요소인 의사표시상의 결함을 원인으로 하는 경우가 많다는 점은 수긍이 간다. 무효행위의 추인이란 무효행위 후에 당사자의 사적 의사에 의하여 무효사유를 치유하는 것이라는 측면에서 볼 때 더욱 그러하다. 그러나 무효행위의 추인은 무효사유가 의사표시의 결함인 때에만 문제되는 것은 아니다. 예컨대, 상환이 완료되지 않은 농지에 대한 매매계약은 무효이나 상환완료 후에 매도인이 이를 추인하면 그 때로부터 유효로 된다는 대법원 판결[367]이 있는데, 이 사안에서의 무효사유는 강행규정 위반이었지 의사표시의 결함이 아니었다.

反社會秩序의 法律行爲(제103조) 또는 不公正行爲(제104조)를 이유로 무효인 경우에는 추인하여도 유효로 될 수 없다.[368] 제103조 또는 제104조의 적용에 의하여 법률행위가 무효로 되는 것은 법률행위의 내용이 법적으로 허용되지 않는 것이기 때문이다. 법률행위 당시에 당해 법률행위의 내용이 반사회적이거나 불공정한 것이고 이와 같은 사정이 존속하고 있는 상태라면 무효행위의 추인을 고려할 여지가 없는 것이다. 제139조 단서에서 말하는 무효행위의 추인은 무효원인이 제거되었다는 상태를 전제로 하는 것이기 때문이다. 그런데 제103조·제104조에 의하여 무효인 법률행위라 하여 일률적으로 추인의 대상이 되지 않는 것으로 볼 필요는 없다고 생각한다. 예컨대, 법률행위 당시에는 그 법률행위의 내용이 강행규정에 위반한 것으로 무효라 하더라도, 그 후 그 규정이 폐지된 상태에서 무효행위를 추인하였다면 이를 무효행위의 추인으로 보지 못할 이유가 없다.[369] 무효의 근거

---

367) 대법원 1959. 10. 29. 4292민상250: "원·피고간의 농지매매가 상환완료 전의 농지매매계약이어서 무효라 하더라도, 그 뒤 피고(매도인)가 상환을 완료하고 소유권이전등기를 마친 이후에 그 매매의 무효를 알고 있으면서 원고에게 인감증명서 등의 등기에 필요한 서류를 교부하였다면 무효행위를 추인한 것으로 볼 수 있어 새로운 행위를 한 것으로 간주하게 될 것이다."

368) 郭潤直, 앞의 책 "民法總則", 417면; 金俊鎬, 앞의 책 "民法總則", 476면. 판례도 같은 입장이다(대법원 1994. 6. 24. 94다10900 참조.).

369) 보다 구체적인 예를 들어 보자: 1997년 12월 사채업자 P는 연 40%의 이율로 Q에게 금전으로 대여해 주는 내용의 소비대차계약을 체결하였다; P가 Q의 변제능력에 확신을 갖지 못함에 따라 대여금을 지급하지 않고 지내던 중 3개월 정도의 시간이 흐른 1998년 3월 P는 Q에게 대여금을 지급하였다. 이 사례에서 P·Q간의 소비대차계약에는 무효사유가 존재한다. 왜냐하면 계약체결 당시인 1997년 12월에는 이자제한법이 존재하

가 제104조인 때에도 마찬가지이다. 예컨대, 궁박의 상태에서 불공정한 내용의 법률행위를 하였다 하더라도 궁박의 상태를 벗어난 후에 당사자 쌍방이 추인을 하면 그 때로부터 유효한 법률행위로 볼 수 있는 것이다. 요컨대, 무효행위의 추인의 대상이 될 수 있는가 하는 문제에 있어서 가장 핵심적 기준은 추인으로 볼 수 있는 행위 당시에는 무효원인이 제거되었는가 여부에 있다고 보아야 한다.

(나) 追認의 방법

571 추인은 명시적인 방법으로 할 수도 있고 묵시적인 방법으로 할 수도 있다. 추인의 방법에 관하여 문제되는 점을 보기로 한다.

가) 要式行爲인 경우

572 문제의 법률행위가 요식행위인 경우이다. 추인에 의하여 새로운 법률행위로 되는 것이 요식행위인 경우에는 법이 요구하는 요식성을 구비하고 있어야 함은 물론이다. 그런데 문제가 되는 것은 다음과 같은 경우이다: 원래의 법률행위가 요식행위로서의 형식을 갖추고 있었으나 다른 사유로 무효가 된 경우에도 추인시에 다시 요식성을 구비하여야 할 것인가 하는 것이다.

이에 대하여 일부 학설은 추인에 의하여 새로운 법률행위로 보는 이상 다시 요식성을 구비하여야 한다고 해석한다.[370] 그러나 이 경우에 일률적으로 요식성을 다시 구비하여야 한다고 볼 필요는 없다고 생각한다. 예컨대, 어떠한 법률행위를 요식행위로 한 이유가 법률행위의 시점을 중시한 것이라면 다시 요식성을 갖추어야 할 것이나, 그렇지 않은 경우(예: 당사자의 의사표시의 진정성 확보가 주된 목적인 경우)에는 다시 요식성을 갖추어야 할 필요는 없을 것이다.

나) 追認의 주체

573 추인의 주체는 문제된 법률행위가 契約인가 아니면 單獨行爲인가

던 때였고, 이 법률에 따르면 최고제한이자인 연25%를 초과한 이자약정을 무효로 규정하였기 때문이다(동법 제2조). 이 법률 제2조는 민법 제103조의 표현이다. 그런데 IMF 구제금융 이후에 이 법률은 폐지되었다(1998. 1. 13 법률 제5507호). 이 법률이 폐지된 1998년 3월에는 무효사유가 사라진 상태이다. 이 시점에서는 P·Q간의 소비대차계약은 추인의 대상이 되는 것으로 보아야 할 것이다.

370) 金相容, 앞의 책 "民法總則", 676면.

에 따라 다를 수 있다. 무효인 契約을 추인하는 경우에는 추인 사실에 대하여 당사자의 의사의 합치가 있어야 한다. 반면에, 單獨行爲의 경우에는 무효인 단독행위를 한 자의 추인으로 족하다고 보아야 한다.

◘ 사례연구: 無效行爲의 追認

• 사안의 내용 A는 자기 집안 대대로 내려오는 조선백자 1점을 소장하고 있다. 5월 1일 A는 B와의 술자리에서 도자기에 관한 이야기를 나누던 중 조선백자에 대한 매매계약 쪽으로 대화가 전개되었고, 급기야 A · B간에 매매계약이 체결되었다. 그런데 매매계약 당시 A는 만취로 인한 의식불명 상태에 있었다. 다음 날 의식을 회복한 A는 B와 매매계약을 체결하였다는 사실만 기억에 있을 뿐 구체적인 약정내용(특히 매매대금)은 알 수 없었다. 이에 A는 B에게 전화를 하여 넌지시 매매대금을 물어보니 1,000만원이라고 하였다. 며칠을 고민하던 끝에 그 정도이면 만족할 만한 정도라고 생각한 A는 B에게 원래 계약에서 약정한 5월 15일에 조선백자를 B에게 인도하였고 같은 날 B는 A에게 1,000만원을 모두 지급하였다. 그 후 조선백자의 처분을 후회하게 된 A는 매매계약이 자신의 의사무능력 상태에서 체결된 것으로 무효라는 이유를 들어 B에게 조선백자를 반환할 것을 요구하고 있다. A의 주장은 타당한 것인가?

• 사안의 해결 A · B간의 매매계약은 무효이다. A의 B에 대한 의사표시가 A의 의사무능력 상태에서 이루어진 것이기 때문이다. 그러나 A와 B는 문제의 無效行爲를 追認한 것으로 보아야 한다. 물론 A · B간에 명시적 추인은 없었다. 그러나 무효사유(A의 의사무능력)가 제거된 상태에서 A · B 상호간에 매매계약에 기한 채무를 이행한 것은 무효행위의 묵시적 추인에 해당하는 것으로 보아야 한다. 5월 15일의 시점에서 A · B는 새로운 법률행위를 한 것으로 간주된다(제139조 단서). 그러므로 A의 B에 대한 주장은 타당하지 않다. B는 유효한 원인(즉 매매계약)에 의하여 조선백자를 보유하고 있는 사람이기 때문이다.

◆ 보충설명: 無權利者의 處分行爲에 대한 追認

무권리자가 자기의 이름으로 타인의 권리를 처분한 경우에 권리자가 이를 소급적으로 추인할 수 있을까? 이를 명문으로 인정하는 법제도 있으나(예: 독일민법 제185조), 우리 민법에는 규정이 없다. 이에 대한 학설은 다음과 같다. 제1설[371]은 무권대리의 추인의 법리를 유추하여 해결하고자 한다. 제2설[372]은 무효행위의 추인으로 보는 입장이다. 즉 무효행위의 추인은 소급효가 없는 것이 원칙이나(제139조 단서) 당사자 또는 제3자의 권리를 해하지 않는 범위에서는 소급효를 인정할 수 있다는 이론을 기초로 하여 소급적 추인이 가능하다고 한다. 제3설[373]은 사적자치의 원리에 따라 권리자의 추인의 의사표시에 상응하는 법률효과를 인정하여야 한다는 입장이다.

제1설에 대해서는 소급효를 설명하기는 편리하나, 무권리자가 자기 자신의 이름으로 한

---

371) 金容漢, 앞의 책 "民法總則論", 367면.

372) 郭潤直, 앞의 책 "民法總則", 510면; 金疇洙, 앞의 책 "民法總則", 411면; 李英俊, 앞의 책 "民法總則", 654면; 張庚鶴, 앞의 책 "民法總則", 628면.

373) 梁彰洙, 앞의 책 "民法研究[2]", 49~50면.

처분행위에 대리에 관한 규정을 유추적용하는 것은 무리라는 비판이 있다. 제2설은 보다 적극적이고 근본적인 논거가 아쉽다. 제3설의 입장이 가장 적합하다고 생각한다. 판례는 오랜 동안 제1설의 입장을 취하고 있었다.[374] 그러나 최근에는 제3설을 수용한 듯한 판시를 하였다.[375]

민법개정안에서는 제139조의 2를 신설하여 무권리자의 처분행위에 대한 추인을 명문으로 규정하여 실정법적 근거를 마련하였다(민법개정안 제139조의 2 제1항). 또한 소급적 추인으로 인하여 제3자의 권리를 침해할 수 없다는 사항도 규정하고 있다(민법개정안 제139조의 2 제2항).

민 법 개 정 안	
현 행 규 정	개 정 안
〈신 설〉	第139조의2(무권리자의 처분) ①무권리자가 권리자의 동의를 얻어 한 처분은 효력이 있다. ② 권리자가 무권리자의 처분을 추인하면 그 처분은 소급하여 효력이 있다. 그러나 제3자의 권리를 해하지 못한다.

3. 法律行爲의 取消

(1) 序 說

1) 取消의 개념

574 일단은 유효하게 성립된 법률행위에 법률이 정한 取消事由가 있는 경우에 取消權者가 그 법률행위를 취소할 수 있도록 하고, 만일 취소권이 행사되면 그 법률행위는 소급하여 무효로 된다(제141조).

374) 대법원 1981. 1. 13. 79다2151: “타인의 권리를 자기의 이름으로 또는 자기의 권리로 처분한 후에 본인이 그 처분을 인정하였다면 특별한 사정이 없는 한 무권대리에 있어서 본인의 추인의 경우와 같이 그 처분은 본인에 대하여 효력을 발생한다.” 같은 취지의 판결: 대법원 1964. 6. 2. 63다880; 대법원 1966. 10. 21. 66다1596; 대법원 1988. 10. 11. 87다카2238; 대법원 1992. 9. 8. 92다15550.

375) 대법원 2001. 11. 9. 2001다44291: “무권리자가 타인의 권리를 자기의 이름으로 또는 자기의 권리로 처분한 경우에, 권리자는 후일 이를 추인함으로써 그 처분행위를 인정할 수 있고, 특별한 사정이 없는 한 이로써 권리자 본인에게 위 처분행위의 효력이 발생함은 사적자치의 원칙에 비추어 당연하고, 이 경우 추인은 명시적으로뿐만 아니라 묵시적인 방법으로도 가능하며 그 의사표시는 무권대리인이나 그 상대방 어느 쪽에 하여도 무방하다.”

취소의 대상은 意思表示인가 아니면 法律行爲인가? 무효의 경우에도 같은 문제가 나타난다. 민법은 어떤 경우에는 '의사표시의 취소'(예: 제109조, 제110조)로 표현하고 어떤 경우에는 '법률행위의 취소'(제140조 이하)로 규정하고 있어 일정하지 않다. 이에 대하여 일부 학설[376]은 법률행위는 의사표시를 요소로 하므로 양자의 표현이 모두 가능하다고 한다. 어떤 학자는 이에 대한 특별한 인식이 없이 '의사표시의 취소'와 '법률행위의 취소'를 혼용하여 사용하기도 한다. 取消의 대상은 法律行爲로 보아야 할 것이다. 取消라고 하는 것은 이미 成立要件을 충족한 法律要件으로서의 法律行爲의 효력을 문제삼는 것인데, 그것 자체가 法律要件은 아니고 法律事實에 불과한 意思表示의 차원에서 法律要件의 효력을 논의하는 것은 논리에 합당하지 않다. 이와 같은 면에서 볼 때, 민법규정에서 '의사표시를 취소한다' 또는 '의사표시가 무효이다'라는 식의 표현은 법리적 관점에서 볼 때 정확한 것으로 볼 수 없다.

2) 주변개념과의 구별

(가) 無效와의 구별

575 무효는 법률행위가 처음부터 효력이 없는 것을 말한다. 무효는 특정인의 주장을 필요로 하지 않고 당연히[377] 효력이 없음에 반하여, 取消의 경우에는 취소권을 행사하기 전까지는 완전히 유효한 法律行爲라는 점에서 구별된다. 무효의 경우에는 아무리 시간이 지나도 무효인 데 반해, 취소의 경우에는 除斥期間[378]이 있다(제146조). 그러나 일단 취소권이 행사되면 그 효과에 있어서는 무효와 차이가 없다(제141조 본문). 어떤 사유를 무효사유로 할 것인가 또는 취소할 수 있는 것으로 할 것인가 하는 것은 立法政策의 문제이다.

무효사유는 크게 다음과 같은 유형으로 구분된다: ① 의사표시의 성립·형성과정에 결함이 있는 경우(예: 의사무능력, 제107조 제1항 단서, 제108조 제1항); ② 법률행위의 내용에 결함이 있는 경우(예: 제103조, 제104조); ③

---

376) 金俊鎬, 앞의 책 "民法總則", 483-484면.

377) 이것은 무효의 전형적인 모습인 당연무효를 전제로 한 설명이다. '당연무효'와 '재판상 무효'에 대해서는 이 책 [561] 참조.

378) 제척기간에 대해서는 이 책 [628] 참조.

권한 없는 자에 의한 법률행위(예: 무권대리); ④ 법률행위의 방식에 결함이 있는 경우(예 제1060조). 이에 반해, 현행법상 법률행위의 취소사유는, ① 의사표시의 성립·형성과정에 결함이 있는 경우(예: 제109조, 제110조) 또는 ② 특별한 범주에 있는 자를 법정책적으로 특별히 보호하고자 하는 경우(예: 행위무능력자에 의한 법률행위)이다.

(나) 撤回와의 구별

576 철회의 개념에 대하여 혹자는 다음과 같이 설명한다: 撤回는 법률행위의 효과가 발생하기 전에 그 효과의 발생을 방지하는 것이라고 하면서 제16조 제1항·제134조 등을 예로 들고 있다.[379] 無權代理人의 相對方의 撤回權(제134조)에 대해서는 그렇게 말할 수 있겠으나, 無能力者의 相對方의 撤回權(제16조 제1항)에 대해서는 그렇게 말하기 곤란하다. 왜냐하면 무능력자에 의한 법률행위는 일단은 유효한 법률행위이기 때문이다. 독일민법의 경우에는 무권대리행위나 행위무능력자의 법률행위를 모두 流動的 無效로 규정하고 있기 때문에 철회의 개념을 법률행위의 효과가 발생하기 전에 그 효과의 발생을 방지하는 것이라고 통일적으로 설명하는 것이 가능하다. 그러나 우리 민법에 있어서는 그와 같은 일률적 설명이 불가능하다. 이런 점을 고려하여 철회의 개념을 말한다면 다음과 같은 정도가 될 것이다: 撤回란 流動的 無效 또는 取消할 수 있는 法律行爲에 있어서 法律이 정한 일정한 者가 자신의 의사표시를 거두어들이는 것이다.

취소는 일단 유효한 법률행위를 무효로 하는 것임에 반하여, 철회는 법률이 정하는 일정한 경우에 한하여 철회권자로 하여금 법률행위의 구성요소인 의사표시를 거두어들여 그 성립을 저지하는 것이다(예: 제16조 제1항, 제134조, 제1108조). 취소의 대상은 법률행위임에 반하여, 철회의 대상은 의사표시이다. 철회의 효과는 법률행위의 무효가 아닌 법률행위의 *不存在*라는 점에 유의할 필요가 있다.[380]

(다) 解除와의 구별

577 取消는 법률행위의 형성단계에 존재하는 일정한 사유를 문제삼는 것이다. 이에 반해 해제는 이미 확정적으로 유효한 契約이 존재함에도 불구

379) 白泰昇, 앞의 책 "民法總則", 532면; 金俊鎬, 앞의 책 "民法總則", 480면.
380) 이에 대해서는 이 책 [134] 및 [518] 참조.

하고 당사자 일방의 채무불이행에 대한 제재로서, 他方(解除權者)이 계약을 해제하게 되면 계약이 없었던 상태로 회복(제548조)된다. 취소의 대상은 계약에 한정되지 않으나 해제는 契約에 한해서 인정되는 제도이다.

(2) 取消權者

578 取消權 行使의 법적 성질은 單獨行爲이며, 취소권의 법적 성질은 形成權이다. 일방의 의사표시에 의하여 권리관계의 변동(즉 법률행위의 무효)이 일어나기 때문이다. 취소권의 이와 같은 특질로 인하여 민법은 取消權者를 정하고 있다. 법이 정하는 취소권자에 한하여 취소권이 인정된다. 제140조가 정하는 취소권자는 다음과 같다: 無能力者, 瑕疵 있는 意思表示를 한 者, 이들의 代理人 또는 承繼人. 이들 각각에 대하여 살피기로 한다.

1) 無能力者

579 취소권의 행사도 법률행위이다. "무능력자에 의한 법률행위는 취소할 수 있는 법률행위이다"라는 측면[381)]에서 보면, 무능력자를 취소권자로 한 것은 이례적인 것으로 볼 수 있다. 민법의 취지는 다음과 같이 이해할 수 있다: 취소권의 행사는 법률관계를 형성하는 것이 아니라 법적 구속으로부터 벗어나게 하는 것이기 때문에 무능력자에게 취소권을 부여한 것이다. 無能力者라 하더라도 취소권을 행사할 수 있으나 무능력자가 意思無能力 상태에서 행한 취소의 의사표시는 무효로 보아야 할 것이다.

2) 瑕疵 있는 意思表示를 한 者

580 '하자 있는 의사표시를 한 자'를 取消權者로 규정한 것은 하자 있는 의사표시를 법률행위의 취소사유로 규정한 제110조에 상응하는 것이다. 그렇다면 착오에 의한 의사표시를 취소사유로 규정한 제109조에 상응하여 '착오에 의하여 의사표시를 한 자'도 취소권자에 포함시켰어야 한다. 그러나 제140조의 취소권자에 錯誤者는 포함되어 있지 않다.[382)] 이것은 명백한 입

381) 이와 같은 논리로 일관한다면, 무능력자가 단독으로 행한 취소권의 행사는 다시 취소할 수 있다고 보아야 할 것이다.

382) 이는 구민법(현행 일본민법) 제120조를 그대로 답습한 결과이다. 구민법에서는 착오가 무효사유였기 때문에(구민법 제95조) '착오에 의하여 의사표시를 한 자'가 취소권자에 포함시키지 않은 것은 당연한 것이었다. 그러나 현행 민법은 착오를 무효사유가 아닌 취소사유로 전환하였으므로 구민법 제120조를 그대로 답습할 수는 없는 것이다.

법상의 실책이다. 입법적으로 정비하여야 할 것이지만, 통설은 '착오에 의하여 의사표시를 한 자'도 제140조에 포함되는 것으로 해석하며, 판례도 이와 같은 입장을 전제로 하고 있다. 민법개정안은 이러한 문제점을 분명하게 해결하였다.

민 법 개 정 안	
현 행 규 정	개 정 안
제140조(법률행위의 취소권자) 취소할 수 있는 법률행위는 무능력자, 하자있는 의사표시를 한 자, 그 대리인 또는 승계인에 한하여 취소할 수 있다.	제140조(법률행위의 취소권자) 취소할 수 있는 법률행위는 무능력자, 착오로 인한 의사표시를 한 자, 사기나 강박에 의한 의사표시를 한 자, 그 대리인 또는 승계인에 한하여 취소할 수 있다.
개정배경 취소권자의 범위를 명확하게 규정하였다.	

3) 代理人

581 法文에 따라 文理解釋을 한다면, 여기에서의 代理人이라고 하는 것은 무능력자, 하자 있는 의사표시를 한 자, 착오에 의하여 의사표시를 한 자의 대리인을 말하는 것이다. 대리인을 取消權者로서 명문으로 정할 필요성이 있었는가에 대해서는 약간의 의문이 든다.

法定代理人의 경우를 보자. 법정대리인에 있어서는 법정대리의 각 유형에 따라 대리권의 범위가 정해질 것이고, 법정대리인에게 취소의 대상인 법률행위를 할 수 있는 권한이 있었다면 법정대리의 특성상 취소권도 있는 것으로 해석하여야 할 것이다. 특히 무능력자의 법정대리인의 경우에는 무능력자가 가지는 취소권을 대리인의 자격에서 행사하는 것이 아니라 법정대리인 고유의 지위에서 취소권을 행사하는 것[383]으로 보는 것이 바른 해석일 것이다.

任意代理人의 경우에는 어떠한가? 취소권의 행사도 법률행위이기 때문에 취소권을 代理行使할 수 있음은 당연하다. 그러므로 임의대리에 있어서 제140조는 당연한 사항을 표현한 것에 불과하다. 특히 임의대리에 있어서는

383) 金容漢, 앞의 책 "民法總則論", 405면; 高翔龍, 앞의 책 "民法總則", 618면; 李銀榮, 앞의 책 "民法總則", 696면.

대리인에게 취소의 대상인 법률행위를 할 수 있는 권한이 있다고 하여 당연히 취소권도 보유하는 것은 아니며,[384] 취소권 행사에 대한 명시적·묵시적 수권행위가 필요하다.[385] 이와 같이 임의대리의 경우에 취소권 행사에 대한 수권행위가 있어야 하는 것으로 해석한다면 제140조에서 굳이 임의대리인을 취소권자로 규정할 이유가 없다는 생각이 든다.[386]

4) 承繼人

582 承繼人에는 包括承繼人(예: 상속인)과 特定承繼人이 있다. 취소권자의 포괄승계인이 취소권을 승계하여 행사할 수 있다는 점에 대해서는 이견이 없다. 특정승계인도 취소권을 승계한다는 데에 학설상 이견이 없다.[387] 다만 특정승계에 있어서 취소권만의 승계는 인정되지 않으므로, 취소할 수 있는 법률행위에 의하여 취득한 권리의 승계가 있는 경우에 그에 부수하여 취소권도 승계되는 것으로 보는 것이 통설이다.[388] 그런데 특정승계인이 취소권을 승계하는 것으로 보는 통설의 타당성에는 의문이 있다.

다음과 같은 예를 들어보자: P가 Q의 강박에 의하여 Q로부터 β물건을 매수하였다. P는 β를 R에게 다시 매도하였다. 이 때 R은 원래의 취소권자인 P가 취소할 수 있는 법률행위에 의하여 취득한 권리(즉 β에 대한 소유권)를 승계한 자이다. 그렇다면 R은 P의 Q에 대한 취소권을 승계한 자로서 Q를 상대로 취소권을 행사할 수 있겠는가? 만일 P가 강박으로부터 벗어난

384) 高翔龍, 앞의 책 "民法總則", 618면; 郭潤直, 앞의 책 "民法總則", 422면; 金相容, 앞의 책 "民法總則", 683면; 金俊鎬, 앞의 책 "民法總則", 482면; 金曾漢·金學東, 앞의 책 "民法總則", 480면; 白泰昇, 앞의 책 "民法總則", 533면.

385) 왜냐하면 법률행위를 취소하여 무효로 하는 것은, 특별한 사정이 없다면 법률행위의 효과의 귀속주체인 본인에게 속하는 것으로 보아야 하기 때문이다.

386) 제140조에서 대리인을 취소권자로 규정하고 있는 것을 "취소할 수 있는 법률행위를 하는 데에 대하여 대리권이 있는 임의대리인은 별도의 수권행위가 없다 하더라도 취소권을 대리행사할 수 있다"라는 의미로 새긴다면 제140조가 대리인을 취소권자로 규정한 것이 특별한 의미를 가지게 될 것이다. 그러나 그렇게 해석할 수는 없다.

387) 高翔龍, 앞의 책 "民法總則", 618면; 郭潤直, 앞의 책 "民法總則", 422면; 金相容, 앞의 책 "民法總則", 683면; 金俊鎬, 앞의 책 "民法總則", 482면; 白泰昇, 앞의 책 "民法總則", 533면; 李英俊, 앞의 책 "民法總則", 727면.

388) 高翔龍, 앞의 책 "民法總則", 618면; 郭潤直, 앞의 책 "民法總則", 422면; 金相容, 앞의 책 "民法總則", 683면; 金俊鎬, 앞의 책 "民法總則", 482면; 金曾漢·金學東, 앞의 책 "民法總則", 480면; 白泰昇, 앞의 책 "民法總則", 533면; 李英俊, 앞의 책 "民法總則", 676면.

상태에서 R에게 권리를 양도한 것이라면 이 행위는 법정추인사유(제145조 제5호)[389]에 해당하여 더 이상 취소권은 문제되지 않을 것이다. 즉 P의 취소권이 소멸하였으므로 R은 취소권을 승계하지 못한다. 만일 P가 강박으로부터 벗어나지 못한 시점이라면 어떠한가? 이 때에 P의 R에 대한 권리양도는 법정추인사유가 될 수 없으므로[390] 취소권의 승계를 논의할 여지는 있다. 그런데 취소할 수 있는 법률행위에 의하여 취득한 권리의 승계가 있는 경우에 그에 부수하여 취소권도 당연히 승계되는 것으로 보기에는 무리가 있다. 왜냐하면 취소권자로 되기 위해서는 취소제도에 의하여 보호하고자 하는 법률상의 이익이 있어야 하기 때문이다.[391] 앞의 사례에서 R이 P로부터 β를 양수할 때에, P가 Q로부터의 강박에 의하여 β를 양수하였다는 사실을 전혀 알지 못한 채 β를 양수하였다면 이 경우에 과연 R에게 취소권을 부여하는 것이 타당하겠는가 하는 것에 대하여 의문이 든다. 이와 같은 의문은 R이 다시 S에게 β를 양도하는 식으로 거래관계가 쌓였을 때 최종양수인이 취소권을 행사하는 경우에 더욱 가중된다. 승계인은, 취소할 수 있는 법률행위에 의하여 취득한 권리뿐만 아니라 취소권까지 양수받은 것으로 볼 수 있는 경우에 한하여 원래의 취소권자의 취소권을 승계하는 것으로 해석할 필요가 있다고 생각한다. 요컨대, 취소할 수 있는 법률행위에 의하여 취득한 권리의 특정승계가 있는 경우에 그에 부수하여 취소권도 당연히 승계되는 것으로 보기는 어렵다.

(3) 取消의 方法과 效果

1) 取消의 方式과 相對方

583 취소는 취소권자의 단독의 의사표시에 의하여 이루어진다(제142조). 취소권의 행사는 묵시적으로 할 수도 있다.[392] 취소권의 행사는 단독행

---

389) 법정추인에 대해서는 이 책 [586] 참조.

390) 법정추인이 되기 위해서는 추인할 수 있게 된 후에 제145조가 정하는 사유가 있어야 하는데, P는 아직 강박에서 벗어나지 못했기 때문이다.

391) 종래 학설에서도 이 점을 지적하고 있기는 하나, 이를 취소권만의 승계는 인정되지 않는다는 것을 설명하기 위한 논거로 사용하고 있다(예컨대, 郭潤直, 앞의 책 "民法總則", 423면).

392) 대법원 1993. 9. 14. 93다13162: "법률행위의 취소는 상대방에 대한 의사표시로 하여야 하나 그 취소의 의사표시는 특별히 재판상 행하여짐이 요구되는 경우 이외에는

위이며, 특히 상대방 있는 단독행위이다. 그러므로 의사표시가 상대방에게 도달한 때에 효력이 발생한다(제111조 제1항).

취소의 상대방은 취소할 수 있는 법률행위의 상대방이다. 예를 들어 보자: 미성년자 P가 Q와의 법률행위를 통하여 β물건을 매매에 의하여 양도하였다; Q는 β를 R에게 다시 양도하였다. 이 때 P가 취소권을 행사하는 경우 그 상대방은 취소할 수 있는 법률행위의 상대방인 Q이지 R에게 할 수 있는 것이 아니다.

2) 取消의 效果

584 취소를 하게 되면 문제의 법률행위는 소급적으로 무효가 된다(제141조 본문). 취소사유가 행위무능력인 때에는 무효의 효과가 절대적이지만 착오 또는 사기·강박의 경우에는 상대적 효력에 그친다. 취소의 효과를 가지고 선의의 제3자에게 대항할 수 없기 때문이다(제109조 제2항, 제110조 제3항).

취소로 인하여 법률행위는 소급적으로 효력을 잃는다. 그러므로 아직 이행을 하지 않은 상태라면 이행할 필요가 없고, 이미 이행을 하였다면 이행된 부분을 부당이득의 법리에 따라 각자 반환하여야 한다(제741조). 취소로 인한 부당이득의 반환범위에 대하여 민법은 無能力者 保護를 위한 특칙을 두고 있다. 즉 무능력자는 문제의 법률행위로 인하여 얻은 이익이 현존하는 한도에서만 반환하면 된다(제141조 단서). 부당이득의 반환범위에 관한 원칙은 이러한 것이다: ① 이득자가 선의[393]인 경우에는 현존이익만을 반환한다(제748조 제1항); ② 수익자가 악의인 때에는 이득자가 취득한 이익에 이자를 붙여 반환하여야 한다(제748조 제2항). 이와 같은 원칙에도 불구하고 무능력자 보호를 위하여 무능력자의 반환범위를 선의의 수익자의 반환범위와 같게 규정하고 있다. 현존이익이라 함은 취소된 법률행위에 의하여 얻은 이익이 그대로 있거나 그것의 가치가 다른 것으로 변형되어 잔존하고 있는 것을 말한다(예: 급부받은 물건을 매각하여 그 대금을 가지고 있는 경우). 그리고

특정한 방식이 요구되는 것이 아니고, 취소의 의사가 상대방에 의하여 인식될 수 있다면 어떠한 방법에 의하더라도 무방하다고 할 것이고, 법률행위의 취소를 당연한 전제로 한 소송상의 이행청구나 이를 전제로 한 이행거절 가운데는 취소의 의사표시가 포함되어 있다고 볼 수 있다." 같은 취지의 판결로는 대법원 1957. 10. 7. 4290민상518 참조.

393) 즉 재산의 취득에 있어서 법률상의 원인이 없음을 몰랐던 경우.

이익이 현존하고 있는가 여부는 취소한 시점을 기준으로 하여야 한다.

(4) 取消權의 消滅

1) 追認에 의한 소멸

(가) 意思表示에 의한 追認

585 追認이란 취소권자의 의사표시에 의한 취소권의 포기이다. 즉 추인이란 문제의 법률행위를 취소하지 않겠다는 내용의 의사표시이다. 추인을 하게 되면 더 이상 취소권을 행사할 수 없어(제143조 제1항) 완전히 유효한 법률행위로 된다. 무권대리행위에 대한 본인의 추인에는 소급효가 있으나(제133조), 취소할 수 있는 법률행위의 추인에는 소급효가 문제되지 않는다. 왜냐하면 취소할 수 있는 법률행위라 하더라도 취소를 하기 전까지는 유효한 법률행위이기 때문이다.

추인은 취소의 원인이 종료한 후에야 할 수 있는 것이며, 그 전에 이루어진 추인은 무효이다(제144조).[394] 追認은 취소권의 포기이기 때문에 자신에게 취소권이 있음을 알고 한 것이어야 한다. 추인을 할 수 있는 자는 取消權者이다(제143조 제1항). 추인은 취소와 마찬가지로 취소할 수 있는 법률행위의 상대방에 대한 의사표시로 한다(제143조 제2항 · 제142조).

(나) 法定追認

586 추인의 의사표시가 없더라도 추인으로 인정할 만한 사실이 있는 때에는 추인으로 간주하는 경우가 있다(제145조). 제145조에서 정하는 일정한 사유(法定追認事由)가 있는 때에는 추인의 의사표시가 있는 것으로 보게 된다. 법정추인사유는 다음과 같다: ① 전부나 일부의 이행; ② 이행의 청구; ③ 경개[395]; ④ 담보의 제공; ⑤ 취소할 수 있는 행위로 취득한 권리의 전부나 일부의 양도; ⑥ 강제집행. 법정추인사유가 있다고 하여 언제나 추인으로 간주되는 것은 아니며, 다음의 두 가지 요건이 구비되어야 한다.

---

394) 대법원 1982. 6. 8. 81다107 참조.

395) 更改란 채무의 요소를 변경함으로써 신채무를 성립시키는 동시에 구채무를 소멸시키는 계약이다(제500조). 예를 들어 보자. P가 Q에게 100만원을 지급하여야 할 채무를 가지고 있는데, P · Q간의 계약에 의하여 100만원의 금전채무를 자동차인도채무로 변경하는 합의를 한 경우에 이와 같은 합의가 경개계약이다. 경개계약에 따라 100만원의 채무는 소멸한다. 구채무의 입장에서 보면 경개는 채권소멸사유이다.

첫째, 일정한 사유가 추인할 수 있는 시점 후에 발생하여야 한다. 즉 취소의 원인이 종료된 때에 법정추인사유가 발생하여야 한다(제145조 본문). 둘째, 취소권자가 법정추인사유에 해당하는 행위를 함에 있어서 이의를 보류하지 않았어야 한다(제145조 단서). 즉 취소권자가 법정추인사유에 해당하는 행위를 하면서 "그러한 행위를 하기는 하나 그렇다고 추인을 하는 것은 아니다"라는 내용의 의사를 표시하였다면 법정추인사유의 존재에도 불구하고 추인한 것으로 되지 않는다. 다음과 같은 예를 들어 보자: P가 취소할 수 있는 법률행위에 기하여 Q에게 채무를 부담하게 되었다; P가 강박에서 벗어나기는 하였으나 아직 취소 또는 추인의 의사표시를 하지 않았다; Q가 채무자 P의 재산인 β에 대하여 강제집행을 신청하였다; P는 β에 대한 강제집행을 중지시키기 위하여 Q에게 변제를 하였다. 변제는 채무의 이행이므로 법정추인사유에 해당한다(제145조 제1호). 그러나 P가 변제를 하면서 다음과 같이 말하였다면 이의를 보류한 것이 된다: "β에 대한 강제집행을 피하기 위하여 일단 변제를 하는 것이지 그렇다고 추인하는 것은 아니다."

2) 期間의 경과에 의한 消滅

587 취소권은 추인할 수 있는 때로부터 3년, 법률행위가 있은 때로부터 10년이 경과하면 소멸한다(제146조). 일정한 기간의 경과로 인하여 권리가 소멸하는 경우에, 그 기간이 消滅時效期間인가 아니면 除斥期間인가[396] 하는 것이 문제될 수 있다. 형성권에 붙은 기간은 除斥期間으로 보는 것이 타당하다.[397] 통설[398]과 판례[399]도 같은 입장이다. 그리고 3년 또는 10년 중에서 먼저 완성되는 기간으로 취소권은 소멸한다는 것이 통설의 입장이다.[400]

---

396) 소멸시효와 제척기간의 차이에 대해서는 이 책 [628] 참조.

397) 이에 대해서는 이 책 [637] 참조.

398) 高翔龍, 앞의 책 "民法總則", 677면; 郭潤直, 앞의 책 "民法總則", 455면; 金相容, 앞의 책 "民法總則", 727면; 金俊鎬, 앞의 책 "民法總則", 528면; 金曾漢·金學東, 앞의 책 "民法總則", 518면; 白泰昇, 앞의 책 "民法總則", 559면; 李英俊, 앞의 책 "民法總則", 734면; 李銀榮, 앞의 책 "民法總則", 756면.

399) 대법원 1996. 9. 20. 96다25371: "민법 제146조는 취소권은 추인할 수 있는 날로부터 3년 내에 행사하여야 한다고 규정하고 있는바, 이 때의 3년이라는 기간은 일반 소멸시효기간이 아니라 제척기간으로서 제척기간이 도과하였는지 여부는 당사자의 주장에 관계없이 법원이 당연히 조사하여 고려하여야 할 사항이다."

400) 高翔龍, 앞의 책 "民法總則", 629면; 郭潤直, 앞의 책 "民法總則", 429면; 金相

제146조의 규정에 따라 취소권의 최대존속기간은 법률행위를 한 날로부터 10년이다. 그러므로 이 규정대로 한다면, 법률행위가 성립한 이후 10년 이상의 기간동안 취소사유(예: 강박)가 계속하여 존재하였다 하더라도 법률행위가 있은 때로부터 10년이 지나면 취소권을 행사할 수 없다. 이와 같은 규범으로 인하여 불합리한 결과가 발생할 수 있다. 예컨대, 1980년 계엄당국의 강박에 의하여 국가에 재산을 증여한 사안에서 사실상 강박이 법률행위가 있은 때로부터 10년이 넘게 계속되었음에도 불구하고 제146조의 10년의 제척기간을 기계적으로 적용하는 것은 재고의 여지가 있다고 생각한다.[401]

취소할 수 있는 법률행위에 따라 이행을 한 후에 그 법률행위가 취소되면 법률행위 당사자는 서로 부당이득반환관계에 들어가게 된다. 이 때 부당이득반환채권의 행사기간이 문제된다. 학설 중에는 취소권의 행사의 결과로 발생하는 청구권도 제146조가 규정하고 있는 기간 안에 행사되어야 한다는 견해도 있다.[402] 그러나 판례는 제146조가 정한 기간 안에 취소권을 행사하게 되면 그 때로부터 다시 소멸시효기간이 진행되는 것으로 해석한다.[403] 판례의 입장이 타당하다고 생각한다. 그 이유는 다음과 같다: ① 제146조에서 제척기간을 정하고 있는 것은 취소권이 형성권이라는 점을 고려하여 법률관계의 불안정을 완화하고자 하는 것인데, 일단 취소권이 행사되어 법률관계가 명확해진 상태에서는 제146조가 적용될 수 없는 것이다; ② 취소권의 행사와 그로 인하여 발생하는 권리는 별개의 성질을 가지는 것이므로 기간의 경과에 의한 권리소멸도 별도로 판단하여야 한다.

容, 앞의 책 "民法總則", 693면; 金俊鎬, 앞의 책 "民法總則", 491면; 金曾漢·金學東, 앞의 책 "民法總則", 486면; 李英俊, 앞의 책 "民法總則", 692면.

401) 이에 대하여는 明淳龜, '1980년 계엄당국의 강박에 의한 증여계약의 효력과 취소권의 제척기간—대법원 1998. 11. 27. 98다7421에 대한 이론적 보완을 위하여—', 「高麗法學」 제37호, 고려대학교 법학연구원, 2001, 313-347면 참조.

402) 高翔龍, 앞의 책 "民法總則", 628면; 郭潤直, 앞의 책 "民法總則", 429면; 金相容, 앞의 책 "民法總則", 693면; 金俊鎬, 앞의 책 "民法總則", 492면; 金曾漢·金學東, 앞의 책 "民法總則", 486면; 白泰昇, 앞의 책 "民法總則", 537면; 李英俊, 앞의 책 "民法總則", 691면.

403) 대법원 1991. 2. 22. 90다13420; 대법원 1992. 4. 24. 92다4673; 대법원 1992. 10. 13. 92다4666; 대법원 1995. 11. 10. 94다22682·22699 등 참조.

◘ 사례연구: 取消權 行使의 相對方

• 사안의 내용 A는 B에 의한 강박을 이기지 못하여 자기 소유의 α물건에 대하여 매매계약을 체결하였다. α물건을 수중에 넣게 된 B는 이를 다시 C에게 양도하였다. C는 A·B간에 계약이 강박에 의한 것임을 알지 못하였다. A가 강박을 이유로 법률행위를 취소하고자 한다면 취소의 의사표시는 누구를 상대로 하여야 하는가?

• 사안의 해결 취소의 상대방은 취소할 수 있는 법률행위의 상대방이다. 취소할 수 있는 법률행위는 A·B간의 매매계약이고 취소권자 A에 의한 취소의 의사표시의 상대방은 B이다. 그러므로 A는 B를 상대로 취소권을 행사하여야 한다. A가 문제의 법률행위를 취소한다 하더라도 C의 권리에는 영향이 없다. C는 선의의 제3자이기 때문이다(제110조 제3항).

X. 法律行爲의 附款

1. 序 說

(1) 민법상 '附款'의 개념

588 '부관(附款)'은 '약관(約款)'의 한 종류이다. 법률행위의 약관이라 함은 법률행위에서 정한 구체적 내용을 통칭하는 개념이다.[404] 법률행위의 附款은 약관의 범주에 포함되는 것으로서 법률행위의 내용을 구성한다는 점에서는 약관으로서의 특질을 보유한다. 그러나 부관은 통상적인 약관과는 다른 특질을 가지고 있다. 부관은 법률행위의 본질적 내용 자체를 구성하는 것이 아니라 일정한 법률행위에 부수하는 약관으로서 법률행위의 본질적 내용과의 관계에서 독립성을 가진다는 점에서 통상적인 약관과 구별된다.[405]

---

404) 예컨대, 매매계약에서 매매목적물에 관한 약정, 매매대금에 관한 약정, 이행장소에 관한 약정과 같은 것이 모두 법률행위의 약관에 해당하는 것이다.

405) 예컨대, 매매계약에 있어서 매매목적물에 관한 약정, 매매대금에 관한 약정, 이행장소에 관한 약정 등과 같은 것은 매매계약의 내용을 이루는 통상적 약관이다. 그러나 매매계약을 체결하면서 그와 함께 매도인이 매매대금채권을 확실하게 하기 위하여 매수인의 부동산에 저당권을 설정하기로 하는 '담보약정'이라든가 매도인이 자기가 매도한 물건을 후에 다시 매수하기로 하는 내용의 '환매약정'과 같은 것을 부가시킨 경우에, 이와 같은 담보약정·환매약정은 매매계약의 내용을 이루는 약관이기는 하나 매매계약 자체의 본질적 내용이라기보다는 통상적인 매매계약의 내용에 부가된 약관이다.

법률행위의 부관은 두 가지 의미로 사용된다. 넓은 의미에서 법률행위의 부관이라고 하면 법률행위에 부수하는 독립성을 가지는 약관을 의미한다(예: 담보약관, 환매약관, 면책약관 등). 그런데 좁은 의미에서 법률행위의 부관이라고 하면 그 부관의 내용이 법률행위의 효과의 발생 또는 소멸에 영향을 미치는 부관만을 가리킨다.

(2) 法律行爲의 附款으로서의 '條件'·'期限'

589 여기에서 살피고자 하는 것은 좁은 의미에서의 법률행위의 부관이다. 이와 같은 의미의 부관으로서 민법이 체계적으로 규정하는 것은 조건과 기한이다. 條件과 期限은 가장 좁은 의미에서의 법률행위의 부관이다. 왜냐하면 조건과 기한은 법률행위의 효력의 발생 또는 소멸에 영향을 주는 것이기 때문이다. 조건과 기한은 법률행위를 하면서 그 법률행위의 효력의 발생 또는 소멸을 '장래의 일정한 사실'에 의존하도록 하는 부관이다. '장래의 일정한 사실'은 그것이 장래에 일어날 것이 불확실[406]할 수도 있고 확실[407]할 수도 있다. 장래에 일어날 것이 불확실한 것이 條件이고, 확실한 것이 期限이다. 조건 또는 기한이 붙은 법률행위에 있어서 조건이 성취되거나 기한이 도래하면 법률행위의 효력이 비로소 발생하거나 효력을 상실하게 된다.

종래 일부 학설[408]은 법률행위의 부관으로서 다음과 같은 세 가지를 든다: ① 條件; ② 期限; ③ 負擔. 負擔도 법률행위에 부수하는 약관으로서 법률행위의 본질과의 관계에서 독립성을 가진다는 점에서 보면 부관으로서의 특성을 지니고 있다. 그런데 부관의 개념을 좁은 의미로 파악하는 전제에 선다면 부담은 이를 부관으로 볼 수 없다고 생각한다. 부담은 법률행위의 효력의 발생 또는 소멸에 영향을 주는 것이 아니기 때문이다. 부담의 예

---

406) "12월 25일에 눈이 내리면 계약이 효력을 발생하는 것으로 한다"라든가 "12월 25일에 눈이 내리면 계약이 효력을 잃는 것으로 한다"라는 약정에 있어서, '12월 25일에 눈이 내리면'이 부관인데, 이는 불확실한 것이다.

407) "12월 25일이 오면 계약이 효력을 발생하는 것으로 한다"라든가 "12월 25일이 오면 계약이 효력을 잃는 것으로 한다"라는 약정에 있어서, '12월 25일이 오면'이 부관인데, 이는 확실한 것이다.

408) 郭潤直, 앞의 책 "民法總則", 430면; 金相容, 앞의 책 "民法總則", 694면; 白泰昇, 앞의 책 "民法總則", 540면.

로서 '負擔附贈與'(제561조)에서의 負擔을 보자. 부담부증여란 수증자가 증여를 받는 동시에 일정한 급부를 하여야 할 채무를 부담하는 증여이다.[409] 증여에 일정한 부담이 있다 하더라도 부담있는 증여로서 그대로 효력을 발생하게 된다. 즉 부담으로 인하여 증여계약의 효력발생이 영향을 받지 않는다. 부담이 조건·기한과 같은 성질의 부관이라면 부담이 증여계약의 효력발생에 영향을 주어야 할 것이다. 결국, 부담은 조건 또는 기한과 같은 차원에 위치시킬 수 있는 부관으로 볼 수 없다.[410]

조건 또는 기한도 그것이 법률행위의 내용을 이루는 것이라는 점에서는 다른 약관과 다를 것이 없다. 즉 조건·기한도 약관으로서의 성질을 잃지 않는다. 이와 같이 조건·기한은 법률행위 당사자가 임의로 정한 것이다. 그러므로 법률의 규정이 일정한 사실을 법률행위의 효력발생 또는 효력상실 사유로 정한 것은 법률행위의 부관이 아니다. 예컨대, 법인설립요건으로서의 주무관청의 허가나 유언의 효력발생요건으로서의 유언자의 사망과 같은 것은 각각 法定條件과 法定期限으로서 이들은 당사자의 의사에 의하지 않은 것이므로 법률행위의 부관으로서의 조건 또는 기한이 아니다.

2. 條 件

(1) 概 念

590 조건이란 법률행위의 효력의 발생 또는 소멸을 장래의 불확실한 사실의 성취 또는 미성취에 의존하게 하는 부관이다. 조건은 법률행위의 내용을 구성한다. 그러므로 條件에 無效事由가 있으면 법률행위가 무효로 된다. 조건은 법률행위의 효력의 발생 또는 소멸에 관한 것이어야 한다. 그리고 조건이 되는 사실은 객관적으로 그 성부가 불명한 것이어야 한다. 이 점에서 조건은 기한과 구별된다. 그러나 조건과 기한의 구별이 항상 명확한 것은 아니다. 어떠한 부관을 조건으로 볼 것인가 아니면 기한으로 볼 것인가는 결국 法律行爲 解釋의 문제이다.[411]

---

409) 예: P가 Q에게 토지를 증여하면서 Q로 하여금 P의 자녀를 부양할 채무를 부담하도록 하는 경우에 'P의 자녀를 부양할 채무'가 부담이 되는 것이다.

410) 金曾漢·金學東, 앞의 책 "民法總則", 488면; 金俊鎬, 앞의 책 "民法總則", 493면; 李英俊, 앞의 책 "民法總則", 694면.

조건은 법률행위의 내용을 구성한다는 점에서 동기와 구별된다. 동기에 문제가 있다 하더라도 법률행위의 효력에는 영향이 없는 것이 원칙이고 다만 일정한 경우에 취소사유(제109조)가 될 뿐이다. 그러나 통상적으로는 법률행위의 동기에 해당하는 것을 조건으로 하는 것은 가능하다.[412)]

(2) 分 類

591 條件은 기준에 따라 몇 가지의 분류가 가능하다.

1) 停止條件·解除條件

592 조건의 분류 중에서 가장 기본이 되는 것이다. 조건의 성취로 인하여 법률행위가 비로소 효력을 발생하는 경우에 그 조건을 停止條件이라고 한다. 그러므로 정지조건부 법률행위는 법률행위로서 성립은 하였으나 조건이 성취될 때까지는 효력이 발생하지 않는다. 반면에, 조건의 성취로 인하여 법률행위가 효력을 잃는 경우에 그 조건을 解除條件이라고 한다. 그러므로 해제조건부 법률행위는 법률행위로서 성립하여 효력을 발생하다가 조건이 성취되면 효력을 잃게 된다.

2) 積極條件·消極條件

593 조건이 되는 사실이 현재상태의 변경을 내용으로 하는 것을 적극조건이라 한다(예: '네가 국가시험에 합격한다면'). 이와 달리 현재상태의 변경이 없을 것을 내용으로 하는 것을 소극조건이라 한다(예: '네가 현재의 직장에 계속 근무한다면'). 이 구별에 특별한 실익은 없다.

3) 隨意條件·非隨意條件

594 조건의 성취 여부가 당사자의 일방적 의사에 의존하도록 하는 것이 수의조건, 그렇지 않은 것이 비수의조건이다.

隨意條件은 다음의 두 가지가 있다는 것이 통설의 설명이다: ① 순수수

---

411) 예컨대, P와 Q가 증여계약을 체결하면서 그 효력발생시기를 P가 100세가 되는 때로 약정했다고 생각해 보자. 사람에게 100세라는 연령이 통상적인 것이 아니라는 점에서 보면 조건으로 보아야 할 것 같고, 모든 사람에게 있어서 자기의 출생으로부터 100년이라는 기간은 반드시 도래한다는 점에서 보면 기한으로 볼 수 있는 면이 있다.

412) 토지매매계약을 체결하면서 토지 주위에 상가가 들어서지 않으면 계약을 실효화시킨다는 내용의 약정을 한 경우에 상가가 들어선다는 것은 통상적으로 동기이지만 이를 조건으로 하는 것은 가능하다.

의조건; ② 단순수의조건. ①은 조건의 성취 여부가 당사자의 일방적 의사에만 의존케 하는 것이다(예: 내 마음이 내키면 법률행위가 효력을 발생하는 것으로 한다). ②는 당사자의 일방적 의사에 의존하는 것이기는 하나 그 의사가 법률행위 자체에 관한 것이 아니라 다른 사실에 관한 것이다(예: 내가 프랑스에 가게 되면 법률행위가 효력을 발생하는 것으로 한다[413]). 결국 ①·②의 구별은 당사자의 의사가 법률행위 자체에 관한 것인가 여부에 있다. ②가 유효한 조건이라는 점에 대해서는 학설상 이견이 없으나 ①에 대해서는 학설상 다툼이 있다.

①에 대하여 제1설(통설)은 당사자에게 법률적 구속력을 생기게 하려는 의사가 있다고 할 수 없으므로 무효라고 한다.[414] 제2설(소수설)은 법률행위 당사자가 원한 이상 사적자치의 원칙상 허용된다고 하면서 이를 조건으로 본다.[415] 일단 제2설은 수긍하기 곤란하다. 왜냐하면 사적자치의 원칙이라는 것은 법적 구속력 있는 의사를 전제로 하는 것인데, 순수수의조건이 있는 법률행위라면 법적 구속력 있는 의사가 있는 것으로 볼 수 없기 때문이다. 이러한 관점에서 보면 통설의 입장이 타당한 것으로 생각할 수 있다. 그러나 통설이 순수수의조건부 법률행위를 무효라고 판단한 것은 의문의 여지가 있다. 왜냐하면 조건부 법률행위는 법률행위의 성립요건은 충족되었다는 것을 전제로 하는 것인데, 순수수의조건부 법률행위에 있어서는 법률행위의 성립요건인 구속력 있는 의사가 존재하는 것으로 볼 수 없기 때문이다. 즉 순수수의조건부 법률행위는 법률행위의 효력요건이 문제되기 이전에 성립요건을 구비한 것으로 볼 수 없다. 그러므로 순수수의조건부 법률행위는 무효이기에 앞서 법률행위의 不成立 내지 *不存在*로 보는 것이 법리적 관점에서 타당한 설명으로 생각한다.

非隨意條件은 조건의 성부가 당사자 일방의 의사에만 의존하지 않는 조건이다. 비수의조건을 우성조건(偶成條件)과 혼성조건(混成條件)으로 구분하는 것이 학설의 일반적 설명이다.[416] 우성조건은 당사자 일방의 의사와 전

413) 여기에서 '프랑스에 가게 되면'이 조건인데, 프랑스에 갈 것인가 여부는 기본적으로 당사자 일방의 의사에 의존하는 것이기는 하나 그것은 법률행위 자체에 관한 것이 아니다.

414) 郭潤直, 앞의 책 "民法總則", 432면; 白泰昇, 앞의 책 "民法總則", 541면.

415) 李英俊, 앞의 책 "民法總則", 705면; 李銀榮, 앞의 책 "民法總則", 724면.

혀 관계가 없는 것이다(예: '8월 15일에 비가 오면', '저 친구가 그 사람과 혼인을 하면'). 우성조건은 가장 전형적인 조건이다. 혼성조건은 조건의 성취 여부가 당사자 일방의 의사뿐만 아니라 제3자의 의사에도 의존하는 경우이다(예: '내가 그 사람과 혼인을 하게 되면'). 혼성조건도 유효한 조건이다.[417)]

4) 假裝條件

595 외관상으로는 조건의 모습을 띠고 있으나 조건으로 인정되지 않는 것을 통칭하여 가장조건이라 한다. 종래 학설은 가장조건으로서 法定條件, 不法條件, 旣成條件, 不能條件을 들고 있는데, 이들을 모두 같은 차원으로 설명하는 것이 논리적이라 할 수는 없으나[418)] 종래 학설의 체계에 따라 설명하기로 한다.

(가) 法定條件

596 법정조건이 법률행위의 부관으로서의 조건이 아니라는 점은 위에 이미 설명하였다. 그런데 법정조건에 관하여 조건을 붙이는 것은 가능하다(예: 토지거래허가구역 안에 있는 토지에 대한 매매계약을 하면서 '관할관청의 허가가 특정일까지 있을 것'을 정지조건으로 한 경우). 또한 법정조건이 조건이 아니라는 것과 법정조건을 조건으로 삼는 것은 구별되어야 한다(예: 주무관청의 처분허가를 조건으로 사찰소유재산에 대하여 매매계약을 하는 경우[419)]).

(나) 不法條件

597 불법조건이란 조건의 내용이 선량한 풍속 또는 사회질서에 반하는 것을 말한다. 불법조건이 붙은 법률행위는 무효이다(제151조 제1항). 불법

---

416) 高翔龍, 앞의 책 "民法總則", 637면; 郭潤直, 앞의 책 "民法總則", 432면; 金相容, 앞의 책 "民法總則", 699면; 金俊鎬, 앞의 책 "民法總則", 498면; 金曾漢·金學東, 앞의 책 "民法總則", 492면; 白泰昇, 앞의 책 "民法總則", 542면; 李英俊, 앞의 책 "民法總則", 706면; 李銀榮, 앞의 책 "民法總則", 723면.

417) 혼성조건에 있어서도 당사자 일방의 의사가 조건의 요소를 구성하게 되는데, 이러한 면에서 보면 혼성조건과 단순수의조건과의 구별이 모호하다는 생각이 든다. 비수의조건을 우성조건과 혼성조건으로 구분하는 태도의 합리성에 대해서는 의문이 든다.

418) 종래 학설이 가장조건으로 드는 것 중에서 법정조건은 법률행위 당사자의 의사에 의하여 설정된 것이 아니므로 형식적·실질적 양 측면에서 조건으로 볼 수 없을 것이다. 그러나 불법조건·기성조건·불능조건은 그것이 당사자의 의사에 의하여 설정된 것이므로 일단 조건으로서의 형식적 요건은 구비한 것이다. 그러므로 법정조건을 불법조건·기성조건·불능조건과 같은 차원으로 설명하는 것이 논리적이라 할 수는 없다.

419) 대법원 1967. 12. 26. 67다1112 참조.

조건이 붙은 법률행위는 조건 없는 법률행위로 되는 것이 아니라 법률행위 자체가 무효이다.[420] 조건은 법률행위의 내용을 구성하는 요소이므로 제151조 제1항은 법리상 당연한 것이다.

(다) 旣成條件

598 기성조건이란 법률행위 당시에 이미 그 성취가 확정된 경우이다. 과거에 이미 성취된 사실은 비록 그 사실을 법률행위 당사자가 알지 못하였다 하더라도 유효한 조건이 되지 못한다. 기성조건이 정지조건이면 조건 없는 법률행위로 된다(제151조 제2항 전단). 그러므로 이 때에는 법률행위의 성립과 더불어 바로 효력을 발생한다. 만일 그렇게 하지 않고 조건이 성취된 과거의 어느 시점에서 효력을 발생하는 것으로 하면 법률행위의 효력에 소급효를 인정하는 것으로 되어 당사자의 의사에 반하는 결과가 될 수 있음을 고려한 입법이다. 기성조건이 해제조건인 때에는 그 법률행위는 무효이다(제151조 제2항 후단).

(라) 不能條件

599 불능조건이란 객관적으로 그 성취가 불가능한 경우이다. 불능조건이 정지조건인 때에는 법률행위는 무효이고, 해제조건인 때에는 조건 없는 법률행위로 된다(제151조 제3항).

(3) 條件을 붙일 수 없는 法律行爲

600 조건부법률행위의 경우에는 그 효력의 발생이나 존속이 불안정한 상태에 있기 때문에 그러한 불안정과 어울리지 않는 법률행위인 경우에는 조건을 붙이지 못한다. 주요한 것으로 다음과 같은 경우를 들 수 있다.

ⓘ 첫째, 조건을 붙이게 되면 사회질서에 반하는 경우로 가족법상의 행위(예: 혼인, 인지, 입양, 파양, 상속의 포기 · 승인)가 그 예이다.

ⓘⓘ 둘째, 조건을 붙임으로써 상대방의 지위를 불안정하게 할 수 있는 경우이다. 그 전형적인 예는 단독행위에서 나타난다. 단독행위는 일방의 의사표시만으로 형성되는 것인데, 여기에 조건을 붙이게 되면 상대방의 지위

---

420) 대법원 1966. 6. 21. 66다530: "부부생활의 종료를 해제조건으로 하는 증여계약은 불법조건이며, 해제조건이 붙지 않은 증여계약으로서의 효력을 가지는 것이 아니라 증여계약 자체가 무효이다."

는 극히 불안정하게 될 것이다. 단독행위 중 특히 형성권의 행사에는 조건을 붙이지 못한다. 상계에 관해서는 명문의 규정을 두고 있으나(제493조 제1항), 다른 경우[421]에도 마찬가지이다.

ⅲ 셋째, 법률관계의 획일성과 절대적 안정을 요하는 경우이다. 어음행위와 수표행위가 그 예이다(어음법 제1조 제2호·제75조 제2호, 수표법 제1조 제2호).

조건을 붙일 수 없는 경우에 조건을 붙였다면 조건은 효력이 없다. 그렇다면 법률행위 자체의 효력에는 어떠한 영향을 주겠는가? 법률에 명문규정이 있다면 그에 의할 것이다.[422] 그러나 명문규정이 없는 때에는 일부무효법리에 의하여 법률행위의 효력을 판단하여야 할 것이다.[423] 조건은 법률행위의 내용을 구성하는 요소이기 때문이다.

(4) 條件의 成就·未成就

1) 成就·未成就의 판단

601 조건이 성취되면 법률행위가 효력을 발생하든지 또는 효력을 상실하게 된다. 조건부 법률행위라 하더라도 법률행위시에 완전히 성립하는 것이며, 또한 조건은 법률행위의 내용을 구성하는 요소이다. 그러므로 법률행위의 유효성에 영향을 미치는 사항은 일반적인 경우와 마찬가지로 법률행위의 성립시를 기준으로 판단한다(예: 법률행위 내용의 불법성, 행위능력, 의사능력 등). 조건의 성취 여부가 언제나 명확한 것은 아니다. 명확하지 않은 때에는 법률행위의 해석에 의하여야 한다.

2) 成就·未成就에 대한 부당한 간섭과 그 제재

602 조건부 법률행위의 효력은 조건의 성취 여부에 의존하는 것인데, 법률행위의 당사자는 조건의 성취·미성취를 기점으로 이해관계가 대립하게 된다. 그리하여 당사자 일방이 부당하게 조건을 성취시키거나 조건의 성취를 방해하는 경우가 있을 수 있다. 민법은 이와 같은 경우를 명문으로 규율하고 있다(제150조): ① 조건의 성취로 인하여 불이익을 받을 당사자가

421) 예: 해제·해지권의 행사, 취소권의 행사, 추인권의 행사, 선택채권관계에 있어서 선택권의 행사, 환매권의 행사 등.

422) 예: 어음법 제12조 제1항: "배서는 무조건으로 하여야 한다. 배서에 붙인 조건은 기재하지 아니한 것으로 본다."

423) 金曾漢·金學東, 앞의 책 "民法總則", 494면; 李英俊, 앞의 책 "民法總則", 713면.

신의성실에 반하여 조건의 성취를 방해한 때에는 상대방은 그 조건이 성취한 것으로 주장할 수 있다; ② 조건의 성취로 인하여 이익을 받을 당사자가 신의성실에 반하여 조건을 성취시킨 때에는 상대방은 그 조건이 성취하지 아니한 것으로 주장할 수 있다. 조건의 성취·미성취에 대한 부당한 간섭이 있는 경우에 상대방은 조건성취 또는 미성취를 주장할 수 있는 形成權을 취득한다는 것이 통설의 입장이다.[424)]

법률행위 당사자 일방이 조건의 성취·미성취에 대하여 부당한 간섭을 하였다면 이는 조건부 권리를 침해하는 행위에 해당한다. 조건부 권리를 침해하는 행위에 대하여 상대방은 손해배상을 청구할 수도 있다(제148조 참조). 그러므로 상대방으로서는 그의 선택에 따라 조건의 성취·미성취를 주장할 수도 있고(제150조) 손해배상을 청구할 수도 있다(통설).[425)]

(5) 條件附 法律行爲의 효력

1) 條件成否 確定前의 효력

603 조건의 성취·미성취가 확정되기 전의 법률행위의 효력은 조건이 解除條件인가 停止條件인가에 따라 큰 차이가 있다. 해제조건부 법률행위에 있어서는 법률행위의 성립과 함께 효력을 발생하므로 일반적인 법률행위와 다를 것이 없다. 그러므로 정지조건부 법률행위를 중심으로 설명하기로 한다. 조건의 성취 여부가 확정되기 전의 상태에서 정지조건부 법률행위는 다음과 같은 두 가지 특성을 가진다: ① 조건부 법률행위라 하더라도 성립요건은 충족된 법률행위이다; ② 조건의 성취에 의하여 권리를 취득하게 될 자는 권리취득에 대한 '期待權'[426)]을 가진다. ①의 특성으로 인하여 법률행

---

424) 高翔龍, 앞의 책 "民法總則", 640면; 郭潤直, 앞의 책 "民法總則", 436면; 金相容, 앞의 책 "民法總則", 706면; 金俊鎬, 앞의 책 "民法總則", 502면; 金曾漢·金學東, 앞의 책 "民法總則", 496면; 白泰昇, 앞의 책 "民法總則", 544면.

425) 高翔龍, 앞의 책 "民法總則", 640면; 郭潤直, 앞의 책 "民法總則", 436면; 金相容, 앞의 책 "民法總則", 708면; 金俊鎬, 앞의 책 "民法總則", 503면; 金曾漢·金學東, 앞의 책 "民法總則", 496면; 白泰昇, 앞의 책 "民法總則", 544면; 李英俊, 앞의 책 "民法總則", 719면.

426) 기대권이란 권리취득을 위한 요건 중 일부분이 충족되지 않은 단계이기는 하나, 남은 요건이 실현되면 장래에 권리를 취득할 수 있다는 기대상태에 대하여 인정되는 권리이다.

위 당사자는 임의로 의사표시를 철회할 수 없다. ②의 특성에 따라 민법은 조건부 권리상태에서의 처분을 인정하는 한편(적극적 측면: 제149조), 기대권의 침해에 대하여 일정한 구제수단을 규정하고 있다(권리구제의 측면: 제148조). 다음에서는 ②의 측면을 중심으로 살피기로 한다.

(가) 적극적 측면에서의 효력

604 조건의 성취 여부가 확정되지 않은 상태에 있는 정지조건부 권리도 處分·相續·保存·擔保의 대상으로 할 수 있다(제149조). 정지조건부 권리가 부동산을 대상으로 하는 때에는 그 권리에 대하여 假登記를 할 수 있다(부동산등기법 제3조).

(나) 權利救濟의 측면에서의 효력

605 제148조는 다음과 같이 규정한다: 조건부 법률행위의 당사자는 조건의 성부가 미정인 동안 조건의 성취로 인하여 생길 상대방의 이익을 해하지 못한다. 이 규정은 정지조건부 법률행위에 있어서 특별한 의미를 가지게 된다. 왜냐하면 이 규정은 조건의 성취 전에는 확정된 이익이 없는 상태로 있다가 조건의 성취로 인하여 이익이 확정되는 경우를 상정하고 있기 때문이다. 해제조건부 법률행위에 있어서는 조건의 성취가 미정인 시점이라 하더라도 당사자간에 확정된 이익이 존재하는 경우이다. 그러므로 문제의 조건이 정지조건인 경우를 중심으로 살피기로 한다.

가) 損害賠償

606 제148조는 상대방의 이익을 해하지 못한다고만 규정할 뿐 그 구체적인 효과에 대해서는 언급이 없다. 그러나 효과의 주된 내용은 손해배상이라고 보는 데에 학설상 이견이 없다.[427] 이익침해에 대한 가장 기본적인 법적 제재가 손해배상이라는 점에서 타당한 이해태도라고 생각한다.

문제는 損害賠償의 본질이 무엇인가 하는 것이다. 제1설은 不法行爲로 인한 損害賠償請求權(제750조)이라고 한다.[428] 정지조건부 법률행위에 있어서 조건이 성취되기 전에는 아직 아무런 효력을 발생하지 못하므로 채무불

427) 高翔龍, 앞의 책 "民法總則", 643면; 郭潤直, 앞의 책 "民法總則", 437면; 金相容, 앞의 책 "民法總則", 708면; 金俊鎬, 앞의 책 "民法總則", 504면; 金曾漢·金學東, 앞의 책 "民法總則", 497면; 白泰昇, 앞의 책 "民法總則", 544면; 李英俊, 앞의 책 "民法總則", 722면; 李銀榮, 앞의 책 "民法總則", 732면.

428) 郭潤直, 앞의 책 "民法總則", 437면.

이행을 말할 수 있는 단계가 아니라는 것을 논거로 하는 것으로 보인다. 제2설은 債務不履行으로 인한 損害賠償請求權(제390조)이라고 한다.[429] 제2설을 취하는 학설이라고 하여 모두 같은 논거를 제시하는 것은 아니다. 제2설은 그 논거를 무엇으로 하는가에 따라 다음과 같은 두 가지로 구분된다: ① 조건부 법률행위의 성립시에 급부를 가능하게 하여야 할 채무자의 의무(신의칙에 기한 충실의무·보호의무)가 발생하는데, 이 의무를 위반한 데에 대한 책임이라는 입장[430]; ② 손해배상청구권은 조건이 성취되어 법률행위가 효력을 발생하는 때에 현실적으로 발생하는 것이므로 채무불이행책임으로 보아야 한다는 입장.[431]

위의 학설 중 어느 것이 타당한 입장인가? 우선 제1설에 대하여 보자. 제1설은 논리모순의 측면이 보이는데, 그 구체적 내용은 이러하다: 제1설은, 조건부 권리가 침해되었느냐 아니냐는 조건의 성취 여부가 결정되어 있지 않은 동안은 미확정이므로 손해배상청구권도 조건부로 발생한다고 해석하는 수밖에 없다[432]고 한다; 그와 같은 입장에 선다면 제148조의 손해배상의 본질은 채무불이행책임으로 보는 것이 논리에 합치한다; 왜냐하면 조건이 성취된 상황에서는 법률행위가 효력을 발생하기 때문이다.[433] 또한 제1설은 조건의 성취가 미정인 동안에는 법률행위는 어떠한 면에서도 당사자를 구속하는 효력을 가지지 않는다는 것을 전제하고 있는데, 이 전제의 타당성에도 의문이 든다. 제2설 중에서 논거 ②를 취하는 입장에 대해서는 다음과 같은 비판이 가능하다: 손해배상청구권은 조건이 성취되어 법률행위가 효력을 발생하는 때에 비로소 발생하는 것으로 보는 것은 조건부 권리의 본질을 고려하지 않은 것으로 보인다.[434] 우리 민법은 조건부 권리 자체

429) 高翔龍, 앞의 책 "民法總則", 643면; 金俊鎬, 앞의 책 "民法總則", 503면; 白泰昇, 앞의 책 "民法總則", 545면; 李英俊, 앞의 책 "民法總則", 722면; 李銀榮, 앞의 책 "民法總則", 732면.

430) 李英俊, 앞의 책 "民法總則", 722면.

431) 金曾漢·金學東, 앞의 책 "民法總則", 497면; 金俊鎬, 앞의 책 "民法總則", 504면.

432) 郭潤直, 앞의 책 "民法總則", 437면.

433) 제2설 중에서 논거 ②를 주장하는 입장은 바로 이러한 점을 염두에 둔 것으로 보인다. 그러므로 제2설 중에서 논거 ②를 주장하는 입장에는 제1설과 같은 논리모순현상은 없다.

434) 이 비판점은 제1설(특히 郭潤直, 앞의 책 "民法總則", 437면)에 대해서도 마찬가지이다.

에 대하여 권리성을 인정하고 있다(제149조 참조). 그렇다면 제148조에서 문제되는 이익침해는 조건부 권리 그 자체에 대한 침해로 이해해야 할 것으로 생각한다. 제148조의 손해배상의 본질은 다음과 같이 파악하고자 한다. 정지조건부 법률행위에 있어서 조건성취가 미정인 상태라 하더라도 그 법률행위에 아무런 효력도 없는 것으로 볼 것은 아니다. 즉 법률행위가 성립한 이상 그와 같은 법률행위도 조건부 권리의 차원에서는 당사자를 구속하는 효력을 가지는 것으로 보아야 한다.[435] 그러므로 제148조의 손해배상은 조건부 법률행위의 성립과 더불어 발생한 의무를 위반한 데에 대한 제재로서 채무불이행책임의 본질을 가지는 것으로 보고자 한다.[436] 그리고 조건부 법률행위의 성립과 동시에 일정한 의무가 발생하는 근거는 당사자의 의사[437]와 신의칙(제2조)에서 구하고자 한다.

나) 條件附 權利의 目的物에 대한 處分行爲의 효력

607 조건부 법률행위의 의무자가 조건성취 여부가 미정인 상태에서 조건부 권리의 목적물을 제3자에게 처분한 경우에 그 처분행위의 효력을 어떻게 보아야 할 것인가? 이에 대한 학설상의 논의는 크게 두 가지가 있다. 이해의 편의를 위하여 다음의 사례를 들어 설명하기로 한다: P(매도인)와 Q(매수인)가 α물건에 대하여 정지조건부 매매계약을 체결하였다; 조건의 성취 여부가 확정되기 전에 P는 R에게 α를 양도하였다; 그 후에 조건이 성취되었다. 제1설(다수설)[438]의 내용은 다음과 같다[439]: P의 R에 대한 양

435) 제150조도 이와 같은 관념을 전제한 것으로 해석된다.

436) 이러한 입장은 결론에 있어서는 제2설 중에서 논거 ①을 취하는 학설과 유사한 점이 많다. 그러나 이 학설이 '保護義務(Schutzpflicht)'를 언급하는 점에 대해서는 수긍하기 어렵다. 보호의무란 독일법 특유의 법개념으로서 우리 민법의 해석에 있어서 채용하기 어렵다고 보기 때문이다. 保護義務의 의미에 대해서는 명순구, 앞의 책 "민법학기초원리", 403면 참조.

437) 예: 조건부 매매계약을 한 당사자는 그와 같은 법률행위가 정상적인 경로를 밟아 청산되어야 한다는 점에 대하여 합의를 한 것이며, 최소한 이러한 합의내용은 매매계약의 성립과 동시에 효력을 발생하는 것으로 보아야 할 것이다.

438) 郭潤直, 앞의 책 "民法總則", 437면; 金相容, 앞의 책 "民法總則", 708면; 金曾漢·金學東, 앞의 책 "民法總則", 497면; 李英俊, 앞의 책 "民法總則", 723면.

439) 제1설은 그들의 입장이 독일민법 제161조(특히 제1항)와 동일한 것이라고 한다. 독일민법 제161조 제1항은 다음과 같은 내용이다: 정지조건부로 목적물에 대한 처분행위를 한 경우에 조건이 성취되면 조건성취 전의 처분행위는 조건부 권리를 침해하지 않는 한도에서만 효력을 가진다.

도행위가 이루어진 후에 조건이 성취된다면 R에 대한 처분행위는 무효로 된다; 그러므로 Q는 α에 대한 소유권을 취득할 수 있다. 제2설(소수설)[440]의 내용은 다음과 같다: P의 R에 대한 양도행위가 이루어진 후에 조건이 성취된다 하더라도 R에 대한 처분행위는 무효로 되지 않는다; 그러므로 Q는 α에 대한 소유권을 취득할 수 없고, 다만 손해배상[441]으로 만족하여야 한다. α가 부동산인 경우와 동산인 경우로 나누어 두 학설의 입장 차이를 살펴보자.

우선, α가 부동산인 경우이다. 이 때에는 제1설과 제2설의 결론에 차이가 없다. 왜냐하면 제1설은, Q가 R과의 관계에서 α에 대한 소유권을 주장할 수 있기 위해서는 자신의 조건부 권리를 등기(즉 가등기)한 때에 한하는 것으로 설명하기 때문이다. 그런데 제1설의 이와 같은 설명은 그들의 주장내용(즉 "조건성취 전에 이루어진 처분행위는 조건이 성취되면 무효로 된다")과의 관계에서 논리적 연관성을 찾기 힘들다. 그 이유는 이러하다: 법률행위에 의한 물권변동에 있어서 성립요건주의를 취하는 현행법상 부동산에 관한 권리는 등기하여야 비로소 성립한다; 앞의 사례에서 Q가 α에 대한 조건부 권리를 가등기하고 그 후에 R이 소유권이전등기를 한 경우, 나중에 Q가 가등기에 기한 본등기를 하게 되면 Q가 소유권을 취득하게 되고 R명의의 등기는 이를 말소하여야 한다; 결국, Q가 α에 대한 소유권자로 된다; 그런데 이와 같은 결과는 등기의 우선순위의 문제에 불과할 뿐, 제1설의 주장내용(즉 "조건성취 전에 이루어진 처분행위는 조건이 성취되면 무효로 된다")과 직접적인 관련성이 없다. 제2설의 입장에서 보면, Q가 α에 대한 소유권자로 되는 현상은 이 학설의 기본입장(즉 "제3자에 대한 양도행위가 이루어진 후에 조건이 성취된다 하더라도 제3자에 대한 처분행위는 무효로 되지 않는다")을 그대로 관철한 것이 된다.

다음으로, α가 동산인 경우이다. 제1설에 따르면, 조건성취에 따라 R은 소유권을 취득할 수 없고 Q가 소유권자로 된다고 한다. 제2설에 따르면, 조건이 성취된다 하더라도 제3자에 대한 처분행위가 무효로 되지 않으므로

440) 李銀榮, 앞의 책 "民法總則", 732면.

441) 이 경우의 손해배상의 본질은 채무불이행책임이다. 조건이 성취된 후의 상황이기 때문이다.

먼저 동산물권의 변동요건(즉 α의 인도)을 갖춘 R이 α에 대한 소유권을 취득하는 것으로 된다. 제1설의 입장에서도 R이 선의취득의 요건을 구비하면 소유권을 취득한다(제249조).

제1설은 그들의 해석론이 독일민법 제161조 제1항과 동일한 것이라고 한다. 이 규정은 기대권으로서의 조건부 권리를 확정적 권리에 준하여 성립순서에 따라 우선순위를 정한다는 것으로 이해되고 있다.[442] 이 규정이 독일 민법학의 체계에서 어떠한 의미를 가지는 것인가 하는 것은 보다 면밀한 연구가 필요할 것이다. 그런데 이 규정의 내용을 우리의 해석론으로 그대로 채용하는 것은 신중을 기할 필요가 있다고 생각한다. 앞에서 살핀 바와 같이, 제1설은 우리 민법의 물권변동이론과의 관계에 들어맞지 않는 면이 있다. 게다가 제1설은 불균형의 측면도 포함하고 있다. 일반적인 이중매매에 있어서도 제1매수인과 제2매수인 중 먼저 등기 또는 인도를 받은 사람이 물권을 취득하게 되는데, 제1매수인의 권리가 조건부 권리에 지나지 않는 것임에도 불구하고 조건 성취로 인하여 제2매수인의 권리에 우선하는 것으로 보는 것은 균형에 맞는 해석으로 보기 어렵다.

2) 條件成否 確定後의 효력

608 조건의 성취 또는 미성취로 인하여 법률행위의 효력이 확정된다. 정지조건부 법률행위에 있어서 조건이 성취되면 온전한 효력이 발생하고, 조건이 성취되지 않으면 무효로 된다. 해제조건부 법률행위에 있어서 조건이 성취되면 법률행위는 효력을 상실하고, 조건이 성취되지 않으면 원래의 효력을 그대로 유지한다.

조건성취의 효력은 소급하지 않는 것이 원칙이다.[443] 정지조건이 성취되면 조건이 성취된 때로부터 효력을 발생하고(제147조 제1항), 해제조건이 성취되면 조건이 성취된 때로부터 효력을 잃는다(제147조 제2항). 그러나 당사자의 특약에 의하여 소급효를 인정하는 것은 허용된다(제147조 제3항).

---

442) 李英俊, 앞의 책 "民法總則", 175면, 723면 참조.

443) 이와 같이 조건성취에는 소급효가 없으므로 태아의 권리능력의 취득시기에 관한 학설에서 정지조건·해제조건이라고 하는 것은 원래 의미에서의 조건이 아니다. 왜냐하면 정지조건설이든 해제조건설이든 모두 소급적 이론구성을 하기 때문이다.

사례연구: 條 件

• 사안의 내용 악기 수집에 취미를 가지고 있는 A는 명품 바이올린 한 점을 소장하고 있다. 바이올린 연주가인 B는 오래 전부터 이 바이올린을 구입하고 싶었으나 A는 한사코 매도를 거절하여 왔다. B의 끈질긴 노력에 따라 A는 자신의 종전 입장을 변경하여 10월 1일 B와 매매대금 1억원으로 매매계약을 체결하였으나, 다만 매매계약의 효력은 12월 25일 크리스마스에 눈이 오면 발생하는 것으로 하였다. 그런데 11월 20일 A는 이 바이올린에 대하여 C와 1억 5천만원에 매매계약을 체결하고 이를 C에게 인도하였다. 12월 25일 눈이 왔다고 가정할 때, A·B·C 사이의 법률관계를 설명하라.

• 사안의 해결 A·B간의 계약은 정지조건부 법률행위이다. 즉 계약 성립일은 10월 1일이지만 효력발생은 12월 25일에 눈이 올 것이라는 사실에 의존되어 있다. 매도인 A는 조건의 성취가 확정되기 전에 C와 다시 바이올린에 대한 매매계약을 체결하고 인도까지 완료하였다. A가 바이올린에 대하여 이중매매를 한 것이다. 조건부 법률행위에 있어서 조건의 성취 여부가 미정인 동안 조건부 권리의 목적물을 제3자에게 처분한 경우, 후에 조건이 성취되면 제3자에 대한 처분행위는 무효라는 학설이 있다. 그러나 조건이 성취된다 하여 그것만으로 제3자에 대한 처분행위를 무효로 판단할 법적 근거는 없다고 생각한다. 제2매수인 C가 A의 배임행위에 적극 가담한 것으로 볼 수 없으므로 A·C간의 매매계약은 유효하며, C가 B보다 먼저 동산의 인도를 받았으므로 바이올린에 대한 소유권을 취득하게 된다(제188조 제1항). 그러므로 B는 바이올린에 대한 소유권을 취득할 수 없고 A에 대하여 손해배상을 청구할 수 있을 뿐이다(제148조·제390조).

3. 期 限

(1) 概 念

609 기한이란 법률행위의 효력의 발생 또는 소멸을 장래에 발생할 것이 확실한 사실에 의존하게 하는 법률행위의 부관이다. 사실의 발생이 확실하다는 점에서 조건과 구별된다. 기한도 조건과 마찬가지로 법률행위의 내용으로서 당사자가 임의로 정한 것이어야 한다. 그러므로 법정기한(예: 時效期間, 除斥期間)은 期限이 아니다.

(2) 分 類

610 기한의 분류로서 중요한 것은 始期·終期, 確定期限·不確定期限이다.

1) 始期·終期

611 법률행위의 효력의 발생을 장래의 사실에 의존시키는 것이 시기[444]이고, 효력의 소멸을 장래의 사실에 의존시키는 것이 종기[445]이다.

여기에서 부관으로서의 始期와 債務履行期의 구별에 대하여 보기로 한다. 시기부 법률행위와 채무이행의 시점에 관하여 기한이 붙은 법률행위는 구별하여야 한다.[446] 채무이행의 시점에 대하여 기한이 있다 하더라도 법률행위는 이미 효력을 발생한 것이다. 그러므로 제153조가 적용될 여지가 없다. 또한 채무자는 이행기 전이라도 이행할 수 있으므로(제468조 본문) 이행기 전의 채무의 이행은 유효한 변제로 되고, 따라서 이행기 전에 채무를 이행하였다는 이유로 부당이득반환청구를 할 수 없다(743조 본문). 그러나 시기부 법률행위에 있어서는 사정이 다르다. 이 때에는 아직 채무가 발생하지 않았으므로 악의의 非債辨濟(제742조)에 해당하지 않는 한 부당이득으로서 반환청구를 할 수 있다.

2) 確定期限・不確定期限

612 기한의 도래시기가 확정되어 있는 것을 확정기한[447]이라 하고 도래시기가 확정되어 있지 않은 것을 불확정기한[448]이라 한다. 어떠한 장래의 사실에 대하여 그것이 불확정기한인지 아니면 조건인지를 구별하는 것이 어려운 경우가 있다. 이는 法律行爲 解釋의 문제로 보아야 할 것인데, 그러한 사실이 장래의 어떤 시점에 반드시 발생할 것으로 생각하여 그러한 사실을 법률행위의 부관으로 하였는가 여부가 가장 중요한 기준이 될 것이다.

기한도래의 확정에 관하여 종래 학설상 논의가 있다. 그 내용은 이러하다[449]: 기한을 기일 또는 기간으로 정한 때에는 반드시 그 시점이 도래하게 되므로 특별한 문제가 없다; 그러나 기한을 일정한 '사실'의 발생으로 정한 경우에는 해석상의 문제가 발생할 수 있다. 즉 기한은 반드시 도래하여야 하는 것인데, 그 사실이 불발생으로 확정된 때에는 언제 기한이 도래

444) 예: 5월 5일이 되면 법률행위가 효력을 발생하는 것으로 약정한 경우.

445) 예: 5월 5일이 되면 법률행위가 효력을 상실하는 것으로 약정한 경우.

446) 高翔龍, 앞의 책 "民法總則", 653면; 郭潤直, 앞의 책 "民法總則", 440면; 金相容, 앞의 책 "民法總則", 713면; 金俊鎬, 앞의 책 "民法總則", 509면; 金曾漢・金學東, 앞의 책 "民法總則", 501면; 白泰昇, 앞의 책 "民法總則", 548면; 李英俊, 앞의 책 "民法總則", 726면.

447) 예: 5월 5일이 되면 법률행위가 효력을 발생하는 것으로 약정한 경우에 '5월 5일이 되면'이라는 기한은 시기이면서 확정기한이다.

448) 예: P가 사망하면 법률행위가 효력을 발생하는 것으로 약정한 경우에 'P가 사망하면'이라는 기한은 시기이면서 불확정기한이다.

449) 郭潤直, 앞의 책 "民法總則", 439면.

한 것으로 보아야 할 것인가 하는 문제가 발생한다; 이 경우에는 그 사실이 불발생으로 확정되는 때에 기한이 도래하는 것으로 해석하여야 한다. 그러나 이러한 해석론은 논리적으로 수긍하기 어렵다. 당사자가 부관으로 설정한 어떤 사실이 불발생으로 확정될 수 있는 것이라면 이것은 아예 기한이 아니라고 보는 것이 논리가 아닐까 생각한다.[450] 대법원 판결 중에도 "당사자가 불확정한 사실이 발생한 때를 이행기한으로 정한 경우에 있어서 그 사실이 발생한 때는 물론 그 사실의 발생이 불가능하게 된 때에도 이행기한은 도래한 것으로 보아야 한다"[451]라는 것이 있으나 이 판결의 사안에서 문제된 장래의 사실[452]은 처음부터 기한이라고 보기 곤란한 것이었다.[453]

(3) 期限을 붙일 수 없는 法律行爲

613 본질상 그 성립과 더불어 법률효과가 발생할 것이 요구되는 법률행위(예: 혼인, 입양)에 시기를 붙이는 것은 허용되지 않는다. 遡及效가 있는 법률행위에 시기를 붙이는 것은 무의미하다.[454] 기한은 장래 발생할 것이 확실한 것이다. 그러므로 단독행위에 시기를 붙인다 하더라도 상대방의 지위를 불안정하게 하는 것이 아닌 때에는 始期附 單獨行爲도 허용되는 것으로 본다. 따라서 조건을 붙일 수 없는 단독행위라 하더라도 시기를 붙이는

---

450) 법률행위 성립시에는 사실의 발생이 확실한 것이어서 기한으로 볼 수 있었으나 후에 법령의 변경과 같은 사유가 발생하여 사실의 발생이 불가능한 것으로 된 때에는 종래 학설에서 말하는 것과 같은 상황이 될 수도 있다. 그러나 이와 같은 경우는 사정변경의 원칙에 따른 해결(즉 법률관계의 해소 또는 법률관계의 변경)을 시도하여야 할 문제로 생각한다.

451) 대법원 1989. 6. 27. 88다카10579 참조. 처음에 제시한 사안의 내용은 이 판결의 사안을 간략하게 재구성한 것이다.

452) 즉 '점포가 다른 사람에게 분양 또는 임대되는 때'를 말한다.

453) 이 판결과 유사한 사안이 문제된 바 있다(대법원 1974. 5. 14. 73다631). 이 판결에서 문제된 것은, 토지임대차계약을 체결하면서 임대차계약의 존속기간을 '문제의 토지를 임차인에게 매도할 때까지'로 약정한 경우에 이 사실을 기한으로 볼 수 있을 것인가 하는 것이었다. 이에 대하여 대법원은 이를 기한으로 볼 수 없다고 하면서, 그 이유로 그와 같은 사실이 도래할 것인지 여부가 확실하지 않기 때문이라고 하였다. 1989년의 사안(대법원 1989. 6. 27. 88다카10579)도 오히려 같은 방향으로 접근하였어야 할 것이 아닌가 하는 생각이 든다.

454) 상계에는 소급효가 있다(제493조 제2항). 그러므로 상계의 의사표시에 시기를 붙이는 것은 무의미하다. 제493조 제1항은 상계의 의사표시에는 기한을 붙이지 못하도록 하고 있는데, 이 규정은 기한이 종기인 때에 한하여 의미를 가진다.

것이 허용되는 경우가 있을 수 있다.

(4) 期限附 法律行爲의 효력

1) 期限到來 전의 효력

614 장래 발생할 것이 불확실한 조건부 권리도 期待權으로 보호된다. 장래 발생할 것이 보다 확실한 기한부 권리가 보호되는 것은 당연하다. 민법은 조건부 법률행위에 관한 제148조와 제149조를 기한부 법률행위에 준용하고 있다(제154조).

2) 期限到來 후의 효력

615 始期附 法律行爲는 기한이 도래한 때로부터 효력을 발생하고(제152조 제1항), 終期附 法律行爲는 기한이 도래한 때로부터 효력을 잃는다(제152조 제2항). 기한부 법률행위에 있어서는 조건부 법률행위와 달리 당사자의 특약에 의하여도 소급효를 인정할 수 없다고 보는 것이 통설이다.[455] 기한에 소급효를 인정하는 것은 기한을 붙이는 것과 모순되기 때문이라고 한다. 그러나 "기한에 소급효를 인정하는 것은 기한을 붙이는 것과 모순된다"라는 것은 당사자의 특약에 의하여도 소급효를 인정할 수 없다는 논거로서 충분하다고 볼 수 없다. 기한부 법률행위에 있어서는 당사자의 특약에 의하여도 소급효를 인정할 수 없다는 방향으로 이해하기보다는, 기한부 법률행위에 소급효를 인정하는 특약은 이를 원래의 법률행위와 별개의 다른 법률행위로 보는 것이 어떨까 생각한다.

(5) 期限의 利益

1) 概 念

616 기한의 이익이란 기한이 존재함으로써(즉 기한이 도래하지 않고 있음으로 인하여) 당사자가 누리게 되는 이익을 말한다. 시기부 법률행위에 있어서는 법률행위의 효력이 아직 발생하지 않음으로써 누리는 이익이 될 것이고, 종기부 법률행위에 있어서는 법률행위의 효력이 아직 소멸하지 않음

455) 郭潤直, 앞의 책 "民法總則", 440면; 金相容, 앞의 책 "民法總則", 713면; 金俊鎬, 앞의 책 "民法總則", 509면; 金曾漢·金學東, 앞의 책 "民法總則", 502면; 白泰昇, 앞의 책 "民法總則", 549면.

으로써 누리는 이익이 될 것이다. 법률행위 당사자 중 누가 기한의 이익을 가지는가 하는 것을 판단하는 실익은 누가 기한의 이익을 포기할 수 있는가 하는 점에 있다. 이에 대하여 민법은 기한은 채무자의 이익을 위한 것으로 추정한다(제153조 제1항). 이러한 규범은, 법률행위의 해석에 있어서 어떤 약관이 누구를 위한 것인가 하는 것이 의심스러운 때에는 당해 법률행위에 의하여 '의무를 부담하는 자에게 유리하게(*in favorem debitoris*)' 해석하여야 한다는 원칙을 반영한 것으로 볼 수 있다.

2) 期限의 利益의 포기

617 기한의 이익을 가지는 자는 그 이익을 포기할 수 있다(제153조 제2항 본문). 그런데 기한의 이익을 포기함으로써 상대방에게 손해를 발생시키는 상황이 발생할 수 있다. 이와 같은 때에도 기한의 이익을 가지는 자는 그 이익을 포기할 수는 있으나(통설),[456] 상대방의 이익을 해하지 못한다(제153조 제2항 단서).

'期限의 利益의 抛棄'와 '辨濟期 前의 辨濟'의 관계는 어떠한가? 이 문제는 제153조와 제468조가 어떠한 관계에 있는가 하는 문제와 연관되어 있다. 제468조는 다음과 같이 규정한다: "당사자의 특별한 의사표시가 없으면 변제기 전이라도 채무자는 변제할 수 있다. 그러나 상대방의 손해는 배상하여야 한다." 제468조는 제153조와 유사한 내용으로 되어 있다. 그렇다면 제153조와 제468조는 단순한 규율중복인가? 종래의 일반적인 학설경향은 제153조와 제468조를 같은 차원으로 파악함으로써 양자를 규율중복에 해당하는 것으로 이해하는 것으로 보인다.[457] 그런데 양자의 관계를 단순한 중복으로 보기는 어렵다고 생각한다. 다음과 같은 상황을 설정해 보자: ① 5월

456) 高翔龍, 앞의 책 "民法總則", 654면; 郭潤直, 앞의 책 "民法總則", 441면; 金相容, 앞의 책 "民法總則", 714면; 金俊鎬, 앞의 책 "民法總則", 510면; 金曾漢·金學東, 앞의 책 "民法總則", 502면; 白泰昇, 앞의 책 "民法總則", 550면; 李英俊, 앞의 책 "民法總則", 727면; 李銀榮, 앞의 책 "民法總則", 739면.

457) 예컨대, "이자부 소비대차의 차주는 원본에다가 원래 약정된 반환시기까지의 이자를 합하여 대주에게 지급하면서 기한 전에 변제할 수 있다"라는 내용을 제153조의 기한의 이익의 포기 부분에서 설명하고 있다(高翔龍, 앞의 책 "民法總則", 654면; 郭潤直, 앞의 책 "民法總則", 441면; 金相容, 앞의 책 "民法總則", 714면; 金俊鎬, 앞의 책 "民法總則", 510면; 金曾漢·金學東, 앞의 책 "民法總則", 503면; 白泰昇, 앞의 책 "民法總則", 550면; 李銀榮, 앞의 책 "民法總則", 739면).

1일 증여계약을 체결하면서 계약의 효력발생시기를 6월 1일로 하였는데, 6월 1일이 되기 전에 贈與者가 목적물을 受贈者에게 인도한 경우; ② 5월 1일 사용대차계약을 체결하고 그 날로 대주가 차주에게 목적물을 인도하면서 사용대차계약의 존속기간을 6월 1일까지로 약정하였는데, 6월 1일이 되기 전에 차주가 목적물을 반환한 경우.

제153조는 법률행위의 부관에 해당하는 기한에 관한 것으로 시기부 법률행위[458]와 종기부 법률행위[459]의 양자 모두에 적용되는 규정이다. 그런데 ②의 使用貸借와 같은 계속적 계약관계에 있어서 존속기간에 관한 약정은 마치 종기부 법률행위를 한 것과 동일한 모습으로 나타난다. 즉 ②에서 사용대차의 존속기간의 만료시점인 6월 1일은 일면에서는 사용대차계약의 종기이면서 동시에 차주의 반환채무의 변제기이다. 이와 같은 경우에는 제153조와 제468조가 규율중복에 해당한다고 말할 수 있다. 그러나 ①과 같은 시기부 법률행위에 있어서는 제153조와 제468조의 구별이 확연하다. 시기부 법률행위에 있어서 채무자가 기한도래 전이라는 것을 알면서 이행을 하였다면 이는 제153조에서 규정하는 기한의 이익을 포기한 것으로 보아야 할 것이지 제468조의 변제기 전의 변제로 보기는 곤란하다. 왜냐하면 제468조는 법률행위가 이미 효력을 발생하고 있는 상태에서 다만 辨濟期만이 뒤로 미루어진 상황을 전제로 하는 것이기 때문이다. 즉 제468조에서 문제되는 변제기의 기한은 법률행위의 부관(즉 법률행위 자체의 효력의 발생과 소멸에 관한 약관)에 해당하는 기한은 아닌 것이다.[460]

3) 期限의 利益의 상실

618 민법은 일정한 사유가 있는 경우에 기한의 이익을 상실하는 것으로 정하고 있다(제388조). 채무자가 담보를 손상·감소·멸실시켰다든가(제388조 제1호) 채무자가 담보제공의무를 이행하지 아니한 때[461](제388조 제2호)

---

458) 앞의 사례 ①이 여기에 해당하는 것이다. 즉 증여자가 기한의 이익을 포기한 것이다.

459) 앞의 사례 ②가 여기에 해당하는 것이다. 즉 차주가 기한의 이익을 포기한 것이다.

460) 이행지체의 시점을 규정하는 제387조의 '채무이행의 기한'도 제468조에서 문제되는 기한과 같은 의미로 이해하여야 할 것이다.

461) 예: 제362조 또는 제432조의 담보제공의무를 위반한 때.

에는 채권자는 변제기가 도래하기 전이라도 이행청구를 할 수 있다. 이와 같은 사유는 채무자측에 신용상실 사유가 있는 것으로 보는 것이다. 제388조도 '기한의 이익'을 말하고 있다. 그렇다면 이 규정의 기한의 이익과 제153조의 기한의 이익과는 어떠한 관계에 있는가? 이 문제도 앞에서 살핀 것과 같은 방향에서 이해하면 될 것이다. 종기부 법률행위에 있어서 종기와 채무의 이행기가 일치하는 때에는 양 조문에 있어서의 기한의 이익은 실질적으로 동일한 모습으로 나타난다. 반면, 시기부 법률행위에 있어서는 제388조는 적용의 여지가 없다고 볼 것이다. 왜냐하면 제388조는 법률행위가 효력을 발생한 후의 문제이기 때문이다.

사례연구: 期 限

● 사안의 내용 A는 자기 소유의 α점포에 대하여 B와 임대차계약을 체결하였다. 임대차계약을 체결하면서 B는 A에게 보증금을 지급하였다. 그 후로부터 얼마 지나지 않아 A·B간의 합의에 의하여 임대차계약을 해제하였다. 이에 따라 A는 B로부터 수령한 보증금을 반환하여야 하는데, 보증금반환 시기를 'α점포가 다른 사람에게 분양 또는 임대되는 때'로 정하였다. 2년 가까운 시간이 경과했음에도 불구하고 α점포는 다른 사람에게 분양·임대되지 않았을 뿐만 아니라, A는 α점포의 옆에서 가게를 운영하는 C에게 그의 상품을 진열하는 장소로 α점포를 사용하도록 하는 등 α점포를 분양·임대하기 위한 노력을 전혀 하지 않고 있다. 이에 B는 여러 차례 보증금반환을 요구하였으나 A는 아무런 응답이 없었다. 이 경우에 B는 A에게 보증금의 반환을 청구할 수 있는가?

● 사안의 해결 기한을 기일 또는 기간으로 정한 때에는 반드시 그 시점이 도래하게 되므로 특별한 문제가 없다. 그러나 기한을 일정한 '사실'의 발생으로 정한 경우에 있어서 그 사실이 불발생으로 확정된 때에는 언제 기한이 도래한 것으로 보아야 할 것인가 하는 문제가 발생한다고 하면서 통설과 판례는 그 사실이 불발생으로 확정되는 때에 기한이 도래하는 것으로 해석한다. 그러나 이러한 해석론은 논리적으로 수긍하기 어렵다. 당사자가 부관으로 설정한 어떤 사실이 불발생으로 확정될 수 있는 것이라면 이것은 처음부터 기한이 아니라고 볼 일이다. 즉 사안에서 문제된 'α점포가 다른 사람에게 분양 또는 임대되는 때'라는 것은 그 발생 여부가 확실하지 않은 것이어서 기한으로 볼 수 없다. 그러므로 보증금반환에 관한 A·B간의 합의는 기한부 법률행위로 볼 수 없다.

그렇다면 A의 B에 대한 반환채무의 履行期는 언제인가? 채무의 이행기가 정해지지 않은 경우에는 언제든지 이행청구를 하는 것이 가능하다고 해석하여야 한다. 특히 이행기가 정해지지 않은 채무에 있어서 채무자가 履行遲滯責任을 지는 시점에 대해서는 민법에 규정을 두고 있다(제387조 제2항). 즉 채무자가 채권자로부터 이행청구를 받은 때로부터 지체책임을 지게 된다. B가 A에게 이행청구를 하면 그 때로부터 A는 이행지체책임을 지게 되므로, 최소한 이 이행청구 이후에는 채무의 이행기가 도래한 것으로 보는 데에 의문이 있을 수 없다. B는 여러 차례에 걸쳐 A에게 채무의 이행을 촉구한 상태이므로 A는 B에게 보증금을 반환하여야 한다.

제 3 절 期　　間

제 3 절 期　　間
Ⅰ. 序　　說
Ⅱ. 期間의 計算
Ⅲ. 期間의 逆算

Ⅰ. 序　　說

619 법률규정에서 기간이라는 法律事實은 독립적으로 法律要件이 되지 않지만 다른 法律事實과 결합하여 중요한 法律要件이 된다(예: 성년기, 실종기간, 제척기간, 소멸시효, 취득시효). 민법은 기간계산의 방법에 대하여 규정하고 있다(제155조~제161조). 기간계산에 관한 민법의 규정은 특별한 사정이 없는 한 모든 기간의 계산방법의 규준이 된다(제155조).

Ⅱ. 期間의 計算

1. 計算方法에 관한 二元主義

620 기간은 어느 시점부터 어느 시점까지의 연속된 시간을 말한다. 기간을 계산하는 방법에는 크게 두 가지가 있다: ① '自然的 計算法'; ② '曆法的 計算法'. ①은 순간으로부터 시작하여 순간까지 계산하는 방법이다. ②는 달력에 따라 계산하는 방법이다. ①은 극히 정확하기는 하나 계산이 번거롭고, ②는 편리하기는 하나 정확하지 못하다.

그리하여 민법은 두 가지를 병행하고 있다. 즉 단위가 짧은 경우(기간을 시·분·초로 정한 경우)에는 자연적 계산법을 사용하고, 비교적 단위가 긴 경우(기간을 일·주·월·연으로 정한 경우)에는 역법적 계산법을 채택하고 있다. 그러므로 다음에서는 이들 두 경우로 나누어 살피기로 한다.[1)]

2. 期間을 '時·分·秒'로 정한 경우

621 起算點은 언제인가? 기간을 시·분·초로 정한 때에는 즉시로부터 기산한다(제156조). 滿了點은 언제인가? 이에 대하여 민법의 규정은 없다. 그러나 기산점과 마찬가지로 정해진 시·분·초가 종료한 때를 만료점으로 보아야 할 것이다. 예를 들어 보자. 7시 30분부터 3시간이라고 하는 것은 10시 30분이다.

3. 期間을 '日·週·月·年'으로 정한 경우

(1) 起算點

1) 原　則

622 기간의 단위를 일·주·월·연으로 한 때에 있어서 起算點은 초일을 산입하지 않는 것을 원칙으로 하고 있다(제157조 본문). 예컨대, '1990년 1월 5일 15시부터 5일'이라고 하면, 초일인 1월 5일은 산입하지 않고 다음날 0시를 기산점으로 한다는 것이다. 이와 같은 민법의 태도는 1일이 되지 못하는 나머지 부분을 잘라버림으로써 실질적으로 보면 기간을 연장하는 결과가 된다.

2) 例　外

623 이와 같은 원칙에는 예외가 있다. 첫째, 기간이 0시부터 시작하는 경우이다(예: '매월 1일부터 5일간'). 이 경우에는 초일을 산입한다(제157조 단서). 이와 같은 때에는 초일이 온전히 1일(즉 24시간)을 채우는 경우이므로 초일을 기산점으로 한 것이다. 둘째, 연령계산의 경우이다. 연령계산에는 출생일을 산입한다(제158조).

---

1) 어느 날의 24시는 그 날의 오후 12시이자 다음날의 0시이다. 어느 날의 정오는 그 날의 오전 12시이자 그 날의 오후 0시이다. 이러한 이유로 하여 어느 날의 정오를 오전 12시, 그 날의 24시를 오후 12시로 표현하는 경우가 있다. 그런데 다음에서는 표현상의 혼란을 피하기 위하여 24시제를 사용하기로 한다.

(2) 滿了點

624 기간의 단위를 일·주·월·연으로 정한 때에 있어서 만료점은 기간의 마지막 날이 종료한 때(즉 기간의 마지막 날의 24시)이다(제159조). 예컨대, '7월 1일 15시부터 5일간'이라고 하면 5일의 기간이 만료하는 시점은 7월 6일 15시가 아니라 7월 6일이 종료하는 시각인 7월 6일 24시인 것이다. 그러므로 기간의 단위를 일·주·월·연으로 정한 경우에 그 기간의 만료점은 항상 어느 날이 끝나는 24시가 되는 것이다.[2)]

달력에 의한 계산을 함에 있어서 민법은 몇 가지 세부적인 사항을 규정하고 있다.

ⓘ 첫째, 기간의 단위가 주·월·연으로 정해진 때에는 날의 수로 환산하지 않고 달력에 따라서 계산하여야 한다(제160조 제1항). 즉 기간의 단위를 월로 한 경우에 1달이 31일인 것도 1월, 28일인 것도 1월로 계산한다는 것이다. 또한 1년이 365일인 경우에도 1년, 366일인 경우에도 모두 1년으로 계산한다는 것이다. 제160조 제1항은 월 또는 연의 날짜 수가 다를 수 있다는 것을 염두에 둔 것이다. 그런데 '주(週)'는 예외 없이 모두 7일이다. 그러므로 제160조 제1항이 '週'를 포함시킨 것은 잘못이다.

ⓘⓘ 둘째, 주·월·연의 시작이 기간의 기산점이 아닌 때에는 최후의 주·월·연에서 그 기산일에 해당하는 날의 전일(前日)을 만료점으로 한다(제160조 제2항). '주, 월 또는 연의 처음으로부터 기간을 기산하지 아니하는 때'라는 것은, 예를 들면 기산점이 3월 1일이며 그 때로부터 1월의 기간이라는 식으로 기간이 정해진 때가 아닌 경우를 말하는 것이다. 기산점이 3월 1일 0시이고 그 때로부터 1월이라고 하면 기간만료일은 3월 31일 24시가 되는 것이다. 제160조 제2항은 이를테면 이런 의미이다. 1997년 9월 15일 15시로부터 3년이라고 하면, 기산일은 '9월 16일'이므로 3년 후의 달력에서 기산일에 해당하는 날짜인 '9월 16일'의 前日인 9월 15일 24시를 만료점으로 한다는 것이다.

ⓘⓘⓘ 셋째, 기간의 단위를 월 또는 연으로 정한 경우에 최종의 달에 해당일이 없을 수도 있다. 예컨대, 윤년의 2월 29일 15시에 지금부터 1년 후라

2) 그러므로 우리가 법적으로 성년이 된 시각은 한결같이 어느 날의 한밤중인 24시이다.

고 하면 기간의 만료점은 다음 해 2월 29일 24시인데, 다음 해에는 그 날짜가 없다. 1월 30일 15시에 지금부터 1달 후라고 하면 기간의 만료점은 2월 30일 24시인데, 그런 날짜가 없다. 이와 같은 경우에는 그 달의 말일 24시를 만료점으로 한다(제160조 제3항).

ⓘⓥ 넷째, 만료점이 공휴일인 때에는 그 다음날 24시를 만료점으로 한다(제161조). 만료점이 공휴일인 때에는 여러 분야의 사무가 정상적으로 움직이지 않는다는 점을 고려한 것이다.

사례연구: 期間計算

• 사안의 내용 2001년 1월 30일 15시에 A는 소비대차계약에 따라 무이자로 B에게 금전을 대여해 주었다. 대여금의 반환일에 대하여 A · B는 '계약일로부터 한 달 후'로 약정하였다. B가 대여금을 반환하여야 하는 정확한 시점은 언제인가?

• 사안의 해결 사안은 기간의 단위를 月로 정한 경우이다. 기간의 단위가 월인 때에 있어서 起算點을 정함에 있어서는 初日을 산입하지 않는다(제157조 본문). 그러므로 기산점은 2001년 1월 31일 0시이다. 기간의 기산점이 월의 처음부터 시작하는 것이 아닌 때에는 기산일에 해당하는 날의 前日을 기간의 滿了點으로 한다(제160조 제2항). 기산일은 1월 31일이며, 그로부터 한 달이 경과한 2월의 날짜 중에서 기산일에 해당하는 날은 2월 31일이다. 원래대로 한다면 2월 31일의 前日인 2월 30일 24시가 기간만료일이 된다. 그러나 2월 30일이라는 날짜는 없다. 이와 같이 최종의 월에 해당일이 없는 때에는 그 달의 말일 24시가 만료점이다(제160조 제3항). 그러므로 사안에서 A · B간에 정한 기간의 만료점은 2001년 2월 28일 24시이다. 따라서 B는 2001년 2월 28일까지 대여금을 반환하여야 한다.

Ⅲ. 期間의 逆算

625 기간의 계산에 관한 민법의 규정은 일정한 시점부터 시작하여 장래에 향한 기간에 관한 것이다. 일정한 시점으로부터 거꾸로 기간을 계산하여야 하는 경우[3]에 대한 규정이 없는 것이다. 그런데 이 경우에도 민법의 규정이 준용된다(통설). 사단법인의 사원총회의 소집통지의 발송기간(제71조)을 예로 들어 본다. 사원총회 일시가 5월 10일 14시라고 한다면, 기산점

3) 예: "총회의 소집은 1주간 전에…"(제71조), "소멸시효의 기간 만료 전 6월 내…" 등.

은 그 전날인 5월 9일 24시가 되고 만료점은 그로부터 역으로 1주(7일)를 거슬러 올라간 5월 3일 0시이다. 그러므로 늦어도 5월 2일 24시까지는 사원 총회의 소집통지를 발송하여야 한다.

제 4 절　消滅時效

제 4 절　消滅時效

Ⅰ. 序　　說
Ⅱ. 時效消滅의 요건
Ⅲ. 消滅時效의 장애:
　消滅時效의 中斷과 停止
Ⅳ. 時效完成의 效果

Ⅰ. 序　　說

1. 消滅時效의 의미

(1) 槪　念

626 일반적으로 時效制度란 일정한 사실상태가 상당히 오랜 동안 계속된 경우에 그 사실상태가 진실한 실체관계와 합치하는가의 여부를 묻지 않고 사실상태 그대로 권리관계를 확정하는 제도이다. 시효제도에는 取得時效制度와 消滅時效制度가 있다. 전자는 일정한 사실관계의 결과로 권리취득이라는 법률효과가 발생하는 것이며, 후자는 일정한 사실관계의 결과로 권리소멸의 효과가 발생하는 것이다. 우리 민법은 양자를 나란히 규정하지 않고 전자는 물권 편에서 후자는 총칙 편에서 규정하고 있다.

어떤 사람이 권리를 가지고 있다 하더라도 소멸시효기간이 경과하면 그 권리를 잃는 상황이 되는데, 이렇게 보면 소멸시효제도는 권리보호의 관념에 정면으로 반하는 것으로 보일 수도 있다. 그렇다면 소멸시효제도를 인정하는 이유는 무엇인가?

(2) 存在理由

627 소멸시효제도의 존재이유에 대하여 학설상 많은 논의가 있으나

종래의 통설의 주장내용과 그에 대한 약간의 비판적 관점을 제시하는 정도에서 살피기로 한다.

통설[1]은 소멸시효제도의 존재이유로 다음과 같은 세 가지를 든다: ① 거래의 안전 및 사회질서의 유지라는 공익적 측면; ② 증명곤란으로부터의 구제; ③ 권리행사의 태만에 대한 제재. 판례도 통설과 같은 입장이다.[2] 이들 각각의 구체적 내용을 살펴보자.

우선, ①은 다음과 같은 내용이다: 일정한 사실상태가 있으면 그것을 기초로 거래관계가 쌓이게 된다; 그런데 현재상태가 법적으로 정당하지 않다는 이유로 사실상태를 뒤집게 되면 이러한 사실상태를 기초로 형성된 법률관계를 부인하게 되고 이는 거래의 안전을 저해하는 결과가 된다. 다음으로, ②는 다음과 같은 내용이다: 오랜 시간의 경과로 인하여 진실한 권리관계를 증명할 수 있는 증거가 없어지기 쉽다; 이러한 때에는 구체적 증거에 기초하여 권리관계를 판단하는 것보다는 현재의 사실상태에 따라 권리관계를 판단하는 것이 오히려 진실한 법률관계일 개연성이 크다고 할 수 있다.[3] 마지막으로, ③은 다음과 같은 내용이다: 오랫동안 자기의 권리를 행사하지 않는 자는 '권리 위에 잠자는 자'이므로 그와 같은 사람을 보호할 필요가 없다.

時效制度는 어느 한 시점에서 갑자기 생겨난 것이 아니다. 오랜 시간동안 여러 변천과정을 거쳐 현재의 것으로 형성된 것이다. 이와 같은 시효제도의 역사성으로 인하여 그 존재이유를 일원적 법논리로써 설명하는 것은 불가능한 것으로 생각한다. 이러한 면에서 볼 때, 소멸시효제도의 존재이유를 다원적 관점에서 파악하고 있는 통설의 태도는 수긍할 수 있다. 그

---

1) 高翔龍, 앞의 책 "民法總則", 661면; 郭潤直, 앞의 책 "民法總則", 445-446면; 金相容, 앞의 책 "民法總則", 719면; 白泰昇, 앞의 책 "民法總則", 554면-555면.

2) 대법원 1976. 11. 6. 76다148: "시효제도는 일정기간 계속된 사회질서를 유지하고 시간의 경과로 인하여 곤란하게 되는 증거보전으로부터의 구제 내지는 자기 권리를 행사하지 않고 소위 권리 위에 잠자는 자는 법적 보호에서 이를 제외하기 위하여 규정된 제도라 할 것이다."

3) P는 Q에게 금전을 대여해 주고 차용증서를 받아 두었다; Q는 그가 차용한 금전을 며칠 후에 변제하였는데, 영수증을 챙기지는 않았다; 10여 년의 시간이 흐른 후에 P는 Q에게 "왜 돈을 갚지 않느냐?"라고 한다. 이 경우에 Q는 자기가 이미 대여금을 반환하였다는 사실을 증명하기가 쉽지 않을 것이다.

러나 통설의 설명에 문제가 없지는 않다. 다음에서 살펴보자. 첫째, 소멸시효제도의 존재이유로 ③을 드는 것은 적절하지 않다고 생각한다. 권리자가 권리를 행사하지 않고 있다는 사실을 권리박탈 사유로 삼을 수는 없는 일이기 때문이다. ③은 존재이유라기보다는 시효로 인하여 권리가 소멸된 결과를 설명하는 것에 불과한 것으로 본다. 둘째, ②에 관한 접근방향의 문제이다. 통설이 '증명곤란으로부터의 구제'를 말하는 것도 결국은 '진정한 권리자의 보호'라는 측면을 염두에 둔 것으로 생각한다. 사실 시효제도의 제1차적 존재이유는 '진정한 권리자의 보호'에 있는 것으로 보아야 한다.[4] 그렇다면 시효제도의 존재이유를 '증명곤란으로부터의 구제'라는 방향에서 접근할 것이 아니라, '진정한 권리자의 보호'라는 측면에 보다 포인트를 두는 것이 타당하다고 생각한다.

요컨대, 소멸시효제도의 존재이유는 다음의 두 가지로 보고자 한다: ① '거래안전의 유지'; ② '진정한 권리관계의 보호'. 그런데 양자가 추구하는 목표가 언제나 일치하지는 않는다는 사실에 유의할 필요가 있다. 다음과 같은 예를 가지고 생각해 보자: P는 Q에게 금전을 대여해 주고 차용증서를 받아 두었다. 다음과 같은 상황을 상정해 보자(상황①): Q가 며칠 후에 대여금을 반환하였고 영수증도 받았다; 10년이 넘는 기간이 흐른 후 P가 차용증서를 제시하면서 대여금의 반환을 요구한다; Q는 영수증을 찾을 수 없었다. 다음과 같은 상황도 가능하다(상황②): P는 Q가 대여금을 반환할 것을 잠자코 기다려 왔으나 대여금을 반환하지 않았다; 이런 식으로 10여 년이 넘는 기간이 흐른 후 P가 차용증서를 제시하면서 대여금의 반환을 요구한다. 상황①이든 상황②이든 간에 P는 Q에게 더 이상 대여금의 반환을 주장할 수 없다. Q에 대한 P의 권리의 소멸시효기간은 10년이기 때문이다(제162조 제1항). 기간의 경과로 인하여 P의 권리가 소멸된 것으로 보게 되면 "P는 Q에 대하여 어떠한 권리도 없다"라는 사실에 기초하여 형성된 거래관계는 어떠한 손상도 입지 않는다. 즉 상황①과 상황② 양자에 있어서 거래의 안전이 유지되는 것이다. 그런데 시효기간의 경과에 따라 P의 권리가 소멸된 것으로 보는 것은, 상황①에서는 진정한 권리관계에 합치하는 것이

---

4) 같은 취지의 학설로는 張庚鶴, 앞의 책 "民法總則", 694면; 高翔龍, 앞의 책 "民法總則", 665면.

지만 상황②에서는 그렇지 않다. 상황②에 있어서는 시효제도에 따라 의무자가 부당하게 의무를 면함으로써 진정한 권리자가 보호받지 못하는 결과가 된다. 이는 시효제도가 하나의 법제도로서 가지는 획일성에 따른 결과로서 어쩔 수 없는 필요악으로 보아야 한다.

상황①과 상황② 모두가 시효제도의 적용대상이라는 사실은, 시효제도의 존재이유를 '거래안전의 유지' 또는 '진정한 권리관계의 보호' 중 어느 하나만을 택하여 일원적으로 설정할 수 없는 요인이라 할 수 있다.

2. 유사제도와의 구별

(1) 除斥期間과의 구별

628 除斥期間이란 일정한 권리에 대하여 법률이 정하고 있는 권리의 행사기간을 말한다(예: 제146조). 제척기간의 구체적 의미에 대해서는 학설이 일치하고 있지 않다. 제1설(다수설)[5]은 제척기간을 법률에 의하여 예정되어 있는 어떠한 권리의 존속기간(즉 출소기간)으로 본다. 이 학설에 따르면, 제척기간 내에 권리를 재판상으로 행사하여야 하는 것으로 보게 된다. 제2설[6]은 법률에 의하여 예정되어 있는 어떠한 권리의 행사가능기간으로 본다. 이 견해에 따르면, 제척기간 내에 재판상으로 권리를 행사하는 경우뿐만 아니라 재판외의 방법으로 권리행사를 한다 하더라도 권리는 보전되는 것으로 본다. 판례는 수급인의 하자담보책임의 행사기간(제670조),[7] 매도인의 담보책임에 관한 매수인의 권리행사기간(특히 제582조),[8] 매매예약의 완결권(제564조)[9] 등에 대해서는 제2설과 같은 입장을 취하고 있으나, 점유보호청구권(제204조 제3항, 제205조 제2항)은 출소기간으로[10] 보아 제1설과 같

5) 高翔龍, 앞의 책 "民法總則", 666면; 郭潤直, 앞의 책 "民法總則", 449면; 金相容, 앞의 책 "民法總則", 724면; 金容漢, 앞의 책 "民法總則論", 451면; 白泰昇, 앞의 책 "民法總則", 555면; 李英俊, 앞의 책 "民法總則", 733면.

6) 金基善, 앞의 책 "韓國民法總則", 390면; 金俊鎬, 앞의 책 "民法總則", 521면; 金曾漢·金學東, 앞의 책 "民法總則", 515면; 李銀榮, 앞의 책 "民法總則", 787면.

7) 대법원 1990. 3. 9. 88다카31866; 대법원 2000. 6. 9. 2000다15371; 대법원 2004. 1. 27. 2001다24891 등 참조.

8) 대법원 1985. 11. 12. 84다카2344; 대법원 2003. 6. 27. 2003다20190 등 참조.

9) 대법원 1995. 11. 10. 94다22682·22699; 대법원 2003. 1. 10. 2000다26425 등 참조.

10) 대법원 2002. 4. 26. 2001다8097·8103 참조.

은 입장이다. 제척기간은 어떠한 권리를 일정한 기간 안에 행사하도록 함으로써 법률관계의 유동성을 완화하기 위한 제도이다. 권리를 제척기간 내에 행사하였다면 그 행사방법이 비록 법원에 소를 제기하는 것이 아니라 하더라도 법률관계의 유동성을 제거하였다고 할 수 있다. 그러므로 제2설의 입장이 타당하다고 생각한다.

일정한 기간의 경과로 인하여 권리가 소멸한다는 점에서 除斥期間은 消滅時效와 공통점을 가진다. 그러나 몇 가지 점에서 양자 사이에는 차이가 있다. 주요한 것을 들어보기로 한다.

ⓘ 소멸시효는 '진정한 권리관계의 보호'라는 측면을 가지고 있으나 제척기간은 이러한 면이 전혀 없으며 법률관계의 조속한 안정을 목적으로 하는 제도이다.

ⓘⓘ 소멸시효가 완성되면 기산점으로 소급하여 권리가 소멸된다(제167조). 그러나 제척기간의 경우에는 소급효가 없다.

ⓘⓘⓘ 권리소멸의 모습에서 차이가 있다. 제척기간이 완성되면 권리는 절대적으로 소멸한다. 소멸시효 완성의 효과에 관하여[11] 절대적 소멸설을 취하게 되면 소멸시효와 제척기간 사이에 차이가 없으나[12], 상대적 소멸설을 취하게 되면 양자간에 차이가 있게 된다. 상대적 소멸설에 따르면, 소멸시효가 완성된다 하더라도 권리가 절대적으로 소멸하는 것이 아니라 권리의 소멸을 주장할 수 있는 권리를 취득하는 것으로 되기 때문이다.

ⓘⓥ 제척기간에는 시효기간에서와 달리 중단제도・정지제도가 없다.

ⓥ 소멸시효에 있어서는 시효완성 후의 시효이익 포기제도가 있으나, 제척기간에는 시효이익의 포기에 대응하는 개념이 있을 수 없다. 왜냐하면 문제의 권리는 제척기간의 만료로 인하여 당연히 소멸하기 때문이다.

ⓥⓘ 소멸시효는 당사자의 원용이 있어야 재판의 기초로 삼을 수 있으나 제척기간은 원용이 없더라도 법원이 직권으로 참작한다. 제척기간은 사실문제가 아닌 법률문제이기 때문이다. "소멸시효는 당사자의 원용이 있어야 재판의 기초로 삼을 수 있다"라는 측면은 상대적 소멸설에서는 당연한 논리적 귀결이다. 그러나 절대적 소멸설에서는 민사소송법상의 변론주의[13]의 원

11) 소멸시효 완성의 효과에 대해서는 이 책 [672] 이하 참조.
12) 이에 대해서는 이 책 [678] 참조.

칙으로 인한 것으로 설명한다.[14)]

제척기간과 소멸시효기간의 판별기준은 원칙적으로 법규의 문언에 의한다고 보는 것이 통설이다.[15)] 즉 문언에 '소멸시효로 인하여', '소멸시효가 완성한다' 등으로 표현되었다면 소멸시효기간이고 그 이외는 제척기간으로 해석한다. 한편 권리의 성질상 제척기간인 경우도 있다. 형성권에 붙은 권리행사기간이 그 대표적 예이다.

(2) 權利失效와의 구별

629 권리실효는 권리자가 권리를 행사할 수 있었음에도 불구하고 장기간이 경과하도록 권리를 행사하지 않아 상대방으로서도 이제는 권리자가 권리를 행사하지 아니할 것으로 신뢰할 만한 정당한 기대를 가지게 되었다면 그와 같은 권리행사가 제한되는 경우이다. 이는 信義則(제2조)의 파생원칙인 失效의 原則[16)]이 적용된 결과이다. 실효의 원칙은 시효제도 또는 제척기간이 가지고 있는 경직성을 각각의 개별적인 경우에 맞게 조정할 수 있다는 점에서 의미를 가진다.

Ⅱ. 時效消滅의 要件

630 시효소멸의 요건은 크게 다음의 세 가지로 정리할 수 있다: ① 권리가 소멸시효의 대상일 것(소멸시효 대상적격); ② 권리를 행사할 수 있었음에도 불구하고 행사하지 않았을 것(권리의 불행사); ③ 시효기간이 경과하였을 것(시효기간의 경과).

---

13) 변론주의의 개념에 대해서는 이 책 [459] 참조.

14) 절대적 소멸설의 이와 같은 설명에는 논리적으로 수긍하기 어려운 점이 있다. 이에 대해서는 이 책 [678] 참조.

15) 高翔龍, 앞의 책 "民法總則", 668면; 郭潤直, 앞의 책 "民法總則", 450면; 金基善, 앞의 책 "韓國民法總則", 389면; 金相容, 앞의 책 "民法總則", 726면; 金俊鎬, 앞의 책 "民法總則", 522면; 金曾漢·金學東, 앞의 책 "民法總則", 514면; 李英俊, 앞의 책 "民法總則", 734면.

16) 이에 대해서는 이 책 [55] 참조.

1. 消滅時效 대상적격

631 소멸시효의 대상이 되는 권리는 財産權이다. 家族權 또는 人格權과 같은 非財産的 權利는 소멸시효의 대상이 되지 않는다. 소멸시효의 대상으로서 가장 전형적인 재산권은 債權이다(제162조 제1항).

所有權도 재산권에 속하지만 소멸시효의 대상이 되지 않는다(제162조 제2항). 이는 소유권의 항구성의 표현이다. 소유권 자체뿐만 아니라 소유권을 전제로 한 부수적 권리(예: 소유권에 기한 물권적 청구권)도 소멸시효의 대상이 아니다. 소유권 이외의 채권 및 기타의 재산권은 소멸시효의 대상이 된다. 사항별로 구분하여 살피기로 한다.

(1) 占有權 또는 留置權

632 占有權 또는 留置權은 소멸시효가 문제될 여지가 없다. 왜냐하면 이들 권리는 점유라는 사실상태가 있어야 인정되는 권리이며 점유를 상실하면 권리 자체가 존재하지 않기 때문이다.

(2) 擔保物權

633 擔保物權(質權 · 抵當權)은 그 자체가 독립적으로 시효에 의하여 소멸하지 않는다. 담보물권도 물권이기 때문에 20년의 시효(제162조 제2항)로 소멸하는 것이 아닌가 하고 생각할 수 있으나 그렇지 않다. 왜냐하면 擔保物權은 被擔保債權과의 관계에서 附從性[17]을 가지는데, 채권은 10년의 시효로 소멸하기 때문이다(제162조 제1항).

(3) 用益物權

634 用益物權 중 地上權과 地役權은 소멸시효의 대상이 될 수 있다. 그러나 傳貰權은 20년의 시효로 소멸할 가능성이 없다. 왜냐하면 전세권의

---

17) 담보물권의 부종성(附從性)이란, 담보물권이 피담보채권의 존재를 전제로 하여서만 존재하는 성질을 말한다. 예컨대, 대여금채권을 피담보채권으로 하여 저당권이 설정된 경우에 대여금채권이 존재하고 있지 않거나 소멸한 때에는 담보물권도 소멸한다.

존속기간은 10년을 넘지 못하기 때문이다(제312조 제1항). 채권이 소멸시효에 걸려 소멸하면 채무자는 의무를 면하게 된다. 그렇다면 지상권·지역권과 같은 제한물권이 시효로 소멸한다는 것은 구체적으로 어떤 의미인가? 그것은 소유권이 완전성을 회복한다는 것으로 이해하면 된다.

(4) 抗辯權

635 抗辯權(예: 동시이행의 항변권, 보증인의 최고·검색의 항변권)은 그 기초가 되는 권리에 수반되어 있는 것이다. 그러므로 항변권만이 독립하여 소멸시효에 걸리는 일은 없다. 항변권의 이러한 특성을 '抗辯權의 永久性'으로 표현하기도 한다.

(5) 登記請求權

636 등기청구권이란 등기권리자가 등기의무자에 대하여 등기신청에 협력할 것을 청구할 수 있는 사법상의 실체적 권리이다. 부동산의 매수인이 목적물은 인도받았으나 아직 이전등기를 하지 않아 매수인의 등기청구권이 소멸시효에 걸리는지 여부가 문제된 사안에서 판례는 다음과 같이 판시하였다: "시효제도의 존재이유에 비추어 보아 부동산 매수인이 그 목적물을 인도받아서 이를 사용수익하고 있는 경우에는 그 매수인을 권리 위에 잠자는 것으로 볼 수도 없고 또 매도인 명의로 등기가 남아 있는 상태와 매수인이 인도받아 이를 사용수익하고 있는 상태를 비교하면 매도인 명의로 잔존하고 있는 등기를 보호하기 보다는 매수인의 사용수익상태를 더욱 보호하여야 할 것이므로 그 매수인의 등기청구권은 다른 채권과는 달리 소멸시효에 걸리지 않는다고 해석함이 타당하다."[18] 통설도 판례와 같은 입장이다. 그러나 판례의 입장과 달리, 등기청구권은 채권적 청구권에 불과한 것으로 10년의 소멸시효에 걸리는 것으로 해석하는 견해도 있다.[19]

---

18) 대법원 1976. 11. 23. 76다546; 대법원 1990. 11. 13. 90다카25352; 대법원전원합의체 1976. 11. 6. 76다148 참조.

19) 특히 郭潤直, 앞의 책 "民法總則", 324면.

(6) 形成權

637 권리자의 일방적인 의사표시에 의하여 권리변동이 일어나게 되는 형성권의 특질로 인하여 당해 권리관계의 상대방은 물론 기타 이해관계자로서는 극히 불안정한 지위에 있게 된다. 그러므로 형성권이 존재하는 경우에 법률관계의 流動期間으로 인한 법적 불안정상태를 완화할 필요가 있다. 이런 배경에서 우리 민법이 채택하고 있는 대책은 2가지로 요약할 수 있다. 하나는 行使期間의 法定이며, 다른 하나는 상대방에게 催告權(예: 제552조)을 부여하는 것이다. 특히 후자의 최고권에 대하여 좀 더 살펴보기로 한다. 이러한 의미의 최고권은 독일민법상의 법기술로서 상황변경의 효력을 가져오게 된다. 즉 형성권자에게 형성권을 인정한 대신 그 상대방에게는 형성권자에 대하여 상당한 기간을 정하여 권리행사 여부를 최고하게 하고 상당한 기간 내에 아무런 반응이 없으면 형성권이 소멸된 것으로 하는 것이다.

우리 민법상 형성권으로 인정되는 권리의 행사기간에 대한 제한방법은 다음과 같은 세 유형으로 분류할 수 있다: ① 최고권만을 둔 경우,[20] ② 행사기간만을 정한 경우,[21] ③ 최고권과 행사기간을 병렬적으로 인정하는 경우[22]가 그것이다.

법률에서 형성권의 행사기간을 정한 경우에 이 기간의 성질이 무엇인가 하는 점에 대하여 논의가 있다. 이 논의의 핵심은 형성권의 행사기간은 언제나 除斥期間인가 하는 것이다.

이 문제에 대하여 통설은 형성권의 행사기간을 모두 除斥期間으로 보고 있다.[23] 즉 형성권은 소멸시효의 대상이 될 수 없다는 것이다. 통설의 주요 논거는 다음과 같다: ① 소멸시효는 '권리 불행사의 상태에 대한 중단'이라는 것을 가장 특징적인 요소로 하는데, 형성권에 있어서는 형성권자에 의한 권리행사가 있으면 그것만으로 법률효과가 발생하므로 권리가 행사되었으

20) 예: 해제권(제552조), 선택채권관계에서의 선택권(제381조) 등.

21) 예: 담보책임법상의 해제(제573조, 제582조) 등.

22) 예: 행위무능력을 원인으로 한 법률행위의 취소권(제15조·제146조).

23) 高翔龍, 앞의 책 "民法總則", 677면; 郭潤直, 앞의 책 "民法總則", 455면; 金相容, 앞의 책 "民法總則", 727면; 金俊鎬, 앞의 책 "民法總則", 528면; 金曾漢·金學東, 앞의 책 "民法總則", 514면; 白泰昇, 앞의 책 "民法總則", 557면; 李英俊, 앞의 책 "民法總則", 748면; 李銀榮, 앞의 책 "民法總則", 784면.

나 목적을 달성하지 못한다는 상태는 논리적으로 생각할 수 없다는 것; ② 형성권의 경우에는 '의무불이행'이라는 사실상태가 있을 수 없기 때문에 소멸시효의 대상이 될 수 없다는 것.

그런데 통설이 들고 있는 이들 논거가 적절하다고 할 수 있는가는 의문이다. 우선, 논거 ①은 권리자의 일방적 의사표시에 의하여 행사하는 형성권의 경우라면 모르겠지만 소위 '재판상 행사하여야 하는 형성권'의 경우에는 타당성을 가질 수 없다는 점을 지적할 수 있다. 논거 ②는 어떠한가? 논거 ②는 결국 소멸시효는 의무불이행 상태가 존재할 수 있어야 한다는 것을 전제로 한 것이라는 설명이다. 그런데 물권의 경우에도 '의무불이행 상태'라는 것을 상정할 수 없다는 점은 형성권의 경우와 마찬가지이다. 현행 민법상 물권도 소멸시효의 대상이 되는 권리인데, '의무불이행 상태'를 상정할 수 없는 물권이 소멸시효의 대상이 될 수 있다는 것은 어떻게 설명할 것인가 하는 문제점이 있다.

생각건대, 형성권의 행사기간의 성질은 일률적으로 볼 것이 아니라 경우를 나누어 보아야 할 것으로 판단된다. 첫째, 법률에 행사기간의 제한이 규정된 경우에는 除斥期間으로 보아야 할 것이다. 그리고 이 경우를 除斥期間으로 보는 근거는 통설에서 제시한 논거보다는 형성권 행사로 인한 법률관계의 불안정을 완화할 필요가 있다는 것, 즉 형성권 자체의 특성에서 찾아야 할 것이다. 둘째, 법률에 행사기간의 제한이 없는 때에는 除斥期間을 말하기 어렵다고 생각한다.

법률에 행사기간의 제한이 없는 형성권에 대하여 좀 더 살펴보기로 한다. 이 경우에 관한 학설로는 다음과 같은 것이 있다. 첫째, 제1설로서, 이러한 형성권은 제162조 제2항의 '채권 및 소유권 이외의 재산권'에 해당한다고 보아 20년의 기간으로 소멸한다고 보는 견해이다.[24] 둘째, 제2설로서 다음과 같은 주장이다: 만일에 형성권도 소멸시효에 걸리는 권리라고 한다면 그 기간은 제162조 제2항에 의하여 20년으로 해석하여야 한다; 그러나 형성권을 행사하면 그 결과로서 채권적 권리(예: 부당이득반환청구권, 손해배상청구권 등)가 발생하는데, 이들 채권은 10년의 시효에 걸린다(제162조 제1항);

24) 직접적으로 이러한 주장을 하는 학자는 없는 것으로 알고 있다.

이와 같은 결과는 균형에 맞지 않는다.[25] 셋째, 제3설로서, 민법 제2조에 근거한 실효의 원칙에 따라 해결하여야 한다는 견해이다.[26] 넷째, 제4설로서, 형성권의 행사기간은 그것의 기초가 된 권리관계에 의하여 결정하여야 한다는 견해이다.[27]

제1설과 제2설에 대하여는 다음과 같은 비판이 가능하다. 제1설과 제2설도 기본적으로는 "형성권의 행사기간은 제척기간이다"라는 입장을 취하고 있다. 그런데 제162조는 제척기간이 아닌 소멸시효에 관한 규정이다. 제척기간이 문제되고 있는 상황에서 제162조를 운운하는 것은 법적 근거가 없는 입장이라고 할 수밖에 없다고 본다.[28] 또한 제2설에 대하여는 형성권의 행사결과 발생하는 권리가 언제나 채권인 것은 아니라는 점[29]을 간과했다는 비판도 가능하다. 제3설은 일반적인 해결책이 되지 못한다는 약점이 있다. 실효의 원칙은 신의칙의 파생원칙인데, 신의칙은 모든 경우에 고려되는 명제이기는 하나 그 자체가 유일하며 직접적인 권리변동요건이 될 수는 없는 것이기 때문이다. 신의칙이라는 일반규정으로의 도피는 구체적 법규범의 무용화를 초래하고 또한 법규범이 보유하여야 할 예견가능성을 저해하게 된다.

생각건대, 형성권의 행사기간에 관하여 명시적 규정이 없다면 일반규범에 따라 해결하여야 할 것이다. 그리고 여기에서 말하는 일반규범은 형성권의 기초가 되는 권리(예: 채권, 물권)의 소멸시효로 보아야 할 것이다. 즉 형성권에 행사기간이 정해지지 않은 때에는 기초권리의 시효소멸에 따라 형

25) 종래 다수설의 입장(郭潤直, 앞의 책 "民法總則", 557면; 金相容, 앞의 책 "民法總則", 808면 등)으로 판단되며, 현재 판례의 입장이기도 하다(대법원 1990. 1. 12. 88다카25342; 대법원 1992. 7. 28. 91다44766 · 44773 등 참조).

26) 李英俊, 앞의 책 "民法總則", 749면.

27) 金曾漢 · 金學東, 앞의 책 "民法總則", 515면; 李銀榮, 앞의 책 "民法總則", 784면.

28) 제162조는 제1항에서 채권을 규정하고 있고, 제2항에서 소유권 및 기타 재산권을 규정하고 있다. 그런데 형성권이라는 것은 지배권, 청구권, 항변권 등과 함께 권리의 작용에 의한 분류일 뿐이며, 특히 제162조가 열거하고 있는 것(채권, 소유권)은 이들 작용에 의한 권리(즉 형성권, 지배권, 청구권, 항변권)의 기초를 이루는 권리이다. 그러므로 권리의 작용적 차원에서의 분류인 형성권을 그 기초인 채권, 물권과 동차원에 위치시키고 형성권을 제162조 제2항에서 말하는 '채권 및 소유권 이외의 재산권'의 하나에 포함시켜 설명하는 것은 수긍하기 어렵다.

29) 예: 해제권 행사로 인하여 매도인이 가지게 되는 원상회복청구권은 소유권에 기한 물권적 청구권이므로 시효와 무관한 권리이다.

성권도 소멸하는 것으로 보아야 할 것이다. 이렇게 보는 것이 기초권리와 형성권의 불가분성에도 부합하는 해석이 될 것이다.[30)]이러한 입장은 제4설과 대체로 유사하나 그것과 약간의 차이가 있다. 제4설도 기본적으로는 "형성권은 소멸시효의 대상이 될 수 없다"라는 입장을 견지하고 있기 때문이다.

2. 權利의 不行使

638 어떠한 권리가 시효로 소멸하기 위해서는 그 권리를 행사할 수 있었음에도 불구하고 행사하지 않았어야 한다. 이에 따라 민법은 "소멸시효는 권리를 행사할 수 있는 때로부터 진행한다"라고 규정하고 있다(제166조 제1항). 즉 권리를 행사하는 데에 있어서 일정한 장애가 있다면 소멸시효는 개시되지 않는다. 그리고 여기에서 말하는 장애는 法律上의 障碍만을 의미하는 것이다. 그러므로 사실상의 장애 및 주관적 사유(예: 권리자의 법률지식의 부족, 권리자가 어떤 사실을 알지 못한 사정)는 소멸시효의 개시에 있어서 어떠한 영향도 주지 않는 것이 원칙이다.[31)] 제166조 제1항이 말하는 '권리를 행사할 수 있는 때'가 구체적으로 무엇을 의미하는가? 몇 가지의 경우를 살펴보자.

① 債權에 있어서는 채무의 履行期가 소멸시효의 기산점이다. 그러므로 確定期限附 債務[32)]에 있어서 채무의 이행기는 확정기한이 도래한 때이다. 不確定期限附 債務[33)]에 있어서 채무의 이행기는 기한이 객관적으로 도래한 때이다.[34)] 기한이 없는 채무에 있어서 채무의 이행기는 채권의 성립시이다.[35)]

---

30) 대법원이 "공유물분할청구권은 공유관계에서 수반되는 형성권이므로 공유관계가 존속하는 한 그 분할청구권만이 독립하여 시효소멸될 수 없다"(대법원 1981. 3. 24. 80다1888·1889)라고 하는 것도 이러한 취지라고 본다.

31) 대법원 1965. 6. 22. 65다775: "권리자가 무능력자이고 그에게 법정대리인이 없어서 권리행사를 하지 못한 것은 시효의 정지사유일 뿐 시효진행의 개시에 대한 법률상의 장애는 아니다." 그 밖에 1982. 1. 19. 80다2626; 대법원전원합의체 1984. 12. 26. 84누572 참조.

32) 예: 채무의 이행기가 5월 1일인 경우.

33) 예: 채무의 이행기를 3월 이후 처음으로 비가 오는 때로 한 경우.

34) 불확정기한부 채무에 있어서 이행기의 문제와 이행지체 시점과는 엄격히 구별하여야 한다. 불확정기한부 채무에 있어서 이행기는 기한이 객관적으로 도래한 때이지만 지체책임을 지는 시점은 채무자가 기한이 도래함을 안 때이다(제387조 제2항).

ⅱ 債務不履行으로 인한 損害賠償請求權의 소멸시효 起算點은 언제인가? 원채무의 이행기로 볼 것인가(제1설)[36] 손해배상청구권이 발생한 때로 볼 것인가(제2설)[37]에 대하여 학설이 대립한다. 제1설은 손해배상청구권은 원래의 채권의 변형물에 지나지 않는다는 것을 논거로 한다. 그러나 손해배상청구권이라는 것이 원래의 채권의 단순한 변형물에 불과한 것은 아니다. 손해배상청구권은 원채권과의 관계에서 동일성[38]을 유지하는 것은 사실이나 그렇다고 하여 전자를 후자의 단순한 변형물로 파악하는 것은 손해배상청구권의 본질을 잘못 이해한 것이다. 원래의 채권은 급부청구권이라는 법률행위적 권리이며 손해배상청구권은 채무불이행이라는 법률사실에 기하여 발생하는 책임법적 권리이므로 양자 사이에는 본질상의 차이가 있다는 점에 유의할 필요가 있다. 제1설의 주장대로라면 손해배상청구권이 발생하지도 않았는데 시효가 진행된다는 결과가 될 것이다. 결국, 제2설의 입장이 타당하며 판례도 이러한 태도로 일관하고 있다.[39]

ⅲ 附款이 붙은 법률행위(예: 정지조건부 법률행위, 시기부 법률행위)에 기한 채권은 條件의 成就時 또는 期限의 到來時에 효력을 발생한다. 조건의 성취 또는 기한의 도래 자체를 채무의 이행기로 정했다면 그 때로부터 소멸시효가 진행하겠지만 채무의 이행기에 대한 다른 약정이 있다면 이행기가 소멸시효의 기산점으로 될 것이다.[40]

ⅳ 不作爲를 내용으로 하는 채권의 소멸시효 기산점은 부작위채무에 대한 위반행위가 있은 때이다(제166조 제2항).

ⅴ 不法行爲로 인한 損害賠償請求權의 소멸시효 기산점은 두 가지이다:

---

35) 기한이 없는 채무에 있어서 이행기의 문제와 이행지체 시점과는 엄격히 구별하여야 한다. 기한이 없는 채무에 있어서 이행기는 채권의 성립시점이지만 채무자가 지체책임을 지는 시점은 채권자로부터 이행청구를 받은 때이다(제387조 제1항 제2문).

36) 郭潤直, 앞의 책 "民法總則", 459면; 金基善, 앞의 책 "韓國民法總則", 398면.

37) 高翔龍, 앞의 책 "民法總則", 681면; 金俊鎬, 앞의 책 "民法總則", 522면; 白泰昇, 앞의 책 "民法總則", 565면; 李英俊, 앞의 책 "民法總則", 750면; 李銀榮, 앞의 책 "民法總則", 759면.

38) 예: 원채권에 부속된 담보권은 손해배상청구권도 담보한다.

39) 대법원 1973. 10. 10. 72다2600; 대법원 1975. 8. 29. 75다740; 대법원 1977. 12. 13. 77다1048; 대법원 1990. 11. 9. 90다카22513; 대법원 1995. 6. 30. 94다54269 등 참조.

40) 始期附 法律行爲와 채무이행의 시점에 관하여 기한이 붙은 법률행위의 구별에 대해서는 이 책 [611] 참조.

① 피해자나 그 법정대리인이 손해 및 가해자를 안 때(제766조 제1항); ② 불법행위가 있은 때(제766조 제2항). ①의 경우에 시효기간은 3년이고 ②의 경우에는 10년이다. 제766조 제1항이 시효기간의 기산점을 일정한 사실을 안 때로 설정한 것은 시효기간의 기산점 설정에 관한 원칙에 대한 중대한 예외이다. 권리자가 어떤 사실을 알지 못한 사정과 같은 사실상의 장애는 소멸시효의 개시에 있어서 어떠한 영향도 주지 않는 것이 원칙이기 때문이다.

3. 時效期間의 경과

639 소멸시효기간에 대하여 민법은 대상권리에 따라 20년 · 10년 · 3년 · 1년으로 규정하고 있다.

(1) 原 則

640 원칙적인 소멸시효기간은 10년과 20년이다. 채권은 10년(제162조 제1항), 소유권과 채권을 제외한 나머지 권리는 20년의 기간으로 시효가 완성된다(제162조 제2항). 상사채권의 일반소멸시효기간은 5년이다(상법 제64조).

사례연구: 消滅時效期間

● 사안의 내용 1990년 5월 1일 15시에 A는 자기 소유의 플루트를 B에게 매도하는 매매계약을 체결하면서 플루트의 인도일자는 1990년 8월 1일로 약정하였다. 그런데 A는 이 플루트에 대하여 C와 다시 매매계약을 체결하고 1990년 7월 1일 15시에 C에게 인도하였다. 이런 일이 있고 난 후 약 10년이 지난 2000년 6월 1일 B는 A에게 채무불이행을 이유로 손해배상을 요구하였다. 이 경우에 B의 손해배상채권이 시간의 경과로 인하여 소멸하였는가 여부를 중심으로 A · B간의 법률관계를 설명하라.

● 사안의 해결 사안에서 문제된 B의 A에 대한 권리는 損害賠償債權이다. 손해배상채권은 재산권으로서 消滅時效의 대상이 되는 권리이다. 소멸시효의 기산점은 '권리를 행사할 수 있는 때'이다. 손해배상청구권의 소멸시효에 있어서 기산점은 원채권의 이행기가 아니라 손해배상청구권이 발생한 때로 보아야 한다. 사안에서 B의 손해배상채권이 발생한 시점은 A의 B에 대한 채무가 이행불능이 된 1990년 7월 1일 15시이다. B의 권리는 채권으로서 기산점으로부터 10년의 기간이 경과하면 시효가 완성된다. 그러므로 1990년 7월 2일 0시를 기산점으로 하여 10년이 지난 2000년 7월 1일 24시에 시효기간이 완성된다. B가 A에게 채무불이행을 이유로 손해배상 요구한 시점이 2000년 6월 1일이므로 아직 시효가 완성되기 전이다. 따라서 A는 B에게 시효소멸을 주장할 수 없다.

(2) 例外: 短期消滅時效

1) 意 味

641 3년(제163조) 또는 1년(제164조)의 시효기간으로 된 것을 단기소멸시효라 한다.

제162조의 원칙적 규정에도 불구하고 일정한 권리에 대하여 단기소멸시효를 규정한 이유는 무엇인가? 이에 대하여 종래 학설은 다음과 같이 설명한다: ① 제163조와 제164조의 채권은 일상 빈번하게 생기는데다가 額도 많지 않은 것이 일반적이고, 또 受領證書도 교부되지 않는 일이 많고, 또한 교부되어도 그다지 오랫동안 보존되지 않는 것이 보통이므로, 단기의 소멸시효에 의하여 법률관계를 신속히 확정하여 분쟁을 억제하려는 이유에서이다[41]; ② 제163조와 제164조의 채권은 짧은 기간의 만족을 줄 뿐, 그 결과가 오래 지속되지 않는 것이어서 다른 채권에 비해 더욱 신속히 결제되는 것이 바람직하다는 이유에서이다.[42] 그러나 이와 같은 설명은 설득력이 부족하다. 단기소멸시효를 둔 이유는 제163조와 제164조의 채권은 단기간에 결제되는 것이 보통이라는 거래현실을 반영한 변제의 추정에 근거한 것으로 보아야 한다.[43] 예컨대, 변호사가 고객에 대하여 가지는 채권은 3년의 단기시효에 걸리는데(제163조 제5호), 변호사가 3년 동안 고객에 대하여 아무런 조치를 취하지 않았다면 이는 고객이 이미 변제하였기 때문일 것으로 보는 것이다. 음식점 주인이 손님에 대하여 가지는 채권은 1년의 단기시효에 걸리는데(제164조 제1호), 음식점 주인이 1년 동안 고객에 대하여 아무런 조치를 취하지 않았다면 이는 손님이 이미 변제하였기 때문일 것으로 보는 것이다.

2) 消滅時效期間이 3년인 債權

(가) 제163조 제1호

642 "이자, 부양료, 급료, 사용료 기타 1년 이내의 기간으로 정한 금전 또는 물건의 지급을 목적으로 한 채권"을 들고 있다. 제163조 제1호에

41) 金曾漢 · 金學東, 앞의 책 "民法總則", 523-524면.

42) 李銀榮, 앞의 책 "民法總則", 764면.

43) F. Terré/Ph. Simler/Y. Lequette, *Droit Civil: Les Obligations*, Paris, Dalloz, 1993, n. 1376, p. 1032.

따라 3년의 短期消滅時效에 걸리는 채권이 되기 위한 핵심적 표지는 '정기급여성'이다. 따라서 비록 제163조 제1호가 들고 있는 채권(이자, 부양료, 급료, 사용료)이라 하더라도 그것이 정기급여채권으로서의 성질이 없다면 이 규정이 적용되지 않는다. 제163조 제1호의 단기소멸시효에 해당하기 위한 요건을 정리하면 다음과 같다: ① 문제된 권리가 정기급여채권이어야 한다; ② 회귀적으로 도래하는 債務의 履行期의 週期(period)가 1년을 넘지 않아야 한다.

이해의 편의를 위하여 하나의 예를 들어 보자. 2000년 3월 1일 P가 Q에게 연 12%의 이율로 100만원의 금전을 1년 동안 대여해 주면서 이자의 지급시기를 매월 말일로 12번에 균등분할지급하기로 약정하였다고 하자. 이 사안에서 Q는 2000년 3월 31일, 4월 30일 … 2001년 2월 28일 등 12번에 걸쳐 10,000원의 이자를 분납하여야 하는데, P의 이자채권의 이행기의 주기는 1년을 넘지 않는 1개월로 되어 있다. 그러므로 제163조 제1호에서 정한 이자에 해당하며, 따라서 2000년 3월 31일에 이행기가 되는 이자채권은 이행기로부터 기산하여 3년이 되면 시효로 소멸한다. 이자채무의 이행기를 격월로 한다든가, 3월, 4월, 6월마다 지급하는 것으로 하는 경우에도 이행기의 주기가 1년을 넘지 않으므로 제163조 제1호의 적용이 있게 된다. 그러나 P와 Q가 2001년 2월 28일에 원금 100만원 및 연 12%의 이자 12만원을 일괄적으로 지급하기로 약정한 경우라면 P의 채권은 정기급여채권이 아니므로 제163조 제1호의 적용이 없다.[44)]

또 다른 예를 들어보자. 앞에서 본 이자의 경우와 마찬가지로 부양료, 급료, 사용료 또한 당해 권리가 일정한 주기를 가진 정기급여채권이고 회귀적으로 도래하는 채무의 이행기의 주기(period)가 1년을 넘지 않는다면 제163조 제1호에 따라 3년의 소멸시효에 걸리게 된다. 이와 같은 관점에서 대법원이 "민법 제163조 제1호 소정의 '1년 이내의 기간으로 정한 금전 또는 물건의 지급을 목적으로 하는 채권'이란 1년 이내의 정기에 지급되는 채권을 의미하는 것이지, 변제기가 1년 이내의 채권을 말하는 것이 아니므로 이

---

44) "1회의 변제로써 소멸되는 소비대차의 원리금 채권은 제163조 제1호에 포함되지 않는다 할 것이다"라는 대법원의 판시(대법원 1977. 1. 25. 76다2224)도 이와 같은 취지이다.

자채권이라고 하더라도 1년 이내의 정기에 지급하기로 한 것이 아닌 이상 위 규정 소정의 3년의 단기소멸시효에 걸리는 것이 아니다"라고 하는 것이다.[45]

다음에서는 종래의 판결 중 비판의 여지가 있는 것을 들어 보기로 한다.

ⓘ 제1사안: 타인의 채무이행을 담보하기 위하여 자기 소유의 부동산을 담보로 제공한 물상보증인이 채무자로부터 사례금을 받기로 약정한 사안에서, 법원은 이 사례금이 제163조 제1호의 '사용료'에 해당하므로 3년의 단기소멸시효에 걸리는 것으로 판단하였다.[46] 이 판결의 결론에 대하여는 수긍이 간다. 그러나 이 사안에서의 사례금이 어떻게 물건의 사용대가란 말인가? 문제의 사례금채권이 제163조 제1호의 단기소멸시효에 걸린다는 결론을 이끌어 내기 위하여 사례금채권을 '사용료'로 보는 무리한 전개를 할 필요까지 있었을까? 이 점에는 수긍하기 어려운 점이 있다. 그 이유는 다음과 같다: ① 제163조 제1호의 '이자, 부양료, 급료, 사용료'는 일종의 예시에 불과한 것이므로 '이자, 부양료, 급료, 사용료'에 해당하지 않는다 하더라도 제163조 제1호가 적용될 수 있는 것이다; ② 게다가 제163조 제1호의 문언 또한 '이자, 부양료, 급료, 사용료 기타 1년 이내의 기간으로 정한 … 채권'으로 되어 있다. 이 사안에서 물상보증인은 담보를 제공하는 대가로 채무자로부터 차용금에 대한 매월 2% 상당의 금원을 월말에 받기로 하였다. 따라서 법원으로서는 사례금이 물건의 사용료에 해당하는가에 관심을 기울일 것이 아니라 매월 정기적으로 금전을 지급하기로 했다는 점에 포커스를 맞추었어야 했을 것으로 생각된다.

ⓘⓘ 제2사안: 지연배상금채권의 제163조 제1호의 적용 여부에 대하여, 대법원이 "지연배상금은 원금채무의 불이행에 따른 약정손해배상금이라 할 것이어서 이는 민법 제163조 제1호가 정하는 '1년 이내의 기간으로 정한 채권'이 아니다"[47]라고 판시한 부분도 타당성에 의문이 든다. 왜냐하면 '지연배상금은 원금채무의 불이행에 따른 약정손해배상금'이라는 사실로부터 곧

45) 대법원 1965. 4. 13. 65다220; 대법원 1977. 1. 25. 76다2224; 대법원 1979. 11. 13. 79다1453; 대법원 1980. 2. 12. 79다2169; 대법원 1996. 9. 20. 96다25302 등 참조.

46) 서울고등법원 1968. 2. 7. 66나1346 참조.

47) 대법원 1987. 10. 28. 87다카1409 참조.

바로 "민법 제163조 제1호가 정하는 1년 이내의 기간으로 정한 채권이 아니다"라는 결론을 이끌어낼 수 없는 것이기 때문이다.[48] 지연배상금이 제163조 제1호에서 말하는 '이자'가 아님은 분명하다. 그러나 제163조 제1호의 '이자, 부양료, 급료, 사용료'는 한정적 열거가 아닌 예시적 열거로 보아야 할 것이다. 그러므로 당사자간의 약정에 의한 지연배상금이 1년 이내의 주기로 '定期給與性'을 가지는 것이라면 제163조 제1호가 적용될 수 있는 것으로 해석하여야 할 것이다.

제163조 제1호의 적용범위에 대한 오해는 학설에서도 발견된다. 제163조 제1호의 채권은 기본이 되는 정기금채권의 효과로서 每期에 생기는 채권임을 요한다는 전제 아래,[49] 기본채권의 존재를 전제로 하지 않는 채권(예: 일정한 금액을 매일 또는 매달 나누어 갚기로 하는 일부 또는 월부채권)은 이 규정에 해당하지 않는다는 견해가 그것이다. 이들 학설도 제163조 제1호의 핵심표지가 채권의 정기급여성에 있다는 점을 간과하고 있는 것 같다.

(나) 제163조 제2호

643 "의사, 조산사, 간호사 및 약사의 치료, 근로 및 조제에 관한 채권"을 들고 있다. 의사에는 치과의사, 한의사 및 수의사가 포함되며, 약사에는 한약사가 포함된다는 것이 통설이다. 무면허자의 채권도 제163조 제2호의 채권에 해당한다는 것이 통설이다. 약사의 약품 판매로 인한 채권은 제163조 제2호가 아닌 제163조 제6호에 해당하는 것이기는 하나 소멸시효기간은 3년으로서 같다. 치료행위가 여러 가지 처치를 포함하고 기간에 있어서도 장기인 경우에 소멸시효의 기산점은 언제인가? 의사의 치료에 관한 채권의 소멸시효의 기산점은 특약이 없는 한 그 개개의 진료가 종료한 때로 보아야 한다.[50] 그러므로 개별 진료행위가 종료한 때마다 진료비채무의 이행기가 도래하여 그에 대한 소멸시효가 진행된다.

---

48) 유사한 사안에서 대법원은 "변제기 이후에 지급하는 지연이자는 금전채무의 이행을 지체함으로 인한 손해배상금이지 이자가 아니고 또 민법 제163조 제1호 소정의 1년 이내의 기간으로 정한 채권도 아니므로 단기소멸시효의 대상이 되는 것도 아니다" (대법원 1989. 2. 28. 88다카214)라고 판시하고 있는데, 이는 타당한 표현이다.

49) 高翔龍, 앞의 책 "民法總則", 683면; 金相容, 앞의 책 "民法總則", 737면; 金容漢, 앞의 책 "民法總則論", 456면; 白泰昇, 앞의 책 "民法總則", 565면 등.

50) 대법원 1998. 2. 13. 97다47675; 대법원 2001. 11. 9. 2001다52568 참조.

민법개정안은 제163조 제2호에 대한 개정을 포함하고 있다.

민 법 개 정 안	
현 행 규 정	개 정 안
2. 의사, 조산사, 간호사 및 약사의 치료, 근로 및 조제에 관한 채권	2. 의사, 치과의사, 한의사, 수의사, 조산사, 간호사, 약사 및 한약사의 치료, 근로 및 조제에 관한 채권

(다) 제163조 제3호

644 "도급받은 자, 기사 기타 공사의 설계 또는 감독에 종사하는 자의 공사에 관한 채권"을 들고 있다. 이 규정에서 말하는 '도급'이란 반드시 민법상의 계약유형의 하나인 도급계약만을 뜻하는 것은 아니다.[51] 왜냐하면 도급계약의 거래관행상 위임적인 요소를 포함시키는 경우가 많기 때문이다. 그러므로 이 규정에서의 도급이란 광범위하게 공사의 완성을 맡은 것으로 볼 수 있는 경우까지도 포함된다. 이 규정에서 말하는 '공사에 관한 채권'에는 도급받은 공사의 공사대금채권뿐만 아니라 그 공사에 부수되는 채권도 포함된다.[52]

(라) 제163조 제4호

645 "변호사, 변리사, 공증인, 공인회계사 및 법무사에 대한 직무상 보관한 서류의 반환을 청구하는 채권"을 들고 있다. 이 규정에서 들고 있는 직업의 사람들은 고객으로부터 많은 서류를 넘겨받아 업무를 하고 그 서류는 일을 마친 다음 바로 반환하는 것이 통상적이라는 취지에서 단기소멸시효에 해당하는 것으로 정하였다. 이 규정은 서류만을 규율하고 있으므로 다른 물건의 반환은 단기소멸시효에 해당하지 않는다. 그런데 이 규정의 타당성에는 의문이다. 왜냐하면 고객이 서류의 소유자의 지위에서 반환청구를 하는 경우에 소멸시효를 가지고 대항할 수 없을 것이기 때문이다.

민법개정안은 제163조 제4호에 대한 개정을 포함하고 있다. 공인노무사,

---

51) 대법원 1987. 6. 23. 86다카2549 참조.
52) 대법원 1994. 10. 14. 94다17185 참조.

세무사, 관세사 및 감정평가사를 추가하였다.

민 법 개 정 안	
현 행 규 정	개 정 안
4. 변호사, 변리사, 공증인, 공인회계사 및 법무사에 대한 직무상 보관한 서류의 반환을 청구하는 채권	4. 변호사, 변리사, 공증인, 공인회계사, 법무사, 공인노무사, 세무사, 관세사 및 감정평가사에 대한 직무상 보관한 서류의 반환을 청구하는 채권

(마) 제163조 제5호

647 "변호사, 변리사, 공증인, 공인회계사 및 법무사의 직무에 관한 채권"을 들고 있다. 변호사의 수임료 같은 것이 이에 해당한다.

민법개정안은 제163조 제5호에 대한 개정을 포함하고 있다. 공인노무사, 세무사, 관세사 및 감정평가사를 추가하였다.

민 법 개 정 안	
현 행 규 정	개 정 안
5. 변호사, 변리사, 공증인, 공인회계사 및 법무사의 직무에 관한 채권	5. 변호사, 변리사, 공증인, 공인회계사, 법무사, 공인노무사, 세무사, 관세사 및 감정평가사의 직무에 관한 채권

(바) 제163조 제6호

647 "생산자 및 상인이 판매한 생산물 및 상품의 대가"를 들고 있다. 생산자 및 상인은 상법상의 '商人'으로서 이들의 채권은 상사시효인 5년이 적용되어야 할 것이지만(상법 제64조 본문), 상법 제64조 단서("다른 법령에 이보다 단기의 시효의 규정이 있는 때에는 그러하지 아니하다")에 따라 제163조 제6호가 적용된다. 이 규정의 '상인이 판매한 상품의 대가'란 상품의 매매로 인한 대금 그 자체의 채권만을 말하는 것으로서, 상품의 공급 자체와 등가성 있는 청구권에 한한다.[53] 전기는 한국전력공사가 생산한 생산물이고 전기요

53) 대법원 1996. 1. 23. 95다39854 참조.

금은 그 생산물의 대가라 할 수 있다. 그러므로 전기요금채권은 이 규정에 해당하여 3년의 단기소멸시효에 해당하는 채권으로 볼 수 있다.[54] 수도요금채권이라든가 도시가스요금채권도 마찬가지이다.

(사) 제163조 제7호

648 "수공업자 및 제조자의 업무에 관한 채권"을 들고 있다. 종래 학설에 따르면, 수공업자란 자기의 일터에서 주문을 받아 주문자와 고용관계에 서지 않고 타인을 위하여 일하는 자(예: 재봉사, 이발사, 세탁업자)이고, 제조업자란 주문을 받아 물건을 가공하여 다른 물건을 제조하는 것을 직업으로 하는 자(예: 표구사, 구두제작자, 가구제작자)라고 한다. 그런데 이 규정에서의 수공업자 및 제조자의 개념이 명확하지 않고 특히 제163조 제6호와의 관계에서 독자성이 있는지 의문이다. 입법론적으로는 제6호와 제7호를 통합하여 규정하는 것이 합리적이라고 생각한다.

3) 消滅時效期間이 1년인 債權

(가) 제164조 제1호

649 "여관, 음식점, 대석, 오락장의 숙박료, 음식료, 대석료, 입장료, 소비물의 대가 및 체당금의 채권"을 들고 있다. 다음과 같은 사례를 들어 설명하기로 한다: A는 B가 운영하는 여관을 투숙하게 되었는데, 식사시간에 되어 A는 B에게 자장면을 주문해 줄 것을 부탁하였다; 이에 B는 C가 운영하는 중국음식점에 자장면을 주문하여 A에게 배달하게 하는 한편, 음식값은 A를 대신하여 일단 B가 지급하기로 하고 여관비에 포함하여 받기로 합의하였다. 이 경우에 A를 대신하여 B가 C에게 지급한 금전이 체당금[55]에 해당한다. B의 A에 대한 숙박료 채권 및 체당금채권은 제164조 제1호에 의하여 1년의 소멸시효에 걸리는 권리이다.

(나) 제164조 제2호

650 "의복, 침구, 장구 기타 동산의 사용료의 채권"을 들고 있다. 단기소멸시효의 취지에 비추어 볼 때 여기에서의 동산의 사용료 채권이란 사

---

54) 인천지방법원 1985. 10. 17. 85가합311 참조.

55) 체당금(替當金)이란 금전의 消費貸借에 의하지 아니하고 널리 다른 사람을 위하여 出捐한 금전을 말한다. 他人을 대신하여 그의 債務를 이행한 경우가 그 예이다. 타인을 위하여 체당지급을 한 사람은 그에 대한 반환채권을 가지는 것이 원칙이다.

용료의 청산이 즉시 이루어지는 아주 단기간의 임대차에 있어서의 차임채권을 말한다.[56)]

(다) 제164조 제3호

651 "노역인, 연예인의 임금 및 그에 공급한 물건의 대금채권"을 들고 있다. 노역인은 주로 육체적 노동을 제공하는 사람을 의미한다.

(라) 제164조 제4호

652 "학생 및 수업자의 교육, 의식 및 유숙에 관한 교주, 숙주, 교사의 채권"을 들고 있다. 학교 수업료라든가 학원비 채권 같은 것이 이에 해당한다. 민법개정안은 숙주(塾主)를 '학원주'로 개정하였다.

민 법 개 정 안	
현 행 규 정	개 정 안
4. 학생 및 수업자의 교육, 의식 및 유숙에 관한 교주, 숙주, 교사의 채권	4. 학생 및 수업자의 교육, 의식 및 유숙에 관한 교주, 학원주, 교사의 채권

(3) 判決 등으로 確定된 債權

653 단기시효에 걸리는 채권이라 하더라도 판결 등에 의하여 확정된 채권[57)]의 소멸시효기간은 원칙적 시효기간인 10년이다(제165조). 판결과 같은 공적 확인절차에 의하여 권리의 존재가 확인되면 단기시효의 인정취지와는 전혀 다른 상황이 되기 때문에 원칙적 시효기간에 의하도록 한 것이다. 제165조의 취지에 대하여 대법원은 다음과 같이 설명하고 있다[58)]: "어떤 권리에 관한 소멸시효가 완성하기 전에 소를 제기하면 시효의 진행은 중단되나 이에 대한 판결이 확정되면 그 때부터 소멸시효는 다시 진행하게 된다(민법 제178조 참조). 그렇기 때문에 실체법상 단기소멸시효 대상인 권리라도 일단 확정판결에 의하여 권리관계가 확정된 이상, 판결에 의하여 확정

56) 대법원 1976. 9. 28. 76다1839 참조.

57) 예를 들어 보자. 가수 P는 Q를 위하여 노래를 불렀고 그 대가로 Q에 대하여 채권을 취득하였다. P의 채권의 시효기간은 1년이다(제164조 제3호). 그러나 반년이 지나도록 Q로부터의 변제가 없어 P는 Q를 상대로 소송을 제기하였고 이 소송은 P의 승소로 확정되었다. 이와 같이 판결에 의하여 확정된 채권은 10년의 시효로 소멸하게 된다.

58) 대법원 1981. 3. 24. 80다1888·1889 참조.

된 채권은 단기의 소멸시효에 해당한 것이라도 그 단기에 관계없이 그 소멸시효는 10년으로 한다는 것이 동 법조의 취지다. 알기 쉽게 말하면, 단기의 소멸시효가 법에 정하여진 것이라도 확정판결을 받은 권리의 소멸시효는 10년으로 한다는 것이지, 10년보다 장기의 소멸시효를 10년으로 단축한다는 뜻이 아님은 물론 본시 시효소멸의 대상이 아닌 권리가 확정판결을 받았기 때문에 10년의 소멸시효에 걸린다는 뜻은 더욱 아니다."

판결뿐만 아니라, 파산절차에 의하여 확정된 채권 및 재판상의 화해, 조정 기타 판결과 동일한 효력이 있는 것에 의하여 확정된 채권도 10년의 소멸시효에 걸린다(제165조 제2항). '판결과 동일한 효력이 있는 것'이란 기판력을 가지는 것을 의미하는 것으로 해석되며, 그 예로서는 인낙조서(민사소송법 제220조)와 지급명령을 들 수 있다. 지급명령에 대해서는 약간의 설명을 요한다. 구민사소송법 제445조는 '가집행선고부 지급명령'이 확정되면 판결과 동일한 효력이 있는 것으로 되어 있었다. 그 결과 지급명령은 제165조 제2항의 '판결과 동일한 효력이 있는 것'에 포함되었다. 그런데 1990년 민사소송법 개정에 의하여, 가집행선고를 없애고 처음의 지급명령에 대하여 채무자의 이의신청이 없을 때에는 곧바로 지급명령이 확정되는 것으로 하였다. 그 대신 확정판결과 동일한 효력이 있다는 규정을 삭제하였다. 그 결과 지급명령은 제165조 제2항의 '판결과 동일한 효력이 있는 것'에 포함되지 않는 것으로 해석되었다. 그 후 2002년 개정 민사소송법은 지급명령에 대하여 확정판결과 동일한 효력을 인정하였다(민사소송법 제474조).

판결 등으로 인한 시효기간의 연장의 효과는 판결 확정 당시에 아직 변제기가 도래하지 않은 채권에는 적용하지 않는다(제165조 제3항).

◆ 보충설명: 확정판결로 소멸시효가 10년으로 연장되는 범위

1) 민법 제165조가 판결에 의하여 확정된 채권, 판결과 동일한 효력이 있는 것에 의하여 확정된 채권은 단기의 소멸시효에 해당한 것이라도 그 소멸시효는 10년으로 한다고 규정하는 것은 당해 판결 등의 당사자 사이에 한하여 발생하는 효력에 관한 것이고 채권자와 주채무자 사이의 판결 등에 의해 채권이 확정되어 그 소멸시효가 10년으로 되었다 할지라도 위 당사자 이외의 채권자와 연대보증인 사이에 있어서는 위 확정판결 등은 그 시효기간에 대하여는 아무런 영향도 없고 채권자의 연대보증인의 연대보증채권의 소멸시효기간은 여전히 종전의 소멸시효기간에 따른다(대법원 1986. 11. 25. 86다카1569).

2) 보증채무가 주채무에 부종한다 할지라도 보증채무는 주채무와는 별개의 독립된 채무의

성질이 있고 민법 제440조가 주채무자에 대한 시효의 중단은 보증인에 대하여 그 효력이 있다고 규정하고 있으나 이는 보증채무의 부종성에 기한 것이라기보다는 채권자보호 내지 채권담보의 확보를 위한 특별규정으로서 이 규정은 주채무자에 대한 시효중단의 사유가 발생하였을 때는 그 보증인에 대한 별도의 중단조치가 이루어지지 아니하여도 동시에 시효중단의 효력이 생기도록 한 것에 불과하고 중단된 이후의 시효기간까지가 당연히 보증인에게도 그 효력을 미치는 것은 아니다(대법원 1986. 11. 25. 86다카1569).

Ⅲ. 消滅時效의 障碍: 消滅時效의 中斷과 停止

1. 消滅時效의 中斷

(1) 消滅時效 中斷의 의미

1) 概 念

654 소멸시효의 중단이라 함은 일정한 사유(즉 中斷事由)가 있게 되면 이미 경과한 시효기간을 산입하지 않고 그 사유가 종료된 때로부터 다시 시효기간을 진행하도록 하는 것이다(제178조 제1항). 소멸시효는 일정한 사실상태가 진실한 권리관계와 일치하는가 여부에 상관없이 사실상태를 실체관계로 확정하는 제도이다. 그러므로 권리자가 진실한 권리관계를 주장한다든가 의무자가 의무를 승인하는 등의 사정이 있는 경우에는 시효제도를 그대로 관철할 수 있는 기초가 상실되는 것으로 보아야 한다. 제168조는 소멸시효의 중단사유를 다음과 같이 정하고 있다: ① 請求(제168조 제1호); ② 押留·假押留·假處分(제168조 제2호); ③ 承認(제168조 제3호). 이들 소멸시효의 중단사유는 크게 두 가지 범주로 분류할 수 있다. ①과 ②는 권리자가 자신의 권리를 주장하는 행위에 해당하며, ③은 의무자가 자신의 의무를 승인하는 행위에 해당하는 것이다.

2) 民法의 규율구조

655 소멸시효의 중단에 관하여 민법은 11개의 조문을 두고 있다(제168조~제178조). 민법규정의 구조는 이러하다. 제168조·제169조·제178조의 세 조문은 각각 시효의 중단사유·시효중단의 효력·중단후의 시효진행을 규율하는 것으로 시효중단에 관한 일반사항을 정하는 것이다. 제169조와 제

178조 사이에 있는 8개의 조문(제170조~제177조)에서는 각각의 중단사유에 따른 구체적 사항을 규율하고 있다. 첫째, 제168조 제1호에서 말하는 '청구'에 해당하는 것으로 다음의 6가지를 규정하고 있다: ① 재판상 청구(제170조); ② 파산절차참가(제171조); ③ 지급명령의 신청(제172조); ④ 화해를 위한 소환(제173조 제1문); ⑤ 임의출석(173조 제2문); ⑥ 최고(제174조). 둘째, 제168조 제2호에서 말하는 '압류·가압류·가처분'에 대하여 제175조 및 제176조에서 규정하고 있다. 셋째, 제168조 제3호에서 말하는 '승인'에 대하여는 제177조에서 규정하고 있다.

(2) 消滅時效 中斷事由

656 제168조의 규율형식에 대응하여 다음의 세 부류로 나누어 비교적 간략하게 살피기로 한다: ① 청구; ② 압류·가압류·가처분; ③ 승인.

민법개정안은 재산명시신청(민사집행법 제61조)[59]을 중단사유에 추가하였다. 다른 강제집행과 마찬가지로 재산명시절차를 개시하기 위해서는 집행력 있는 정본과 집행개시의 요건을 구비하여야 한다. 이러한 면에서 볼 때 재산명시신청은 압류에 준하는 정도의 강력한 권리행사의 의사표시로 볼 수 있다. 그리하여 민법개정안은 재산명시신청을 중단사유로 추가한 것이다.

민 법 개 정 안	
현 행 규 정	개 정 안
第168조(소멸시효의 중단사유) 소멸시효는 다음 각 호의 사유로 인하여 중단된다. 1. 청구 〈신 설〉 2. 압류 또는 가압류, 가처분 3. 승인	第168조(소멸시효의 중단사유) 소멸시효는 다음 각 호의 사유로 인하여 중단된다. 1. 청구 2. 재산명시신청 3. 압류 또는 가압류, 가처분 4. 승인

59) 재산명시제도란 집행권원에 의한 금전채무를 이행하지 않는 경우에 법원이 그 채무자로 하여금 강제집행의 대상이 되는 재산관계를 명시한 재산목록을 제출하게 하고 그 재산목록의 진실함을 선서하게 하는 법적절차를 말한다.

1) 請 求

657 제168조 제1호의 '청구'란 권리자가 의무자에 대하여 권리를 주장하는 裁判上 또는 裁判外의 모든 행위이다. 청구에는 여러 형태가 있으며 중단의 내용에도 차이가 있다.

(가) 裁判上의 請求(제170조)

가) 裁判上의 請求에 해당하는 것

658 裁判上의 請求란 권리구제를 위하여 법원에 소를 제기하는 것을 말한다. 재판상의 청구는 그 소의 형태가 본소이든 반소[60]이든 상관없다.

소송의 종류로는 이행의 소[61]라든가 확인의 소[62]가 보통이다. 형성의 소[63]도 중단사유에 포함된다는 것이 다수의 견해이다. 이에 반해, 형성권의 행사가 있기 전에는 중단의 대상이 되는 권리관계가 존재하지 않는다는 점에서 형성의 소는 중단사유가 아니라고 보는 견해도 있다.[64] 다수설 중에는

60) 반소(反訴)란 本訴에 대응하는 개념이다. 反訴는 소송경제 내지 형평의 관념에 입각하여 인정되는 제도이다. 反訴는 원고에 의하여 제기된 소송(즉 本訴)의 진행 중에 被告가 原告에 대하여 本訴의 訴訟節次에 병합하여 本訴請求 또는 이에 대한 방어방법과 연관성이 있는 새로운 訴를 제기하는 것을 말한다(민사소송법 제269조 참조). 다음과 같은 예를 보자. P(매도인)와 Q(매수인)는 α물건에 대하여 매매계약을 체결하였다. Q가 매매대금을 지급하지 않음에 따라 원고 P는 Q를 피고로 하여 매매대금채무의 이행을 구하는 이행의 소를 제기하였다. 이에 대하여 Q는 "물건의 인도를 받지 않았다"라고 주장할 수 있는데(민법 제536조), 이러한 주장을 P가 원고가 된 소송에서 단순한 방어방법으로 주장할 수도 있지만, 그리 하지 않고 P가 제기한 소를 이용하여 그 도중에 적극적으로 反訴로서 물건의 인도를 구하는 소를 제기할 수도 있다. 이와 같은 경우에 本訴의 원고·피고는 각각 P·Q이고, 反訴의 원고·피고는 각각 Q·P이다.

61) 이행의 소는 原告가 法院에 대하여 被告에게 일정한 給付의 이행을 청구할 수 있는 법적 지위를 주장하여 그 給付의 이행을 명하는 판결(즉 이행판결)을 구하는 것을 말한다. 예컨대, "피고는 원고에게 금 1억원을 지급하라", "피고는 원고에게 ○○○ 소재의 토지를 인도하라" 등과 같은 식으로 소송을 제기하게 된다.

62) 확인의 소는 原告가 法院에 대하여 被告에 대한 특정한 권리 또는 法律關係의 存否를 주장하여 그 存否를 확인하는 判決을 구하는 것을 말한다. 여기에는 권리 또는 法律關係의 존재를 주장하는 積極的 確認의 訴와 그 부존재를 주장하는 消極的 確認의 訴가 있다. 예컨대, "원고와 피고 사이의 계약은 무효임을 확인한다", "원고는 ○○○ 소재의 토지의 소유자임을 확인한다"라는 판결을 구하는 소는 확인의 소이다.

63) 형성의 소는 原告가 法院에 대하여 被告와의 관계에서 일정한 내용의 법률관계의 形成을 구할 수 있는 지위가 있음을 주장하여 그 形成을 명하는 判決(즉 형성판결)을 구하는 것을 말한다. 예컨대, "원고와 피고는 이혼한다"라는 판결을 구하는 소는 형성의 소이다.

64) 郭潤直 편/尹眞秀 집필, "民法註解(III)", 博英社, 1996, 497면.

형성의 소에 해당하는 경계확정의 소를 제기하면 인접소유자의 취득시효를 중단시킨다는 것을 예로 들어 형성의 소도 소멸시효의 중단사유라도 주장하는 경우도 있다.[65] 그러나 이 견해가 말하고 있는 것은 취득시효의 중단이지 소멸시효의 중단이 아니라는 면에서 타당하지 않은 주장으로 보인다. 한편, 다수설 중에는 이혼소송을 제기하면 이혼사유로 인한 손해배상청구권에 대한 시효중단사유가 될 수 있다는 사실을 제시하면서 형성의 소도 중단사유에 포함된다고 주장한다.[66] 소송의 형식은 형성소송이라 하더라도 그것이 다른 권리의 주장을 내포하는 경우가 있다. 그와 같은 경우에 다른 권리에 대해서도 시효중단의 효력이 있는가 하는 것은 시효중단의 물적 범위[67]의 문제이다. 물적 범위를 넓게 보게 되면 형성소송의 소송물이 아닌 다른 권리의 주장에 대하여 시효중단의 효력이 미치는 것으로 해석되는 것은 사실이다. 그러나 그 점을 들어 형성의 소도 중단사유에 포함된다고 말하는 것은 무리이다. 왜냐하면 "형성의 소도 중단사유에 포함되는가?"라는 문제에서의 논의는 형성의 소의 소송물에 관한 것이기 때문이다. 요컨대, 형성의 소는 논리상 소멸시효의 중단사유로 볼 수 없다.

상대방이 제기한 소에 응소한 것도 재판상의 청구에 포함되는가? 과거 판례는 부정적인 입장이었으나,[68] 1993년 대법원 전원합의체 판결[69]은 응소

65) 郭潤直, 앞의 책 "民法總則", 466면; 金曾漢·金學東, 앞의 책 "民法總則", 528면 등. 판례도 같은 입장이다(대법원 1970. 6. 30. 70다579 참조.).

66) 梁彰洙, "消滅時效의 中斷", "考試界" 1995년 8월호, 88면 참조.

67) 이에 대해서는 이 책 [659] 및 [660] 참조.

68) 대법원 1971. 3. 23. 71다37; 대법원 1974. 11. 12. 74다416·417; 대법원 1978. 4. 11. 76다2476; 대법원 1979. 6. 12. 79다573 등 참조.

69) 대법원전원합의체 1993. 12. 21. 92다47861: "원래 시효는 법률이 권리 위에 잠자는 자의 보호를 거부하고 사회생활상 영속되는 사실상태를 존중하여 여기에 일정한 법적효과를 부여하기 위하여 마련한 제도이므로, 위와 같은 사실상의 상태가 계속되던 중에 그 사실상태와 상용할 수 없는 다른 사정이 발생한 때에는 더 이상 그 사실상태를 존중할 이유가 없게 된다는 점을 고려하여, 이미 진행한 시효기간의 효력을 아예 상실케 하려는 데에 곧 시효중단을 인정하는 취지가 있는 것인바(당원 1979. 7. 10. 선고 79다569 판결 참조), 권리자가 시효를 주장하는 자로부터 제소당하여 직접 응소행위로서 상대방의 청구를 적극적으로 다투면서 자신의 권리를 주장하는 것은 자신이 권리위에 잠자는 자가 아님을 표명한 것에 다름 아닐 뿐만 아니라, 계속된 사실상태와 상용할 수 없는 다른 사정이 발생한 때로 보아야 할 것이므로, 이를 민법이 시효중단사유로서 규정한 재판상의 청구에 준하는 것으로 보더라도 전혀 시효제도의 본지에 반한다고 말할 수는 없다 할 것이다."

도 재판상의 청구에 포함되는 것으로 판단하였다. 민법개정안은 이러한 판례의 입장을 반영하였다.

민 법 개 정 안	
현 행 규 정	**개 정 안**
〈신 설〉	第170조(재판상의 청구와 시효중단) ① … ② … ③ 본안에 관한 응소 그밖의 재판상 권리행사도 시효중단의 효력이 있다.

행정소송은 시효중단사유가 될 수 있는가? 행정소송은 사권을 행사하는 것으로 볼 수 없으므로 사권에 대한 시효중단사유가 되지 못하는 것이 원칙이다. 그러나 오납한 조세에 대한 부당이득반환청구권을 실현하기 위한 수단이 되는 과세처분의 취소 또는 무효확인을 구하는 행정소송은 그 소송물이 객관적인 조세채무의 존부확인으로서 실질적으로 민사소송인 채무부존재확인의 소와 유사한 것으로 볼 수 있어 시효중단사유가 된다.70)

이와 달리 형사소송은 피고인에 대한 국가형벌권의 행사를 그 목적으로 하는 것이므로, 피해자가 형사소송에서 '소송촉진등에관한특례법'에서 정한 배상명령을 신청한 경우를 제외하고는 단지 피해자가 가해자를 상대로 고소하거나 그 고소에 기하여 형사재판이 개시되어도 이를 가지고 소멸시효의 중단사유인 재판상의 청구로 볼 수는 없다.71)

---

70) 대법원전원합의체 1992. 3. 31. 91다32053 참조.

71) 대법원 1999. 3. 12. 98다18124: "소멸시효 중단사유로서 승인은 시효이익을 받을 당사자인 채무자가 소멸시효의 완성으로 권리를 상실하게 될 자 또는 그 대리인에 대하여 그 권리가 존재함을 인식하고 있다는 뜻을 표시함으로써 성립하는 것인바, 검사 작성의 피의자신문조서는 검사가 피의자를 신문하여 그 진술을 기재한 조서로서 그 작성형식은 원칙적으로 검사의 신문에 대하여 피의자가 응답하는 형태를 취하여 피의자의 진술은 어디까지나 검사를 상대로 이루어지는 것이어서 그 진술기재 가운데 채무의 일부를 승인하는 의사가 표시되어 있다고 하더라도, 그 기재 부분만으로 곧바로 소멸시효 중단사유로서 승인의 의사표시가 있은 것으로는 볼 수 없다."

나) 時效中斷의 범위

㉮ 일반론

659 재판상 청구에 의하여 시효가 중단된다고 할 때 그 물적 범위에 대해서는 대체로 두 가지 견해가 대립한다. 제1설(소위 '권리확정설')은 재판상 청구한 소송물 그 자체에 한정된다고 한다. 이 학설에서는 시효가 중단되는 범위는 판결의 기판력이 미치는 범위와 일치하는 것으로 본다. 제2설(소위 '권리행사설')은 중단의 범위는 소송물에 한정되지 않고, 재판상 청구를 통하여 권리를 행사한 것으로 볼 수 있는 범위까지 확대되는 것으로 본다. 시효중단의 취지(즉 사실상의 상태가 계속되던 중에 그 사실상태와 상용할 수 없는 다른 사정이 발생한 때에는 더 이상 그 사실상태를 존중할 이유가 없게 된다는 것)에 비추어 볼 때 시효중단의 범위를 소송물로 한정할 것은 아니라고 생각한다. 판례도 같은 입장이다.[72)]

그러므로 시효중단의 범위는, 재판에서 다툼의 대상이 되고 있는 訴訟物과 소멸시효가 문제되고 있는 권리의 관련성을 고려하여 개별적으로 판단할 수밖에 없다. 다음에서는 이러한 시각에서 몇 가지 경우를 보기로 한다.

㉯ 개별적 판단

660 ⅰ 기본적 법률관계의 확인청구와 파생적 청구권의 시효중단: 시효중단사유로서의 재판상의 청구에는 그 권리 자체의 이행청구나 확인청구를 하는 경우만이 아니라, 그 권리가 발생한 기본적 법률관계에 관한 확인청구를 하는 경우에도 그 법률관계의 확인청구가 이로부터 발생한 권리의 실현수단이 될 수 있어 권리 위에 잠자는 것이 아님을 표명한 것으로 볼 수 있을 때에는 그 기본적 법률관계에 관한 확인청구도 이에 포함된다.[73)] 예컨대, 파면처분무효확인의 소는 보수금채권을 실현하는 수단이라는 성질을 가지고 있으므로 보수금채권 자체에 관한 이행소송을 제기하지 않았다 하더라도 이 소의 제기에 의하여 보수금채권에 대한 시효는 중단된다.[74)]

ⅱ 일부청구: 채권 중 일부에 관하여만 판결을 구한다는 취지를 명백히 하여 소송을 제기한 경우에는 소제기에 의한 소멸시효중단의 효력이 그 일

72) 대법원 1979. 7. 10. 79다569 등 참조.
73) 대법원전원합의체 1992. 3. 31. 91다32053 등 참조.
74) 대법원 1978. 4. 11. 77다2509; 대법원 1994. 5. 10. 93다21606 참조.

부에 관하여만 발생한다. 그러나 비록 일부만을 청구한 경우라 하더라도 그 취지로 보아 채권 전부에 관하여 판결을 구하는 것으로 해석된다면 그 청구액을 소송물인 채권의 전부로 보아야 하고, 이러한 경우에는 그 채권의 동일성의 범위 내에서 그 전부에 관하여 시효중단의 효력이 발생한다.[75] 예컨대, 신체의 훼손으로 인한 손해의 배상을 청구하는 사건에서는 그 손해액을 확정하기 위하여 통상 법원의 신체감정을 필요로 하기 때문에, 앞으로 그러한 절차를 거친 후 그 결과에 따라 청구금액을 확장하겠다는 뜻을 소장에 객관적으로 명백히 표시한 경우에는, 그 소제기에 따른 시효중단의 효력은 소장에 기재된 일부 청구액뿐만 아니라 그 손해배상청구권 전부에 대하여 미친다.[76]

ⅲ 경합되는 권리의 행사: 채권자가 동일한 목적을 달성하기 위하여 복수의 채권을 가지고 있어 그의 선택에 따라 그 중 어느 하나의 청구를 한 경우에, 그것만으로는 다른 채권 그 자체를 행사한 것으로 볼 수는 없다. 그러므로 특별한 사정이 없는 한 다른 채권에 대한 소멸시효 중단의 효력은 없다.[77] 예컨대, 상법 제399조 기한 손해배상청구의 소를 제기한 것이 일반불법행위로 인한 손해배상청구권(제750조)에 대한 소멸시효 중단의 효력을 가진다고 볼 수는 없다.[78] 이와 관련된 문제로 원인채권과 어음금 채권의 청구의 관계가 있다.[79] 원인채권의 지급을 위하여 어음이 교부된 경우에 어음채권에 대하여 재판상 청구가 있게 되면 원인채권에 대해서도 시효중단의 효력이 미친다. 왜냐하면 어음채권은 원인채권의 실현수단이기 때문이다. 그러나 반대로 원인채권에 대한 재판상 청구는 어음채권에 대하여 시효중단의 효력이 없다.[80]

다) 效 力

661 재판상의 청구에 의한 시효중단의 효과는 소를 제기한 때에 발생한다(민사소송법 제265조). 소의 제기는 訴狀을 법원에 제출하는 방법으로 한

75) 대법원 2001. 9. 28. 99다72521 참조.
76) 대법원 1967. 5. 23. 67다529; 대법원 1992. 4. 10. 91다43695 참조.
77) 대법원 2001. 3. 23. 2001다6145 참조.
78) 대법원 2002. 6. 14. 2002다11441 참조.
79) 이에 대해서는 특히 대법원 1961. 11. 9. 4293민상748; 대법원 1999. 6. 11. 99다16378 참조.
80) 대법원 1967. 4. 25. 67다75; 대법원 1994. 12. 2. 93다59922 참조.

다(민사소송법 제248조). 판결에 의하여 확정된 채권은 단기소멸시효에 해당하는 것이라 하더라도 소멸시효가 10년으로 연장된다(제165조).

재판상의 청구가 있다 하더라도 소송의 却下·棄却·取下[81]가 있는 때에는 중단의 효력이 없다(제170조 제1항). 다만, 소취하의 경우에는 재판외의 최고로서의 효력은 인정된다.[82] 이 규정에 訴棄却이 포함되어 있는 것은 입법상의 실책이다. 청구가 기각된 경우에는 권리가 존재하지 않는다는 것이 확정되어 처음부터 시효중단의 문제가 생기지 않기 때문이다.[83] 또한 청구의 기각이 확정된 때에는 다시 재판상의 청구나 파산절차참가 또는 압류 등을 한다는 것이 무의미하다. 그러므로 기각의 경우에는 제170조 제2항의 적용도 있을 수 없다. 이러한 사정을 반영하여 민법개정안은 제170조 제1항에서 '棄却'을 삭제하였다.

민 법 개 정 안	
현 행 규 정	개 정 안
제170조(재판상의 청구와 시효중단) ① 재판상의 청구는 소송의 각하, 기각 또는 취하의 경우에는 시효중단의 효력이 없다.	제170조(재판상의 청구와 시효중단) ① 재판상의 청구는 소의 각하 또는 취하의 경우에는 시효중단의 효력이 없다.
개정배경 각하, 취하의 대상은 訴訟이 아니라 訴이므로 이러한 용어를 정리하고, 棄却을 삭제하였다.	

소송의 각하·기각·취하의 경우에도 그 때로부터 6개월 안에 재판상의 청구·파산절차참가·압류·가압류·가처분을 한 때에는 최초의 재판상의 청구가 있었던 때에 중단된 것으로 본다(제170조 제2항). 예컨대, 소송을 취하하였다가 다시 소를 제기하는 것을 고려한 규정이다. 최초의 재판상의 청구가 있었던 때에 중단된 것으로 되기 위해서는 6개월 안에 "재판상의 청구·파산절차참가·압류·가압류·가처분"을 하여야 한다. 그것이 아닌 화

81) 소의 取下란 原告가 訴에 의한 審判申請의 전부 또는 일부를 철회하는 내용의 法院에 대한 일방적인 意思表示이다(민사소송법 제266조 제1항). 取下에 의하여 소송은 소급적으로 소멸하며 해결이 되지 않은 채로 종료하게 된다(민사소송법 제267조 제1항).

82) 대법원 1987. 12. 22. 87다카2337 참조.

83) 대법원 1992. 4. 24. 92다6983 참조.

해를 위한 소환, 임의출석, 지급명령을 하였다면 아무런 효력이 없다. 이러한 면에서 제174조의 '催告'의 경우와 차이가 있다. 민법개정안은 제170조 제2항의 사유에 지급명령신청과 재산명시신청을 추가하고 있다.

민법개정안	
현행규정	개정안
② <u>전항</u>의 경우에 <u>6월내</u>에 재판상의 청구, <u>파산절차참가</u>, 압류 또는 가압류, 가처분을 한 때에는 시효는 최초의 재판상 청구로 인하여 중단된 것으로 본다.	② <u>제1항</u>의 경우에 <u>6개월내</u>에 재판상의 청구, <u>파산절차참가, 지급명령의 신청, 재산명시신청</u>, 압류 또는 가압류, 가처분을 한 때에는 시효는 최초의 재판상 청구로 인하여 중단된 것으로 본다.
개정배경 '前項'을 '제1항'으로, '월'을 '개월'로 변경하는 언어순화와 아울러 지급명령신청과 재산명시신청을 추가하였다.	

(나) 破産節次의 參加(제171조)

662 破産이란 채무자가 자신의 채무를 모든 채권자에게 완전히 변제할 수 없는 경우에 채무자의 총재산을 모든 채권자에게 공평하게 변제하는 것을 내용으로 하는 재판상의 절차를 말한다. 破産財團[84]이란 파산절차에 있어서 배당에 의하여 모든 채권자에게 변제하여야 할 破産者의 재산을 말한다.[85] 즉 파산자의 원래 재산 중 환취권[86] 또는 별제권[87] 등에 의하여 청산되고 남은 재산을 말한다.

---

84) 파산선고가 있게 되면 일정한 재산은 관리인(파산관재인)에 의하여 특별히 관리되는 재산으로 된다는 의미에서 '財團'이라는 용어를 사용하는 것이다.

85) 예를 들어 보자. P·Q·R이 S에 대하여 각각 100·200·300의 채권을 가지고 있는 상태에서 S가 파산선고를 받게 되었고 현재 S에게 있는 재산이 50이라고 해보자. 이 경우에 50이 파산재단이다. 파산채권자인 P·Q·R의 채권액의 총합은 600(=100+200+300)임에 비하여 파산재단의 총액은 50에 불과하다. 이 때에 P·Q·R은 자신의 채권액에 비례하여 배당을 받게 된다. 그리하여 P·Q·R에게 돌아가는 배당액은 각각 8.33, 16.66, 24.99가 된다.

86) 환취권의 의미를 예를 들어 설명한다. P는 Q에 대하여 금전채권이 있는데, 채무자 Q가 R 소유의 α물건을 점유하고 있다. 채무자 Q가 파산한 경우에 α의 소유자 R은 파산법상의 '환취권'을 행사하여 자기 소유물을 파산재단으로부터 제외시킬 수 있다.

87) 별제권의 의미를 예를 들어 설명한다. S는 T와 U에 대하여 각각 금전채무를 지고 있으며, 특히 T는 채무자 S 소유 β부동산에 대하여 저당권을 설정받은 저당권부채권자임에 비해 U는 아무런 담보권도 가지지 않은 일반채권자이다. 이 상황에서 S가 파산하였다면 담보물권자 T는 파산법상의 '별제권'을 행사하여 자기 채권의 우선변제에 충당할 수 있다.

시효중단사유인 破産節次參加란 채권자가 파산재단의 배당에 가입하기 위하여 채권을 신고하는 것을 말한다(파산법 제201조). 파산절차참가는 채권자가 이를 취소하거나 그 청구가 각하된 때에는 시효중단의 효력이 없다(제171조). 민법은 파산절차 참가만을 시효중단사유로 규정하고 있으나 파산선고의 신청도 중단사유가 된다는 데에 이견이 없다.

(다) **支給命令의 申請**(제172조)

663 支給命令은 독촉절차 중의 하나이다. 독촉절차란 금전 기타의 대체물 또는 유가증권의 일정수량의 지급청구에 대하여 채권자의 신청만으로 간이·신속하게 이것을 확정하고 채무자에게 지급을 명하기 위하여 설정된 특별소송절차이다. 지급명령제도는 채무자에게 극히 불리한 것이 아닌가 하는 의문을 가질 수 있다. 그러나 그렇게 볼 수는 없다. 왜냐하면 채권자의 지급명령신청에 대하여 채무자가 이의를 신청하여 다투면 통상의 소송절차로 이행되기 때문이다(민사소송법 제472조).

제172조는, 支給命令은 채권자가 법정기간 내에 假執行申請을 하지 않음으로 인하여 그 효력을 잃게 된 때에는 시효중단의 효력이 없는 것으로 규정하고 있다. 이 규정은 지급명령에 있어서 가집행신청이 있어야 한다는 예전의 민사소송법 제440조·제441조를 염두에 둔 규정이다. 그러나 1990년에 개정된 민사소송법에서는 지급명령에 있어서 假執行申請制度를 폐지하고 채무자가 지급명령을 송달받은 때로부터 2주일 내에 이의를 하지 않으면 지급명령이 확정되도록 하고 있다(민사소송법 제474조). 그러므로 제172조는 이와 같은 한도에서 死文化된 규정이다. 그런데 2002년 개정 민사소송법이 지급명령에 대하여 확정판결과 동일한 효력을 인정함에 따라(민사소송법 제474조), 이 규정과 조화되는 방향으로 법을 개정하여야 할 필요가 있다. 즉 재판상의 청구가 시효중단사유로 되어 있는 것과 수준을 맞추어 지급명령의 신청을 시효중단사유로 규정할 필요가 있다. 민법개정안은 이와 같은 내용을 담고 있다.

민법개정안	
현행규정	개정안
第172조(지급명령과 시효중단) 지급명령은 채권자가 법정기간내에 가집행신청을 하지 아니함으로 인하여 그 효력을 잃은 때에는 시효중단의 효력이 없다.	第172조(지급명령과 시효중단) 지급명령의 신청은 그 신청이 각하 또는 취하된 때에는 시효중단의 효력이 없다.
개정배경 개정안 제172조의 규정형식은 재판상 청구와 시효중단에 관한 개정안 제170조 제1항과 동일하다.	

(라) 和解를 위한 召喚(제173조 제1문)

664 제173조 제1문은 提訴前和解(민사소송법 제385조)에 있어서 화해를 위한 소환이 청구의 일종으로서 중단사유가 됨을 전제로 하고 있다. 화해가 성립되면 이는 확정판결과 동일한 효력이 있으므로 그것 자체로 시효중단사유가 된다. 그러나 和解申請을 받은 법원이 和解를 권고하기 위하여 상대방을 소환하였음에도 불구하고 상대방이 출석하지 않거나 또는 출석하였더라도 화해가 성립하지 않은 경우에 화해신청인이 1개월 안에 소를 제기하지 않으면 중단의 효력은 생기지 않는다(제173조 제1문). 그러므로 만일 1개월의 법정기한 내에 소를 제기하면 화해를 신청한 시점을 기준으로 하여 시효중단의 효력이 생기게 된다.

(마) 任意出席(제173조 제2문)

665 任意出席이란 미리 소를 제기함이 없이 재판기일의 지정을 받지도 않고 당사자 쌍방이 임의로 법원에 출석하여 소송에 관한 구두변론을 함으로써 소를 제기하거나 화해신청을 하는 제도이다. 현행 민사소송법은 구 민사소송법에 존재하였던 임의출석제도를 폐지시켰으나, 소액사건심판법은 임의출석에 의한 소의 제기를 인정하고 있다(동법 제5조). 그러므로 현행 민사소송법이 시행된 후 소액사건심판법이 시행되기 전까지의 기간 동안 제173조 제2문은 사문화되었던 규정이었다. 제173조 제2문은 임의출석이 시효중단사유라는 것을 전제하고 있다. 임의출석에 의하여 화해가 성립되면 그 자체로 시효중단사유가 된다. 임의출석에 의하여 화해가 성립되지 않으면 1개월의 기간 내에 소를 제기하여야만 시효중단의 효력이 유지된다.

(바) 催告(제174조)

666 최고란 권리자가 의무자에 대하여 의무이행을 요구하는 단순한 意思의 通知이다. 최고는 시효중단사유이기는 하나 그 효력이 미약하다. 즉 최고를 한 때로부터 6개월 안에 앞에서 말한 청구(재판상의 청구, 파산절차참가, 지급명령신청,[88] 화해를 위한 소환, 임의출석) 또는 압류·가압류·가처분을 하지 않으면 시효중단의 효력이 없다.

민법개정안은 시효중단사유의 추가에 따라 제174조를 변경하는 내용을 담고 있다.

민 법 개 정 안	
현 행 규 정	개 정 안
제174조(최고와 시효중단) 최고는 6월내에 재판상의 청구, 파산절차참가, 화해를 위한 소환, 임의출석, 압류 또는 가압류, 가처분을 하지 아니하면 시효중단의 효력이 없다.	第174條(催告와 時效中斷) 최고는 6개월내에 재판상의 청구, 파산절차참가, 지급명령의 신청, 화해신청, 임의출석, 재산명시신청, 압류 또는 가압류, 가처분을 하지 아니하면 시효중단의 효력이 없다.

2) 押留·假押留·假處分(제175조·제176조)

667 압류[89]·가압류·가처분을 신청하는 행위도 어떤 면에서 보면 제168조가 열거하고 있는 시효중단사유 중 '請求'(제168조 제1호)에 해당하는 면이 있다. 그러나 압류·가압류·가처분이 반드시 재판상의 청구를 전제로 하는 것은 아닐 뿐만 아니라, 또한 판결에 의하여 법률관계가 확정되었다 하더라도 새로이 시효가 진행된다는 점에서 독립된 시효중단사유로 규정하고 있다.[90] 민법개정안은 재산명시신청을 압류·가압류에 준하는 중단사유

88) 제174조가 지급명령의 신청을 제외하고 있으나 이것은 명백한 입법상의 흠결로 보인다.

89) 민사소송법상의 押留란 금전채권에 대한 강제집행을 위하여 집행기관(법원)이 채무자의 재산에 대하여 사실상 또는 법률상의 처분을 금지하기 위하여 행하는 강제행위이다. 금전채권의 집행목적은 채권자에게 금전적 만족을 주는 데 있으므로 집행기관은 채무자의 재산을 금전으로 환가하는 것이 필요하다. 따라서 집행기관이 채무자의 특정재산을 사실상 또는 법률상 처분하는 것을 제한할 필요가 있다. 집행기관의 이와 같은 강제집행을 압류라고 한다. 압류중에 행하여진 채무자의 처분행위는 계약당사자간에서는 유효하나 채권자에게는 무효로서 상대적 무효행위가 된다.

로 추가함에 따라 제175조에 재산명시를 함께 규정하고 있다.

민 법 개 정 안	
현 행 규 정	개 정 안
제175조(압류, 가압류, 가처분과 시효중단) 압류, 가압류 및 가처분은 권리자의 청구에 의하여 또는 법률의 규정에 따르지 아니함으로 인하여 취소된 때에는 시효중단의 효력이 없다. 〈신 설〉	제175조(재산명시, 압류, 가압류, 가처분과 시효중단) ① 재산명시, 압류, 가압류 및 가처분은 권리자의 청구에 의하여 또는 법률의 규정에 따르지 아니함으로 인하여 취소된 때에는 시효중단의 효력이 없다. ② 민사집행법 제62조 제7항에 의하여 재산명시결정이 취소되고 재산명시신청이 각하되는 경우, 6개월 내에 재판상의 청구, 파산절차참가, 지급명령의 신청 또는 압류를 한 때에는 시효는 최초의 재산명시신청으로 인하여 중단된 것으로 본다.

압류·가압류·가처분은 이들이 권리자의 청구에 의하여 또는 법률의 규정에 따르지 않아 취소된 때에는 시효중단의 효력이 없다(제175조). 압류·가압류·가처분은 시효의 이익을 받은 자에 대하여 하지 아니한 때에는 이를 그에게 통지한 후가 아니면 시효중단의 효력이 없다(제176조).

◆ 보충설명: 强制執行·假押留·假處分

재판 및 이에 준하는 절차를 통하여 일정한 자에게 권리가 있음이 확정되었음에도 불구하고 의무자가 자신의 의무를 임의로 이행하지 않는 경우에 국가가 의무자의 의사에 반하여 강제적으로 권리자의 권리내용을 실현시켜 주는 절차를 强制執行이라 한다. 강제집행은 사법적 권리의 실현을 목적으로 하는 것이므로 형법상의 벌금이나 과료 또는 공법상의 청구권에 의한 집행은 여기에서 말하는 강제집행과 구별된다.

권리자가 강제집행을 하려면 법원의 판결 또는 이에 준하는 절차에 따른 집행권원을 얻어야 한다. 執行權原(구 債務名義)[91]이란 강제집행을 할 수 있는 권리를 인정해 주는 공적인

---

90) 확정된 執行權原(구 債務名義)까지 받은 상태에서 채권자가 압류신청을 하지 않는 경우를 생각해 보라.

91) 2002년의 민사절차법 개정내용에는 법률용어의 순화작업도 포함되어 있다. 이에 따라 종래 '債務名義'는 '執行權原'으로 변경되었다. 다음에서는 새로운 법에 따라 '집행권원'이라는 용어를 사용하기로 한다. 다만 종래 용어와 혼란을 피하기 위하여 '채무명의'라는 용어는 '집행권원' 뒤의 괄호 속에 넣어 처리하기로 한다.

문서이다.[92] 집행권원(구 채무명의)을 취득하기까지 상당한 시일이 걸리는 것이 보통인데, 만일 권리자가 강제집행에 착수하기 전에 의무자가 강제집행의 대상이 될 재산을 숨기거나 처분하여 버리면 집행을 할 수 없게 되고 권리자의 강제적 권리실현은 불가능하게 된다. 그러므로 권리자로서는 이러한 위험을 예방하고 권리의 궁극적 만족을 확보하기 위한 조치를 강구해야 할 필요가 있다. 국가권력에 의하여 의무자의 재산을 미리 유지 · 보전하는 소송절차를 執行保全節次라 한다. 보통 집행보전절차라 함은 假押留와 假處分을 의미한다. 가압류는 금전채권이나 금전으로 환산할 수 있는 채권에 대하여 동산 또는 부동산에 대한 강제집행을 보전하기 위하여 그 재산을 임시로 압류하는 법원의 결정에 따라 행하는 처분이다. 한편 가처분이라 함은 금전채권 이외의 특정물의 급부 · 인도를 보전하기 위하여 또는 계쟁중에 있는 권리관계에 관해서 임시적 지위를 정하기 위하여 법원의 결정에 따라 그 동산 또는 부동산을 상대방이 처분하지 못하도록 금지하는 잠정적 · 가정적 처분을 말한다.

3) 承 認

668 承認이란 시효의 이익을 받을 당사자가 시효로 인하여 권리를 잃을 자에 대하여 권리의 존재를 인정하는 뜻을 표시하는 행위이다. 승인의 법적 성질은 법률행위가 아닌 관념의 통지이다. 그러므로 소멸시효중단에 대한 효과의사는 필요하지 않다. 시효중단사유로서의 承認은 시효완성 전에 있어야 하는 것이며, 시효완성 후의 승인은 시효이익의 포기로 될 뿐이다.

승인도 진정한 권리관계를 명백하게 나타내는 것이라는 점에서 민법은 이를 시효중단사유로 하고 있다. 承認者에게 상대방의 권리에 대한 처분능력 또는 권한이 없다 하더라도 시효중단의 효력이 있다(제177조). 승인은 권리관계의 존재를 인정하는 것에 불과하기 때문이다.

(3) 時效中斷의 效果

669 시효중단사유가 있게 되면 그 때까지 경과한 시효기간은 이를 산입하지 않고 중단사유가 종료하는 때부터 새로이 소멸시효기간이 진행된다

---

92) 집행권원(구 채무명의)의 대표적인 것으로 "피고는 원고에게 천만원의 금원을 지급하라"라는 식의 이행명령이 기재된 확정된 승소판결이다. 그 외에 가집행선고가 붙은 미확정판결, 인락조서, 화해조서, 조정조서, 지급명령, 공정증서 등이 있다. 한편, 집행권원(구 채무명의)의 집행력의 현존 또는 집행력의 내용을 공증하기 위하여 법원사무관 등이 집행권원(구 채무명의)의 정본 말미에 부기하는 공증문서를 집행문이라 한다. 확정판결과 같은 집행권원(구 채무명의)에 "위 정본은 피고 ○○○에 대한 강제집행을 실시하기 위하여 원고 ○○○에게 부여한다"라는 취지를 기재하고 법원사무관 등이 기명날인하는 것이 집행문 부여이다. 집행문은 집행권원(구 채무명의)을 가지고 제1심법원이나 공증인사무소에 가서 신청하면 간단히 처리해 준다.

(제178조 제1항). 소멸시효기간이 다시 진행되는 시점은 중단사유에 따라 다를 것이다. 중단사유가 재판상의 청구인 경우에 대해서는 민법에 명문의 규정을 두고 있다. 즉 이 때에는 재판이 확정된 때에 다시 시효기간이 진행된다(제178조 제2항). 파산절차참가의 경우에는 파산절차가 종료한 때로부터, 지급명령신청의 경우에는 지급명령이 확정된 때로부터, 압류·가압류·가처분의 경우에는 그 절차가 종료한 때로부터, 중단사유가 승인인 때에는 권리자가 승인을 인지한 때(즉 승인의 의사가 권리자에게 도달한 때)로부터 다시 시효가 진행하게 될 것이다.

시효중단의 효력은 當事者 및 그 承繼人 사이에만 미치게 된다(제169조). 시효중단의 효력은 상대적 효력에 불과한 것이다. 여기에서 말하는 '當事者'는 시효중단에 관여한 자만을 의미하는 것이다.[93] 즉 중단행위에 관여한 자를 말하는 것이며 시효의 대상인 권리관계의 당사자를 말하는 것이 아니다. 이 규범은 시효제도의 취지상 합당한 것으로 볼 수 있다.[94] 만일 시효중단의 효력에 절대적 효력을 인정한다면 시효제도의 인정취지와 상반되는 상황을 인정하는 것으로 된다. 제169조에서 말하는 '承繼人'에는 包括承繼人과 特定承繼人이 모두 포함된다는 데에 의문이 없다. 또한 규정의 취지에 비추어 볼 때, 권리의 승계시점은 중단사유가 발생한 후에 승계가 일어난 경우만을 의미하는 것으로 해석하여야 한다.[95]

---

93) 대법원 1979. 6. 26. 79다639: "공유자의 한 사람이 공유물의 보존행위로서 제소한 경우라도, 동 제소로 인한 시효중단의 효력은 재판상의 청구를 한 그 공유자에 한하여 발생하고 다른 공유자에게는 미치지 아니한다." 그 밖에 대법원 1967. 1. 24. 66다2279 참조.

94) 제169조는 원칙규범에 불과하다. 민법에는 정책적 고려에 의하여 예외적으로 시효중단에 절대적 효력을 인정하는 경우가 있다(예: 제416조, 제440조 등).

95) 대법원 1994. 6. 24. 94다7737: "민법 제169조 소정의 '승계인'이라 함은 시효중단에 관여한 당사자로부터 중단의 효과를 받는 권리를 그 중단효과 발생 이후에 승계한 자를 가리킨다." 그 밖에 대법원 1973. 2. 13. 72다1549; 대법원 1998. 6. 12. 96다26961 참조.

사례연구: 消滅時效의 中斷

• **사안의 내용** A는 1990년 5월 1일 B에게 1억원의 금전을 대여하면서 대여금 반환일자를 1992년 5월 1일 15시로 약정하였다. 반환일자가 되었음에도 불구하고 B가 대여금을 반환하지 않자 A는 B에게 채무이행을 독촉하는 편지를 보냈는데, B가 이 편지를 수령한 시점은 1992년 6월 15일 15시였다. 독촉편지에도 불구하고 B는 채무이행을 하지 않은 상태로 7개월이 흘렀는데, 그 동안 A는 묵묵히 기다렸을 뿐이다. 이 경우에 A의 B에 대한 채권에 대한 소멸시효가 완성되는 시점은 언제인가?

• **사안의 해결** A의 B에 대한 권리는 10년의 기간으로 시효기간이 완성된다(제162조 제1항). 일반적인 경우라면 A의 권리는 1992년 5월 2일 0시로부터 기산하여 10년에 해당하는 2002년 5월 1일 24시로 소멸시효가 완성된다. 그러나 A의 채권에 대한 시효기간을 계산함에 있어서는 A가 B에게 발송한 편지를 고려하여야 한다. 왜냐하면 이는 시효중단사유인 최고(催告)에 해당하기 때문이다(제174조). 이 催告가 유효한 중단사유라면 채무자에게 催告가 도달한 시점으로부터 다시 시효기간을 계산하여야 한다. 즉 1992년 6월 16일 0시로부터 10년 후의 날짜인 2002년 6월 15일 24시에 시효가 완성될 것이다. 그런데 최고도 중단사유이기는 하나 그 효력은 미약하다. 즉 최고를 한 때로부터 6개월 안에 재판상의 청구와 같은 조치를 취한 때에 한하여 최고의 시점에 시효중단이 있게 된다(제174조). 사안에서 1992년 6월 16일 0시로부터 6개월 후인 12월 15일 24시까지 A는 아무런 조치를 취하지 않았다. 그러므로 사안에서의 최고는 시효중단의 효력이 없다. 따라서 A의 채권은 1992년 5월 2일 0시로부터 기산하여 10년에 해당하는 2002년 5월 1일 24시로 소멸시효가 완성된다.

2. 消滅時效의 停止

(1) 時效停止의 의미

670 소멸시효의 정지란 시효중단행위를 하기 곤란한 사유가 있는 경우에 일정기간 동안 시효진행을 멈추었다가 다시 계속하여 시효를 진행하도록 하는 것이다. 시효의 정지유형은 다음의 두 가지 모습이 가능하다: ① 정지사유가 존재하게 되면 그 사유가 존속하는 동안의 기간을 시효기간에 산입하지 않는 방법; ② 시효가 완성될 무렵에 정지사유가 존재하게 되면 일정기간 동안 시효의 완성을 유예하는 방법.

우리 민법상의 시효정지제도는 모두 후자의 유형에 속한다. 그러므로 우리 민법상 소멸시효의 정지는 시효기간이 완성될 무렵에만 문제되는 것이고 그 이외의 시점에서는 문제되지 않는다. 시효중단에 있어서는 이미 경과한 기간을 無로 돌리고 새로이 시효가 진행되는 것이지만, 시효의 정지는 정지사유가 사라진 후에 일정한 유예기간이 경과하면 예전에 이미 진행된 기간을 합산한다는 점에서 차이를 보인다.

예를 들어 보자. P가 1990년 5월 1일 Q에게 1억원의 금전을 대여하면서 대여금 반환일자를 1992년 5월 1일 15시로 약정하였다. 일반적인 경우라면 P의 권리는 1992년 5월 2일 0시로부터 기산하여 10년에 해당하는 2002년 5월 1일 24시로 소멸시효가 완성한다. 그러나 P가 2002년 4월 1일 금치산선고를 받고 동시에 그의 배우자인 R이 P의 후견인으로 취임한 경우에는 그로부터 6월 후인 2002년 10월 1일 24시로 소멸시효가 완성하는 것이다. 그런데 이처럼 소멸시효의 정지제도가 실익을 갖게 되는 것은 각 조에 규정된 정지사유가 시효만료 전 6개월(제179조~제181조) 또는 1개월(제182조) 전에 발생한 경우에 한한다는 점이다. 위의 예에서도 만일 P의 금치산선고 및 R의 후견인 취임이 2001년 11월 1일 24시 이전에 발생한 경우라면 소멸시효 완성시점은 본래의 경우인 2002년 5월 1일 24시인 점에는 변함이 없다.

(2) 時效의 停止事由

671 소멸시효는 최소한 권리자가 재판상 권리를 행사할 수 있다는 것을 전제로 한 제도이다. 소멸시효의 기산점을 권리자가 '권리를 행사할 수 있는 때'(제166조 제1항)로 정하고 있는 것은 이와 같은 취지이다. 그런데 때에 따라서는 권리자가 권리를 행사할 수 없거나 행사하는 것이 극히 곤란한 경우도 있다. 그와 같은 사유를 민법은 정지사유로 규정하고 있다. 민법상의 정지사유는 다음의 네 가지이다.

ⓘ 무능력자를 위한 정지: 소멸시효의 기간만료 전 6개월 내에 무능력자의 법정대리인이 없는 때에는 그가 능력자가 되거나 법정대리인이 취임한 때로부터 6개월 내에는 시효가 완성하지 아니한다(제179조). 재산을 관리하는 부모 또는 후견인에 대한 무능력자의 권리는 그가 능력자가 되거나 후임의 법정대리인이 취임한 때로부터 6개월 내에는 소멸시효가 완성하지 않는다(제180조 제1항).

ⓘⓘ 혼인관계의 종료에 의한 정지: 부부의 일방의 타방에 대한 권리는 혼인관계가 종료한 때로부터 6개월 내에는 소멸시효가 완성하지 않는다(제180조 제2항).

ⓘⓘⓘ 상속재산에 관한 정지: 상속재산에 속한 권리나 상속재산에 대한 권

리는 상속인의 확정, 관리인의 선임 또는 파산선고가 있은 때로부터 6개월 내에는 소멸시효가 완성하지 않는다(제181조).

ⅳ 천재·사변에 의한 정지: 천재 기타 사변으로 인하여 소멸시효를 중단할 수 없을 때에는 그 사유가 종료한 때로부터 1개월 내에는 시효가 완성하지 않는다(제182조).

Ⅳ. 時效完成의 效果

1. 理論構成

672 소멸시효 완성의 효과에 대하여 絕對的 消滅說과 相對的 消滅說의 대립이 있다.

(1) 학설·판례의 내용

673 절대적 소멸설은 소멸시효가 완성하면 권리가 당연히 소멸한다는 입장이다.[96] 이 학설의 주요 논거는 다음과 같다: ① 구민법과는 달리 현행 민법은 시효의 원용에 관한 규정을 두고 있지 않다; ② 입법자의 의사[97]도 절대적 소멸설이다.

상대적 소멸설은 소멸시효가 완성하더라도 권리가 당연히 소멸하는 것은 아니며 권리의 소멸을 주장할 수 있는 권리가 발생할 뿐이라고 하는 입장이다.[98] 이 학설의 주요 논거는 다음과 같다: ① 우리 민법의 형성에 영향을 준 독일·프랑스의 민법에 있어서 시효완성의 효과는 권리의 상대적

---

96) 郭潤直, 앞의 책 "民法總則", 477면-478면; 金基善, 앞의 책 "韓國民法總則", 402면; 李英俊, 앞의 책 "民法總則", 769면; 李銀榮, 앞의 책 "民法總則", 778면.

97) 앞의 책 "民法案審議錄(上卷)", 103면: "초안은 시효원용에 관한 규정을 삭제함으로써 시효에 관하여 금후 절대적 소멸설이 확정되고 따라서 원용은 하나의 항변권으로 화한 것이다."

98) 高翔龍, 앞의 책 "民法總則", 708면; 金相容, 앞의 책 "民法總則", 757면; 金容漢, 앞의 책 "民法總則", 489면; 金曾漢·金學東, 앞의 책 "民法總則", 544면; 白泰昇, 앞의 책 "民法總則", 580면.

소멸이다; ② 절대적 소멸설을 취하게 되면 당사자가 소멸시효의 이익을 받기를 원하지 않는데도 불구하고 그 의사를 존중할 수 없게 되어 부당하고, 특히 절대적 소멸설을 취하게 되면 시효이익의 포기[99]를 설명하는 것이 불가능하다.

판례는 절대적 소멸설의 입장에 있는 것으로 평가된다.[100]

(2) 학설상의 주요 쟁점

674 절대적 소멸설과 상대적 소멸설을 주요 논점을 중심으로 비교해 보기로 한다.

1) 援用의 문제

675 당사자의 원용이 없어도 법원은 직권으로 소멸시효를 고려할 수 있는가 하는 문제이다. 상대적 소멸설이든 절대적 소멸설이든 당사자의 원용이 없이 법원이 직권으로 소멸시효를 고려할 수 없다고 한다. 그러나 이러한 결론에 이르는 과정에는 차이가 있다. 상대적 소멸설은 그들의 주장의 논리적 귀결에 따른 것이고, 절대적 소멸설은 민사소송법상의 辯論主義의 결과로 설명한다.

2) 時效利益의 포기

676 시효가 완성된 후에 시효로 인하여 이익을 받는 자가 시효이익을 포기하는 현상을 어떻게 설명할 것인가? 상대적 소멸설에서는 시효원용권의 포기로 설명한다. 절대적 소멸설에서는 소멸시효의 이익을 누리지 않겠다는 의사표시로 보며, 이 의사표시의 효력에 의하여 소멸시효의 효과가 발생하지 않는다고 한다.

3) 時效完成 후의 辨濟

677 시효가 완성된 후에 채무자가 변제를 한 경우에 이 변제는 유효

---

99) 시효완성으로 인하여 이익을 가지는 자(예: 채무자)는 시효완성 후에 시효이익을 포기할 수 있다(제184조 제1항). 절대적 소멸설에 따라 시효완성으로 인하여 권리는 처음부터 존재하지 않는 것으로 한다면 포기의 대상이 없는 상태로 된다는 점을 지적한 것이다.

100) 대법원 1979. 2. 13. 78다2157: "신민법상 당사자의 원용이 없어도 시효완성의 사실로서 채무는 당연히 소멸하고, 다만 소멸시효의 이익을 받는 자가 소멸시효 이익을 받겠다는 뜻을 항변하지 않는 이상 그 의사에 반하여 재판할 수 없을 뿐이다."

한 변제인가? 양 학설의 설명을 다음의 둘로 구분하여 살펴보자: ① 채무자가 시효완성 사실을 알면서도 변제한 경우; ② 채무자가 시효완성 사실을 모르고서 변제한 경우. 상대적 소멸설에서는 ①·②의 모든 경우에 유효한 변제로 본다. 왜냐하면 시효소멸의 원용이 없는 동안에는 채권은 소멸하지 않기 때문이다. 그러므로 채무자는 부당이득반환을 주장할 수 없다. ①의 경우에 대하여 절대적 소멸설은 다음과 같이 설명한다: 시효이익의 포기이며, 또한 악의의 非債辨濟(제742조)가 되어 채무자는 부당이득반환을 청구할 수 없다. ②의 경우에 채무자의 변제는 道義觀念에 적합한 辨濟(제744조)가 되어 역시 不當利得이 성립되지 않는다고 한다.

(3) 비판적 평가

678 앞에서 본 바와 같이 어느 학설에 의하든 동일한 결과에 이르고 있다. 법리적 측면에서는 상대적 소멸설이 보다 적합한 것으로 생각된다. 현행 민법의 입법 당시에 입법자가 소멸시효의 효과를 절대적 소멸설 쪽으로 생각한 것은 사실이다. 그러나 법해석에 있어서 입법자의 의도가 절대성을 가지는 것은 아니다. 게다가 현행 민법에는 절대적 소멸설의 직접적 근거가 될 명문규정도 없다. 다음에서는 몇 가지 관점에서 절대적 소멸설의 문제점을 지적하기로 한다.

ⓘ 당사자의 원용이 없이 법원이 직권으로 소멸시효를 고려할 수 없다는 결론을 이끌어내기 위하여 절대적 소멸설은 민사소송법상의 辯論主義를 들고 있다. 그러나 여기에서 변론주의를 말하는 것이 법리적 관점에서 타당한 것인가? 변론주의는 민사소송법상의 원칙임에 반하여 소멸시효의 효과는 실체법상의 문제이다. 실체법상의 법률효과에 대한 이론구성을 절차법상의 원리에 전적으로 의존하여 설명할 수는 없는 일이 아닌가 하는 생각이 든다. 또한 변론주의는 주요사실의 존부 등 재판의 기초가 되는 사실판단의 자료에 관련된 사실문제에 관한 것이다.[101] 즉 법규의 존재 및 적용에 관련된 법률문제에 대해서는 변론주의가 개입될 여지가 없다. 그런데 소멸시효의 완성으로 인하여 권리가 당연히 소멸한 것으로 파악하는 절대적 소멸설

---

101) 辯論主義에 대한 자세한 설명은 鄭東潤·庾炳賢, 앞의 책 "民事訴訟法", 306면 이하 참조.

의 입장에서 본다면, 권리가 소멸시효에 걸렸다는 것은 곧 권리의 소멸을 의미하는 것으로 사실문제가 아닌 법률문제로 보아야 할 것이다.[102] 절대적 소멸설이 주장하는 바와 같이 시효완성으로 인하여 권리가 당연히 소멸된 것으로 본다면 이 단계에서는 변론주의가 개입될 여지가 없이 법원은 직권으로 이를 고려하여야 한다고 설명하여야 할 것이다.[103] 이러한 면에서 본다면 절대적 소멸설을 취하면서 제척기간과 시효기간의 차이점으로서 "소멸시효는 당사자의 원용이 있어야 재판의 기초로 삼을 수 있으나 제척기간은 원용이 없더라도 법원이 직권으로 참작한다"라고 말하는 것도 균형에 맞지 않는다.

ⅱ 우리 민법의 소멸시효에 관한 규정 중에는 절대적 소멸설로는 설명될 수 없는 규정도 존재하는데, 그 대표적인 것이 시효이익의 포기이다(제184조 제1항). 절대적 소멸설에 따라 시효완성으로 인하여 권리는 처음부터 존재하지 않는 것으로 되었다면 포기의 대상이 없는 것인데, 어떻게 포기의 의사표시를 할 수 있다는 것인가 하는 의문이 있다. 시효이익의 포기에 대한 절대적 소멸설의 설명은 시효이익의 포기의 결과를 설명한 것일 뿐 법리적 엄밀성이 결여되어 있다.

ⅲ 채무자가 시효완성 사실을 모르고서 변제한 경우에 대하여 절대적 소멸설에서는 채무자의 변제는 도의관념에 적합한 변제(제744조)가 된다고 한다. 그렇다면 소멸시효가 완성되면 모든 의무는 도덕적 의무로 변환되는 것인가? 소멸시효는 권리의 소멸을 내용으로 하는 제도인 것이지 법적인 의무를 도덕적 의무로 전환시키는 제도가 아니다. 또한 절대적 소멸설이 제744조를 운운하는 것은 시효제도의 존재이유와 충돌하는 면도 있다. 이미 변제한 채무자에게 오랜 시간이 지나 다시 채무의 변제를 요구한 경우에 있어서 시효제도는 진정한 '권리관계의 보호'라는 기능을 하게 된다. 이와 같은 경우에 채무자가 시효완성 사실을 모르고 변제하였다면 이를 도의관념에 적합한 변제로 볼 수 있을 것인가?

요컨대, 소멸시효 완성의 효과에 대한 이론구성 방법으로서는 상대적 소멸설의 입장이 타당하다고 생각한다.

---

102) 金曾漢 · 金學東, 앞의 책 "民法總則", 541면 참조.
103) 金曾漢 · 金學東, 앞의 책 "民法總則", 541면.

2. 時效完成 效果의 내용

(1) 消滅時效의 遡及效

679 소멸시효가 완성하면 문제의 권리는 그 기산일에 소급하여 소멸한 것으로 된다(제167조). 주된 권리에 대한 소멸시효의 완성은 그에 종속된 권리에 효력을 미친다(제183조). 이 규정은 이미 진행된 사실상태 그 자체를 소급적으로 보호하자는 취지로 볼 수 있다. 소멸시효의 소급적 효력에 따라 채무자는 시효기산일 이후의 이자, 지연배상 등의 의무도 없는 것으로 된다.

(2) 時效利益의 拋棄

680 소멸시효가 완성되기 전에 미리 시효이익을 포기하는 것(즉 事前拋棄)은 허용되지 않는다(제184조 제1항). 이는 시효제도의 社會秩序性 내지 公益性의 표현으로 볼 수 있다. 사전에 시효이익을 포기하도록 허용한다면 이는 시효제도 자체를 무의미하게 하는 것이므로 허용되지 않는 것이다. 제184조 제1항의 반대해석상 소멸시효가 완성된 후에 시효이익을 포기하는 것(즉 事後拋棄)은 허용되는 것으로 해석하는 것이 통설의 입장이다. 제184조 제1항에 대한 반대해석이 아니라 하더라도 시효이익의 사후포기는 일반적인 권리포기이론에 따라 긍정될 수 있다. 시효가 완성된 후의 시효이익 포기는 시효제도 자체의 문제가 아니라 의무자에게 귀속된 개인적인 이익을 처분하는 것에 불과하기 때문이다. 권리자는 강행질서 또는 제3자의 이익에 반하지 않는 한 자신의 권리를 포기할 수 있는 자유가 있다. 시효이익을 포기하게 되면 이제는 더 이상 시효이익을 주장하지 못한다.

(3) 時效에 관한 合意

681 소멸시효의 배제・연장・가중과 같이 시효완성을 어렵게 하는 당사자 사이의 특약은 무효이다(제184조 제2항 전단). 그러나 이와 반대로 소멸시효의 단축 또는 경감을 내용으로 하는 합의는 유효하다(제184조 제2항 후단).

判例索引

대법원 1955. 3. 31. 4287민상77 127
대법원 1955. 4. 14. 4286민상231 64
대법원 1955. 5. 12. 4287민상208 497
대법원 1955. 7. 7. 4287민상366 482
대법원 1956. 5. 24. 4288민상526 294
대법원 1957. 10. 7. 4290민상518 532
대법원 1959. 7. 2. 4291민상329 496
대법원 1959. 9. 10. 4292민상466 71
대법원 1960. 2. 4. 4291민상636 132
대법원 1960. 3. 31. 4292민상574 286
대법원 1960. 4. 21. 4292민상252 130
대법원 1961. 11. 9. 4293민상748 592
대법원 1962. 1. 11. 4294민상473 229
대법원 1962. 1. 31. 4294민상445 285
대법원 1962. 2. 8. 4294민상192 464
대법원 1962. 3. 8. 4294민상934 71
대법원 1962. 3. 15. 4252민상903 95
대법원 1962. 4. 12. 4294민상1021 484
대법원 1962. 5. 10. 61누102 258
대법원 1962. 6. 21. 62다102 81
대법원 1962. 9. 27. 62다456 71
대법원 1963. 2. 21. 62다913 284
대법원 1963. 5. 9. 63다67 434
대법원 1963. 8. 31. 63다326 504
대법원 1963. 9. 12. 63다452 64
대법원 1963. 11. 21. 63다418 504
대법원 1964. 5. 19. 63다821 374
대법원 1964. 6. 2. 63다880 526
대법원 1964. 9. 15. 64다92 422

대법원 1964. 10. 30. 64다65 335
대법원 1964. 11. 24. 64다803 71
대법원 1964. 11. 30. 64다1082 493
대법원 1965. 2. 16. 64다1546 71
대법원 1965. 3. 30. 65다44 501
대법원 1965. 4. 13. 64다1940 .... 180, 189
대법원 1965. 4. 13. 65다220 579
대법원 1965. 5. 18. 65다114 239
대법원 1965. 5. 18. 65다312 326
대법원 1965. 6. 22. 65다775 574
대법원 1965. 7. 20. 65다874 284
대법원 1965. 8. 31. 65다1156 24
대법원 1965. 9. 28. 65다1519 353
대법원 1965. 11. 23. 65사28 .... 374, 385
대법원 1965. 11. 30. 65다1707 194
대법원 1966. 1. 25. 65다2210 496
대법원 1966. 2. 22. 65다2223 23
대법원 1966. 6. 21. 66다530 543
대법원 1966. 10. 21. 66다1596 526
대법원 1967. 1. 24. 66다2279 600
대법원 1967. 3. 21. 66다2660 450
대법원 1967. 4. 18. 66다661 433
대법원 1967. 4. 25. 67다75 592
대법원 1967. 5. 23. 67다529 592
대법원 1967. 6. 27. 67다793 411
대법원 1967. 7. 11. 67다893 284
대법원 1967. 7. 18. 66다1938 30
대법원 1967. 7. 24. 67다723 390
대법원 1967. 11. 21. 66다2197 500
대법원 1967. 12. 18. 67다2202 247
대법원 1967. 12. 19. 67다1337 239
대법원 1967. 12. 26. 67다1112 542
대법원 1968. 1. 31. 67다2785 217

대법원 1968. 3. 5. 67다2869 95
대법원 1968. 6. 4. 68다613 · 614 284
대법원 1968. 9. 6. 68다1323 60
대법원 1968. 11. 26. 68다1727 · 1728 503
대법원 1969. 1. 21. 68다1526 ...... 69, 71
대법원 1969. 8. 26. 68다2320 ...... 212, 216
대법원 1969. 9. 28. 65다1052 434
대법원 1969. 12. 31. 4291민상865 71
대법원 1970. 1. 27. 69다719 134
대법원 1970. 2. 10. 69다2013 257
대법원 1970. 2. 24. 69다2011 500
대법원 1970. 3. 10. 69다2103 139
대법원 1970. 3. 10. 69다2218 503
대법원 1970. 3. 24. 70다98 ...... 497, 499
대법원 1970. 6. 30. 70다579 589
대법원 1970. 7. 28. 70다741 134
대법원 1970. 8. 31. 70다1357 180
대법원 1970. 11. 30. 68다1995 285
대법원 1971. 3. 23. 71다189 134
대법원 1971. 3. 23. 71다37 589
대법원 1971. 10. 11. 71다1645 382
대법원 1971. 12. 14. 71다2045 127
대법원 1971. 12. 21. 71다2024 ...... 497, 499
대법원 1972. 8. 22. 72다983 363
대법원 1972. 10. 31. 72다1271 · 1272 383
대법원 1972. 11. 28. 72다699 71
대법원 1972. 12. 26. 72다1776 398
대법원 1972. 12. 26. 72다756 71
대법원 1973. 2. 13. 72다1549 600
대법원 1973. 2. 28. 72다2344 · 2345 193
대법원 1973. 7. 10. 72다1918 247
대법원 1973. 8. 31. 73다91 71
대법원 1973. 10. 10. 72다2600 575

대법원 1974. 2. 26. 73다1143 ……… 427
대법원 1974. 4. 23. 73다544 ……… 239
대법원 1974. 5. 14. 73다631 ……… 553
대법원 1974. 5. 28. 73다1133 ……… 370
대법원 1974. 11. 12. 74다416 · 417 ……… 589
대법원 1974. 11. 26. 74다310 ……… 198
대법원 1975. 1. 28. 74다1199 ……… 500
대법원 1975. 3. 25. 74다1452 ……… 208, 445
대법원 1975. 3. 31. 74마562 ……… 232
대법원 1975. 4. 8. 74다1743 ……… 286
대법원 1975. 4. 22. 74다410 ……… 229
대법원 1975. 5. 13. 75다92 ……… 387
대법원 1975. 6. 10. 73다2023 ……… 140
대법원 1975. 8. 19. 75다666 ……… 212
대법원 1975. 8. 29. 75다740 ……… 575
대법원 1975. 12. 23. 75다533 ……… 430
대법원 1976. 5. 11. 75다1656 ……… 184
대법원 1976. 5. 11. 75다2281 ……… 71
대법원 1976. 9. 14. 76다1365 ……… 99
대법원 1976. 9. 28. 76다1839 ……… 584
대법원전원합의체 1976. 11. 6. 76다148 ……… 564, 570
대법원 1976. 11. 23. 76다546 ……… 570
대법원 1976. 12. 10. 76마394 ……… 232
대법원 1976. 12. 14. 76다2191 ……… 434
대법원 1976. 12. 21. 75마551 ……… 131, 132
대법원 1977. 1. 25. 76다2224 ……… 578, 579
대법원 1977. 4. 26. 76다1677 ……… 281
대법원전원합의체 1977. 7. 26. 77다492 ……… 518
대법원 1977. 9. 13. 74다954 ……… 167
대법원 1977. 12. 13. 75다107 ……… 81
대법원 1977. 12. 13. 77다1048 ……… 575
대법원 1977. 12. 27. 77다511 · 584 ……… 212
대법원 1978. 2. 14. 77다2324 · 2325 ……… 69, 71

대법원 1978. 3. 28. 77다2298 ………… 65
대법원 1978. 3. 28. 78다282 · 283 ………… 501
대법원 1978. 4. 11. 76다2476 ………… 589
대법원 1978. 4. 11. 77다2509 ………… 591
대법원 1978. 7. 11. 78다719 ………… 415
대법원 1978. 7. 25. 77다1555 · 1556 ………… 142
대법원 1978. 9. 26. 78다1435 ………… 247
대법원 1978. 11. 28. 78다1359 ………… 212
대법원 1978. 12. 26. 78다2028 ………… 295
대법원 1979. 2. 13. 78다2157 ………… 604
대법원 1979. 3. 27. 78다2493 ………… 411
대법원 1979. 3. 27. 79다234 ………… 497, 499
대법원 1979. 6. 12. 79다573 ………… 589
대법원 1979. 6. 26. 79다639 ………… 600
대법원 1979. 7. 10. 79다569 ………… 591
대법원 1979. 7. 24. 79다942 ………… 75
대법원 1979. 8. 28. 79다784 ………… 284
대법원 1979. 11. 13. 79다1453 ………… 579
대법원전원합의체 1979. 12. 11. 78다481 · 482 ………… 184
대법원 1979. 12. 26. 79누248 ………… 178, 238
대법원 1980. 2. 12. 79다2169 ………… 579
대법원 1980. 4. 8. 79다2036 ………… 242, 244
대법원 1980. 5. 27. 80다484 ………… 71
대법원 1980. 6. 10. 80누6 ………… 59
대법원 1980. 7. 8. 80다639 ………… 394
대법원 1980. 9. 8. 80스27 ………… 139
대법원 1980. 11. 11. 79다2164 ………… 131
대법원 1980. 11. 11. 80다1812 ………… 81
대법원 1981. 1. 13. 79다2151 ………… 526
대법원 1981. 2. 24. 80다1756 ………… 444
대법원 1981. 3. 24. 80다1888 · 1889 ………… 574, 584
대법원 1981. 6. 23. 80다609 ………… 502
대법원 1981. 7. 28. 80다2668 ………… 134, 140

대법원 1981. 8. 11. 81다298 224
대법원 1981. 8. 20. 80다3247 505
대법원 1981. 8. 25. 80다3204 503
대법원 1981. 10. 13. 81다649 445
대법원 1981. 12. 22. 80다1475 406
대법원 1981. 12. 22. 80다2762 · 2763 184
대법원 1981. 12. 22. 81다카197 75
대법원 1982. 2. 9. 81다534 97
대법원 1982. 2. 23. 81누42 257
대법원 1982. 3. 9. 81다614 227
대법원 1982. 5. 25. 80다1403 403
대법원 1982. 6. 8. 81다107 534
대법원 1982. 9. 14. 80다2859 71
대법원 1982. 9. 14. 82다144 139
대법원 1982. 9. 28. 82다카177 503
대법원 1982. 9. 28. 82다카499 239
대법원 1982. 10. 12. 81도2621 90
대법원 1982. 11. 23. 82다카1133 .... 214, 441
대법원 1982. 12. 14. 80다1872 · 1873 131
대법원 1983. 2. 8. 80다1194 247
대법원전원합의체 1983. 3. 22. 82다카1533 81
대법원 1983. 4. 12. 82므64 69
대법원 1983. 4. 12. 83도195 247
대법원 1983. 6. 14. 80다3231 .... 20, 21, 366
대법원 1983. 6. 28. 83다카217 .... 210, 217, 449
대법원 1983. 8. 23. 82다카439 335
대법원 1983. 9. 27. 83다카938 227
대법원 1983. 10. 11. 83다카335 71
대법원전원합의체 1983. 12. 13. 83다카1489 672
대법원 1984. 6. 12. 82다카672 75
대법원 1984. 6. 26. 83다카1659 281
대법원 1984. 7. 24. 83다카1819 493
대법원 1984. 9. 25. 83다카1858 281

대법원 1984. 10. 23. 83다카1187 ························ 411
대법원 1984. 12. 11. 84다카1402 ························ 383, 427
대법원전원합의체 1984. 12. 26. 84누572 ························ 574
대법원 1985. 2. 8. 84다카730 ························ 251
대법원 1985. 3. 26. 84다카269 ························ 293, 294
대법원 1985. 4. 9. 84다카130 · 131 ························ 431
대법원 1985. 4. 23. 84다카890 ························ 417
대법원 1985. 7. 23. 84누678 ························ 180
대법원 1985. 8. 20. 84누509 ························ 238
대법원 1985. 11. 12. 84다카2344 ························ 566
대법원 1985. 11. 26. 85다카1580 ························ 75
대법원 1986. 7. 8. 85다카2648 ························ 250
대법원 1986. 7. 22. 85다카2307 ························ 71
대법원 1986. 9. 9. 86다카792 ························ 65
대법원 1986. 10. 10. 86스20 ························ 139
대법원 1986. 11. 11. 86누173 ························ 281
대법원 1986. 11. 25. 86다카1569 ························ 585, 586
대법원 1987. 3. 24. 84다카1324 ························ 494
대법원 1987. 3. 24. 86다카1348 ························ 496
대법원 1987. 4. 28. 86다카2534 ························ 212
대법원 1987. 5. 12. 86다카1824 ························ 386
대법원 1987. 6. 23. 86다카1411 ························ 434
대법원 1987. 6. 23. 86다카2549 ························ 581
대법원 1987. 6. 30. 86마478 ························ 251
대법원 1987. 7. 7. 86다카1004 ························ 395, 445
대법원 1987. 10. 13. 86다카1522 ························ 209, 445
대법원 1987. 10. 28. 87다카1409 ························ 579
대법원 1987. 11. 10. 87다카1557 ························ 445
대법원 1987. 11. 24. 86다카2484 ························ 229
대법원 1987. 12. 8. 86다카1230 ························ 195, 198
대법원 1987. 12. 8. 87다카459 ························ 214, 441
대법원 1987. 12. 8. 87다카898 ························ 81
대법원 1987. 12. 22. 87다카2337 ························ 593

대법원 1988. 1. 19. 86다카1384 …… 195, 198
대법원 1988. 2. 23. 87다카600 …… 294
대법원 1988. 3. 22. 86다카1197 …… 251
대법원 1988. 4. 27. 87누915 …… 62
대법원 1988. 6. 14. 88다카102 …… 214, 441
대법원 1988. 8. 9. 86다카1858 …… 208, 209, 446
대법원 1988. 9. 13. 86다카563 …… 386
대법원 1988. 10. 11. 87다카2238 …… 526
대법원 1988. 10. 25. 85누941 …… 275
대법원 1988. 11. 8. 87다카958 …… 216, 217
대법원 1988. 11. 22. 87다카1671 …… 167, 170
대법원 1988. 12. 27. 87누1043 …… 275
대법원 1988. 12. 27. 87다카2911 …… 71
대법원 1989. 1. 17. 87다카1271 …… 414, 417
대법원 1989. 2. 14. 87다카3037 …… 251
대법원 1989. 2. 28. 88다카214 …… 580
대법원 1989. 5. 9. 87다카2407 …… 60, 70, 231
대법원 1989. 5. 23. 88누8135 …… 39
대법원 1989. 6. 27. 88다카10579 …… 553
대법원 1989. 7. 11. 88다카9067 …… 286
대법원 1989. 8. 8. 88다카26123 …… 241
대법원 1989. 9. 12. 88누6856 …… 6
대법원 1989. 9. 12. 89다카678 …… 167
대법원 1989. 9. 29. 88다카17181 …… 57, 67
대법원 1989. 10. 10. 88다카8354 …… 496
대법원 1989. 10. 10. 89다카1602 · 1019 …… 110
대법원 1989. 12. 26. 88다카31507 …… 414
대법원 1990. 1. 12. 88다카25342 …… 573
대법원 1990. 2. 27. 89다카1381 …… 65, 66
대법원 1990. 3. 9. 88다카31866 …… 566
대법원 1990. 3. 23. 89다카555 …… 216, 217
대법원 1990. 3. 27. 88다카181 …… 493
대법원 1990. 5. 22. 87다카1712 …… 71

대법원 1990. 7. 10. 89다카12152 ········· 363
대법원 1990. 7. 10. 90다카7460 ········· 415
대법원 1990. 7. 24. 89누8224 ········· 61
대법원 1990. 8. 28. 90다카9619 ········· 62
대법원 1990. 11. 9. 90다카22513 ········· 575
대법원 1990. 11. 13. 90다카25352 ········· 570
대법원 1990. 11. 23. 90누2734 ········· 180
대법원 1990. 12. 26. 88다카20224 ········· 275
대법원 1990. 12. 26. 90누2536 ········· 180
대법원 1991. 2. 12. 88다카21647 ········· 501
대법원 1991. 2. 22. 90다13420 ········· 536
대법원 1991. 2. 26. 90다19664 ········· 64
대법원 1991. 3. 27. 90다13055 ········· 71
대법원 1991. 3. 27. 90다카27440 ········· 415
대법원 1991. 4. 23. 91다4478 ········· 247
대법원 1991. 5. 28. 90다8558 ········· 239
대법원 1991. 6. 14. 90다10346 · 10353 ········· 71
대법원 1991. 7. 9. 90다15501 ········· 65
대법원 1991. 7. 9. 91다5907 ········· 386
대법원 1991. 8. 27. 91다11308 ········· 424
대법원 1991. 8. 27. 91다16525 ········· 247
대법원 1991. 10. 25. 91다27273 ········· 71
대법원 1991. 11. 22. 91다8821 ········· 195, 198
대법원 1991. 11. 26. 91다11810 ········· 134
대법원 1991. 12. 10. 91다3802 ········· 60, 70
대법원 1991. 12. 13. 90누10360 ········· 39
대법원전원합의체 1991. 12. 24. 90다12243 ········· 510
대법원 1992. 1. 21. 91다30118 ········· 62
대법원 1992. 2. 14. 91다24564 ········· 229
대법원 1992. 2. 25. 91다38419 ········· 415
대법원 1992. 3. 13. 91누3079 ········· 39
대법원전원합의체 1992. 3. 31. 91다32053 ········· 590
대법원 1992. 4. 10. 91다43695 ········· 592

대법원 1992. 4. 14. 91다26850 ···· 237
대법원 1992. 4. 24. 92다4673 ···· 536
대법원 1992. 4. 24. 92다6983 ···· 593
대법원 1992. 4. 28. 91누10220 ···· 39
대법원 1992. 5. 22. 91다36642 ···· 60, 70
대법원 1992. 5. 26. 91다32190 ···· 500, 501
대법원 1992. 5. 26. 91다35571 ···· 358, 362
대법원 1992. 5. 26. 92다2332 ···· 65
대법원 1992. 5. 26. 92다3670 ···· 62
대법원 1992. 5. 26. 92다84 ···· 386
대법원 1992. 6. 12. 92다12018 · 12025 ···· 257
대법원 1992. 6. 12. 92다12384 ···· 64
대법원 1992. 7. 10. 92다2431 ···· 246, 247
대법원 1992. 7. 10. 92다3809 ···· 62
대법원 1992. 7. 14. 92다2455 ···· 140
대법원 1992. 7. 14. 92다8668 ···· 65
대법원 1992. 7. 24. 92다749 ···· 227
대법원 1992. 7. 28. 91다43121 ···· 62
대법원 1992. 7. 28. 91다44766 · 44773 ···· 573
대법원 1992. 8. 14. 91다29811 ···· 62
대법원 1992. 9. 8. 92다15550 ···· 526
대법원 1992. 9. 25. 92다20477 ···· 35
대법원 1992. 10. 9. 92다13264 ···· 62
대법원 1992. 10. 9. 92다23087 ···· 257
대법원 1992. 10. 13. 92다4666 ···· 536
대법원 1992. 10. 13. 92다6433 ···· 115
대법원 1992. 10. 23. 92다29337 ···· 386
대법원 1992. 11. 10. 92다20170 ···· 72
대법원 1992. 11. 24. 92다10890 ···· 65
대법원 1992. 11. 24. 92다25830 · 25847 ···· 417
대법원 1992. 11. 24. 92다31514 ···· 356
대법원 1992. 11. 27. 92다7719 ···· 383, 427
대법원 1992. 12. 8. 91누13700 ···· 39

대법원 1992. 12. 11. 92다23285 ………… 62
대법원전원합의체 1993. 1. 19. 91다1226 ………… 247, 250, 251
대법원 1993. 1. 26. 92다48239 ………… 257
대법원 1993. 2. 12. 92도3234 ………… 294
대법원 1993. 3. 2. 91다14116 ………… 86
대법원 1993. 3. 23. 92다52238 ………… 387
대법원 1993. 4. 13. 92다24950 ………… 297
대법원 1993. 4. 23. 93다1527 · 1534 ………… 281
대법원 1993. 5. 14. 93다4366 ………… 71, 72
대법원 1993. 5. 14. 93다4618 · 4625 ………… 441
대법원 1993. 5. 28. 91다41750 ………… 62
대법원 1993. 6. 25. 93다13391 ………… 208
대법원 1993. 7. 16. 92다41528 · 41535 ………… 387, 394
대법원 1993. 7. 16. 92다41535 ………… 394
대법원 1993. 8. 13. 92다43142 ………… 293
대법원 1993. 8. 27. 93다12930 ………… 399
대법원 1993. 9. 14. 93다13162 ………… 532
대법원 1993. 9. 14. 93다28799 ………… 227
대법원 1993. 9. 14. 93다8054 ………… 184
대법원 1993. 10. 12. 92다50799 ………… 234
대법원 1993. 10. 12. 93다19924 ………… 386
대법원 1993. 10. 26. 93다2629 · 2636 ………… 356
대법원 1993. 10. 26. 93다3103 ………… 346, 358
대법원 1993. 10. 26. 93다6409 ………… 387
대법원 1993. 12. 21. 93다34091 ………… 49
대법원전원합의체 1993. 12. 21. 92다47861 ………… 589
대법원 1993. 12. 24. 93다44319 · 44326 ………… 60
대법원 1994. 1. 28. 93다43590 ………… 58
대법원 1994. 1. 28. 93다50215 ………… 180
대법원 1994. 2. 25. 93다38444 ………… 49
대법원 1994. 3. 11. 93다40522 ………… 383
대법원 1994. 3. 11. 93다55289 ………… 75
대법원 1994. 3. 25. 93다32668 ………… 358

대법원 1994. 3. 25. 93다32828 · 32835 ········ 260
대법원 1994. 4. 12. 92다49300 ········ 260
대법원 1994. 4. 26. 93다51591 ········ 246
대법원 1994. 4. 29. 94다1142 ········ 358
대법원 1994. 5. 10. 93다21606 ········ 591
대법원 1994. 5. 10. 93다37977 ········ 370
대법원 1994. 5. 27. 93다21521 ········ 495
대법원 1994. 6. 10. 93다24810 ········ 424
대법원 1994. 6. 10. 94다11606 ········ 293, 295
대법원 1994. 6. 24. 94다10900 ········ 523
대법원 1994. 6. 24. 94다7737 ········ 600
대법원 1994. 6. 28. 94다6048 ········ 358
대법원 1994. 8. 12. 93다13971 ········ 62
대법원 1994. 8. 26. 93다2019 ········ 478
대법원 1994. 9. 27. 94다20617 ········ 477
대법원 1994. 9. 27. 94다21542 ········ 139, 143
대법원 1994. 10. 11. 94다16175 ········ 326
대법원 1994. 10. 14. 94다17185 ········ 581
대법원 1994. 10. 25. 94다18683 ········ 142
대법원 1994. 10. 25. 94다24176 ········ 214, 441
대법원 1994. 11. 22. 94다5458 ········ 71
대법원 1994. 11. 25. 94다12234 ········ 63
대법원 1994. 11. 25. 94다30065 ········ 49
대법원 1994. 11. 25. 94다32917 ········ 36
대법원 1994. 12. 2. 93다59922 ········ 592
대법원 1995. 2. 10. 94다13473 ········ 242
대법원 1995. 2. 17. 94다52751 ········ 139
대법원 1995. 2. 24. 94다21733 ········ 247
대법원 1995. 5. 23. 94다60318 ········ 414
대법원 1995. 5. 23. 94마2218 ········ 24
대법원 1995. 5. 28. 94다42020 ········ 370
대법원 1995. 6. 29. 94다6345 ········ 285, 294
대법원 1995. 6. 30. 94다54269 ········ 575

대법원 1995. 7. 28. 94다42679 142
대법원 1995. 9. 29. 94다4912 434
대법원 1995. 9. 5. 95다21303 247
대법원 1995. 10. 13. 94다52928 69
대법원 1995. 11. 10. 94다22682 · 22699 .... 536, 566
대법원 1995. 11. 21. 95다5516 414
대법원 1995. 12. 12. 94다22453 422
대법원 1995. 12. 22. 94다42129 .... 57, 67
대법원 1996. 1. 23. 95다24340 35
대법원 1996. 1. 23. 95다39854 582
대법원 1996. 1. 26. 95다40915 .... 226, 247
대법원 1996. 2. 9. 95다27431 65
대법원 1996. 2. 13. 95다41406 454
대법원 1996. 2. 23. 95다49141 494
대법원 1996. 3. 22. 95다24302 36
대법원 1996. 3. 26. 93다55487 .... 414, 417
대법원 1996. 4. 12. 93다40614 · 40621 .... 46, 194
대법원 1996. 4. 12. 94다37714 · 37721 97
대법원 1996. 4. 26. 94다29850 445
대법원 1996. 4. 26. 95다52864 296
대법원 1996. 5. 10. 96다8468 494
대법원전원합의체 1996. 5. 16. 95누4810 178
대법원 1996. 6. 14. 94다46374 386
대법원 1996. 6. 28. 96다12696 194
대법원 1996. 7. 12. 95다49554 494
대법원 1996. 7. 26. 94다25964 417
대법원 1996. 7. 30. 94다51840 63
대법원 1996. 8. 20. 96다19581 · 19598 356
대법원 1996. 8. 23. 94다38199 493
대법원 1996. 9. 6. 94다18522 231
대법원 1996. 9. 20. 96다25302 579
대법원 1996. 9. 20. 96다25371 535
대법원 1996. 10. 11. 95다1460 .... 386, 427

대법원 1996. 10. 11. 96다30182 ………… 214, 441
대법원 1996. 10. 25. 95다56866 ………… 247
대법원 1996. 10. 25. 96다29151 ………… 75
대법원 1996. 11. 26. 95다49004 ………… 63
대법원 1996. 12. 6. 95다24982 · 24999 ………… 424
대법원 1996. 12. 10. 96다27858 ………… 65
대법원 1996. 12. 20. 95누16059 ………… 394
대법원 1997. 1. 24. 96다39721 · 39738 ………… 246, 248
대법원 1997. 1. 24. 96다43928 ………… 445
대법원 1997. 2. 11. 94다23692 ………… 69
대법원 1997. 2. 14. 95다31645 ………… 65
대법원 1997. 3. 11. 96다49650 ………… 387
대법원 1997. 4. 22. 97다3408 ………… 244
대법원 1997. 6. 27. 97다3828 ………… 501, 505
대법원 1997. 6. 27. 97다6124 ………… 422
대법원 1997. 7. 22. 96다56153 ………… 24
대법원 1997. 7. 22. 97다18165 · 18172 ………… 69
대법원 1997. 8. 22. 97다13023 ………… 420
대법원 1997. 8. 29. 97다18059 ………… 208, 209, 217, 446
대법원 1997. 9. 26. 95다6205 ………… 237
대법원 1997. 9. 30. 97다23372 ………… 441
대법원 1997. 10. 10. 97다3750 ………… 293
대법원 1997. 10. 24. 95다11740 ………… 422
대법원 1997. 10. 24. 96다17851 ………… 46, 194
대법원 1997. 10. 28. 97다26043 ………… 49
대법원 1997. 11. 14. 97다35344 ………… 36
대법원 1997. 11. 25. 97다31281 ………… 335
대법원 1997. 11. 28. 96다21751 ………… 495
대법원 1997. 11. 28. 97다38299 ………… 35
대법원 1997. 12. 12. 97누13962 ………… 396
대법원 1997. 12. 12. 97다36316 ………… 69
대법원 1998. 1. 20. 97다29417 ………… 69
대법원 1998. 1. 23. 96다41496 ………… 429

대법원 1998. 1. 23. 97다42601 ………… 386
대법원 1998. 2. 10. 97다44737 ………… 414
대법원 1998. 2. 13. 97다47675 ………… 580
대법원 1998. 2. 27. 97다24382 ………… 35
대법원 1998. 3. 13. 97다22089 ………… 434
대법원 1998. 3. 27. 97다19687 ………… 210, 217, 449
대법원 1998. 3. 27. 97다48982 ………… 500
대법원 1998. 4. 24. 97다32215 ………… 79
대법원 1998. 5. 12. 97다36989 ………… 434
대법원 1998. 5. 12. 97다56020 ………… 180
대법원 1998. 5. 29. 97다55317 ………… 464, 498
대법원 1998. 6. 12. 96다26961 ………… 600
대법원 1998. 6. 12. 97다53762 ………… 496
대법원 1998. 6. 26. 97다42823 ………… 71, 72
대법원 1998. 6. 26. 98다11826 ………… 65
대법원 1998. 7. 10. 98다18988 ………… 503
대법원 1998. 7. 24. 97다35276 ………… 65
대법원 1998. 7. 24. 98다12270 ………… 35
대법원 1998. 8. 21. 97다37821 ………… 57
대법원 1998. 9. 4. 96다11440 ………… 35
대법원 1998. 11. 24. 98다25061 ………… 58
대법원 1998. 11. 27. 98다32564 ………… 6
대법원 1998. 11. 27. 98다7421 ………… 536
대법원 1998. 12. 8. 98다44642 ………… 217
대법원 1998. 12. 23. 97다26142 ………… 227
대법원 1999. 1. 15. 98다39602 ………… 449
대법원 1999. 1. 26. 98다39930 ………… 216
대법원 1999. 1. 29. 98다27470 ………… 495
대법원 1999. 2. 5. 97다26593 ………… 496
대법원 1999. 2. 9. 98다53141 ………… 36
대법원 1999. 2. 23. 98다47924 ………… 417
대법원 1999. 2. 23. 98다60828 · 60835 ………… 429
대법원 1999. 3. 9. 97다7721 ………… 445

대법원 1999. 3. 12. 98다18124 ········· 590
대법원 1999. 3. 23. 99다4405 ········· 56, 60
대법원 1999. 4. 13. 98다51077 · 51084 ········· 81
대법원 1999. 4. 13. 98다52483 ········· 383
대법원 1999. 4. 23. 98다45546 ········· 414, 417
대법원 1999. 4. 23. 99다4504 ········· 246
대법원 1999. 5. 28. 98다58825 ········· 386
대법원 1999. 6. 11. 99다16378 ········· 592
대법원전원합의체 1999. 6. 17. 98다40459 ········· 513
대법원 1999. 7. 9. 98다9045 ········· 421
대법원 1999. 7. 23. 96다21706 ········· 383
대법원 1999. 7. 27. 98다47528 ········· 24
대법원 1999. 9. 7. 98다47283 ········· 275
대법원 1999. 9. 7. 99다27613 ········· 71
대법원 1999. 10. 8. 98다2488 ········· 195, 198
대법원 1999. 12. 7. 98다42929 ········· 216
대법원 1999. 12. 10. 98다36344 ········· 247
대법원 1999. 12. 28. 99다25938 ········· 65
대법원 2000. 1. 28. 99다35737 ········· 181, 260
대법원 2000. 2. 11. 99다56833 ········· 383, 387
대법원 2000. 3. 10. 98다29735 ········· 216
대법원 2000. 3. 10. 99다60115 ········· 58
대법원 2000. 4. 7. 99다53742 ········· 494
대법원 2000. 5. 12. 2000다12259 ········· 417
대법원 2000. 6. 9. 2000다15371 ········· 566
대법원 2000. 6. 9. 98다35037 ········· 24
대법원 2000. 11. 2. 2000마3530 ········· 293
대법원 2000. 11. 24. 99다12437 ········· 177
대법원 2000. 12. 26. 99다19278 ········· 131
대법원 2001. 1. 19. 2000다51919 · 51926 ········· 394
대법원 2001. 1. 19. 97다21604 ········· 167, 169
대법원 2001. 1. 19. 99다67598 ········· 216
대법원 2001. 2. 9. 99다38613 ········· 381, 383

대법원 2001. 3. 9. 99다13157 ……… 92
대법원 2001. 3. 23. 2000다71555 ……… 358
대법원 2001. 3. 23. 2001다6145 ……… 592
대법원 2001. 5. 15. 99다53490 ……… 56
대법원전원합의체 2001. 5. 24. 2000므1493 ……… 518
대법원 2001. 6. 15. 99다40418 ……… 420
대법원 2001. 7. 27. 2000다56037 ……… 227
대법원 2001. 8. 21. 2001다31264 ……… 496
대법원 2001. 9. 25. 99다19698 ……… 478
대법원 2001. 9. 28. 99다72521 ……… 592
대법원 2001. 11. 9. 2001다44291 ……… 526
대법원 2001. 11. 9. 2001다52568 ……… 580
대법원 2002. 3. 15. 2001다67126 ……… 56
대법원 2002. 4. 26. 2001다8097 · 8103 ……… 566
대법원 2002. 4. 26. 2002다5873 ……… 142
대법원 2002. 5. 24. 2000다72572 ……… 358
대법원 2002. 6. 14. 2002다11441 ……… 592
대법원 2002. 9. 10. 2000다96 ……… 247
대법원 2002. 12. 10. 2001다58443 ……… 217
대법원 2003. 1. 10. 2000다26425 ……… 566
대법원 2003. 1. 10. 2001다1171 ……… 227
대법원 2003. 2. 11. 99다66427 · 73371 ……… 244
대법원 2003. 3. 14. 2001다7599 ……… 226
대법원 2003. 3. 14. 2002다72385 ……… 275
대법원 2003. 4. 11. 2001다53059 ……… 420
대법원 2003. 4. 11. 2002다59481 ……… 72
대법원 2003. 4. 11. 2002다70884 ……… 417
대법원 2003. 4. 22. 2003다2390 ……… 56
대법원 2003. 4. 25. 2002다11458 ……… 394
대법원 2003. 6. 27. 2003다20190 ……… 566
대법원 2003. 7. 8. 2002다74817 ……… 227
대법원 2003. 7. 11. 2001다73626 ……… 247
대법원 2003. 7. 22. 2002다64780 ……… 230, 247

대법원전원합의체 2003. 7. 24. 2001다48781 ······ 20
대법원 2003. 7. 25. 2002다27088 ······ 210, 217
대법원 2003. 8. 22. 2003다19961 ······ 60
대법원 2003. 9. 5. 2001다32120 ······ 434
대법원 2003. 12. 12. 2003다44059 ······ 434
대법원 2004. 1. 27. 2001다24891 ······ 566
대법원 2004. 2. 13. 2002다43882 ······ 363
대법원 2004. 3. 26. 2003다34045 ······ 210, 217
대법원 2004. 4. 28. 2003다39873 ······ 358
대법원 2004. 5. 28. 2002다32301 ······ 420
대법원 2004. 10. 28. 2004다5563 ······ 60
대법원 2004. 11. 12. 2002다66892 ······ 167
대법원 2004. 11. 12. 2004다22858 ······ 275
대법원전원합의체 2005. 7. 21. 2002다1178 ······ 247

事項索引(國文)

ㄱ

가격배상 272
가능성 332, 369, 370
가등기 546, 549
가분물 272
가사조정 85
가압류 586, 587, 597, 598
가장조건 542
가장행위 399, 402
가정법원 100, 117, 131, 139, 143
가정적 의사 516, 519
가족권 40, 47, 569
가족법 103, 118
가족법상의 법률행위 421
가주소 128, 129
가집행 84, 585, 595
가처분 226, 228, 586, 587, 597, 598
각자대리의 원칙 442
각하 593
간접계수 12
간접대리 400, 433, 457
간접의무 54
간접점유자 302
간주 139, 142
감독기관 225
감사 214
감정의 표시 314
감정인 243
강박 332, 392, 394, 427, 531
강제이행 54
강제집행 85, 325, 391, 534, 535, 598
강행규정 28, 57, 211, 212, 237, 286, 332, 375, 377, 378, 379, 523
개업준비행위 180
객관적 합치 339, 350
거래안전 102, 118, 140, 144, 147, 153, 341, 346, 347, 384, 430, 438, 462, 466, 474, 565
거소 128, 129, 130
거절권 125, 126
건물 280
건물등기부 280
검사 116, 131, 134, 143, 193, 201, 231, 232, 242
게르만법 14
게르만법학파 16
격지자 334
견련관계 371
결의권 47, 236
결함있는 의사표시 392
경개 534
경과실 30, 209, 447
경국대전 7
경락인 296
경매 77, 296
경제대리 433
계속적 계약 397
계속적 보증 64

계약 28, 173, 175, 256, 311, 319, 320, 355, 405, 435, 524
계약경제 341, 462, 475, 476, 520, 521
계약명의신탁 326
계약외책임 29, 81
계약의 이행 440
계약자유의 원칙 28
계약책임 29, 80
계약체결상의 과실 371, 419
계약체결의 자유 28
계약해제 49, 431
계약해지 65
고등법원 83
고용계약 109
고의 29, 222
공공복리 31
공공용물 271
공동대리 442
공동상속 92, 478
공동소유 249, 259
공법 5
공법상의 행위 501
공법인 165
공시 42, 102, 183, 255, 274, 282, 291
공시송달 337
공시의 원칙 42, 274, 309
공시최고 139
공신력 407
공신의 원칙 309, 403
공연 308
공용물 271
공유 248, 478
공유물분할 272
공익권 237
공익법인 172
공장저당 275
공통의 착오 424
공휴일 561
과실(過失) 29, 144, 145, 222, 271, 298, 337
과실(果實) 298
과실상계 35, 36, 204, 449
과실수취권 300, 304
과실의 분류 30
과실책임의 원칙 26, 28, 30, 31
과태료 246
관념의 통지 314
관념적 용태 312
관리 259
관리가능성 267
관리행위 131
관습 359
관습법 17, 18, 19, 21, 365, 366, 367
관습법상의 법정지상권 23
관습법지역 17
관할관청 258
괄승계인 600
광물 278
광업재단저당권 275
광의의 무권대리 467
광해조정 85
교환가치 43, 282, 304
교환계약 40
교회 247, 253
교회법 13, 14
교회법대전 13

교회의 분열 251
구민법 184, 186
구상권 40
구세군교회 250
구체적 과실 30
구칙법휘찬 13
국가구제 82, 86
국제사법 33
국회 19
권능 39, 249
권리 37
권리 없는 의무 52, 53
권리 · 의무관계 34
권리객체 265
권리경합 78, 79, 81
권리관계 34, 55, 311
권리구제 82
권리남용 291
권리남용금지의 원칙 55, 67, 68, 69, 70, 72, 73, 167
권리능력 89, 91, 94, 194, 195, 197, 256, 258, 331
권리능력 없는 사단 257, 260
권리능력 없는 재단 257, 260
권리능력의 존속기간 90
권리법력설 38
권리변경기능 58
권리변동 307
권리소멸기능 58
권리실효 568
권리의 변경 309
권리의 분류 39
권리의 사회성 57
권리의 소멸 309
권리의 충돌 74
권리주체 89
권리중첩 77, 79
권리창설기능 58
권리포기이론 607
권한 39
권한을 넘은 표현대리 500
귀책사유 222, 271, 372, 373, 426
규범적 해석 346, 347, 348, 356, 357, 358, 360, 362
근대민법의 3대원칙 26
근로계약 62, 114, 118
근친혼금지제도 9
금반언의 원칙 60, 69, 404
금전 269, 270
금전배상 46
금전채무 270
금지규정 376
금치산 104, 452
금치산선고 453
금치산선고의 취소 121
금치산자 100, 118, 119, 127
기각 593
기간 234, 316, 369, 558
기간계산 558, 561
기간의 계산 558
기간의 역산 561
기대권 545, 554
기망 126, 422
기본대리권 499, 500
기산점 559
기성조건 543

기판력 140, 585, 591
기한 538, 551
기한을 붙일 수 없는 법률행위 553
기한의 도래 333, 552
기한의 이익 554
기한의 이익의 상실 556
기한의 이익의 포기 555
기한이 없는 채무 574
긴급명령 19

ㄴ

나폴레옹 17
낭비자 116
내국법인 166
내부적 소유권 329
내부적 수권 466
내부적 용태 312
내심의 의사 350, 352
내심적 의사 344, 346
내심적 효과의사 343, 393, 398, 409
내용결정의 자유 28
내용의 착오 347
농작물 284, 288, 291
뇌사설 92
능동대리 432, 453, 491

ㄷ

단기소멸시효 577, 584
단독사건 83
단독행위 97, 126, 151, 175, 311, 315, 318, 355, 387, 435, 487, 488, 524, 529, 543
단독행위의 경합 181
단독허위표시 398
단속규정 376, 377
단순동기의 착오 416
단순명의신탁 327
단순수의조건 541
단위적 개념 315
단일물 273
담보 133, 135
담보물권 76, 275, 282, 569
담보책임 150, 273, 423
당사자 600
당사자능력 89, 248, 258
당사자에 관한 유효요건 331
당사자의 원용 604
당연무효 509, 527
대표 433
대가위험부담 41, 372
대관습법 17
대금분할 272
대리 39, 204, 206, 223, 226, 432
대리권 39, 108, 117, 120, 406, 434, 439, 441, 504
대리권 소멸후의 표현대리 497
대리권 수여의 표시 495
대리권남용 132, 202, 203, 205, 209, 444, 445, 446, 450
대리권의 소멸 452
대리의사 433, 446
대리인 215, 429, 431, 432, 433, 435, 440, 452, 454, 529, 530
대리행위 114, 132, 486
대물반환의 예약 385
대법원 83

대상청구권 372, 373
대세권 42
대습상속권 95
대위책임 224
대체물 272, 273
대표 39, 206, 433, 445
대표권 39, 198, 208, 217
대표권남용 202, 203, 205, 209, 210, 219, 229, 450
대표권의 범위 196
대표권의 제한 199, 220, 221, 228, 230
대표기관 205, 210, 214, 215, 218, 222, 223, 228, 229
대표행위 200, 205, 208
대항 337, 405, 419, 476, 533
대항요건 179, 227, 244, 245
대항요건주의 41, 186
대화자 334
데이터베이스 46
도급 440, 581
도달주의 333, 334, 335
도의관념에 적합한 변제 605, 606
독립성 269
독립정착물 279
독일민법 11, 16, 56, 67, 94, 196, 486, 489, 550
독촉절차 595
동거청구권 49
동기 382, 412
동기의 불법 383
동기의 착오 408, 409, 412, 413
동물 268
동산 41, 270, 277, 283, 292, 294
동성동본금혼제도 9
동시사망 92, 93
동시이행의 항변권 570
동의 491
동의권 49, 107, 117, 120
동일성이론 189
동프랑크 14
등기 41, 42, 43, 183, 184, 220, 277
등기능력 254, 258
등기명의신탁 326
등기부 280, 292
등기청구권 570
등록 42
등록부 292
디제스타 9

ㄹ

로마 12
로마법 12, 14, 15, 18, 325
로마법학파 16

ㅁ

만료점 559
만주민법 10, 11, 235
만주사변 11
매도인 303, 369
매매계약 28, 41, 48, 64, 75, 110, 319
매수인 369
메이지유신 10
명령 19
명의신탁 193, 326, 328, 330, 400
명인방법 23, 281, 282, 288, 289
모순행위금지의 원칙 59, 61, 62, 211

목본식물 284
목적물반환청구권의 양도 302
무과실 308, 482
무과실책임 150, 484, 485
무권대리 196, 197, 434, 438, 439, 440, 442, 444, 456, 461, 462, 465, 466, 467, 469, 470, 475, 476, 482, 486, 489, 490, 506
무권대리의 추인 200
무권대리인 336, 476, 477, 483, 484, 491, 528
무권대리인의 책임 487
무권리자의 처분행위 525
무기명채권 190
무능력자 336, 528, 529
무능력자의 상대방 보호 121
무상계약 35, 54, 322
무의식적 불일치 393
무인행위 322, 439
무주물선점 315
무체물 44
무체재산권 44, 265
무한책임사원 114
무효 75, 101, 110, 122, 210, 272, 328, 331, 332, 341, 370, 371, 376, 389, 395, 396, 398, 509, 521, 527
무효사유 341, 421, 523
무효와 취소의 이중효 507, 508
무효행위의 전환 341, 517, 519
무효행위의 추인 341, 520, 522, 525
물건 41, 265, 266
물건주의의 원칙 266
물권 41, 42, 52, 76, 191
물권과 물권의 충돌 76
물권법정주의 42, 329
물권변동 183, 185, 296, 550
물권적 청구권 48, 52, 250
물권행위 323
미군정 7
미분리과실 283
미성년자 5, 100, 105, 113, 115, 116, 118, 337
민법개정안 27, 47, 65, 94, 104, 106, 112, 114, 138, 172, 189, 190, 230, 241, 261, 361, 364, 368, 387, 416, 421, 514, 526, 530, 581, 582, 584, 587, 590, 593, 594, 596, 597, 598
민법의 개념 3
민법의 법원 18
민법전 4, 32
민법전의 제정과 개정 8
민법전의 편별 9
민법학상의 신탁 324, 325, 399
민사관계 34
민사소송 82, 83
민사절차법 4
민사조정 85
민사책임 29
민사회사 165

ㅂ

반대권 50
반사적 이익 38, 39
반소 588
발기인 179
발기인조합 180

발신주의 235, 333, 336
배서·교부 42, 191
배아 94
배우자 96, 116, 157, 330
배임행위 75, 407
법규범 34
법률 19, 359, 365
법률관계 34
법률불소급의 원칙 32
법률사실 310, 338, 355, 558
법률상의 장애 574
법률요건 310, 317, 355, 558
법률행위 20, 27, 41, 57, 100, 102, 120, 121, 126, 145, 177, 184, 310, 316, 317, 338, 353, 357, 436, 480, 527
법률행위 해석 19, 352, 359, 360, 364, 366, 539, 552
법률행위의 경제성 335
법률행위의 구성요소 403
법률행위의 내용 369, 417
법률행위의 내용에 관한 유효요건 332
법률행위의 동기 540
법률행위의 무효 509
법률행위의 부관 537, 556
법률행위의 부존재 331, 480, 509, 528
법률행위의 틈 358
법률행위자유의 원칙 27, 30
법률행위해석의 표준 362
법률효과 310
법원 24, 367
법의 충돌 33
법의 흠결 24, 156
법인 32, 89, 158, 203, 228, 433
법인격 158, 166, 176, 193, 213, 433
법인격 없는 사단 257, 260
법인격 없는 재단 257, 260
법인격부인 166, 167, 169, 170
법인본질론 160, 212
법인부인설 38, 161
법인설립등기 188
법인실재설 162, 212
법인의 감독 245
법인의 권리능력 198
법인의 기관 225
법인의 목적 194, 199, 200, 240
법인의 목적범위 217, 218
법인의 불법행위 197, 202, 206, 211, 212, 223
법인의 불법행위책임 210
법인의 소멸 240
법인의 주소 238
법인의 행위능력 227
법인의 활동 228
법인의제설 38, 160, 213
법인제도의 기능 159
법적 허용 324, 328
법적 확신 19, 20, 21, 365
법정과실 298, 299, 302
법정과실의 귀속원리 302
법정광물 278
법정기한 539, 551
법정대리 435, 441, 452, 455, 457, 499, 501
법정대리인 105, 107, 109, 111, 113, 117, 120, 121, 124, 127, 445, 460, 530
법정조건 539, 542

법정추인 121, 532, 534, 535
법정후견인 107, 117
법제처 8
법조경합 78, 79, 81, 220
법치국가 82
법학제요 10, 13
변경적 효력설 21, 22
변론종결 505
변론주의 423, 493, 605
변제 40, 111
변제기 556
변제기 전의 변제 555
변호사 83
별제권 594
보상책임의 원리 212, 214, 223, 224
보수 135
보아소나드 10
보아소나드 민법전 11
보존등기 281
보존행위 441
보증인 64
보충적 해석 358, 359, 360, 362, 368, 516, 519
보충적 효력설 21, 22
보통거래약관 514
보통관습법 17
보통법 15
보통법학파 16
보통실종 138
보통인 30, 505
보호의무 548
복대리 215, 459, 460, 498, 500
복대리권 460
복대리인 458, 459, 461
복임권 231, 458, 459, 461
복임행위 459
복합계수 12
본계수 15
본인 116, 143, 429, 432, 433, 435, 443, 444, 446, 452, 454, 456, 457, 460, 471, 472, 481
부관 537, 575
부담 538
부담부증여 539
부당이득 152, 270, 291, 388, 391, 486, 533, 605
부당이득반환청구권 72, 323
부동산 41, 277, 279, 294
부동산실명제 327, 328
부속물매수청구권 49
부양청구권 49
부작위 575
부재 128
부재선고제도 136
부재자 129, 132, 139
부재자의 재산관리제도 129, 130
부정행위 154
부진정연대채무 225
부합 285, 287
부합계약 514
부합물 285
분묘기지권 23
분석법학 15
불가분물 272
불공정한 법률행위 374, 386, 389, 390
불공정행위 523

불능 41
불능조건 543
불문민법 19
불문법 18
불문법주의 18
불법동기 384
불법원인급여 388
불법조건 542
불법행위 73, 218, 222, 223, 270, 486
불법행위능력 103, 197
불법행위책임 29, 81, 420
불완전채무 36
불요식주의 172
불요식행위 324
불융통물 271
불특정물 272
불확정기한 551, 552
불확정기한부 채무 574
불환지폐 270
비대체물 272, 273
비법률행위 310
비법인사단 188, 189, 246, 249, 256, 257
비법인재단 246, 254
비소비물 273
비수의조건 540, 541
비신탁행위 324
비영리법인 165, 237
비용상환청구권 133, 487
비인격성 267
비잔틴로마법 시대 13
비재산적 권리 569
비진의표시 174, 332, 345, 354, 392, 394, 398
비채변제 552, 605
비출연행위 322
비표현행위 313, 314

ㅅ

사자 433
사건 312
사권보호청구권 24
사기 332, 392, 422
사기 · 강박 174
사기 · 강박에 의한 의사표시 425
사기에 의한 의사표시 426
사단 89
사단법인 163, 234
사망 90, 91, 335, 453, 539
사무관리 313, 486, 487
사법(私法) 5
사법경제 22
사법상의 화해 85
사법인 165
사변 603
사실상의 장애 574
사실인 관습 361, 362, 365, 366, 367, 368
사실적 계약관계론 104
사실행위 314, 316, 436, 501
사실혼 106
사용 112, 249, 259
사용권 39
사용권원 289, 290
사용대차 273, 556
사용자책임 207, 216, 440, 448, 449, 451
사용차주 303
사원 47, 159, 218, 234, 236, 241

사원권 40, 47, 237
사원명부 232
사원총회 199, 214, 230, 232, 233, 314, 561
사유재산권절대의 원칙 26, 28, 30
사인의 공법행위 396
사인증여 97, 324
사자(使者) 433
사적자치의 보충 432
사적자치의 원칙 26, 27, 101, 204, 317, 353, 364, 374, 395, 402, 425, 485, 514
사적자치의 확장 432
사전포기 607
사정변경의 원칙 58, 64, 66
사해행위 401
사회규범 34
사회적 타당성 332, 369, 374
사회질서 27, 365, 374, 375, 378, 379, 385
사후포기 607
산업재산권 44
산업저작권 46
3권분립 25
3심제 83
3자간의 명의신탁 326
3징후설 91
상계 304, 318, 553
상계권 49, 53
상고 84
상대방 없는 단독행위 126, 181, 318, 354, 395, 405, 421, 488, 490
상대방 없는 법률행위 174
상대방 없는 의사표시 334
상대방 있는 단독행위 126, 318, 395, 405, 490, 491, 533
상대방 있는 법률행위 428
상대방 있는 의사표시 334
상대방선택의 자유 28
상대방에 의하여 유발된 동기 415
상대방의 사기 · 강박 428
상대방의 인식가능성 410, 417
상대적 권리 42
상대적 무효 509
상대적 발생 307
상대적 소멸설 567, 603
상린관계 278, 279
상법 6, 336
상사시효 582
상사채권 576
상사회사 165
상속 92, 308, 325, 477
상속개시 94
상속권 47, 48, 94, 194
상속능력 95
상속의 포기 334
상속인 140, 187, 336, 478
상속회복청구권 48, 49
상업등기 113, 245
상업인 113
상인 165, 582
상표권 44, 45
상행위 165
생명권 194
생전처분 182, 186
생전행위 324
생존추정 141

생활관계설 5
생활장소 128
서프랑크 14
선관주의의무 49, 233
선량한 관리자 30, 49, 131, 201, 225, 227
선량한 풍속 27, 365, 374, 375, 378, 379, 385
선례구속의 원칙 25
선박 292
선박실종 138
선의 109, 145, 146, 147, 148, 150, 151, 228, 312, 404, 482, 533
선의취득 271, 308, 403
선임재산관리인 131
선임후견인 107, 117
선택채권 483
설립등기 179, 183, 193, 226, 258, 334
설립자 172, 179, 184
설립자조합 180
설립중의 법인 180, 189
설립중의 사단법인 179
설립중의 재단법인 193
설립행위 164, 181, 231
설립허가의 취소 240
설정적 승계 308
성과 본 9
성년 100
성년기 105
성년연령 104
성년의제 106
성년후견제도 105
성립상의 견련성 371
성립요건 179, 330
성립요건주의 41, 185, 549
성문법 18, 21
성문법주의 18
성문법지역 17
성상의 착오 410, 412, 413
성질설 5
성질의 착오 410
세계지적소유권기구 44
소구 54
소극조건 540
소급입법 32
소급적 무효 144
소급효 98, 119, 145, 476, 522, 550, 553, 554
소멸시효 316, 563, 567
소멸시효 중단 586
소멸시효기간 535, 576, 583
소멸시효의 소급효 607
소멸시효의 장애 586
소멸시효의 정지 601
소멸시효의 중단 586
소멸시효제도의 존재이유 563
소비대차 77, 123, 273
소비물 273
소송능력 100, 110
소송대체분쟁해결제도 82, 84
소송물 83, 591
소송상의 화해 85
소송의 각하 593
소수사원권 47, 234, 237
소액사건 83
소유권 42, 77, 569, 576
소유권이전등기 406, 407

소유물반환청구권 52, 323
소유물방해예방청구권 52
소유물방해제거청구권 52
소유의 의사 312, 315, 316
소장 83, 592
속인주의 32
속지주의 33
손해 270
손해배상 29, 35, 54, 76, 95, 210, 227, 311, 371, 440, 448, 480, 483, 545, 546
손해배상액의 예정 385
손해배상청구권 48
수권행위 435, 437, 441, 498, 531
수권행위의 독자성 436
수권행위의 무인성 437
수권행위의 원인행위 436
수권행위의 철회 453
수동대리 432, 453, 492
수목 281
수유자 303
수의조건 540
수익 112, 249, 259
수익권 39, 303
수익자 325
수탁자 188, 324
수표행위 544
순수사실행위 315
순수수의조건 540
스위스민법 57, 67, 94, 196
승계인 529, 531, 600
승계취득 307
승낙 54, 311, 336, 339, 518
승인 586, 587, 599
시기 551
시기부 법률행위 554
시민법대전 13
시체 267, 268
시카네의 금지 67
시효기간 568, 576
시효에 관한 합의 607
시효완성 후의 변제 604
시효의 원용 603
시효의 정지사유 602
시효이익 604
시효이익의 포기 604, 606, 607
시효정지 601
시효제도 563
시효취득 272, 277
신뢰손해 420
신뢰이익 419, 484, 486
신분행위 145, 345, 355
신성로마제국 14, 17
신의성실의 원칙 55, 56, 58, 68, 69, 167, 363
신축건물 288
신칙법휘찬 13
신탁 163, 188, 255, 324
신탁법상의 신탁 324, 325, 399
신탁자 188, 324
신탁재산 325
신탁행위 324, 399
실용신안권 44, 45
실제적 계수 15
실종 128
실종기간 137, 138, 139
실종선고 133, 139, 141

실종선고의 취소 142, 143
실종선고제도 129
실종선고취소 144, 151, 156
실종자 129
실종제도 135, 137, 154
실질적 의미의 민법 3
실체법 4
실현불능 40
실화책임에관한법률 81
실효의 원칙 58, 62, 63, 568, 573
심신박약 115
심신상실 119
심장사 92
심장이식 91
쌍무계약 111, 371, 372
쌍방대리 174, 319, 443
쌍방착오 424

ㅇ

악의 148, 151, 209, 210, 211, 212, 221, 229, 312, 445, 449, 451, 533
악의의 비채변제 605
악의의 항변 67
압류 586, 587, 597
약관 537
약속어음 191
약혼 118, 120
양도담보 276, 283, 325, 400, 447
어문저작물 45
어음채권 592
어음할인 191
어음행위 322, 544
여성 119
여행계약 58
역법적 계산법 558
역사법학파 15
연기적 항변권 50
연대채무 54, 253
연대책임 503
연령계산 559
연소자 119
영구적 항변권 51
영리법인 165, 181, 237
영미법체계 25
영업 113
영업비밀 46
예문해석 363
예비적 청구 475
예비적 · 선택적 공동소송제도 475
예시적 열거 580
예약완결권 49
완전물권 76
외국법인 166
외부적 소유권 329
외부적 수권 466
외부적 용태 312
외형이론 216, 219, 504
요식주의 172
요식행위 324, 524
요지주의 333
용서 314
용익물권 76, 569
용태 312
우성조건 541
원물 298
원본채권 296

원시적 불능 332, 370
원시취득 307
원인 322
원인행위 436, 439, 456
위난실종 138
위법성 42, 222, 426
위법행위 313
위임계약 226, 436, 438, 440, 453, 456
위자료 95
위탁매매 501
위험부담 372
위험의 분산 160, 213
유동적 무효 110, 122, 124, 476, 481, 487, 488, 489, 510, 512, 528
유동적 유효 110
유류분권 95
유상계약 322, 387
유상행위 322
유스티니아누스 12
유실물 271
유언 96, 114, 182, 256, 324, 539
유언집행자 455
유인행위 322
유증 96, 182, 187
유질계약 385
유체물 44, 266, 267
유치권 76, 569
유치권자 303
유치물 304
유해 267, 268
융통물 271
은닉행위 399
응소 589
의결정족수 235, 236
의무 51
의무 없는 권리 52, 53
의무부담행위 321
의사결정기관 225, 233, 246
의사능력 101, 102, 103, 223, 331, 340, 341, 544
의사록 237
의사무능력 529
의사무능력자 507
의사설 38
의사의 통지 314
의사적 용태 312
의사정족수 235, 236
의사주의 41, 184, 344, 351
의사표시 124, 125, 126, 145, 313, 317, 332, 334, 335, 338, 413, 527
의사표시의 결함 174, 175, 320
의사표시의 공시송달 333, 337
의사표시의 구성요소 338, 340, 408
의사표시의 수령능력 333, 337
의사표시의 효력발생시기 333
의식 312
의식적 불일치 393
의용민법 7
의장권 44, 45
의제된 자연인 161, 162
이사 198, 214, 215, 225, 232
이사회 232
이용·개량행위 441
이의 50
이익법학 161
이익설 5, 38

이자 271, 577
2자간의 명의신탁 326
이자채권 296
이전등기 41, 76
이전적 승계 308
이중계약 75
이중효 507
이해관계인 134, 138, 143, 193, 201, 231, 232
이해상반 108
이행상의 견련성 371
이행 534
이행기 49, 321, 373, 552, 557, 574
이행기의 주기 578
이행불능 76, 270, 373
이행의 소 588
이행의 청구 534
이행이익 484
이행지체 270, 556, 557
이행책임 448
이행청구 557
이혼소송 589
인가 178, 511
인가주의 171
인격 89
인격권 27, 40, 46, 194, 569
인과관계 127, 222, 426
인낙조서 585
인도 41, 183, 184
인정사망 137
인지 98, 324, 517, 543
인지청구권 98
일물일권주의 274, 275
일반규정 573
일반법 6, 79
일반유효요건 331
일반의결정족수 235
일반의사정족수 235
일반조항 58, 59
일반효력요건 331
일본민법 10, 11, 22, 94, 235
일부무효 513
일부무효론 389
일부무효의 법리 513, 515, 517
일부청구 591
일부취소 513
일상가사대리권 502, 503
일시적 계약 64
일제 7
임금 115, 118
임대차계약 273, 383, 397
임시이사 214, 232, 233
임시총회 234
임의규정 28, 362, 364, 375
임의기관 233
임의대리 435, 441, 452, 455, 499
임의대리인 107, 215, 459, 461, 530
임의법규 359, 365, 367
임의적 기재사항 177, 192
임의출석 587, 596
임의해산 241
임의해지권 66
임차권 48, 76, 296
임차권의 양도 297
임차인 303
임치계약 78

입도 284
입목 281
입목등기 281
입양 121, 324, 517, 543

ㅈ

자기계약 174, 319, 443
자동차 292, 326
자력구제 82, 86
자연인 32, 89, 129, 141, 158, 198, 266
자연적 계산법 558
자연적 해석 353, 354, 356, 360, 362
자연채무 36, 37
자유설립주의 162, 171
자익권 237
잔류자 136
잔여재산 243, 244
재단 89, 188
재단법인 163, 181, 184, 187, 234
재단법인설립행위 334
재산관리인 130, 132, 133, 134
재산권 40, 569
재산명시신청 587, 594
재산목록 133, 135, 232
재산상속인 187
재산행위 145
재판상 무효 509
재판상의 청구 588
재판상의 화해 85, 585
재판청구권 24
저당권 43, 76, 77, 282, 295, 406
저당권의 실행 43
저당권자 43, 303
저작권 44, 45
적극조건 540
적법성 332, 369, 375, 378
적법행위 313
전기 266
전보배상 484
전부노출설 90
전부무효의 원칙 514
전세권 569
전세권자 303
전쟁실종 138
절대적 발생 307, 509
절대적 소멸설 567, 603, 604
절차법 4
점유 42, 277, 315
점유권 569
점유보호청구권 86, 566
점유자 303
정관 164, 172, 177, 192, 226, 230, 231
정관변경 237, 238
정관의 목적 197
정관의 변경 164, 238
정관의 보충 193
정관작성 181
정기급여성 578
정조권 194
정지조건 540, 550
정지조건부 법률행위 546
정지조건설 97, 98, 99
제3자 109, 149, 197, 221, 230, 329, 403, 404, 429, 431, 494, 495, 522, 533, 548
제3자의 사기 · 강박 428
제령 7

제소전화해 85, 596
제척기간 50, 157, 527, 535, 566, 567, 571, 572
제한물권 42, 43, 76, 77, 277
제헌헌법 7
조건 538, 539
조건부 법률행위 545, 546
조건성취 333, 544, 548, 550
조건을 붙일 수 없는 법률행위 543
조기계수 15
조리 18, 23, 24, 156, 359
조선 7
조선고등법원 326
조선민사령 7
조약 19
조정 84, 85, 585
조합 163, 247, 319, 440
존립기간 240
존립시기 192
존속상의 견련성 371
종기 551
종기부 법률행위 554
종물 293, 294
종물이론 293, 294, 295
종물이론의 유추 296
종속정착물 279
종중 247, 330
주관적 합치 339, 350
주무관청 178, 193, 238, 241, 242, 244
주물 293
주민등록 76, 141
주민등록지 128
주석학파 13
주소 128, 130, 337
주식회사 167, 234
주요사실 424
주위적 청구 475
주주 159
주주총회 234
주채무자 64
주체설 5
주택임대차보호법 76
준공유 478
준물권행위 321
준법률행위 103, 313
준칙주의 171
중간법 17
중간생략등기형 명의신탁 327
중과실 30, 145, 209, 210, 211, 212, 221, 417, 445, 448, 449, 451
중단사유 586
중단제도 567
중대한 과실 30, 217, 417
중요부분 417, 422
중요부분의 착오 415
중재 84, 86
중재계약 86
중혼 153, 155
증권적 채권 192
증명책임 101, 499, 505
증여계약 37, 110, 182, 399, 539
지급명령 585, 587, 595
지명채권 190
지방관습법 17
지배권 47, 573
지배인 442

지상권 43, 48, 77, 288, 296, 569
지상권자 43, 303
지상물매수청구권 49
지시채권 190
지역권 569
지연배상금 579
지적소유권 44, 265
지적재산권 44, 265
지정후견인 107
지하수 278
직계비속 95, 96
직권탐지주의 424
직무관련성 216, 217
직무집행정지 226
직접대리 433
직접점유 302
진의 344, 346, 355, 393, 396, 398, 411
진정한 권리자의 보호 565
진통설 90
질권 43, 76, 277
질권자 303
질물 304
질서벌 246
집합물 274, 275
집행권원 598
집행기관 246

ㅊ

착오 78, 174, 332, 345, 350, 354, 358, 361, 394, 398, 408
채권 40, 42, 48, 51, 76, 190, 576
채권과 물권의 충돌 74, 76
채권담보제도 41
채권의 강제력 36
채권자 40
채권자취소권 401
채권자평등의 원칙 74
채무 40
채무면제 110, 151, 310, 318
채무명의 598
채무불이행 76, 486, 547, 575
채무불이행책임 29, 547
채무인수 336
채무자 40
채무자위험부담주의 372
책임 28, 54
책임능력 103, 222, 223
책임무능력자 126
책임의 제한 159, 213
처분 112, 249, 259
처분권 39
처분문서 363
처분행위 321, 549
천연과실 283, 298, 300, 301, 303
천연과실의 귀속원리 303
천재 603
철회 111, 113, 125, 528
철회권 124, 125, 463, 476, 479, 487, 528
첨부 273
청구 586, 587
청구권 48, 52, 53, 72, 573
청구권적 기본권 24
청구력 49
청산 240, 241
청산법인 194, 240, 242
청산인 53, 214, 242, 243

청산종결등기 244
청약 54, 311, 336, 339, 518
체당금 583
초본농작물 284, 290
초본식물 284
총유 248, 259
총회의사록 232
최고 336, 482, 587, 597
최고·검색의 항변권 50
최고권 50, 122, 123, 125, 463, 476, 479, 487, 571
추상적 과실 30
추심 325
추심을 위한 채권양도 325
추인 122, 196, 197, 467, 476, 482, 486, 520, 534
추인거절 476, 482
추인권 49, 53, 125, 476, 487
추정 141, 142
추정상속인 95
출생 90, 99
출소기간 566
출연 181
출연재산 190
출연재산의 귀속시기 182
출연행위 322
취득시효제도 563
취소 102, 110, 111, 113, 119, 120, 121, 210, 318, 332, 337, 418, 430, 527, 528
취소권 53, 107, 109, 110, 117, 120, 318, 491, 526, 531, 536
취소권의 소멸 534
취소권자 127, 432, 529, 532
취소사유 410, 414, 421, 431, 526, 540
취소의 상대방 533
취하 593
친권 5, 47, 73, 109
친권공동행사 109
친권자 107, 108, 114, 303, 445
친생부인의 소 9
친양자제도 9
친자관계 5
친족 47, 116
친족권 47, 48, 194
친족회 109, 110, 123

ㅋ

코먼로 12, 336, 458

ㅌ

태아 90, 94, 96, 97, 98
태아의 권리능력 94
태환지폐 270
토지 278
토지거래허가 510, 513
토지등기부 280
토지의 구성부분 279, 280
토지정착물 279, 287, 289
통상총회 234
통정허위표시 174, 332, 345, 354, 392, 394, 398, 399, 401, 402, 406, 407
특별규정우선의 원칙 6
특별대리인 214, 231, 233
특별법 6, 79
특별실종 136, 138
특별해지권 65, 66

특별효력요건 333
특정물 272
특정승계 308, 600
특정승계인 531
특정적 유증 186
특허 178
특허권 44, 45
특허주의 171

ㅍ

파산 240, 452, 594
파산관재인 244
파산신청 232, 240, 244
파산재단 163, 325, 594
파산절차 594
파산절차참가 587
파양 121
판결 25
판덱텐 체계 9
판덱텐법학파 16
판덱텐의 현대적 적용 15
판례 25
판례의 법원성 25
편면적 강행규정 375
편무계약 371
평온 308
포괄승계 308
포괄승계인 531
포괄적 유증 186
포에니전쟁 12
폭리행위 385, 391
표견대리 132
표백주의 333, 334
표시상의 착오 347
표시상의 효과의사 343, 350, 393, 398
표시의사 340, 347, 348
표시주의 344, 347, 351
표시행위 340, 344, 348, 349, 352, 396
표현대리 196, 197, 200, 203, 209, 407, 439, 446, 450, 463, 464, 469, 470, 482, 492, 494, 504
표현행위 313
프랑스민법 10, 16, 28, 56, 94, 155, 353, 380
피담보채권 43, 569
피상속인 96
피후견인 108, 117, 120
필수기관 233
필요적 기재사항 177, 193, 226

ㅎ

하자 있는 의사표시 425, 428, 529
학설 26
학설휘찬 9, 13
한정승인 51, 152
한정적 열거 580
한정치산 104
한정치산선고의 취소 119
한정치산자 100, 115, 117, 118, 119, 123, 127, 337
합동행위 173, 181, 319, 320
합명회사 163
합성물 273
합유 248
합의 339
합의사건 83

항공기 292
항공실종 138
항변권 50, 67, 72, 473, 570, 573
항변권의 영구성 570
항소 84
해산 164, 240
해산사유 192, 241
해제 318, 373, 528
해제권 53, 78, 318
해제조건 540, 550
해제조건부 법률행위 546
해제조건설 98, 99
해지 62, 397, 453
해지권 49, 65
행위기초론 64, 425
행위능력 100, 223, 227, 331, 335, 544
행위능력자 454
행위능력제도 102, 103
행위무능력 174
행위무능력자 126, 337, 440, 455
행위의사 340
행정관청 178
행정소송 590
허가 131, 178, 193, 228, 258, 511, 539
허가주의 171
허수아비행위 400
허위표시 150, 328, 329
헬레니즘로마법 시대 13
현명 433
현명주의 453
현물분할 272
현실증여 37
현존이익 533
협의의 무권대리 467, 468
협의의 법률 19
협의이혼 118, 121
형벌 246
형사재판 590
형사책임 29, 426
형성권 49, 50, 53, 72, 529, 535, 571, 573
형성의 소 588
형식적 의미의 민법 4, 19
형식주의 41, 183
호의관계 35
호의동승 36
호적부 102, 117, 137
호주제도 9
혼성조건 541
혼인 103, 118, 121, 152, 324, 543
혼인신고 517
혼인연령 106
혼인제도 157
혼인취소 153
혼합사실행위 315
화폐 269, 270
화해 84, 85, 422
화해계약 422
화해를 위한 소환 587, 596
화해조서 85
확인의 소 588
확정기한 551, 552
확정기한부 채무 574
확정성 332, 369, 370
확정적 무효 487, 491, 510, 512
환매 304, 515
환취권 594

회사 165
효과의사 340, 342, 344
효과의사의 본체 343, 345, 350, 354, 393, 411
효력규정 377, 510
효력요건 330, 331
후견인 107, 108, 109, 114, 116, 117, 120, 455
후기주석학파 13
후발적 불능 370, 372

事項索引(歐文)

A

ADR 84
Alternative Dispute Resolution 84
analytical jurisprudence 15
Augustus 12
Autonomie de la volonté 26

B

Bigot de Préameneu 17
bona fides 56
bonnes moeurs 380
brain death 92

C

causa 322
civil law system 25
Clovis 14
Codex Vetus 13
Common Law 12
common law system 25
convertible money 270
Corpus Juris Canonici 13
Corpus Juris Civilis 13
Coutumes Générales 17
Coutumes Locales 17
Cujas 17

D

Digesta 9, 13, 30
Diocletianus 12
disregard of corporate fiction or corporate personality 166
doctrine of stare decisis 25
Domat 17
Doppelwirkung 507
Droit Intermédiaire 17
Durchgriffslehre 167

E

Equivalenzprinzip 212
externe Vollmacht 466

F

falsa demonstratio non nocet 356, 357, 360, 399
fiducia 325
Frührezeption 15

G

Gaius 10
gemeines Recht 15
Germanisten 16
Glossateur 13
Gothofredus 13
Grandes Coutumes 17
Gustave Emile Boissonade 10

H

Harvard 기준 92
Hauptrezeption 15
Heinrich 14

I

impossibilium nulla obligatio 371
in favorem debitoris 555
Institutionensystem 9
Institutiones 13
interne Vollmacht 466

J

Jhering 161
Justinianus 12

K

Kuntze 319

L

Lehre der Geschäftsgrundlage 64
lex specialis derogat legi generali 6

M

mailbox rule 336
Maleville 17

N

Nemo plus juris ad alium transferre potest quam ipse habet 146, 307
Novellae 13

O

objektive Geschaftsgrundlage 425
ordre public 380
Otto 14

P

Pandectae 13
Pandektensystem 9
piercing the veil of corporate entity 166
Pipin 14
Portalis 17
Post- Glossateur 13
Pothier 17
potius valeat quam ut pereat 512
praktische Rezeption 15
prior tempore, potier iuri 77
Privatautonomie 26

Q

qui iure utitur, nemini facit iniuriam 55
qui suo iure utitur, neminem laedit 55

R

ratio scripta 15
Romanisten 16
règle impérative 377
règle supplétive 377

S

Savigny 15
Schikaneverbot 67

Schutzpflicht 548
subjektive Geschaftsgrundlage 425
superficies solo cedit 280
superposition du droit 77

T

Theodosius 12
Tribonianus 13
Tronchet 17

U

ultra vires rule 195, 197
unconvertible money 270
usus modernus pandectarum 15

W

WIPO: World Intellectual Property Organization 44

條文索引(民法總則)

제1조 ……18, 19, 21, 22, 23, 24, 252, 365, 366, 367, 368
제2조 ……55, 56, 58, 67, 68, 69, 167, 168, 209, 229
제3조 ……90, 94
제4조 ……100, 105
제5조 ……49, 107, 108, 110, 111, 117
제6조 ……108, 111, 112, 113, 117
제7조 ……108, 111, 117
제8조 ……108, 113, 117
제9조 ……100, 115, 116, 119
제10조 ……49, 117
제11조 ……119
제12조 ……100, 119, 120
제13조 ……120, 127
제14조 ……121
제15조 ……121, 122, 123, 314, 336, 571
제16조 ……121, 124, 125, 528
제17조 ……121, 127
제18조 ……128, 129
제19조 ……128, 129
제20조 ……128, 129
제21조 ……128, 129
제22조 ……128, 130, 131, 133, 135
제23조 ……135
제24조 ……133, 135
제25조 ……131, 135
제26조 ……133, 135
제27조 ……4, 128, 138, 139
제28조 ……139
제29조 ……4, 137, 143, 144, 145, 146, 147, 149, 150, 151, 152, 153, 156
제30조 ……92, 93
제31조 ……171
제32조 ……171, 179, 249
제33조 ……171, 179, 238, 334
제34조 ……194, 195, 197, 199, 201
제35조 ……197, 203, 204, 206, 207, 213, 214, 216, 217, 218, 219, 220, 221, 222, 223, 224, 225
제36조 ……238
제37조 ……233, 245
제38조 ……241, 245
제39조 ……165, 171
제40조 ……172, 192, 197, 226, 238, 325
제41조 ……178, 228, 230, 231
제42조 ……172, 178, 234, 236, 237, 238, 239, 240
제43조 ……181, 192, 197, 226, 325
제44조 ……193
제45조 ……238, 239
제46조 ……172, 238, 239, 240
제47조 ……181, 182, 186, 187
제48조 ……183, 184, 185, 186, 187, 189, 192
제49조 ……172, 179, 197, 226, 229, 230, 231, 238, 245
제50조 ……53, 238, 245

제51조 ……… 53, 238, 245
제52조 ……… 53, 245, 337
제52조의2 ……… 226, 228, 245
제53조 ……… 172, 337
제54조 … 179, 226, 227, 239, 243, 244, 245
제55조 ……… 232
제56조 ……… 237
제57조 ……… 225
제58조 ……… 178, 225, 232
제59조 ……… 199, 200, 206, 223, 225, 226, 228, 232
제60조 ……… 228, 229, 230
제60조의2 ……… 228
제61조 ……… 30, 201, 202, 225, 227
제62조 ……… 231
제63조 ……… 201, 214, 233
제64조 ……… 201, 214, 231
제65조 ……… 201, 202, 225, 227
제66조 ……… 233
제67조 ……… 233, 234, 245, 337
제68조 ……… 234
제69조 ……… 232, 234
제70조 ……… 234
제71조 ……… 235, 314, 561
제72조 ……… 236
제73조 ……… 234, 236
제74조 ……… 236
제75조 ……… 235, 236, 237
제76조 ……… 232, 237
제77조 ……… 234, 240
제78조 ……… 236, 237, 241
제79조 ……… 232, 240
제80조 ……… 172, 244
제81조 ……… 194
제82조 ……… 214, 232, 242
제83조 ……… 214, 242, 245
제84조 ……… 242, 245
제85조 ……… 242, 245
제86조 ……… 242
제87조 ……… 242, 243, 244
제88조 ……… 53, 243, 244, 314
제89조 ……… 243
제90조 ……… 243
제91조 ……… 243
제92조 ……… 243
제93조 ……… 53, 244
제94조 ……… 53, 244
제95조 ……… 245
제96조 ……… 242
제97조 ……… 4, 237
제98조 ……… 41, 265, 266, 268
제99조 ……… 265, 278, 279, 280, 283, 292
제100조 ……… 265, 293, 295
제101조 ……… 265, 283, 298, 299, 301
제102조 ……… 265, 283, 302, 303
제103조 … 27, 75, 268, 316, 330, 332, 374, 375, 378, 379, 380, 381, 382, 383, 384, 385, 388, 509, 523, 524, 527
제104조 ……… 316, 374, 385, 388, 389, 390, 391, 509, 523, 524, 527
제105조 ……… 28, 122, 316, 364, 375
제106조 · 316, 361, 365, 366, 367, 368, 369
제107조 ……… 133, 174, 175, 205, 208, 209, 316, 319, 332, 345, 392, 394, 395, 396, 398, 402, 426, 430, 444, 445, 447, 449, 450, 451, 452, 509, 527

제108조 150, 174, 175, 316, 319, 328, 329, 330, 332, 345, 392, 393, 398, 400, 401, 402, 403, 404, 405, 406, 407, 408, 426, 430, 509, 527
제109조 30, 174, 175, 316, 319, 332, 345, 358, 361, 363, 392, 393, 408, 409, 410, 411, 413, 414, 415, 416, 417, 418, 419, 420, 421, 422, 424, 425, 426, 428, 430, 431, 527, 528, 529, 533, 540
제110조 126, 174, 175, 316, 319, 332, 394, 422, 425, 426, 427, 428, 429, 430, 431, 432, 527, 528, 529, 533, 537
제111조 316, 333, 334, 335, 336, 533
제112조 316, 333, 337
제113조 30, 316, 333, 338
제114조 228, 316, 444, 453, 457, 460, 461
제115조 316, 433, 434, 443, 453, 460, 461
제116조 30, 316, 429, 431, 454, 460
제117조 114, 223, 316, 436, 439, 452, 454, 455, 456, 458, 460
제118조 131, 316, 441, 443
제119조 316, 442
제120조 316, 459
제121조 316, 459, 460
제122조 316, 460
제123조 316, 458, 460, 461
제124조 174, 175, 316, 319, 321, 443, 444
제125조 316, 461, 463, 483, 466, 467, 492, 494, 495, 496, 497, 499, 503, 505, 506
제126조 132, 196, 197, 200, 202, 203, 204, 205, 206, 207, 208, 219, 220, 221, 222, 316, 442, 445, 446, 450, 463, 466, 467, 483, 492, 494, 493, 495, 497, 498, 500, 501, 502, 503, 504, 505, 506
제127조 226, 316, 443, 452, 453
제128조 316, 437, 439, 453
제129조 30, 439, 440, 463, 466, 467, 483, 492, 494, 495, 497, 498, 499, 500, 504, 505, 506
제130조 122, 196, 200, 316, 440, 461, 463, 465, 466, 467, 469, 470, 475, 476, 487, 492, 506
제131조 122, 314, 316, 336, 463, 465, 466, 469, 470, 479, 482, 487, 488, 492, 506
제132조 316, 463, 465, 466, 469, 470, 476, 492
제133조 316, 440, 463, 465, 466, 467, 469, 470, 476, 486, 492, 506, 510, 534
제134조 124, 316, 463, 465, 466, 469, 470, 477, 479, 480, 487, 488, 492, 506, 528
제135조 316, 440, 450, 463, 465, 466, 467, 468, 469, 470, 471, 472, 473, 474, 477, 480, 481, 482, 483, 484, 485, 486, 487, 488, 492, 506
제136조 316, 475, 489, 490, 491, 492
제137조 316, 389, 390, 513, 514, 515, 516, 517
제138조 316, 341, 517, 519
제139조 316, 341, 510, 521, 522, 523, 525
제140조 49, 108, 121, 316, 508, 527, 529, 530, 531

제141조 110, 121, 122, 316, 418, 426, 428, 432, 526, 527, 533
제142조 316, 532, 534
제143조 49, 316, 534
제144조 316, 534
제145조 316, 534, 535
제146조 50, 121, 316, 532, 527, 535, 536, 566
제147조 98, 316, 550, 571
제148조 316, 545, 546, 547, 548, 551, 554
제149조 316, 546, 548, 554
제150조 316, 544, 545, 548
제151조 316, 382, 542, 543
제152조 316, 554
제153조 316, 552, 555, 556, 557
제154조 316, 554
제155조 316, 558
제156조 316, 558, 559
제157조 316, 558, 559, 561
제158조 105, 316, 558, 559
제159조 316, 558, 560
제160조 105, 316, 558, 560, 561
제161조 316, 368, 369, 558, 561
제162조 316, 565, 569, 572, 573, 576, 577, 601
제163조 316, 577, 578, 579, 580, 581, 582, 583
제164조 316, 577, 583, 584
제165조 316, 584, 585, 593
제166조 316, 574, 575, 602
제167조 316, 567, 607
제168조 316, 586, 587, 588, 597
제169조 316, 586, 600
제170조 316, 586, 587, 588, 593
제171조 316, 586, 587, 594, 595
제172조 316, 586, 587, 595
제173조 316, 586, 587, 596
제174조 314, 316, 586, 587, 594, 597, 601
제175조 316, 586, 587, 597, 598
제176조 316, 586, 587, 597, 598
제177조 316, 586, 587, 599
제178조 316, 584, 586
제179조 316, 602
제180조 316, 602
제181조 316, 602, 603
제182조 316, 602, 603
제183조 316, 607
제184조 316, 604, 606, 607

〔저자약력〕

서울고등학교(1980년)
고려대학교 법과대학 법학사
고려대학교 대학원 법학석사
프랑스 파리 제1대학교(Université de Paris I, Panthéon-Sorbonne) 법학박사
프랑스 교수자격(Habilitation à Diriger des Recherches)
프랑스 파리 제1대학교 채권법센터(Centre du droit des obligations) 연구위원
Erasmus Mundus 초빙교수(프랑스 Université du Havre)
고려대학교 법과대학 조교수, 부교수, 교수(1995~현재)

〔주요논저〕

[저서 · 역서]

• 법 학

- *La rupture du contrat pour inexécution fautive en droit coréen et français*, Paris, L.G.D.J., 1996.
- 프랑스민법전 제1권 [人], 법문사, 2000.
- 민법학기초원리, 세창출판사, 2002.
- 프랑스민법전, 법문사, 2004.
- 미국계약법입문, 법문사, 2004.
- 현대미국신탁법, 법문사, 2005.
- 법경제학, 세창출판사, 2006.
- 공저 법률가의 회계학, 법문사, 2006.
- 공저 아듀, 물권행위, 고려대학교출판부, 2006.
- 공저 세계화지향의 사법: 그 배경과 한국, 프랑스의 적응, 세창출판사, 2006.

• 기 타

- 공저 실크로드로 가는길, 세창출판사, 2001.
- 공저 우리동거할까요, 도서출판 코드, 2002.
- 공저 안암동1번지, 세창미디어, 2003.
- 공저 느티나무를 심으며, 세창미디어, 2006.

[연구논문]

- 이혼청구권이 형성권인가?
- 부동산매매목적물로부터 발생한 과실: 그 수취권의 판단
- 1980년 계엄당국의 강박에 의한 증여계약의 효력과 취소권의 제척기간
- 대차형계약의 쌍무성 · 유상성 판단에 관한 비판적 시각
- 채권자대위제도의 오용과 남용: 그 원인분석과 대안
- 통일후 토지소유권의 재편방향: 소유권회복의 장애
- 안중근과 이토 히로부미의 접점에 대한 법적 평가 등 다수
- '물권행위'와의 작별을 준비하다 등 다수

E-mail: skmyoung@korea.ac.kr
Home Page: www.mindle.net

민법총칙

2005년 9월 9일 초판 1쇄발행
2007년 11월 2일 초판 2쇄발행

저 자 명 순 구
발행인 배 효 선
발 행 처 도서출판 法 文 社
413-756 경기도 파주시 교하읍 문발리 526-3
(파주출판문화정보산업단지)
등 록 1957년 12월 12일 제2-76호(윤)
전 화 031-955-6500~6, 팩 스 031-955-6525
e-mail(영업) : bms@bobmunsa.co.kr
(편집) : edit66@bobmunsa.co.kr
홈페이지 http://www.bobmunsa.co.kr
조 판 광 암 문 화 사

정가 30,000원 ISBN 978-89-18-01149-3